现代刑法问题新思考 第肆卷

外向刑法问题

赵秉志 著

Issues on Foreign-oriented Criminal Law

北京大学出版社
PEKING UNIVERSITY PRESS

前　　言

现代社会是法治社会，刑事法治是现代法治的重要组成部分。现代刑事法治问题与社会发展和时代变迁息息相关。因而刑法学者关于刑法问题的思考和探索也应当坚持不懈、与时俱进。而撰著发表论文正是及时关注和研讨层出不穷的刑法理论与实务问题的恰当方式之一，一定时期论文的积累整理与结集出版又可以反映和检视研究者学术研究的轨迹。有鉴于此，在1996—1997 年中国法制出版社出版我的五本文集《刑法研究系列》（选入我1996 年以前十多年间的刑法论文）及 2004 年法律出版社出版我的四卷文集《赵秉志刑法学文集》（选入我 1997—2002 年六年间的刑法论文）的基础上，此次我又将自己于 2003—2008 年这六年间发表的刑法论文经认真筛选整理再成书四卷，作为以前问世的本人刑法学文集的续编，以**《现代刑法问题新思考》**为总题目，交由北京大学出版社出版。

这套四卷文集的第一卷为**《刑法基本问题》**，计七编 24 篇论文，分别论及了刑事法治、刑事政策、刑法机能、刑法哲学、刑法解释和国际公约的国内立法接轨等刑法基础领域的若干重要问题；第二卷为**《罪刑总论问题》**，计两编29 篇论文，分别研究了犯罪总论和刑罚总论领域的诸多理论与实务问题；第三卷为**《罪刑各论问题》**，计五编 34 篇论文，分别探讨了经济犯罪、侵犯公民人身权利罪、侵犯财产罪、妨害社会管理秩序罪和贪污贿赂罪等方面的多种较新类型、常见多发、情况复杂、问题疑难的具体犯罪的罪刑问题；第四卷为**《外向刑法问题》**，计三编 24 篇论文，分别研讨了比较刑法、国际刑法和中国区际刑法领域的若干问题。第四卷后附有我 2003—2008 年间出版、发表论著的目录。这四卷文集的选编秉持本人以往文集选编的基本做法，仍以保持原文的观点和基本内容为原则，主要是进行技术性、规范性的编辑整理，并在文中注明原载报刊和合作者等情况（在此本人要向论文合作者衷心致谢）。

本文集编成后浏览思考之，我认为这四卷文集既是我于 2003—2008 年间学术历程的主要写照，也大体上反映了本人在学术研究中一贯推崇并着力坚持和追求的四点学术风格：

一是关注法治现实问题。法学研究关注法治现实才有生命力，才有实际意义；法治现实不仅是当下法治的实际存在，而且是今后法治发展完善的基础；法治现实也是社会现状的反映，是社会发展所依赖的一个重要条件。我认为，关注刑事法治的现实问题不仅应当是刑法学者的正确学风，而且也是刑法学者的责任所在。刑法学者尤其不应忽视刑事法治的重大现实问题。我曾提出："是否关注重大现实法治问题，乃是衡量法律学人的社会责任感和学术良知的重要标志。刑事法治是现代法治的重要方面，其保护利益的广泛性、重要性和对违法制裁的特殊严厉性，决定了刑事法治领域的重大现实问题往往事关国家文明、社会进步和公民基本权益，因而尤应为刑法学者所关注。"①因此，我的学术研究力图贴近法治现实，关注刑事法治的现实问题尤其是重大现实问题。

二是重视法治改革和法学前沿问题。改革是我国当代社会的主旋律，改革也应当是我国法治与法学繁荣发展的最强音，而法治改革往往需要法学前沿课题的开拓与伴随。本文集中有关刑法立法改革、宽严相济的基本刑事政策、刑法哲学、刑罚制度改革、死刑限制与逐步废止、劳动教养制度改革、社区矫正立法、网络犯罪治理等课题的研究，都可以说是本人关注刑事法治改革和刑法学前沿问题的一些努力。

三是强调理论联系实际。在1996—1997年间出版的我的第一套个人文集的自序中，我曾对刑法学研究中的理论联系实际之学风作过初步的思考和归纳，写下这样一段文字："我认为，刑法学研究中的理论联系实际，有其丰富而合理的内涵，值得努力挖掘和大力弘扬。择其要者，至少应当正确地把握以下三对关系：第一，刑法实务与刑法理论…… 第二，法治现实与法治发展…… 第三，刑法实践与社会实践……"②我认为，在社会科学研究领域，尤其是在刑法学等应用法学研究领域，理论联系实际事关学术研究的方向、道路和方法，具有特别重要的意义。在多年来的学术研究中，我一贯以此自律自勉，也以此引导和要求研究生。本文集中的多篇专论努力贯彻了理论联系实际。

四是注意心态开放暨视野开阔。我们正处在一个全球化的时代，开放的心态及全球化的视野是促使我国社会各项事业与国际先进水平看齐和同步发展的必要条件，我国的刑法学研究事业亦然。注意结合中国国情及其发展

---

① 赵秉志：《死刑改革探索》，法律出版社2006年版，第801页。

② 赵秉志：《刑法总论问题研究》（刑法研究系列之一），中国法制出版社1996年版，序言第2、3页。

需要研究借鉴国际社会先进的刑事法治经验和刑法理念，无疑会有益于我国刑事法治的进步和刑法学理论的繁荣发展。本人多年来一直注意关注、参与比较刑法、国际刑法和中国区际刑法等外向型刑法问题的研究，本文集中仍有此方面的多篇论文。愿此次四卷文集的问世有助于自己的学术回顾、反思、改进和奋力前行，也衷心希望借此有助于学界师长、同仁和读者朋友们的切磋指正。

这四卷文集是我在2003—2008年这六年间所发表的刑法论文的选集，其间发生了我个人人生和事业上的重大变迁：为谋求学术机构体制的创新并以此带来学术事业更大的发展平台和空间，2005年8月，在年近五旬之际，我毅然选择离开学习、研究和工作26载并有深厚社会科学实力和超强法学地位的中国人民大学暨人大法学院，与数位志同道合的同仁加盟虽为综合实力雄厚的百年名校但法学基础却异常薄弱的北京师范大学，开始了新的创业跋涉。当时法学界、法律界的广大师长、同仁，以及我们学术团队的亲朋好友，在理解和支持我们的事业追求的同时，对于我们开拓事业的艰辛以及事业发展能否顺利成功的前景，也有令人感动的关心乃至担心。肩负北京师范大学校领导排除各种干扰坚决引进我们学术团队的决心和热切期望，面对法学界、法律界对我们发展事业的广泛支持，我深感责任重大，深知“开弓没有回头箭”的道理，并坚信我们的事业追求必定成功。

四年来，我们相继创建了刑事法学领域全国首家具有独立性、实体性、综合性的高层次人才培养单位和学术研究单位北京师范大学刑事法律科学研究院，在北京师范大学原法律系的基础上建立了北京师范大学法学院，刑科院与法学院彼此独立又相互协作、取长补短、优势互补，初步实现了高校法学学科体制上的创新和发展；北京师范大学法学两院尤其是刑科院以体制创新为基础，在团队构建、学科建设、学术研究、人才培养、学术交流、参与和服务国家法治建设诸方面都取得了令人瞩目的高起点、高水准、高速度的发展。

尽管四年的跨越式发展只能算是一个良好的开局，我们今后学术事业的发展还会有很长的路要走，还会面临很多挑战与困难，但毕竟“万事开头难”，“好的开端就是成功的一半”，我们对未来学术事业的发展前景充满了信心。近四年来，在领导北京师范大学法学两院事业发展的同时，我也始终牢记着学术研究乃是学者立身之本这一硬道理，坚持不懈地进行着刑法学的学术研究。

本文集大体上记载了这一特殊时期我在学术研究方面的脚步。行文至此，我不由得想到，我们学术团队试图开拓我国刑事法学研究的新局面、大格局的事业探索获得初步成功并前景辉煌，对此会感到由衷喜悦的恐怕要首推我们年逾八旬的恩师高铭暄教授了。因为我们的探索寄托着恩师高铭暄教授等老一辈刑法学者的事业厚望和梦想。因此,我要把这套文集首先献给恩师高铭暄教授、马克昌教授等坚定而热诚地支持我们学术事业的老一辈刑法学家,献给北京师范大学法学两院尤其是刑科院的学术事业,同时也献给我国的刑事法治建设和刑法学研究事业。

最后,要特别感谢我的挚友,在北京大学出版社任职的蒋浩同仁。他在法律出版社任社长助理和学术分社社长期间,曾给我所领导的刑法学术团队出过很多书,也曾编辑出版过我的四卷本的《赵秉志刑法学文集》;与我们加盟北京师范大学差不多的时间,他也离开法律出版社而加盟北京大学出版社,此后四年来他也处在艰辛的创业时期,但基于多年的学术友谊和他对我们学术事业追求的理解与赞同,蒋浩同仁几年来对我们北京师范大学刑科院的支持可以说是不遗余力,为我们编辑出版了一系列学术书籍,我这套文集的编辑出版也正是他关心、支持的结果。对于蒋浩同仁的友谊和支持我心存感激;对于北京大学出版社有关领导的鼎力支持以及该社第五事业部担任本书责任编辑的陈晓洁、孟瑶、侯春杰、王建君等编辑同仁认真细致且颇具专业眼光的编审工作我深表谢意。北京师范大学刑事法律科学研究院博士研究生彭新林、周国良、钱小平和硕士研究生林燕、杨清惠、买园园、宋瑞勇、刘雷、杨光、仇芳芳、林少波、王君、鲁冠南、刘玉峰、陈志娟、徐啸宇、陈晨同学协助参与本文集的资料收集、整理和校对等编务工作,刑科院讲师蒋娜博士帮助翻译文集的英文目录,在此一并致谢。

赵秉志

2009 年 8 月于北京师范大学

刑事法律科学研究院

目　录

Ⅰ 比较刑法

Ⅱ 国际刑法

Ⅲ 区际刑法

I

比较刑法

1. 大陆法系刑法理论略述*

目 次

* 原载《北京联合大学学报（人文社会科学版）》2009 年第 3 期、2007 年第 1 期。

一、前　　言

大陆法系国家刑法理论①以其严谨的体系结构、严密的逻辑论证、深邃的思想内容，至今仍居于世界刑法理论的发展前沿。大陆法系刑法理论分为不同派别，主要有古典学派和近代学派。第二次世界大战后又产生了一些新的刑法理论，但已经难称是全新的刑法学派。故笔者通过阐述这两派理论及其交锋与融合，展开对大陆法系刑法理论的简要论述。

二、古典学派及其刑法理论

刑法学说中的古典学派又称旧派，我国早期的刑法学论著中称为刑事古典学派。它是在资本主义上升时期形成的刑法学派。代表人物有贝卡里亚(1738—1794，意大利刑法学家)、费尔巴哈(1775—1833，德国刑法学家)、康德(1724—1804，德国古典唯心主义哲学家、法律思想家)、黑格尔(1770—1831，德国客观唯心主义哲学家、法律思想家)等。关于古典学派的所指，理论界存在不同看法，主要有三种观点。第一种观点认为，启蒙时期的刑法理论和以报应刑论为基础的刑法理论，合并称为古典学派。② 不过，持这种观点的学者所指的启蒙时期的刑法理论，包括并且主要是指贝卡里亚、费尔巴哈的刑法理论。③ 按照这种观点，古典学派的产生可以追溯到18世纪中后期，因为当时的学者贝卡里亚、费尔巴哈等人在他们的著作中已经就罪刑法定、罪刑相适应、刑罚的目的等刑法理论问题阐明立场，系统地展开论述。第二种观点认为，古典学派是指19世纪初期，以启蒙主义思想为背景，肯定犯罪人的自由意思，以报应刑论为基础的刑法理论。④ 这种观点显然认为，古

① 本文所称的刑法理论，是指关于犯罪、刑事责任和刑罚的基础性、一般性理论，具体包括关于刑法基本原则、刑事责任的基础、犯罪构成理论体系、刑罚的目的、刑罚权的根据等问题的基本立场和观点。对这些问题的回答，形成大陆法系刑法学的基础理论。

② 参见〔日〕大谷实：《刑法总论》，黎宏译，法律出版社2003年版，第15页。

③ 同上注，第10—12页。

④ 参见〔日〕大塚仁：《刑法概说（总论）》，冯军译，中国人民大学出版社2003年版，第36页。

典学派的形成应当是19世纪以后的事，对古典学派的界定标准也与前一种观点不同，贝卡里亚的刑法理论被排除在古典学派之外。这种观点似乎存在一个自相矛盾之处，即一方面认为，古典学派是指以报应刑为基础的刑法理论，另一方面又将主张一般预防论的费尔巴哈的刑法理论也纳入古典学派之中。① 第三种观点认为，应当根据时间先后将古典学派分为前期古典学派和后期古典学派。对于何为前期古典学派，何为后期古典学派，又有不同看法。有学者认为，前期古典学派理论包括两部分内容，一是基于启蒙思想的刑法理论，实际上就是指贝卡里亚、费尔巴哈的刑法理论；二是基于报应主义的刑法理论，是指以康德、黑格尔为代表的刑法理论。后期古典学派则是指在近代学派出现之后形成的，认为刑罚的本质在于报应，同时又承认刑罚的预防目的的刑法理论。② 另有学者认为，前期古典学派（亦即前期旧派）仅仅是指18世纪中后期到19世纪前半期，以社会契约论、自然法理论为思想基础，以否定封建刑法为表现的刑法理论。具体而言，就是指贝卡里亚、费尔巴哈所主张的刑法理论。③ 康德、黑格尔的刑法思想则被归入后期古典学派（亦即后期旧派）之中。④

笔者认为，要适当地确定古典学派的范围，首先应当澄清古典学派与近代学派的主要分歧。这是因为，古典学派并不是自其形成时起就被冠以这一名称，而是由后来的学者基于研究的需要提出来的。具体而言，古典学派是近代学派的学者在批判以往刑法理论的过程中，对他们所不赞同的刑法理论所取的名称。这样，作为近代学派对立面而存在的古典学派，显然应当包括那些被近代学派所批判的刑法理论。基于上述考虑，笔者赞同前述第一种观点的结论，即古典学派包括贝卡里亚、费尔巴哈的刑法理论和以报应刑论为基础的刑法理论。这是因为，贝卡里亚、费尔巴哈的刑法理论与主张报应刑的康德、黑格尔的刑法理论总体上都与近代学派的主张对立，并受到了近代学派的批判。至于宾丁（1841—1920，德国法学家、历史学家）、毕克迈耶（1847—1920，德国刑法学家）、贝林格（1866—1932，德国刑法学家）等被称为后期古典学派学者的理论，由于与古典学派的理论存在很大不同，在内容上已经有了很大更新和发展，故将之放在“大陆法系刑法理论的发展”部分介述。

---

① 参见〔日〕大塚仁：《刑法概说（总论）》，冯军译，中国人民大学出版社2003年版，第36页。

② 参见马克昌：《比较刑法原理》，武汉大学出版社2002年版，第23—33页；马克昌主编：《近代西方刑法学说史略》，中国检察出版社1996年版，第34页、第204—205页。

③ 参见张明楷：《刑法的基本立场》，中国法制出版社2002年版，第1—10页。

④ 同上注，第24—26页。

在以人道主义为核心的启蒙主义思想的引导下，古典学派的刑法学者提出了一系列富有时代气息的先进刑法理论，系统地阐述了刑法的基本原则，以及犯罪论、刑罚论中的一些基本问题。

（一）古典学派对刑法基本原则的阐述

在刑法基本原则方面，古典学派的主要贡献是确立了罪刑法定原则和罪刑相适应原则。

1. 古典学派对罪刑法定原则的论述

古典学派在批判封建制度下的罪刑擅断主义的过程中，全面阐述了罪刑法定这一刑法基本原则。贝卡里亚首先提出了刑罚法定，他认为："只有法律才能为犯罪规定刑罚。只有代表根据社会契约而联合起来的整个社会的立法者才拥有这一权威。任何司法官员（他是社会的一部分）都不能自命公正地对该社会的另一成员科处刑罚。超越法律限度的刑罚就不再是一种正义的刑罚。"①但贝卡里亚并没有明确地提出罪刑法定。明确提出刑罚法定和犯罪法定的是费尔巴哈，他反对在哲学的原理中寻求行为可罚性的根据，认为只有违反由刑法保护的社会契约的行为，才是犯罪，并在其撰写的刑法教科书中明确提出了包含罪刑法定原则基本内涵的三条法谚：(1)无法律则无刑罚；(2)无刑罚则无犯罪；(3)无法律则无犯罪。②"法无明文规定不为罪、法无明文规定不处罚"，这一对罪刑法定原则最简明流畅的表述，也是费尔巴哈用拉丁语作出的。③ 贝卡里亚也论及了罪刑法定原则所要求的罪刑实定化和明确化的问题，他指出："当法典中含有应逐字适用的法律条文，而法典加给法院的唯一职责是查明公民的行为并确定它是否符合成文法的时候；当所有的公民——由最无知识的人一直到哲学家——都应当遵循的关于什么是正义的和不正义的规则是毫无疑义的时候，国民将免受许多人的微小的专制行为。"④贝卡里亚对罪刑法定的要求甚至达到了苛刻的程度，连法官解释刑法在他看来都是不能接受的："'法律的精神需要探询'，再没有比这更危险的公理了。采纳这一公理，等于放弃了堤坝，让位给汹涌的歧见。"⑤

2. 古典学派对罪刑相适应原则的论述

古典学派在批判封建制度下的重刑主义和刑罚残酷性的过程中，提出并

① 〔意〕贝卡里亚：《论犯罪与刑罚》，黄风译，中国大百科全书出版社 1993 年版，第11 页。

② 参见陶龙生：《论罪刑法定原则》，载蔡墩铭主编：《刑法总则论文选辑》（上），台湾五南图书出版公司 1984 年版，第 115 页。

③ 参见〔日〕大谷实：《刑法总论》，黎宏译，法律出版社 2003 年版，第 38 页。

④ 高铭暄主编：《刑法学原理》（第 1 卷），中国人民大学出版社 1993 年版，第 169—170 页。

⑤ 〔意〕贝卡里亚：《论犯罪与刑罚》，黄风译，中国大百科全书出版社 1993 年版，第12 页。

论述了罪刑相适应的刑法基本原则。

贝卡里亚从一般预防的角度论述了罪刑相适应的必要性。贝卡里亚认为:“犯罪对公共利益的危害越大,促使人们犯罪的力量越强,制止人们犯罪的手段就应该越强有力。这就需要刑罚与犯罪相对称。”①“如果对两种不同程度侵犯社会的犯罪处以同等的刑罚,人们就找不到更有力的手段去制止实施能带来较大好处的较大犯罪了。”②

康德、黑格尔则从报应的角度论证了罪刑相适应的必要性。康德是彻底的报应刑论者,他认为,惩罚是为了恢复被损害的正义,维护正义需要遵循平等的原则,“根据这个原则,在公正的天平上,指针就不会偏向一边的,换句话说,任何一个人对人民当中的某个个别人所作的恶行,可以看作是他对自己作恶……根据此原则可以明确地决定在质和量两方面都公正的刑罚。”③既然报应刑论要求在惩罚时遵循平等原则,康德主张罪刑相称也就顺理成章了。黑格尔也是报应刑论的坚定倡导者。他认为,“对犯罪的扬弃是报复,因为从概念说,报复是对侵害的侵害”④,对犯罪的扬弃首先又是复仇,因为复仇就是报复。⑤ 但用复仇的形式来对付犯罪,只是一种自在的法,它是不符合法的形式的,即它的实存又是不合乎正义的。在文明社会,复仇必须转变为刑罚。只有通过刑罚对犯罪予以扬弃,法律本身才能恢复原状,从而有效地获得实现。⑥ 可见,刑罚存在的根据在于它是合乎法和正义的复仇形式,在于报应。黑格尔认为,作为报应的刑罚应当与犯罪等价:“犯罪具有在质和量上的一定范围,犯罪的否定作为定在,也同样具有在质和量上的一定范围。但是这一基于概念的同一性,不是侵害行为特种形状的等同,而是侵害行为自在地存在的性状的等同,即价值的等同。”⑦黑格尔还就如何在司法实践中做到罪刑等价进行了探讨,他认为,要做到罪刑等价,必须根据犯罪的性质来决定适用的刑罚,必须正确估计犯罪的社会危害程度。在判断犯罪的社会危害程度时,黑格尔尤其重视社会形势对犯罪社会危害性大小的影响,他甚至认为,在不同的社会形势下,对偷窃几分钱或一棵甜菜的人处以死刑,与对偷

---

① 〔意〕贝卡里亚:《论犯罪与刑罚》,黄风译,中国大百科全书出版社 1993 年版,第 65 页。

② 同上注,第 65 页。

③ 〔德〕康德:《法的形而上学原理——权利的科学》,沈叔平译,商务印书馆 1991 年版,第 165 页。

④ 〔德〕黑格尔:《法哲学原理》,范扬、张企泰译,商务印书馆 1982 年版,第 104 页。

⑤ 同上注,第 107 页。

⑥ 同上注,第 230 页。

⑦ 同上注,第 104 页。

窃百倍于此数甚或价值更贵的东西的人处以轻刑,都同样是正当的。①

这样,古典学派的学者们从各自的基本立场出发,都推导出了罪刑法定和罪刑相适应的刑法基本原则。

(二)古典学派的刑事责任论

各种刑法理论最终要解决的问题,都是归责的问题。② 因此,各种刑法学派无不对刑事责任问题倾注巨大热情和精力。古典学派的刑事责任论建立在自由意志论的基础上。该派认为,行为人在有选择行为之自由意志的情况下,居然避善从恶,从道义上说,就不能不对自己的行为承担责任,据此建立起道义责任论。道义责任论关注的是具有自由意志的人对行为的选择,由此而衍生出客观主义或者说行为主义,即认为只有表现于外部的行为才是刑事责任的基础。

1. 自由意志论——古典学派的刑事责任根据论

古典学派认为之所以有理由追究一个实施了恶害行为者的刑事责任,是因为他具有意志自由。康德明确提出:"我们必须承认每个具有意志的有理性的东西都是自由的,并且依从自由观念而行动。"③关于人为什么具有意志自由,古典学派的代表人物没有详细论证。康德认为意志自由是由人的理性决定的,无需证明,也无法证明,"一个有理性的存在者的意志,只有在他受自由的观念的支配下而行动时,才能是他自己的意志,因而在实践的范围内,必须把这个观念归之于一切有理性的存在者。"④"绝对没有方法能证明人的意志是自由的,除非能说明一切有理性的存在者之意志是自由的。"⑤黑格尔也认为,正常人都有自己的意志自由,在他看来,"作为生物,人是可以被强制的,即他的身体和他的外在方面都可被置于他人暴力之下;但是他的自由意志是绝对不可能被强制的,除非它本身不从其所受拘束的外在性或不从其对这种外在性的表象撤退出来。"⑥既然作为一个正常的人具有意志自由,他就可以在从事还是不从事恶行和犯罪之间进行选择,行为人在这种情况下选择犯罪,理应对自己所作的选择承担责任,因此,人的意志自由是追究犯罪人刑事责任的根据。

---

① 同上注,第 228 页。

② 参见许玉秀:《走出主观与客观的迷失》,载《现代刑事法与刑事责任——蔡教授墩铭先生六秩晋五寿诞祝寿论文集》(1997 年),第 19 页。

③ 〔德〕康德:《道德形而上学原理》,苗力田译,上海人民出版社 1986 年版,第 102 页。

④ 〔加〕约翰·华特生选编:《康德哲学原著选读》,韦卓民译,商务印书馆 1987 年版,第 216 页。

⑤ 同上注,第 215 页。

⑥ 〔德〕黑格尔:《法哲学原理》,范扬、张企泰译,商务印书馆 1982 年版,第 96 页。

2. 道义责任论——古典学派的刑事责任本质论

基于自由意志论，古典学派认为刑事责任在本质上是一种道义责任。"所谓道义责任，是指基于'对那种行为人理应知道不该去做而事实上他却做了的违法行为要进行非难'这一点而确定的责任。"①道义责任论站在个人主义和自由主义的立场，以"非决定论"为哲学基础，以意志自由为出发点，认为，人是具有自由意志的主体，凡是达到一定年龄的人，除不健全者外，都具有根据理性而行动的自由，对于人世间的一切是非善恶都具有充分的选择自由，并根据绝对理性的要求，趋善避恶。具有这种意志自由的个人，基于自己的自由意志决定，而使自己作出违反道德义务的犯罪行为，就应该受到道义的非难而承担刑事责任。因此，国家设置刑罚，正是维护被蔑视的道义的必然要求。可见，犯罪的本质是违反道义，刑事责任在本质上则是一种道义责任。

由于道义责任论认为，人只有在具有意志自由，能够在为恶和不为恶之间进行选择的情况下，决意选择恶行时，才能予以道义上的非难，进而追究行为人的刑事责任。因此，道义责任论所谴责的是行为人决意为恶的意志，也称意志责任论。

由于道义责任论认为为恶的决意在犯罪过程中表现为故意或者过失的心理态度，只有确认了行为人存在这两种心理态度之一，才能对其予以道义上的谴责。因此，道义责任论可以说是一种心理责任论。

由于道义责任论关注的是行为人是否在自由意志支配下实施了恶的行为，是以行为为中心构筑的刑事责任理论体系，主张刑事责任的轻重由行为人所实施的犯罪行为的轻重决定。因此，道义责任论又可以称为行为责任论。

道义责任论，将刑事责任存在的根据还"神"于"人"，建立以行为为中心的刑事责任理论，限制司法专制和刑罚的滥用，具有其历史功绩。但是，道义责任论建立在绝对的自由意志的基础上，又必然有其局限性。②

（三）古典学派的刑罚论

古典学派在刑罚理论方面存在两种观点，一种是目的刑论，一种是报应刑论，两种刑罚理论都是基于启蒙思想家的学说而形成的。值得注意的是，有学者认为，古典学派或者前期古典学派的刑法理论都主张报应刑或者以报应刑为基调。③ 这样的结论似乎不大符合实际情况，因为贝卡里亚、费尔巴

① 〔日〕小野清一郎：《犯罪构成要件理论》，王泰译，中国人民公安大学出版社 1991 年版，第 25 页。

② 参见赵秉志：《刑法总则问题专论》，法律出版社 2004 年版，第 201 页。

③ 参见张明楷：《刑法的基本立场》，中国法制出版社 2002 年版，第 10 页；〔日〕大塚仁：《刑法概说（总论）》，冯军译，中国人民大学出版社 2003 年版，第 35 页。

哈所主张的并非报应刑论。判断某一刑法理论是否属于古典学派,应当考察其是否坚持意志自由论、道义责任论、客观主义,因为正是在这些方面,古典学派与坚持意思必至论或决定论、社会责任论、主观主义或人格主义的近代学派形成对立。

1. 古典学派的目的刑论

古典学派中的贝卡里亚和费尔巴哈都是目的刑论者,不过,两个人的主张并不完全一致。

贝卡里亚所主张的是一般预防与特殊预防兼顾的双重预防论。贝卡里亚明确提出:"刑罚的目的既不是要摧残折磨一个感知者,也不是要消除业已犯下的罪行。"①"刑罚的目的仅仅在于:阻止罪犯再重新侵害公民,并规诫其他人不要重蹈覆辙。"②他还明确表达了自己更重视一般预防的立场:"什么是刑罚的政治目的呢?是对其他人的威慑。"③"当恶果已成为无可挽回的事实之后,只是为了不使他人产生犯罪不受惩罚的幻想,才能由政治社会对之科处刑罚。"④上述论述十分清晰地反映了贝卡里亚的双重预防刑罚观,即刑罚应当兼顾一般预防和特殊预防两方面的目的,并且以一般预防为主。

费尔巴哈基于其心理强制说,主张一般预防论,忽视特殊预防论,否定报应刑论。他认为,人具有追求快乐、逃避痛苦的本能,正是追求犯罪所带来的快乐这种感性冲动促使人犯罪。因此,要防止犯罪,就必须防止、抑制人的这种感性冲动。具体方法是使趋于行为的感性冲动,由于其他的感性冲动而扬弃,亦即让有犯罪倾向的人预先知道,实施犯罪行为会带来更大的恶害,从而抑制其犯罪的意念,放弃犯罪。这就是费尔巴哈的心理强制说的基本内涵。基于心理强制说,费尔巴哈认为,在法律中规定刑罚的目的,在于警告可能成为犯罪者的社会上的人不要实施犯罪行为。⑤ 即通过制定刑法,确立对犯罪人实施刑罚处罚的一般原则,对一般人加以心理的强制,使之不敢实施犯罪。同时,为了防止犯罪,必须对犯罪科处刑罚,使犯人知道刑罚所加的痛苦比由于停止犯罪所产生的不快感更大。⑥

2. 古典学派的报应刑论

康德系统论证了报应刑论。他以意志自由和理性人作为思考的基础,认

---

① 〔意〕贝卡里亚:《论犯罪与刑罚》,黄风译,中国大百科全书出版社 1993 年版,第 42 页。
② 同上注,第 42 页。
③ 同上注,第 31 页。
④ 同上注,第 31 页。
⑤ 参见马克昌:《比较刑法原理》,武汉大学出版社 2002 年版,第 27—28 页。
⑥ 参见〔日〕大塚仁:《刑法概说(总论)》,冯军译,中国人民大学出版社 2003 年版,第 35 页。

为对犯人科处刑罚是正义的当然要求，为了追求公正和正义，应当在同害报复法中寻求刑罚的绝对性质，即刑罚是为了抵消犯罪、使犯人尽责，将其恢复为道德的人格者。基于对人的自由权利和尊严的尊重，康德主张绝对的报应刑论，反对将刑罚仅仅作为促进另一种善的手段而使用，其理由是，每一个有理性的存在者本身，是作为一个目的而存在，而不是仅仅作为一种手段被这个或那个意志所利用而存在，因而他的一切行动，无论这些行动是针对自己还是针对其他有理性的存在者，都必须看作一个目的。① 基于绝对报应刑论，康德认为在对犯罪人适用刑罚时应当做到有罪施罚，无罪不罚，法庭不得以任何功利借口减轻或者加重罪犯的刑罚，使其受到不公正的惩罚。

康德所主张的报应刑是一种等量报复刑，这突出体现在他的下述观点上："如果你诽谤别人，你就是诽谤了自己；如果你偷了别人的东西，你就是偷了自己的东西；如果你打了别人，你就是打了自己；如果你杀了别人，你就是杀了自己。"②

黑格尔也是基于意志自由论而主张报应刑论，其基本思路是：人具有意志自由，基于此，作为一个正常的人不得侵害他人人格或从他人人格中所产生的东西（亦即作为人所具有的人格权、物权和诉权等基本权利）；当具有理性的人实施犯罪行为时，就破坏了他必须遵循的上述基本法则；基于对一个具有意志自由的人的尊重，应当对破坏了法的犯罪人予以刑罚制裁（即侵害），从而扬弃犯罪，恢复法的原状；对犯罪的扬弃是报复，因为从概念说，报复是对侵害的侵害；由于犯罪具有质和量上的一定范围，作为对犯罪否定的刑罚，也同样具有质和量上的一定范围。这样，黑格尔基于意志自由论，以其所主张的否定之否定的辩证法为理论指导，推导出了报应刑论。

黑格尔所主张的报应刑是一种等价报复刑。他认为，犯罪的侵害与刑罚的侵害的等同，不是侵害行为特种性状的等同，而是侵害行为价值的等同。③

黑格尔对目的刑论也持否定态度。他通过批判费尔巴哈的刑罚理论表明自己的这一立场。黑格尔认为，表现为威吓的目的刑论既不尊重人的尊严和自由，也缺乏真正的基础，因为"威吓的前提是人是不自由的，因而要用祸害这种观念来强制人们。然而法和正义必须在自由和意志中，而不是在威吓所指向的不自由中去寻找它们的根据。如果以威吓为刑罚的根据，就好像对

---

① 参见〔加〕约翰·华特生选编：《康德哲学原著选读》，韦卓民译，商务印书馆 1987 年版，第 209 页。

② 〔德〕康德：《法的形而上学原理——权利的科学》，沈叔平译，商务印书馆 1991 年版，第 165 页。

③ 参见〔德〕黑格尔：《法哲学原理》，范扬、张企泰译，商务印书馆 1982 年版，第 104 页。

着狗举起杖来，这不是对人的尊严和自由应有的重视。”①

三、近代学派及其刑法理论

近代学派又称实证学派或新派，是西方由自由资本主义向垄断资本主义和帝国主义过渡时期形成的刑法学派。代表人物有龙勃罗梭（1835—1909，意大利犯罪学家、精神病学家）、菲利（1856—1929，意大利刑法学家、犯罪学家）、加罗法洛（1852—1934，意大利犯罪学家）、李斯特（1851—1919，德国刑法学家）等。19世纪后半期，西方社会城市化加快，贫富差距拉大，失业、贫困、颓废现象日益严重，引发了高犯罪率等严重的社会问题。强调报应主义的古典学派刑法理论对汹涌而至的犯罪浪潮缺乏必要的应对策略，引起了统治阶级和一些思考者的不满。近代学派就是基于对古典学派刑法理论的不满而形成的，并在对古典学派的批判与论战中不断发展。近代学派又分为人类学派和社会学派。两派学者对犯罪原因、刑事责任的根据和本质、刑罚的目的等刑法基本理论问题进行了探讨。

（一）近代学派的犯罪原因论

古典学派的学者将关注的目光投放在惩罚犯罪的根据和目的上，并没有深入探讨犯罪原因。孕育近代学派的社会居高不下的犯罪率促使该学派的学者思考犯罪的原因和对策，并提出了种种理论。其中以龙勃罗梭的天生犯罪人论、菲利的三元犯罪原因论、李斯特的二元犯罪原因论影响较大。

龙勃罗梭利用其作为军医的便利条件，展开了对犯罪人的身体特征特别是头盖骨形状的实证研究。他根据自己对犯罪人身体特征的调查研究结果，提出了“天生犯罪人”理论。该理论认为，具有一定身体特征的人，由于存在生物学上进化迟钝的恶劣特性，即返祖现象，因而不能适应现代社会，注定要或者易于实施犯罪，从而成为天生犯罪人。在天生犯罪人论的基础上，龙勃罗梭又提出了犯罪定形论，即认为天生犯罪人通常具有某种生理特征和心理特征，他甚至认为不同罪种的犯罪人也各有其不同的生理特征和心理特征。龙勃罗梭虽然主张天生犯罪人论，但并不否定自然因素和社会文化对犯罪的影响，例如，他根据统计数字得出结论：强奸犯罪和谋杀犯罪主要发生在炎热的月份，盗窃、诈骗等侵犯财产罪冬季发案率最高。②

---

① 同上注，第102页。

② 参见〔意〕切萨雷·龙勃罗梭：《犯罪人论》，黄风译，中国法制出版社2000年版，第201—202页。

菲利通过批判古典学派的意志自由论而建立起自己的三元犯罪原因论。在他看来,人类行为无论是社会性的还是反社会性的,都是一个人的心理机制、生理状况及其周围生活环境相互作用的结果,基于此,菲利将犯罪原因归结为三个方面,即人类学因素或称个人因素、自然因素和社会因素。犯罪的人类学因素是指影响犯罪发生的个人生理状况、心理状况和生物社会学状况;犯罪的自然因素是指气候、土壤状况、昼夜的相对长度、四季、平均温度和气象情况等农业状况;犯罪的社会因素包括人口密集、公共舆论、公共态度、宗教、家庭情况、教育制度、工业状况、酗酒情况、经济和政治状况、公共管理、司法、警察、一般立法情况、民事和刑事法律制度等。① 上述三方面的因素对犯罪产生的作用随着每一种违法行为的心理学和社会学特征的不同而不同。例如,社会环境,尤其是经济状况对盗窃罪的产生具有不可否认的作用,但对杀人和猥亵奸污罪的发生所起的作用则要小得多。根据三方面因素在犯罪产生过程中所起作用的不同,可以将全部罪犯划分为五类,它们分别是精神病犯、天生犯罪人、惯犯、偶犯和情感犯。

李斯特在批判地借鉴菲利的犯罪原因论的基础上,提出了二元犯罪原因论。他认为,任何一个具体犯罪的产生均由两个方面的因素使然,一是犯罪人的个人因素;二是犯罪人的外界的、社会的,尤其是经济的因素。犯罪的产生以及犯罪对于犯罪人的意义随着这两个因素的变化而变化。其中,外界因素是主要诱因。一个一贯品行端正的人,由于一时的激情或者在危急情况下不由自主地实施的犯罪行为,是违背行为人的本意的,犯罪是生活中的一个懊悔的插曲。个人的因素是重要的诱因。即使在微小的外界因素诱发下,根植于犯罪人个性之中的、特有的本性也会促使其犯罪。②

由于近代学派认为犯罪是由行为人个人因素或者个人和外界两方面的因素所决定的,一旦这些因素出现,行为人就必然实施犯罪,而这些因素又不是行为人所能够控制的,因此,近代学派认为,在犯罪还是不犯罪问题上,行为人并不存在选择的自由。基于此,近代学派对古典学派的意志自由论持完全否定的态度。

(二)近代学派的刑事责任论

近代学派基于其犯罪原因论,对追究犯罪人刑事责任的根据以及刑事责任的本质等基础问题进行了系统的阐述。由于该派认为犯罪人对自己的行

---

① 参见〔意〕恩里科·菲利:《犯罪社会学》,郭建安译,中国人民公安大学出版社 1990 年版,第 41—42 页。

② 参见〔德〕弗兰茨·冯·李斯特著、埃贝哈德·施密特修订:《德国刑法教科书》,徐久生译,法律出版社 2000 年版,第 9—10 页。

为不存在选择的自由，当然不会认为犯罪人对其犯罪行为应当承担道义上的责任，因而对古典学派的道义责任论也持否定态度。在批判道义责任论的基础上，近代学派提出了社会责任论。

社会责任论以实证主义的“决定论”为其哲学基础，以行为人的反社会人格作为刑事责任的根据，从防卫社会的立场出发，认为，实证研究表明，古典学派关于人可以自由选择行为，因而犯罪应当归责于恶的意志，犯罪人应当承担道义责任的观点，只不过是该派学者杜撰出来的神话；在现实社会中，人是不自由的，个人的行为是由先于其而存在的遗传因素以及他生活于其中的社会因素和自然因素所决定的。社会所面临的威胁来自于有危险性格者，犯罪行为在客观上造成的侵害不过是犯罪主体的人身危险性的外部表现。因此，社会为了防卫自己，对于有害于社会的危险性格者，必须加以防卫处分。实行犯罪者，无论是否具有刑事责任能力，均应受到社会的防卫处分。由于犯罪不是由行为人的意志所决定的，因此，刑事责任的本质不是谴责行为人为恶的意志，而是防卫社会，刑事责任存在的合理根据，在于社会为谋求自身之安全而享有对具有危险性格的人所实施的危害行为进行防卫的权利。

社会责任论由于强调刑事责任来源于具有反社会性格的行为人，因此，社会责任论又被称为行为人责任论；而行为人在性格上所具有的社会危险性又是其处于应受刑罚处罚的法律地位的原因，基于这一点，社会责任论又被称为性格责任论。

社会责任论以保护“社会利益”的需要来说明刑事责任存在的根据，使刑事责任从超然领域回到了社会实际生活之中，有助于人们正确理解刑事责任存在的必然性和合理性。但是，社会责任论完全否认人的意志自由，片面强调犯罪人的人身危险性，为新的司法专横打开了方便之门，使统治者随时可以借口防卫社会、排除“人身危险性”，对公民滥施刑罚。①

（三）近代学派的刑罚论

近代学派基于社会责任论，坚决反对报应刑论，主张目的刑论，认为刑罚目的在于防止再犯、防卫社会。犯罪人的性格则是科刑的最重要的标准，相应的，刑罚个别化势在必行。由此建立起了以行为人为中心的目的刑罚理论。

近代学派的学者认为，犯罪与行为人生理、心理、性格等人格特征密不可分，不同犯罪人的人身危险性各不相同。基于防卫社会的需要，不能根据犯罪行为的严重程度，而应当根据犯罪人的人身危险性大小来决定对犯罪人处刑的轻重。这就是近代学派在刑罚论中主张的行为人主义。

① 参见赵秉志：《刑法总则问题专论》，法律出版社2004年版，第201页。

近代学派认为，对犯罪人施加刑罚是为了防卫社会，由此决定了其主张的是目的主义刑罚论。近代学派的学者一致强调犯罪人特殊的生理、心理、性格等个人因素是产生犯罪的重要原因，因此，他们都主张应当通过对犯罪人进行刑罚处罚，来达到防止犯罪人再犯的目的。同时，由于近代学派否认人具有意志自由，当然也不可能主张通过对犯罪人科处刑罚来达到威慑其他潜在犯罪人的目的，因此，近代学派所主张的刑罚目的并非一般预防，而是特殊预防。为了达到特殊预防的目的，学者们提出了种种刑罚运用方面的建议。例如，菲利认为，应当根据行为人的生物学特征在犯罪形成过程中影响的大小，对犯罪人采取不同的刑罚措施。李斯特认为，在运用刑罚手段消灭犯罪的个人原因时，首先应当对犯罪人进行分类，分类的标准是行为人反复实施犯罪的危险性的强弱。在此基础上对不同类型的犯罪人适用不同的刑罚方法。具体而言，对偶犯应给予缓刑处遇①，对机会犯应当科处罚金刑；对可以改造的罪犯科处自由刑；对不能够改造的罪犯，应使其永久与社会隔离。②

（四）近代学派的保安处分论与刑事政策论

近代学派为了达到其预防犯罪的目标，不但在刑罚论上主张目的刑主义，而且提出了保安处分这种刑罚的补充或者替代措施。该派学者认为，虽然刑罚是预防犯罪的手段，但在与犯罪作斗争中，刑罚既非唯一的，也非最安全的措施。仅仅依靠刑罚难以收到良好的预防犯罪的效果，比如，没有责任能力的人无论多么危险，都不能追究其刑事责任，都无法通过对其适用刑罚而达到预防犯罪的目的；对限制责任能力的人减轻处罚，也不能消除其反复犯罪的危险。因此，必须建立保安处分制度，在必要时补充或者替代刑罚。对于保安处分的性质，该派学者之间存在一元主义和二元主义两种观点。一元主义的保安处分论认为，保安处分也是以防卫社会为目的的、改造危险者的制度，和刑罚具有共性。二元主义的保安处分论则认为，保安处分与刑罚的性质不同，应当将刑罚与保安处分并列规定在刑法之中。

近代学派认为，不良的社会环境是犯罪产生的另一重要原因，因而改善社会环境、消除犯罪的社会原因成为近代学派关注的另一项犯罪预防策略，为此近代学派主张政府应当制定良好的社会政策，李斯特提出的“最好的社会政策就是最好的刑事政策”的观点，是这方面的代表。

---

① 参见〔德〕弗兰茨·冯·李斯特著、埃贝哈德·施密特修订：《德国刑法教科书》，徐久生译，法律出版社2000年版，第15页。

② 参见马克昌：《比较刑法原理》，武汉大学出版社2002年版，第44—45页。

四、大陆法系刑法理论内部的学派之争

关于学派之争，存在两种理解。一种是将学派之争理解为，在德意志，自李斯特倡导目的刑论以来，主张目的刑论的近代学派和主张报应刑论的古典学派之间展开的理论交锋；①另一种是将学派之争理解为所有在批判古典学派刑法理论的基础上产生的新刑法理论与捍卫古典学派理论基础的刑法理论之间展开的论战。② 两种学派之争的范围虽然有所不同，但所争论的主要问题基本相同，争论产生的原因也基本相同，即一派要否定古典学派关于刑事责任和刑罚的基础——意志自由，另一派则要维护和坚持这一基础。因此，无论对学派之争作何种理解，都可以称为古典学派与近代学派之争或者新派与旧派之争。由于我们所要探讨的学派之争的内容不局限于德国学者内部的论战，因而对学派之争作后一种理解。

（一）关于意志是否自由之争

古典学派的全部刑法理论都建立在其意志自由论的基础上。该派认为，人的意志不受因果法则的支配，不受个人素质、周围环境的决定，可以根据理性的判断进行自由选择。这种理论被称为意志自由论或者非决定论。近代学派恰好要推翻古典学派刑法理论的这一根基，该派学者认为，人的意志自由不过是幻想而已，人的行为受遗传因素和社会因素的支配。这种理论被称为意志决定论或者决定论。现在看来，古典学派所主张的意志自由论由于认为人具有绝对的意志自由，完全不受外界环境影响，显然不符合实际情况，因而难以成立。近代学派从宿命论的立场出发，认为犯罪完全是由犯罪人的遗传素质和他所生存的社会环境所决定的，个人完全没有选择的余地，也失之偏颇。

（二）关于个人本位与社会本位之争

关于人是否存在意志自由的对立，也引发了古典学派与近代学派关于是以人为本还是以社会为本的对立。古典学派认为，意志自由、理性是人性的基础，基于这种人性，人人都有与生俱来的自由权利和尊严，这种权利和尊严必须受到他人和社会的尊重，因此，人任何时候都只能作为目的，而不能主要作为实现其他目的的手段。由此形成了古典学派的自由主义和个人本位的世界观。这种世界观与古典学派产生的历史背景有关，即古典学派是在批判

① 参见〔日〕大塚仁：《刑法概说（总论）》，冯军译，中国人民大学出版社2003年版，第25页。

② 参见张明楷：《刑法的基本立场》，中国法制出版社2002年版，第33—34页。

封建制度下的罪刑擅断、刑法残酷的基础上形成的,重视刑法的权利保障机能顺理成章。近代学派由于否定人的意志自由,重点关注的是具有反社会人格的犯罪人对社会的严重威胁,自然而然地将保护的重点放在被犯罪所侵害的社会上。同时,近代学派产生于犯罪率不断攀升的时期,重视刑法的社会保障机能也无可厚非。不过,两派学者都并非只强调个人本位或者社会本位,通常是两者同时兼顾,只不过有所侧重而已。

(三)关于刑事责任本质之争

这里所说的刑事责任本质,是指刑事责任的根本属性。据此可以决定刑事责任是一种什么性质的责任,可以确定刑事责任的有无。在这方面,古典学派主张的是道义责任论,近代学派主张的是社会责任论。道义责任论与社会责任论的对立,在理论上表现为定论与决定论、伦理价值评价与社会秩序价值评价、道义非难与社会防卫观念的对立。两者的对立反映在对刑事责任基础的认识上,就是行为责任论和性格责任论的对立。前者认为,在人的自由意志支配下的犯罪行为,是刑事责任的基础,应当谴责的不仅是犯罪行为,还有支配犯罪行为的意志,因而又被称为意志责任论;后者认为,行为人的危险性格是刑事责任的基础,因而又被称为行为人责任论。

由于道义责任论和社会责任论的理论基础都存在缺陷,这两种责任论当然也不可能完美。道义责任论只看到具有意志自由的犯罪人选择犯罪行为在伦理上的可谴责性,而没有考虑这种可谴责的行为背后存在的不以人的意志为转移的个人性格和社会环境原因,因而将刑事责任都归结为一种道义上的责任,往往导致过分注重惩罚的报应性而忽视惩罚应当具有的防卫社会性,以至在犯罪控制方面一筹莫展。社会责任论则只看到个人遗传因素和社会环境对犯罪产生的决定性作用,而不肯承认人在是否实施犯罪问题上具有选择的自由,因而只想到如何控制犯罪人再危害社会,而忽视惩罚的正义性和刑罚所具有的一般预防的效果,很可能陷入无罪施罚、罚不当罪、有违公正、侵犯人权的危险境况中。后来的刑法学者试图调和两者之间的矛盾,由此产生了新社会防卫论,将在后文介述。

(四)关于犯罪认定上的客观主义与主观主义之争

古典学派既然认为人具有绝对的意志自由,当然会把目光重点投放在人最终作出的选择上,即要求人对自己基于自由意志选择的行为承担责任,而在选择行为之前,则没有对其进行谴责的理由。基于此,古典学派认为,犯罪人的内心状况,法律不能过问,也无法过问。只有当行为人的内心思想通过外部行为表现出来、所实施的行为危害到他人的利益时,法律才能加以干预。因此,刑事责任的有无和大小,应当以行为为基础,这就是犯罪和刑事责任认定上的客观主义。近代学派由于否定人的意志自由,认为具有一定危险人格的人犯罪的可能性极大,并因此形成重在保护社会的观念,相应的,近代学派认为,对犯罪人科以刑罚,并非仅仅因为其行为已经发生实际损害,而是因为其性格违反生活常态。因此,刑事责任的基础存在与犯罪人的主观性格之中,刑事责任的轻重应当由犯罪人的主观恶性和再犯可能性决定。需要注意的是,古典学派主张的客观主义并非客观归罪,近代学派主张的主观主义也不是主观归罪,两派在犯罪认定上,都坚持主客观相统一,即都认为犯罪的成立,在客观上必须具有符合犯罪构成要件的事实,行为必须具有违法性,行为人必须具有责任能力和罪过。

在犯罪认定上的客观主义和主观主义之争,有助于明确行为和人身危险性在定罪中的作用,除此并无更多的理论价值和现实意义。如果不适当地强调这种争论的意义,人为地拔高行为等客观要素或者人身危险性等主观要素在定罪中的地位,反而容易引起混乱。例如,有学者认为,我国的旧刑法(即1979年《刑法》)存在向主观主义倾斜的特点,具体表现在旧刑法对犯罪构成要件的规定比较简单,对犯罪预备与犯罪未遂设立了一般处罚规定,对行为、罪过甚至犯罪性质相同或基本相同的犯罪,仅根据犯罪目的或动机不同而规定为不同的犯罪,在限定犯罪成立方面,旧刑法的许多条文只是从目的(或动机)着手,旧刑法还规定了类推制度。① 新刑法(即1997年《刑法》)则体现出向客观主义倾斜的趋势,具体表现在新刑法的规定相当具体,对客观行为相同、罪过内容相同的犯罪,一般规定为一种犯罪行为,许多条文通过对客观行为的描述来限定主观内容,对常见、严重犯罪中影响法定刑升格的因素作了具体规定,明文规定了罪刑法定原则,取消了类推制度。② 实际上,无论是旧刑法还是新刑法的立法者,都是坚持客观主义的行为中心论者,这从我国刑法理论界长期以来对主观主义所倡导的保安处分制度一直持严厉批评和彻底否定的态度,立法者也没有设置保安处分措施就可以清楚地看出来。1979年《刑法》之所以呈现学者所列举的现象,并非当时的立法者坚持主观主义,而是由于当时立法经验不足,基于慎重和“宜粗不宜细”的立法技术考虑作出的决定。

尤其需要指出的是,认为1979年《刑法》以及当时的刑法理论都存在主观主义倾向的学者举例说,关于手段不能的杀人未遂犯与不可罚的迷信犯的区别,当时的刑法理论采取的是主观主义的观点,表现在当时的刑法理论认为,在行为人误认为自己的手段能够产生危害结果,事实上其手段不可能产

① 参见张明楷:《刑法的基本立场》,中国法制出版社2002年版,第61—62页。
② 参见张明楷:《刑法的基本立场》,中国法制出版社2002年版,第61—62页。

生危害结果时,构成犯罪未遂。① 持这种看法的学者可能没有思考与此相关的另一个问题,即为什么当时的学者将手段不能犯的未遂和迷信犯作出了罪与非罪的区分。仔细分析这一问题,就可以发现,恰恰是由于当时的学者坚持客观主义,认为迷信犯中的所谓杀人行为根本不属于刑法所规定的危害行为,而不能犯未遂中的杀人行为则应当归入刑法中的危害行为之列,才肯定前一种情形不属于犯罪,而后一种情形属于犯罪未遂。如果当时的学者赞同主观主义,合乎逻辑的结论应当是将迷信犯也纳入犯罪未遂之列,因为迷信犯也实施了自认为是杀人的行为,其行为也显示出行为人严重的主观恶性和人身危险性。可见,对不能犯按照犯罪未遂处理,而对迷信犯不作为犯罪处理,正是刑法理论采取客观主义立场的表现,只不过在关于不能犯的行为是否应当归入刑法中的危害行为这一点上值得进一步探讨而已。

(五)关于刑罚根据之争

关于刑罚的根据,古典学派与近代学派的对立也十分明显。早期古典学派的学者,如贝卡里亚、费尔巴哈都提倡一般预防论。不过,这种一般预防论与封建专制下的重刑威慑论存在明显不同,即不主张通过重刑威慑来达到预防犯罪的目的,而是提倡在刑罚合理化、缓和化的基础上实现一般预防目的。随后的古典学派学者,如康德、黑格尔,则坚持报应刑论,认为刑罚正当化的根据在于报应的正义性,刑罚应当作为对犯罪的报应而存在,而不应作为达到其他目的的手段。古典学派无论是主张一般预防论还是绝对的报应刑论,与其主张绝对的意志自由论都是相符合的。既然人具有绝对的意志自由,能够在违法与不违法之间进行选择,通过预先设置刑罚,告知民众,当然能够起到心理强制作用,达到一般预防的目的;而恶有恶报、善有善报,是古往今来人类社会共同信守的道德标准,对有选择自由的犯罪分子的恶行给予应得的报应,与公认的道德标准也是相符的。因此,坚持意志自由论和道义责任论的古典学派认为刑罚正当化的根据在于报应合情合理。近代学派认为,刑罚正当化的根据在于目的的正当性,刑罚是为了防止将来的犯罪而科处的,只有在对预防犯罪必要且有效的情况下才是合理的,并且认为刑罚的目的在于特殊预防。这种观点与近代学派不承认意志自由,而是主张意志决定论也是相符合的。

总之,在关于刑法的一系列基本问题上,古典学派和近代学派的立场都处于对立状况。了解学派之争,有助于对刑事责任的根据、本质、基础,刑罚正当化的根据,刑罚目的等刑法基本问题的全面了解和把握,认识到对刑法

---

① 同上注,第62页。

基本问题的理解可以是多元的,从而促进刑法基础理论的进一步深入发展。但是,了解和研究学派之争不能以人为制造学派之争为目的,因为历史事实和理论研究都已经证明,无论是古典学派还是近代学派,其理论基础都存在明显缺陷,在大陆法系国家,学派对立也已通过两派的妥协而基本平息下来。如果在这样的时代背景下,再人为地制造一场学派之争,显然是不合时代要求的。

五、大陆法系刑法理论的发展

(一)古典学派与近代学派的融合

以李斯特为代表的近代学派与以毕克迈耶为代表的后期古典学派,围绕意志自由论与意志决定论、道义责任论与社会责任论、客观主义与主观主义、报应刑论与目的刑论,展开了近20年之久的论战。在论战过程中,两派学者大都认识到了自身理论存在缺陷,认识到了容忍或者接受对方部分观点的必要性,因而到后来出现了两派融合的趋势。这种融合的趋势突出体现在两派关于责任论和刑罚论的变化上。

1. 古典学派与近代学派在责任论上的融合

古典学派发展到后来,在坚持道义责任论的基础上,吸收了社会责任论中的某些内核,提出了规范责任论。规范责任论与道义责任论一样,以行为为中心,以对行为的心理状态为责难对象,但是,它同时认为,在现实社会生活中存在着某些特殊条件和环境,这些条件和环境使得行为不受意志支配,在这种情况下,如果再仅凭行为人对行为的故意或过失来责难行为人,就不合理,而必须以能够期待行为人在当时的情况下实施适法行为作为责任非难的另一根据,从而体现出重视和在一定范围内承认社会责任论关于社会环境对犯罪发生具有决定性影响的观点。这种规范责任论也被近代学派所接受。可见,古典学派和近代学派在责任论上的融合趋势不但表现为两派学者的观点逐渐接近,还表现在大陆法系的刑法理论发展到今天,无论是古典学派还是近代学派,都已经基本上采取规范责任论。

2. 古典学派与近代学派在刑罚论上的融合

古典学派的报应刑论发展到后期有所修正,即不再坚持绝对报应主义,而是在肯定刑罚的本质在于报应的基础上,承认刑罚具有预防犯罪的目的,这就是后期古典学派学者毕克迈耶(1875—1923,德国刑法学家与法哲学家)提出的"分配理论"。这种理论认为,刑法的报应与预防通过立法者、法官、刑务官与各担当机关顺次经历法定、量定、执行的过程而具体化,在此过程中，立法有报应的意义；审判有宣传法制的意义；行刑有依照刑事政策乃至社会政策对犯罪者实行有效地改造教育，使之尽早复归社会的意义。① 即便是坚决拒绝向近代学派的目的刑思想妥协，认为采用目的刑思想就意味着废除了刑法自身的毕克迈耶②，也同意在刑罚之外，可以另行建立起保安处分制度，以防卫社会和矫正、教育犯罪者本人。这显然意味着他也承认有社会环境或者个人因素所决定的危险性格的存在，需要采取一定的措施来达到预防犯罪的目的。

至于近代学派，从李斯特起，就主张与古典学派妥协。他虽然主张将刑法从本能的报应之中解放出来，将特殊预防的思想置于首要位置，但并不认为应当取消一般预防，以“保护刑”或“目的刑”取代“报应刑”③，而是仅仅主张将两派的思想加以折中，在立法上的反映。④ 在日本，作为近代学派代表人物，并将近代学派在日本发扬光大的牧野英一（1878—1970，日本刑法学家、法哲学家），在强调刑罚目的的重点在于特殊预防之余，也承认刑罚对于社会而言具有一般预防作用，可以起到满足社会上一般人的报应欲望的作用，只不过他认为报应刑对现实的犯罪对策毫无作用。⑤ 即便被认为是最彻底的近代学派学者的宫本英修（1882—1944，日本刑法学家），也承认刑罚能达到一般预防的目的。而如果不承认人具有一定程度的意志自由，是不可能承认刑罚能达到一般预防目的的。

总之，由于古典学派在与近代学派的论战过程中，已经认识到了绝对的意志自由的不可能性，绝对报应刑论也无法解决日益严重的犯罪问题，因而部分接受了近代学派的社会防卫理论，从防止犯罪的立场出发，承认必须考虑犯罪人的人身危险性。于是，两派之间逐步走向妥协，两派的刑法理论也日益融合。当然，两派在某些基本问题和许多具体问题上的分歧还得继续存在。

（二）后期古典学派对刑法理论的新发展

坚持古典学派基本立场的学者在与近代学派进行论战的过程中，对一些刑法重大理论问题展开了长期的深入研究，并结出了硕果。这些学者虽然不

---

① 参见马克昌、杨春洗、吕继贵主编：《刑法学全书》，上海科学技术文献出版社 1993 年版，第 876 页。

② 参见〔日〕大谷实：《刑法总论》，黎宏译，法律出版社 2003 年版，第 18 页。

③ 参见〔德〕弗兰茨·冯·李斯特著、埃贝哈德·施密特修订：《德国刑法教科书》，徐久生译，法律出版社 2000 年版，第 23 页。

④ 参见〔日〕大谷实：《刑法总论》，黎宏译，法律出版社 2003 年版，第 18 页。

⑤ 参见马克昌、杨春洗、吕继贵主编：《刑法学全书》，上海科学技术文献出版社 1993 年版，第 877 页；马克昌主编：《近代西方刑法学说史略》，中国检察出版社 1996 年版，第 258 页。

再坚持绝对的意志自由论，相应地对许多问题的看法与古典学派不再完全一致，但基本立场仍然与古典学派相同，比如坚持意志自由，主张报应刑论，因而被称为后期古典学派。由于古典学派注重研究刑法规范，而近代学派则偏重于对犯罪的原因和对策等犯罪学问题的研究，因此，当代刑法理论的基本构架和新发展，主要是由后期古典学派完成的。① 这种发展主要体现在以下几方面：

（1）规范主义的创立。规范主义由宾丁建立，他认为，刑罚法规与规范是两个不同的概念，规范是关于行为的禁令或命令，国家据此对具有意志自由的人的行为进行指导和制约；刑罚法规是规定何种行为是犯罪、对犯罪科处何种刑罚的法律条文。规范先于刑罚法规而存在。犯罪是违反规范，而不是违反刑罚法规。另一后期古典学派学者比克迈耶进一步将宾丁所谓的规范分为文化规范和法规范，认为支配人们日常生活的是文化规范，法规范只对国家机关具有意义。没有文化规范上的要求，不能对行为人科处刑罚，对法规范的不知则不能成为免除刑罚的理由。

（2）构成要件理论的完善。当代大陆法系关于犯罪构成的理论体系，也是由后期古典学派学者完成的。贝林格在其《犯罪论》一书中，将犯罪的成立条件分成三部分，从而建立起目前在大陆法系刑法理论中占据统治地位的递进式犯罪构成体系：构成要件符合性（或称该当性）、违法性和有责性。贝林格的构成要件理论经过自我完善，可以概括为：构成要件是从刑法各条文规定的犯罪类型的概念中抽象出来的，对相应的犯罪类型进行规制，以确保其统一的“指导形象”。② 毕克迈耶对贝林格的构成要件论进行了完善，将构成要件作为违法性的认识根据，同时更明确地肯定在构成要件中，除记述的要素、客观的要素外，还包括规范的要素和主观的要素。

（3）因果关系理论的发展。对于刑法上的因果关系，后期古典学派的学者在条件说和原因说的基础上，又提出了一些新的观点以补充原因说。如，宾丁提出了过重条件说或称优势条件说，认为如果助长结果发生的起果条件压倒妨碍结果发生的妨果条件，以致结果发生，该起果条件就是原因，其余条件则是单纯条件。毕克迈耶则提出了最有利条件说，认为促使结果发生的多数条件中最有利的条件就是原因，其余条件则是单纯条件。不过，后期古典学派由于未能找到大家都能够接受的区分条件与原因的标准，对因果关系理论的发展十分有限。

（4）共犯理论的发展。后期古典学派在共同犯罪研究领域的贡献是提

① 参见张明楷：《刑法的基本立场》，中国法制出版社 2002 年版，第 46 页。

② 参见马克昌主编：《近代西方刑法学说史略》，中国检察出版社 1996 年版，第 226 页。

出并论述了共犯从属性说。毕克迈耶在其关于因果关系的最有利条件说的基础上建构其共犯理论，认为正犯是引起犯罪结果者，教唆犯和从犯是对结果的发生提供条件者，对犯罪的发生给予原因者为正犯，给予条件者为从属犯，从属犯从属于正犯而成立。毕克迈耶还进一步论述了共犯的从属性程度。

（三）"二战"以后大陆法系的刑法理论

第二次世界大战以后，西方刑法学者通过对法西斯刑法思想的清算和以往刑法思想的反思，又提出了一些新的刑法理论，主要有：

（1）新社会防卫论。由法国学者安塞尔（1902—1990，法国刑法学家、犯罪学家）提出。新社会防卫论，以社会责任论为基本立场说明刑事责任存在的必然性；同时，又吸收了道义责任论的"自由意志"（相对）的思想，将责任的道德意义注入到社会责任论之中。在处罚犯罪人最终是保卫社会需要的大前提下认为，个人的行为是自己人格表现的一种意识行为，更确切地说，是表现人格的自觉行动。人人都有责任心，故应要求犯罪人付出"道德义务"感情，此即"责任意义之所在"。因此，犯罪也就有个人责任的问题。同时，新社会防卫论还认为社会应对行为人负责，应尊重人的人格尊严和保障人的自由，社会处罚犯罪人并非基于消极地排除妨害，以此达到保卫社会的目的，而是帮助犯罪人，使之能复归社会。上述可见，新社会防卫论在认定责任的"社会性"上，与社会责任论相同；在认识刑事责任的"伦理性"上，又与道义责任论一致。基于上述认识，新社会防卫论主张根据健全的刑事政策修改刑法，使社会防卫统一到刑法之中，以保障复归社会者的自由和权利，把刑罚和保安处分合并为刑事制裁的统一体系，根据具体情况选择适用刑罚或保安处分。

（2）目的行为论。由德国刑法学者威尔哲尔（1904—1977，德国刑法学家、法哲学家）提出，认为人的行为是受目的支配的身体运动，而非单纯的因果现象。按照目的行为论，行为的本质是行为人以因果法则为基础，在预见到自己的行为可能发生的结果的情况下，设置相应的目标，并有计划地达到此项目标。目的行为论通过给行为设置"目的性"这一主观要素和身体活动这一客观要素，较为准确地界定了刑法中的直接故意行为，但未能妥善解决过失行为和间接故意行为的界定问题。

（3）人格责任论。"二战"后，日本学者团藤重光（1913— ，日本刑法学家）发展了毕克迈耶首倡、麦兹格（1884—1962，出生于瑞士，德裔刑法学家，在德国从事刑法学研究）推进的人格责任论，使之成为在刑法理论界具有重要影响的责任理论。社会责任论以惯犯为例对道义责任论提出诘难，认为对于惯犯而言,其行为基本上是出于一种习惯,意志自由对其行为选择并没有发挥作用,按意志自由论的观点就不应当对惯犯予以从重处罚,这显然是荒谬的。麦兹格对这种观点进行了反驳,他认为,对惯犯从重处罚并不是对惯犯所具有的实施犯罪的危险本身追究责任,而是对行为人在能够形成其他人格的情况下却形成惯犯人格的非难。团藤重光继承并发展了麦兹格的这一思想,认为犯罪一方面是由潜在人格决定的,另一方面仍然是由自主的、自发的意志决定的,行为人既要对行为时正常的意志活动所形成的人格承担责任,也要对影响这种意志活动的潜在人格承担责任,由此形成了人格责任论。① 人格责任论与性格责任论的不同之处在于,人格责任论不再像性格责任论那样将所有具有危险性格的人都纳入刑事责任的承担者之列,而是认为在反社会的危险性格之中,只有那些基于其本人的选择亦即由于其本人的责任而形成的现实危险性格才是责任非难的对象。具体而言,行为人自身所不能控制的危险性格,以及反射运动和绝对强制下的动作都不能归责于行为人,无意识的动作则可以称为行为。

(4)死刑废除论。“二战”后,保障和尊重人权的思想受到了广泛重视,各国陆续开展了废除死刑运动。促进这一运动的,则是各国刑法学界的学者不断提出、发展和完善的死刑废除论。其中具有代表性的是新社会防卫论者安塞尔的下述观点:“我们不必在此重提有关死刑的合法性,死刑存在和判处死刑的理由,有关死刑的恐吓作用、实际效率及其所谓社会与道德意义上的必要性所进行的一触即发的无休止的争论。在此,我们只须重申:在一个以尊重个人,保护人的生命、人类进化的自信心(或希望),保护人(尽管他已误入歧途或犯有过错)的社会增值为基础而建立起的社会里,死刑是绝对不应存在的。”②

六、大陆法系刑法理论中的犯罪构成理论体系

古典学派和近代学派对于犯罪构成理论体系应当如何建构没有原则分歧。目前的大陆法系刑法理论中占通说地位的犯罪构成理论体系,是由古典学派和近代学派共同打造出来的。早期的犯罪构成理论体系由客观要件和主观要件两部分组成。客观要件包括构成要件该当性和违法性,主观要件包

① 参见张智辉:《刑事责任通论》,警官教育出版社 1995 年版,第 180—181 页。

② 〔法〕马克·安塞尔:《新刑法理论》,卢建平译,香港天地图书有限公司 1990 年版,第 72 页。

括罪责。经过贝林格和毕克迈耶等学者的发展、完善,形成了层层递进式的三要件犯罪构成体系,即犯罪的成立必须依次具备构成要件的符合性、违法性、有责性三个层次的条件。

(一)构成要件的符合性

所谓的构成要件符合性(亦称该当性)①,是指行为符合刑罚法规所规定的具体的犯罪类型。这里的构成要件,最初被理解为犯罪的客观轮廓,既不包含故意、过失等主观要素,也与违法性、有责性无关。经过修正,目前多数学者认为,构成要件既包括犯罪类型的客观轮廓,也包括故意、过失等主观要素。在探讨构成要件与违法、责任的关系的过程中,大陆法系的刑法理论形成了三种学说。第一种是行为构成要件说,这种学说最初认为构成要件就是刑法分则规定的犯罪类型的轮廓,是一种记述性的、中性的行为类型,不包含主观要素和规范要素,也与是否违法无关;后来则将主观要素和规范要素都纳入其中。第二种是违法类型说。这种学说认为,构成要件是以法律规范的形式规定下来的,值得作为犯罪予以处罚的违法行为的类型。根据这种学说,符合构成要件的行为都是违法的行为。第三种是违法有责类型说。这种学说认为,构成要件是一种违法且有责的行为类型。目前,违法类型说在德国较为通行,违法有责类型说在日本之赞同者处于强势。

(二)违法性

在大陆法系刑法理论中,作为犯罪成立条件之一的违法性,一般的定义是指对现行有效的实定法的违反。由于目前大陆法系的刑法理论认为构成要件实际上就是违法行为的类型,因此,除非存在违法阻却事由,否则符合构成要件的行为就具有违法性。这样,大陆法系的刑法理论在违法性这一部分,只探讨违法性的本质、要素等基本问题和违法阻却事由。关于违法性的本质,存在形式的违法性论与实质的违法性论,以及客观的违法性论与主观的违法性论之间的对立。所谓形式的违法性论,即认为违法性是指行为违反法律秩序或者法律规范;实质的违法性论,即认为违法性的实质是指违反国家、社会的伦理规范,给法益造成侵害或者威胁。客观的违法性论,即认为法是一种客观的评价规范,只要事实上违反了它就是违法;主观的违法性论,即认为法是对行为人的命令规范,只有能够理解命令的内容、能够根据它作出

---

① 构成要件的符合性,在以往的刑法学译著或介述大陆法系刑法学的论著中,大多表述为"该当性";近年来一些论者改为使用"构成要件符合性",笔者亦深以为然,而认为"该当性"词不达意,为直接照搬日本的译称,故不取。

意思决定的人的行为，才谈得上违法。① 对于违法性的要素，过去认为仅仅是指行为的外部的、客观的、物理性的因素，如物理性的动作、客观的结果等，概括而言即“违法是客观的、责任是主观的”。在这种观念下，故意、过失、犯罪目的都被认为只是责任的要素。目前多数学者认为，违法性要素中还包括主观性的内容，如目的犯中的犯罪目的，就属于主观的违法要素。有的学者甚至认为，故意、过失也是主观的违法要素。违法性作为犯罪成立条件之一，意味着某一行为即使属于符合构成要件的侵害法益的行为，也可能因为存在违法阻却事由而不构成犯罪。

（三）有责性

所谓有责性，是指能够就符合构成要件的违法行为对其行为人进行非难。关于大陆法系刑法学者对责任（即有责性）本质的看法，笔者已经在前文介述，在此不予赘述。根据有责性这一犯罪成立条件，只有在能够对行为人的行为进行谴责，能够追究行为人刑事责任的情况下，才能够认定该行为构成犯罪。对于有责性的要素有哪些，目前通说认为，包括责任能力、故意或者过失、期待可能性。

这样，大陆法系刑法理论中的犯罪成立条件，包括构成要件符合性、违法性、有责性，只有同时具备上述三方面条件的行为才构成犯罪。

---

① 参见〔日〕大塚仁：《刑法概说（总论）》，冯军译，中国人民大学出版社 2003 年版，第 301—304 页。

2. 中法两国法人犯罪比较研究*

目 次

一、导　言

在世界范围内，自工业革命以来，法人开始在社会生活中起着日益重要

---

* 与郑延谱合著，原载高铭暄、赵秉志主编：《刑法丛论》第 10 卷，法律出版社 2006 年 5 月版。

的作用。正如英国学者 Gary Slapper 所言："公司成为非常重要的社会角色。事实上,我们的衣食住行、工作和生活所需要的一切,莫不是由为公司工作的人来设计、生产的。"①因此,在工业化较早的英国,人们很早就注意到了法人可能实施的违法行为以及由此导致的危害后果,并于 1842 年出现了第一个法人负刑事责任的判例。② 在当代,英美法系国家普遍认可法人的刑事责任,一般认为这同他们的实用主义哲学密切相关。

中国亦在 1987 年的《海关法》中首开对单位犯罪(法人犯罪在我国被称为单位犯罪,但两者是有区别的,下文将详述之。但为了论述方便,本文采取学界的一般做法,如无特指则两者通用)作出刑法反应之先河。此后,关于单位犯罪的立法大有一发而不可收之势。至 1997 年《刑法》修订以前,中国已在 12 部单行刑法和 3 部非刑事法律中分别作出了有关单位犯罪的规定,单位犯罪的罪名据不完全统计有 70 个左右,约占当时全部罪名的 1/3。受其影响,在 1997 年 10 月 1 日生效的中国新刑法中,采用大量的条文规定了上百种单位犯罪。但由于受立法经验不足、技术不成熟以及中国经济体制转轨过程中具体经济关系错综复杂等因素的影响,中国的单位犯罪制度存在着诸多的弊端与缺陷。因此,借鉴其他国家的法人犯罪制度,取长补短,无疑对完善中国的单位犯罪之刑事法治具有莫大的裨益。

众所周知,受历史等因素的影响,我国法律具有浓厚的大陆法系色彩,为典型的成文法国家。因此,在借鉴英美法实践经验的基础上,如能从大陆法系直接吸收成功的立法例,其积极意义自不待言。但在大多数大陆法系国家,受传统的古拉丁语格言:societas delinguere non potest(即社团不能犯罪)的影响,或者不承认法人能成为犯罪的主体,或者仅在刑法典之外的特别刑法或附属刑法中作分散的规定。然而,作为大陆法系国家之主要代表之一的法国,却在 1994 年 3 月 1 日生效的新刑法典中率先规定了法人可以成为犯罪的主体③,更于 2004 年 3 月 9 日通过的刑法修正案将法人的刑事责任扩展到所有自然人可构成的罪名中,这种与大陆法系之刑法立法传统大相径庭的做法也在大陆法系国家中产生了很大的影响。在 21 世纪的今天,对中法两国相近的法人犯罪制度进行比较研究,也具有重要的意义。审视中法两国关于法人犯罪的立法,可以看出法国的规定较为详细,可操作性较强,有诸多地方值得中国借鉴,但中国的立法亦不乏较法国立法有更可取之处。因此,本

---

① (1994)"Corporate Punishment",P144. *New Law Journal*, p. 29.

② Birmingham & Gloucester Railway Co. (1842) 3 Q. B. p. 223.

③ 事实上,在法国 1670 年的《刑事法令》中已出现了惩治组织体犯罪的规定,较英国尤早。但一般认为当时的刑事法律同现代刑法有很大区别。

着相互借鉴、取长补短,完善法人犯罪立法之考虑,本文拟对中法两国的相关规定进行比较,以期对中国的刑事法制建设增添片瓦之力。

二、立法概况和立法模式之比较研究

(一)法国法人犯罪之立法概况

如前所述,早在法国1670年的《刑事法令》即《Ordonnance Criminelle》中已有采用刑事手段惩治组织体的规定:"城市、城镇和村庄因触犯叛乱、暴力或其他罪名而受到审判",继而规定了对上述主体进行审判的程序和具体的处罚措施:罚金、剥夺特权和推倒建筑物。① 这是法国有资料可查的最早关于处罚组织体的规定。然而,该规定及其所体现的原则受到由于大革命时期强烈的个人主义影响而被废除。因此,在稍后的1810年拿破仑刑法典中没有关于法人犯罪的规定。另外,也有学者认为,这是由于法国大革命几乎取消了所有的法人,法典的起草者因而没有对法人的刑事责任给予关注。② 此后,司法实践中对法人采取仅仅追究民事责任而不追究刑事责任的原则。所以,刑法理论上一般也认为,法人不得因其经营管理人或领导人实行的犯罪而受到追诉与惩处,应追究的只是法人的代表或法人机关的个人刑事责任。

然而,进入20世纪之后,在法国也开始出现例外追究法人刑事责任的规定。例如在1945年5月5日的法令中规定了新闻企业在战争期间同敌人进行合作的刑事责任;在1976年12月6日的《劳动法》第263-3-1条规定,企业在严重并反复违反有关安全、卫生等法规的情况下出现工伤事故时应负刑事责任并应制定安全计划。另外,还有一些有关法人负刑事责任但仅对其领导人个人判处罚金的规定,但一般认为,这实际上追究的仅仅是法人的民事责任而已。随着经济和社会的发展,在刑法典中规定法人刑事责任的呼声越来越高。早在1932年,法典起草委员会就在其改革方案中建议在法国刑法中增加法人刑事责任的规定。其后,法国1978年《刑法典草案》在其第38条规定:任何从事商业、工业或金融业活动的组织,对其机构以其名义并为其

---

① HIDALGO, R., SALOMON, G. et MORVAN, P. (1994), *Entreprise et responsapilité pénale*, LGDJ, PARIS, 11.

② GUILLAUME KRAFFT, (1998), Corporate Criminal Liability For Manslaughter In France And In England And Wales, Dissertation as part of Master of Laws Degree in International Criminal Law, University of Sussex.

利益而故意触犯的轻罪负刑事责任。① 稍后，1983 年的《刑法典草案》对该条作了改动，规定任何法人，包括社团和工会，可以对任何罪行负刑事责任，如果法律明确规定了该种法人刑事责任的话。再后，1986 年的草案仅仅对 1983 年的草案作了很小的变动，将公法人和公法人集团排除出法人犯罪的主体范围。② 议会在进行了热烈的讨论后，最终在 1992 年通过并于 1994 年起生效的刑法典即新《法国刑法典》第 121－2 条中作出了如下规定：

除国家外的法人，根据第 121－4 至 121－7 条规定的不同情况以及在法律和条例规定的情况下，对其机关或代表为其利益所实施的犯罪行为承担刑事责任。

但地方行政机构及其集团仅对其在从事公务转让协议范围内的活动的过程中的犯罪行为负刑事责任。

法人的刑事责任不排除同一犯罪事实中自然人主犯和共犯的刑事责任。③

新刑法典第 121－3 至 121－7 条分别规定了犯罪的成立条件、犯罪的主观方面和共同犯罪等问题，为法人犯罪的具体构成作出了规定。其中第 121－2 条第 3 款和第 121－3 条分别于 1996 年和 2000 年的刑法修正案中进行了一定程度的修改，从而又带来法人犯罪具体认定上的一定变化，拟在下文详述之。

在法人犯罪的构成范围上，从法国新刑法典 1994 年生效至今，大致经历了三个阶段。通过分析这三个阶段，可以大致看出当代法国刑法有关法人犯罪及其立法模式的发展趋势：

第一阶段：1994 年 3 月 1 日至 2001 年 6 月 11 日。如前所述，新刑法典第 121－2 条第 1 款规定法人只有在"法律和条例规定的情况下"才负刑事责任，采取了总则与分则相结合的方式，也即法人的行为只有在有分则条文特殊规定的情况下才能构成犯罪，这在法国被称为"特定"原则。④ 主要集中在

---

① GUERIN, D, (1996), *op cit*, 4.

② GUERIN, D, (1996), *op cit*, 4.

③ 本条第 3 款于 2000 年 6 月 10 日 no. 2000－647 号法令作出修改，增加"根据 121－3 条第四段之规定"，而该规定的主要内容是自然人之行为在没有直接导致危害结果发生，但造成了使结果发生的危险状态时，由于没有采取积极措施避免危险结果发生从而导致严重后果时该自然人应负刑事责任。

④ 即法国教科书中的 le principe de specialité，见 Frédéric Desportes et Francis Le Gunehec, *Droit pénal général*, Dixième édition, ECONOMICA, 2003, p. 550.

以下方面①：

第二章侵犯人身权利的重罪和轻罪有反人类之重罪、杀人罪、非法医疗试验罪、歧视罪、介绍卖淫罪、诽谤罪、破坏家庭罪、非故意暴力行为罪、伤害人之身体罪、损害他人形象罪等；

第三章侵犯财产罪之重罪和轻罪中几乎所有的罪名都可以由法人构成，如盗窃罪、滥用他人信任罪、窝藏赃物罪和破坏财产财物罪等；

第四章侵犯民族、国家和公共和平的重罪和轻罪有恐怖活动罪、建立武装小团体罪、伪造货币罪、伪造公共权力机关发放的证书罪和伪造权力机关印章罪等；

第五章其他重罪和轻罪中的违反生物医学和伦理标准罪；

第六章违警罪中涉及与前几章相关的许多罪名，如过失侵犯人身罪、传播有损名誉的信息罪、非公共场合下挑衅以引起歧视、仇恨和种族主义暴行罪、违反特定动产的买卖或交换之规定罪、以通信方式强迫交易罪、丢弃无主交通工具罪、违反有关在公共场合从事职业的法令罪等。

可以看出，新刑法典在许多罪名中都规定了法人的刑事责任。在之后的一些刑事法令中又陆续增加了个别的法人犯罪的罪名，如1996年刑事法令№96－392中增加法人洗钱罪、1998年刑事法令№98－468中增加法人采用非暴力手段同15岁以下未成年人发生性关系罪和2000年刑事法令№2000－595中增加法人贪污罪等，但总体来讲变化不大。

第二阶段：2001年6月12日至2004年3月8日。法国于2001年6月12日通过的№2001－504《刑事法令》大大扩大了法人负刑事责任的范围，该法令的主要目的是为了惩处宗教团体的不法行为②，罪名主要集中在第二章：以酷刑或残忍的手段、暴力或威胁的方式故意损害人的尊严的犯罪；强奸和性的侵犯罪；以积极或消极手段阻挠解救被非法拘禁人罪；教唆自杀罪；利用欺诈手段使他人陷于无知或衰弱状态罪；损害死者尊严罪和遗弃家庭罪；违反教育义务罪。另外，该刑事法令还对一些非刑法典中的犯罪增加了刑事责任，这在下面进行论述。

根据法国的刑事法律体系，在刑法典之外的许多非刑事法典中附设了有关犯罪和刑罚的条文，其中规定有法人刑事责任的条文如下：《保险法》第310－27条；《民用航空器法》第324－1条、第741－3条；《地方行政机构法》第2223－36条、第1611－14条；《商业法》第310－6条、第321－15条、第

① 见 Frédéric Desportes et Francis Le Gunehec, *Droit pénal général*, Dixième édition, ECONOMICA, 2003, p. 550. p. 551－556.

② JCN Pénal-version 1/2004, Art. 121-2, 83-87.

441－5条、第442－3条、第443－3条和第626－7条；《消费法》第213－6条、第121－72条；《建筑和住宅法》第111－6－1条、第511－6条、第521－4条、第642－28条和第R.133－2条；《饮料零售法》第8－2条；《河流的公共领域和内河航行法》第209条；《环境法》第216－12条、第218－25条、第218－57条、第218－70条、第218－80条、第226－10条、第437－23条、第514－18条和第514－47条；《军事正义法》第476－13条；《矿产开采法》第143条；《财政金融法》第465－3条、第571－1条和第573－7条；《邮电法》第65条、第R.20－30－2条；《知识产权法》第335－8条、第343－2条、第521－5条和第716－11－2条；《公路法》第213－6条；《乡镇法》第215－10条、第215－11条、第215－12条、第237－1条、第251－20条、第251－21条和第253－17条；新《健康法》第4161－6条、第1336－4条、第5431－4条、第5451－3条和第R.48－6条；《劳动法》第152－3－1条、第362－6条和第364－10条。

此外，许多单行法令中还规定有法人犯罪，涉及方方面面的罪名，例如1945年11月2日的《刑事法令》№45－2658第21条规定了帮助他人入境并居住罪、1998年6月17日的《刑事法令》№98－486第39条规定了非法向未成年人出示某些文件罪等。①

综上所述，截至2004年3月8日，法国的法人犯罪所涉及的罪名已非常广泛，事实上，大多数犯罪行为均可由法人实施。

第三阶段：2004年3月9日通过的刑法修正案№ 2004－204即《LOI PERBEN》Ⅱ②将新《法国刑法典》第121－2条第1款中的"以及在法律和条例规定的情况下"取消，从而又给法人犯罪的成立范围带来了巨大的变化。因为根据原法律，法人只有在法律有明文规定的情况下才负刑事责任，没有规定则不负刑事责任，即须遵守前文所述之"特定"原则。尽管修正案出台前法人的刑事责任范围非常广泛，但毕竟还有不少罪名将法人排除在外。③ 将法人负刑事责任的范围扩展到所有的罪名中④，无论是在理论上还是在实践上都将带来巨大的影响。需要说明的是，该修正案的生效日期为2005年12月31日。

（二）中国法人犯罪之立法概况

在中国，关于法人犯罪的发展也大致经历了三个阶段：

---

① JCN Pénal - version 1/2004, Art. 121－2, 91.

② 法国按照提案人的姓名来命名法律的修正案，由于此次提案人为PERBEN先生，故为《LOI PERBEN》，又由于这是第二个以PERBEN命名的修正案，这里称为《LOI PERBEN》Ⅱ。

③ 这种情况在劳动法中和社会保险法中尤为明显。

④ 这里仍存在两个不适用法人刑事责任的例外：1881年7月29日法令第43条关于新闻自由的规定和1882年7月29日№82－652法令第93－3条关于视听交流的规定。参见《LOI PERBEN》Ⅱ第55条。

第一阶段:1949 年至 1987 年《海关法》出台前。在新中国成立后的相当长的一段时间内,刑法理论一般认为法人不能成为犯罪主体,原因主要是受计划经济的影响,在实践中以法人名义实施犯罪的情况较为少见,因而法律中一直没有法人犯罪的规定。尽管在起草 1979 年《刑法》的过程中曾有人提出是否在刑法典中规定法人犯罪的刑事责任的问题①,但并没有为 1979 年《刑法》所采纳。1979 年《刑法》是随着我国经济体制改革和对外开放颁行的,在之后的几年中,随着经济的发展,法人的违法现象也日益增多并引起理论界和实务界的重视。开始有少数学者认为中国在一些非刑事法律的附属刑法规范中规定了法人犯罪,即从立法上承认法人可以成为犯罪主体。还有学者认为,1979 年《刑法》中承认了法人犯罪,对于盗用商标等犯罪,刑法并不处罚作为犯罪实行者的法人本身,而将该法人的代表人以及其他积极参与法人犯罪的自然人作为"直接责任者"而予以处罚,即采用了"转嫁罪"的方式;1986 年公布的《民法通则》第 110 条规定:"公民、法人的行为构成犯罪的,对公民、法人的法定代表人应当依法追究刑事责任",该条文从民法的角度,肯定了法人的犯罪能力,明确了法人的行为也构成犯罪,并且规定通过追究作为犯罪法人法定代表人的自然人的刑事责任来处罚法人。但通说认为,由于法律规定极其含糊,甚至有些法律只是规定要追究法人的直接责任人员的刑事责任,而刑法典中却根本无相应的罪刑规范可适用,再加上司法实践中从未出现过追究法人刑事责任的情况,因而该期间立法上并未承认法人可以成为犯罪的主体。

第二阶段:1987 年《海关法》出台至 1997 年新《刑法》颁布。《海关法》第一次承认法人可成为犯罪主体,首开我国法人犯罪之先河。② 其后立法机关为惩治日益严重的法人犯罪现象,在一系列单行刑法和非刑事法律的附属刑法规范中,规定了数量众多的法人犯罪之罪刑规范。其中,规定法人犯罪的单行刑法主要有:1988 年 1 月 21 日颁行的《关于惩治走私罪的补充规定》和《关于惩治贪污罪贿赂罪的补充规定》;1990 年 12 月 28 日颁行的《关于禁毒的决定》和《关于惩治走私、制作、贩卖、传播淫秽物品的犯罪分子的决定》;1992 年 9 月 4 日颁行的《关于惩治偷税抗税犯罪的补充规定》;1993 年 2 月 22 日颁行的《关于惩治假冒注册商标犯罪的补充规定》;1993 年 7 月 2 日颁行的《关于惩治生产、销售伪劣商品犯罪的决定》;1994 年 3 月 5 日颁行的《关于严惩组织、运送他人偷越国(边)境犯罪的补充规定》;1994 年 7 月 5 日颁行的《关于惩治侵犯著作权的犯罪的决定》;1995 年 2 月 28 日颁行的《关

① 参见刘白笔、刘用生:《经济刑法学》,群众出版社 1989 年版,第 108 页。

② 参见赵秉志:《刑法改革问题研究》,中国法制出版社 1996 年版,第 165 页。

于惩治违反公司法的犯罪的决定》;1995 年 6 月 30 日颁行的《关于惩治破坏金融秩序犯罪的决定》;1995 年 10 月 30 日颁行的《关于惩治虚开、伪造和非法出售增值税专用发票犯罪的决定》等共计 12 部法律,规定了 62 种罪名。规定法人犯罪的非刑事法律除 1987 年 1 月 22 日颁行的《海关法》外,还有 1990 年 9 月 7 日颁行的《铁路法》和 1994 年 5 月 12 日颁行的《对外贸易法》两部法律,共规定了 3 种罪名。

第三阶段:1997 年新《刑法》颁行至今。1997 年 3 月 14 日我国立法机关对原 1979 年《刑法》进行了全面、系统的修订,其中的一项重大改革,就是在新《刑法》中全面确立了惩治法人犯罪的刑法制度,于总则和分则中分别对法人犯罪的处罚问题作了较为全面、明确的规定。其主要内容是:

1. 关于总则规定

我国 1997 年《刑法》于总则第二章(犯罪)第四节对单位(法人)犯罪的概念及处罚原则作了明确的规定。第 30 条规定了单位犯罪的概念,单位犯罪即法人犯罪的概念为:"公司、企业、事业单位、机关、团体实施的危害社会的行为,法律规定为单位犯罪的,应当负刑事责任。"第 31 条规定了单位犯罪的处罚原则:"单位犯罪的,对单位判处罚金,并对其直接负责的主管人员和其他直接责任人员判处刑罚。本法分则和其他法律另有规定的,依照规定。"

2. 关于分则规定

我国 1997 年《刑法》分则对现实生活中发生的各种各样的法人犯罪作了尽可能全面的概括,将其分别规定于第二章危害公共安全罪,第三章破坏社会主义市场经济秩序罪,第四章侵犯公民人身权利、民主权利罪,第六章妨害社会管理秩序罪,第七章危害国防利益罪,第八章贪污贿赂罪和第九章渎职罪之中。具体罪名如下:

危害公共安全罪一章中规定的单位犯罪有:非法制造、买卖、运输、邮寄、储存枪支、弹药、爆炸物罪,非法买卖、运输核材料罪,违规制造、销售枪支罪,非法出租、出借枪支罪,重大劳动安全事故罪,工程重大安全事故罪,教育设施重大安全事故罪。

破坏社会主义市场经济秩序罪一章中规定有:生产、销售伪劣产品罪,生产、销售假药罪,生产、销售劣药罪,生产、销售不符合卫生标准的食品罪,生产、销售有毒、有害食品罪,生产、销售不符合标准的医用器材罪,生产、销售不符合安全标准的产品罪,生产、销售伪劣农药、兽药、化肥、种子罪,生产、销售不符合卫生标准的化妆品罪,走私武器、弹药罪,走私核材料罪,走私假币罪,走私文物罪,走私贵重金属罪,走私珍贵动物、珍贵动物制品罪,走私珍稀植物、珍稀植物制品罪*，走私淫秽物品罪，走私普通货物、物品罪，走私固体废物罪，虚报注册资本罪，虚假出资、抽逃出资罪，欺诈发行股票、债券罪，提供虚假财会报告罪，妨害清算罪，擅自设立金融机构罪，伪造、变造、转让金融机构经营许可证罪，高利转贷罪，非法吸收公众存款罪，伪造、变造金融票证罪，伪造、变造国家有价证券罪，伪造、变造股票、公司、企业债券罪，擅自发行股票、公司、企业债券罪，内幕交易、泄露内幕信息罪*，编造并传播证券交易虚假信息罪，诱骗投资者买卖证券罪，操纵证券交易价格罪，违法向关系人发放贷款罪，违法发放贷款罪，用账外客户资金非法拆借、发放贷款罪，非法出具金融票证罪，对违法票据承兑、付款、保证罪，逃汇罪，洗钱罪，集资诈骗罪，票据诈骗罪，金融凭证诈骗罪，信用证诈骗罪，保险诈骗罪，偷税罪*，逃避追缴欠税罪，骗取出口退税罪，虚开增值税专用发票、用于骗税、抵扣税款发票罪，伪造、出售伪造的增值税专用发票罪，非法出售增值税专用发票罪，非法购买增值税专用发票、购买伪造的增值税专用发票罪，非法制造、出售非法制造的用于骗取出口退税、抵扣税款发票罪，非法制造、出售非法制造的发票罪，非法出售用于骗取出口退税、抵扣税款发票罪，非法出售发票罪，假冒注册商标罪，销售假冒注册商标的商品罪，非法制造、销售非法制造的注册商标标识罪，假冒专利罪，侵犯著作权罪，销售侵权复制品罪，侵犯商业秘密罪，损害商业信誉、商品信誉罪，虚假广告罪，串通投标罪，合同诈骗罪，非法经营罪，强迫交易罪，伪造、倒卖伪造的有价票证罪，倒卖车票、船票罪，非法转让、倒卖土地使用权罪，中介组织人员提供虚假证明文件罪，中介组织人员出具证明文件重大失实罪，逃避商检罪。

侵犯公民人身权利、民主权利罪一章中规定有：强迫职工劳动罪。

妨害社会管理秩序罪一章中规定有：非法生产、买卖警用装备罪，扰乱无线电通信管理秩序罪，骗取出境证件罪，非法向外国人出售、赠送珍贵文物罪，倒卖文物罪，非法出售、私赠文物藏品罪，妨害传染病防治罪，妨害国境卫生检疫罪，采集、供应血液、制作、供应血液制品事故罪，逃避动植物检疫罪，重大环境污染事故罪，非法处置进口的固体废物罪，擅自进口固体废物罪，非法捕捞水产品罪，非法猎捕、杀害珍贵、濒危野生动物罪，非法收购、运输、出售珍贵、濒危野生动物、珍贵、濒危野生动物制品罪，非法狩猎罪，非法占用耕地罪，非法采矿罪，破坏性采矿罪，盗伐林木罪，滥伐林木罪，非法采伐、毁坏珍贵树木罪，非法收购盗伐、滥伐的林木罪，走私、贩卖、运输、制造毒品罪，走私制毒物品罪，非法提供麻醉药品、精神药品罪，制作、复制、出版、贩卖、传播

---

* 带 * 号的罪名在 2009 年《刑法修正案（七）》中已作出修改。

淫秽物品牟利罪,为他人提供书号出版淫秽书刊罪,传播淫秽物品罪,组织播放淫秽音像制品罪,组织淫秽表演罪。

危害国防利益罪一章中规定有:故意提供不合格武器装备、军事设施罪,非法生产、买卖军用标志罪,战时拒绝、故意延误军事订货罪。

贪污贿赂罪一章中规定有:受贿罪,行贿罪,对单位行贿罪,私分国有资产罪、私分罚没财物罪。

渎职罪一章中规定有:滥用管理公司、证券职权罪。①

概括起来,新刑法颁行之初,分则中规定的涉及法人犯罪的条文有96个,罪名多达121种,占全部罪名的29%强,大部分集中在破坏社会主义市场经济秩序罪和妨害社会管理秩序罪两章中。随后,全国人民代表大会常务委员会于1998年12月29日通过的《关于惩治骗购外汇、逃汇和非法买卖外汇犯罪的决定》中增加了骗购外汇罪的规定,于1999年12月25日通过的《中华人民共和国刑法修正案》中增加了隐匿、故意销毁会计凭证、会计账簿、财务会计报告罪,于2001年12月29日通过的《中华人民共和国刑法修正案(三)》中增加了资助恐怖活动罪,于2002年12月28日通过的《中华人民共和国刑法修正案(四)》中增加了走私废物罪等4种法人可以构成的罪名。

(三)中法两国法人犯罪立法模式之比较

综上所述,我国刑法采取总则和分则相结合的方式对法人犯罪进行规定,与法国刑法修正案№2004-204之前的方式相同,都为"特定"原则。但该修正案将"特定"原则取消,进而实行普遍原则②,将法人刑事责任扩展到所有的罪名。两种方式究竟孰优孰劣?下文详述之。

如前所述,从1994年法国刑法典规定法人犯罪至今,法国的法人犯罪制度已经走过了10年的时间,在这10年中,立法一直以一种积极的姿态扩大法人负刑事责任的范围,并于《LOI PERBEN》Ⅱ出台前将法人刑事责任纳入大部分罪名中,但立法部门仍然认为立法同司法需要之间存在"不协调一致的地方"③,即立法不能满足实际的需要,应当进一步扩大法人犯罪的范围,而采取逐条增加的方法又显得太耗时费力,直至《LOI PERBEN》Ⅱ的出台一劳永逸地填补了这些"空白"。这种将法人犯罪扩充到大多数罪名进而全部罪名的做法究竟效果如何?其科学性有多大?值得进一步研究。

---

① 参见赵秉志、刘志伟:《海峡两岸法人犯罪立法之比较研究》,载《河北法学》1998年第4期。

② 为了研究方便,本文姑且这么称呼。

③ ditions Législatives/Actualités/Dossier 2004.04.05-1.

事实上，无论在法国还是在中国，有关法人是否有犯罪能力本身即应否在立法中规定法人犯罪一直都有很大的争议，两国都存在着法人犯罪否定说和法人犯罪肯定说两种截然不同的观点。

在中国，单位法人犯罪否定说认为：单位犯罪不符合我国社会主义性质和法律特征，不利于我国法人制度的健全和巩固；法人不具备犯罪的主观要件；追究法人刑事责任违背我国刑法中罪责自负的原则和适用刑罚的目的；追究法人刑事责任在刑罚适用上会出现一系列难题；国外的法人犯罪的经验存在很多弊端和难题，不值得效仿；对法人判处的罚金可用行政罚款的手段来代替。而单位犯罪肯定论者则提出了针锋相对的观点：惩罚法人犯罪不但不违背我国法人的社会主义性质，还有利于法人制度的巩固和健全；违法和犯罪没有绝对界限，既然法人可以成为别的部门法的违法主体，就应当承认其也可以成为犯罪的主体；法人能够具备犯罪的主观要件，法人决策机关的决策就是法人意志的具体体现；追究法人刑事责任并不违背罪责自负的原则，只是一种特殊的罪责自负的原则而已；把法人作为犯罪主体，可以解决刑罚适用问题；外国立法例和刑法理论上关于法人刑事责任的规定和主张，可以为我国借鉴和参考；法人能够和应该作为犯罪主体的主张，有一系列法律和司法解释方面的根据。①

法国方面，法人犯罪否定说论者固守古拉丁语格言“社团不能犯罪”，认为，不可能将某种过错归咎于既没有实际生命，也没有自己意志的法人，而刑事责任要求有个人方面的过错，这样才有可能将此种过错归咎于犯有错误之人的“账”上；站在惩罚与制裁的角度，法律对自然人所确定的剥夺或限制自由的刑罚完全不可能适用于法人，而如果将这种刑罚适用于法人，则不可避免地罚及与犯罪并无关系的法人的自然人成员。② 杰斯(Jèze)教授甚至用其名言表达了他对“法人”这一用语本身的怀疑：“我们不能同法人共进晚餐。”③但是近来受英美刑法和本国立法等诸多因素的影响，理论界开始倾向于法人犯罪肯定说，指出，法人已经不是虚拟的实体，而是法律的现实；法人也有自己的、与其每个成员有区别的集体意志；虽不可能对法人适用有期徒刑或监禁刑，但可对其适用适合其性质的罚金或没收财产；对法人判处刑罚

---

① 以上争论参见赵秉志主编：《犯罪总论问题探索》，法律出版社 2003 年版，第 158—160 页。

② 参见〔法〕卡斯东·司特法尼：《法国刑法总论精义》，罗结珍译，中国政法大学出版社 1998 版，第 288 页。

③ RONTCHEVSKY, N. (1996), “La notion d’entité personnifiée”, 149 Les Petites Affiches, 11 dec., 7.

可以对法人的平常行为进行规制,对其不法行为起到预防和威慑作用。①

考察两国法人犯罪制度立法与理论的演进,可以清晰地看到其共同的发展脉络:在立法上由没有任何规定到在刑法典之外的单行刑法、附属刑法中出现个别规定,再到这些规定逐渐增多,最后在刑法典总则中设立专门的条文;理论上由法人犯罪否定说为主流逐渐演变到以法人犯罪肯定说为主流。这种演变是同社会经济的发展密切相关的。奴隶社会、封建社会自给自足的经济形式决定了少量出现的法人在社会生活中不起主要作用,而社会间的矛盾也主要是作为整体的社会同个人之间的矛盾。在此基础上发展起来的刑事古典学派的刑法理论自然将刑事责任建立在强调人的主观恶性、人的责任能力的社会伦理责任、道义责任的基础上,而法人这一没有任何灵魂可指责、没有任何肉体可受惩罚的人为的实体自然被认为没有犯罪能力,不能成为犯罪主体。但随着近代产业革命兴起和工业化的发展,社会化大生产逐渐形成,那种单个人自给自足的小生产活动已不能适应社会的需要,由众多的人组成的法人的数量不断地增加,形态也日趋复杂,法人活动的范围也大幅度地扩大。经济活动与经济力量逐渐集中于各式各样的法人,形成了现代法人制度和法人社会的雏形。而随着垄断与竞争的加剧,社会间的矛盾,就越来越多地表现为社会整体与各法人团体即整体与局部之间的冲突,这种冲突直接造成了大量的经济犯罪的产生,法人凭借其力量实施犯罪特别是经济犯罪的情况越来越多,传统的法律对法人已不能进行有效的规范,这就引起了各国的重视。因此,人们开始改变传统的道义责任论对法人犯罪的看法,从刑事政策上提出应将法人的行为纳入刑法的调控范围,为保护社会经济秩序和经济结构而对法人追究刑事责任。② 马克思曾经指出:"无论是政治的立法还是市民的立法,都只是表明和记载经济关系的要求而已。""立法者……不是在制定法律,不是在发明法律,而仅仅是在表述法律,他把精神关系的内在规律表现在有意识的法律中。"③马克思又在《哲学的贫困》一文中写道:"人们按照自己的物质生产和发展建立相应的关系,正是这些人又按照自己的社会关系创造了相应的原理、观念和范畴。""所以,这些观念、范畴也同它们所表现的关系一样,不是永恒的,它们是历史的暂时的产物。"可见,将法人作为犯罪主体实际上是社会关系的发展在法律上的必然反映。

如果说,最初追究法人刑事责任是深受英美法系功利主义刑法思想的影

---

① Éditions Législatives/Actualités/Dossier 2004. 04. 05 – 1.

② 参见孙国祥:《论法人犯罪》,载《南京大学学报》(哲学・人文・社科版)2000 年第 2 期。

③ 同上注。

响,以代位责任原理为基础实行双罚制,具有诸多同传统刑法观念难以契合之处从而饱受批判,而晚近兴起的法人组织体责任论的见解则更符合法人犯罪的实际情况,有利于克服传统的法人犯罪理论之诸多弊端,从而也为法人犯罪肯定说提供了强有力的理论基础。该理论从法人作为社会组织体的本质或者说独自存在的复杂特征中来探求对法人进行谴责的根据。法人犯罪前后的法人自身的应对措施,根据法人的政策、规则、结构、议事程序、历史传统等形成的法人文化,以及法人的为防止从业人员实施违法行为的制度或组织性的措施以及使这些措施有效地发挥作用的配套措施等都成为判断法人是否具有纵容、鼓励、默许法人成员犯罪,或法人是否履行了其防止、监督其从业人员的注意义务的指标。① 尽管该理论未必十分完善,尚有待进一步改进,但已引起学界的高度重视,为我们研究法人犯罪开辟了新的路径。少数国家和地区已付诸立法实践。

通过以上分析,可以看出刑法最初追究法人的刑事责任,主要是为了惩治和规范其在经济领域的行为,这也是中国刑法将法人犯罪集中规定在破坏社会主义市场经济秩序罪和妨害社会管理秩序罪两章中的原因。而对于传统的自然犯,如强奸、故意杀人等行为,是否存在法人犯罪,中国立法是不予承认的,但法国刑法在《LOI PERBEN》Ⅱ之前即有许多此类罪名。

例如,1994 年《法国刑法典》中即规定有法人的杀人罪和盗窃罪,又在2001 年 6 月 12 日通过的№2001 - 504《刑事法令》中增加了法人强奸罪。该法令是为追究宗教团体的不法行为而制定的。根据该法令,如果一个宗教团体的教主或高级成员随意地、经常地利用其地位违背该教中的妇女的意志同其发生性关系,而这种行为能够在该教的教义中找到根据,或者该教成立的目的之一就是为了教主及高级成员淫乱;则即可令该宗教团体负强奸罪的刑事责任。在中国,最高人民法院《关于审理单位犯罪案件具体应用法律有关问题的解释》第 2 条规定:“个人为进行违法犯罪活动而设立的公司、企业、事业单位实施犯罪的,或者公司、企业、事业单位设立后,以实施犯罪为主要活动的,不以单位犯罪论处。”因此在中国,只对该宗教团体有关人员个人按强奸罪处理。当然,对于该宗教团体本身,在不追究其刑事责任的同时,可以适用行政手段进行处理,如解散等。

应当说,法国的此类规定更加注重从组织体本身对法人进行谴责,同实际情况更加符合,似乎在立法上也没有任何障碍,顺应了世界范围内扩大法人犯罪范围的潮流,同中国的规定相比,在理论上也更加合理。但是,在中国

① 我国刑法学者黎宏对法人组织体责任论有详细的论述。参见黎宏:《单位刑事责任论》,清华大学出版社 2001 年版,第 319—331 页。

现阶段的一般社会观念中，是无论如何都接受不了“单位犯强奸罪”这一法律规定的，就是在法国也有学者认为“法人强奸罪”很“糟糕”。正如有些西方学者所言，“习惯”或社会一般人的看法在决定法人犯罪处罚范围的问题上也是一个起着决定作用的要素。① 另外，中国对单位犯罪的规定本身就是立法回应社会现实的仓促之举，缺乏理论上深入的探讨，存在着许多配套立法规定的缺失②，甚至可以说，中国1997年《刑法》仍然是以自然人犯罪为基础来设计的。因此我们认为，在这种情况下，根本不适宜贸然大范围地扩大法人犯罪的范围。在将来，随着社会的发展、立法经验的丰富和理论研究的深入，再对法人犯罪的范围逐步扩大不失为稳妥之举。

事实上，中国已经开始有些学者倡议立法增加单位盗窃罪的规定。③ 因为在现实中，许多单位领导人为了本单位的利益，经集体研究决定甚至经全体员工同意采用秘密的方法盗取国家的水、电、气等资源，给国家造成了巨大的损失，按照2002年8月13日公布并施行的最高人民检察院第九届检委会第112次会议通过的《关于单位有关人员组织实施盗窃行为如何适用法律问题的批复》，只能对主管人员和直接责任人员按自然人犯罪处理。但上述人员毕竟是为了单位的利益而行为，让其以自然人身份承担全部涉案数额，显然是有违罪责自负原则的；另外，该司法解释确也同《刑法》第264条在构成要件上存在出入。因此，应通过立法增加单位盗窃罪。可以看出，中国也开始探讨法人对自然犯负刑事责任的问题，而法国在1994年新刑法典颁布之初即已规定法人盗窃罪。最后，对于《LOI PERBEN》Ⅱ将法人犯罪与自然人犯罪的范围完全等同的做法，在法国理论界也是褒贬不一，主流的意见是对此予以肯定。但该修正案要到2005年12月31日才开始生效，其效果如何尚待实践检验。我们认为，此激进做法在现阶段是无论如何也不适用于中国的。在法国，由于刑事立法体制非常复杂，在刑法典之外尚存在诸多单行刑法和附属刑法，实行这项制度可以避免逐个扩大法人犯罪范围所带来的耗时、费力等现象，适用起来也显得更加清晰明了，这正是这一修正案出台的主要原因之一。④ 如果说在法国上述情况尚能为这一制度提供立法依据，在中国则明显缺乏这一基础。

---

① 参见黎宏：《单位刑事责任论》，清华大学出版社2001年版，第228页。

② 没有在刑法总则中规定单位犯罪概念、主观特征、单位累犯、单位的追诉时效制度，单位犯罪的处罚措施太单一，等等，这将在下文详细论述。

③ 参见傅达林：《单位盗窃：刑法面临的新课题》，法制日报网站2002年2月；王礼仁：《单位盗窃的定罪与量刑问题》，载《人民法院报》2002年11月4日。

④ 在法国的司法实务界，这一改革受到了欢迎。

三、法人犯罪构成要件之比较研究

中国立法上对单位犯罪的模糊规定给实践中准确地认定、惩治单位犯罪造成许多障碍,而明确单位犯罪的构成要件无疑有助于对单位犯罪的认定;法国刑法在此方面规定得较为完备、具体,有诸多可借鉴之处。

由于法人犯罪的客体实际上即是法人犯罪的范围,对此在前面已有介绍,这里不再赘述。下面仅对中法两国法人犯罪的主体范围、主观方面和客观方面进行比较研究。

(一)法人犯罪之主体范围

对于法人犯罪之主体范围,实际上涉及两方面的问题:一是法人本身的范围,即对哪些种类的法人追究刑事责任;二是法人中之自然人的范围,即对犯罪法人中的哪些人员应追究刑事责任。

1. 法人范围之比较

根据《法国刑法典》第121-2条之规定,除国家外,法人依第121-4条至第121-7条所定之区别,且在法律或条例有规定之场合,对其机关或代表为其利益实施的犯罪行为负刑事责任。但地方行政部门及其联合团体仅对在从事可订立公共事业委托协议的活动中实施的犯罪行为负刑事责任。根据121-3条第4段之规定,法人负刑事责任不排除作为同一犯罪行为之正犯或共犯的自然人的刑事责任。因此,在法国,除国家、地方行政部门及其联合团体外的所有法人均可成为法人犯罪主体;而地方行政部门及其联合团体仅对在从事可订立公共事业委托协议的活动中实施的犯罪行为负刑事责任。

在法国刑法中,国家是不负刑事责任的。按照法国最高法院的见解,虽然不能免除国家的民事责任,但由于国家掌握着垄断的刑罚权,因此不论从司法角度还是政治角度,对国家判处刑罚都是“不可想象”的;将行政活动置于刑事法官监控之下会损害权力分立的原则。① 同样道理,地方行政部门及其联合团体原则上也不负刑事责任,但其在订立公共事业委托协议的活动中实施的犯罪行为,如在公共交通、社会教育等活动中所实施的犯罪行为,由于不具有政府特权的性质,因此不能免责。② 除此之外,所有的法人均可成为法人犯罪的主体。

---

① JCN Pénal - version 1/2004, Art. 121-2, 24.

② Jacques-Henri Robert, *Droit pénal général*, Quatrème édition, puf, 1999, p.365.

至于何谓法人，在法国的立法中没有规定，但从字面“Personne morale”可知，即为法律所拟制之人，按照权威词典的解释：法人拥有受法律所保护的自己的名称、独立于其内部自然人之财产；法人能够通过其代表从事法律行为并行使司法的功能。① 法人具有独立的人格，可分为公法人和私法人。国家、地方行政部门及其联合团体自然属于公法人，这里指除此之外的其他公法人；私法人又分为营利性和非营利性的私法人，前者指民商事团体，包括农业合作社、单人公司和一些经济利益团体等；后者包括各种宗教团体、基金会、工会以及政党、政治团体等。

我国《刑法》第30条规定：“公司、企业、事业单位、机关、团体实施的危害社会的行为，法律规定为单位犯罪的，应当负刑事责任。”因此在我国构成单位犯罪的主体有公司、企业、事业单位、机关和团体。在对这几类主体进行研究之前，有必要对中法两国“法人犯罪”与“单位犯罪”之异同进行初步的分析。

在我国，有许多学者对“单位”之用语提出了批评意见，指出该用语不科学，“单位”不是严格的法律用语，其内涵具有模糊性；“单位”的外延过于庞杂，会造成误解或者无限地扩大犯罪主体范围的局面。提出没有法人资格的个人独资企业和合伙企业等不能成为单位犯罪的主体。我们认为，单位犯罪主体范围的确定，要结合中国的实际情况。在我国，一些犯罪组织并不具有法人资格，仅仅使用法人犯罪的称谓无法概括这类犯罪的全部。而单位犯罪既包括法人犯罪，也包括非法人组织的犯罪。在现实社会中，非法人组织犯罪不仅客观存在，而且非法人组织中的成员以该组织名义，为该组织利益实施的犯罪，体现的并不仅是这些成员自己的犯罪意志和行为，而是该组织整体的意志和行为，此与法人组织成员以法人名义、为法人利益实施犯罪并无本质的差别。正是考虑到这种情况，我国刑事立法从一开始就使用了“单位”一词，应当说不是偶然的。毕竟，作为上层建筑的刑法不得不考虑中国社会转轨时期复杂多变的经济状况。因此中国新刑法没有选择像法国刑法典那样使用法人犯罪的称谓而使用了单位犯罪的称谓，是有法律依据的，充分考虑到了中国的具体国情。

（1）公司。公司是指依照法律规定，以营利为目的，由股东投资设立的企业法人。中国的公司必须具备4个要素，即依法设立；以营利为目的；以股东投资行为为设立的基础；独立的企业法人。根据公司的概念及其组成要素就可以把公司与其他单位或组织加以区别。例如，事业单位法人由于不是

① LEMEUNIER(1988), Dictionnaire juridique, La Maison du Dictionnaire, Paris.

以营利为目的,不是公司。合伙企业虽然也是共同出资经营的组织,但由于不具有法人资格,也不是公司。公司可以按不同的标准进行各种不同的分类。例如,根据股东所承担的责任形式不同,中国将公司分为有限责任公司和股份有限公司。前者以股东所认缴的出资额为限对公司承担责任,后者以股东所持股份为限对公司承担责任。将公司作为单位犯罪的主体,应当说不存在疑问。

(2)企业。企业是指从事生产、流通、科技等活动,以获取盈利和增加积累、创造社会财富为目的的营利性社会经济组织,是国民经济的基本单位。企业具有以下3个特征:一是由人和物的要素(生产资料、生产者、经营者)组成的经济组织;二是有营利的目的;三是独立地、持续地从事商品生产或提供劳务等经济活动。企业也可以按照不同的标准作不同的分类。例如,按照是否具有法人资格可以分为法人企业和非法人企业;按照所有制性质,可分为全民所有制企业、集体所有制企业、私有企业;按照企业的自身组织形式来划分,又可分为公司企业、独资企业、合伙企业和股份合作制企业。

将企业作为单位犯罪主体也不存在太大争论,但这里有两个问题需要说明:其一,由以上分析可看出,公司其实也是企业的一种,两者间存在包容与被包容的关系,为属种关系。尽管在现代市场经济条件下,公司已经成为企业最主要的形式,并且具有自己独到的特色,但从立法角度来看,将两者并列作为单位犯罪的主体,则缺乏应有的严谨性,违反了形式逻辑。其二,关于个人独资企业。个人独资企业是由一个自然人组成,无独立法律人格的企业。该种企业其实同自然人没有本质的区别,从其同业主责任相混同的角度来看,徒具企业之名而无企业之实。将个人独资企业作为单位犯罪主体追究其刑事责任,有违罪责刑相适应的刑法基本原则。在一般情况下,既对企业判处罚金,又追究业主个人的责任,则会使业主因一个行为受到两个处罚;在有些自然人和法人均可构成的犯罪中,若刑法规定对自然人可判处无期徒刑、死刑,则按照单位犯罪进行处罚又会轻纵罪犯。例如,个人走私普通货物物品罪的,最高法定刑为死刑、无期徒刑,而单位犯罪的,其直接负责人员的最高法定刑仅为10年以上有期徒刑。① 如果对个人独资公司按单位犯罪处理,无疑会鼓励个人打着企业的幌子进行走私等严重的犯罪活动。

(3)事业单位。中国比较有代表性的观点认为,事业单位是指从事社会各项事业、拥有独立经费或财产的各种社会组织,如中央和地方的新闻、出版、电影、博物馆、剧院、各种各类学校、科研、医药卫生等单位。事业单位的

① 参见何秉松:《试论我国刑法上的单位犯罪主体》,载《中外法学》1998年第1期。

特点是:其一,主要从事社会利益为目的的、实际的、具体的社会事业活动;其二,有独立的经费和财产,大多数单位要靠国家财政拨款或自己的事业活动收入,极少数民办单位的财产则来源于公民或社会组织捐助;其三,大多数依照法律或行政命令成立,少数是个人创办。[①] 随着中国经济体制改革的不断深入,许多原有的事业单位性质开始发生变化,成为同企业没有实质差别的营利性单位;一些事业单位仍保留着原有的性质,从事公益性的活动,依靠国家财政拨款。对于上述观点,认为个人也可以创办事业单位,也有学者提出了批评意见,认为不符合中国事业单位的实际状况;目前个人所办的学校、医院等单位,都是以营利为目的的,实质上应认定为企业。[②] 我们认为,该批评意见是有道理的。在实践中,对于事业单位要结合时代的发展和该单位实际的运营状况将那些貌似事业实为企业的单位归入企业单位之中。事业单位应当成为中国单位犯罪的主体。

(4)机关。机关是指以国家预算拨款作为独立的活动经费,从事国家管理和行使公权力等公共事业管理活动的中央和地方的各项组织。不仅包括立法机关、行政机关、司法机关和军队,中国共产党的各级委员会和人民政协的各级组织由于分别发挥执政和参政、议政的职能,也应当作为机关处理。对于机关能否成为单位犯罪的主体,在中国存在很大的争议。我们认为,从中国机关的特殊性质出发,其不能成为单位犯罪的主体。其一,机关代表国家行使管理职能,它的活动体现的是国家意志,这种意志与犯罪意志不能共存,因而国家机关中自然人的犯罪行为不应该认为是国家机关的犯罪,否则必然得出国家犯罪的结论;其二,从情理上讲,正如法国学者所言,是“难以想象”的,让人民检察院作为被告由人民法院来审理,不但看起来荒唐,也存在操作上的诸多困难;按照中国现行的立法规定,对构成犯罪的机关只能判处罚金然后上缴国家,但机关的经费来源本身就是国家的财政拨款,这等于国家自己惩罚自己,没有任何意义。因此,应当借鉴法国的做法,不规定机关为犯罪主体。

(5)团体。我国《社会团体登记管理条例》规定,团体是指“由中国公民自愿组成,为实现会员共同意愿,按照其章程开展活动的非营利性社会组织”,如中国法学会、中国贸易促进会、共青团等。中国学者认为团体具有以下特点:从事营利性经济活动和行政管理活动以外的其他非营利性社会活动;依法自愿成立;拥有独立的财产和经费。[③] 在现实社会生活中,团体起着

① 同上注。

② 参见赵秉志主编:《犯罪总论问题探索》,法律出版社 2003 年版,第 171 页。

③ 参见黎宏:《单位刑事责任论》,清华大学出版社 2001 年版,第 274 页。

非常重要的作用。团体的多样性导致了团体所从事的活动并非仅限于营利性经济活动和行政管理活动以外的其他非营利性社会活动,事实上,有些团体的活动兼有行政管理的性质,如贸易促进会,而有些团体也从事营利性的活动,如一些经济技术咨询机构。

需要说明的是,由于事物本身的模糊性,上述主体之间也可能存在交叉重合,导致一些单位兼具两种甚至多种性质。如前段时间争议较大的"黑哨"事件中,关于中国足协究竟属于机关还是团体就存在不同的意见。这种模糊性会给司法实践带来许多争议,但却是事物本身所具有的,难以避免,这也正是成文法局限性之所在。正如中国学者张明楷所言:"法律不是嘲笑的对象"。① 理论界和实务界应本着实事求是的态度,根据我国社会的发展,对一些单位的性质作出适时的界定。

最后,还要说明一点,就是中法两国对于个罪上的单位主体规定不尽相同。法国的做法是,在分则条文对有关犯罪描述之后,直接增加规定"法人根据刑法第 121 - 2 所列之情形可对本节(或某某条)所规定之罪行承担刑事责任"。也就是说,法国刑法对所有罪名所规定之犯罪主体都是"法人",不对法人作出具体区分。而中国则不同,多数条文中采取同法国相同的做法,如我国《刑法》第 164 条"对公司、企业人员行贿罪"第 2 款规定:"单位犯前款罪的,对单位判处罚金,并对其直接负责的主管人员和其他直接责任人员,依照前款的规定处罚";在少数条文中规定只有某些单位才能构成该罪,如第 126 条规定,只有依法被指定、确定的枪支制造企业、销售企业才可能成为"违规制造、销售枪支罪"的主体。我们认为,相比较而言,中国的规定更加符合实际情况,有利于司法操作。对于随着社会发展确需将某单位增加为该种犯罪之主体的,可通过刑法修正案的方式进行。

总之,中国法人犯罪的主体范围只能是企业、事业单位和团体。比较而言,法国对法人范围的规定更加科学合理,用语也更加规范,值得我国借鉴。

2. 法人犯罪中自然人主体范围之比较

《法国刑法典》第 121 - 2 条对此有明确的规定:"机关或代表",但何谓"机关"和"代表",法典没有给出任何解释。对此,法国最高法院推事弗里德里克·德波特(Frédéric Desportes)先生在报告中作出如下界定:"机关是指所有依法管理法人和使法人同第三人发生联系的、法人内部的自然人或自然人的集合……代表是指所有受到机关或司法决定的委派,在某些约定的场合代

① 参见张明揩:《法律不是嘲笑的对象(代序)》,载张明楷:《刑法格言的展开》,法律出版社 2003 年版,第 1—15 页。

表法人的人。”①因此,巴黎一大教授(现为法兰西学院院士)米海依尔·戴尔玛斯-马蒂认为,有限责任公司的经理、股份有限公司的董事会和董事长都属于法人犯罪之自然人主体;另外,股东大会也可以成为机关。② 随后,戴尔玛斯教授又与时任法国总检察长的皮埃尔·特律什先生一起为《法国刑法典》在中国出版而作的序中重申其观点,并认为监督机关和股份持有人机关也可作为“机关”;在法人委托某一自然人或委托另一法人实施法律行为的状况下,该代表亦有机会“为法人利益”实施犯罪行为,这种法人行为可以归咎于法人。③

在我国新《刑法》中,对单位犯罪中之自然人主体范围也有明确的规定。根据我国《刑法》第31条的规定:“单位犯罪的,对单位判处罚金,并对其直接负责的主管人员和其他直接责任人员判处刑罚。”这里,“直接负责的主管人员和其他直接责任人员”即为单位犯罪之自然人主体。但这仅是总则之原则性规定,分则中也有例外的情况,如《刑法》第137条规定:“建设单位、设计单位、施工单位、工程监理单位违反国家规定,降低工程质量标准,造成重大安全事故的,对直接责任人员,处……”这里仅“直接责任人员”构成单位犯罪之自然人主体。

对于何谓“直接负责的主管人员和其他直接责任人员”,我国刑法也没有给予回答。但最高人民法院刑二庭在审判意见中对“直接负责的主管人员”的范围作出了界定:“应从以下两个方面把握:一是直接负责的主管人员是在单位中实际行使管理职权的负责人员;二是对单位具体犯罪行为负有主管责任。上述两个条件缺一不可,如非单位的管理人员,就谈不上主管人员;如与单位犯罪无直接关系,就不能说对单位犯罪负有直接责任。司法实践中,一般说来,主管人员主要包括单位法定代表人、单位的主要负责人、单位的部门负责人等。但上述单位的主管人员并非在任何情况下都要对单位犯罪承担刑事责任,只有当其在单位犯罪中起着组织、指挥、决策作用,所实施的行为与单位犯罪行为融为一体,成为单位犯罪行为组成部分的情况下,才能成为单位犯罪的直接负责的主管人员,对单位犯罪承担刑事责任。单位的法定代表人作为单位的最主要的领导成员,一般情况下,在单位里对重要问

---

① (1998)“Responsapilité pénale des personnes morals”, *Juris - Classeur Périodique*, 18 février, №8-9. 为了论述方便,这里将“自然人集合”以及后面的“董事会”等均放在了自然人主体范围中。

② DELMAS-MARTY, M. (1993), “Les conditions de fond de mise en jeu de la responsapilité pénale”, *Revue des Sociétés*, 301-305.

③ 转引自彭林泉:《中、法法人犯罪与刑事责任比较研究》,载 www.clreview.com 之刑事法律瞭望。

题的决定起着至关重要的作用,但在单位实施犯罪的情况下,是否应承担刑事责任,同样不能一概而论,仍需视其是否具体介入了单位犯罪行为,在单位犯罪过程中是否起到了组织、指挥、决策作用而定。如果法定代表人主持单位领导层集体研究、决定或者依职权个人决定实施单位犯罪,当属'直接负责的主管人员';反之,在由单位其他领导决定、指挥、组织实施单位犯罪、其本人并不知情的情况下,则不应以单位犯罪直接负责的主管人员追究其刑事责任。"①对于"其他直接责任人员",我们同意我国学者作出的以下解释:其他直接责任人员,是指除直接负责的主管人员外,直接实施单位犯罪行为的人员。他们与直接负责的主管人员的区别就在于,他们不是单位犯罪的决策者、组织者或者指挥者,而是在直接负责的主管人员的授意、组织、指挥下,积极地将单位意志付诸实施的实行犯。这类人员主要包括:企业内部的财会人员、从事业务活动的工作人员、公司的业务员等。② 值得注意的是,最高人民法院于2001年1月21日关于印发《全国法院审理金融犯罪案件工作座谈会纪要》的通知中明确指出:"在单位犯罪中,对于受单位领导指派或奉命而参与实施了一定犯罪行为的人员,一般不宜作为直接责任人员追究刑事责任。"我们认为,高法的这一意见值得商榷。在实践中,对于受单位领导指派或奉命而参与实施一定犯罪行为的人员,对于其行为的性质既有可能知道,也有可能不知道,在后种情况下,自不能追究其刑事责任;但在其明知该行为违法仍决意为之的情况下,不但在法理上说不通,也会造成许多人以不知行为违法为由而逃脱追诉,不利于惩罚犯罪。尤其在该行为社会危害性严重时,绝不能以不具有期待可能性为由而不追究其刑事责任。

可见,中法两国刑法都规定了法人犯罪自然人主体之范围,各具特色,有利于司法实践中对负有责任之自然人的追究。

(二)法人犯罪之主观方面

这里实际上也涉及两个问题,一是法人究竟是否具有主观罪过,是对自己的行为负责还是替其自然人之行为负代位责任;二是法人犯罪的主观过错形式是什么,除了故意外是否还包括过失?对于第一个问题,争议从未中断,可说是法人犯罪肯定说和否定说争论的焦点。对此在本文的第一部分已作介绍,现代刑法观已将目光由追究法人的代位责任转移到追究组织体本身的责任,即法人作为有独立人格之主体对自己的行为负刑事责任。因此,这里不复赘论。下面仅论述第二个问题:

---

① 最高人民法院刑事审判第二庭:《如何认定单位犯罪的直接主管人员》,载人民法院网2003年9月26日。

② 参见俞利平:《单位犯罪若干问题研究》,载《政法学刊》1998年第2期。

《法国刑法典》第 121－3 条对法人犯罪的主观方面作了如下规定：

(1)没有犯罪的故意不构成重罪和轻罪。

(2)在法律作出规定时，过失、疏忽、有意识地将他人置于危险境地的可构成轻罪。

(3)在上段所指情况下①，自然人之行为虽没有直接导致危害结果的发生，但造成或促成了使结果发生的危险状态时，由于没有采取积极预防措施从而导致危害结果发生时，如果表明其故意地违反了法律或条例所定之谨慎或预防之义务，或者在对其过错有认识的情况下使他人陷于危险境地，负刑事责任。

(4)在不可抗力的情况下，不构成违警罪。可见，法国对法人犯罪的规定同自然人犯罪一样，以处罚故意为原则，以处罚过失为例外。也即故意和过失均能构成法人犯罪，但法人过失犯罪仅属于轻罪之列。之所以做出这样的规定，是同法国刑法关于三类犯罪的划分密切相关的。根据法国刑法，所有的犯罪均可按其严重程度分别归入重罪、轻罪和违警罪，具体标准如上条所列。不同种类的犯罪在管辖权、诉讼程序、时效、既遂与未遂、共同犯罪以及数罪并罚等方面均有不同规定。例如，在管辖权方面，重罪由巡回法院审理，轻罪由轻罪法院审理，违警罪由治安法院审理；在程序方面也存在诸多差异，如重罪必须预审，轻罪可选择预审，违警罪则只有在共和国检察官要求的情况下才可以预审；在时效方面，重罪为 20 年，轻罪为 5 年，违警罪为 2 年……

中国《刑法》在总则中没有关于单位犯罪罪过形式的规定，刑法理论上对是否存在单位过失犯罪也有较大争议。一种观点认为，单位犯罪中不但有单位过失犯罪，而且过失形式中既有疏忽大意的过失又有过于自信的过失；另一种观点认为，单位犯罪的主观罪过只能是故意而不能是过失，因为为单位谋取非法利益是单位犯罪的主观特征，这种特征只能存在于故意之中。②我们同意第一种观点，理由如下：

1. 谋取非法利益并非每个单位犯罪的构成要件之一

在大多数单位犯罪中，要求单位直接负责的主管人员或其他直接责任人员为了单位的非法利益，经集体决定或领导人决定而实施行为，如《刑法》第 151 条第 1 款单位走私假币罪等。但也应当看到，在一些单位犯罪中，并不要求必须要有为单位谋取非法利益的目的。在这些犯罪中，危害结果的发生是

---

① 指上一款(2)关于在有法律规定时过失、疏忽、有意识地将他人置于危险境地，可构成轻罪的规定——本款为笔者之一的郑延谱博士翻译。

② 参见赵秉志主编：《犯罪总论问题探索》，法律出版社 2003 年版，第 174 页。

由于该单位缺乏完善的安全制度，员工在工作中漫不经心而致，危害结果对单位本身的利益也是一种损害，因此，其直接负责的主管人员和其他直接责任人员不可能有谋取非法利益的目的。我国刑法中的许多犯罪都可能由此原因所致，如《刑法》第135条的重大劳动安全事故罪、第338条的重大环境污染事故罪，等等。当然，这类犯罪也可能是由于为谋取非法利益所致，比如重大劳动事故的发生也可能是由于工厂、矿山等企业为省钱而偷工减料所致。

2. 即使是为了单位谋取非法利益，也不能排除过失的罪过形式

按照我国刑法理论，判断一个犯罪的罪过形式，标准只能是行为人对行为性质有无认识以及对危害结果的态度，即认识因素和意志因素。过失犯罪在我国刑法中分为疏忽大意的过失和过于自信的过失。前者是指应当预见到自己的行为可能发生危害社会的结果，因为疏忽大意而没有预见到，以致发生该结果；后者指对于危害结果的发生已经预见，但由于轻信能避免而导致结果发生。可以看出，过失犯罪并非不能存在任何目的，行为人完全可能为追求一个其他目的而导致该结果的发生，至于其他目的，则既可以是合法目的，也可以是非法目的。比如重大环境污染事故罪，行为人虽对于公私财产的重大损失或者人身伤亡的严重后果没有认识（如有认识则为投放危险物质罪），但完全可能是出于为单位省钱的目的而不配备废物处理设备所致。上述第二种观点将为单位谋取非法利益等同于目的犯，不符合中国刑法的理论。

3. 中国刑法分则中明文规定有单位过失犯罪

一般认为有：第135条所规定的重大劳动安全事故罪，第137条所规定的工程重大安全事故罪，第229条所规定的中介组织人员出具证明文件重大失实罪，第330条所规定的妨害传染病防治罪，第332条所规定的妨害国境卫生检疫罪，第334条所规定的采集、供应血液、制作、供应血液制品事故罪，第338条所规定的重大环境污染事故罪，第339条所规定的非法处置进口的固体废物罪，第363条第2款所规定的为他人提供书号出版淫秽书刊罪等。①

综上所述，中法两国刑法中都规定了法人故意犯罪和法人过失犯罪，正确反映了法人犯罪的实际状况。但《法国刑法典》在总则中对此做出了明确的规定，有利于指导司法实践；而中国则仅在刑法分则条文中规定了某些具体的单位过失犯罪的罪名，且缺乏明确性，总则对此采取回避的态度。为了有效地惩治单位犯罪，应当借鉴法国的做法，在总则中增加有关单位犯罪罪过形式的条文。

---

① 参见黎宏：《单位刑事责任论》，清华大学出版社2001年版，第297页；赵秉志主编：《犯罪总论问题探索》，法律出版社2003年版，第175页。

（三）法人犯罪之客观方面

犯罪客观方面包括危害行为及其方式、行为对象、危害结果和危害行为的时间、地点等。由于法人毕竟是个无血无肉的社会组织体，其行为都要通过自然人来实施，从这个角度而言，法人犯罪与自然人犯罪在上述方面没有任何差异。之所以研究法人犯罪的客观方面，是因为在自然人的行为中，有些可以归于法人，有些只是其个人的行为而已，这是由法人犯罪的特殊机制所决定的。自然人的行为在何种范围之内可以归于法人，即成为这里研究的重点。

如前述，法国新刑法典明确规定了机关或代表对其"为了法人的利益"所实施的犯罪行为承担刑事责任。即只有法人的机关或代表之行为是"为了法人利益"时，法人才对此承担刑事责任。这里，"为了法人利益"之界定遂成为关键。然而不但刑法典没有给出解释，议会在讨论中也没有提及，司法部也仅仅对不构成"为了法人利益"的行为做了初步说明，即机关或代表为了个人利益所实施的行为不能归咎于法人。① 在此有必要提及法国 1978 年刑法典草案，因为学者们普遍认为，该草案的规定更加严格——"以法人名义"并"为了法人利益"，而新刑法典仅规定"为了法人利益"的做法则极大地扩大了法人对其机关或代表之行为负责任的范围。法国最高法院审核官弗里德里克·德波特先生认为，这"使法人不仅对故意犯罪负责，也同样对过失犯罪负责"②。在法国的司法实践中，"为了法人利益"之行为的存在范围非常广泛，不但包括为了法人"财政的、经济的利益"的行为，而且也包括不能使法人获得任何利润的仅仅是"发挥法人职能"的行为，如工作中基于性别或种族差异而进行歧视的行为也被认为是"为了法人利益"。刑事判例中甚至"暗含地"认为疏忽、轻率等所致的过失犯罪中，也存在"为了法人利益"之情形。另外，对于机关或代表超出其权力范围的行为也归咎于法人。③

我国刑法没有"为了单位利益"的规定，普遍认为立法采取了回避的态度。但理论界对此的讨论却很热烈。多数学者认为，要将自然人的行为归于法人，不但要求"为了单位利益"而且须经"单位集体研究决定或由负责人决定所实施"，亦有学者认为，须"以单位的名义"。④

---

① GUILLAUME KRAFFT, (1998), *Corporate Criminal Liability For Manslaughter In France And In England And Wales*, Dissertation as part of Master of Laws Degree in International Criminal Law, University of Sussex. p. 39.

② JCN Pénal - version 1/2004, Art. 121 -2, 183.

③ JCN Pénal - version 1/2004, Art. 121 -2, 186 -193.

④ 参见刘白笔主编：《法人犯罪论》，群众出版社 1992 年版，第 113 页；杨敦先、张成法主编：《刑法的修改与适用》，中国人民公安大学出版社 1997 年版，第 47 页；吴金水：《论单位犯罪的概念》，载《法学》1998 年第 1 期。

我们认为,要正确地划定法人对其自然人负刑事责任的范围,不能离开对法人犯罪机制的分析。法人是由众多部门组成的有机整体,这些部门相互配合,使法人作为一个独立的整体进行活动,实现自己的目的。因此,追究法人的刑事责任虽然离不开对自然人行为的分析,但归根结底应当以法人这一组织体本身的特点作为考察的依据。毕竟,直接追究的是"法人"而不是"自然人"的刑事责任。这从两国对法人犯罪的法条表述即可看出:都是先规定犯罪的主体为法人,然后再表明负有责任的自然人也应当同法人一起受到处罚。① 说明两国都认为,法人犯罪是法人自己的犯罪,应追究法人自身的刑事责任。弄清了这一点,我们再来看法人是怎样做出行为的:在法人中,首先由法人的中枢机构制定法人的章程、目标、结构和议事程序等,而这些制度一经制定,就作为客观的存在反过来指导、影响法人的活动。由于章程、目标、结构和议事程序等的差异,每个法人都具有与众不同的特点,形成法人自己的文化。从上述分析也可以看出,在多数情况下,法人的行为都要通过其中枢机构以法人名义亲自实施或发出指令由其一般成员来实施,在这种情况下,法人的行为无疑是法人意志的真实反映;但在少数情况下,法人的中枢机构完全可以不以法人名义由自己实施或指令其一般成员实施不法行为,同样是为了法人的利益,只是利用别的名义来钻法律的空子而已,这种行为也是法人意志的真实反映,而法人领导人盗用法人名义为自己谋利益的行为则不是法人意志的真实反映;还有一些情况,法人制定的目标过高或者议事程序存在漏洞,从而导致其一般成员在日常工作中虽然严格按照单位规章办事,但仍不可避免地造成了危害后果,这种情况下的责任仍应归于法人;最后,如法国学者所言,在劳动生产企业中,由于法人本身缺乏严格的规章制度,领导人没有尽到监管义务,工人在生产中造成严重危害的行为也应由法人来承担刑事责任。如果说在第三种情形下法人制定过高目标等尚勉强算是"为了法人利益"的话,那么在第四种情形下无论如何也不能说是"为了法人利益",甚至可以说这是同法人的利益相悖的。②

综上所述,无论是"以法人名义"、"为了法人利益"还是"单位集体研究决定或由负责人决定所实施"都只能概括法人犯罪的大部分行为,以此为标

---

① 这也是中、法两国在法人犯罪中的共同之处。在日本与美国的法律中,都是直接规定法定代表或代理人等是法人犯罪的主体。参见黎宏:《单位刑事责任论》,清华大学出版社 2001 年版,第 244 页。

② GUILLAUME KRAFFT, (1998), *Corporate Criminal Liability For Manslaughter In France And In England And Wales*, Dissertation as part of Master of Laws Degree in International Criminal Law, University of Sussex. p. 40.

准来界定法人对自然人行为负刑事责任的范围,会不当地扩大或缩小法人犯罪的范围。法国的司法实践对法人刑事责任的追究应当说是比较合理的,但将上段第四种情形下的行为也牵强地解释为"为了法人利益",就连有些法国学者也认为是"有点荒唐"。① 通过比较,可以看出中法两国对于法人犯罪态度之差异:法国积极地追究法人的刑事责任而我国则采取回避、暧昧的态度。

四、法人犯罪的法定型和处罚模式之比较研究

中法两国在法人犯罪的处罚制度上不乏共同之处,如法定刑中都规定了罚金刑,对法人和自然人都采取两罚制;但法国在罚金刑之外又规定了许多其他刑罚措施,在两罚制方面亦有不同于我国之处。

(一)法定刑问题

我们先来看法国刑法的规定。法国刑法典对于法人的刑罚,除了罚金刑外,还分重罪、轻罪和违警罪分别规定了其他的措施。对于重罪和轻罪之刑罚,第131-37条至第131-39条分别做出如下规定:

第131-37条

适用于法人重罪和轻罪的刑罚有以下几种:

(1)罚金。

(2)在法律规定的情况下,第131-39条列举的刑罚。

第131-38条

适用于法人的罚金的最高数额等于由刑事法律规定的适用于自然人的罚金最高数额的5倍。

第131-39条

在法律规定的情况下,法人犯一个重罪或者轻罪,可被处以一个或几个下述规定的刑罚:

(1)解散。在法人是为了实施重罪而成立,或者涉及一个对自然人而言应被判处3年以上监禁的情况下,违背其宗旨实施被指控的行为予以解散。②

(2)永远禁止或5年以内禁止直接或者间接从事一项或者若干项职业的

① JCN Pénal - version 1/2004, Art. 121-2, 192.

② 本款曾经2001年№2001-504法令修改。

或者社会的活动。

(3)5 年之内置于司法监视下。

(4)彻底关闭或者5 年之内关闭协助实施被指控行为的企业或者企业的一个或几个部门。

(5)永远或者5 年之内不得进入公共市场。

(6)永远或者5 年之内禁止公开募集资金。

(7)5 年之内禁止签发支票和使用银行信用卡。但允许出票人在自己的开户银行取款或者使用经银行认证的发票。

(8)没收用于或者准备用于实施犯罪行为的物品以及该犯罪行为所得的物品。

(9)通过报刊或者通过所有视听信息传递方式,张贴或者传播作出的判决。

上述第(1)项和第(3)项规定的刑罚不适用于可能承担刑事责任的公法法人,也不适用于政党、政治团体或者行业协会。上述第1 项规定的刑罚不适用于职工代表机构。

对于违警罪之刑罚,第131－40 条至第131－44 条做出如下规定:

第131－40 条

适用于法人的违警罪刑罚有:

(1)罚金。

(2)第131－42 条所列的各种剥夺或者限制权利的刑罚。

这些刑罚不能排除第131－43 条所列的一个或几个附加刑。

第131－41 条

适用于法人的罚金的最高数额等于由刑事条例规定的适用于自然人的罚金最高数额的5 倍。

第131－42 条

对属于第五等级的违警罪,罚金刑可被以下一个或几个剥夺或者限制权利的刑罚所代替:

1 年之内禁止签发支票和使用银行信用卡,但允许出票人在自己开户银行取款或者使用经银行认证的发票;

没收用于或者准备用于实施犯罪行为的物品以及该犯罪行为所得的物品。

第131－43 条

刑事条例可以对触犯违警罪的法人判处第131－16 条第5 项所列之附加刑。对属于第五等级的违警罪,刑事条例也可以判处第131－17 条第1 段所列之附加刑。

第131－44条

由于一个违警罪可根据第131－43条被判处一个或几个附加刑,法庭可单独决定判处适宜的一个或几个附加刑。

《法国刑法典》又随后在第131－45条至第131－49条中规定了某些刑罚的具体内容和执行措施。

可见,《法国刑法典》在对法人犯罪法定刑的规定上可谓达到了相当完备的程度。不但针对危害性程度不同的重罪、轻罪和违警罪分别规定了轻重不同的主刑,还对违警罪规定了附加刑和一定范围内的罚金刑的替代措施。在对个罪规定具体的法定刑时,一般的做法是先规定判处罚金,再从其他刑罚中选择该罪具体适宜的刑罚或者判处全部刑罚。如第221－5－1条规定对犯故意杀人罪的法人判处罚金并处第131－39条第2、3、8、9项所规定的刑罚,即禁止从事某些职业或社会活动、司法监督、没收犯罪物品和张贴判决书。

再来看中国的情况。中国仅在《刑法》第31条规定:“单位犯罪的,对单位判处罚金……”同法国相比,详简立显。

我们认为,虽然不一定非要像法国那样对法人犯罪规定如此细密的刑罚措施,但我国刑法仅规定罚金刑一种处罚措施的做法无论如何也是不完备的,应当借鉴法国的某些做法。

(1)罚金刑尽管因具有诸多优点而被广泛应用,但其本身也具有缺陷。对此,法国学者有很清醒的认识:其一,罚金的标准怎样确定?如果太低则缺乏威慑力,太高又会使无辜的股份持有者、雇员和消费者受到损失;其二,可能导致法人将其作为一项机会成本打入预算,在其行为被发觉并受到处罚的情况下,该笔罚款从其风险基金中直接缴纳,之后想方设法将其转嫁给消费者;其三,罚金刑作为一项财产刑,对不同的法人效果差异很大,同样的一笔罚金对财力雄厚的大企业影响甚微,却可能使一个小企业倒闭。① 因此,法国在罚金刑之外,又规定了许多其他的刑罚措施与之相互配合。

(2)法国刑法典明确规定了对法人判处罚金刑的具体标准——自然人最高罚金数额的5倍。如根据第311－9等条的规定,自然人犯强盗罪处罚金150 000欧元,法人犯该罪最高即可判处750 000欧元。这样规定,可操作性较强。我国刑法典中没有判处法人罚金标准的原则性规定,分则条文中的

① GUILLAUME KRAFFT, (1998), *Corporate Criminal Liability For Manslaughter In France And In England And Wales*, Dissertation as part of Master of Laws Degree in International Criminal Law, University of Sussex. p. 23－25.

做法有限额罚金制、倍比罚金制、比例罚金制和无限额罚金制。应当说,前三种做法充分考虑了个罪的具体情况,从而有较法国的规定更合理之处(法国刑法典将适用于法人的罚金一味规定为自然人的5倍,连法国学者也认为是犯了“教条主义”的毛病,因为法人并不一定比自然人富5倍①)。但中国的无限额罚金制显然不利于司法人员操作,会产生对相同罪行判处罚金畸轻畸重的现象,有损司法的严肃性。中国刑法学家赵秉志教授更指出:这是中国刑法中罪刑法定原则贯彻不彻底的表现。②

(3)中法两国刑法对自然人的量刑标准不同。法国刑法典对法人中之自然人的处罚规定了统一的标准,即等同于普通自然人犯罪的处罚标准,比如《法国刑法典》第222-33条规定自然人犯性侵扰罪处1年监禁并处罚金1.5万欧元,如法人犯性侵扰罪则对其自然人处同样的刑罚。我国刑法典没有在总则中对此做出原则性的规定。从分则条文来看有两种做法:其一,对单位中之责任人规定与自然人犯罪相同的法定刑,如《刑法》第150条规定对单位犯第140条至第148条之罪的,对其直接负责的主管人员和其他直接责任人员按照各条的规定处罚;其二,对单位中责任人规定比自然人犯罪较低的法定刑,如《刑法》第387条单位受贿罪规定对直接负责的主管人员和其他直接责任人员判处5年以下有期徒刑或者拘役,而自然人受贿的最高可处死刑,差异之悬殊可见一斑。两种方式孰优孰劣?我们认为,从客观情况出发,由于单位的物质基础一般较个人雄厚,其经济行为之规模也较个人大,因此同样的数额,结果所反映的两者的主观恶性并不相同,因此应对单位中直接负责的主管人员和其他直接责任人员规定比普通自然人犯该罪略低的法定刑,但也不能差距过大,如我国《刑法》第387条之规定,明显违反了我国刑法的罪责刑相适应原则和刑法面前人人平等原则。

当然,法国刑法典规定的其他刑罚措施也并非尽善尽美。比如第131-39条第1项之解散,虽然不适用于公法人,但解散某些私法人也是弊大于利的。如生产某种独特药品的药厂被解散则会对社会公众的健康造成影响;产品占很大市场份额的钢铁厂被解散则会引起经济的混乱,等等。

(二)两罚制的处罚模式问题

中法两国刑法对法人犯罪都规定了两罚制的处罚模式。两罚制是指对法人和直接负责的主管人员及其他直接责任人员(在法国为法人的机关和代

---

① GUILLAUME KRAFFT, (1998), *Corporate Criminal Liability For Manslaughter In France And In England And Wales*, Dissertation as part of Master of Laws Degree in International Criminal Law, University of Sussex. p. 23-25.

② 参见赵秉志主编:《刑法基础理论探索》,法律出版社2003年版,第402页。

表)都判处刑罚,相对于直接处罚法人中有关自然人的转嫁制和仅处罚法人组织本身而不处罚法人中自然人的代罚制而言,能够更好地达到刑罚的目的,有效地预防犯罪,因而也被世界上大多数规定有法人犯罪的国家所采用。根据《法国刑法典》第121-2条第3段的规定,追究法人刑事责任的同时也要追究其自然人的刑事责任,这是一条原则性的规定,实践中一般都照此执行。而我国《刑法》第31条在规定追究单位直接负责的主管人员及其他直接责任人员之后,又增加一句:"本法分则和其他法律另有规定的,依照规定。"可见,中国刑法对单位犯罪实行的是以双罚制为主,单罚制为辅的处罚原则。

关于中国刑法对单位犯罪例外实行单罚制的原因,一般认为是由于有些犯罪虽然是以单位的形式实施的,但实际上社会危害性主要体现在个人的行为上,且在有些情况下,如《刑法》第161条规定的提供虚假财会报告罪,股东本身就已经是受害者,没有必要再惩罚单位,进一步损害股东的利益。① 中国刑法实行单罚制的单位犯罪主要有资助危害国家安全犯罪活动罪、工程重大安全事故罪、提供虚假财会报告罪、妨害清算罪等,都规定对单位直接负责的主管人员和其他直接责任人员进行处罚。因此,在中国,仅有转嫁制而不存在代罚制。

我们认为,应当在中国刑法中增加代罚制的处罚方法。在经济高速发展的今天,一些单位的规模日益增大,内部关系错综复杂。一项决定的作出往往经过许多部门的参与或许可,很难将其归于某一个或几个领导人;而一个造成危害结果的行为也可由许多部门的多个人合作来完成,追究某一个或几个人的责任非常困难,而且在许多情况下这些人只是按照单位的政策、程序来行动,主观上没有也不可能认识到自己的过错;还有一种情况就是某一个危害结果是由单位前后几任领导人造成的,而每一个领导人的行为单独来看却难以认定为犯罪。在某些情况下,单位整体存在过错,但却不能将其归咎于其中任何一个自然人。这时仍然采取双罚制或转嫁制是不可能的。在法国,学者们对此展开了深入的探讨,并最终促使最高法院在2000年10月24日的一份判决书中承认:"在法人负刑事责任的过失伤害②案件中,其代表在没有过错的情况下免于刑事起诉。"③我们应当借鉴法国的做法,直接规定在此种情况下,仅对单位进行处罚。

---

① 参见张明楷:《刑法学》(上),法律出版社1997年版,第186页。

② 法国的过失伤害罪同我国的概念不同,大多数情况下相当于我国的重大责任事故罪等罪名。

③ J. Pradel / A. Varinard, Les grands arrêts du droit pénal général, Quatrème édition, DALLOZ, 2003, p. 493.

五、法人犯罪的刑罚制度之比较研究

法国刑法对法人犯罪的刑罚制度规定得较为详细，为合理确定法人的刑事责任、严密刑事法网提供了明确的标准。由于中国的单位犯罪制度是在缺乏深入理论研究的情况下匆匆上马的，整个刑事法律体系仍以自然人犯罪为基础，在对单位犯罪的刑罚制度上鲜有可操作性的标准，借鉴法国的有关规定也就显得意义非凡且非常迫切了。本文拟在这一部分介绍法国法人犯罪的累犯制度、缓刑制度和追诉时效制度，并对我国刑法相关制度的完善抛引玉之砖。

（一）法人犯罪的累犯制度

累犯制度最初是作为一项惩罚自然人的量刑制度提出来的。一个人在第一次犯罪之后，在一定时期内再一次触犯刑律，其主观恶性与人身危险性表露无遗，因此，世界各国刑法一般都将其规定为累犯并判处较重的法定刑。随着法人犯罪的出现，人们逐渐认识到，对于一再触犯刑律的法人，也应当判处较重的法定刑，否则不足以惩治和预防其再次犯罪，也有违刑法面前人人平等和罪责刑相适应的刑法基本原则。鉴于此，《法国刑法典》于第 132 - 12 条至第 132 - 15 条详细地规定了法人累犯制度，如下：

第 132 - 12 条

当一个法人由于犯重罪或轻罪已经受到过处罚，并且该罪在自然人犯罪情况下应处罚金为 10 万欧元，则其再犯重罪时，对其判处的罚金最高可达法律规定该重罪应处罚金的 10 倍。在这种情况下，如果仍符合第 131 - 39 条最后一段的规定，则该法人仍应受到第 131 - 39 条所列的处罚规定。

第 132 - 13 条

当一个法人已经受到过与重罪或轻罪有关的处罚，并且该罪在自然人犯罪情况下应处罚金为 10 万欧元，在前判刑罚执行完毕或赦免后的 10 年内，又犯应判处同样刑罚的轻罪时，对其判处的罚金最高可达法律规定该轻罪应处罚金的 10 倍。

当一个法人由于犯重罪或轻罪已经受到过处罚，并且该罪在自然人犯罪情况下应处罚金为 10 万欧元，在前判刑罚执行完毕或赦免后的 5 年内，又犯在自然人犯罪情况下应处罚金为 1.5 万欧元之轻罪时，对其判处的罚金最高可达法律规定该轻罪应处罚金的 10 倍。

第 132 - 14 条

当一个法人由于触犯轻罪而受到处罚，在前判处罚执行完毕或赦免之后5年内，又触犯同一轻罪或者根据累犯规则被该轻罪所吸收的轻罪时，对其判处的罚金最高可达法律对该轻罪判处罚金的10倍。

第132－15条

当一个法人由于触犯条例规定的属于第五等级的违警罪而受到处罚，在前判刑罚执行完毕或赦免之后1年内，又犯同一违警罪的，对其判处的罚金最高可达条例对该违警罪判处罚金的10倍。

由上述条文可见，法国刑法典对法人累犯制度的罪过条件、刑罚条件和时间条件等都作出了具体的规定。

中国《刑法》在第347条规定了单位走私、贩卖、运输、制造毒品罪的累犯，而对于我国刑法总则中是否存在单位累犯制度即是否存在单位普通累犯制度，学者们观点不一。有人认为，中国《刑法》第65条没有排除单位普通累犯的适用，理由是“……对犯罪单位的直接负责的主管人员和其他直接责任人员判处的刑罚，都只能意味着是对单位整体判处的刑罚，而不能看作是对上述各有关自然人作为一个独立的刑罚主体判处的刑罚。由于不论是采用双罚制还是采用单罚制，对犯罪单位的有关自然人都有可能判处有期徒刑以上刑罚，因此，这势必意味着对犯罪单位整体可以判处有期徒刑以上刑罚。”①我们认为，这样解释是非常牵强的。刑法的解释不能超出法律条文所可能包含的意思，否则便是类推，在我国刑法明文规定对单位只能判处罚金的情况下，认为“势必意味着对犯罪单位整体可以判处有期徒刑以上刑罚”明显有违罪刑法定原则；况且，从有利于被告的角度，也不能认为单位可构成累犯。因此，笔者认为，应当借鉴法国的规定，增加中国的单位普通累犯制度，并作出以下构想：

1. 单位普通累犯的罪过条件

自然人累犯制度要求前后两罪都为故意犯罪，是否单位普通累犯制度也应作此规定？我们认为，应当结合单位犯罪的本身特征进行考察。正如本文的第三部分所述，许多单位过失犯罪是由单位本身的目标、规章、议事程序以及企业文化等所致，由于组织体本身的这些特征，导致其屡屡造成严重危害社会的后果，可以说，这类犯罪的社会危害性丝毫不亚于单位故意犯罪，而对其增加单位累犯制度，更可有效地防止其再犯，促使其更积极地对组织体本身进行改造。因此，不应当将单位普通累犯的罪过条件仅仅局限于故意。前后罪无论是故意还是过失，都不影响单位普通累犯的成立。法国的规定可供

① 杨凯：《单位普通累犯理性研究》，载《浙江社会科学》2001年第6期。

借鉴。

2. 刑罚条件

应当从单位本身来考虑,可对前后罪的罚金规定一个数额,这样操作起来比较方便直接。参照直接负责的主管人员和其他直接责任人员所处刑罚的方法虽然在大多数情况下不存在问题,但如前所述,有时候确定自然人主体是非常困难的,这使得处罚单位普通累犯在有些时候无章可循。

3. 时间条件

考虑到构成单位普通累犯时仍需对单位和自然人实行双罚制,为了配合自然人累犯的规定,仍应以5年为宜。

4. 从重处罚的限度

对于单位中的自然人,可按照自然人累犯的规定;对于构成累犯的单位,为了同自然人累犯的处罚相适应,可以考虑在应处罚金的2倍以下进行处罚。法国10倍于原判罚金的做法不适宜我国采用。

(二)法人犯罪的缓刑制度

缓刑作为一项针对罪刑轻微的犯罪的执行制度,对于有效地改造罪犯,使其重新回归社会有着非常重要的意义,反映了行刑社会化、轻刑化的刑事政策,为世界各国所广泛采用。将缓刑适用于罪刑轻微的法人,对于促进其反思过错,努力对组织体进行改造,亦有着不容忽视的作用。

《法国刑法典》分别于第132-30条第2段、第132-32条、第132-33条第2段和第132-34条第2段,作出如下规定:

第132-30条第2段

法人于同一时期内所犯普通重罪或轻罪之罚金在不超过6000欧元时得适用缓期宣判。

第132-32条

法人被判处罚金并处第131-39条第2、5、6、7项之刑罚时得适用普通缓刑。

第132-33条第2段

法人于同一时期内犯普通重罪或轻罪之罚金在不超过1.5万欧元时得适用普通缓刑。

第132-34条第2段

法人被判处第131-42条和第131-41条规定的禁止使用支票或者信用卡之刑罚时得适用普通缓刑。普通缓刑也适用于法人被判处属于第五级违警罪的罚金时。

我国《刑法》第72条至第77条分别规定了缓刑的适用条件、考验期限、对累犯不适用缓刑、缓刑犯应遵守的规定、缓刑的考验及其积极后果和缓刑的撤销及其处理等,构成了我国完整的缓刑制度。可以看出,中国的缓刑制度只适用于自然人。因此,这里对建立中国的单位缓刑制度提出初步构想:

(1)适用条件。罪刑比较轻微的犯罪,如对单位判处的罚金不超过5万元等。

(2)考验期限。可以等同或略高于自然人缓刑的考验期限,如2年以上5年以下等。

(3)对累犯不适用缓刑、缓刑犯应遵守的规定、缓刑的考验及其积极后果和缓刑的撤销及其处理等,均可参照自然人缓刑的规定。

(三)法人犯罪的追诉时效制度

《法国刑法典》于第133-2条至第133-6条规定了追诉时效制度,按照其规定,重罪的追诉时效为20年,轻罪的追诉时效为5年,违警罪的追诉时效为3年。由于重罪、轻罪和违警罪的划分同样适用于法人犯罪,因此将追诉时效制度适用于法人不存在任何困难,且操作起来简洁明了。

中国《刑法》第87条对追诉时效期限的规定都是以犯罪被判处的刑种及有期徒刑的长短为根据来确定的,显然不适用于单位犯罪。但如不对单位犯罪规定追诉时效制度,就会使单位的刑事责任始终处于不确定状态,不利于社会的稳定。而我国又不存在法国那样重罪、轻罪和违警罪的划分,因此,只能根据单位因犯罪所应判处罚金数额的多少来确定其追诉时效的期限。比如罚金最高为不满5万元的,追诉时效为5年;罚金最高为5万元以上不满20万元的,追诉时效为10年;罚金最高为20万元不满50万元的,追诉时效为15年;罚金最高为50万元以上的,追诉时效为20年;如果20年以后认为必须追诉的,须报请最高人民检察院核准。

另外,《法国刑法典》第133-7条和第133-8条所规定的行刑时效制度也可适用于法人犯罪,但由于我国刑法没有行刑时效的规定,这里不做探讨。

六、结　　语

从1987年至今,中国的单位犯罪制度已经走过了二十多个春秋。在此期间,学者们以极大的热情对此展开了热烈的讨论,发表了数以万计的论文,并出版了少数的专著,可谓仁者见仁,智者见智,为中国单位犯罪制度的发展作出了很大的贡献。然而作为单位犯罪之基础的市场经济在我国起步不久,经济制度的不成熟必然导致相关法律制度的不完善。在我国加入世贸组织、经济日益全球化的今天,从有着几百年市场经济发展经验的西方国家吸收其法人犯罪制度之成功经验,并使之在中华大地生根发芽,对于加快完善我国的单位犯罪制度,其积极意义自不容说,此亦为我辈所不贷之责。中国古人曰:“登高而招,臂非加长也,而见者远;顺风而呼,声非加疾也,而闻者彰。”美国著名的法学家罗斯科·庞德也曾说:“一种法律制度的历史在很大程度上乃是向他国法律制度借用材料以及将法律之外的材料加以同化的历史。”①以此为宗旨,本文对与中国同样有着成文法传统的法国之法人犯罪制度进行了初步的介绍并同中国的单位犯罪制度在立法概况、立法模式、主体范围、主观方面、客观方面、法定刑、两罚制等方面进行了比较研究,对完善中国的相关制度提出了初步的建议,并在最后介绍了法国法人犯罪的累犯制度、缓刑制度和追诉时效制度,以期引起同仁之注意,最终将其引入我国。

① 转引自潘勇锋:《法律移植面面观》,载《福建法学》2001 年第 4 期。

3. 英美法系刑法中正当防卫构成之比较研究*

目 次

---

* 与陈志军合著，原载《法商研究》2003 年第 5 期。

一、前　　言

在英美法系各国和地区刑法中，正当防卫是一种普遍规定的一般辩护理由，但在分类及各自构成条件的规定上不尽相同。在英国刑法中，正当防卫可以分为私人防卫和制止犯罪、逮捕犯人过程中的正当防卫两大类。私人防卫又可以分为保卫人身权利的防卫和保卫财产权利的防卫。美国刑法中的正当防卫分为四种具体类型，即防卫自身、防卫第三人、防卫财产和执法防卫。加拿大刑法中的正当防卫包括执法防卫、人身保护（防卫人身）和防卫财产三种类型：(1)执法防卫。具体包括7种情形：①执行传票或判决；②执行拘捕；③阻止越狱；④使用武力阻止犯罪；⑤特定情况下的错捕；⑥制止妨害治安；⑦使用武力镇压暴乱。(2)人身保护。具体又分为三种情形：①针对非因挑衅而发生的攻击的自卫；②攻击时的自卫；③防止攻击。(3)防卫财产。印度刑法中的正当防卫具体包括两种情形：(1)人身防卫，是指为保护自己或第三人的人身不受侵犯而进行的防卫。(2)财产防卫，是指为了保护自己或第三人的财产而进行的防卫。新加坡刑法中的正当防卫分为以下两种类型：(1)人身防卫；(2)财产防卫。我国香港特别行政区刑法中的正当防卫分为三种具体类型：(1)自身防卫；(2)防卫他人；(3)防卫财产。①

由上可见，人身防卫和财产防卫是正当防卫的两种基本类型，但是执法防卫具有一定的特殊性，有必要单独作为一个类型予以分析。下面就分别按照人身防卫、财产防卫和执法防卫三种类型对正当防卫的构成要件进行具体分析，以期对丰富和完善我国的正当防卫理论有所裨益。

二、人身防卫的构成要件

人身防卫，是指为保护自己或他人的人身免受非法侵害而实施的防卫。英美法系各国和地区的刑法中普遍规定了这一正当防卫类型，这也是正当防卫的最典型的类型。从英美法系各国和地区的刑法来看，成立人身防卫的条件主要包括：

---

① 参见宣炳昭：《香港刑法导论》，中国法制出版社1997年版，第139页。

(一)前提条件

英美法系各国和地区刑法大多认为,有不法侵害存在是成立人身防卫的前提条件。如美国刑法认为,“防卫人或他人处在非法的身体侵害的紧迫危险之中”是正当防卫的前提条件。①《加拿大刑事法典》第34条规定,“遭受非法攻击”是进行人身防卫的前提条件。在人身防卫之前提条件的认定中,应注意以下几个具体问题:

1. “是否存在不法侵害”的判断标准

在不法侵害是否存在的判断标准问题上,中外刑法学界存在“客观说”和“主观说”的分歧。大陆法系国家大多奉行“客观说”。“客观说”认为,应当以客观上是否存在非法侵害为判断标准,如果客观上不存在不法侵害,即使行为人主观上认为存在不法侵害,也不具备人身防卫的前提条件,这就是所谓的“假想防卫”。而英美法系国家和地区大多持“主观说”。“主观说”认为,应当以行为人主观认识为判断标准,即只要行为人当时在主观上认为自己或他人的人身面临不法侵害的,即使在客观上并不存在不法侵害,也应认为具备了人身防卫的前提条件。如英国刑法、我国香港特别行政区刑法就坚持“主观说”。英国刑法在此问题上的一般原则是,提出正当防卫辩护的被告人应该在其确信的事实基础上进行审判。这一原则最先确立于威廉姆斯(Williams)案:被告人威廉姆斯由于袭击被害人甲,并造成其身体伤害而受到指控,他以他以为当时甲正在对乙进行非法袭击,因而使用武力阻止他。但实际上,甲是在合法地逮捕乙。初审法院认为,被告人只有基于合理地(reasonably)认为甲是在实施非法行为的,辩护理由才能成立。但上诉法院否定了这一意见,认为只要被告人真诚地(honestly)相信甲的行为是非法的,不管其是否合理,他都可以成立辩护理由。② 我国香港特别行政区刑法认为,正当防卫辩护中侵害行为的性质(是否存在及为何种类型)应根据被告人确信的事实来判断,而不管这一确信有无合理根据,只要其是基于确信而实施防卫行为,就可以成立正当防卫。如梁粤文(Leung Yuet - man)一案就奉行这一立场。③

2. 对合法暴力能否防卫

在这一问题上,英国刑法学界存在两种观点:一种观点是“绝对否定

---

① 参见储槐植:《美国刑法》(第2版),北京大学出版社1996年版,第119—121页。

② “真诚(honest)”和“合理(reasonable)”是两种不同的标准:前者是完全的主观标准,以行为人行为当时的主观心理态度为判断依据,“真诚的”未必是“合理的”;而后者实际上是一种客观标准,即以一般人在行为当时的条件下所应有的认识为判断依据。

③ 参见赵秉志主编:《香港刑法》(中文版),北京大学出版社1996年版,第45页。

说”。这种观点完全排除对合法的暴力能成立正当防卫辩护的可能性。如在布朗尼(Browne)案中,大法官劳利(Lowry)指出:“在警察实施合法行为而且在当时的情况下使用合理的暴力去制止犯罪或合法逮捕罪犯或嫌疑犯时,反抗警察行为的自卫不能作为辩护理由。”①另一种观点是“特定情况下可以成立说”。该种观点认为,“绝对否定说”过于绝对,认为在特定的情况下,对合法暴力也能成立正当防卫辩护。比如,被告人事实上不是恐怖分子,但被警察错误地(甚至可以是合理地)认定为恐怖分子,警察对其实施攻击行为。如果在当时条件下,被告人只有通过对该警察实施杀害或重伤的攻击才能保护自己的生命,这种攻击应认为是合理的。该种主张认为在这种情况下法律没有理由否定被告人反抗的权利。在被告人被警察合理地认为是恐怖分子的情况下,尽管警察对被告人的攻击在事实上是合法的行动,被告人的抵抗行为也应视为正当防卫,而不构成犯罪。②

美国多数州的刑法允许行为人对特定情况下的非法逮捕进行防卫,认为非法逮捕一般仅仅涉及人格尊严和人身自由问题,而不涉及暴力伤害问题,允许以非致命暴力抗拒非法逮捕,这是宪法保障人权条款的要求。③

印度刑法在对公务员执行职务行为能否防卫的问题上区分两种情况:

(1)如果防卫人明知或有理由应当知道行为人是公务员或行为人是根据公务员的指示而实施该行为的,不能进行防卫。如《印度刑法典》第 99 条第 1 款规定:“公务员因职务上的理由善意地实施或打算实施按理不会引起死亡或严重伤害危险的行为,尽管严格说来此项指示并不为法律所允许,但不能进行防卫。”第 2 款规定:“公务员因职务上的指示善意地实施或打算实施按理不会引起死亡或严重伤害危险的行为,尽管严格说来此项指示并不为法律所允许,但不能进行防卫。”

(2)如果防卫人不存在上述明知或应知,可以进行防卫。《印度刑法典》第 99 条“说明”部分对此有规定,即一个人在不存在上述明知(或应知)的情况下对公务员以其身份实施或打算实施的行为,或根据公务员的指示而实施或打算实施的行为仍可进行防卫。但是对这种防卫规定了较为严格的限制条件。如《印度刑法典》第 99 条第 3 款规定:“在能够请求政府机关给予保护的情况下,不能进行自卫。”第 4 款规定:“防卫权的行使,在任何情况下,都不

① 参见〔英〕J·C. 史密斯、B. 霍根:《英国刑法》,李贵方等译,法律出版社 2000 年版,第 294 页。

② 参见〔英〕J·C. 史密斯、B. 霍根:《英国刑法》,李贵方等译,法律出版社 2000 年版,第 294 页。

③ 参见储槐植:《美国刑法》(第 2 版),北京大学出版社 1996 年版,第 151 页。

能造成超过防卫目的所必需的伤害。”

3. 对他人遭受的不法侵害是否可以进行防卫

这其实就是防卫他人能否构成正当防卫的问题。防卫他人就是防卫者为保卫处在遭受非法身体侵害的他人而对侵害者使用适度的暴力。在英美刑法上,在防卫他人之“他人”的范围上存在两种不同的主张:

(1)“限制论”。即将他人限制在与防卫人存在某种密切的关系范围内。如英国早期判例不允许为保卫与自己无关的他人而实行防卫;防卫他人仅仅限于同本人有密切关系的他人,如配偶、父母、孩子、亲戚或者雇员、雇主等。美国现在仍有半数左右的州把“防卫他人”限制在同本人有某种关系的人这一范围内,这些州的刑法典中存在自身防卫和防卫他人两种不同规定。①

(2)“无限制论”。即认为他人既可以是与防卫人有某种密切关系的人,也可以是没有任何关系的他人。这是现在英国法所持的立场。美国目前也有半数左右的州持这一立场,认为防卫他人可以包括保卫不相识的他人在内。②

我们认为,取消防卫他人与防卫自身的差别和限制是合理的。严格限制防卫他人不利于使遭受非法侵害的人及时得到救助,会出现“有危不能救”之有悖善良风俗的不合理现象。防卫他人是为人们提供一个互助保护的机会,今天你救他人,明天他人可能救你,本质上就是自身防卫的延伸。

(二)时间条件

英美法系国家和地区的刑法中大多将针对人身的不法侵害正在实施作为人身防卫的一个成立条件。防卫不适时(包括事前防卫和事后防卫)不能成立正当防卫。不过各国和地区的刑法上对防卫的时间起点和终点没有一致的规定。

美国刑法人身防卫的时间条件为侵害即将开始至侵害结束。对人身防卫的终止时间,美国刑法上认为,如果侵犯者有效地停止了攻击并通知了被侵害者,被侵害者就不能继续进行防卫,如果被侵害者仍然使用暴力实行“防卫”,侵犯者有权自卫。③

加拿大刑法规定人身防卫的时间条件始于攻击将要发生,止于攻击结束,但是攻击虽然已结束但有可能再次发生时也允许进行防卫。如《加拿大刑事法典》第37条规定,任何人,如果使用武力系防止攻击之必要,或防止攻击再发生之必要,其使用武力保护自己或受其保护者免遭攻击,应视为正当。

---

① 参见储槐植:《美国刑法》(第2版),北京大学出版社1996年版,第121页。

② 同上注,第121页。

③ 同上注,第120页。

《印度刑法典》第 102 条规定："人身防卫权，从实行犯罪的企图或威胁引起危害人身的恐惧时开始，即使该犯罪尚未实施；并且，只要这种危害人身的恐惧继续存在，这种防卫权也就继续存在。"可见印度刑法中人身防卫的时间范围是：开始于加害人实行犯罪的企图或威胁引起防卫人危害其人身的恐惧时，持续于这种危害人身的恐惧继续存在期间，止于这种恐惧的消失。

马来西亚刑法对人身防卫的时间条件作出了明确规定。《马来西亚刑法典》第 102 条规定，当实施某种犯罪或企图实施某种犯罪的威胁已经表现出来，能合理地令人担心危及人身时，人身防卫权利便可行使，而不要求这一犯罪行为已经开始实施。并且只要实施犯罪或企图实施犯罪的威胁给防卫人造成的危及人身之担心持续，人身防卫权利就可以继续行使。①

我国香港特别行政区刑法认为，只有在自卫者或他人的生命或身体确已受到严重威胁时才能进行防卫，在消除了这种威胁后不能继续使用致命的武力，即一旦侵害人已经有效停止或放弃了攻击，并通知了防卫者，防卫者就不能再将其置于死地。② 但需要指出的是，防卫行为并非只有在侵害人的袭击行为开始后才能实施，只要受害人的生命或身体确已受到严重威胁就可以进行防卫，即不排除在袭击实际发生之前先发制人也可以成立正当防卫的可能性。③

（三）对象条件

在英美法系国家和地区大多认为，人身防卫的对象只能是不法侵害者本人。在人身防卫对象条件的认定中，主要应注意的问题是对无责任能力人能否进行正当防卫？在实践中，可能发生完全无刑事责任能力人（如不满 10 岁的人或精神病人）对他人的人身进行暴力攻击的情况，此时是否允许受攻击对象对无刑事责任能力人进行正当防卫？英美法系国家和地区在这一问题上存在两种观点：

（1）"肯定说"。《印度刑法典》即持"肯定说"。如《印度刑法典》第 98 条规定："对本属犯罪的行为，因行为人年幼，认识能力不成熟，精神不健全或醉酒，或对行为的误解，而不认为是犯罪时，仍具有如同该行为是犯罪时一样的防卫权。"该条还举例予以说明。如乙在精神病发作期间企图杀甲的行为，不是犯罪。但甲对乙的行为仍具有同乙精神正常时实施的行为一样的防卫

① 参见赵秉志、肖中华：《马来西亚现行刑法典概要》，载赵秉志：《外向型刑法问题研究》（下卷），中国法制出版社 1997 年版，第 777 页。

② 参见宣炳昭：《香港刑法导论》，中国法制出版社 1997 年版，第 139 页。

③ 参见罗德立丛书主编、赵秉志中文主编：《香港刑法纲要》（英汉对照），北京大学出版社 1996 年版，第 24 页；赵秉志主编：《香港刑法》（中文版），北京大学出版社 1996 年版，第 45 页。

权。英国刑法也持"肯定说"。其认为,一个人应该被允许使用合理的武力保卫自己或他人免受非正当的攻击,尽管攻击者可能无刑事责任能力。① 根据这种观点,不管被告人是否认识到加害人属于无责任能力人,都可以成立正当防卫。在被告人没有认识到这一点的情况下,构成正当防卫没有问题;在被告人确实意识到加害人可能是无责任能力人的情况下,英国刑法学界也一般认为应按同样的原则去处理。

(2)"否定说"。在英国刑法学界,也有人持"否定说"。认为只有在行为人对加害人属于无责任能力人无认识的情况下,才能成立正当防卫,如果已认识到加害人属于无责任能力人,则不能构成正当防卫。②

(四)主观条件

在英美法系各国和地区刑法中大多要求行为人主观上的正当防卫意图作为人身防卫的主观条件。具体来讲,是要求行为人是在保护自己或他人的人身权利免受不法侵害的正当目的支配下对不法侵害人实施一定的加害行为。如《加拿大刑事法典》第35条规定,行为人只有在自卫意图而不是意图故意导致死亡或严重人身伤害的意图支配下实施的行为才能成立正当防卫。在这一要件的认定中,主要应注意以下两点。

1. 防卫挑拨

英国刑法中就排除防卫挑拨构成正当防卫的可能性。布朗尼(Browne)案中,大法官劳利(Lowry)在谈到自卫时指出:"采用暴力的必要性不能由被告人的行为所引起,即被告人行为可能导致或其故意制造某种特定情况时,不存在采用暴力的必要性。"③具体而言,当被告人以侵害的故意挑起别人进攻,然后有目的地予以"自卫"时,不能成立正当防卫辩护。美国刑法也排除了防卫挑衅构成正当防卫的可能性,如纽约州刑法就明确规定了这一原则。④《加拿大刑事法典》第34条明确排除对因挑衅而发生的攻击进行正当防卫的可能性。在这一问题上应当注意的是:暴力由被告人的行为所引起并不能必然得出其主观上不存在正当防卫意图的结论。在以下两种情况下,虽然暴力是由被告人的行为所引起,但是被告人的自卫仍能构成正当防卫:

(1)主观上没有预见到其行为会引起暴力。在英国刑法中,一般认为,

---

① 参见〔英〕J·C.史密斯、B.霍根:《英国刑法》,李贵方等译,法律出版社2000年版,第295页。

② 参见〔英〕J·C.史密斯、B.霍根:《英国刑法》,李贵方等译,法律出版社2000年版,第295页。

③ 同上注,第294页。

④ 参见储槐植:《美国刑法》(第2版),北京大学出版社1996年版,第120页。

即使暴力客观上由被告人的行为所引起,但如果被告人主观上没有预见到他的行为会导致加害人对他的攻击的,他不能被剥夺自卫权利。在这种情况下,其对加害人的自卫可以成立正当防卫。

(2)虽然预见到自己的行为可能引起暴力,但暴力程度超出了其预料。在这种情况下,被告人仍然可以拥有自卫的权利。在美国刑法中,在一般情况下,侵犯者无权实行自身防卫,但是在防卫显然过当的情况下认为侵犯者有权进行自卫,即如果侵犯者的暴力显然是非致命性的,而防卫者却使用了致命性暴力。防卫者超过限度的暴力便成为"非法的",在这种情况下侵犯者有权进行自卫。加拿大刑法允许不法攻击者在特定情形下享有自卫权。《加拿大刑事法典》第35条规定,任何人,无正当理由攻击他人,但开始时并未意图导致死亡或严重人身伤害,或无正当理由挑衅他人攻击自己,如系下列情形于攻击后使用武力,可视为正当:①其使用武力系:(a)因对受其攻击或挑衅之人使用暴力,怀有死亡或严重人身伤害之合理恐惧,以及(b)有合理理由相信为保护自己免遭死亡或严重人身伤害所必要;②在保护自己免遭死亡或严重人身伤害之必要性产生前,未力图造成死亡或严重人身伤害;③在保护自己免遭死亡或严重人身伤害之必要性产生前,尽其可能地拒绝进一步冲突并停止或退让。

2. 偶然防卫

偶然防卫,是指在客观上加害人正在或即将对被告人或他人的人身进行不法侵害,但被告人主观上没有认识到这一点,其出于非法侵害的目的而对加害人使用了武力,客观上起到了人身防卫的效果。英国刑法规定,对防卫正当性的相关因素无认识的偶然防卫不能构成正当防卫。如威廉姆斯(Williams)案中,法官就强调了被告人正当防卫的意图在正当防卫成立中的重要地位,认为在被告人没有认识到将证明其暴力的使用为正当的相关因素存在时,正当防卫条款不能适用。

(五)限度条件

英美法系各国和地区刑法普遍认为,不超出必要的限度是人身防卫的一项成立条件。在"必要限度"的具体判断标准问题上,刑法学界存在"主观说"和"客观说"之分歧。"主观说"认为,是否超出必要限度应以被告人的主观认识为准,只要行为人在当时的条件下主观上确信其所实施的暴力对于防止自己或他人的人身遭受侵害是必需的,就没有超过必要限度(即使客观上来讲被告人的暴力使用已经超出必要限度也不影响正当防卫的成立)。"客观说"认为,是否超出必要限度应以暴力的使用在客观上是否超出防止人身免受不法侵害之必要为准,而不能以被告人主观上为准。英美法系各国和地区刑法在此问题上，大多采用主观说。

英国刑法规定，在人身防卫的情况下不能过度地使用武力。具体而言就是：

（1）在被告人没有事实错误的情况下，使用暴力防卫公共利益或个人利益时，他要么有完全的辩护理由而不构成犯罪，要么过度地使用暴力丧失辩护理由而构成犯罪，这说明，正当防卫有一定的损害程度限制。这是英国刑法在克莱格（Clegg）案中所确认的原则。被告人克莱格是一个在北爱尔兰值勤的士兵，他向没有在检查站停下来的一辆汽车（事实上是偷来的）开了四枪。法官认为前三枪是为了自卫或保卫同伴而射击，但杀死人的第四枪则不是，此时车已经过士兵且已开出50英尺。英国上议院认为被告人在自卫过程中过度使用暴力造成的杀人是谋杀，因而认定其构成谋杀罪。

（2）在被告人存在认识错误的情况下，只要其对暴力没有超出必要限度的认识错误是真诚合理的，也能构成正当防卫。如在帕尔玛（Palmer）案中，英国枢密院曾经指出"客观说"的不合理性："如果存在攻击，要使辩护理由是合理和必要的，就应承认一个自卫的人不能精细地衡量其防卫行为必要的、精确的标准。如果陪审团认为在出乎意料的伤害发生时，一个受到攻击的人仅仅实施了他真诚地、本能地认为是必要的行为，这将是采取了合理的防卫行为的最有力证据。陪审团将被告知，在有证据使自卫的辩护理由可能成立时，只有在控方证明超出合理怀疑，即证明被告实施的行为不是自卫时，自卫的辩护理由才不成立。"①可见，在英国刑法中，只有在已知的情况下过度使用武力，才构成防卫过当。

美国刑法对人身防卫的限度也有要求。具体而言，要求防卫暴力的程度和侵害暴力的程度之间基本相适应。在美国的理论和实践中，按照暴力的程度把暴力分为两类，即致命暴力和非致命暴力。如果侵害的暴力属于致命性暴力，即能致人死亡或者重伤的暴力，防卫暴力也可以是致命性的；如果侵害的暴力属于非致命性的暴力，防卫的暴力也应当是非致命性的。可见，如果对非致命性的暴力侵害以致命性的暴力进行防卫，就是防卫过当。但需要指出的是，上述标准是在被告人没有认识错误的情况下而言的。根据美国的判例和制定法，在对侵害暴力的程度发生合理的认识错误的情况下，被告人对其客观上超过必要限度的防卫暴力仍然可以进行正当防卫辩护。需要指出的是，防卫人的这种认识错误必须是合理的，即防卫人合理地相信为避免非法侵害而使用这种暴力是必需的。所谓合理地相信，并不是行为人的纯主观

① 参见〔英〕J·C.史密斯、B.霍根：《英国刑法》，李贵方等译，法律出版社2000年版，第300页。

臆测，而是有客观标准的，这个标准就是普通人的一般认识。

《加拿大刑事法典》第34条、第36条、第37条规定，人身防卫的限度条件是"有合理理由相信为保护自己免遭死亡或严重人身伤害所必要"。即以行为人主观上的"合理确信"为限度标准。

印度刑法对人身防卫的限度条件作出了较为具体的规定。具体分为两种情形：

(1)无限防卫权。根据《印度刑法典》第100条的规定，除第99条所列各项限制外，对下列犯罪可以进行无限度防卫，即可以故意造成加害人死亡或其他任何伤害：①暴行有引起死亡的危险；②暴行有引起严重伤害的危险；③使用暴力意图强奸；④使用暴力意图实施违反自然的性交；⑤使用暴力企图绑架或诱拐；⑥使用暴力企图非法拘禁他人，而被害人所处境地使他不能向政府机关求援获释。

(2)普通防卫权。根据《印度刑法典》第101条的规定，对于第100条规定以外的犯罪行为行使人身防卫权时，不能故意造成加害人死亡，除第99条的限制外，可以故意造成加害人死亡以外的任何伤害。如果行为人对第100条规定以外的犯罪行为行使人身防卫权时故意造成加害人死亡的，属于防卫过当。如果只是过失地致加害人死亡，不属于防卫过当。

我国香港刑法认为，防卫人采取的防卫措施必须是合理的，不能超过必要限度。即自卫所造成的损害不能超过自卫者可能遭受的侵害，这是一个基本的原则。防卫行为怎样才算是合理和没有超过必要限度，这是一个非常复杂的问题。但是，一般认为，进行自卫而使用致命的武力，必须具备以下条件：(1)自卫者的生命或身体确已受到严重威胁，即从防卫人处于非法身体侵害的极端紧急之中。(2)非使用致命的武力不能消除这种威胁。这里包括两个问题：①武力的程度问题；②防卫人使用武力的必要性问题。致命的武力是相对非致命的武力而言的，区别致命的武力与非致命的武力常常难以精确计算，但是，根据具体案情进行客观估计还是有可能的。至于使用暴力的必要性问题，即是否非使用致命的武力不可，以防卫人合理的判断为标准，但不是防卫人的主观臆断，而应以普通人的一般认识能力为标准。①

(六)先行躲避是否是人身防卫的条件

在先行躲避(或称先行退却)是不是人身防卫的成立要件问题上，英美法系各国和地区刑法中存在不同的看法。具体有以下三种主张：

(1)"肯定说"。该种学说认为，行为人在使用暴力进行防卫之前负有躲

---

① 参见宣炳昭：《香港刑法导论》，中国法制出版社1997年版，第139页。

避(退却)义务。这是过去英国普通法的传统立场。在过去的英国法律中有一个专门的义务规则,即在使用暴力,至少是使用致命的暴力之前,行为人具有退却义务。在美国刑法中,也有理论和实践认为,就整个社会来说,应当尽可能地减少不必要的损害,所以应该采取"能躲避就不自卫"的态度。目前美国有极少数的州奉行这一主张。① 我国香港特区刑法也奉行"肯定说",要求防卫人在受到对方侵犯时,要坚持尽量"撤退原则",避开对方的侵犯。所谓撤退原则,是指要求自卫者在使用致命的武力以前尽可能退却。其理由是,当一个人可用逃跑的方式来避免自己被伤害时,就没有必要使用致命武力。②

(2)"否定说"。该种学说认为,行为人在使用暴力进行防卫之前没有躲避(退却)义务。这是现代英国刑法奉行的主张。在现在的英国法律中已经不存在被告人在能躲避的情况下必须躲避这样的义务规则,能否躲避只是判断使用暴力是否必要以及采用的暴力是否合理应考虑的一种因素。美国刑法中的通说认为,对侵犯者躲避无异于鼓励犯罪,是不光彩的丢脸的做法,因此即使能够躲避也可以进行自卫。③

(3)"折中说"。该种学说认为,在一般情况下,防卫人没有退避的义务,但在特定的情况下认为行为人有退避义务。如《加拿大刑事法典》第35条规定,任何人,无正当理由攻击他人,但开始时并未意图导致死亡或严重人身伤害,或无正当理由挑衅他人攻击自己,如系下列情形于攻击后使用武力,可视为正当:①其使用武力系:(a)因对受其攻击或挑衅之人使用暴力,怀有死亡或严重人身伤害之合理恐惧,以及(b)有合理理由相信为保护自己免遭死亡或严重人身伤害所必要;②在保护自己免遭死亡或严重人身伤害之必要性产生前,未力图造成死亡或严重人身伤害;③在保护自己免遭死亡或严重人身伤害之必要性产生前,尽其可能地拒绝进一步冲突并停止或退让。可见,法律虽然规定防卫挑衅人在特定情况下可以防卫,但又赋予了其退避的义务。

三、财产防卫的构成要件

在英美法系各国和地区刑法中除了人身防卫这一基本的正当防卫类型外,财产防卫也是一种普遍规定的正当防卫类型。防卫财产与防卫人身在前

① 参见储槐植:《美国刑法》(第2版),北京大学出版社1996年版,第120—121页。

② 参见宣炳昭:《香港刑法导论》,中国法制出版社1997年版,第138页。

③ 参见储槐植:《美国刑法》(第2版),北京大学出版社1996年版,第120—121页。

提要件、主观要件、对象要件等方面都具有相似之处，二者的差别主要在于防卫的限度条件上。具体而言，又集中在财产防卫中是否可以使用致命的武力的问题上。英美法系各国和地区在此问题上存在两种不同的主张。

（一）绝对禁止论

加拿大刑法即属于这种观点的支持者。在加拿大刑法中，对于财产防卫的必要限度问题上，也区分防卫住宅（不动产）和其他一般私人财产规定了不同的限度条件：

（1）在防卫一般私人财产时，以未殴打或伤害不法侵入者为限度条件。如《加拿大刑事法典》第38条规定，和平占有私人财产者以及其合法协助者，如未殴打或伤害不法入侵者而为下列行为，应视为正当：①阻止不法入侵者攫取其财产；②向攫取其财产的不法入侵者取回财产。当和平占有私人财产者得到其财产时，不法入侵者坚持欲保留之，或从占有者或其合法协助者处攫取之，应视为无正当理由或无挑衅之攻击，不再属于财产防卫，而应适用第34条规定的人身防卫条款。

（2）在防卫住宅时，以"使用未逾越必要武力"为限度条件。如《加拿大刑事法典》第41条规定，和平占有住宅或不动产者，以及其合法协助者，或经其授权之人，如果使用未逾越必要武力阻止他人入侵其住宅或不动产，或将不法入侵者赶出其住宅或不动产，应视为正当。不法入侵者，抵制和平占有住宅或不动产者，或其合法协助者，或经其授权之人，阻止其进入或将其赶出，应视为无正当理由或无挑衅之攻击，不再属于财产防卫，而应适用第34条规定的人身防卫条款。从《加拿大刑事法典》的规定可见，加拿大将财产防卫的范围界定得很窄，将包含暴力侵害的财产侵害适用人身防卫条款。财产防卫所针对的财产侵害都是非暴力的，自然要绝对禁止防卫人使用致命的暴力进行防卫。

（二）特别允许论

特别允许论，即在一般情况下禁止在财产防卫中使用致命的暴力，但在特别的情况下允许防卫人使用致命的暴力进行防卫。不过，英美法系各国和地区对允许使用致命武力的情况的具体规定范围不尽相同。

英国刑法规定，在防卫财产的过程中，一般不允许使用致命的武力。但也不排除在极少数的情况下允许使用致命武力的可能。如在荷赛（Hussey）案中，被告人杀死一个非法剥夺其居住权的人被认为是合法的。但英国学者一般认为，荷赛案件中的规则无论如何也不能无限扩展到那些不是故意剥夺房子主人居住权的侵犯者。① 即大多数英国学者认为，防卫人对非法剥夺其

① 参见〔英〕J·C. 史密斯、B. 霍根：《英国刑法》，李贵方等译，法律出版社2000年版，第296—297页。

居住权的侵犯者不能一概使用致命的武力,起码不能对非故意地剥夺其居住权的侵犯者使用致命的暴力。

美国刑法认为,人身比财产具有更高的价值,对防卫财产作合法辩护时在限度上要有更严格的限制。其把所防卫的财产分为住宅和一般财产,二者的防卫限度条件不同。认为在防卫住宅时使用暴力的限制应小于防卫一般财产,这是因为"防卫庇护生命的住宅同防卫生命一样重要"。① 防卫财产的具体限度标准是:①防卫人为保护一般财产免于非法侵犯时,不能使用致命的暴力。②在侵犯者仅仅是对住宅进行民事侵犯的情况下,防卫的暴力限度适用防卫一般财产的规定。③侵犯者在强行侵入住宅的情况下,视必要可允许以致命暴力实行防卫。

印度刑法也区分不同情况规定了财产防卫的限度问题,具体包括两类:

(1)可以使用故意致死或造成其他任何伤害手段的财产防卫。根据《印度刑法典》第103条的规定,在财产防卫权的行使过程中,除第99条的各项限制外,对符合下列规定的犯罪,可以使用故意致加害人死亡或任何其他伤害的手段防卫:①抢劫;②夜间侵入住宅;③对作为居住或保管财产使用的房屋、帐篷或船只,放火烧毁的;④有死亡或严重伤害危险的盗窃、损毁或侵入住宅。

(2)只可以使用除故意致死以外的任何伤害手段的财产防卫。根据《印度刑法典》第104条的规定,引起防卫权行使的犯罪是偷窃、毁损或非法侵占,而不属于第103条所列情况的,防卫权的行使不适用于故意致人死亡,但除第99条的限制外,可以适用于除故意致犯罪人死亡以外的任何伤害。

四、执法防卫的构成要件

执法防卫是英美法系各国和地区刑法中较为普遍地予以规定的特殊的正当防卫类型。执法防卫与人身防卫、财产防卫在前提条件、对象条件上存在共同之处,下面只研讨其比较特别的成立条件。

(一)主体条件

在英美法系国家和地区刑法中,执法防卫的主体一般都是一定的执法人

① 这是英国1873年一个判例中确立的观点。参见储槐植:《美国刑法》(第2版),北京大学出版社1996年版,第122—123页。

员或协助其执法的其他人,不是任何人都能成为执法防卫的主体。英美法系各国和地区在执法防卫的主体范围上的规定也不尽一致。英国刑法上的执法防卫主体规定得比较宽泛,根据1967年《英国刑法法案》第3条的规定,英国执法防卫的主体不仅包括执行逮捕或者协助执行合法逮捕的人,还包括不属于私人防卫的其他制止犯罪的个人。美国刑法规定,执法防卫的主体是警察或者协助警察的其他人。[①] 根据《加拿大刑事法典》第25条的规定,任何人作为下列人员,如其基于合理理由,于执行或实施法律中,经法律要求或许可为一定之行为,其行为以及为此而使用之必要武力,应视为正当:①私人;②治安官或公务员;③协助治安官或公务员之人;④执行公务者。可见,加拿大刑法中执法防卫的主体包括上述四类人,也比较宽泛。

(二)主观条件

执法防卫的成立要求行为人主观上具有依法进行阻止犯罪、逮捕犯罪人等执法活动的正当意图。如果行为人不是出于这种正当意图,而是出于非法的侵犯的意图而对犯罪人实施暴力的,即使该犯罪人在客观上也应该被逮捕,也不能认为行为人的行为构成执法防卫。如英国刑法规定,构成正当防卫要求行为人在主观上对正当性的相关因素有认识,如果无认识,则不能构成正当防卫。这对执法防卫也不例外。根据《英国刑法法案》第2条和取代它的《警察与刑事证据法》(PACE)第24条的规定,逮捕及为此而使用的必要的暴力必须同时具备以下两个条件才是正当的:①事实上存在着使暴力使用为正当的情况;②逮捕者有合理的理由认为使暴力使用为正当的情况存在。[②] 其中的第2项条件就是对执法防卫主观上具有正当意图的要求,即逮捕者应有合理的理由认为使暴力使用为正当的情况存在。除非是为了实现逮捕目的而实施暴力行为,否则任何一个人都不能借逮捕的权利之便实施暴力行为。如一个警察出于个人恩怨将他的仇人拘禁起来,而其仇人正好是在逃的杀人犯,但该警察却没有意识到他是杀人案逃犯这一点。这种情况属于偶然防卫。尽管行为人具有执法者身份,客观上也起到了阻止犯罪或抓捕逃犯的效果,但因其主观上不具有正当意图而不能认定为正当防卫。

(三)合法性条件

在英美法系国家和地区刑法一般都认为,具有合法性是成立执法防卫的条件之一。但在执法活动是否具有合法性的判断标准问题上,存在"主观

---

① 参见储槐植:《美国刑法》(第2版),北京大学出版社1996年版,第123页。

② 参见〔英〕J·C.史密斯、B.霍根:《英国刑法》,李贵方等译,法律出版社2000年版,第295页。

说”和“客观说”之分。“客观说”认为，是否具有合法性，应根据法律的规定进行客观地判断，而不论行为人主观上的认识如何；“主观说”认为，是否具有合法性，应以行为人当时主观上是否有合理理由相信其行为是合法的为判断标准，如果行为人主观上有合理的理由认为其行为是合法的，不论客观上是否合法，都应认为具备合法性条件。在英美法系各国刑法中，大多采用“主观说”。

英国刑法规定，执法防卫的成立要求执法行为具有合法性，但在执法行为是否具有合法性的判断标准问题上持“主观说”。以执行逮捕为例，《警察与刑事证据法》对逮捕是否合法的具体判断标准作出了不少具体规定，如第28条第3款规定，如果被逮捕人在被逮捕时或被逮捕后没有立即被告知逮捕的理由，逮捕则为非法。① 总的来讲，只要逮捕者有理由怀疑被逮捕者正在、已经或将要犯应被逮捕之罪，逮捕就被视为是合法的，否则，任何逮捕都是非法的。

美国刑法也要求执法防卫以执法行为具有合法性为基础。如《模范刑法典》第3—07条规定，逮捕行为在以下情况下是合法的：将逮捕的意思告知被逮捕人的；相信被逮捕人已经知道其将被逮捕的；认为以通常的方法无法告知被逮捕人有关事实的；根据逮捕证逮捕人时，逮捕证有效或执行人相信其有效的。在私人帮助警察执行逮捕的场合，即使该逮捕是非法的，但只要该私人相信该逮捕是合法的，或者根据当时的情况可以认为逮捕是合法的，也可以构成正当防卫。可见，在是否合法的判断标准问题上，美国刑法也是倾向于“主观说”的。

在加拿大刑法中也持“主观说”。根据《加拿大刑事法典》第25条第2款的规定，经法律要求或许可执行传票或判决之人，如其行为系善意，尽管传票或判决有缺陷，或系在无管辖权或超越管辖权的情况下发出或执行，此执行者或其协助执行者执行传票或判决应视为正当。根据《加拿大刑事法典》第28条第2款的规定，经授权执行拘捕令者要求的下列人员，免予追究刑事责任：①经要求协助拘捕，并相信其协助拘捕之人系拘捕令中列名之人；②被要求接受并拘捕其相信系根据拘捕令被拘捕之人的监狱看守。根据上述规定，执行传票或判决的人善意认为实际上违法的传票或判决为合法的，或者经授权执行逮捕令者相信该逮捕是合法的（尽管该逮捕实际上是非法的错捕），仍能成立正当防卫。

① 同上注，第295—296页。

(四)限度条件

在英美法系国家和地区刑法中,都认为执法防卫必须具备一定的限度条件。

1967年《英国刑法法案》第3条第1款规定,个人可以在防止犯罪或者执行或帮助执行合法逮捕犯罪人、犯罪嫌疑人或不法逃犯的情况下使用合理的暴力。① 此处之"合理的暴力"就是执法防卫的限度条件,即在执法防卫中不能使用不合理的暴力。至于暴力是否合理的判断标准,英国刑法修订委员会认为:"应当考虑当时所有的情况,包括特定情况下使用武力的性质和强度,要防止的损害的严重性,以及用其他手段阻止损害的可能性。"可见,只有在符合以下两个条件时,防卫造成的损害才是合理的:①这样做是为了阻止犯罪或实现逮捕所必须;②如不阻止犯罪或实现逮捕将会造成极大损害,因而任何一个理智的人在当时情况下都认为造成这种损害是正当合理的。②

美国刑法中也规定了执法防卫的限度条件。如《模范刑法典》第3—07条将执法防卫分为执行逮捕、防止脱逃和阻止自杀或实行犯罪三种,并对三者的防卫限度作出了具体规定。

(1)执行逮捕的防卫限度。在执行逮捕的过程中,只有在同时具有下列情形时,才可以使用致命的武力:①关于重罪所作的逮捕;②执行逮捕的人是有此权限的警察,或者相信该人有此权限而予以协助的人;③相信使用武力没有危害无辜的第三人的明显危险;④相信有下列情况之一存在,即作为逮捕原因的犯罪含有使用或威胁使用致命的武力的行为;或如果拖延逮捕,有引起被逮捕者死亡或重大身体伤害的危险。

(2)防止脱逃的防卫限度。为制止被逮捕者脱逃而使用武力的,如果该武力属于为执行逮捕能正当使用的程度的,阻却违法性。但看守、警察等有权人员为阻止羁押人员从拘禁所、监狱或其他收容因犯罪被追诉或认定为有罪的人的设施脱逃,认为有必要时,可以使用包括致命的武力在内的一切武力。

(3)阻止自杀或实行犯罪的防卫限度。在这种执法过程中,除下列情况外,其他任何情形下都不能使用致命的武力。能使用致命的武力的情形是:①行为人认为,如不阻止犯罪的实行或完成,被阻止者有致使第三人死亡或重大身体伤害的明显危险,而且使用武力不会并无危害无辜第三人的高度危险;②行为人认为镇压骚乱或叛乱而有使用致命的武力是必要的。但只能限于执法者已经命令犯骚乱或叛乱罪的人解散而其仍不服从命令时,并且依照

---

① 参见〔英〕J·C.史密斯、B·霍根:《英国刑法》,李贵方等译,法律出版社2000年版,第290页。

② 同上注,第290—291页。

法定的方式对其进行过将要使用致命的武力的警告。

加拿大刑法明确规定执法防卫也必须符合一定的限度条件，否则属于防卫过当而应承担刑事责任。《加拿大刑事法典》第26条规定："经法律许可使用武力之人，对过度使用武力，应根据过度行为之实质和性质，负有刑事责任。"加拿大刑法对执法防卫的限度条件作出了较为具体的规定：

(1)执行拘捕的防卫限度。根据《加拿大刑事法典》第25条第4款的规定，治安官以及其合法协助者如在下列情形下，对将被拘捕者使用计划的或可能造成其死亡或人身伤害之武力，应视为正当：①治安官，无论是否持有拘捕令，系依法拘捕即将被拘捕者；②将被拘捕者之犯罪系无拘捕令可被拘捕之犯罪；③将被拘捕者逃避拘捕；④使用武力之治安官或其他人，有合理理由相信其武力之使用系为保护自己，其合法协助者或他人免遭迫在眉睫或即将发生之死亡或严重人身伤害之必需；⑤采用较次之暴力的合理手段不能阻止被拘捕者逃脱。

(2)阻止越狱的防卫限度。根据《加拿大刑事法典》第25条第5款规定，在《矫正和有条件释放法》第2条第①款含义范围内，治安官如在下列情形，对正在越狱之囚犯，使用计划的或有可能造成其死亡或严重人身伤害之武力，应视为正当：①治安官有合理理由相信，狱中囚犯中任何人对其本人或他人构成死亡或严重人身伤害之威胁；②采用较次之暴力的合理手段不能阻止越狱。

(3)使用武力阻止犯罪的防卫限度。根据《加拿大刑事法典》第26条规定，任何人为阻止他人实施可在无拘捕令时将其拘捕的犯罪或者可能对其或他人的财产造成直接严重损害的犯罪，而使用合理必要的武力的，视为正当。

(4)镇压暴乱的防卫限度。《加拿大刑事法典》第32条、第33条对此种执法防卫的限度作出了规定。

五、结　　语

通过以上关于英国、美国、加拿大、印度、马来西亚、新加坡和我国香港特区这些英美法系国家和地区刑法中正当防卫之辩护理由成立条件的比较研究，我们不难发现其正当防卫制度具有一定的特色。例如，在作为前提条件的不法侵害是否存在的问题上采用"被告人标准说"，这与大陆法系国家和地区刑法奉行的"客观标准说"不同；强调防卫意图这一主观条件的地位；在防卫限度的判断标准问题上，也偏向于采用"被告人标准说"。与"客观标准说”相比,“被告人标准说”更关注被告人行为当时的真实感受,将客观上虽然不合理但其主观上真诚确信的防卫行为也纳入正当防卫的范围,尽管奉行这一标准要求在个案中具体地进行判断不如客观标准更有利于司法的简便,但这体现了其重视人权保障和个别正义的价值取向。此外,英美法系各国和地区的刑法将正当防卫区分为人身防卫、财产防卫和执法防卫等具体类型的立法方式和研究方法,对于繁荣和加强我国正当防卫制度的研究无疑都颇有参考价值。①

① 我国的立法上未对正当防卫进行具体的分类,也很少有学者区分人身防卫、财产防卫和执法防卫等具体类型对其不同的成立条件进行具体的研究。

4. 中美两国死刑制度之立法原因比较*

目次

一、前　言

在21世纪的今天，废止或严格限制死刑已经成为不可阻挡的世界性潮流。截至2006年，世界上已有88个国家和地区在法律上明确废除所有犯罪的死刑；11个国家和地区废除了普通犯罪的死刑，仅保留了军事犯罪或者战时犯罪的死刑；至少30个国家和地区在实践中事实上废除了死刑（过去10年内没有执行过死刑，并且确信不再执行死刑或者已经向国际社会承诺不再

---

* 与郑延谱合著，原载《现代法学》2008年第2期。

执行死刑)。① 可以说,全面废止死刑或者采取措施最大限度地限制死刑适用已经成为世界上大多数国家的选择。与此同时,那些保留并适用死刑的国家也因此饱受国际社会的批判。在这些国家中,最受关注者无疑当属中美两国。在对待死刑的问题上,两国采取了基本相同的政策——既保留死刑又限制其适用。

众所周知,中国受儒家文化影响深厚,实行社会主义制度,是世界上最大的发展中国家;美国受基督教文化影响深厚,实行资本主义制度,是世界上最大的发达国家。可以说,中美两国在文化传统、社会制度、经济发展水平等方面均存在较大的差异,但在废止死刑的世界潮流面前却做出了相似的选择,究竟原因何在?我们认为,探讨两国死刑立法形成的深层次原因,对于两国死刑制度的改革有着更为根本性的意义,不但对于在制度层面上进行合理设计有着重要的参考价值,更可以对产生两国死刑立法的"土壤"进行有针对性的改造,逐步达到严格限制乃至最终废止死刑的目的。

事实上,探析两国死刑立法的原因是件相当困难的事情,不但千头万绪,且各种原因往往交织在一起,真是剪不断理还乱。这里主要从民意与政治因素两个角度展开分析。②

二、民意对中美两国死刑立法的影响及原因探析

(一)民意对美国死刑制度的影响及原因

在美国,民意一直是影响死刑的最重要因素之一。有学者指出:"自70年代以来,几乎没有任何其他因素像民意这样对美国死刑产生如此显著、重要和持久的影响。"③有关组织为了在马萨诸塞州有效地废止死刑,竟宣称

---

① 详见大赦国际网站 http://asiapacific. amnesty. org/apro/aproweb. nsf/pages/adpan _statement _purna? OpenDocument。

② 这里主要针对中美两国保留死刑的因素进行分析,这些因素带有独特性。事实上,人类社会的共性远远大于个性。就人类社会几千年的死刑历史来看,报应观念与正义感无疑是各国适用死刑更为根本的原因。但本文的重点在于探讨在多数国家废止死刑的情况下,为何中美两国仍坚持适用死刑,有何特殊的原因。某种意义上,本文所探讨的原因与两国乃至人类社会为何适用死刑,不是一个层次的问题。另外,两国保留死刑的原因当然很多,这里只探讨我们认为两个最重要或者说能涵盖其他原因的原因。

③ Hugo A. Bedau, International Human Rights Law and the Death Penalty in America, in The Death Penalty in America at 16 (Hugo A. Bedau ed., 1997).

"将花费更多的时间寻求民意的支持而不是在法庭上进行努力。"①

1. 民意对美国死刑的影响途径

(1)死刑对美国政治精英的影响。在美国,"民粹主义"盛行,民众的意见往往直接决定精英们的政治命运,一个广为接受的事实是,任何一个政治候选人如果被认为对"犯罪软弱",他/她绝不可能在总统、州长和其他高级官员的竞选中获胜,而支持死刑无疑能够显示出其与犯罪做斗争的决心。因此,近几十年来,有关死刑的民意一直在政治生活中扮演着重要的角色。

美国总统选择最早打"犯罪"牌的是共和党总统候选人 Barry Goldwater,在参加 1964 年的总统大选时,他将严厉打击犯罪作为竞选口号之一,但是并没有获得成功。1968 年的总统选举中,第三党候选人 George Wallace 提出了"法律与秩序"(law and order)的口号,该口号被共和党候选人尼克松发扬光大,为其赢得了大量的选票,并最终使其登上总统宝座。1968 年总统选举时,正值国会审查《综合犯罪控制与街道安全法》之时,人们对犯罪控制问题展开了大讨论。就在这一年,发生了民主党总统候选人 Robert Kennedy(即肯尼迪总统的弟弟)遇刺和黑人领袖马丁·路德·金遇刺事件,尤其是后者在全国引起了一系列的黑人骚乱,从而使得控制犯罪成为敏感的政治问题,尤其是 1972 年 Furman 案②更使得死刑成为举国讨论的焦点问题。从 20 世纪 70 年代末期到整个 80 年代,死刑越来越成为影响全美政治选举的重要问题。

死刑话题在 1988 年的总统选举中成为共和党候选人乔治·布什手中的一把利刃。布什的竞争对手是民主党候选人麦克·杜卡基斯(Michael Dukaikis),其以反对死刑著称。布什巧妙地抓住历史机遇,将对手描述为一个"对犯罪软弱"的人,从而得以 53% 对 45% 的绝对优势胜出。此次选举中,候选人对死刑的立场被选民作为仅次于堕胎立场的重要问题。4 年后,民主党候选人克林顿在总统选举中吸取前辈教训,对死刑亦采取强硬立场,并利用其担任阿肯色州州长的便利在竞选期间亲自主持执行了两起死刑,更在其上任后先后通过《联邦死刑法案》(Federal Death Penalty Act)和《反恐和死刑绩效法》(Antiterrorism and Effective Death Penalty Act)扩大死刑适用范围和加快死刑适用速度。

如前所述,在 20 世纪七八十年代的美国政坛,对死刑采取什么样的立场已经成为政治人物进行自我界定的一个标尺,支持死刑意味着"对犯罪强

---

① Support for Death Penalty Grows in U. S., Fin. Times (U. S. A. edition), Nov. 11, 1997, at 7.

② 该案系美国死刑制度史上最著名的判例,联邦最高法院宣布死刑违宪,使得美国在长达 4 年中没有死刑,此处不赘。

硬”,从而意味着有打击犯罪维护社会安定的勇气,共和党人往往以此自诩并给民主党人贴上“对犯罪软弱”的标签。这种策略着实为共和党赢得了不少选票。克林顿1992年的立场使得死刑变得不再是国家级的政治问题,因为举国上下的政治人物都对死刑表现出了同样的热情。一时之间,死刑问题颇有政坛“潜规则”的味道,又如公共选举的“雷区”,使得每个政治人物都小心翼翼以防触电。从总统选举到各州州长选举,死刑问题都扮演了重要的角色。

近年来,随着美国犯罪率的下降和不断见诸报端的错案,美国民众对死刑的支持率开始下降,民意对死刑的影响也同时减少,加上原来的两派已经变为支持死刑一派,政治人物不再老拿死刑“说事”了,有时甚至出现截然相反的现象——过分热衷于死刑反而招致批评。在2000年的总统竞选中,小布什还因其过于严厉的死刑政策遭到了嘲笑。到了2003年,终于出现伊利诺伊州州长乔治·瑞安(George Ryan)在离任前取消全州范围内的所有死刑判决的情况。

(2)民意对地区法官和检察官的影响。尽管政治精英对美国死刑能够产生重大的影响,但在美国,具体死刑判决都是法官和检察官进行司法活动的结果。因此,法官和检察官对于死刑的态度直接影响到死刑案件的判决。而在美国绝大多数州,地区检察官和法官都由选举产生,因此检察官和法官也必须时刻考虑到民意。检察官都希望在选民心目中树立自己是打击犯罪的斗士的形象,这种形象有利于检察官竞选连任;而且在美国政治中,检察官职位是竞选更高公职的跳板,许多有心从政的人都从竞选地区检察官开始,美国现任的许多参议员、众议员、州长、市长都是从竞选地区检察官开始自己的政治生涯的,民众对待死刑的态度事实上会左右检察官的决定。因此在南部比较保守的州,检察官更积极地“寻求”死刑。对于法官来说,如果被选民认为对死刑的立场过于“温和”,法官也会面临“下课”的风险。

(3)民意对美国最高法院的影响。或许有人会认为,最高法院的法官是经任命而非选举产生的,为何民意对他们也会产生影响呢?事实上,美国法院一直被寄予社会秩序保持者的厚望,而“为了达此目标,最高法院必须考虑民意,以一种能够为大众所认可的措辞进行判决,达到大众所能接受的限度”。① 由此,支持死刑的大众意见能够直接影响最高法院。

一个世纪以来,无论是州法院还是联邦法院,在进行死刑判决时都必须考虑民意,尤其是在决定“残酷与不寻常之刑罚”的时候。正如Douglas大法官所言,“‘残酷与不寻常之刑罚’的定义不必拘泥于过时的观念,而应当随

① James G. Wilson, The Role of Public Opinion in Constitutional Interpretation, 1993 BYU L. Rev. 1037, 1083 (1993).

着民意的进步获得发展”。① 在影响美国死刑进程的 Furman 案和 Gregg 案中,大法官都将民意作为判决的根据。对此,有学者指出:“从我们的制度为人民主权和公众参与之目的创立以来,就法院给予民意相当程度的重视,这一点毫不为奇。”②

2. 美国死刑民意高涨的原因探析

(1)高犯罪率。在影响美国公众对死刑态度的诸多因素中,居高不下的犯罪率无疑是最主要因素之一。在美国,枪支泛滥一直是个严重的社会问题,虽然民意测验表明60%的美国人赞成制定法律控制枪支,但有关枪支控制的立法迟迟未能通过。这又在很大程度上为谋杀、黑社会与贩毒、恐怖主义等问题推波助澜。面对严峻的社会治安形势,多数民众寄希望于政府能够采取强有力的措施,而绝不应向犯罪妥协。近两年,尽管美国犯罪率有下降的趋势,但总体治安形势仍不容乐观,美国仍是西方犯罪率最高的国家。因此,采取包括死刑在内的严厉刑罚对付穷凶极恶的罪犯能够得到民众最大限度的支持,在借助死刑满足报应观念的同时,更希望发挥死刑的威吓功能来遏制犯罪。

(2)美国南方的死刑传统。仔细考察美国的死刑状况就会发现,无论从立法规定还是实际判决的数量,都存在着南北的重大差异。在美国,有 12 个州是废除死刑的,因此,与其说美国保留死刑,还不如说是美国一些州,尤其是中南部的州还保留着死刑。从历史上看,最初的殖民地州从成立之初,就对死刑采取了非常慎重的态度。在 19 世纪初期,当英国规定有 200 多项死刑罪名并大量适用死刑时,许多原殖民地州就将死刑主要适用于一个最严重的罪名,即谋杀。如今,这些州大部分都坚决地反对死刑。而美国南部和西部地区的做法则大相径庭,当时在西部的一些州,对偷盗马匹和牲畜等行为处以绞刑的现象司空见惯;而在南方蓄奴州,对于奴隶逃跑、帮助奴隶逃跑或者强奸等行为更是大量地适用死刑。而这些地区迷信死刑的传统一直影响到了今天,使得如今美国的死刑在一定意义上被认为是“南方现象”。

为了说明美国死刑的南北差异,研究死刑的专家 Bedau 教授将全美分为

---

① Furman, 408 U.S. at 242.

② James G. Wilson, The Role of Public Opinion in Constitutional Interpretation. 这一点可从南非与美国在死刑存废上的差异得到一定程度之说明。两国都存在种族歧视、都实行三权分立的联邦制、都属于普通法系、都存在死刑是否违宪的问题,等等。但南非以 Furman 案为契机,以死刑之“残酷与不寻常”违宪为由于 1995 年将其一举废除,美国死刑制度却在经历反复之后死灰复燃,的确耐人寻味。原因当然很多,但两国最高司法机构在死刑问题上采纳民意之程度当是重要的原因。对此,拟另外撰文详述之。

三大地带:北部区、中部区和南部区。北部区指从东北角的缅因州到西北阿拉斯加州一线的区域,处于该区域的州或者明文废止了死刑,或者极少适用;中部区指从东部宾夕法尼亚州到西部加利福尼亚州一线的区域,处于该区域的州比北部区的州适用死刑广泛,但数量上相对也较少;南部区指东起弗吉尼亚和南、北卡罗来纳西至得克萨斯和亚利桑那州一线的区域,死刑大量集中于这一区域的州,也正是这些州强烈地反对废除死刑。从 Furman 案以来,美国有 2/3 的死刑在南部的 5 个区域执行——得克萨斯、佛罗里达、弗吉尼亚、路易斯安那和佐治亚州;而得克萨斯一州的死刑执行数量就占了全美的 1/3,因此得克萨斯州也冠以“死刑之州”的称谓。①

(3)美国的私刑传统。研究死刑的专家 Zimring 教授在其撰写的《美国死刑的冲突》(The Contradictions of American Capital Punishment)一书中提出,联邦主义和私刑传统是美国保留死刑的两个最重要原因。我们将联邦主义放在下文美国政治体制部分研究,这里重点对美国私刑传统进行探讨,分析其是如何影响民意并进而影响到美国废除死刑进程的。

私刑(Lynching),始于美国革命战争时期,民间治安团体委员会为了维持战争时期的社会秩序而私自对违反秩序的人处以极刑,后来逐渐成为民间治安团体私自用刑的代称。私刑在 19 世纪末 20 世纪初在美国广为流行,但主要集中在南方,被白人团体大量地适用于惩治黑人及其他有色人种。虽然私刑在当代已不复存在,但其影响至今仍没有消失,并顽强地融入了美国的文化,反映在民间自设的私人团体的价值上。私刑在欧洲也曾经存在,但其在美国适用的广度和时间的跨度都非欧洲所能比拟。Zimring 教授认为,正是私刑在美国的特殊作用使得美国至今仍顽固地保留私刑。

私刑传统是如何影响当代美国死刑的? Zimring 教授指出,私刑传统能够很好地调和民众支持死刑与担心政府权力无限扩张之间的矛盾。在废止死刑的欧洲国家,一个主要观点就是国家无权杀人,如果允许国家杀人,就存在政府权力无限扩张进而损害民权的风险;况且错案在所难免,“我们既无上帝的大能,如何能像上帝一样决定人的生死?”民间治安团体倾向于将死刑看作是社区而非政府的权力,既然行为人威胁到了社区的安全,他就应当被视为社区的敌人而非社区的成员,其权利不应当再受到保障,社区也有权力保护自己不受这些异己分子的侵犯,为被害人伸张正义。美国当代的死刑支持论者认为,死刑的整个程序都应当纳入社区控制,死刑的出发点就在于保护被害人和使潜在的被害人利益不受威胁,而民间自行设立的治安团体私自用

① See Hugo A. Bedau, International Human Rights Law and the Death Penalty in America, in The Death Penalty in America, at 21 (Hugo A. Bedau ed., 1997).

刑的精神实质,也是将社区而非国家视为死刑执行的真正利益实体。① 由于被当作社区的权力,死刑就获得了正义的面孔,为广大民众所拥护。

Zimring 教授进一步指出,正当程序原则与私刑传统是影响美国死刑的相互矛盾但又同时存在的两大因素,美国废止死刑之路的跌宕起伏就是两大原因交互作用的结果。正当程序原则同样在美国深入人心,美国人民奉行"有限政府"理念,担心政府权力过于膨胀会损害人民利益,主张采取有效措施限制政府的权力。反映在死刑制度上,为了避免政府滥用刑罚权进而伤及无辜,应当采取严格程序防止出现冤假错案,保障人民权利。正当程序与私刑传统的矛盾反映在民意调查上,就是一方面支持死刑的民意高涨,一方面又对于防止滥用刑罚权导致错案广泛关注。两种价值观念可以在同一个人身上得到体现,当有充分证据表明被告有罪时,私刑传统占上风;当证据存在疑问时,正当程序原则占上风。两种观念在现实中也造成加快程序与增强证据的要求,但两者显然存在矛盾,程序的加快必然带来证据的不力。应当鼓励正当程序原则的价值观念,延长死刑执行时间以免出现错案。②

为何私刑传统在美国具有如此强大的影响力呢?我们认为,这与美国的特殊国情有重大关系。美国是一个典型的移民国家,以最初的白人殖民者为基础,拥有几百年的蓄奴史,导致黑人人口众多,再加上本地土著印第安人和来自亚洲的劳工,人口状况复杂,同质性较低。而各种族的习性、文化等差异悬殊,矛盾冲突在所难免。少数族裔由于经济地位不高,生存环境恶劣,教育和福利等设施较差,必然导致犯罪率较高,使得主流社会对于有色人种对其赖以生存之社会秩序的潜在威胁感到深深的忧虑。况且,"非我族类,其心必异",白人团体向来倾向于用私刑维持社会治安,实现其眼中的社会正义。

(4)未经纳粹统治。有学者提出,美国民众大力支持死刑的一个原因是美国在历史上未经纳粹统治,缺乏死刑被大量滥用的切肤之痛。但也有学者提出反对意见,认为此说不能解释未经纳粹统治的拉丁美洲和非洲国家为何倾向于废止死刑。③

我们认为,此说有一定可取之处。"二战"期间,欧洲人民亲身体验到法西斯的残酷、暴虐与法治惨遭破坏的严重后果,深刻认识到人的生命权利受

① 由此,也就不难理解为何美国在很长时间里坚持对未成年人和精神障碍者适用死刑,对法定权利未得到有效保障的外国人执行死刑,被害者亲属在法庭阶段的陈述影响案件判决以及死刑执行过程中请被害者亲属亲临死刑现场,等等。本应属于国家行为的死刑被个人化了。

② Franklin E. Zimring, The Contradictions of American Capital Punishment, 2003 Oxford University Press, p89 – p139.

③ 参见记欣:《生死一线间——安乐死与死刑制度之探讨》,台湾商周出版社 2003 年版,第 201 页。

法律保护的重要性。在随后的几十年中,欧洲各国先后废止死刑,不能不说与深刻吸取纳粹教训有关。反观美国,两次世界大战之火都没有燃及本土,民众远离法西斯的暴行与死刑的滥用,民众最为关心的,仍然是其生命财产安全是否会受到暴力犯罪的侵害,自然缺乏反对死刑的强劲动力。对于有学者所言,未经纳粹统治的拉丁美洲和非洲国家也倾向于废止死刑的论据,我们认为,任何事物所呈现的状态都是由一系列复杂的原因交互作用而形成的,而单独拿出某一因素来考察,未必能直接造成一定的结果,但绝不应由此否认这一因素存在的现实意义。又比如本文所探讨的民意,欧洲其他国家也大多一直有过半的民众支持死刑,但最终都陆续将死刑废止,美国却在经历 Furman 案之后功败垂成,这固然有美国政治体制及观念等方面的原因,但民意的作用却无论如何也是不能否认的。如前面分析,没有高涨的民意,政治家和法官是不会如此执著于死刑的。

(二)民意对中国死刑制度的影响及原因

民意在中国死刑问题上发挥的作用毋庸置疑。可以说,同世界上其他国家相比,中国民意对于死刑之执著实属少见。由于死刑问题在中国受到广泛关注仅是最近一二十年的事情,因此关于死刑的民意调查尚不是很多。就有限的几次调查看,死刑无疑得到了广大人民群众的强烈支持。①

1. 民意对中国死刑制度的影响途径

(1)民意对执政党的影响。在中国,民意对死刑的影响首先体现在对执政党的影响上。中国共产党代表人民领导国家,强调要“代表最广大人民群众的根本利益”,“倾听人民群众的呼声”,因此,民意不可能不对共产党的死刑政策产生影响。如在“极左”的年代,“人民审判”蔚然成风,涉及罪大恶极的反革命、杀人、强奸等案件,革命群众就会义愤填膺,甚至亲自上阵直接宣判被告人死刑,这样的例子不可胜数。作为执政党,首要任务当然是稳固统治秩序,维护社会的稳定,从而得到人民的拥护,而对于一个有几千年死刑史的大国,若要达此目的,“尚方宝剑”当然非死刑莫数了。对此,体现“广大人民群众的强烈愿望的”“严打”政策就是最好的例证了。

(2)民意对立法机关和最高司法机关的影响。在中国,民意对死刑的影响也深刻体现在对立法、司法部门的影响上。一个显而易见的表现就是在涉及死刑的问题上,立法、司法部门也往往强调“民愤”。如全国人大常委会 1983 年 9 月 2 日通过的《关于迅速审判严重危害社会治安的犯罪分子的程序

① 如新浪网于 2003 年的调查,武汉大学法学院康均心教授对湖北省司法工作人员的调查等,均显示出中国民众对死刑的执著。参见康均心:《理想与现实——中国死刑制度报告》,中国人民公安大学出版社 2005 年版。

的决定》中规定:"对杀人、强奸、抢劫、爆炸和其他严重危害公共安全应当判处死刑的犯罪分子,主要犯罪事实清楚、证据确凿、民愤极大的,应当迅速及时审判";最高人民法院、最高人民检察院和公安部(84)法研字解答(1984年6月15日)也规定:"对犯罪集团的首要分子和其他主犯,一般共同犯罪中的重大案件的主犯,应依法从重严惩,其中罪行特别严重,不杀不足以平民愤的,应依法判处死刑。"而在人民法院的死刑判决书中,"社会危害性极大,不杀不足以平民愤"等用语更是司空见惯。

(3)民意对法官和检察官的影响。民意对中国死刑的影响不但体现在立法规定与司法解释上,更是体现在具体的案件中。一旦发生手段残忍、性质恶劣的暴力犯罪案件,立刻引起民意沸腾,若再经媒体渲染,更是千夫所指,司法机关处在重重舆论包围中,判案过程受到的影响是可想而知的。更为重要的是,如果民愤大到一定的程度,导致有关党政领导予以过问,那被告的命运就更加岌岌可危了。在中国的司法实践中,这样的案件不可胜数。①相反,在民意的强烈同情下,被告也确有可能免予死刑。②

2. 中国民众强烈支持死刑的原因探析

(1)社会治安形势恶化,犯罪率高。新中国成立之后的一个相当长的时期内,全国实行计划经济体制,社会关系相对简单,暴力犯罪事件不多,社会治安情况较好。经过"文革"以及20世纪70年代末开始的改革开放,社会面貌发生了较大的改变,原有的社会关系受到冲击,引起了治安形势的急剧恶化。究其原因,主要有传统"重义"、"轻利"等价值观受到冲击,贫富差距拉大、社会保障体系没有完全建立,地区发展不平衡、人口流动性加大,政治体制改革滞后、腐败现象严重等原因。这些因素往往交织在一起,致使社会治安形势空前严峻。仅举一例,1990年的重大案件数是1979年的10倍,其中的重大盗窃案件是1980年的28倍。③ 在严峻的犯罪形势下,广大群众从情感上本能地支持政府采取包括死刑在内的严厉措施打击各种犯罪,维护自身的安全。

(2)礼法传统与家族主义影响深远。礼法结合是中华法系的典型特征之一,中国古代封建帝王都标榜以忠孝治天下,三纲五常成为立法的原则。

---

① 如刘勇案、张金柱案、李长河案、亓培玉被害案,等等。对于这些案件的是非曲直,这里不作展开,但民意的作用却是显而易见的。

② 如蒋爱珍杀人案。被告人蒋爱珍系新疆生产建设兵团的未婚女性,在无辜遭受团部几位领导陷害、求告无门的情况下持枪报复,造成数人死伤。当时全国成千上万的民众对她表示强烈声援,普遍认为受害人"罪有应得"。该案由死刑而最终改判为15年有期徒刑与此不无关系。

③ 详见 http://www.paper800.com/paper138/ECCDDFC8/

与封建纲常相伴随的,是家族本位的思想。“四海之内,莫非王土”,帝王就是天下的家长;而每一个封建大家庭,都由家长依靠封建伦理进行控制。这就是所谓的“家天下”思想。礼法制度与家族本位相结合,就勾勒出中国古代法律制度的大致样貌,也给中国的死刑制度造成了两个影响:

首先,以“孝”为基础的复仇制度成为重要的法律制度。《礼记·礼运》曰:“何谓人义?父慈,子孝,兄良,弟悌,夫义,妇听,长惠,幼顺,君仁,臣忠。”在以这样的伦理教条为规范的社会中,复仇已不再仅仅是一个简单的法律问题,而成为一个关乎社会人伦道德及法律内在精神和外在标榜一系列纠缠不清的社会问题。① 在这样的大背景之下,中国人认为替自己的亲人报仇是天经地义的事情,是大义,否则便是不义;又由于中国重义轻利的传统,在中国某些少数民族和古代西方社会曾盛行过的赎金方式是不被认可的。对于不共戴天之仇,如通过金钱的方式了结,则被认为是丧失礼义廉耻,为人所唾弃。当然,中国复仇观念盛行的原因不止于此,但可以肯定的是,中国人对于“一命抵一命”观念的执着是世界上其他任何地方都难以相比的,死刑获得了民众的强烈支持。

其次,集体主义观念导致对个体权利的漠视。宗法制度所创立的家国一体的社会结构强化了国家的权威,把人基于先天血缘关系产生的权利义务关系扩大化为人对国家的全面义务关系,强化了每个人的身份角色和义务内容;而礼治的出现和完善,更要求每个社会成员根据社会为自己规定好的身份来扮演自己的社会角色,尽自己的社会义务。② “舍小家,为大家”以及“杀身成仁”等观念被大力宣扬,集体主义的观念盛行,个人权利受到漠视,一些争取个人正当权益的行为被斥为“自私”。在这样的文化背景下,包括生命在内的个人权利被集体利益的光芒所掩盖,为了维护大众的安全和集体的福祉,“舍身报国”之大义当然值得大力褒奖,消灭“害群之马”也是理所当然。将严重危害社会安全的犯罪分子在肉体上直接消灭,谁不拍手称快呢?

(3)缺少西方启蒙运动洗礼。美国的约翰·亨利·梅利曼教授指出,英美法系和大陆法系的一个重要区别是,前者盛行的是极端个人主义观念,而后者盛行的是国家主义观念。③ 从国家主义这点讲,中华法系与大陆法系国家应是较为接近的。清末五大臣出洋考察,认为中国应行大陆法系之制,当

---

① 参见马作武:《中国古代法律文化》,暨南大学出版社 1998 年版,第 87 页。转引自何家伟、谭小辉:《法律文化与中国死刑之存废》,载《山西法学学报(哲学社会科学版)》2006 年第 4 期。

② 参见吕世伦:《法理念探索》,法律出版社 2002 年版,第 41 页。

③ 参见约翰·亨利·梅利曼:《大陆法系》,顾培东、陆正平译,知识出版社 1984 年版,第 19 页。

并非偶然。但大陆法系国家多地处欧陆中心,近代西方启蒙运动首当其冲,“民主”、“人权”观念深入人心,个体权利尤其是生命权受到重视。因此,当废止死刑运动的大潮席卷世界时,各欧陆国家纷纷跟进,废止死刑在这些国家并没有引起太大的震动。相反,当启蒙运动在西方国家如火如荼进行之时,中国正处于封建社会晚期,专制主义走向极端化。及至清朝灭亡,宣扬“德先生”、“赛先生”的思潮也仅仅是昙花一现。由于缺乏西方启蒙运动的洗礼,中国依赖死刑的旧有传统没有受到太大影响。根深蒂固的死刑传统至今仍是中国废止死刑之路上的障碍。

三、政治因素对中美两国死刑立法的影响

死刑是一个法律问题,更是一个政治问题。与其他因素相比,政治因素对于死刑立法往往起着更为重要的作用。下面着重分析政治因素对两国死刑的影响。

(一)政治因素对美国死刑立法的影响

1. 联邦主义及美国联邦与各州在死刑权限上的划分

研究美国的死刑制度,不得不面对这样一个问题:为何美国在废除死刑的道路上与其欧洲伙伴渐行渐远?从历史上看,第二次世界大战之前美国与欧洲在死刑方面,无论是立法还是实践都相差无几。欧洲大面积废止死刑发生在战后,从 1944 年意大利废除所有普通犯罪的死刑开始,直到 1981 年法国废止所有犯罪的死刑。而美国在这一时期亦经历 1972 年 Furman 案,死刑制度一度接近寿终正寝,但又于 4 年后死灰复燃。原因何在?美国独特的联邦体制在其中扮演了重要的角色。

美国是典型的联邦制国家,联邦主义的政治理念根深蒂固,联邦只拥有有限的权力,各州拥有联邦权力之外的绝大部分权力。各州对于辖区内包括死刑在内的刑事司法体系有几乎排他性的权力,什么样的行为构成犯罪以及如何进行处罚都是各州自己的事情。联邦对州的约束主要体现在两个方面:一是联邦拥有自己的司法系统,对于全国范围内发生的走私、非法移民、伪造货币等少数被认为侵害到联邦利益的行为拥有管辖权;二是各州的规定不得违反《权利法案》(即美国宪法的前 10 个修正案)和其他少数几条联邦司法标准。在美国,犯罪和刑罚是除教育之外,各州拥有的最大权力的事项。美国《权利法案》所确定的刑事司法程序标准并不能完全适用于各州,只有当各州的刑事程序达不到“自由秩序的实质标准”时,联邦法院才加以干涉。

在美国建国后的150多年时间里,死刑完全成为各州自己的事情。是否保留死刑、对哪些罪名判处死刑,以及死刑案件的程序等,都由各州独自决定。①

其后,虽然联邦最高法院通过 Powell 案、Brown 案和著名的 Furman 案等将联邦权力一定程度上运用到州的层面,但这种制约又是极其有限的,死刑实质上仍是各州自己的事情。这体现在以下几个方面:①各州有权决定是否保留死刑,联邦无权干涉;②在保留死刑的各州,规定对何种行为判处死刑联邦无权主动干涉,只有具体案件上诉到最高法院时,联邦才能被动地进行审查,而只要不构成"残酷与不寻常的刑罚",最高法院并不能宣布其无效;③尽管各州死刑立法的具体规定不乏相同之处,但各自的死刑政策及死刑制度的实际运行差异悬殊。

可以说,联邦与各州在死刑权限的划分上,尽管联邦设置了一定的标准对州权进行限制,但死刑在本质上仍是各州自己的事情。不了解这一点,就很难理解美国废止死刑之路为何如此一波三折。

2. 联邦主义对美国死刑制度的影响

由于联邦无权决定各州的死刑制度,而50个州的情形又差异悬殊,由此导致死刑在各地的千差万别。受历史、文化等因素的影响,有的州很早就废止死刑,或者从一开始根本就没有规定死刑;有的州却大量地适用死刑。在这一点上,每个州都类似于一个独立的国家。在南方大多数州,适用死刑已经成为一种传统,要在短时期内废止是难以想象的。考虑到这些州民众对死刑的热情,也不能过分寄希望于政治领导人采取措施推动死刑的废除;尤其是遇到手段残忍、震惊社会的大案发生,民意沸腾,更加难以奢望有哪个领导人有足够的政治勇气"逆潮流"而动。因此,在欧洲由国家统一出面废止死刑之路在美国是行不通的,只能等待各州自发采取行动,一个接一个地加入废止死刑的行列,但又路途漫漫。而且,有时候还会出现反复。例如,纽约州在1972年借 Furman 案之机将死刑废止,又于1995年恢复。

与此同时,尽管美国参议院代表国家签署了一系列旨在保护人权的国际公约,但却无权迫使各州接受该条约的束缚。各州不是国际法上的主体,可以对国际社会的压力不予理会。因此,外部的压力不能像在其他国家那样有力地推动美国废止其死刑制度。也正是由于认识到这一点,有关国际组织开始采取与各州直接接触的策略,鼓励这些州采取措施停止执行死刑。

(二)政治因素对中国死刑立法的影响

受现实与历史因素的影响,中国民众对死刑有着超乎寻常的狂热。但综

① Franklin E. Zimring, The Contradictions of American Capital Punishment, 2003 Oxford University Press, at 69.

观世界各国,尽管民意对死刑的支持力度有强弱之分,但大体都持支持态度。然而作为集体意识的国民心态,关注更多的是死刑的表层适用和自我情感,具有非理性、易变性等特征,需要政府启蒙。各国废止死刑的经验表明,消极等待民意来决定死刑的命运难以有实质性结果,需要政府发挥强有力的作用。但政治家最为关心之事,乃是如何维护社会的稳定。受诸多因素影响,西方国家由政府主导废止死刑之路在中国存在诸多障碍。

1. 重刑主义与"乱世用重典"的历史传统

中国地处亚欧大陆的东部,具备良好的气候、土壤和矿产资源等条件,依靠农业生产便可维持社会发展。长期自给自足的农业文明导致了中国相对封闭的社会环境,商业不发达。又由于优越的交通条件,比较容易形成大一统的专制制度,为了维护这种专制体制,就有必要将劳动力固定在土地上,不但易于管理,还能直接生产生活和战争所需的物质。由是之故,中国古代的政策一直是"重农抑商"、"重刑轻民",习惯于用刑事手段调整社会关系,刑法被赋予很高的期望,刑法万能主义大行其道,由此导致重刑主义的思想源远流长。重刑主义的思想发轫于战国时代的法家,到秦朝占有统治地位,其后各代虽宣称施行儒家的"仁政",但两千多年的治理方式实际上仍是"外儒内法"。

由于重刑主义的思想,在出现社会秩序混乱、统治地位受到动摇时,统治者都习惯采用极为严酷的刑罚来维持社会治安,以期达到杀一儆百的目的。因此,中国古代的一个重要刑罚思想就是"刑罚世轻世重"、"治乱世用重典"。反映在当代,就是当社会治安出现问题时,就自然而然地运用包括死刑在内的严刑峻法来维护社会稳定,严厉打击犯罪分子。

2. 特殊历史时期所形成的"左"的错误。

新中国成立以来,为了建设社会主义国家,共产党带领全国人民进行了努力探索,曲折反复,终于使中国的发展走上了正轨。但不可否认的是,由于经验的缺乏和特殊的历史条件所致,在一个相当长的时期内,共产主义的"左"的错误占据了思想的统治地位。尽管在新中国成立初期进行了一定规模的法制建设,颁布了一定数量的法规,并建立了初步的司法机构,但在"左"的思潮冲击下受到严重破坏。"凡是敌人拥护的,我们就坚决反对",法治思想被斥责为资产阶级的思想。对于社会中出现的问题,习惯于发动革命群众,通过急风暴雨式的群众运动进行解决,"群众专政"、"群众办案"成为一定时期内司法行为的主要特点之一。① 一些正常的社会矛盾被贴上"阶级斗争"的标签,进行你死我活的敌我斗争。法律虚无主义的盛行,"文化大革

① 参见韩延龙主编:《中华人民共和国法制通史》(下卷),中共中央党校出版社 1998 年版,第 668—670 页。

命”时期达到极致。

在残酷的革命斗争中,“左”无疑比“右”更易于被人所接受。“左”代表着绝不向敌对势力屈服的革命斗争精神,“右”则意味着妥协,意味着退让,意味着斗争不坚决。“态度问题至关重要”,只要你革命立场坚定,无论手段是否过激,方法是否可行,也无论盲目冲锋陷阵的后果是否令人满意,都是革命的好同志;相反,即使你方法可行,结果令人满意,只要没有不折不扣地执行党的号召(号召的科学性在所不问),都不被当作革命的“自己人”。由是之故,在党的历史上,“左”派的命运都要远远好于“右”派的命运;“左”的思维往往比“右”的思维更受欢迎。反映在法制建设上,同复杂繁琐的法律程序相比,“群众专政”的方式无疑更为直接和简便易行,到了“文化大革命”时期,林彪、江青集团干脆提出了“彻底砸烂公检法”的口号,司法机关陷于瘫痪,在“群众专政”、“群众办案”的口号下,是非颠倒、逼供盛行、法定程序荡然无存,重大的反革命刑事案件被交予群众进行讨论和审判,滥施侦查、控告、审讯、判决、监禁和行刑权力的现象俯拾皆是。① 在似火的革命激情下,大量的冤假错案发生了。这一时期,究竟有多少人被错误执行死刑,数字已经难以统计。

“文革”结束后,中央进行了拨乱反正,大批错案得到纠正,又通过在各个领域设立相应的法规,使中国初步走上了法治的轨道。但由于历史的惯性,“左”的思想还难以在短时期内全面肃清,反映在刑事法律领域,就是仍将“严打”运动作为打击犯罪的“法宝”。在依法治国、建设社会主义法治国家的今天,应当时刻警惕“左”的思想的影响,彻底丢弃将死刑作为对敌专政工具的旧思维,严格依法办事,按照法律规定适用死刑。而且,考虑到当代中国民众对死刑的热衷,若要逐步限制直至最终废止死刑,政府的介入是必需的。政治家应当勇于承担责任,采取有力措施开展启蒙运动,积极引导民意。唯有如此,才能使中国早日远离死刑大国之称号。

四、影响中美两国死刑制度之原因的比较

通过上述分析可以看出,民意因素和政治因素对中美两国的死刑制度都具有重大的影响。但由于两国不同的历史、文化和政治背景,这两种因素又有着不同的表现。下面拟对这两种因素进行初步的比较分析。

---

① 参见公丕祥:《中国的法制现代化》,中国政法大学出版社 2004 年版,第 531 页。

(一)关于民意

支持死刑的民意高涨无疑是决定两国现状及未来死刑制度走向的最重要因素。诚如某些中国学者所言:“如果集体意识仍然强烈要求以道义责任为基础对犯罪给予公正的报应,并且只有死刑才能够满足公众对最极端犯罪的道义报应的正义情感,就应当顺应民众的这种公共意志与普遍诉求而对最极端的犯罪适用死刑。集体意识中表现出来的公众强烈要求惩罚犯罪以及支持死刑报复犯罪的正义情感,能够为刑事政策与死刑制度的设计提供某种程度的正当性和合法性。一个与公众普遍的正义情感、共同意识、集体良知背道而驰的刑事政策与刑法制度必然会为公众所唾弃”。① 从这个意义上讲,采取措施积极引导民意显然比座谈立即废止死刑更具有现实可行性。

在决定两国死刑民意的诸因素中,高犯罪率当属最重要的现实原因了。与学者们抽象地谈论“轻缓”、“人道”、“文明”等概念不同,民众对于暴力犯罪案件给被害人和社会带来的具体损害无疑有着更加切身的体会,这种朴素的感性认识往往更能影响他们的选择。无数调查表明,当残酷的暴力案件发生,当血淋淋的犯罪场面为公众知悉,死刑的支持率就会陡然升高。难以想象在一个犯罪丛生、治安混乱、人人自危的社会环境中,当民众对于血腥犯罪场面麻木不仁的时候,“轻缓”、“人道”、“文明”等概念还会有多大的说教意义,如何指望民众对死刑说“不”? 可以预见,只有随着两国暴力案件的逐步减少,民众远离野蛮血腥的犯罪场面,全面废止死刑的时刻才会最终到来。

然而,影响两国死刑民意的因素又不尽相同:

(1)从社会结构的角度看,美国是一个移民国家,人口同质性较低,各人种之间的传统与文化差异大,种族矛盾突出,占主流地位的白人倾向于对有色人种施用重刑以维护其眼中的社会正义,以致私刑传统影响至今;中国是统一的多民族国家,虽有56个民族,但汉族占到绝对的多数,各少数民族也大多深受儒家文化的影响,千百年来,各民族相互交往与融合,文化具有同一性,不存在美国种族差异对死刑的影响因素。

(2)从历史传统的角度看,自“五月花号”1620年驶抵北美大陆算起至今尚不足四百年,美国人民所受传统束缚较少,民意相对易于改造。中国有五千年的文明史,死刑传统源远流长,尤其是礼法传统与封建宗族制度影响下的复仇观念盛行,缺乏西方启蒙思想洗礼,民意改造难度较大。

(3)从文化观念上看,美国是西方国家,个人主义盛行,重视私权利,“民主”、“人权”观念得到广泛认同,“宁可漏掉一万,也不能错杀一个”的观念

① 梁根林:《公共认同、政治抉择与死刑控制》,载《法学研究》2004年第4期。

被普遍接受，客观上有助于死刑的限制与最终废止。而中国传统文化强调集体观念而忽视个体利益，重视国家与社会而忽视个人存在，在集体公权力面前倾向于牺牲个体私权利，反映在死刑上，“只要能有效打击犯罪，错杀一两个不算什么”①的观念有一定市场，这在客观上不利于死刑的废止。例如，关于国家是否有剥夺犯罪人生命之权力在美国争论不休，在中国则少有人论及。

既然民意深刻影响到两国死刑制度，就需要解决一个问题：如何看待民意，即是否应当将民意作为影响死刑判决的因素考量？这是任何一个死刑研究者都难以回避的问题。两国学者对民意的解构与论述可谓汗牛充栋，囿于篇幅，本文不作赘述。简言之，本文同意学者们关于民意具有异质性、易变性和盲目性等特点，司法者应当尽量避免受到民意的干扰，严格依照法律办事。因为作为民众意志的体现，法律已经代表了最根本的民意；严格依法办事，就是对民意最好的体现。司法实践中，即使面对酌定量刑情节，法官也应当根据法律的精神和内心的确信进行独立审判。

另外，不可否认的是，民意在具有上述特点的同时，又具有一定的合理性。它毕竟是人们的一种朴素的报应观念，而这点对于遏制某些人去犯罪还是起到了一定的作用。从另一个角度上说，他们相信国家会让杀人者死，这也是他们对法律信仰的基础。所以，我们目前不能完全否定它，更不能以“学者式的清高”一味地指责民众的观念就是愚昧、落后，这都是于事无补的。②正确的做法是采取措施积极疏导民意，指引民意向逐步限制死刑并最终废止死刑的方向迈进。

尽管死刑民意在中美两国的形成原因有所不同，但都需要向民众，尤其是中国的民众灌输现代人权观念，循序渐进地不断努力，逐步改变依赖死刑的社会风气，增加民众对死刑的科学了解，这也是刑法学者的不殆之责；同时，政府应尽最大可能缓和社会矛盾，减少暴力犯罪的发生率，并采取措施大力提高案件的侦破率，减少民众对暴力犯罪的恐惧感。

（二）关于政治因素

政治因素对中美两国死刑的影响各不相同。中国实行的是中央集权制，在中国大陆，只有一套统一的法律制度，在美国废止死刑的体制性障碍在中国不存在。从制度层面考虑，中国可以通过采取立法甚至颁布司法解释的方

① 中国普通民众持此见解的恐非少数，就我们所了解的情况来看，甚至某些从事司法工作的人员也有同样的看法。

② 参见吴大华、王飞：《限制死刑的理性思考——以 100 例死刑案件为视角》，载《政治与法律》2005 年第 3 期。

式在全国范围内统一限制死刑。在中国,限制与废止死刑的主要障碍之一,在于国家政治决策层过于相信死刑的威慑功能,从而习惯于把死刑作为维护社会稳定的工具。因此,为了有效地限制、减少死刑乃至逐步废止死刑,就需要努力通过各种渠道影响国家政治决策层,使得领导者充分认识到死刑并非万能以及死刑所固有的种种弊端,以及死刑对人权保障的影响,从而使领导者们的死刑观念发生变革,并进而影响和促进中国死刑制度坚定不移地朝着限制、减少适用乃至逐步废止的方向迈进。

对于美国而言,废止死刑的制度性障碍主要是其联邦体制。在民众普遍支持死刑的情况下,联邦最高法院由于其角色定位在短时期内难以承担违背民意宣布死刑的"危险",因此,只能通过每个死刑州自身的努力来限制和废止死刑。但这一过程又注定是一个缓慢的渐进过程。在这一过程中,应当充分发挥各种反对死刑之社会组织的作用,通过这些组织对各州进行游说来限制死刑。目前,在全美范围内兴起的"暂停执行运动"(Moratorium Movement)为美国限制与废止死刑提供了新的路径。该运动的宗旨是在法律足够完善以保证死刑能够得以更加公平与公正执行之前,先暂停所有死刑的执行。该项运动自 20 世纪末至今已经取得了较大的进展。

最后,需要指出的是,尽管中美两国都对死刑采取既保留又限制的政策,但美国对于死刑的限制要比中国严格得多。美国在限制死刑方面仍有许多经验值得中国借鉴,对此我们将另外撰文探讨。

5. 当代世界主要缓刑类型比较研究*

目 次

一、前　言

当代各国刑事法对缓刑制度的规定可谓百花齐放，谈不上争奇斗艳，却确实各具特色。差异的存在使得现行缓刑制度在类型上具有多样性，不同类型的缓刑制度在适用对象、适用条件、适用方式以及法律后果等方面均有不同，这在很大程度上导致了不同国家缓刑制度的价值、功能以及适用缓刑所具有的社会效果的不同，同时，也使我们很难给缓刑下一个统一的定义。因

---

* 与左坚卫合著，原载高铭暄、赵秉志主编：《刑法论丛》第7卷，法律出版社2003年9月版。

此,有必要对现存的主要缓刑类型进行探讨,以便在此基础上揭示各种缓刑的概念、性质和特征,进而分析其优劣、比较其短长,为完善我国缓刑制度提供参考意见。

根据不同标准,可以对缓刑作出不同的分类,其中主要有以下四种分类方式:

(1)根据可以宣告缓刑的刑种的不同,可以将缓刑分为自由刑缓刑、罚金刑缓刑和附加刑缓刑。

(2)根据暂缓的具体内容的不同,可以将缓刑分为缓宣告的缓刑和缓执行的缓刑。其中,缓宣告的缓刑又有两种表现形式,一种是在对犯罪人应当受到的刑罚处罚已经作出裁量后再暂缓宣告刑罚,另一种是还没有对犯罪人应当受到的刑罚处罚作出裁量便暂缓宣告刑罚。

(3)根据缓刑法律后果的不同,可以将缓刑分为导致原判决丧失效力的缓刑和导致原判刑罚不再执行的缓刑。

(4)根据在缓刑考察期间对被缓刑人是否设置考察事项和特定义务,可以分为普通缓刑、附考验期的缓刑和附完成公共利益劳动义务的缓刑。

在上述四种缓刑的分类中,最重要的是根据缓刑法律后果不同所作的分类。原因是,根据这一标准划分出的不同缓刑类型在法律后果上以及在对被缓刑人的心理影响上明显不同,这种不同体现了立法者不同的价值取向,同时也决定了缓刑制度所能够发挥的功能和存在的局限性。对法律后果不同的缓刑类型利弊的探讨,十分有助于我们正确认识各国现行缓刑制度的优劣得失,并在洋为中用的过程中扬长避短。但是,由于缓刑的法律后果与暂缓的具体内容存在密切联系,并且按暂缓的具体内容对缓刑进行分类更为直观,为多数国家刑法所采用,因此,笔者在本文选择根据暂缓内容的不同划分出的缓刑类型,并在此基础上结合根据缓刑法律后果的不同划分出的缓刑类型,对现存的主要缓刑类型进行探讨。

二、缓宣告的缓刑

(一)缓宣告缓刑的种类

缓宣告的缓刑又称缓宣告主义、宣告犹豫主义,也有论者称之为刑罚缓宣告主义或者刑罚宣告犹豫主义。由于该种缓刑系英美两国创制,故又被称为英美主义。从实际存在的缓宣告缓刑制度来看,这种缓刑制度有两种类型,下面分别加以介绍。

1. 暂缓作出有罪认定的缓宣告缓刑

这是指对可能被判决有罪或者根据案件事实已经被认定有罪的犯罪嫌疑人,停止在法律上认定其有罪的诉讼程序,从而暂缓作出有罪判决或者在法律上不认定其有罪,同时交付考验的缓刑制度。台湾学者梁恒昌所界定的缓宣告缓刑便是指这种缓刑,他认为,所谓缓宣告主义,“乃当被告刑事责任可能确认时,在一定时间内,将刑事责任之宣告和刑罚之量定置于停止状态,以观察其行状;被告如在一定期间内,保持善行,未发生特定之不良事故,即对该犯罪行为不再为有罪之宣告;被告如在该一定期间内不能保持善行,发生特定之不良事故,则除追究新事故之刑责外,对于原犯罪行,仍应宣告其罪刑而执行之。”①这种缓宣告缓刑又有两种表现形式,一种是暂时中止认定犯罪事实的诉讼程序,将犯罪嫌疑人交付考验,过一定时间再恢复诉讼,如果在这段时间犯罪嫌疑人经受住了考验,便以不认定其有罪终结诉讼。英美早期的缓刑实践便属于这种类型。如前文提到的波士顿鞋匠约翰·奥古斯塔斯与法院合作进行的缓刑实践活动,便属于这种缓刑方式。另一种是将认定犯罪事实的诉讼程序终结,直接裁定免除事实上有罪的被告人的刑事责任,交付考验。现行加拿大刑事法典规定有这种缓刑制度,该法典第 736 条规定:“当被告人(法人除外)答辩有罪或者被确定有罪,但不是法定有最低刑罚或者可判处 14 年监禁或终身监禁的可诉罪时,如果审判法院认为基于最有利于被告人利益考虑并且不因此有悖于公共利益,可以不对被告人定罪,而以裁定指示无条件或者以缓刑令附条件免除被告人刑事责任。当法庭根据前述指示免除犯罪人刑事责任时,犯罪人应当视为未被定罪。”②

2. 认定有罪而暂缓宣告刑罚的缓宣告缓刑

这是一种在认定被告人构成犯罪的基础上暂缓宣告其刑罚的缓宣告缓刑。根据暂缓宣告的刑罚是否已经作出,这种缓刑又有两种表现形式,一种是在对刑罚已经作出裁量之后暂缓宣告。现行德国刑法典和 1988 年修订的韩国刑法典规定了这种缓刑。例如,现行《德国刑法典》第 59 条规定,在符合有关条件的情况下,如果某人被判处低于 180 日额的罚金刑,法院可以作出责任宣告并警告他,确定一个罚金刑,同时保留对该刑罚的宣判。③ 另一种

① 刁荣华主编、林纪东等著:《现代法学论文精选集》,台北汉苑出版社 1976 年版,第 131 页。

② 参见卞建林等译:《1985 年修订的加拿大刑事法典》,中国政法大学出版社 1999 年版,第 490 页。以下有关 1985 年修订的加拿大刑事法典的规定未注明出处的,均引自该书。

③ 参见冯军译:《德国刑法典》,中国政法大学出版社 2000 年版,第 30 页(以下有关现行德国刑法典的规定未注明出处的,均引自该书);另参见〔德〕汉斯·海因里希·耶赛克、托马斯·魏根特:《德国刑法教科书》(总论),徐久生译,中国法制出版社 2001 年版,第 1023 页、第 1029 页。

是在未量定刑罚的情况下决定暂缓宣告刑罚。1994年《法国刑法典》规定了这种缓刑,该法第132-60条规定:“如表明罪犯正获重返社会,所造成的损害正在赔偿之中,由犯罪所造成之危害即将停止,法院得推迟刑罚宣告。在此场合,法院在其决定中确定将作出判刑决定的日期。”①既然法院必须在推迟刑罚宣告的决定中确定作出判刑的日期,就说明刑罚尚未量定,否则就不存在确定将作出判刑决定的日期的问题了。可见,1994年法国刑法典规定的缓宣告缓刑是在未量定刑罚的情况下决定暂缓宣告刑罚。

认定有罪而暂缓宣告刑罚的缓宣告缓刑究竟是对罪和刑均暂缓宣告,还是宣告其罪而暂缓宣告其刑,学者们有不同的观点,有的学者认为是对罪与刑均暂缓宣告。如台湾刑法学者陈弘毅认为,所谓缓刑中的宣告犹豫主义,“即将有罪之判决和刑罚,暂缓宣告”。② 有的学者则认为是宣告其罪而仅暂缓宣告其刑罚。如台湾学者谢瑞智认为,缓宣告缓刑制度中的刑之暂缓宣告,即“仅宣告其罪而不宣告其刑之谓。”③究竟孰是孰非,必须根据有关国家刑法典的规定来判断。从现行德国刑法典和1994年法国刑法典有关规定来推断,应当是宣告其罪而暂缓宣告其刑,因为现行德国刑法典规定的保留刑罚的警告必须对行为人作出责任宣告,作出责任宣告显然意味着宣告行为人有罪;而1994年法国刑法典中规定的推迟宣告刑罚的决定同时意味着宣告被告人有罪。④ 从这方面看,认为刑之暂缓宣告的缓刑是“仅宣告其罪而不宣告其刑”是正确的。但这毕竟不是刑法典的明文规定,因而从法律明文规定来看,说刑之缓宣告缓刑是“将有罪之判决和刑罚,暂缓宣告”未尝不可。也就是说,从形式上看是“将有罪之判决和刑罚,暂缓宣告”,而从实质上看,则是“仅宣告其罪而不宣告其刑”。

(二)对缓宣告缓刑的评析

1. 对暂缓作出有罪认定的缓宣告缓刑制度的评析

(1)刑法理论界对该缓刑制度的现有提法名不符实,准确的提法应当是罪刑缓判决的制度。就实际内容而言,所谓暂缓作出有罪认定的缓宣告缓刑制度只不过是一种暂缓作出有罪判决的制度,其核心内容是通过中止或者终结刑事诉讼程序,暂时避免对可能被判决有罪或者事实上已被认定为有罪的

---

① 罗结珍译:《法国刑法典》,中国人民公安大学出版社1995年版,第41页。以下有关1994年法国刑法典的规定未注明出处的,均引自该书。

② 陈弘毅:《刑法总论》,台北鼎茂图书出版有限公司1998年版,第335页。

③ 谢瑞智:《刑法总论精义》,台湾文笙书局1995年版,第396页。

④ 参见〔法〕卡斯东·斯特法尼等:《法国刑法总论精义》,罗结珍译,中国政法大学出版社1998年版,第633页。

被告人作出有罪判决,视其此后一定时间内的表现决定是否作出有罪判决。因此,从法律性质上分析,这是一种附条件终止刑事诉讼的制度,称之为罪刑暂缓判决制度最为贴切,而名之为“缓宣告主义”、“刑罚缓宣告主义”或者“刑罚宣告犹豫主义”均有欠妥当,具体而言:①该项制度并不以暂缓宣告犯罪人所受之刑罚处罚为其内容,因而称之为“刑罚缓宣告主义”名不符实。如前所述,首创于英美的这项制度是以在一定期间内不对犯罪人作有罪判决,当然也不进行刑罚裁量为内容,不对犯罪人作有罪判决才是其核心内容,而“刑罚缓宣告主义”或者“刑罚宣告犹豫主义”的名称却掩盖了这一核心内容,容易造成以下两方面的误解:第一,容易使人误以为这是一种对犯罪人所判处的刑罚暂缓宣告的制度,而不是暂缓对犯罪人作出有罪判决。第二,容易使人误以为对犯罪人的有罪判决已经作出并且宣告,并且对犯罪人的刑罚裁量也已经完成,只是对已经判处的刑罚暂时不予宣告而已。而实际上在这种制度下,既未对犯罪人作出有罪之宣告,也未对犯罪人作出有罪之判决,更未对犯罪人判处刑罚。②“缓宣告主义”的提法虽然相对于“刑罚缓宣告主义”的提法与该项制度的内容更接近,但是这种提法仍然存在缺陷。由于“缓宣告主义”将有罪的缓宣告和刑罚的缓宣告两方面的内容均包括在内,因而相对于“刑罚缓宣告主义”的提法与该项制度的内容更接近,但这种提法仍然存在明显缺陷,表现在,罪与刑的缓宣告和罪与刑的缓判决并非同一个概念,司法机关已经作出定罪量刑的判决,并不等于已经将定罪量刑的判决加以宣告了,客观上存在着司法机关对已经作出的定罪量刑的判决暂缓宣告的可能,而“缓宣告”的提法容易使人误认为对犯罪人定罪量刑的判决已经作出,只是暂不宣告而已,而实际上该项缓刑制度的含义却是对犯罪人既没有定罪也没有量刑。

综上所述,无论是“刑罚缓宣告主义”、“刑罚宣告犹豫主义”还是“缓宣告主义”的提法,都未能准确概括英美刑事法中的对犯罪人有条件地暂缓作出定罪量刑判决的缓刑制度,对这一制度的准确概括应当是罪刑缓判决的缓刑。

(2)这种制度存在明显弊端,不足借鉴。应当肯定,罪刑缓判决制度也是一种缓刑制度。罪刑缓判决的缓刑制度由于没有对犯罪嫌疑人作出最终的裁判,实际上并未从法律上认定其有罪,因而似乎缺乏对犯罪人适用缓刑的前提,至少难以算得上是一种典型的缓刑制度。但是,由于这种制度是对很可能犯有某种罪行甚至是在事实上已经查清犯有某种罪行的人有条件地不定罪判刑并交付考验,一旦行为人违反有关要求,仍然要对其定罪判刑并且实际执行刑罚①,因此,它与保护观察制度在适用前提和法律后果上均存在本质区别,而非常接近于典型的缓刑制度了。正是基于这一点,笔者仍将这种罪刑缓判决的制度归入缓刑制度之中,而不同意那种认为现代缓刑制度诞生于大陆法系国家,而英、美两国的所谓缓刑制度实质上是保护观察措施的观点,只不过英美国家的缓刑制度一开始就与保护观察措施紧密联系在一起而已。

罪刑缓判决缓刑制度有其可取之处,主要表现在它能够使被告人完全不存在前科记录,有利于其改过自新。然而,这种缓刑制度存在十分明显的缺陷:首先,在诉讼没有终结,有罪裁判没有最终作出的情况下便采取缓刑措施,导致缓刑决定在缺乏明确的前提和依据的情况下被作出,显然是不严谨的。其次,它可能增加诉讼的难度,从而容易导致犯罪人逃脱法律制裁。由于罪刑缓判决的缓刑制度是在诉讼进行到中途而中止或者终结,因而如果被告人在考验期间没有保持善行,需要对原来所犯罪行进行定罪量刑,那么又要重新启动刑事诉讼程序,而此时由于与犯罪当时已经间隔久远,很可能原有证据已经灭失,再行审理难免面临重重困难,导致诉讼活动旷日持久甚至难以下判,从而使犯罪人逃脱法律制裁。由于这种缓刑制度存在上述缺陷,笔者认为不值得借鉴。

2. 对认定有罪而暂缓宣告刑罚的缓宣告缓刑制度的评析

(1)刑法学界有关这种缓刑制度的称谓有欠准确。有学者将这种缓刑制度名之为"刑罚缓宣告主义",笔者认为也存在名不符实的问题,表现在所谓"刑罚缓宣告主义",容易使人误以为对犯罪人的刑罚已经作出裁量,只是暂时不宣告而已,而实际上,这种缓刑制度中除了存在对已经被判处一定刑罚的犯罪人暂缓宣告其刑的情形,还存在对已经被认定有罪的被告人暂缓判处刑罚的情形,而后一种情形所涉及的并非刑罚之暂缓宣告,而是刑罚之暂缓裁量,对此冠之以"刑罚缓宣告主义"显然名不符实,而称之为刑罚之暂缓裁量才显得贴切。因此,所谓"刑罚缓宣告主义"缓刑应当更名为"暂缓宣告或者暂缓判处刑罚之缓刑制度"。

(2)这种缓刑制度的第一种类型不可取。认定有罪而暂缓宣告刑罚的第一种类型,即暂缓判处刑罚的缓刑制度存在与罪刑暂缓判决的缓刑制度相同的弊端,即由于诉讼未能进行到底而中途停止,一旦被宣告缓刑的被告人在缓刑考验期间未能保持善行,导致缓刑被撤销,那么重新启动的诉讼活动

---

① 例如,1985 年修订的《加拿大刑事法典》第 736 条第 4 款规定,当根据该条被处以缓刑令免除刑事责任的被告人,又被认定犯一定之罪时,作出缓刑令的法院可以根据第 738 条第 4 款的规定在行使职权外或者作为行使职权的替代,撤销免除刑事责任的裁决,判处被定罪人原应定的罪即应判的刑罚,并且,如果被告人对免除责任裁定提出过上诉的,对该定罪判决不得上诉。

将面临因时隔久远、证据流失而引起的诸多困难，因而也不可取。

(3)这种缓刑制度的第二种类型有待进一步完善。认定有罪而暂缓宣告刑罚的第二种类型，即刑罚已经确定但暂缓宣告的缓刑制度不存在第一种类型的上述弊端，具有存在的合理性，同时，它可以使犯罪人避免因被宣告刑罚而遭受的心理打击，因此，这种缓刑制度如果运用得当，对于改造犯罪人具有积极意义。但是，现有的这种缓刑制度的具体内容似可进一步完善，这主要表现在：现有的这种缓刑制度表现为宣告被告人有罪而不宣告其刑罚，这种做法可以进一步改进。应当肯定，对犯罪人宣告其有罪以及所判处刑罚，将使其背负曾经犯罪并被科处刑罚的包袱，生活在不正常的心态之下，对其改过自新确实存在不利影响。如果对犯罪人判处刑罚后暂缓宣告确实可以使犯罪人产生保全了颜面的感觉，并由此而得以保持正常人的心态，当然有利于其改过自新。但问题在于，在宣告有罪但不宣告刑罚的缓刑制度中，犯罪人虽然没有受到判刑之宣告，但他已经受到有罪的宣告，并且受到缓刑考验监督，在这种情况下，无论是否对其宣告所判处的刑罚，曾经是犯罪之人的观念都已经印刻在其头脑中，其心理已经失去常态，因此，对已经判处的刑罚是否宣告，对犯罪人的心态已经不会有明显影响，对其改过自新也不会有明显影响，刑罚缓宣告缓刑的存在价值也就基本上不存在了。因此，笔者认为，既然适用缓宣告缓刑的目的在于帮助犯罪人重返社会，就应当对其罪和刑的判决都不作宣告，而仅警告他在一定时间内将视其表现，决定是否对其进行罪刑宣告并实际执行刑罚。这样，如果行为人经受住了缓刑考验，他就既没有受到过有罪的宣告，也没有受到过刑罚的宣告，与正常人完全一样；同时，犯罪人在缓刑考验期内随时可能因表现不好而被实际执行刑罚，因而必然努力保持善行，改过自新。两方面共同作用，必定能收到最佳的改造效果。

三、缓执行的缓刑

(一)缓执行缓刑的种类

所谓缓执行缓刑，又称“缓执行主义”或者“执行犹豫主义”，有论者将这种缓刑制度定义为：“缓执行主义”“乃当被告刑事责任可能确认时，虽为罪刑之宣告，但于一定期间内缓其刑之执行，以促其自新，如果在该一定期间内，并无特定不良事件发生，即不再执行该项已宣告之刑罚。”①这一定义基

① 刁荣华主编、林纪东等著：《现代法学论文精选集》，台北汉苑出版社1976年版，第131页。

本上概括了缓执行缓刑的主要内容，但是其中有一个提法值得商榷，即“当被告刑事责任可能确认时”一句有失妥当，理由是：这种缓刑制度是在对被告人的刑事责任已经确认，并且作出罪刑之宣告的情况下，再有条件暂缓刑罚的执行，对此界定为被告刑事责任可能确认显然不够确切，易使人误认为被告人的刑事责任最终并没有得到确认，因此，此一表述不妥。依笔者之见，这一表述并无存在之必要，因为既然后面已经提到对被告人作出了罪刑之宣告，自然对其应当承担的刑事责任已经确认，无须再加以强调了。基于上述分析，笔者认为，缓执行缓刑，是指在对犯罪人定罪量刑并加以宣告后，在一定期间内暂缓执行所判刑罚，如果在该一定期间内没有撤销缓刑，即不再执行该项刑罚。

根据缓执行缓刑的法律后果，可以将这类缓刑制度分成两种，一种是使原罪刑宣告丧失效力的缓执行缓刑，另一种是保留犯罪记录的缓执行缓刑。下面分述之。

（二）原罪刑宣告失效的缓执行缓刑

1. 使原罪刑宣告丧失效力的缓执行缓刑的含义

所谓使原罪刑宣告丧失效力的缓执行缓刑，在我国台湾地区的刑法学论著中又称“附条件宣告主义”①、“附条件罪刑宣告主义”②和“附条件刑罚宣告主义”。③ 关于这种缓刑制度的含义，我国台湾刑法理论界主要有两种表述，第一种表述为：“于宣告缓刑后，在缓刑期间，如无特定不良事故发生，不仅免除其刑之执行，且其罪刑之宣告，一并失其效力，与自始未受罪刑宣告之人相同。”④第二种表述为：“此制系对于特定之犯罪人，宣告其罪与刑，而谕知于一定期间内暂不执行，若在此期间内表现良好，未发生撤销其缓刑之事由，则其刑之宣告更失其效力，即刑之宣告视为不存在。”⑤这两种表述所要表达的意思实际上是相同的，即都是指这种缓刑制度的法律后果是使罪刑之宣告失效，犯罪人的法律地位与自始未受罪刑宣告之人相同。为什么存在两种不同的表述呢？这与现行台湾刑法典关于缓刑效力的规定有关。台湾地区“刑法”第76条规定：“缓刑期满，而缓刑之宣告未经撤销者，其刑之宣告失其效力。”由于该条规定的是“刑之宣告失其效力”，一些论者照葫芦画瓢，

---

① 参见陈弘毅：《刑法总论》，台北鼎茂图书出版有限公司1998年版，第335页。

② 参见刁荣华主编、林纪东等著：《现代法学论文精选集》，台北汉苑出版社1976年版，第132页。

③ 参见褚剑鸿：《刑法总则论》，1995年自版，第449页。

④ 刁荣华主编、林纪东等著：《现代法学论文精选集》，台北汉苑出版社1976年版，第132页。

⑤ 桂成：《从“法院加强缓刑宣告实施要点”论缓刑制度之得失》，载台湾《刑事法杂志》1993年4月第37卷第2期；另参见褚剑鸿：《刑法总则论》，1995年自版，第449页。

于是便有了上述第二种表述。但何谓“刑之宣告失其效力”？如果严格从字面意思理解，应当是指原判决中所判处的刑罚失效，即仅仅导致刑罚不再执行，而没有消灭犯罪记录的意思在内。但司法实务和理论界通行观点则认为，此处的“刑之宣告失其效力”，是指罪刑之宣告均失效，其法律后果与未曾受有罪之判决相同，于是又有了第一种表述。鉴于现行台湾地区“刑法”关于缓刑效力的表述容易引起误解，有学者提出应当修正为“其罪刑之宣告失其效力”，不过这一提议遭到台湾地区“法务部”的否定。① 笔者认为，关于使原罪刑宣告丧失效力的缓执行缓刑的含义，第一种表述更为确切，第二种表述容易引起误解，不足取，因此，笔者将这种缓刑制度的含义具体表述为：对犯一定罪行的犯罪人定罪量刑并加以宣告，同时宣布在一定时间内暂缓执行刑罚，如果犯罪人在此期间表现良好，没有出现应当撤销缓刑的情形，则原判决丧失效力，犯罪人的法律地位与没有犯过罪的人相同。

使原罪刑宣告丧失效力的缓执行缓刑首创于属大陆法系国家的法国和比利时，故又称为法比制。由于这种缓刑制度能够激励犯罪人改过自新，符合现代缓刑制度的宗旨，因而目前无论大陆法系还是英美法系国家，大多规定了这种缓刑制度。我国刑法分则第 10 章，即军人违反职责罪一章的第 449 条规定的战时缓刑制度，十分接近于这种性质的缓刑制度，只是在适用条件上较为特别，即只适用于战时被宣告缓刑的犯罪军人，且必须有立功表现。

2. 对使原罪刑宣告丧失效力的缓执行缓刑制度的评析

(1)使原罪刑宣告丧失效力的缓执行缓刑制度的优点。使原罪刑宣告丧失效力的缓执行缓刑由于能够使犯罪人所受的罪刑之宣告均归于消灭，因而对犯罪人而言是一项十分宽大有利的制度，这一缓刑制度具有以下两项优点：其一，可以使犯罪人摆脱曾经犯罪的阴影，有利于其恢复正常心态，顺利回归社会。现代缓刑制度的目的之一是帮助犯罪人顺利回归社会，要实现这一目的，犯罪人必须在社会上找到立足之地，为此他应当有自己的工作。如果一个人背上了有犯罪记录的包袱，其名声和社会地位往往一落千丈，找到工作的可能性难免大大降低，这必然增加其回归社会正常生活的难度。使原罪刑宣告丧失效力的缓执行缓刑正好卸下了犯罪人的犯罪记录这一沉重包袱，使其能够以一个未曾犯过罪的人的清白身份重新回到社会参加工作和生活，这就解除了其沉重的心理负担，无疑有助于其顺利回归社会。其二，避免了罪刑缓判决缓刑制度的弊端。使原罪刑宣告丧失效力的缓执行缓刑是在对犯罪人定罪量刑并加以宣告的基础上决定的，已经将诉讼活动进行到底，

① 参见台湾地区“法务部”编印：《刑法总则研究修正资料汇编》，1998 年版，第 267 页。

这就避免了罪刑缓判决缓刑因中断刑事诉讼活动带来的弊端。如前所述，罪刑缓判决缓刑由于在诉讼尚未完结，判决未能确定的情况下便对犯罪人宣告缓刑，因而一旦撤销缓刑，对犯罪人原来所犯罪行重新追究，往往面临重新启动诉讼程序后的一系列困难，同时宣告缓刑的根据也不充分，而使原罪刑宣告丧失效力的缓执行缓刑由于是在判决已经确定的基础上作出的，不但根据充分，而且一旦出现应当撤销缓刑的情形，可以直接执行原判刑罚，而无须重新启动审判程序，这就避免了罪刑缓判决缓刑的麻烦。

(2)使原罪刑宣告丧失效力的缓执行缓刑制度的缺陷。使原罪刑宣告丧失效力的缓执行缓刑虽然优点明显，但并非无懈可击，这种制度也存在值得质疑之处，主要表现在：这一制度由于有罪不罚，因而很容易丧失公正性，与作为刑罚价值的正义之间发生冲突。作为刑罚价值的正义，“是指在国家刑罚制度中显示出来的公正性、公平性，它以最大限度地赋予和维护全体公民的自由权利为核心内容。”①而在使原罪刑宣告丧失效力的缓执行缓刑制度之下，对于已经构成犯罪并受到罪刑宣告的犯罪人，既不实际执行刑罚，也不作为曾经犯过罪的人对待，究竟如何去“最大限度地赋予和维护全体公民的自由权利”，从而保持该制度的公正性、公平性，是设置该种缓刑制度时必须慎重解决的问题。

(三)保留犯罪记录的缓执行缓刑

1.保留犯罪记录的缓执行缓刑之含义

所谓保留犯罪记录的缓执行缓刑，在台湾学者的论著中又称“附条件免执行主义”②、“附条件执行犹豫制”③和“附条件赦免主义”。④ 关于这种缓刑制度的含义，论者们在具体表述时虽然各不相同，但基本内容十分一致，都是如果缓刑考验期满而缓刑未撤销，则免除原判刑罚的执行，罪刑之宣告效力则依然存在。因此，笔者认为，保留犯罪记录的缓执行缓刑的含义可以表述为：对犯一定罪行的犯罪人定罪量刑并加以宣告，同时宣布在一定时间内暂缓执行刑罚，如果犯罪人在此期间表现良好，没有出现应当撤销缓刑的情形，则对其原判刑罚不再执行，但原罪刑宣告仍然有效，犯罪人属于有犯罪前科之人。

保留犯罪记录的缓执行缓刑制度目前也有不少国家采用。例如，现行

---

① 参见谢望原：《刑罚价值论》，中国检察出版社1999年版，第228页。

② 参见柯庆贤：《刑法专题研究》，台北三民书局1998年版，第594页。

③ 桂成：《从“法院加强缓刑宣告实施要点”论缓刑制度之得失》，载台湾《刑事法杂志》1993年4月第37卷第2期。

④ 参见刁荣华主编：《现代法学论文精选集》，台北汉苑出版社1976年版，第131—132页。

《德国刑法典》第56条g第1项规定:“如果法院没有取消暂缓执行刑罚,在考验时间期满后免除刑罚。”现行意大利刑法典规定的缓刑以及我国刑法总则规定的缓刑也属于这种类型。①

保留犯罪记录的缓执行缓刑制度与使原罪刑宣告丧失效力的缓执行缓刑制度的最主要区别在于法律后果的不同。在缓刑考验期满而未撤销缓刑的情况下,前者仅免除刑罚的执行而仍保留犯罪记录,被判刑人在缓刑考验期满而未撤销缓刑时,在法律上属于曾经犯罪之人,后者则不但免除被判刑人刑罚的执行,而且消除其犯罪记录,从而使犯罪人在法律上被视为未曾犯罪之人。

2. 对保留犯罪记录的缓执行缓刑制度的评析

由于保留犯罪记录的缓执行缓刑制度在缓刑考验期满而未撤销缓刑的情况下,仅免除刑罚的执行而仍保留犯罪记录,因而有学者认为,这种缓刑制度使犯罪者所留下的污点永远无法磨灭,显非鼓励犯人自新,有失缓刑之立法本旨。② 笔者认为,这种观点有失片面。对保留犯罪记录的缓执行缓刑制度仅免除刑罚的执行而仍保留犯罪记录这一特征,应当从正反两方面加以分析。不可否认,与使原罪刑宣告丧失效力的缓执行缓刑制度相比,保留犯罪记录的缓执行缓刑制度对犯罪人确实更为严苛,相对而言更不利于其顺利回归社会。因此,从帮助犯罪人改过自新,鼓励其回归社会的角度看,保留犯罪记录的缓执行缓刑制度不如使原罪刑宣告丧失效力的缓执行缓刑制度优越。但是,从合理性的角度看,保留犯罪记录的缓执行缓刑制度却比使原罪刑宣告丧失效力的缓执行缓刑制度做得要好。这是因为,犯罪是意志相对自由的人在能够作出不实施危害社会行为的选择的情况下,而实施了危害社会的行为,因此,犯罪人本就应当对此承担责任。从罪刑相当的原则以及一般预防的要求出发,对犯罪人科处一定刑罚是对其犯罪行为的合理反映。对犯罪人的最后处理结果越不带有刑罚的色彩,这种处理就越不符合罪刑相当原则和一般预防目的的要求,而越不符合罪刑相当原则的要求往往意味着偏离公平和公正越远,越不符合一般预防目的的要求则往往意味着越不利于维护社会秩序,因此,这种处理结果就越不合理。保留犯罪记录的缓执行缓刑制度与

---

① 虽然现行《意大利刑法典》第167条第1款规定,如果在规定的期限内被判刑人没有实施重罪或者同样性质的违警罪,并且履行了为其规定的义务,犯罪消灭,但该条第2款规定,在犯罪消灭的情况下,刑罚不再执行。这说明,该条所谓的“犯罪消灭”只产生阻却执行主刑和附加刑的法律后果,并不消除有罪判决的其他刑事法律后果,包括前科记录——笔者注。另参见〔意〕杜里奥·帕多瓦尼:《意大利刑法学原理》,陈忠林译,法律出版社1998年版,第361—362页。

② 参见柯庆贤:《刑法专题研究》,台北三民书局1998年版,第594页;刁荣华主编:《现代法学论文精选集》,台北汉苑出版社1976年版,第132页。

使原罪刑宣告丧失效力的缓执行缓刑制度相比,离刑罚的距离显然相对要近一些,因而也就相对合理一些。

同时还应当指出,与使原罪刑宣告丧失效力的缓执行缓刑制度相比,保留犯罪记录的缓执行缓刑制度在帮助犯罪人改过自新、重新回归社会方面所能发挥的作用并不逊色很多,与缓刑的立法本意也不相悖,并且在某些情况下是必要的。

(1)保留犯罪记录的缓执行缓刑制度同样有助于犯罪人改过自新。如前所述,设立缓刑制度的立法本意在于促使犯罪人改过自新。保留犯罪记录的缓执行缓刑制度与使原罪刑宣告丧失效力的缓执行缓刑制度一样,都是对被判刑人不予关押,置于正常社会环境中监督考察,因此,这种缓刑制度同样能避免短期监禁刑的弊端,同样能使犯罪人感受到国家和社会对他的信任和宽容①,也就同样有利于犯罪人回归社会和改过自新。

(2)保留犯罪记录的缓执行缓刑在某些情况下是必要的。对于所犯罪行较为严重而又可以适用缓刑的犯罪人而言,对其适用保留犯罪记录的缓执行缓刑是必要的:它一方面不会像消灭犯罪记录的缓刑那样过分失之公平和公正,另一方面在缓刑考验期满后仍然能对被宣告缓刑的犯罪人起到一定的警示作用,使其认识到如果其再次犯罪,将因为属于再犯而面临从重处罚的危险,从而有助于其在缓刑考验期满后仍严格约束自己的行为,起到较好的特殊预防之功效。最后,对被宣告缓刑的犯罪人在缓刑考验期满后保留犯罪记录,对社会上其他不稳定分子也具有一定的警戒作用,能使他们意识到犯罪后即使能免受刑罚之苦,也会留下无法抹去的犯罪污点,给自己的未来生活蒙上阴影,从而放弃犯罪的念头。

可见,不能绝对地说使原罪刑宣告丧失效力的缓执行缓刑制度比保留犯罪记录的缓执行缓刑制度更优越,而应当看保留犯罪记录对犯罪人回归社会会形成多大的障碍,如果这种障碍对犯罪人回归社会的影响是如此严重,以至于可能使各方面在缓刑期间的努力前功尽弃,则应当选择使原罪刑宣告丧失效力的缓执行缓刑,否则,从维护刑罚的公正合理的角度考虑,应当选择保留犯罪记录的缓执行缓刑。具体而言,笔者认为,对未成年缓刑犯不宜适用保留犯罪记录的缓执行缓刑,理由是,这些人的未来道路还十分漫长,他们可能不断面临寻找工作、选择职业的问题,而他的犯罪记录可能成为他失去或

① 对被定罪量刑的犯罪人不执行刑罚显然是从有利于犯罪人的角度考虑的,而与此同时又往往对刑罚的公正性造成不同程度的损害,被宣告缓刑的犯罪人显然知道这一点,这意味着犯罪人认识到了国家是以牺牲公正为代价来作出有利于其本人的裁判,显然能使其感受到国家和社会对他的信任和宽容。

者无法获得某项他所热爱的工作的重要甚至全部原因,因而保留犯罪记录的缓刑对于未成年人来说,其负面影响可能是不可估量的,对他们这种缓刑便显得过于严苛。

四、不执行余刑的缓刑

在现有的缓刑制度中,除了前述缓宣告缓刑和缓执行缓刑外,还有一些不大普及的缓刑,其中主要是不执行余刑的缓刑,下面对这种缓刑制度加以探讨。

(一)不执行余刑的缓刑之基本内容

不执行余刑的缓刑(英文名为 shock probation)是晚近国外出现的一种缓刑制度,我国有学者称之为"休克型的缓刑"①、"震击缓刑"。② 美国是这种缓刑制度的创造者和主要适用者。在美国,这种缓刑制度的基本内容是对被告人定罪量刑后,立即执行一部分刑罚(一般不超过半年),以兹警戒,然后将被判刑人释放,进行考察监督。③ 例如,俄亥俄州于 1965 年通过了这种性质的缓刑法案。在该州 1967 年和 1976 年的有关法案中均规定:犯罪人可以在其被监禁的第 30 天和第 60 天之间受缓刑警告,可以在服刑的第 30 天和第 130 天之间被释放。④ 这种缓刑也被称为"分开的判决"(split sentence)。⑤

(二)对不执行余刑的缓刑制度的评析

1. 赞同和反对不执行余刑的缓刑制度的主要理由

不执行余刑的缓刑制度与其他缓刑制度的不同之处主要在于:在不执行余刑的缓刑制度中,犯罪人是在被定罪量刑并且短期监禁后才被宣告缓刑,而在其他缓刑制度中,在对犯罪人宣告缓刑前都没有对其实际执行刑罚。倡导这种缓刑制度的人认为这种缓刑制度有以下优点:"①避免长期的狱内生活对犯罪者的影响,同时短期的设施内生活可以使缓刑执行官有机会了解犯罪人的情况,弄清楚为了改造犯罪人需做哪方面的工作,以便从更佳角度为

---

① 参见朱华荣主编:《各国刑法比较研究》,武汉大学出版社 1995 年版,第 264 页。

② 参见储槐植:《美国刑法》,北京大学出版社 1996 年版,第 336 页。

③ 参见朱华荣主编:《各国刑法比较研究》,武汉大学出版社 1995 年版,第 264 页。

④ 该资料来源于曹雪峰硕士学位论文《缓刑制度比较研究》,吉林大学 1987 年印,第 19 页。

⑤ 参见刘强编:《美国刑事执法的理论与实践》,法律出版社 2000 年版,第 206 页。

他们提供帮助;②给犯罪者以警告,使他们对监狱内的生活有真实的体验,并使这种体验成为制止将来犯罪行为的重要因素;③它提供了一种将缓刑与监禁相结合的模式,为'立即释放'和'定期监禁'的折中探索了道路。"①

但这种缓刑制度也受到了许多学者的批评,批评者认为:①既然可以对被判刑人适用缓刑,就不必对其再予以监禁;②②受到此种处遇的犯罪人不能知道他何时才能获得缓刑,具有不确定性,与禁止不定期刑的现代刑法基本观念相悖;③这种制度与假释的界限不明确。③

2. 不执行余刑缓刑制度存在的合理性

不执行余刑的缓刑制度是否有存在的必要呢?笔者认为,在条件具备的情况下,可以考虑设立这种缓刑制度,因为不执行余刑的缓刑制度确有其存在的特殊价值,这主要表现在以下三方面:

(1)该种缓刑制度中的短期监禁可以对犯罪人起到震慑作用,从而促使其在随后的缓刑考验中表现良好,有助于达到缓刑所追求的使犯罪人改过自新的目的。不执行余刑的缓刑制度通过对犯罪人予以监禁,使犯罪人体验到刑罚的痛苦,这必然给其心灵带来震动,使其深刻感受到自由的可贵,对随后受到的缓刑待遇倍加珍惜,努力保持善行,而不至于轻易违反缓刑期间应当遵守的规定而导致缓刑被撤销。同时,在不执行余刑的缓刑制度之下,犯罪人虽然受到了实际监禁,但这种短暂的监禁与根据其所犯罪行本应受到的刑罚处罚相比要轻得多,因而犯罪人仍然知道他本应受到更严厉的刑罚惩罚,随后对他的缓刑是国家和社会对他的宽大和信任,他一般会心存感激而洗心革面、重新做人。因此,这种缓刑制度对于初犯而言十分有利于特殊预防目的的实现。

(2)实际执行的监禁缓和了缓刑制度与罪刑相适应原则之间的冲突,比完全没有实际关押内容的缓刑制度更为公正合理,更能为社会公众所接受。罪刑相适应原则要求刑罚的轻重应当与犯罪人所犯罪行和承担的刑事责任相适应,具体而言,就是要做到罪刑相称,有罪必罚、无罪不罚、重罪重罚、轻罪轻罚、罚当其罪,而缓刑制度所导致的结果却往往是有罪不罚,甚至有罪不定,可见,缓刑制度在本质上与罪刑相当原则的要求相悖。这是由缓刑制度所追求的目标与罪刑相当原则所追求的目标不同所决定的:前者追求的是使犯罪人改过自新、复归社会,因而是从有利于犯罪人的角度考虑的,后者追求的是刑罚的公正、公平,是从惩罚犯罪人、安抚受害人以及一般预防的角度考

① 转引自曹雪峰硕士学位论文:《缓刑制度比较研究》,吉林大学 1987 年印,第 19 页。

② 参见储槐植:《美国刑法》,北京大学出版社 1996 年版,第 336 页。

③ 参见曹雪峰硕士学位论文:《缓刑制度比较研究》,吉林大学 1987 年印,第 19 页。

虑的。正如有学者所指出:单纯从罪刑相适应原则出发,无法理解缓刑制度存在的必要性和合理性。① 基于上述原因,我们不能指望缓刑制度能充分实现刑罚正义,与罪刑相当原则达到和谐统一,而只能在它们之间寻找适当的平衡点,使缓刑制度不至于过分偏离罪刑相当原则的要求。为达此目的,罪刑相当原则作出必要的让步是不可避免的,这也正是我国 1997 年《刑法》规定的是罪责刑相适应原则而不是罪刑相适应原则的重要原因,而缓刑制度则应当在不丧失自身价值和功能的前提下,尽可能体现罪刑相当原则的要求,即体现出一定的惩罚性特征,以符合刑罚的公正性和合理性。显然,不执行余刑的缓刑制度鲜明地体现了惩罚性的特征,因此,在能够实现缓刑制度所追求的目的前提下,这种缓刑制度比其他缓刑制度有更充分的存在理由。

(3)对犯罪人予以短期监禁,可以使缓刑监管人员有机会了解犯罪人的性格特征以及其他个人情况,弄清楚为了改造犯罪人需做哪方面的工作,从而使缓刑监管工作更具有针对性,效果更佳。犯罪人的性格特征各不相同,帮助他们改过自新的手段也必须相应地有所不同,对某类犯罪人卓有成效的教育改造措施,对另一类犯罪人可能毫无用处。因此,要想通过教育引导的方式帮助被宣告缓刑的犯罪人改过自新,首先应当对被改造的对象的性格特征和个人情况有清楚的了解。人的性格特征都会通过其外部行为表现出来,因此,对犯罪人性格特征进行了解的最佳途径莫过于亲自观察其生活起居、言谈举止。对犯罪人予以短期监禁,正好给缓刑监管人员提供了通过观察其言谈举止来了解其性格特征的机会,从而为确定应当做好哪方面的工作提供依据,使缓刑监管工作更具有针对性,效果更佳。

3. 对反对设立不执行余刑缓刑制度之理由的反驳

反对设立不执行余刑的缓刑制度的学者提出了三方面的理由,笔者认为这些理由均不能成立。

(1)即便被判刑人符合适用缓刑的条件,也可以对其先予以监禁。反对设立不执行余刑缓刑制度的理由之一是,既然可以对被判刑人适用缓刑,就不必对其再予以监禁。笔者认为,这一理由不能成立。被判刑人是否符合适用缓刑的条件与对其是否先予以监禁,所依据的是两个不相同的判定标准。判断被判刑人是否符合适用缓刑的条件,是以其犯罪情节、悔罪表现等说明犯罪行为的社会危害性和犯罪人的主观恶性和人身危险性等因素为考察对象,以对犯罪人不予监禁也不致再危害社会为判断标准。而在此决定对犯罪人是否应当予以监禁,则是根据另外两个标准:一是这样做是否更有利于犯

① 参见崔庆森主编:《中国当代刑法改革》,社会科学文献出版社 1991 年版,第 194 页。

罪人改过自新,二是这样做是否更能有效地维护社会秩序。如果综合这两方面因素考虑,有必要对犯罪人予以监禁,即使对犯罪人直接适用缓刑他也不致再危害社会,也可以对其先予以监禁然后再适用缓刑。例如,根据犯罪人的犯罪情节、悔罪表现、个人性格、一贯表现以及他所处的社会环境,足以令人相信对其适用缓刑也不致再危害社会,但如果他所犯罪行在可以适用缓刑的犯罪中属于较为严重,而对他予以短期关押又能对其产生震慑作用,更有利于其改过自新,就仍然可以决定对其予以短期监禁然后再予以释放。

(2)不执行余刑的缓刑并非不确定刑。反对设立该种缓刑制度的理由之二是,受到此种处遇的犯罪人不能知道他何时才能获得缓刑,具有不确定性,与禁止不定期刑的现代刑法基本观念相悖。笔者认为,这是对不执行余刑的缓刑的误解。不执行余刑的缓刑是在宣告犯罪人的罪和刑的同时确定缓刑的时间和实际执行刑罚的时间,因此,犯罪人从其罪和刑确定之日起,便知道何时可以获得缓刑,虽然他可能由于在实际执行刑罚时表现不好而被推迟缓刑的适用时间,这就像犯罪人由于缓刑期间表现不好而被撤销缓刑一样,是正常的,不能因此而认为不执行余刑的缓刑有不定期刑的嫌疑。

(3)这种缓刑制度与假释的界限容易分清。反对设立不执行余刑缓刑制度的理由之三是,这种制度与假释的界限很不清。笔者认为,这种观点也不能成立,这种缓刑制度与假释的区别是清楚的,主要表现在以下五个方面:①二者所追求的主要目的不同。假释制度是在重点追求报应和一般预防目的的基础上考虑对犯罪人予以宽大,以更好地实现特殊预防的目的;不执行余刑的缓刑制度则是在重点追求特殊预防目的的基础上争取尽可能实现报应和一般预防刑罚的目的。②二者适用的对象不同。假释适用的对象是那些罪行较重,或者曾经主观恶性深或人身危险性大,已经被判处实刑,但现在已经悔过自新,不会再危害社会的犯罪人;不执行余刑的缓刑的适用对象则是罪行较轻,综合其悔罪表现、个人性格、一贯品行、生活环境等因素,本可以不实际执行刑罚的犯罪人。③二者决定不执行余刑的时间不同。假释是在对原判刑期实际执行一定时间以后,才决定不执行余刑;不执行余刑的缓刑则是在判决宣告时便已经确定了不执行余刑的时间。④二者实际执行刑期的长短通常不同。假释者由于罪行较重,对其执行刑罚又主要是基于报应的目的,因而实际执行的刑期一般较长;而不执行余刑的缓刑由于实际执行刑罚的目的仅在于震慑犯罪人,令其感受监狱生活的痛苦,因而实际执行的刑期通常很短。⑤二者对犯罪人实际执行刑罚的主要目的不同。在假释制度中,对犯罪人实际执行刑罚主要是为了实现报应和一般预防的目的,通过震慑犯罪人以实现特殊预防的目的则在其次;在不执行余刑的缓刑制度中,对犯罪人予以监禁的主要目的则是通过刑罚对犯罪人的震慑作用，以加强随后缓刑的效果，从而实现特殊预防的目的，报应和一般预防的目的则在其次。把握住以上五个方面的区别，假释和不执行余刑的缓刑便很容易区分了。

4. 在设立不执行余刑的缓刑制度时应当注意的问题

在选择不执行余刑的缓刑时，应当清醒地认识这种缓刑制度可能存在的弊端，并有意识地加以克服。

(1)这种缓刑制度包含着对被判刑人予以短期监禁的处罚，必须严防犯罪人因此而受到监狱内交叉感染。缓刑制度本是为了防止短期监禁刑的弊害而设置的，而不执行余刑的缓刑制度却先给犯罪人以短期监禁然后再予以缓刑，如果不能有效防止短期监禁刑的弊害发生，就会陷入这种缓刑制度本身就包含着它所要克服的短期自由刑的弊端的荒谬境地，从而使随后适用缓刑的意义丧失殆尽。为了防止交叉感染的发生，必须完善监禁设施，争取对犯罪人予以单独关押，这样既可以完全防止交叉感染的发生，又能够有效体现监禁刑的严厉性。因为人是一种社会性的动物，需要与社会接触，而单独监禁不但剥夺了犯罪人的自由，而且使其与社会完全隔绝，由此造成的痛苦是巨大的，对其的震慑也是强烈的。如果不能做到单独监禁，就必须对同一监室的监禁对象进行严格筛选，例如从犯罪人的年龄、人身危险性、犯罪性质等方面加以把握，以尽可能防止同监室犯人交叉感染。有人认为，由于在不执行余刑的缓刑制度下，犯罪人被监禁的时间很短，还来不及受到监狱内的交叉感染就已经出监室接受缓刑考验，因而不存在受感染的可能。笔者认为，这种看法是不切实际的，因为犯罪人在监狱内受到感染的时间并不是一定的，有的可能半年才染上其他犯罪恶习，有的则可能1个月甚至更短的时间就在监狱内学会了新的犯罪手段。可见，防止监禁期内交叉感染的关键不在于时间上的控制，而在于监管措施上的得当。正是基于上述考虑，笔者认为，这种缓刑制度只有在条件具备的情况下才能选择适用。

(2)必须将这种缓刑制度的具体内容明确化。在美国的不执行余刑的缓刑制度中，对犯罪人的监禁期限和缓刑判决作出的时间均相对不确定，这在一定程度上有违禁止不定期刑的现代法治的要求，因此，在选择适用这种缓刑制度时，应当注意解决这一问题，将这种缓刑制度的具体内容，包括实际监禁的期限和缓刑作出的时间明确化。只要有意识地注意这一问题，解决起来并不困难，具体而言，可以在刑法中对这种缓刑的监禁期限和缓刑的考验期限作出有一定弹性的规定，比如监禁20至50天，余刑的缓刑考验期为1至3年，法院判决时可以在此限度内确定一个监禁的明确期限，同时宣告一个监禁期满后的缓刑考验期限。同时还可以规定根据犯罪人的表现可以适当延长监禁期限，并规定撤销缓刑的条件。应当指出，即便是美国现行的对犯罪人的监禁期限和缓刑判决作出的时间均相对不确定的缓刑，也并非完全是不定期刑，因为法院毕竟在此以前已经作出了对犯罪人判处一定刑罚的判决，在此基础上才对犯罪人予以监禁和宣告缓刑。

(3)必须将这种缓刑制度与假释制度严格加以区分。这两种制度的区别笔者在前面已作详细阐述，在此不再赘述。

五、结　　语

以上我们考察了当今世界的主要缓刑种类，除了这些缓刑种类外，被称为缓刑的制度还有不少，如美国还有被称为“判决的修改”(Modificatioan of sentence)和间歇的监禁、缓刑(Intermittent incarceration)①、行政制缓刑，附条件释放的缓刑②，缓予起诉的缓刑，软禁型的缓刑等。不过，这些缓刑种类有的可以归入前述的某种缓刑之中，有的则徒有缓刑之名并无缓刑之实。例如，在我国台湾学者的论著中，有一种被称为行政制(或称附条件特赦主义)的缓刑③，这种缓刑与保留犯罪记录的缓执行缓刑一样，也是如果被宣告缓刑的犯罪人在缓刑考验期间未发生应当撤销缓刑的事由，则原判刑罚不再执行，但犯罪记录并不因此而消灭，只不过在这种缓刑制度之下，免除刑罚的执行需要由行政机关以颁发特赦令的方式实现。虽然这种缓刑与保留犯罪记录的缓执行缓刑在免除刑罚执行的程序上不同，但二者的法律后果是完全相同的，因此，可以将这种缓刑归入保留犯罪记录的缓刑之中。又如，在我国大陆学者的论著中提到的缓予起诉的缓刑(又称审前缓刑)④，实际上不属于缓刑，因为在这种制度下，行为人根本没有被认定为有罪，有关机关也无权作出是否有罪的裁判，既然有关机关没有资格认定行为人有罪，就没有资格给予刑罚处罚，既然没有资格给予刑罚处罚，就无从谈起暂缓判处刑罚或者执行刑罚，更无从谈起缓刑。不过，这种制度作为一种促使可能被认定为有罪并

---

① 参见刘强编：《美国刑事执法的理论与实践》，法律出版社 2000 年版，第 206 页。

② 参见储槐植：《美国刑法》，北京大学出版社 1996 年版，第 335 页。

③ 参见桂成：《从“法院加强缓刑宣告实施要点”论缓刑制度之得失》，载台湾《刑事法杂志》1993 年 4 月第 37 卷第 2 期，第 4—5 页；柯庆贤：《刑法专题研究》，台北三民书局 1998 年版，第 594 页；褚剑鸿：《刑法总则论》，1995 年版，第 450 页。

④ 参见朱华荣主编：《各国刑法比较研究》，武汉大学出版社 1995 年版，第 264—265 页；储槐植：《美国刑法》，北京大学出版社 1996 年版，第 336—337 页。现行《韩国刑事诉讼法》第 247 条第 1 项，以及现行《日本刑事诉讼法》第 248 条都规定了这种缓起诉制度。

受到刑罚处罚的犯罪嫌疑人改过自新的措施，其存在的价值和具有的弊端，以及是否有设立这一制度的必要，则值得进一步探讨。由于上述所谓的缓刑或者名不符实，或者可归入笔者业已详细介绍的缓刑之中，并无独立存在的根据，为了避免将各国缓刑制度人为复杂化并因此引起认识上的混乱，笔者在此不对它们展开论述。

从各国法律规定的缓刑的种类来分析，可以发现有的国家（如美国、英国）的缓刑种类较多，而有的国家和地区（如中国大陆和台湾地区、日本）缓刑种类很少，那么，何种立法模式较为可取呢？笔者认为，应当根据各国的国情和缓刑制度在各国的发展状况而定，像美国这样缓刑制度十分发达，社会对缓刑已经完全接受的国家，可以根据需要选择多种缓刑方式；而在中国这样缓刑制度处于初步发展阶段、缓刑运用还存在诸多需要完善之处、公众对缓刑尚存抵触情绪的国家，对缓刑种类的选择应当慎重，只有在传统的、典型的缓刑立法和运用已臻成熟的基础上，才可以考虑增加新的缓刑种类。

6. 海峡两岸商标犯罪比较研究 *

目次

---

* 与高铭暄合著,原载《欧洲法律与经济评论》2005 年 7、8 期合刊,全法中国法律与经济协会(巴黎)2006 年 5 月编印。

一、前　　言

随着海峡两岸经贸关系的日渐发展,经济往来的不断频繁,经济交往范围的不断扩大,涉两岸的商标犯罪也经常发生。为了促进和保障海峡两岸经贸关系的正常、健康发展,保护商标持有人的专用权利以及消费者的合法权益,为两岸完善商标犯罪立法、惩治商标犯罪提供理论上的支撑,本文立足于两岸关于商标犯罪的立法,结合两地的刑法理论,对商标犯罪立法作一比较性研究。

二、两岸商标犯罪的立法概览

(一)两岸商标犯罪的立法模式

1. 大陆商标犯罪的立法模式

在我国大陆,对商标犯罪的立法经历了从“法典模式”到“特别刑法模式”再到“法典模式”的发展变化。

在1979年《刑法》中,仅在第127条规定了一个假冒商标罪。该条规定:违反商标管理法规,工商企业假冒其他企业已经注册的商标的,对直接责任人员,处3年以下有期徒刑、拘役或者罚金。1983年3月1日生效的《商标法》第40条又对此作了照应性的规定,即假冒他人注册商标,包括擅自制造或销售他人注册商标标识的,对直接责任人员由司法机关追究刑事责任。

随着大陆社会主义市场经济体制的逐步确立,市场主体的利益日趋多元,侵犯他人商标专用权的违法犯罪行为也日益猖獗起来。据统计,仅1992年全国共查处假冒商标案件11867件,收缴和销毁假冒商标标识1.98亿件(套)。其中对名牌商标的侵权假冒尤为严重。据原轻工部在1992年9月24日召开的打击假冒工作报告会称,当年1月至7月,全国各地送样和寄样到茅台酒厂鉴定被确认为假冒茅台酒的达824起,合计221吨,相当于茅台酒厂年产量的1/6。贵州省公安和工商部门半年间就查获200多万套用以包装茅台酒的彩盒箱物。① 假冒商标不仅涉及范围广,而且假冒的数量越来越大,涉案金额也越来越高。面对日益猖獗的商标犯罪,有关刑事立法的不足

① 参见宣炳昭等主编:《特别刑法罪刑论》,中国政法大学出版社1993年版,第105页。

日见明显。主要体现在:立法仅有假冒商标罪一个罪名,不能涵盖所有假冒注册商标的严重的危害行为;立法对本罪的罪状表述过于笼统,可操作性不强;可以构成本罪的主体范围过于狭窄,不符合商标犯罪发生的实际情况。有鉴于此,为了维护商标专用权人以及消费者的合法权益,为惩治商标犯罪提供更为有力的法律武器,1993 年 2 月 22 日全国人大常委会通过了《关于惩治假冒注册商标犯罪的补充规定》(以下称《补充规定》)。这一《补充规定》直接取代了 1979 年《刑法》第 127 条的规定。它规定了 4 种商标犯罪:第 1 条第 1 款规定了假冒注册商标罪,即未经注册商标所有人许可,在同一商品上使用与其注册商标相同的商标,违法所得数额较大或者有其他严重情节的,处 3 年以下有期徒刑或者拘役,可以并处或者单处罚金;违法所得数额巨大的,处 3 年以上 7 年以下有期徒刑,并处罚金。本条第 2 款规定了销售假冒注册商标的商品罪,即销售明知是假冒注册商标的商品,违法所得数额较大的,处 3 年以下有期徒刑或者拘役,可以并处或者单处罚金;违法所得数额巨大的,处 3 年以上 7 年以下有期徒刑,并处罚金。第 2 条规定了伪造、擅自制造注册商标标识罪和销售伪造、擅自制造的注册商标标识罪,即伪造、擅自制造他人注册商标标识或者销售伪造、擅自制造的注册商标标识,违法所得数额较大或者有其他严重情节的,依照第 1 条第 1 款的规定处罚。

1979 年《刑法》实施以后,全国人大常委会根据社会形势的需要,先后颁布了 25 部单行刑法,并且在许多法律中也都有刑事罚则的规定。[①] 这些规定有的涉及对刑法的修改,有的涉及对刑法的补充。由于立法指导思想的不统一,影响了刑法立法的统一性,并进而对司法的统一性也产生了重大的影响。因此,为了统一立法、便于司法,1997 年 3 月,全国人大通过了经全面系统修订的刑法。1997 年《刑法》在对《补充规定》中的商标犯罪之规定进行修改的基础上,目前,对商标犯罪的立法集中体现在现行《刑法》第 213 条、第 214 条和第 215 条中。

2. 台湾地区商标犯罪的立法模式

对于商标犯罪的立法规制,台湾地区经历了由法典模式到法典与附属刑法规范相结合方式的变化。

长期以来,对于商标犯罪,台湾地区都统一适用其"刑法"第 253 条和第 254 条的规定。第 253 条规定了伪造仿造商标罪,即意图欺骗他人而伪造或仿造已登记之商标、商号的行为。第 254 条规定了贩卖陈列输入伪造仿造商标商号货物罪,即明知为伪造或仿造之商标、商号之货物而贩卖,或意图贩卖

---

① 参见高铭暄、赵秉志编:《新中国刑法立法文献资料总览》,中国人民公安大学出版社 1998 年版。

而陈列,或自外国输入的行为。

首次打破由刑法典规制商标犯罪之立法格局的是1972年的"商标法"。该法第62条规定,有下列情事之一者,为侵害他人之商标专用权,依"刑法"第253条之规定处罚之:(1)于同一商品或类似商品,使用相同或近似于他人注册商标之图样者;(2)于有关同一商品或类似商品之广告、标贴、说明书、价目表或其他文书,附加相同或近似于他人注册商标图样而陈列或散布者。第63条规定,恶意使用他人注册商标之名称,作为自己公司或商号名称之特取部分,而经营同一或同类商品之业务,经利害关系人请求其变更,而不申请变更登记者,处1年以下有期徒刑、拘役或科2000元以下罚金。

此后,台湾地区先后多次对商标法进行修改,其中涉及附属刑法的修改计有三次。第一次是1983年1月26日对"商标法"的修正。与1972年的"商标法"之刑事罚则相比,主要有以下的区别:(1)为侵害他人之商标专用权罪设定了独立的法定刑。根据"商标法"第62条规定,对于这种行为,"处5年以下有期徒刑、拘役或科或并科5万元以下罚金"。(2)增设了侵犯外国著名商标罪,即第62-1条规定,意图欺骗他人,于同一商品或同类商品使用相同或近似于未经注册之外国著名商标者,处3年以下有期徒刑、拘役或科或并科3万元以下罚金。(3)增设贩卖商标侵权的商品罪。第62-2条规定,明知为前二条①商品而贩卖、意图贩卖而陈列、输出或输入者,处1年以下有期徒刑、拘役或科或并科1万元以下罚金。

第二次是1993年12月22日对"商标法"的修改。与1983年的商标法相比,主要区别在于:(1)修改了侵害他人之商标专用权罪的法定刑,即由"处5年以下有期徒刑、拘役或科或并科5万元以下罚金"改为"处3年以下有期徒刑、拘役或科或并科新台币20万元以下罚金"。(2)取消了侵犯外国著名商标罪的规定。(3)修改了恶意使用他人商标名称罪的法定刑,即由"1年以下有期徒刑、拘役或科2000元以下罚金"修改为"1年以下有期徒刑、拘役或科新台币5万元以下罚金"。

第三次是2003年5月28日对"商标法"的修正。与其前的立法相比,主要区别在于:(1)扩大了侵害他人之商标专用权罪的行为客体;(2)取消了恶意使用他人商标名称罪的规定。

目前,台湾地区2003年修正的"商标法"的刑事罚则部分与"刑法"第253、254条的规定相互配合,构成了惩治商标犯罪的立法体系。

---

① 即台湾地区"商标法"第62条和第62-1条的规定。

（二）两岸商标犯罪的罪名体系

1.我国大陆商标犯罪的罪名体系

如前所述，大陆于1997年3月14日通过了修订的《刑法》，在刑法分则第三章“破坏社会主义市场经济秩序罪”中设立“侵犯知识产权罪”专节。该节第213条、第214条和第215条分别规定了假冒注册商标罪，销售假冒注册商标的商品罪以及非法制造、销售非法制造的注册商标标识罪3种商标犯罪。根据《刑法》的规定，所谓假冒注册商标罪，是指未经注册商标所有人许可，在同一种商品上使用与其注册商标相同的商标，情节严重的行为；所谓销售假冒注册商标的商品罪，是指销售明知是假冒注册商标的商品，销售金额数额较大的行为；所谓非法制造、销售非法制造的注册商标标识罪，是指伪造、擅自制造他人注册商标标识或者销售伪造、擅自制造的注册商标标识，情节严重的行为。

2.我国台湾地区商标犯罪的罪名体系

在台湾现行刑事立法中，除《刑法》第253、254条规定的伪造仿造商标罪和贩卖陈列输入伪造仿造商标商号货物罪外，在现行“商标法”中还规定了两种商标犯罪。“商标法”第81条规定，未得商标权人或团体商标权人同意，有下列情形之一者，处3年以下有期徒刑、拘役或科或并科新台币20万元以下罚金：(1)于同一商品或服务，使用相同之注册商标或团体商标者。(2)于类似之商品或服务，使用相同之注册商标或团体商标，有致相关消费者混淆误认之虞者。(3)于同一或类似之商品或服务，使用近似于其注册商标或团体商标之商标，有致相关消费者混淆误认之虞者。“商标法”第82条规定，明知为前条商品而贩卖、意图贩卖而陈列、输出或输入者，处1年以下有期徒刑、拘役或科或并科新台币5万元以下罚金。

三、两岸商标犯罪构成特征之比较

比较两岸商标犯罪的罪名体系，可以发现两岸的相关规定存在着明显的对应性。同时，由于商标犯罪的主观方面均要求出于故意，立法上除个别犯罪对主观要素有特殊要求外一般没有太大的差异；而商标犯罪的主体又涉及单位应否成为主体这一重大的理论和立法问题，这一问题因其复杂性而不是本文所能解决的。因此，我们主要就两岸具有明显对应性的商标犯罪的客观方面加以比较。①

① 我国台湾地区“刑法”规定的伪造仿造商标商号罪的主观要素不同于大陆的规定，因此，在本部分中，对本罪的主观要素也有所涉及，特此说明。

(一)非法使用他人注册商标犯罪的构成特征

对于非法使用他人注册商标的严重危害行为,我国大陆《刑法》第213条规定为假冒注册商标罪,台湾地区"商标法"第81条则规定为侵犯他人注册商标专用权罪。

根据大陆《刑法》第213条规定,假冒注册商标罪的客观方面表现为未经注册商标所有人许可,在同一种商品上使用与其注册商标相同的商标,情节严重的行为。据此,构成假冒注册商标罪在客观方面必须具备以下三个条件:(1)本罪成立的前提是未经注册商标所有人许可而使用其注册商标。经过商标专有权人授权而使用其注册商标的,是合法的行为,自然不会构成犯罪。(2)行为人在同一种商品上使用与他人注册商标相同的商标。据此,行为人在类似商品上使用与他人注册商标相同商标的,行为人在同一种商品上使用与他人注册商标相近似的商标的,或者行为人在类似商品上使用与他人注册商标相近似的商标的,都不构成本罪。所谓"同种商品",是指同一品种的商品或者完全相同的商品。对于"同种商品"的认定,应以大陆颁布的《商品分类(组别)表》为标准,不能以人们的习惯分类为准。① 所谓"相同商标",就文字商标而言,是指文字的读音、外形、意义相同的商标;就图形商标而言,是指图的形状、意义相同的商标;就组合商标而言,是指文字的发音、意义、外形、图的形状、意义以及文字与图形的组合都相同的商标。对"相同商标"的判断,应以商标上的文字、图形或者文字与图形及其组合为判断依据,而不应以是否足以误导消费者为准②,否则,无法区分"相同商标"与"近似商标",势必混淆罪与非罪的界限。(3)构成假冒商标罪,还需要情节严重。所谓情节严重,按照大陆刑法学界的通说,主要是指违法所得数额较大或者非法经营数额巨大的;因假冒他人注册商标,被工商行政管理部门给予两次行政处罚又假冒他人注册商标的;假冒他人已经注册的人用药品商标的;假冒他人注册商标造成恶劣社会影响、国际影响的;假冒他人注册商标引起严重后果的;给注册商标所有人造成重大损失的;假冒驰名商标的;抗拒检查、毁灭证据或者制造假象嫁祸于人、企图逃避责任的,等等。③

根据我国台湾地区"商标法"的规定,侵犯他人注册商标专用权罪在客观方面必须具备以下的条件:(1)未经商标权人或团体商标权人同意而使用注册商标,是构成本罪的前提条件。(2)在同一种商品或服务上,使用相同之注册商标或团体商标者;或者在类似之商品或服务上,使用相同之注册商

---

① 参见王作富主编:《刑法分则实务研究》,中国方正出版社2001年版,第695页。

② 参见王作富主编:《刑法分则实务研究》,中国方正出版社2001年版,第695—696页。

③ 参见高铭暄主编:《新型经济犯罪研究》中国方正出版社2000年版,第793页。

标或团体商标,有致相关消费者混淆误认之虞者;或者于同一或类似之商品或服务,使用近似于其注册商标或团体商标之商标,有致相关消费者混淆误认之虞者。可见,在同一商品或服务上使用与他人注册商标相近的商标,或者在类似商品或服务上使用与他人注册商标相同或相近的商标,构成犯罪的关键在于是否有导致相关消费者混淆误认的危险。

比较两岸非法使用他人注册商标之犯罪的客观方面,可以发现,两岸立法既有相同之处,也有不同之处。

相同之处表现在:(1)两岸立法都把擅自在同一种商品上使用与他人的注册商标相同的商标之行为规定为犯罪的客观方面的行为。(2)虽然台湾地区在条文中对行为构成犯罪的情节未作限制,但这并不意味着只要行为人实施了法条所预定的行为,无论情节如何,都要以犯罪处理。因为,在量方面,各种犯罪,原均预定有一定比重之违法性,行为在形式上虽已该当于构成要件,因其违法性极为轻微,未违法所预定之程度者,犯罪仍不成立。① 从实务上看,可罚的违法性理论也得到了运用。如台湾地区"最高法院"1985 年台上字 4225 号判例指出:"行为虽适合于犯罪构成要件之规定,但无实质之违法性时,仍难成立犯罪。本件上诉人擅用他人空白信纸一张,虽其行为适合'刑法'第 335 条第 1 项之侵占罪构成要件,但该信纸一张所值无几,其侵害之法益及行为均极轻微,在一般社会伦理观念上尚难认为有科以刑罚之必要。且此项行为,不予追诉处罚,亦不违反社会共同生活之法律秩序,自得视为无实质之违法性,而不应绳之以法。"②由此可见,尽管法条中没有情节的限制,但从理论和实务上看,并非一实施法条所预定的行为即构成犯罪,只有行为的违法性达到一定程度时,方可令其承担刑事责任。就此而言,两岸对非法使用他人注册商标之犯罪的构成特征有相同之处。

两岸有关立法的不同之处在于:(1)按照大陆《刑法》第 213 条的规定,只有行为侵犯他人注册的商品商标时才有可能构成犯罪。而台湾地区"商标法"第 81 条的规定却不限于此,行为人侵犯他人注册的服务商标时,也有可能承担刑事责任。(2)在台湾地区"刑法"中,不仅在同一种商品或服务上使用与他人的注册商标相同的商标可以构成犯罪,而且在类似商品或服务上使用与他人注册商标相同或相近的商标的,在同一种商品或服务上使用与他人注册商标相近商标的,也都可能构成犯罪。而大陆《刑法》规定,行为人的行为只有在符合"两个相同"的条件时,才有可能构成犯罪。这是两岸有关立法的最大不同之处。

---

① 参见黄村力:《刑法总则新论——比较研究法》,台北三民书局 1993 年版,第 70 页。

② 黄村力:《刑法总则新论——比较研究法》,台北三民书局 1993 年版,第 70—71 页。

（二）两岸涉商标标识犯罪的构成特征

对于涉商标标识犯罪，两岸刑事立法的规定存在较大的差异。在大陆《刑法》中，规定了非法制造、销售非法制造的注册商标标识罪，即是指伪造、擅自制造他人注册商标标识或者销售伪造、擅自制造的注册商标标识，情节严重的行为。如何区分"伪造"和"擅自制造"，在大陆刑法学界存在争议。但通说认为，"伪造"是指按商标所有权人的商标标识进行仿制的行为，标识本身是假的。擅自制造主要是指商标印制单位在与注册商标所有人商标印制合同规定的印数之外，又私自加印商标标识的行为。商标标识本身是真的。①

台湾地区"刑法"第253条规定了伪造仿造商标商号罪，即意图欺骗他人而伪造或仿造已登记之商标、商号的行为。据此，构成伪造仿造商标商号罪，从客观方面看，必须具备以下条件：(1)本罪的对象是已登记的商标、商号。所谓"已登记的商标、商号"，是指依照"商标法"或"商业登记法"已经注册的商标或已经登记的商号。② (2)本罪的手段是伪造或仿造。所谓"伪造"，是指"无制作权而冒名制作不实内容之行为"。所谓"仿造"，是指"制造类似真品之物，足使一般人于其外观之形貌或称谓之读音上，误认为真正者"。③ 从主观方面看，构成本罪，要求行为人首先具有伪造或仿造的故意，即行为人对于他人已注册之商标或商号有所认识，并进而决意加以伪造或仿造之主观心态，包括直接故意与间接故意。其次，还要求行为人具备欺骗他人的不法意图。

由上可知，对比海峡两岸涉商标标识犯罪的构成特征，存在着如下的差异：(1)大陆刑法典将销售伪造、擅自制造的商标标识的情节严重的行为犯罪化，而台湾地区立法对此未加规定。(2)在大陆《刑法》中，无论是伪造，还是擅自制造，都要求行为人制作出来的商标标识与他人的注册商标相同，如果仅仅是相近，则不会构成本罪。而在台湾"刑法"中，对于模仿他人的注册商标，并且足以使一般人误以为真的，亦构成犯罪。(3)对于本罪，大陆《刑法》只要求行为具有伪造、仿造或销售的故意即已足，至于行为的主观意图如何，则在所不问；而台湾地区"刑法"除了要求行为必须具有犯罪故意外，还要求行为人具有欺骗他人的主观意图，欠缺这种意图，则不构成本罪。

（三）两岸涉商标侵权之商品犯罪的构成特征

根据大陆《刑法》第214条规定，所谓销售假冒注册商标的商品罪，是指销售明知是假冒注册商标的商品，销售数额较大的行为。据此，构成本罪，必

---

① 参见高铭暄主编：《新型经济犯罪研究》，中国方正出版社2000年版，第708页。

② 参见蔡墩铭：《"刑法"第246条至第255条之评释研究》，台北1998年印，第86—87页。

③ 参见蔡墩铭：《刑法第246条至第255条之评释研究》，台北1998年印，第87页；陈友锋：《刑法分则(下)——社会法益·国家法益》，台北保成出版事业有限公司1999年版，第217页。

须具备以下的条件:(1)本罪的对象是假冒注册商标的商品。按照大陆刑法理论的通说,所谓“假冒注册商标的商品”,是指未经商标所有人许可,使用了与其注册商标相同的商标的同一种商品。假冒注册商标的商品必须与商标所有人的商品相同,如果这种商品与商标所有人的商品不相同,或者所销售的商品虽相同,但所使用的商标标识与他人的注册商标不相同,则不构成本罪。(2)行为人实施了销售的行为。所谓“销售”,既包括批发,也包括零售;既包括自销,也包括代销。从商品流通环节看,买进卖出这类假冒注册商标的商品,从中获取非法利益是其行为特点。因此,购进假冒注册商标的商品自用或者赠送他人的,不构成本罪。(3)成立本罪,要求销售金额数额较大。“销售金额”不同于“违法所得额”,也不同于“非法经营额”。“违法所得额”是指行为人除去其投入的成本之后的利润;“非法经营额”是指行为人在犯罪过程中全部运营的成本,行为人已经卖出假冒注册商标的商品的销售金额,尚未卖出的商品的折价以及其他用于犯罪过程之中的所有资金的总和。① 而“销售金额”则是指销售假冒注册商标的商品所得的销售收入。

在台湾地区立法中,涉商标侵权之商品的犯罪有两种:(1)“刑法”第254条规定的贩卖伪造仿造商标商号之货物罪;(2)“商标法”第82条规定的贩卖仿冒商标商品罪。下面分别予以研究。

根据台湾地区“刑法”254条规定,所谓贩卖伪造仿造商标商号之货物罪,是指明知为伪造或仿造之商标、商号之货物而贩卖,或意图贩卖而陈列,或自岛外输入的行为。成立本罪必须具备如下条件:(1)本罪的犯罪对象是伪造或仿造之商标商号之货物。本罪中的商标商号是否以登记为要件?对此法律没有明文规定,但学说和实务普遍认为,商标商号如果没有注册或登记,就没有专用的权利,因此,这里的商标商号仅限于已经注册或登记的商标商号。② (2)本罪客观方面表现为贩卖仿冒商标的商品、意图贩卖而陈列这类商品或者意图贩卖而输入这类商品的行为。所谓“贩卖”,是指贩运买卖,不以陈列为必要。贩卖究应兼备贩入及卖出二者,抑或其中之一为已足?实务界对此有不同见解:有的认为须具备两者才能论以本罪,有的则认为仅需有贩入或贩出其中之一行为者,即可该当本罪。③ 多数学者采第二种见解。④

---

① 参见高铭暄主编:《新型经济犯罪研究》,中国方正出版社2000年版,第744—745页。

② 参见刘清景编:《新编刑法实务全览》,台北学知出版事业股份有限公司2000年版,第1021页。

③ 参见蔡墩铭:《刑法第246条至第255条之评释研究》,台北1998年印,第104—105页。

④ 参见蔡墩铭:《刑法第246条至第255条之评释研究》,台北1998年印,第105页;陈友锋:《刑法分则(下)——社会法益·国家法益》,台北保成出版事业有限公司1999年版,第220页。

所谓“陈列”，是指摆设于一定场所，以供人观览选购。所谓“输入”，是指自外国输入，即意图贩卖而将货物自他国运输至台湾岛内。

根据台湾地区“商标法”第82条规定，所谓贩卖仿冒商标商品罪，是指明知为仿冒商标商品而贩卖、意图贩卖而陈列、输出或输入的行为。本条规定与“刑法”第254条的规定有所区别：(1)犯罪对象的范围不同，本罪的对象仅限于假冒商标的商品，而第254条之罪的对象除此之外，还包括假冒商号的商品。(2)从客观方面看，将假冒商标的商品由台湾运输至岛外的也构成“商标法”第82条之罪，而“刑法”第254条规定之罪的客观方面不包括“输出”这种情况。

四、商标犯罪刑事责任之比较

(一)两岸商标犯罪之刑事责任

大陆刑法为商标犯罪设定了两个法定刑幅度：(1)基本的法定刑，即处3年以下有期徒刑或者拘役，并处或者单处罚金。(2)加重的法定刑，即处3年以上7年以下有期徒刑，并处罚金。

根据台湾“刑法”规定，对于伪造仿造商标商号罪，处2年以下有期徒刑、拘役或科或并科3000元以下罚金。对于贩卖伪造仿造商标商号之货物的，处2000元以下罚金。根据“商标法”的规定，侵犯他人注册商标专用权的，处3年以下有期徒刑、拘役或科或并科新台币20万元以下罚金。贩卖假冒商标之商品的，处1年以下有期徒刑、拘役或科或并科新台币5万元以下罚金。

(二)两岸商标犯罪刑事责任之异同

由上可知，海峡两岸立法对商标犯罪所设定的刑事责任既有共同点，也有区别点。其共同点在于：(1)海峡两岸对商标犯罪都规定了有期徒刑、拘役、罚金，且最重的刑罚均为有期徒刑。商标犯罪作为一种贪利性的经济犯罪，其危害性质明显较危害国家安全、公共安全等犯罪的危害性质轻，不宜对其规定无期徒刑、死刑这些严重的刑罚。而且对这种犯罪从经济上给予惩罚往往比给予人身上的惩罚更能收到预防犯罪的效果，因此，两岸刑法把商标犯罪的最重刑限定为有期徒刑是适当的，这也与世界各国对经济犯罪的惩罚从人身惩罚转向侧重于经济惩罚的趋势是相吻合的。(2)重视罚金刑在惩治和预防商标犯罪中的作用。两岸对商标犯罪均规定了罚金刑，这表明两岸在惩罚商标犯罪方面，都很重视罚金刑的适用。对商标犯罪这样一种贪利性经济犯罪规定罚金刑，不仅从经济上给犯罪分子以惩罚，而且也剥夺了其再次犯罪的经济能力,可以较好地实现刑罚的目的。因此,在惩罚经济犯罪方面,罚金刑具有其他刑种所不能取代的特殊作用。

海峡两岸立法对商标犯罪所设定的刑事责任的区别点在于:(1)从刑罚的轻重上看,大陆《刑法》对3种商标犯罪规定的法定最高刑均为7年有期徒刑,并处罚金。而台湾地区立法则根据不同的犯罪规定了轻重不同的法定刑。伪造、仿造商标商号罪的最高刑为2年有期徒刑,可并科最高为3000元的罚金。贩卖伪造仿造商标商号之货物罪的最高刑为2000元罚金。侵犯他人注册商标专用权罪的最高刑为3年有期徒刑,可并科新台币最高为20万元的罚金。贩卖假冒商标之商品罪的最高刑为1年有期徒刑,可并科新台币最高为5万元的罚金。显然,大陆《刑法》对商标犯罪规定的刑事责任重于台湾的规定。(2)从法定刑幅度上看,大陆《刑法》对各种商标犯罪均规定了两个轻重不同的法定刑幅度;而台湾地区有关立法则对各种商标犯罪只规定了一个法定刑幅度。(3)从罚金刑的规定看,大陆《刑法》对一般情形的商标犯罪规定"并处或单处罚金",对加重情形的商标犯罪规定"并处罚金"。无论何种规定方式,都没有规定出罚金的上下限。而台湾地区有关立法采用限额罚金制,除了贩卖伪造仿造商标商号之货物罪是可以单处2000元以下罚金外,其余3种商标犯罪均是"科或并科"最高额不等的罚金。

五、比较研究之结论性认识

(一)关于商标犯罪的立法模式与罪名体系

从前述对两岸商标犯罪之立法概况的介绍可以看出,大陆刑法采用法典化的立法模式对商标犯罪作了统一的规定,而台湾地区采取的是法典与附属刑法规范相结合的方式。我们认为,法典化的立法模式,具有简洁、明了的特征,便于司法适用与人们对该罪罪状的全面了解、认识。而采用刑法典与附属刑法相结合的方式来规制商标犯罪,不仅会造成规范的冲突,不利于司法操作和统一执法,而且在附属刑法中规定商标犯罪,也不利于发挥刑法的一般预防作用,因为附属刑法规范不具有刑法典的形式,其中的刑事责任条款的威慑力容易被社会忽视。因此,从立法模式上看,大陆地的立法模式似值得台湾研究、借鉴。

从商标犯罪罪名体系上看,台湾地区的立法也存在着缺陷。(1)从犯罪对象上看,台湾"刑法"第254条规定之罪的犯罪对象完全包容了其"商标法"第82条之罪的对象;从危害行为上看,"刑法"第254条与其"商标法"第

82条存在着绝大部分的重合关系。可见，这两处规定形成了法条竞合关系。然而，正如台湾有学者所指出的，扩大法条竞合的范围，并不是法律进步的表现。法条原则上应具有互斥性，法条竞合应该属于非常态。① 换而言之，只有在确有必要的情况下，才可以采用法条竞合的立法方法。在我们看来，台湾地区"刑法"第254条与其"商标法"第82条的竞合关系存在的必要性是大可质疑的。因为，一方面，其"商标法"第82条规定之罪的罪状几乎可以为"刑法"第254条之罪的罪状所涵括，可以认为"商标法"的规定近于多余。另一方面，这种立法，无论是对理论还是对司法，都会带来不必要的负担。从理论上看，这种立法会造成法条之间究竟是什么关系的纷争，必然会浪费法学研究的资源。从司法上看，在适用这样的法律时，司法者必须援引所有的构成要件，否则作出的判决即违法，由此对司法造成的负担可以想见。(2)台湾地区"刑法"没有把销售非法制造的商标标识的行为犯罪化，实乃立法之重大漏洞。因为，从实践中看，制造、销售他人注册商标标识的行为经常以集团的形式来实施，而且往往是有人专门非法制造他人的注册商标标识，有人专门负责销售，从而形成制造和销售的一条龙关系。对于专门非法制造他人的注册商标标识的行为，可以直接按照台湾地区"刑法"第253条的规定定罪量刑。但对于专门销售这种商标标识的行为，由于"刑法"中没有将这种行为类型化，所以，要对这种行为予以处理，必然引用"刑法"关于共犯的规定。而共犯关系的成立，必然要求查证制造者与销售者在主观上具有联络和沟通，而要查清这种主观上的联络，并非易事。对于人数众多、分布区域广泛的制售团伙而言，要查清他们之间主观上的联络与沟通，更是难上加难。因此，为了减少援引"刑法"中关于共犯规定的可能性，对于在客观上存在着紧密联系的行为予以犯罪化，不失为一种明智的选择。基于这些理由，我们认为，台湾似应把与伪造、仿造商标在客观上存在紧密联系的行为——销售非法制造的商标标识的行为也予以犯罪化规定。

（二）关于非法使用他人注册商标的犯罪

比较大陆与台湾地区关于非法使用他人注册商标之犯罪的构成要件，可以发现，台湾立法规制的范围宽于大陆立法。(1)在大陆《刑法》中，仅仅把擅自在同一种商品上使用与他人的注册商标相同的商标的行为作为犯罪。而在台湾"刑法"中，除此之外，还包括擅自在类似商品上使用与他人注册商标相近的商标以及擅自在同一种商品上使用与他人注册商标相近的商标标识。只要这些行为有使消费者误认为可能的，就构成犯罪，并应对此

① 参见许玉秀：《刑法的问题与对策》，台北2000年版，第259—261页。

负刑事责任。(2)大陆《刑法》仅仅将侵犯商品商标专用权的行为规定为犯罪,而台湾则不限于此,对于侵害他人注册的服务商标的行为也规定为犯罪。

关于上述第一点,我们认为,台湾"刑法"将这些侵犯他人注册商标专用权的行为作为犯罪处理是必要和有意义的:(1)根据我国大陆《商标法》第52条第1项规定,未经商标注册人的许可,在同一种商品或者类似商品上使用与其注册商标相同或者相近的商标的,也属于侵犯注册商标专用权的行为。(2)这些行为也往往会对他人注册商标权的行使造成极大的损害,具有相当严重程度的社会危害性,如果不采用刑罚处罚的方法,难以收到惩治与预防的效果。(3)把这些行为规定为犯罪,也是严密法律规定、防止犯罪分子钻法律空子的需要。如果不把这些行为作为犯罪,而只把于同一种商品上使用与他人注册商标相同的商标作为犯罪,犯罪分子就会权衡利弊,不愿意冒受刑罚惩罚的风险实施侵害他人注册商标权的行为牟取非法利益,而更愿意实施不会受刑罚惩罚的侵害他人注册商标权的行为。如出现这样的后果,则与立法保护他人注册商标专用权的主旨大异其趣。(4)从大陆地区的商品市场现状上看,一种品牌的商品一旦上市并取得营销成功,随之就会招来一股仿冒之风。虽然仿冒者不会冒坐牢的危险直接在自己的产品上使用与他人注册商标相同的商标,但却会挖空心思,想方设法仿冒他人的注册商标,以至于消费者如果不对商品的商标标识仔细辨认,很有可能买到冒牌货。这种投机行为不仅侵害了他人注册商标的专用权,损害了消费者的合法权益,而且从长远来看,这种妨害诚实信用的市场规则的行为也极大地影响了市场经济的健康、正常发展。因此,台湾"刑法"中的这种规定值得大陆研究、借鉴。

关于上述第二点,我们认为,大陆《刑法》的规定与《商标法》的有关规定是不协调的。因为根据2001年10月27日颁布的《商标法》第4条第3项规定,本法有关商品商标的规定,适用于服务商标。据此可知,我国大陆现行《商标法》第52条规定的侵犯商标专用权的行为不限于侵犯他人商品商标的专用权,还包括侵犯他人服务商标的专用权。既然侵犯他人商品商标的行为可以犯罪化,就没有理由将服务商标的专用权排除在刑法保护之外。

(三)关于涉商标标识犯罪

根据台湾的理论与实践,台湾地区"刑法"第253条中的"伪造"与"仿造"是有区别的。所谓"伪造",是指全部模仿真正商标的假冒行为,其在外形上与真正之商标完全一致。所谓"仿造",是指部分模仿真正商标的假冒行为,其在外形上或读音上与真正的商标极为相似,客观上甚易混淆不清而足以使人误以为是真正的商标。① 这表明,行为人制造出来的商标虽与他人注册的商标不完全一致,也有可能构成犯罪。我们认为,台湾这种立法值得大陆借鉴,其道理与把同一种商品使用近似于他人注册商标等行为作为犯罪处理的道理相同。

当然,台湾地区"刑法"第253条的规定也有不完善的地方。因为,从法条上看,本罪的行为客体是商标。这里的"商标"是否包括他人未注册的商标,法条中并没有作出限定。这种立法会把伪造或仿造他人未注册的商标的行为也当作犯罪处理,这是不妥当的。因此,台湾地区"刑法"第253条之罪的行为客体有必要明确化。

(四)关于涉商标侵权之商品的犯罪

与台湾地区有关立法相比,我们认为,大陆地区关于涉商标侵权之商品的犯罪的规定有两个方面需要完善:(1)关于本罪的对象。大陆《刑法》第214条规定之罪的犯罪对象是"假冒注册商标的商品"。按照刑法学界的通说,这里的商品是指未经商标所有人许可,使用了与其注册商标相同的商标的同一种商品,不包括使用与他人注册商标相同的商标的类似商品以及使用与他人注册商标相近的商标的商品,也不包括未经注册商标人同意,更换其注册商标并将该更换商标的商品又投入市场的情况。而按照大陆《商标法》的规定,这些情况都属于侵犯他人注册商标专用权的行为,为了与《商标法》相协调,应该将本罪的对象予以进一步的明确。建议修改为"侵犯注册商标专用权的商品"。(2)关于本罪客观方面的表述,大陆把该罪客观方面规定为"销售",虽简明扼要,但容易使人对销售的含义产生不同的理解,究竟哪些行为属于销售,哪些行为不属于销售,难以理解和把握,不便于适用法律。而台湾把销售的几种行为形态即贩卖、意图贩卖而陈列、输出或输入等一一列举出来,明确、具体,便于理解执行,似较大陆地区的规定为优。②

(五)关于商标犯罪的刑事责任

比较海峡两岸关于商标犯罪的刑事责任规定,两岸立法互有长短。

1. 关于法定刑的轻重

如前所述,大陆《刑法》对3种商标犯罪规定的法定最高刑均为7年有期徒刑,并处罚金。而台湾立法则根据不同的商标犯罪的具体情况规定了不同的法定刑。比较而言,大陆刑法典的规定似有不妥之处。因为,假冒商标罪

---

① 参见林山田:《刑法特论(中册)——中篇:侵害社会法益之罪》,台北三民书局股份有限公司1979年版,第771页。

② 参见赵秉志、刘志伟:《海峡两岸侵害商标犯罪立法之比较》,载《法学评论》,1994年第5期,第21页。

系假冒商标的单位或个人直接实施,主观恶性大,犯罪影响范围广,社会危害性大,规定较高的刑罚是适当的。而销售假冒商标的商品罪的行为人销售的一般并非本单位或个人假冒商标的商品,其主观恶性、犯罪影响范围、社会危害性显较假冒商标罪为轻,因此,对这两种犯罪规定相同的最高刑,难说合理。同理,大陆《刑法》为非法制造、销售非法制造的注册商标标识罪和假冒注册商标罪规定了相同的法定刑也是不妥当的。因为,非法制造、销售非法制造的注册商标标识的行为必然发生在使用假冒商标的行为之前,如果行为人仅仅伪造、擅自制造他人注册的商标标识而根本不投入使用,很难说会对他人的商标专用权造成侵害。由此可见,相对而言,假冒他人商标的行为的社会危害性要远远大于非法制造、销售非法制造他人注册商标标识的危害性,既然如此,对这两种犯罪规定相同的法定刑,就违反了罪责刑相适应的原则。

2. 关于罚金刑的规定

大陆《刑法》对商标犯罪仅规定单处或并处罚金,却未明确规定罚金数额的上下限。台湾地区立法则根据各种商标犯罪的社会危害程度的不同,对各种商标犯罪明确规定了罚金的上限。大陆《刑法》的规定弹性过大,不好执行,法官量刑的随意性很大,难免量刑畸轻畸重。当然,台湾的立法也有不足。因为普通罚金制的最大缺陷就在于受币值改革或经济情况如货币贬值的影响,有可能使罚金数额脱离社会现实。因而两岸立法对商标犯罪似宜采用倍比罚金制,这样既可以避免普通罚金制的缺陷,也为法官对犯罪人适用罚金设定了一定的幅度。

3. 关于法定刑幅度

大陆《刑法》对商标犯罪根据其情节设定了两个轻重不同的法定刑幅度,而台湾地区立法则对商标犯罪设定了一个法定刑幅度。相对而言,大陆地区的规定似较台湾地区为优。因为,以情节是严重还是特别严重或销售金额是较大还是巨大,作为衡量各种商标犯罪的社会危害性大小的尺度,从而分别规定适用轻重不同的两个法定刑幅度,从立法上较好地体现了罪责刑相适应、法条明确化的要求。同时,如此规定,也为法官根据商标犯罪的各种不同情况,按照罪责刑相适应原则的要求,对犯罪人判处轻重适当的刑罚,提供了立法的保障。

7. 财产罪总论问题探究*

目 次

一、财产罪的范围和分类

（一）财产罪的范围

对于财产罪，是否明确将之规定为一类独立的犯罪，各国刑事立法做法

---

* 原载顾肖荣主编：《经济刑法 1》，上海人民出版社 2003 年 11 月版。

不一。大多数国家的刑法典明确将财产罪确立为独立的一类犯罪,但也有些国家的刑法典并没有将财产犯罪以专章加以规定。例如,《日本刑法典》中尽管也规定有盗窃与强盗罪、诈骗和恐吓罪、侵占罪等财产犯罪,但并没有将它们集中予以规定。① 究其缘由,这实际上是基于刑事立法采取的不同模式所导致的。在刑法典分则中采取大章制立法模式的国家,往往都将财产罪作为独立的一类犯罪予以专章规定;而采取小章制立法模式的国家,有的会对各种具体财产犯罪分别加以规定。当然,其刑法理论中通常也将各种具体的财产犯罪统称为财产罪。② 我国 1979 年《刑法》分则将财产罪专章加以规定,我国 1997 年《刑法》在修订过程中,虽也曾考虑采用小章制,但侵犯财产罪仍为其中独立的一类犯罪。③ 而在最终采用大章制的 1997 年《刑法》中,侵犯财产罪独立类罪的地位始终没有动摇。

作为涵括多种具体财产犯罪的一类罪,财产罪的具体调整范围究竟如何界定?对此,各国刑法典规定之详略有所不同。而刑法典所规定之繁简,决定了财产罪调整范围的大小。比较各国刑法典对于财产罪的界定范围,有以下两个问题值得关注:

1. 关于财产罪与经济犯罪的关系

何谓经济犯罪?刑法理论中多有歧见。④ 我们此处所说的经济犯罪,是单纯立足于各国刑事立法的规定而言的,即只限于各国刑事立法所专门规定的经济方面的犯罪。关于财产罪与经济犯罪的关系,综观各国刑法的规定,通常采取三种方式:

(1)只规定有财产罪,而将某些经济犯罪纳入其中。例如:瑞士 1971 年刑法典分则第二章对于财产之犯罪中包括对于所有权之犯罪、对财产之一般犯罪、对非物资法利益之犯罪、破产犯罪与企业犯罪以及对法人及公司之适用等五节。其中当然包括通常所谓经济犯罪的内容。而该刑法典虽在 1996 年经过修订,但这一特色并未改变。⑤

(2)只规定有经济犯罪,而将侵犯财产罪纳入经济犯罪之中。例如:俄罗斯联邦 1996 年刑法典第八编经济领域的犯罪即包括侵犯财产的犯罪(第 158—168 条)、经济活动领域的犯罪(第 169—200 条)以及商业组织和其他

① 参见张明楷译:《日本刑法典》,法律出版社 1998 年版,第 76—83 页。

② 参见张明楷:《外国刑法纲要》,清华大学出版社 1999 年版,第 570—667 页。

③ 参见高铭暄、赵秉志编:《新中国刑法立法文献资料总览》,中国人民公安大学出版社 1998 年版,第 954 页以下,第 136、252、338 页。

④ 参见王昌学主编:《市场经济犯罪纵横论》,法律出版社 2001 年版,第 91—114 页。

⑤ 参见徐久生译:《瑞士联邦刑法典》,中国法制出版社 1999 年版,第 50—61 页。

组织中侵犯服务利益的犯罪(第201—204条)三部分。①

(3)分别独立规定财产罪和经济犯罪。例如:意大利1930年刑法典(俗称"罗科法典")第二编重罪分则在第十三章规定侵犯财产罪的同时,还以第八章规定妨害公共经济、工业和贸易罪。② 此外,社会主义国家乃至曾经为社会主义国家的一些国家的刑法典中,则往往在规定侵犯财产罪的同时规定有经济犯罪。例如:越南(1985)、蒙古(1961)、朝鲜(1950)、阿尔巴尼亚(1952)、原捷克斯洛伐克(1950)等国的刑法典皆为如此。而匈牙利等国的刑法典虽然经过多次修正,但依然采取此一立法方式。例如:匈牙利现行刑法典(1978)便在其分则第十七章与第十八章分别规定经济犯罪与侵犯财产罪。③

而在我国的刑事立法中,从新中国成立初期的刑法草案到1979年《刑法》与1997年《刑法》一向都采取上述第三种立法方式。《中华人民共和国刑法大纲草案》(1950)在以第六章、第十一章分别规定侵害国有或公有财产罪与侵害私有财产罪之外,还以第八章规定经济上的犯罪。《中华人民共和国刑法草案》第22稿(1957)、第33稿(1963)等也均同时规定有侵犯财产罪和破坏社会经济秩序罪。④ 而我国1979年《刑法》则以历次草案为基础,在分则第五章规定侵犯财产罪的同时,也以第三章规定了破坏社会主义经济秩序罪。1997年《刑法》于此方面亦一体相承,只不过根据社会经济形势的变化,将分则第三章的罪名变更为破坏社会主义市场经济秩序罪。

我们认为,财产罪与经济犯罪从产生和发展上看存在着密切联系。从某种意义上说,经济犯罪也是侵犯一定的财产关系的,而这正是传统形态的财产罪得以建立的理论根据。在自然经济为主的社会里,刑事法律对经济的保护主要是对所有权的保护,表现在严厉制裁传统的侵犯财产罪,诸如盗窃、抢夺、诈骗等。由于财产所有制是一种相对固定的社会关系,所以刑法对经济的保护基本上属于静态保护。但在市场经济社会,刑事法律对经济的保护则增添了动态内容,即在借助惩罚传统的财产罪以继续保护财产所有权的同时,还要通过惩罚新兴的经济犯罪以保护经济的正常运行。当然,二者之间也具有明显的区别。从性质状态来看,传统财产罪侵害的主要是财产权利,

---

① 参见黄道秀等译:《俄罗斯联邦刑法典》,中国法制出版社1996年版,第77—105页。

② 参见黄风译:《意大利刑法典》,中国政法大学出版社1998年版,第146—150页、第184—196页。

③ 参见《匈牙利刑法典》,西北政法学院2000年编印,第122—154页。

④ 参见高铭暄、赵秉志编:《新中国刑法立法文献资料总览》,中国人民公安大学出版社1998年版,第954页以下,第136、252、338页。

而经济犯罪重在侵害经济秩序;财产罪属于自然犯,而经济犯罪属于法定犯,两者在主观方面应受谴责性的程度有所不同;财产罪的对象一般是特定的,而经济犯罪的对象通常是不特定的。从发生过程来看,经济犯罪本身的严重危害与经济犯罪过程的利弊交织所形成的近乎两难局面,是经济犯罪独有的基本特点,对经济犯罪的控制措施和处罚政策均与此相关;而传统财产罪则不具有此一情形。① 就此而论,我们认为,在刑法典中同时规定财产罪与经济犯罪之立法模式与其他立法模式比较而言似更为妥当。

2. 关于赃物罪

赃物罪,是指对财产犯罪所取得的财产予以收受、转移、寄藏、购买或者押保的犯罪。以往赃物罪曾经被视为一种事后共犯,从而被当作本犯的共犯处理,但如今理论中通常认为,赃物罪是一种独立的犯罪,它与其他财产罪不同,其成立往往以他人犯有财产罪为先决条件。

至于赃物罪是否也属于财产罪,各国立法例则持不同的态度。大部分国家的刑法典是将赃物罪纳入财产罪之范畴的。例如,法国1992年刑法典便在其第三卷第二编其他侵犯财产罪中以专章规定窝藏赃物罪及类似或相近似之犯罪。② 而意大利(1930)、瑞士(1996)、匈牙利(1978)、印度(1984)等国的刑法典亦采取此一立法方式。但也有少数国家的刑法典并没有将赃物罪视为财产罪。例如:1996年《俄罗斯联邦刑法典》第175条所规定的购买或销售明知是犯罪赃物的财产罪,便被纳入经济活动领域的犯罪之范畴。③ 1950年《朝鲜刑法典》第250条所规定的收买赃物罪也并不属于侵犯财产罪,而是属于妨害管理秩序罪。④

我国1979年《刑法》与1997年《刑法》对于赃物罪均采取上述第二种立法方式。1979年《刑法》第172条规定了窝赃、销赃罪,并被归于妨害社会管理秩序罪;而1997年《刑法》第312条所规定的窝藏、转移、收购、销售赃物罪则被进一步纳入分则第六章妨害社会管理秩序罪下设的第二节妨害司法罪。事实上,对于赃物罪的不同归类,涉及如何理解赃物罪的本质这一颇有争议的问题。概而言之,刑法理论中就此问题主要有以下几种不同的观点:⑤

(1)追及权说,认为赃物罪为使本犯被害人对其财物的追及恢复发生困

---

① 参见储槐植:《美国刑法》(第2版),北京大学出版社1996年版,第278—280页。

② 参见罗结珍译:《法国刑法典》,中国人民公安大学出版社1995年版,第118页。

③ 参见黄道秀等译:《俄罗斯联邦刑法典》,中国法制出版社1996年版,第89页。

④ 参见金峰玉等译:《朝鲜民主主义人民共和国刑法》,法律出版社1956年版,第41页。

⑤ 参见吴正顺:《财产犯罪之本质、保护法益》,载蔡墩铭主编:《刑法分则论文选辑》(下),台湾五南图书出版公司1984年7月初版,第682—684页;金子桐等:《罪与罚——妨害社会管理秩序罪的理论与实践》,上海社会科学院出版社1989年版,第267—268页。

难或不能的犯罪。赃物罪间接侵害他人财产,因而具有财产犯罪的性质。刑法上制裁赃物罪之目的便在于防止赃物的移转,以保护被害人的返还请求权。基本为理论上的通说。

(2)维持违法状态说、认为赃物罪之本质在于使依犯罪而成立的违法状态得以存续维持。赃物罪之本犯不限于财产罪,只要侵害他人的财产权者即可。根据这一学说,赃物的范围不限于财产犯罪所取得的财物,非法狩猎所得到的鸟兽、贿赂犯罪中的贿赂,以及其他在民法上没有追及权的物,都可以被认定为赃物。赃物罪的成立与否,与是否具有私法上的返还请求权无涉。依不法原因给付之物,亦可成立赃物罪。此乃德国的通说,在日本也有部分学者支持。此外,刑法理论中还存在利益关联说、事后共犯说等诸多学说:利益关联说认为,赃物罪的本质在于追求和享受本犯的不法利益;事后共犯说则认为,赃物罪的本质是帮助本犯利用赃物的犯罪。这两种学说由于存在缺乏对赃物罪利欲犯性质的重视等显见的缺陷,现已基本为理论界所摈弃。①

而各国刑法典对赃物罪所采取的不同态度,正是与上述不同的观点相适应的。持追及权说的国家,便会基于赃物罪所具有的财产犯罪性质,而将其归入财产罪之范畴;持维持违法状态说的国家,一般则会基于赃物内涵之宽泛性,而认为赃物罪不是严格的财产罪。

正如一些国外学者所指出的,追及权说与维持违法状态说都只是着眼于赃物罪的某一个方面的特征,因而都有失片面。根据追及权说,在民法上没有追及权的物,就不能成为赃物,这显然不合理。而维持违法状态说之所谓违法状态的内容则十分模糊,人们难以据此确定何种行为维持了违法状态。② 尤其值得一提的是,两者本是互为表里的关系。从本犯被害人的角度看,赃物罪妨害了追及权;但从赃物犯的角度来看,则是维持了违法状态。鉴此,有学者提出了并合说,认为这两种学说虽然都有可取的一面,但都不能独立说明赃物罪的本质,需要根据各种赃物罪的具体情况全面考虑。③

不过,单从我国1997年《刑法》的具体规定出发,我们认为,我国刑事立法关于赃物罪的着眼点与国外立法有所不同。我国刑事立法设立赃物罪的根本目的,是为了保证司法机关查处犯罪的各项工作的顺利开展。因此,妨害司法机关的正常活动才是我国刑法中赃物犯罪的本质特征和社会危害性所在。诚然,赃物罪的确侵害了本犯之被害人追索其财物的权利,但其主要

---

① 参见高铭暄等编:《中国刑法词典》,学林出版社1990年版,第729页。

② 参见张明楷:《外国刑法纲要》,清华大学出版社1999年版,第570—667、658页。

③ 参见甘雨沛、何鹏:《外国刑法学》(下),北京大学出版社1990年版,第950页;张明楷:《外国刑法纲要》,清华大学出版社1999年版,第659页。

侵害的应是司法机关对刑事犯罪的追究,是司法机关的正常活动。所以,我国1997年《刑法》将赃物罪列入妨害社会管理秩序罪之妨害司法罪的范畴,应该说无可厚非。

(二)财产罪的分类

各国刑法理论甚至刑事立法往往都按照一定的标准对财产罪进行分类。了解财产罪的不同分类,对于准确把握各种财产犯罪的性质、特点及社会危害程度,保证正确定罪与适当量刑,无疑具有重要意义。

1. 外国刑法中的财产罪分类

结合德、日等国家的刑法理论来看,对于财产罪主要有以下几种分类方法:

(1)侵犯个别财产之犯罪与侵犯整体财产之犯罪。这是依据犯罪行为所侵犯财产的性质进行的分类。德国刑法学者柯劳西便持此一观点。此分类法之所谓侵犯个别财产之犯罪,是指对被害人的个别财物及个别财产权的犯罪;而侵犯整体财产之犯罪,则是指对被害人的财产状态予以侵犯,从而造成损害的犯罪。盗窃罪、侵占罪、赃物罪、隐匿罪即属于侵犯个别财产之犯罪,而背信罪属于侵犯整体财产之犯罪。至于抢劫罪(强盗罪)、诈骗罪(诈欺罪)、恐吓罪是否属于侵犯整体财产的犯罪,则有争论。有学者认为,它们既是侵犯个别财产的犯罪,同时也具有侵犯整体财产犯罪的特征。①

(2)财物罪与利益罪。这是根据财产犯罪对象的特点所进行的分类。前者是以财物作为侵害对象的财产罪;而后者又称为得利罪,是指以财产性利益为侵害对象的财产罪。具体而言,盗窃罪、侵占罪、毁弃罪、赃物罪是财物罪;而抢劫罪、诈骗罪、恐吓罪则既是财物罪,又是利益罪。

(3)取得罪与毁弃罪。这是以行为人是否取得财产为标准所进行的分类。前者是指不法取得或利用他人财产的财产罪,包括盗窃罪、抢劫罪、诈骗罪、恐吓罪、侵占罪等;而后者则是指毁灭或者减少他人财物价值的财产罪。对于取得罪,也有学者进一步将其区分为直接取得罪与间接取得罪。直接取得罪,即指直接取得财物或者财产性利益的犯罪,如盗窃罪、诈骗罪等;而间接取得罪,是指对他人不法取得的财物间接取得的犯罪,如赃物罪。这一分类是以承认赃物罪属于财产罪为前提条件的。

(4)动产罪与不动产罪。这是根据财产罪的侵害对象是动产还是不动产所作的划分。动产可以成为绝大多数财产罪的侵害对象,刑法学界对此已

① 参见何鹏:《外国刑法简论》,吉林大学出版社1985年版,第196页。

无疑义。而不动产可以成为哪些财产罪的侵害对象,刑法理论中则多有争论。日本的判例与学说即认为,侵占罪、恐吓罪、诈骗罪、毁弃罪等财产罪所侵害的对象便可以是不动产。至于不动产能否成为盗窃罪的侵害对象,日本学者曾对此有较大争议,但由于1960年刑法部分修改时增设了不动产侵夺罪,学者们在此问题上遂达成了一致意见,即盗窃罪所侵害的对象只能是动产,而不动产侵夺罪侵害的对象则只能是不动产。此外,《日本刑法典》第236条所规定的强盗罪中,第1款“财物强盗”的对象只能是动产;而第2款“利益强盗”的对象则有可能是不动产。①

(5)对所有权的犯罪与对财产的犯罪。这是依据是否发生实际的财产损害结果所进行的分类。前者不以实际的财产损害结果的发生为成立条件,具体包括盗窃罪、侵占罪等;而后者则必须有实际的财产损害结果的发生,具体包括诈骗罪、恐吓罪、背信罪等。此乃德国学者以德国刑法的规定为根据所作的分类。② 而瑞士1971年刑法典就曾明确采取此一分类方法,在其分则第二章“对于财产之犯罪”中,以第一、二节分别规定“对于所有权之犯罪”和“对财产之一般犯罪”。

此外,苏联(1960)、越南(1985)、朝鲜(1950)等社会主义国家刑法典中还有一种较为特别的分类方法,即将财产罪区分为侵犯公共财产之犯罪与侵犯私人财产之犯罪。这主要是根据财产犯罪侵害财产的性质所进行的分类。此种分类方法重在突出对公共财产的保护。例如:越南1985年刑法典分则中便以第四章和第六章分别规定“侵害社会主义所有财产的犯罪”和“侵犯公民财产的犯罪。”③

2. 我国刑法中的财产罪分类

我国台湾地区的刑法理论由于多师承德、日等大陆法系国家,因而其关于财产罪的分类也大多以前述外国刑法理论中的分类方法为蓝本。例如:蔡墩铭教授将侵犯财产罪分为对个别财产之犯罪与对全体财产之犯罪两类。而学者韩忠谟、褚剑鸿、周冶平等根据犯罪对象的不同,将侵犯财产罪分为财物罪与利益罪(利得罪、得利罪)。④ 陈朴生先生将侵犯财产罪以侵害客体为标准区分为财产罪与利益罪;依行为样态的不同区分为取得罪、毁弃罪及移

---

① 参见〔日〕刑事法令研究会编著:《财产犯》(上卷),(日本)立花书房1992年版,第6页。

② 转引自刘明祥:《财产罪比较研究》,中国政法大学出版社2001年版,第5、26、28页。

③ 参见米良等译:《越南、缅甸、老挝现行法律选编》,云南人民出版社1993年版,第173、178页。

④ 参见金凯主编:《侵犯财产罪新论》,知识出版社1988年版,第18—19页;褚剑鸿:《刑法分则释论》(下册),台北商务印书馆1995年二次增订版,第1077—1078页;周冶平:《财产罪序论》,载台湾《刑事法杂志》第11卷第2期,第27—28页。

转罪。[①] 这些理论其实都可以在大陆法系国家刑法理论中找到相应的范本。而我国澳门特别行政区刑法典中明确将侵犯财产罪分设为侵犯所有权罪、一般侵犯财产罪与侵犯财产权罪三部分,似乎也可以从中看到大陆法系国家相关刑法理论的痕迹。至于我国香港特别行政区,由于多受英美法系对刑法重实用而轻理论的影响,因而对侵犯财产罪很少在理论上予以分类,在其立法中也基本未有体现。

我国大陆刑法理论中对于侵犯财产罪的分类则早有研究。1997 年《刑法》颁行之前,学者们便纷纷以 1979 年《刑法》中的相关规定为依据,提出自己关于侵犯财产罪分类的见解。1997 年《刑法》颁行之后,此一理论研究亦随着刑法的修订而有所深入。具体而言,主要有以下几种观点:

(1)根据犯罪目的的不同,将财产罪分为以非法占有为目的的犯罪、以挪用为目的的犯罪和以破坏为目的的犯罪三类。以非法占有为目的的犯罪包括抢劫、抢夺、盗窃、诈骗、侵占等罪;以挪用为目的的犯罪包括挪用资金罪与挪用特定款物罪;以破坏为目的的犯罪包括故意毁坏公私财物罪与破坏生产经营罪。[②] 也有学者在此种分类的基础上,将其进一步提炼概括为取得罪、挪用罪与毁坏罪。[③]

(2)根据行为样态的不同将财产罪区分为四类。即暴力、胁迫型财产犯罪,包括抢劫、抢夺、聚众哄抢等;窃取、骗取型财产犯罪,包括盗窃、诈骗;侵占、挪用型财产犯罪,包括侵占罪、挪用资金罪、职务侵占罪、挪用特定款物罪等;毁坏、破坏型犯罪,包括故意毁坏公私财物罪与破坏生产经营罪。[④]

(3)以是否具有非法占有目的为标准,将侵犯财产罪区分为以非法占有为目的的犯罪与不以非法占有为目的的犯罪。[⑤] 此外,还有学者主张,根据财产罪的犯罪主体是否要求具备特殊身份,将其区分为一般主体的犯罪与特殊主体的犯罪;根据财产罪的对象是否具有特殊性,将其区分为侵犯一般财物的犯罪与侵犯特殊财物的犯罪,等等。[⑥]

综观中外刑法理论乃至刑事立法中关于财产罪的分类,其区分的标准与角度可谓五花八门。我们认为,具体的分类方法是否恰当,也应结合各国具

---

① 参见陈朴生:《谈财产犯罪之保护法益》,载台湾《刑事法杂志》第 29 卷第 4 期,第 3、115 页。

② 参见高铭暄主编:《新编中国刑法学》,中国人民大学出版社 1998 年版,第 76 页。

③ 参见赵秉志主编:《侵犯财产罪研究》,中国法制出版社 1998 年版,第 17—18 页。

④ 参见张明楷:《刑法学》(下),法律出版社 1997 年版,第 762、760、761 页。

⑤ 参见蔡兴教主编:《财产贪贿犯罪的疑难和辨症》,中国人民公安大学出版社 1999 年版,第 95—96 页。

⑥ 参见赵秉志:《侵犯财产罪》,中国人民公安大学出版社 1999 年版,第 26—28 页。

体的刑事立法与刑法理论来判断。就此而论,在越南、蒙古、朝鲜等国刑法理论中,将财产罪分为侵犯公共财产的犯罪与侵犯私人财产的犯罪,当然有其立法依据,因而无可责难。在我国刑法的制定过程中,早期的刑法草案中也曾将侵犯财产罪分设为“破坏公共财产的犯罪”,与“侵犯公民财产的犯罪”两部分,以区别所侵犯财产的性质并突出对公共财产的重点保护。但由于这两部分的内容大体相同,甚至几乎全部重复,所以为了法律条文的规定简明扼要,特别是为了避免产生不加分析地对侵犯公共财产犯罪一律从重处罚而对侵犯公民个人财产犯罪均予以从轻处断的误解,于是从 1957 年的刑法草案第 22 稿开始,对侵犯财产罪都只规定为一章,而不再作财产性质上的区分。① 因此,如果再在理论上对财产罪作如此区分,显然缺乏法律根据。而且,现今在中国私营企业已获得平等的法律地位,对私人财产给予同等法律保护的呼声日益强烈。在此社会氛围下,还作此种划分,已无任何意义。

外国刑法理论中将财产罪区分为直接取得罪与间接取得罪的分类,是以把赃物罪归属为财产罪为前提的。但在我国现行刑法中,赃物罪是被明确纳入妨害司法罪之范畴的。所以,此种分类方法对我国来讲也没有存在的余地。而德国刑法理论中将财产罪区分为对所有权的犯罪与对财产的犯罪之分类方法,也是基于德国刑法对这两类犯罪的成立条件所作出的不同规定,在我国澳门特别行政区刑法典中亦有此明确的分类,因而切实可行。但我国大陆刑法理论中通常认为,所有财产罪都是侵犯财产所有权的犯罪。所以,这种分类方法便无必要了。至于外国刑法理论中的其他几种分类方法,对于我们进一步深入研究则具有一定的借鉴意义。

此外,笔者认为,对财产罪予以分类,其宗旨应在于从不同角度揭示各种财产犯罪的性质、特点及其社会危害程度,以有助于准确地定罪量刑。因而财产罪的分类应体现财产罪的特色,而不宜将一般犯罪的分类方法套用到财产罪的分类之中。从这个角度讲,将财产罪区分为“一般主体的犯罪与特殊主体的犯罪”等分类方法,似确如有些学者所言,并没有反映出财产罪的特殊性,故而没有太大的价值。②

---

① 参见高铭暄、赵秉志编:《新中国刑法立法文献资料总览》,中国人民公安大学出版社 1998 年版,第 136 页;金凯主编:《侵犯财产罪新论》,知识出版社 1988 年版,第 20—21 页。

② 参见刘明祥:《财产罪比较研究》,中国政法大学出版社 2001 年版,第 8—10 页。

二、财产罪的保护法益

财产罪的保护法益是他人的财产,各国刑法理论对此几无异议。但究竟如何进一步理解此处的财产,各国刑法理论和判例的解释则颇有不同。尤其是德、日等大陆法系国家,在此问题上的争论更是激烈。

(一)德国刑法中财产罪的保护法益

在德国刑法理论界,关于财产的概念主要有以下三种学说:①

(1)法律的财产说,认为刑法中的财产就是民事法上的权利,财产罪的本质是侵害民事法上的权利,处罚财产罪所要保护的也正是这种权利。

(2)经济的财产说,认为凡是有经济价值的利益都是财产,都可以成为财产罪的保护法益;如果没有经济价值,则即使是民事法律所保护的权利,也不称其为财产,对这种权利的侵害,不可能构成财产罪。

(3)法律的、经济的财产说,认为除违法的利益外,由法秩序保护的整体上有经济价值的利益都是财产。财产罪的保护法益既有民事法上的权利因素,又有经济利益因素,要把两者结合起来考虑。

其中,法律的财产说曾是德国刑法理论中的传统学说,也曾为判例长期采用。但如今,经济的财产说在德国则既是理论上的通说,同时也是判例所采取的基本主张。

(二)日本刑法中财产罪的保护法益

在日本刑法理论中,关于财产罪保护法益的学说也主要有三种:②

(1)本权说,又称所有权说,认为财产罪的保护法益是财物的所有权及其他本权。

(2)占有说,认为财产罪的保护法益是事实上的占有本身。此处占有既包括合法的占有,也包括非法的占有。

(3)中间说,又称修正说,即在本权说或占有说基础上所提出的折中修正的学说。中间说可谓多种多样,例如:安全占有说、与本权无对抗关系的占有说等。

其中,本权说是第二次世界大战前日本大审院有关判例所采取的学说,但战后日本最高裁判所的判例则一直倾向于占有说。③

---

① 同上注。

② 参见张明楷:《外国刑法纲要》,清华大学出版社1999年版,第580—583页。

③ 参见刘明祥:《财产罪比较研究》,中国政法大学出版社2001年版,第8、9—10、16、17页。

（三）英美法系中财产罪的保护法益

在英美刑法理论中，尽管没有“本权说”之类的概念，但在处理财产罪中相关问题时，也存在一些类似的主张。法院处理所谓“行使权利”的案件，一般是采取类似于本权说的立场，即不认为侵害了财产罪的保护法益，因而否定犯罪的成立。此外，英国盗窃罪法第1条第1项、《美国模范刑法典》第223－0条第7项的规定，也被认为包含有本权说的内容。①

比较上述关于财产罪保护法益的各种学说，可以发现，法律的财产说与本权说、经济的财产说与占有说、法律的经济的财产说与中间说从本质上讲较为近似，其争论的焦点归根结底便在于是扩大还是缩小或适当限制财产罪的规制范围。法律的财产说与本权说是主张缩小，经济的财产说与占有说是力主扩大，而法律的、经济的财产说与中间说则是折中调和。从第二次世界大战后的司法实务来看，德、日两国法院的判例都先后从传统的法律的财产说或本权说，转向经济的财产说或占有说，所以都有扩大财产罪规制范围之趋势，而日本似乎更为激进。②

当然，判例立场的变化并不意味着后者比前者更为科学合理。这实际上与各国财产罪的发案状况密切相关，是“乱世用重典”的刑事政策的具体体现。

（四）我国刑法中财产罪的保护法益

在我国台湾地区刑法理论中，关于财产罪保护法益的研究亦颇为深入，但其主张则基本缘起于外国相关理论。③

而我国大陆刑法理论对此问题则涉足不多，且不够深入。我国大陆刑法学界通常认为，财产罪的本质是侵犯财产所有权，刑法设立财产罪的宗旨也正是为了保护财产所有权。这可以说颇近似于本权说的主张。事实上，结合中国相关法律规定来看，财产所有权包括占有、使用、收益、处分四项权能，它们既相对独立又相互联系，共同构成财产所有权的全部内容。侵犯财产罪多数情况下是对财产所有权全部权能的侵犯，即由于犯罪人的犯罪行为使财物所有人在事实上永久、完全地丧失了对财产占有、使用、收益和处分的可能性。但是，由于所有权权能与所有权整体之间存在部分与整体的关系，对所有权任一权能的侵犯，同样是对所有权的侵犯。此处须辨别的是，所有权被

---

① 同上注。

② 参见张明楷：《外国刑法纲要》，清华大学出版社1999年版，第508—583页；刘明祥：《财产罪比较研究》，中国政法大学出版社2001年版，第18页。

③ 参见吴正顺：《财产犯罪之本质、保护法益》，载蔡墩铭主编：《刑法分则论文选辑》（下），台北五南图书出版公司1984年7月初版，第671—675页。

侵犯不等于所有权转移。取得所有权必须遵循法律的规定。就此而论，任何侵犯财产的犯罪都不可能真正取得财产所有权。所以，那种认为侵犯财产罪即意味着财产所有权转移，因而主张仅侵犯所有权某一权能的行为不属于侵犯财产罪的观点是不妥当的。易言之，即便是仅仅侵犯了占有权，亦同样侵犯到财产所有人的所有权，应构成侵犯财产罪。而这也是我国1997年《刑法》将挪用资金罪与挪用特定款物罪纳入侵犯财产罪的原因所在。这两种犯罪虽然直接侵犯的是单位资金或特定款物的使用权，但通过对使用权的侵犯，则必然影响到财产所有权其他权能的行使，所以仍然是侵犯了财产所有权。只不过与其他侵犯财产罪相比在对所有权的侵犯程度上有所差别而已。①

三、财产罪的对象

财产罪的对象是他人的财物。关于什么样的财物可以成为财产罪的犯罪对象，中外刑事立法和刑法理论历来都有不同的看法。概括而言，主要涉及以下几个问题：

（一）财物是否仅限于有体物

刑法理论中对此一问题的争论可谓众说纷纭、莫衷一是。具体而言，主要有以下两种观点：②

（1）有体性说。此说认为，刑法上的财物专指有体物，包括固体物、液体物与气体物。瓦斯、蒸汽等属于有体物；而光、热等则属于无形物。将光、热等无形物解释为财物，属于类推解释，违反了罪刑法定原则。与此相关的问题是，窃电行为是否构成盗窃罪？对此，法国和日本司法实务中过去曾对财物作扩大解释，认为财物包括电力，故而窃电行为当然构成盗窃罪。但与此同期的德国司法实践中，则出现过因为电力是无形的东西而法院拒绝对窃电者审判的事例。后来，随着社会的发展，并出于更有利于保障财产法益的考虑，许多国家刑法典对物的规定或解释逐渐宽泛化。1926年苏俄刑法典和1976年联邦德国刑法典在财产罪中都明确规定了“窃电罪”，1998年《德国刑法典》第248条c也规定有“盗用电力罪”。1907年《日本刑法典》则以第245条专条规定，“电气也视为财物”。③ 于是，对窃电行为追究刑事责任不

① 参见赵秉志主编：《侵犯财产罪研究》，中国法制出版社1998年版，第12、26、30—31页。

② 参见张明楷：《外国刑法纲要》，清华大学出版社1999年版，第573—574页；金凯主编：《侵犯财产罪新论》，知识出版社1988年版，第7页。

③ 参见张明楷译：《日本刑法典》，法律出版社1998年版，第76—83页。

再成为问题。但是,电以外的其他一些能源,究竟是否属于财物呢? 有的国家刑法典对此是有明文规定的。例如,1996 年《瑞士刑法典》第 142 条所规定的非法盗用能源罪,其对象就既包括电力,也包括电力以外的其他能源。① 1930 年《意大利刑法典》第 624 条第 3 款亦规定:“在刑事法律的意义上,电能和其他具有经济价值的能源也被视为动产。”②这当然也将其他能源涵括其中了。但许多国家刑法典中则欠缺这样的规定。因而,根据有体说,电力以外的能源就不能视为财产罪之所谓财物。否则,便有违罪刑法定原则。德国的刑法理论与司法实务实际上就持此一观点。

(2)管理可能性说。此说注重物之效用,认为凡能为人所管理支配之物即为财物。管理可能性说又分为物理管理可能性说与事务管理可能性说。前者认为,财物并不限于有体物,只要有物理的管理可能性即可属之。基此,电力以外的其他能源,例如水力、人工冷气等,因具有物理管理的可能性,所以都是财物。此一学说在许多国家已成为通说。后者主张,凡是具有事务的管理可能性的东西,都是财物。例如:牛马的牵引力、债权、情报等,都有事务的管理可能性,故而都属于财物。

我国台湾地区刑法理论中,学者们对此问题也多有争论,并存在有体说、效用说、管理可能说与持有可能说等多种学说。台湾地区“刑法”则采纳有体说。③ 另外也有许多学者力主此说。④ 而我国大陆学者则多不赞成此说,认为刑法上的财物不仅应包括有体物,也应包括无体物。电力、煤气、天然气以及代表一定经济价值的货币、有价证券或有价票证,如国库券、公债券、股票、储蓄存折、支票、汇款单、货物托运单、提货单、车船票、信用卡等也属于财物的范围,它们或者可以兑换现金,或者可以提取财物,对其侵犯同样会影响财产所有权的行使。⑤ 我国 1997 年《刑法》及其相关的司法解释也持此一观点。该《刑法》第 265 条明确规定以牟利为目的,盗接他人通信线路、复制他人电信码号或者明知是盗接、复制的电信设备、设施而使用的,依照盗窃罪定罪处罚。而我国最高法院 1997 年 11 月 4 日通过的《关于审理盗窃案件具体应用法律若干问题的解释》第 1 条第 3 项也明确规定,盗窃的公私财物,包括电力、煤气、天然气等财物。⑥

---

① 参见徐久生译:《瑞士联邦刑法典》,中国法制出版社 1999 年版,第 50—61 页。

② 黄风译:《意大利刑法典》,中国政法大学出版社 1998 年版,第 146—150、184——196 页。

③ 参见褚剑鸿:《刑法分则释论》(下册),台北商务印书馆 1995 年二次增订版,第 759 页。

④ 参见林山田:《刑法特论》,台北三民书局 1978 年印行,第 759 页。

⑤ 参见赵秉志主编:《侵犯财产罪研究》,我国法制出版社 1998 年版,第 26、30—31、12 页。

⑥ 参见最高人民法院 1997 年 11 月 4 日通过并于 1998 年 3 月 17 日施行的《关于审理盗窃案件具体应用法律若干问题的解释》(法释[1998]4 号)。

事实上,随着社会的发展和科技的进步,无形的能源不仅逐步增加,而且在社会生活中扮演着越来越重要的角色。因此,这些新能源应当成为刑法保护的对象。而且,电力与电力以外的其他无形能源具有相同的性质,它们之间并没有实质上的区别,因而没有理由只保护电而不保护其他的无形能源。从此一角度讲:传统的有体说确实有其缺陷。但有体说对财物的范围予以明确的界定,便于司法实践中掌握和认定,有益于贯彻罪刑法定原则的要求。所以,有体说也有其可取之处。反观管理可能性说,由于其未能明确界定财物的范围,故而有违背罪刑法定原则之嫌。特别是其中的事务管理性说已受到很多学者的批判。因为没有物理的管理可能性的物,往往是不可能受到实际侵害的。因此,我们主张取两者之长,而避彼此之短,即在有体说的基础上,对于需要由刑法特别保护的无形物,由法律作出明确的列举,从而将其纳入作为财产罪对象的财物之范畴。

(二)财物是否仅限于动产

不动产能否成为财产罪的对象,各国刑法理论和立法规定不尽一致。自罗马法以来的传统观念均认为,盗罪(盗取罪)的对象只限于动产。德国、瑞士、西班牙、奥地利等国的立法甚至均对此作出了明确的规定。例如,《德国刑法典》242条即规定,盗窃是意图盗窃他人动产,非法占为己有或使第三人占有的行为。① 但是,需要指出的是,赞同盗窃不动产之行为具有可罚性的人越来越多。很多国家则进一步在立法中对此予以明确。例如:日本刑法典第235条之2即明确增设了侵夺不动产罪;1968年《英国窃盗法》第4条第1款亦明确规定,财产包括一切不动产和动产。②

我国台湾地区"刑法"第320条关于窃盗罪的规定中,也在第1项规定窃取动产罪之后,以第2项规定窃占不动产罪。台湾学者陈朴生认为,窃盗、抢夺、强盗等夺取罪重在排除他人对其物之支配。其行为之本质,在于移转其物之支配,并不以移转其物或变动其物之处所为必需。物本包括动产与不动产,虽其犯罪之动机并不相同,而其客体之为财物则无二致。我国大陆诸多学者则认为,盗窃、抢劫罪的犯罪对象一般说来不能包括房屋等不动产,而诈骗罪、侵占罪的犯罪对象则包括不动产。③ 但也有学者对此持有异议,认为抢劫罪的对象既可以是动产,也可以是不动产。④

我们认为,不动产可以成为财产罪的对象是毋庸置疑的。但是受侵犯财

① 参见徐久生等译:《德国刑法典》,中国法制出版社2000年版,第176、174页。
② 参见〔英〕史密斯、霍根:《英国刑法》,李贵方等译,法律出版社2000年版,第577页。
③ 参见周振想:《刑法学教程》,中国人民公安大学出版社1997年版,第525页。
④ 参见张明楷:《刑法学》(下),法律出版社1997年版,第760、761、762页。

产犯罪行为的性质、特点的限制，不动产不可能成为所有财产犯罪的对象。如抢劫、抢夺、挪用资金、挪用特定款物等犯罪的对象便只能是动产，而不包括不动产。事实上，一些外国立法例在此问题上也作了明确的区分。例如：1998 年《德国刑法典》在规定盗窃罪、抢劫罪时，使用“动产”一词，但在规定诈骗罪、恐吓罪时，却使用“财产”一词。这实际上已清楚地揭示了几种具体财产罪在对象方面的差异。

（三）财物是否仅限于有价值之物

作为财产罪对象的财物是否只能是有价值之物？是否限于有经济价值？如何判断物品有无价值或经济价值？这些也都是刑法理论中颇有争议的问题。

关于财产罪之物是否必须具有价值，理论中主要有两种观点：一种观点认为，只要是有管理可能性的东西，不论是否有价值都应该视为财物；另有一种观点则认为，财物必须具有价值，无价值的东西不能成为财产罪的对象。① 后一种观点为大多数学者所主张。关于财产罪之物进而是否必须具有经济价值，又主要有两种不同观点：一是财产标的说，主张“物”只需要为财产权之标的，即为有体物者，当可为财产上犯罪之“物”，不以具有经济上之价值为必要；二是经济价值说，认为“物”必须具有经济价值，方可为交易之标的，才能成为财产上犯罪之财物。②

我们认为，财产罪的对象首先应该是具有价值和使用价值的财物。有些物质有价值但无使用价值，如抛弃物。有些物质有使用价值但无价值，如阳光、空气等，它们都不能成为财产罪的对象。我国刑法把财产罪的对象一般表述为公私财物，“公私”一词实质上已说明财产的有主性。因此，如果是无主物，或者是已被原所有人自动放弃所有权的财物，则无论事实上是否还具有价值和使用价值，都已不属于财产罪的对象。当然，一旦这些物品被人拥有而形成新的财产所有权关系，则又可以成为财产罪的对象。进而言之，我们认为，财产罪的对象还必须具有经济价值。有些物品如果不具有经济价值，即使在其他方面具有重要的价值，例如记载在某个笔记本上的国家秘密、情报，也不宜纳入财产罪之对象范畴。因为财产罪所要保护的法益是财产所有权，而此种情形下，这些物品所要体现的却并非财产所有权关系，而是其他方面的利益关系。对这些对象如果确有刑法保护的必要，完全可以刑法中其他罪名予以规制。

究竟如何判断物品是否具有经济价值，是采取主观的标准，还是采取客

---

① 转引自刘明祥：《财产罪比较研究》，中国政法大学出版社 2001 年版，第 5、26、28 页。

② 转引自褚剑鸿：《刑法分则释论》（下册），台北商务印书馆 1995 年二次增订版，第 1079 页。

观的标准？对此，有学者认为，应该从客观方面判断，客观上无任何价值的东西，即使所有者、占有者主观上认为有价值，也不能成为财产罪的对象；也有学者认为，客观上虽无金钱价值或者经济上的交换价值，但如果所有者、占有者主观上认为有价值，也应该认为是财物，可以成为财产罪的侵害对象。①我们认为，判断某一物品是否具有经济价值，其标准应该是客观的，不能以主观上的标准来评判。因为经济价值应是指能够用客观的价值尺度衡量的经济效用。某件物品是否具有经济价值，主要应通过市场关系来体现。需要强调的是，经济价值不等于价格，价格只是价值的货币表现形式。某些禁止流通物，如珍贵文物等，不能因为它们不能进入流通领域，没有市场价格，就否定其经济价值。

此外，作为财产罪对象的财物，其价值是否须达到相当的程度？易言之，价值低廉之物能否成为财产罪的对象？对此，有些国家刑法典是作出明确规定的。例如，1998 年《德国刑法典》第 248 条 a 即规定，犯第 242 条盗窃罪和第 246 条侵占罪，所盗窃或侵占之物价值菲薄的，告诉乃论；但刑事追诉机关基于重大公益，认为有依职权进行追诉之必要的，不在此限。② 可见，在德国刑法典中盗窃、侵占价值低廉之物的，属于亲告罪。而 1996 年《瑞士刑法典》第 172 条 b、1930 年《意大利刑法典》第 626 条也都有类似的规定。我国刑事立法在此问题上亦持肯定态度，其刑法典关于财产罪的条文基本都明确规定，被侵害财物的价值数额，只有达到较大程度的，才能构成犯罪。而我国最高人民法院的司法解释则进一步将该数额予以明确，从而使立法的规定更具可操作性。例如，1997 年《刑法》第 274 条规定，敲诈勒索公私财物，数额较大的，才构成敲诈勒索罪。而我国最高人民法院相关司法解释则对该数额认定标准进一步明确为“以一千元至三千元为起点”，各省、自治区、直辖市高级人民法院可以根据本地区实际情况，在上述数额幅度内，研究确定本地区执行的具体数额标准。③

（四）财物是否包括违禁品

所谓违禁品，是指法律禁止私自留存、使用的物品，如枪支弹药、毒品、淫秽物品等。对于违禁品能否成为财产罪的对象，刑法理论中也有不同的看法。在日本，有学者认为，所有权不存在的东西不能说是财物，违禁品既然是法律禁止所有的东西，当然也就不具有财物性，不能成为财产罪的侵害对象。

① 转引自刘明祥：《财产罪比较研究》，中国政法大学出版社 2001 年版，第 5、26、28 页。

② 参见徐久生等译：《德国刑法典》，中国法制出版社 2000 年版，第 176、174 页。

③ 参见最高人民法院：《关于敲诈勒索罪数额认定标准问题的规定》（2000 年 4 月 28 日）。

但也有学者认为,违禁品也是财物,应该给予刑法保护。① 在我国刑法理论中,对此问题也有争论。一种观点认为,枪支弹药、鸦片烟毒、淫书淫画等违禁品,均不属非所有物,因此也可以成为财产罪的侵害对象。② 另一种观点认为,违禁品因为法律禁止流通,不能成为商品,不具有财物的特征,故不能成为财产罪的对象。还有一种观点则认为,违禁品能否成为财产罪的对象,关键在于刑法是否已就取得违禁品的行为规定了相应的其他性质的犯罪。因此,在刑法已规定了盗窃、抢夺、抢劫、私藏枪支弹药等罪名的情况下,枪支弹药显然不再属于财产罪的对象。至于对未规定相应罪名的其他违禁品,则有可能成为财产罪的对象。③

笔者认为,违禁品本身也是财物,只不过是一种特殊的财物。虽然国家明令禁止持有或流通违禁品,但"地下流通"却客观存在,很难禁绝。换言之,法律禁止流通并不意味着事实上不流通。就此而言,违禁品也是一种商品,是一种具有经济价值的"黑色"商品。而且,违禁品虽为法律禁止持有和所有,但并不等于非所有物,仍有其合法所有人,根据有关法律规定,违禁品归国家所有。可见,侵害违禁品的行为同样侵犯了一定的所有权关系。因此,违禁品也可以成为财产罪的对象。当然,是不是对侵害违禁品的行为就一概以财产罪定罪处罚呢?对此,我们持否定态度。我们认为,违禁品成为财产罪的对象是有一定范围限制的。对于某些特定的违禁品,因刑法典已作出专门规定,就不能再成为财产罪的对象。例如,对盗窃枪支、弹药、爆炸物的行为,就应按刑法典的有关规定追究刑事责任,而不能再以盗窃罪论处。所以,我们赞同上述第三种观点。事实上,这也是我国最高人民法院有关司法解释所持的立场。④

(五)财物是否包括财产性利益

如前所述,在外国刑法理论中对于财产罪有一种分类方法,即将财产罪分为财物罪与利益罪,前者以财物作为侵害对象,而后者以财产性利益为侵害对象。这实际上在有些国家也是有立法依据的。例如,1998年《德国刑法典》第253条与第266条即肯定恐吓罪与背信罪的对象可以是财产性利益;而经多次修正的1907年《日本刑法典》236条第2项、第246条第2项、第249

① 参见金凯主编:《侵犯财产罪新论》,知识出版社1988年版,第9—10页;刘明祥:《财产罪比较研究》,中国政法大学出版社2001年版,第30页。

② 参见金凯主编:《侵犯财产罪新论》,知识出版社1988年版,第11页。

③ 参见赵秉志主编:《侵犯财产罪研究》,中国法制出版社1998年版,第12、26、30—31页。

④ 参见最高人民法院:《关于审理盗窃案件具体应用法律若干问题的解释》(1997年11月4日)第5条、《关于审理非法制造、买卖、运输枪支、弹药、爆炸物等刑事案件具体应用法律若干问题的解释》(2001年5月10日)第4条。

条第2项也分别规定了利益强盗罪、利益欺诈罪和利益恐吓罪。可见,在这些国家,财物与财产性利益是彼此并列的两个概念,不能相互包容。但是,我国刑法中并未明确规定财产性利益罪,而只是笼统地以"财物"谓之于财产罪的对象。不过,学者们在具体解释"财物"的内涵时,通常是把财产性利益纳入其中的。[60]财产性利益可以成为诈骗等财产罪的对象。一般认为,财产性利益,就是指财物以外的有财产价值的利益,例如,免除债务、延长债务的履行期、接受别人提供的劳务等。专利权、商标权、著作权等知识产权,实际上也是财产性利益,但由于刑法典已对侵犯这种利益的犯罪作了专门规定,因而似乎不宜再作为财产罪的对象。而且,财产性利益也并非可以成为所有财产犯罪的对象。通常认为,由于具体行为的性质、特点所限,财产性利益不能成为抢劫等财产罪的侵害对象。当然,财产性利益到底可以成为哪些财产犯罪的对象,似应由法律作出明文规定。这既是遵循罪刑法定原则的必然要求,也可以有效避免解释上的诸多分歧,增强条文的可操作性。

四、结　　语

财产罪是所有犯罪中最为常见多发且问题疑难而复杂,是危害广泛而严重的一类犯罪,因此历来为刑事立法与司法实务所关注与重视,并始终位居惩治防范的重点犯罪之列,同时也成为刑法分则理论中长盛不衰的研究领域。1997年3月14日通过了经全面系统修订的刑法,其中侵犯财产罪一章也得到了修改与完善。例如,对1979年《刑法》有关条文进行修改、取消与调整;对单行刑法规定的一些罪名予以吸纳;增设新罪名侵占罪、聚众哄抢罪等。然而,我国关于财产罪的刑事立法远未尽善尽美,与外国先进立法相比,仍有许多问题有待完善。但我们深信,通过刑法理论界与实务界的不懈努力与深入研究,通过比较与借鉴外国相关立法,汲取前沿理论精髓,我国关于财产罪的刑事立法定会日趋科学、合理,并会在社会主义市场经济建设的进程中更好地发挥保驾护航的作用。

Ⅱ

国际刑法

8. 普遍管辖原则及其完善*

目次

一、前　言

普遍管辖原则是一国法院对国际犯罪进行管辖时所适用的一种域外刑

* 与黄俊平合著，原载赵秉志主编：《刑事法治发展研究报告》（2004 年卷），中国人民公安大学出版社 2005 年 7 月版。

事管辖原则。普遍管辖的思想萌芽于古罗马优士丁尼安法典,17世纪初,休果·格老秀斯首次从理论上对其价值进行了阐述,19世纪以后逐渐由国际习惯法演变成为国际成文法规范。作为国际刑法的间接实现模式,普遍管辖原则既具有国际刑法直接执行模式所不具备的天然优势,又有着传统管辖原则所不具有的堵漏补缺的重要功能,这正好适应国际社会打击国际犯罪的迫切需要,因此,这一原则正日益受到国际社会的关注与重视。然而,与国际社会对这一原则如火如荼的立法运动相比,对于普遍管辖原则的理论研究则显得相当薄弱,这必将阻碍普遍管辖原则的发展与改进。因此,对这一原则的内涵、适用、发展完善及其对我国法治发展的影响等问题进行深入考察,无疑具有十分重要的现实意义。

二、普遍管辖原则的界定和意义

(一)普遍管辖原则的界定

1. 观点争鸣

在中外理论上,“Universal Jurisdiction”或“普遍管辖”在多种含义上被使用,从外延的大小来看,理论上一般从广义、狭义与最广义等角度来理解普遍管辖原则。

(1)“广义说”。该说是理论上对普遍管辖原则的主要理解。该观点首先将普遍管辖原则放在国家层面上而非国际层面上理解,也就是说,将适用该原则的主体限定为主权国家。对普遍管辖原则从广义角度理解的观点中,对这一原则所适用罪行的范围又有两种不同见解:一种见解将该原则适用的对象范围界定得很广泛:既包括国际罪行,也包括在各国国内法上都应当而且已经确立的犯罪种类,如谋杀等罪种。① 另一种见解则是将适用对象限制为国际犯罪,但是没有排除关联因素的存在。如有的论著中表述为:其是指“对于某些各国公民公认的普遍危害国际和平与安全,破坏国际社会良好秩序及危害全人类利益的犯罪,不论罪行发生在哪里,也不论犯罪人具有何国国籍或者没有国籍,各国均有权依据国内刑法对罪犯进行审判和处罚。”②

(2)“狭义说”。这种观点从实践角度出发,直接而简单地将普遍管辖原

① Universal Jurisdiction: The duty of states to enact and implement legislation September 2001 AI Index: IOR 53/002/2001 http://www.indictsharon.net/amnestyuj.pdf.

② 参见高铭暄主编:《刑法学原理》(第1卷),中国人民大学出版社1993年版,第306-307页。

则定义为“是当罪犯进入一个国家境内而且最终被逮捕时适用的一种管辖原则”。相对于前一种理解，这种对普遍管辖原则含义的理解要窄，可称之为“狭义说”。

(3)“最广义说”。国际刑法的实现方式或执行方式有两种，一种是直接实现方式，另一种是间接实现方式。对普遍管辖的最广义理解是将其置于国际刑法基本原则层面上使用，也就是所有的对严重危害人类和平与安全的犯罪行使的刑事管辖都是普遍管辖。可以说普遍管辖原则的“最广义说”将实现国际刑法的两种方式所运用的管辖原则都包括了进来。① 很明显，对普遍管辖的最广义用法强调的是对国际犯罪的惩治，其并不关注刑事管辖是在国际层面上被适用(现在主要是指国际刑事法院的刑事管辖)，还是在国内法层面上的刑事管辖——这当然是指主权国家依据内国刑事诉讼程序进行的刑事管辖。中国刑法理论上也有从广义上理解“普遍管辖”一词的含义的。②

2. 笔者之主张

(1)关于普遍管辖原则的适用主体。笔者认为，普遍管辖原则的适用主体应限制为主权国家，国际刑事审判组织不能成为普遍管辖原则的适用主体。同样，国际组织对国际犯罪的刑事管辖只能认为是对国际刑法的一种实现方式，不能认为是对普遍管辖原则的实践。理由如下：①从思想渊源看，普遍管辖观念萌芽于国内刑事立法。③ 普遍管辖尽管目前毫无疑问地被作为国际刑法中的一个范畴，但从传统上来看，它是被作为主权国家域外刑事管辖的一种特殊原则定位的。所以，该原则的行使主体——“主权国家”应当被作为普遍管辖原则的一个重要特征而被坚持。②从普遍管辖原则的国际实践上看：一方面，在适用主体上，对国际罪行的惩治绝大多数情况下都是通过主权国家实现的；另一方面，只有在法院地国与罪行或犯罪人之间不存在关联因素时，对一个罪犯的刑事程序才可能被认为是对普遍管辖原则的援引。所以，从国际实

---

① 〔美〕亨利·基辛格博士认为：普遍管辖的信条断言，一些罪行是如此令人发指，因此犯下这些罪行的罪犯不应通过引用主权豁免原则或国家领域极为神圣的特性而逃脱法律的制裁。近来实现这一目标有两种方法：第一种方法是通过授权国家检察官从第三国将罪犯引渡回国进而运用国内司法程序追诉，并对其中一些违反联合国诸公约的行为人绳之以法；第二种方法则是建立国际刑事法院对这些罪犯行使刑事管辖权。see Henry Kissinger. The Pitfalls of Universal Jurisdiction: Risking Judicial Tyranny. Foreign Affairs, Vol. 80(4), July/August, 2001.

② 参见余民才主编：《国际法专论》，中信出版社 2003 年版，第 279 页。

③ 理论上一般认为最早可追溯到 6 世纪古罗马制定的优士丁尼安法典的相关规定，17 世纪初，“国际法之父”休果·格老秀斯在其名著《战争与和平法》(1625 年)中论述了“或引渡或起诉”原则这一被认为是现代普遍管辖原则的理论起源。参见高铭暄主编：《刑法学原理》(第 1 卷)，中国人民大学出版社 1993 年版，第 302 页。

践上看,普遍管辖原则的适用是极少情况下发生的事情。因此,笔者认为,主权国家这一要素应作为普遍管辖原则的重要特征之一而被坚持。

(2)关于普遍管辖原则的适用对象。根据国际刑法的理论及管辖实践,只有被国际社会公认的国际犯罪行为,才属于国家行使普遍管辖权的对象。① 普遍管辖权虽然由主权国家适用,但是其本质上是来源于国际刑事法而不是来源于国家主权的一种权力,在这一点上与其他几种主要由国内法确立而被国际法承认的刑事管辖权存在着本质区别。普遍管辖原则不适用于国家法犯罪,即使有的国家刑法对普通犯罪规定有类似"普遍"的管辖原则,也不能认为是普遍管辖原则适用于普通犯罪的立法例。

(3)关于普遍管辖原则的"广义"与"狭义"。根据上述分析,笔者认为,主权国家这一适用主体、国际犯罪这一适用对象,都应该是普遍管辖原则含义中应当包括的基本要素。这样看来,上述三种观点中的"最广义说"为本文所不取,而"广义说"及"狭义说"都具有一定的合理性。但无论是"广义说"还是"狭义说"都是只反映出普遍管辖原则的一个方面:前者立足于国际刑法基本原则的角度,突出了国际社会对严重违反国际法行为的共同打击的需要,反映出普遍管辖原则被确立的根源及价值所在。但是,仅仅从基本原则层面上理解这一原则是不够的,因为,普遍管辖原则源于司法实践,并在司法实践中得到发展,这决定了它是实践性非常强的一个范畴。所以,对这一概念理解也应突出它的实践性及实用性特征。这就是"狭义说"的合理之处。但是单从狭义上理解这一原则又不能反映出其作为国际刑法基本原则被确立的理论依据或意义所在。因此,笔者认为,只有将上述的"广义说"及"狭义说"两个定义结合起来才是普遍管辖原则的完整内涵。

(4)"广义的普遍管辖原则"与"狭义的普遍管辖原则"之争。作为普遍管辖原则完整含义的两个方面,这两个概念的关系应当从以下两个方面来说明:①两个概念的区别。首先,这两个概念是从不同视角对普遍管辖原则理论进行观察所作出的结论。其次,前者能够涵盖包括后者在内的所有由国家级刑事司法机构在管辖国际犯罪时所运用的刑事管辖原则,包括属地原则、属人原则、保护原则及狭义的普遍管辖原则。再次,"普遍"一词在两者中的含义不同:前者中的"普遍"一词基本上具有通常意义上的"全面"之意,后者中的"普遍"一词则不含有这种意思。②两者的密切联系:从产生时间及发展轨迹上看,"广义"与"狭义"的普遍管辖原则是完全一致的;从逻辑上看,是"广义的普遍管辖原则"引起了"狭义的普遍管辖原则"的产生。最后,"狭

① 参见余民才主编:《国际法专论》,中信出版社 2003 年版,第 278 页。

义普遍管辖原则”是实现“广义的普遍管辖原则”的具体手段。

基于上述分析，笔者认为，普遍管辖原则的含义从广义上看，是指任一国家根据国际刑法规范对国际犯罪，不论罪行发生在哪里，也不论犯罪人具有何国国籍或者没有国籍，都有权行使刑事管辖权；从狭义上看，是指一个主权国家对与本国没有其他关联因素（指犯罪地、罪犯国籍国、被害人国籍国及被害国）的国际犯罪进行管辖时所援引的刑事管辖原则。

（二）确立普遍管辖原则的必要性

普遍管辖原则在20世纪迅速得到广泛承认与重视，具有其必然的历史原因，这主要体现在以下几个方面。

1. 国际犯罪跨国化及组织化发展的严重态势

当代国际犯罪主要呈现出以下几种发展态势。

（1）战争犯罪危害十分严重。在过去的一百年里，大大小小的战争给人类社会造成了巨大的创伤，战争的阴影成为人类难以抚平的心灵创伤，也是对人类和平与安全的极大威胁。

（2）恐怖主义犯罪日益猖獗。在今天，国际恐怖主义已有了新的发展态势：恐怖活动更加残忍；恐怖活动发生策略性转变，由署名的示威性恐怖活动转向匿名的恐怖屠杀；极端宗教组织的恐怖活动进一步扩散；民族分裂、宗教矛盾、领土争端问题引起的恐怖活动将更加活跃；恐怖分子使用生化、高科技作为恐怖活动武器的危险日增；高科技的发展使一些恐怖组织能够以网络恐怖主义作为替代传统恐怖主义的一种选择。①

（3）核材料犯罪的威胁逐渐增加。目前，针对核材料的走私、贩运及对相关武器的保存也已成为日益威胁人类和平与安全的一类国际犯罪。

（4）有组织犯罪的全球化蔓延。在世纪之交的新时期，国际犯罪的有组织化主要呈现为以下两种态势：一是活动领域扩大，二是地域空间扩展。②

国际犯罪的上述发展趋势，似乎将人类陷入四面楚歌之中，但是对普遍管辖原则来说，这正是其得以迅速发展的历史契机。因为，在日益严重的国际犯罪面前，国际社会不得不从各个层面加紧建立或完善预防、打击与控制国际犯罪的法律体制，这既包括国际层面犯罪控制体系的建立，也包括含国家层面控制体系的加强。

由此可见，国际犯罪的全球化蔓延刺激了普遍管辖原则的快速发展。

---

① 参见李伟：《恐怖主义——21世纪的毒瘤》，载《瞭望新周刊》2000年8月21日，第34期。

② 参见康均心、刘爱军：《经济全球化下有组织犯罪发展的新特点》，载《贵州职业警官学院学报》2002年第4期。

2. 国际刑法直接实现方式上的缺陷

通过国际刑事组织对犯罪进行刑事管辖的机制就是"国际刑法的直接实现方式"①,在过去的一百年中,国际社会共进行过三次国际刑法直接实现模式的尝试:第一次尝试是建立旨在惩罚"二战"期间战争罪犯的"纽伦堡国际军事法庭"与"远东国际军事法庭";第二次尝试是旨在惩治发生在前南斯拉夫及卢旺达内战期间所犯严重违反国际人权法及人道法暴行的"前南国际法庭(简称 ICTY)"和"卢旺达国际法庭(简称 ICTR)"。这几个国际刑事法庭的设立为后来国际刑事法院的建立(即第三次尝试)提供了宝贵的经验,丰富了国际刑事司法制度的内容。但是,这些包括国际刑事法院在内的国际司法体系固有的缺陷,注定了在可以预见的历史发展时期内,这种直接实现方式不可能有太大的作为。国际刑法直接实现方式的缺陷主要体现在管辖权范围及管辖效力两方面。

(1)他们的管辖权十分有限。这又具体表现在两方面:①属物管辖范围很窄。上述几个国际法庭管辖的罪行只是与战争法、国际人权法及人道法相关的罪犯行为。虽然这些犯罪都是类罪名,每一个罪名都包括多种具体的犯罪行为②,但毕竟只是国际犯罪整体中的一小部分。从国际犯罪种类的发展现状看,其范围早已扩张至各种恐怖主义犯罪、危害国际经济秩序的各种跨国犯罪、毒品犯罪甚至危害各国政府廉洁性的跨国性腐败犯罪,而且从发案率上看,这些新增国际犯罪也占国际犯罪的绝大多数。②属时效力范围有限。国际刑法直接实现方式在时间效力上受到严格限制。而且,除了欧洲国际军事法庭及远东军事法庭之外,后来的国际刑事组织在时间效力上都不具有溯及既往的效力。

(2)其管辖权效力受到限制。在国际刑事组织管辖权与主权国家刑事管辖权的效力问题上,国际刑事法院的管辖对国家司法系统具有补充性,这既是《罗马规约》的规定也是国际社会的共识。前南法庭及卢旺达法庭在管

---

① 对于这一模式理论上有不同的称谓:如有学者将其称为"国际刑法的直接执行模式",参见喻贵英:《国际刑法执行模式探析》,载《法律科学》1998 年第 6 期;有学者将其称为国际刑法的"直接适用模式",参见张智辉:《国际刑法通论》(增补本),中国政法大学出版社 1999 年版,第 252 页;有学者称为"国际法庭的直接审判",还有学者直接将其称为"国际法庭管辖模式",参见黄芳:《国际犯罪国内立法研究》,中国方正出版社 2001 年版,第 42 页。

② 以灭绝种族罪为例,《前南国际刑事法庭规约》第 4 条规定这种犯罪包括:杀害该团体的成员;致使该团体的成员在身体上或精神上遭受严重伤害;故意使该团体处于某种生活状态下,以毁灭其全部或局部的生命;强制施行办法,意图防止该团体内的生育;强迫转移该团体的儿童至另一团体。参见联合国安理会:《按照安全理事会第 808(1993)号决议第 2 段提出的报告》,S/25704,1993 年 5 月 3 日,第 13 页。

辖国际犯罪时的效力虽然优先于国内法庭①,但是,由于这两个法庭管辖罪行范围、空间效力都十分狭窄,所以他们对国家法院的优先管辖地位并不能使其在整个国际犯罪控制机制中起到多大的作用。

除上述缺陷外,国际刑法直接执行方式在运行过程中也存在诸多障碍,如国家主权的影响、国际司法协助的依赖等都会影响这种执行方式作用的发挥。

简言之,国际刑法直接执行模式在各个方面所受到的限制,注定其不可能获得很大的发展:既不可能在国际犯罪的控制机制中占据主要地位,更不可能取代国际刑法的间接执行方式而成为国际刑法所追求的终极的、唯一的、超越国家主权的、全球统一的犯罪控制模式。所以,在有限的历史时期内,在国际犯罪全球化趋势快速蔓延的势头下,由国家法院来惩治国际犯罪的间接执行方式仍是实现国际刑法的最主要方式。

3. 国际刑法间接实现方式中传统管辖原则的缺陷

从传统国际法理论看,以国家主权为基础的管辖原则主要有:属地原则、积极属人原则、保护原则、消极属人原则等。在与犯罪作斗争的历史过程中,人类早已经明白:在现有人类文明发展程度下,刑法能够达到的最高标准不是消灭犯罪,而是"有罪必罚"。为此,必须保证不存在任何管辖漏洞,让国际犯罪分子不管逃到世界的任何角落都会受到刑罚惩罚。

如果说对于涉外因素相对较少的国内法犯罪,上述几种管辖原则基本上能够满足惩治犯罪的需要的话,对于国际犯罪来说,要实现"有罪必罚"这一目标,他们显然力不从心:①从发展态势上看,跨国性及有组织化已成为大多数国际犯罪的外在特征;②交通的便利与信息的畅通,使国际间人员流动越来越频繁,犯罪嫌疑人犯罪后很容易逃匿到与犯罪无关的国家,从事实上看也是如此;③传统管辖原则的援引以法院地国与国际罪行之间存在某种连接点为前提,这就意味着国际犯罪分子很容易逃亡到传统管辖原则能够起作用的国家之外的主权国家领土内。在这种情况下,若要及时追诉,显然原有的管辖原则不能提供合法的管辖依据;而如果严格依据原有的管辖理论,放弃对这些犯罪人的追诉,又违背了国际刑法维护人类共同利益的基本目标,也不符合人类所追求的正义。所以,不需要与犯罪或罪犯有关联因素就可依据相关国际刑法规范对国际犯罪进行管辖的普遍管辖理念,正好满足了国际社会希望弥补原有管辖原则形成的管辖漏洞的需要。

---

① 在诉讼程序的任何阶段,国际法庭可根据《规约》及《国际法庭诉讼程序和证据规则》正式要求国内法庭服从国际法庭的管辖。参见朱文奇:《国际人道法概论》,香港健宏出版社 1997 年版,第 85 页。

简言之,国际犯罪愈演愈烈的社会现实为普遍管辖原则的兴起提供了现实可能性;国际刑事司法体系存在的种种欠缺使国际社会不得不倚重国家法院管辖这种国际刑法的间接执行方式,这就为普遍管辖原则的发展提供了契机;而传统管辖原则自身无法解决的漏洞又直接体现着普遍管辖原则存在的价值。在这样的时代背景下,普遍管辖原则被迅速接受并得到国际社会各国的广泛承认是必然的结论。

三、普遍管辖原则的适用

(一)普遍管辖原则的适用对象

所谓普遍管辖原则的适用对象,也就是可以援引该原则作为管辖依据的犯罪类型。

1. 普遍管辖原则适用对象的范围

理论上有不少学者将普遍管辖原则的适用对象等同于国际犯罪,但是也有学者试图将他们进行界分:有的学者认为,能够适用普遍管辖原则的不一定是国际罪行。如战争罪与恐怖主义罪行,对他们适用普遍管辖原则已是国际共识,但他们不一定属于国际罪行。① "海盗罪是国际罪行,灭绝种族罪和酷刑罪可能也是国际罪行,而劫机罪仅仅是适用普遍管辖原则。"②中国也有论者认为,"普遍管辖的对象是国际犯罪,但不是对所有的国际犯罪均实行普遍管辖,只宜对某些严重危及整个国际社会或多数国家利益的犯罪实行普遍管辖"。③ 另外,在《普林斯顿原则》中,将种族隔离、恐怖主义和毒品犯罪作为适用普遍管辖权的候补犯罪。④ 可见在该原则中,不同罪行在适用普遍管辖原则的必要性上是存在等级的。

无论上述观点进行的界分是否准确,但是在将二者进行区分这一点上笔者是持赞同意见的。在笔者看来,虽然将适用普遍管辖原则的犯罪范围与国际犯罪范围进行区分具有一定的难度,但是,不能因困难而放弃这种努力。

---

① 参见〔英〕加夫·吉尔博特(1993):《犯罪没有边界:英国法中的管辖权问题》,载《英国国际法年鉴》第63卷,第415页。

② See Randall, Universal Jurisdiction under International Law, *Texas Law Review*, 66 (1988), p785.

③ 甘雨沛、高格:《国际刑法学新体系》,北京大学出版社2000年版,第85页。

④ 参见高铭暄、王秀梅译:《普林斯顿普遍管辖原则及其评论》,载《中国刑事法杂志》,2002年第3期。

这是因为:①从实践层面看,普遍管辖原则是一国对与本国没有任何关联的罪行进行管辖,这意味着普遍管辖原则的每一次被援引都是对任何法律体系所追求的诉讼公正、诉讼效率及相关国家外交关系的一次挑战,所以在司法实践中不能轻易援引这一原则,因而一定要对普遍管辖原则的适用范围进行严格限定。②从国际公约的规定看,也不是所有国际犯罪都确立了普遍管辖原则。①

2. 普遍管辖原则适用犯罪范围的确定

(1)国际刑法确立普遍管辖原则的两种形式。国际公约对国际犯罪及普遍管辖原则的规定有两种情形:一种是公约在规定国际犯罪的同时确立了普遍管辖原则。这种情况就比较简单了。另一种是只规定犯罪,没有确立普遍管辖原则。对这一类犯罪就需要运用一定的标准来判断是否适用普遍管辖原则。有的学者提出了自己的标准。英国皮诺彻特一案中的米勒法官认为,"如果以下两个条件都得到满足,则可根据国际习惯法,对国际法所禁止的犯罪行使普遍管辖权:①有关犯罪须是违反国际法中的'强行法';②有关犯罪的严重性和规模,须足以被认为是对国际法律秩序的攻击。"②可见,如果一个国际犯罪已被国际社会承认为强行法犯罪,对该罪适用普遍管辖原则就不必以相关国际公约的明确规定为前提了,灭绝种族罪即是适例。

(2)国际犯罪能否适用普遍管辖原则标准的扩展。以前,试图将国际犯罪的范围与适用普遍管辖原则的国际犯罪的范围界分开的学者,习惯性地仅依据犯罪行为在性质上的严重程度来作为是否能适用普遍管辖原则的判断标准。③ 但是自从20世纪70年代以来,从现行的国际刑法公约看,为国际犯罪确立普遍管辖原则的原因已由一元趋向多元化了。这种多元化趋势最主要地体现在2003年10月31日联合国通过的《联合国反腐败公约》中。该公约共规定了包括贿赂本国公职人员、贿赂外国公职人员或国际公共组织官员、公职人员贪污、挪用或者以其他类似方式侵犯财产、影响力交易、滥用职权、资产非法增加等11种犯罪行为(有的罪名在《打击跨国有组织犯罪公约》中就已进行了规定)。上述犯罪很难说是性质多么严重的犯罪,其危害也算不上"已达到危及国际社会的和平与安全的程度",但根据该公约第42

① 如1982年的《联合国海洋法公约》同时规定了海盗罪、海上贩奴及破坏海底电缆或管道等几种犯罪行为,但为他们所确立的管辖原则都不相同。另外,《1958年日内瓦公海公约》、《打击跨国有组织犯罪公约》及《联合国反腐败公约》中也存在着相同的情况,即其中所规定的犯罪不是都被确立了普遍管辖原则。

② 参见[1999]2 All ER 97at177,转引自陈弘毅:《法理学的世界》,中国政法大学出版社2003年版,第34页。

③ 参见王铁崖主编:《国际法》,法律出版社1995年版,第129页。

条的规定，国际社会在打击这些犯罪时，缔约国均可以适用普遍管辖原则。①在笔者看来，从对这类犯罪确立普遍管辖原则的理由上看，与其说是为了“维护人类的和平与安全”，不如说是出于各缔约国在打击跨国犯罪中对国际合作的强烈需要。

综观之，目前来看，国际刑法规范的表现形式越来越主要呈现为成文国际法即国际条约，因此，对普遍管辖原则的适用应主要依据国际刑法规范的明确规定。尽管如此，仍不能否定国际习惯法作为普遍管辖原则的国际刑法渊源的地位。

（二）适用对象的国际法渊源

对于这一问题，理论上存在不同观点。笔者认为，国际犯罪的国际法渊源应当限定为国际成文法，国际习惯法不应作为渊源形式之一。原因十分简单：从习惯法再发展至成文国际刑法规范的发展方向已成为历史。根据国际犯罪被确立的立法现状看，习惯国际法在国际刑法中至少在创制国际犯罪方面的渊源地位已经不复存在。从目前国际刑法规范的形成状况看，确立国际犯罪的途径几乎都是国际社会在时机成熟时进行国际公约，而根本不必等到国际习惯形成。如《联合国打击跨国有组织犯罪公约》及《联合国反腐败公约》就是在根本没有国际习惯的基础上国际社会达成合意的结果。因此，将国际犯罪的法律规范形式仅限制在国际公约中，既有现实依据，也是罪刑法定理念的要求。

作为唯一渊源类型的国际刑法公约必须具备以下三个条件：

（1）必须是对所有国家开放签字的多边条约。

（2）必须是在条约开放签字时，已有至少相当于签署联合国宪章 1/3 的成员国批准。

（3）必须包含宣布一个国家、组织或个人的某些行为按照国际法构成犯罪或要求国内法将其犯罪化的条款。②

（三）普遍管辖原则的适用前提

1. 国际刑法规范对某国际犯罪确立普遍管辖原则

这是主权国家对某国际犯罪进行普遍管辖的国际法依据，也是适用普遍管辖原则的前提之一。从确立普遍管辖原则的国际刑法规范看，共有 16 个公约明确规定了普遍管辖原则，占规定国际犯罪的国际公约的绝大部分。毫无疑问，国际刑法公约在有关普遍管辖权的国际法渊源中居于首要地位。

---

① 参见《联合国反腐败公约、联合国打击跨国有组织犯罪公约》，中国方正出版社 2004 年版，第 66 页。

② 参见〔美〕M·C. 巴西奥尼：《国际刑法——国际刑法草案》1980 年版，第 147 页。

国际习惯法是普遍管辖原则渊源的辅助形态。直至目前,对灭绝种族罪适用普遍管辖原则仍然是依据国际习惯。不过,对于普遍管辖原则的国际法渊源,有两点应当明确:①不能任意扩大普遍管辖原则习惯法渊源的范围。②习惯国际法的发展呈萎缩状况。由于成文国际刑法规范与习惯国际刑事规范相比,具有文字性、规范性、精确性等特征,普遍管辖原则的成文国际法依据将会得到发展,而适用该原则的习惯规范在数量上增加的可能性微乎其微。

2. 各国进行相关立法

《普林斯顿原则》呼吁各国"应制定能够实现普遍管辖权的行使和贯彻这些原则的国家立法。"①这包括两个方面:一方面是对普遍管辖原则本身的规定;另一方面是对国际犯罪的规定。从各国刑法典对国际犯罪规定的情况看,主要存在两种规定方式:一种是分则式。即在总则中对普遍管辖原则进行规定,而国际犯罪则在刑法分则中进行规定。这是各国的主要规定方式。另一种是总则与分则共同结合的规定方式,即先在总则中列举出国际犯罪的罪名种类,然后在分则中再具体规定这些犯罪的构成特征及法定刑。《德国刑法典》、《加拿大刑事法典》的规定均属于这种法例。

在具备上述前提的情况下,普遍管辖原则的适用才存在可能性。

(四)普遍管辖原则的适用条件

1. 犯罪嫌疑人、被告人处于法院地国的实际控制中

这是一个主权国家运用普遍管辖原则将国际罪犯交付审判的首要条件。关于这一条件,有以下几个问题值得探讨。

(1)嫌疑人或被告"在场"应否作为普遍管辖原则的适用条件?一国对罪犯行使普遍管辖权是否限于在本国境内被发现的犯罪嫌疑人?这就是所谓的嫌疑人或被告"在场要求"(Presence Requirement)问题。理论上对此有不同的看法,从各国的法律规定看,大致分为两种类型:①规定被告不在法院地国境内时该国也可以对其所犯罪行行使普遍管辖权。根据有关资料,德国法律正在准备作这样的规定,不过德国相关法律草案规定对不在本国境内的罪犯行使管辖权要考虑该罪犯与德国的联系、日后将该罪犯引渡至德国的可能性等问题。② 比利时的《普遍管辖权法》(又称《万国管辖权法》)也不要求在对一个被控犯有严重违反国际法罪行的嫌疑人启动刑事诉讼程序时,该人必须在比利时境内。但是,在2002年4月16日国际法院对"耶罗迪亚(Yero-

① 参见高铭暄、王秀梅译:《普林斯顿普遍管辖原则及其评论》,载《中国刑事法杂志》,2002年第3期。

② 这一内容见于德国《国际犯罪介绍性法案的草案》第1、3条(2001年12月28日)。

dia)一案"①的裁定中,可以发现普遍管辖原则只有在被告于比利时境内被发现时才能被有效适用。② 新西兰法的规定也属于这一类型。②明确规定普遍管辖权必须适用于处于本国境内的犯罪嫌疑人。《加拿大刑事法典》的规定就属这种类型。南非的立法草案中也规定了普遍管辖权是在被告处于本国境内时才能适用。不过学者在是否对这些国家的立法允许在被告可能到场之前预先开始犯罪调查的问题上存在着不同意见。③ 美国法院也是如此,根据法律他们可以起诉酷刑罪、国际恐怖主义罪行,无论这些罪行发生在哪里。但是也只限于他们在本地发现或被带至本地才可以行使普遍管辖权。④

笔者认为,普遍管辖原则的有效适用必须保证罪犯处于法院地国的实际控制中。理由如下:①从管辖权行使的实质上看,对一个人定罪判刑的目的不仅仅是为了表达一个国家或国际社会对其恶行的谴责或否定态度,还意味着让罪犯实际被执行刑罚。②在刑事诉讼中实行缺席审判,既没有被告也没有其辩护律师到场,这不符合正当程序原则,不能保证司法的公正性。③一个国家如果不进行这种限制,该国法院可能会变成学者们所形象比喻的"诉讼磁铁(litigation magnet)"。④不要求嫌疑人"在场"而适用普遍管辖原则可能会引起诸多外交冲突。这也正是反对普遍管辖原则理论者的最主要理由。如反对派代表基辛格博士就认为,普遍管辖权可能被用作打击政治敌国的工具,从而使这一理论背离其良好的初衷。⑤

(2)对嫌疑人或被告"在场"的正确理解。笔者对嫌疑人"在场"条件持肯定态度,但是并不赞同将该条件理解得过于绝对,具体说来,罪犯"在场"条件不意味着在刑事程序的每一个阶段被告都必须已经处于法院地国的实际控制之中。理由如下:①管辖权的行使是一个包括多个诉讼阶段在内的完整过程,只要保证审判及执行阶段被告人能够处于法院地国的控制中,就不

---

① 2000年4月11日,比利时特别法庭的调查法官签发了"缺席审判逮捕令"。比利时通过国际刑警组织向全世界发出国际通缉令。该逮捕令和国际通缉令所指向的对象是,刚果当时的外交部长耶罗迪亚,指控的内容是该人犯有严重违反1949年《日内瓦公约》以及1977年附加议定书规定的战争罪和反人道罪。比利时要求发现耶罗迪亚的有关国家拘留该人并将其引渡至比利时。此举引起刚果的强烈不满并诉至国际法院。国际法院在2002年2月14日判定比利时必须撤销2000年4月11日的逮捕令。参见余民才主编:《国际法专论》,中信出版社2003年版,第287页。

② 参见"耶罗迪亚案"判决,国际刑事审判报告[EB\OL],外交司法网,2003-10-16.

③ 参见《加拿大危害人类罪与战争罪法案》,加拿大2000年条令(第3部分24条),南非国际刑事法院法案[Z],2001-07-04。

④ 世界法院:《受限制的普遍管辖权》,载《世界观察与评论》,2002年第128期。

⑤ 参见〔美〕亨利·基辛格:《普遍管辖权的缺陷:冒专制司法的危险》,载《外交事务》,2001年第4期。

能认为违背程序公正原则。②被告不能在缺席情况下被审判这一正当程序权利与管辖权的合法运用的法律定义并不相同，国际法并未要求在进入审判阶段之前嫌疑人必须处于法院地国的实际控制中。正如希金斯、考奥基曼斯与博金斯法官在国际法院对刚果民主共和国诉比利时一案的裁决中分别发表的观点一样，“如果指控一定的行为作为国际罪行的潜在目的是赋予被害者对被告的一个更宽的管辖权，并不存在……希望行使管辖权的那些国家应确保只能对处于本国境内的嫌疑人启动刑事程序的国际法则。”①而 1949 年 8 月 12 日的《关于战俘待遇之日内瓦公约》更是明确提出：各缔约国“有义务搜捕被控为曾犯或曾令人犯此种严重破坏本公约行为之人……”。③从普遍管辖原则的国际实践看，有些时候可能会出现这样的情况，国际社会可能希望由某一个国家进行管辖。如“艾希曼案”中，以色列对艾希曼的逮捕方式似乎并未使国际社会对以色列审判艾希曼的正当性产生怀疑。实际上，在普遍管辖原则的实践中，不少案件是从对处在国外的嫌疑人的调查开始的。

简言之，对普遍管辖原则的滥用或过于严格地限制使用的极端作法都是不合理的。因此，只要自审判阶段始被告处于法院地国的实际控制中，就应当视为具备了被告“在场”条件。

(3)关于实现实际控制的方式。从司法实践看，实现实际控制的情形有如下几种：①对短期滞留于本国境内被指称犯了国际罪行的外国嫌疑人采取一定的刑事措施，从而实现实际控制。②航空器降落地国进行控制。③罪犯居所地国实现的实际控制。在卡瓦洛一案②中，墨西哥警方逮捕居住在墨西哥的阿根廷人卡瓦洛就属于这种情况。④那些在启动犯罪调查、起诉阶段对嫌疑人“在场”要求并不严格的国家也常常通过下面的方式实现对罪犯的实际控制，即先向各国发出针对某人的国际逮捕令，由罪犯所在地国依据该逮捕令将其逮捕，然后主张管辖权的国家再向罪犯所在国发出引渡请求，从而达到对罪犯定罪判刑的目的。这也是很常见的一种对罪犯实现实际控制的方式，充分体现了在打击国际犯罪方面的国际司法合作，也有利于防止有些国家对罪犯提供庇护使其逃避惩罚的结果出现。

---

① 引自关于 2000 年 4 月 11 日比利时逮捕令案（刚果诉比利时），希金斯、考爱曼与布根豪三位法官联合发言（中各自的观点）的第 58 页，http://www.icj-cij.org/2003-10-23。

② 里卡多·米格尔·卡瓦洛是一个阿根廷海军官员，在军事专制时期及 20 世纪 70 至 80 年代的针对左派、联合主义者以及其他反对成员的“肮脏战争”中，化名索培考·卡瓦洛的他被控参与了诱捕、残酷折磨和杀害了至少 227 个阿根廷军政府的反对者，对另外 110 人实施酷刑，并且绑架在军事监禁中被害者的遗孤。失踪人口中包括西班牙公民。他被控在西班牙制造多起恐怖犯罪行动，在他于 2000 年因涉嫌从中美洲走私被盗汽车到墨西哥而被捕时，已在墨西哥隐藏了多年。

对嫌疑人实现实际控制的方式有多种,只要不违反国际法,不侵犯他国主权,对普遍管辖原则的适用都是合理的,都不失其正当性。

(4)关于实现实际控制的极端方式——直接进入他国境内逮捕罪犯。在普遍管辖原则的国际实践中,也出现过以极端的方式来实现实际控制的案件,这就是直接在他国境内逮捕罪犯,阿道夫·艾希曼案就是适例。伊曼纽尔·诺列加案则是由国家发动的境外逮捕的最极端例子。①

对于这种情况下的实际控制是否影响法院地国刑事管辖的正当性问题,上述两个案件中的法院都认为,对嫌疑人实现实际控制的方式是否正当并不影响案件管辖权的正当性。理论上也有类似的观点。②

笔者不能赞同上述观点,认为上述实现实际控制的极端方式违反了国际法,因而不具有适用普遍管辖原则的正当性。理由简单而充分:一方面,一国不能将其刑事管辖权扩展至他国境内,也绝不允许他国将刑事管辖权延伸到本国管辖范围内,每个国家都是在尊重他国的基础上才能获得他国的尊重,这是国际法的基本准则。如果到他国境内逮捕犯罪嫌疑人发展成为各国实现实际控制的常用方式,这对国际社会的和平与安全将是一个重大威胁。另一方面,普遍管辖原则理论完全是以尊重国家主权为基础的,任何不顾他国主权的具有霸权色彩的刑事追诉活动都是与普遍管辖原则理论不相容的。

2. 控制国与罪犯无其他联系而又未将其引渡给其他国家

由于引渡实践的复杂局面,理论上关于引渡是否适用普遍管辖原则的前提条件存在不同的观点。笔者认为,对于任何一个国际犯罪案件,在选择适用普遍管辖原则时都应当与"或引渡或起诉原则"紧密结合,而且"引渡"与"起诉"有先后顺序,前者在先,后者在后。

(1)未予引渡的原因。根据国际实践,有可能造成引渡不能的原因主要有如下两种:①罪犯实际控制国与主张管辖权的他国之间没有引渡条约,而且也没有共同加入相关国际公约,所以根本不必开始引渡的请求与批准等司法程序;②与涉及的犯罪案件存在紧密联系的国家不能或不愿依据这些联系行使管辖权,该外国没有对该罪犯提出引渡请求。

(2)拒绝引渡的理由。被请求国可以基于某种原因而拒绝引渡,从而确

---

① 1989 年 12 月 20 日,美国部署 26000 多人的军队大规模入侵巴拿马,绑架了巴拿马当时实际上的领导人诺列加,诺列加在两个加利福尼亚州法院被控实施了包括制造、运输可卡因、洗钱、贿赂以及在 1988 年 2 月 4 日与麦德林集团共同实施犯罪等在内的 12 项罪名。1997 年,美国第十一巡回上诉法院作出终审判决,诺列加被判处监禁。参见莱亚尔·S. 桑戈:《形成中的国际刑法典与执行制度的发展体系》英文版,库勒法律国际公司 1997 年版,第 235 页。

② 参见耿勇、张炳文:《论国家的域外管辖权——以内国刑法的域外适用为视角、以德荷边境毒品案管辖为实证》,载《安徽大学法律评论》2002 年第 2 卷。

立本国对国际犯罪案件的普遍管辖权。根据国际法及各国法律的规定,拒绝引渡的理由通常有以下几点:①罪犯可能受到不人道的刑罚处罚;②被请求国认为被请求引渡人可能受到与请求中指控的国际罪行不同的其他罪名被处理;③立法差异也可能导致引渡不能。

(3)关于政治犯不引渡原则的例外。政治犯罪不引渡是国际上普遍承认的一项原则。但是,为了有效打击国际犯罪,一些国际性文件确立了"政治犯罪例外"的原则。① 国际犯罪不能被视为政治犯罪就是例外原则的重要内容之一。大部分的国际刑法公约包括我国新近签署的《联合国反腐败公约》,都规定有相关犯罪不能被视为政治犯罪的内容。

(五)普遍管辖原则实践中应遵守的规则

前提与条件的具备,使普遍管辖原则的适用成为可能,但在实践过程中,仍应当遵守一些规则,否则仍然会使普遍管辖原则的理论及实践走上歧途。这些规则主要包括保证被告人的正当权益的:禁止双重审判(一罪不二审)原则、禁止不人道刑罚原则与公正审判原则。

四、普遍管辖原则的现状及改进

(一)普遍管辖原则的现状

与属地或属人管辖原则立法及实践的悠久历史相比,普遍管辖原则被国际社会广泛认可与接受是新近的事情,这必然意味着关于该原则的国际、国内立法存在着诸多缺陷,意味着该原则的国际实践十分复杂,从中暴露出许多问题,而这些就是普遍管辖原则有待改进的问题。

1.普遍管辖原则的立法现状

(1)普遍管辖原则的国际立法

迄今为止,在其中确立了普遍管辖原则的主要有16个。② 关于普遍管

---

① 参见赵秉志.黄芳:《论中国刑法典中的国际刑法规范》,载赵秉志主编:《国际刑事法院专论》,人民法院出版社2003年版,第400页。

② 分别是:1958年的《公海公约》、1970年的《关于制止非法劫持航空器的公约》、1971年的《关于制止危害民用航空器安全的非法行为的公约》、1971年的《精神药物公约》、1972年的《麻醉品单一公约》、1973年的《禁止并惩治种族隔离罪行公约》、1973年的《关于防止和惩处侵害应受国际保护人员包括外交代表的罪行公约》、1979年的《反对劫持人质国际公约》、1982年的《联合国海洋法公约》、1984年的《反酷刑公约》、1987年的《核材料实物保护公约》、1988年的《联合国禁止非法贩运麻醉药品和精神药品公约》、1988年的《制止危及海上航行安全非法行为公约》、1988年的《制止危及大陆架固定平台安全非法行为议定书》以及2000年11月15日第55届联合国大会通过,2003年9月29日正式生效的《联合国打击跨国有组织犯罪公约》与2003年10月31日第58届联合国大会通过的《联合国反腐败公约》。

辖原则的成文国际立法在短短半个世纪的时间里,取得了很大的进步。这表现在两方面:一方面,从实体内容上看,普遍管辖原则的适用有了更多的措施保障。这一点在《联合国打击跨国有组织犯罪公约》及《联合国反腐败公约》中体现得最为明显。《联合国反腐败公约》专设一章来规定刑事管辖的国际合作,合作的内容包括:引渡、被判刑人的移管、司法协助、刑事诉讼的移交、执法合作、联合侦查、特殊侦查手段等内容。其中规定引渡内容的44条共用18款内容来规定各种情况下的处置。这些规定大大加强了对普遍管辖原则在打击腐败犯罪中作用的发挥,对管辖冲突的解决也十分有用。而这些内容在早期规定普遍管辖原则的公约中是很少见的。另一方面,立法技术也有所提高。这些进步应归功于国际规范制定技术的提高及国际社会对普遍管辖原则在与国际犯罪作斗争中不可替代作用的日益深刻的认识,后一原因应当是更主要的。

当然,普遍管辖原则的国际立法上还存在着一些缺陷,这些缺陷严重阻碍着普遍管辖原则效能的充分发挥。主要表现在以下几方面:①适用罪行的范围不确定。习惯法渊源的存在导致人们对普遍管辖原则所适用的国际犯罪的范围意见不一,具体地说,对于公约没有明确规定的情况,究竟哪些罪名可以适用普遍管辖原则没有统一的意见,这样就可能导致国际犯罪案件的管辖冲突。②国际法规范缺乏责任条款。若无法律责任条款的保障,再完美的法律规则都将成为一纸空文,再完善的管辖机构也难以发挥其效用。① 从理论上讲,普遍管辖原则具有权利和义务的双重属性,但这并不等于享有普遍管辖权的缔约国一定会对这种权利感兴趣,更不等于缔约国必然会履行这种国际义务。从世界范围来看,虽然不少国家都规定有普遍管辖原则及相应的国际犯罪,但在具体情况中,愿意对与本国很少联系的国际犯罪启动刑事诉讼程序的国家很少。对犯有国际罪行者享有事实控制权的国家可能出于种种考虑,既不对罪犯提起诉讼,也不回应有关国家提出的引渡请求。这种违背国际义务的做法固然有多种原因,但责任条款的缺乏应当是导致国际公约义务不能被很好履行、普遍管辖原则不能充分发挥其打击国际犯罪的功能的重要原因。

(2)普遍管辖原则的国内立法

国际犯罪的日益猖獗加深了国际社会对普遍管辖原则重要性的认识,越来越多的国际公约的制定促使各国加快了国内法与国际公约相协调与呼应的步伐。根据有关资料显示,在"二战"之后,包括奥地利、比利时、玻利维

① 参见温树斌、黄家平:《论国际犯罪的管辖机构》,载《政法学刊》2001年第3期。

亚、巴西、加拿大、智利、哥伦比亚、哥斯达黎加、丹麦、厄瓜多尔、萨尔瓦多、法国、德国、危地马拉、洪都拉斯、墨西哥、尼加拉瓜、挪威、巴拿马、瑞士、乌拉圭和委内瑞拉等100多个国家的国内法中都有对某些国际犯罪进行普遍管辖的规定。仅在非洲,包含战争犯罪行为在内的犯罪种类在不少国家刑法中都有规定,包括阿尔及利亚、博茨瓦纳、布隆迪、喀麦隆、科特迪瓦、刚果民主共和国、埃及、埃塞俄比亚、冈比亚、瓜那、肯尼亚、莱索托、马拉维、毛里求斯、尼日利亚、塞舌尔、塞拉利昂、斯威士兰、坦桑尼亚、乌干达及津巴布韦。另外还有国家准备在他们执行《罗马规约》的立法中规定普遍管辖权,如安哥拉、塞内加尔、南非等国。①

在普遍管辖原则的国内立法上也存在着相应的问题,主要存在如下问题:

①没有规定普遍管辖原则。这可能存在两种情况:一是对该理论持怀疑态度,对域外管辖权的适用过于保守。如苏格兰法中就没有确立普遍管辖原则。二是接受普遍管辖理论但尚未进行立法。国际犯罪常常与多个国家存在关联,如果其中有国家尚未进行普遍管辖立法,常常会影响其他国家基于普遍管辖原则进行刑事管辖。"海森·哈伯案"就是这种情况。2000年2月,一个塞内加尔法院根据普遍管辖原则控告流亡到该地的乍得前独裁者海森·哈伯,在1982年至1990年间犯有酷刑罪。基督教科学派委员会1992年的一项报告断定有40万件政治谋杀和20万件酷刑案件发生在海森·哈伯执政时期的乍得。② 该法院据此将哈伯软禁。这是首次一个非洲人被另一个非洲国家法院指控犯有恶行。在该案中,虽然塞内加尔刑法规定了酷刑罪,但是没有明确规定对该罪适用普遍管辖。然而,塞内加尔已经批准了《联合国反酷刑公约》,该公约要求成员国对在本国境内发现的罪犯行使普遍管辖,或者引渡该人。《塞内加尔宪法》第79条规定:批准或认可的条约或协议,具有高于法律的效力。海森·哈伯的辩护律师则认为该塞内加尔法院对该案没有管辖权。2001年3月20日塞内加尔最高法院裁定该法院对发生在他国境内的罪行没有管辖权。在2001年12月,海森·哈伯仍被拘留于塞内加尔。一个哈伯犯罪行为的被害人团体,包括几个塞内加尔公民,力图使哈伯被引渡至比利时接受审判,在联合国秘书长科菲·安南请求之后,塞内加尔的总统阿不杜拉·韦德最后也同意将其引渡至比利时。③

②已确立了普遍管辖原则的国家在立法上也存在着差异。这主要体现

① 参见《普遍管辖权:通过非政府组织迎接挑战》,"人权律师协会"网2003年10月3日。

② http://www. amnesty usa. org/ujqanda. pdf,2003年11月11日。

③ 参见《普遍管辖权:通过非政府组织迎接挑战》,"人权律师协会"网,2003年10月3日。

为以下两方面:一方面,刑罚严厉程度不同。鉴于价值观念、法律传统的差异,各国对国际罪行规定的刑罚轻重悬殊幅度较大。例如,从亚洲国家和地区刑法典关于酷刑罪的规定来看,或为无期徒刑或为20年有期徒刑不等。①尽管对国际罪行已达成适用普遍管辖原则的共识,但各国在审判中往往可能因法律规定的不同而对同一罪行作出刑罚轻重相差极为悬殊的判决。另一方面,规定内容也不同。由于主权观念的影响仍根深蒂固,各国在依据所参加的国际公约进行国内立法时,通常基于主权观念及各种利益的考虑具有选择性地规定。要么对可能与本国不利的条款进行保留,要么按自己的需要来表述相关国际犯罪的定义。

③人们对普遍管辖原则的了解有限。到目前为止,还有很多人对普遍管辖理论知之甚少,甚至存在着偏见与误解。曾经有一些在前南及卢旺达武装冲突中犯了战争罪的人在欧洲被定罪判刑,但这些案件并没有引起国际社会的更多注意。真正让世人正视并了解了普遍管辖理论的是"皮诺切特案"。因此有人认为,直到英国上议院依据西班牙对皮诺切特发出的逮捕许可令将其逮捕并软禁时,普遍管辖才成为国际舞台上的真正表演者。②

2. 普遍管辖原则的实践

(1)实践状况的概述

从普遍管辖原则的实际状况看,在本国法中进行相应规定的国家很多,但是援引普遍管辖原则对国际犯罪进行管辖的国家为数很少。有关资料显示,自从第二次世界大战之后只有十多个国家以普遍管辖原则为基础,以"或引渡或起诉"原则为补充进行过或引渡或调查、着手起诉或完全审判国际犯罪的实践,这些国家包括澳大利亚、奥地利、比利时、加拿大、丹麦、法国、德国、以色列、墨西哥、荷兰、塞内加尔、西班牙、瑞士、英国、美国等。

普遍管辖原则的实践可以大致分为三个阶段:第一个阶段是"二战"之前,主要是零星使用于对海盗罪、奴隶罪等的惩治;第二个阶段是"二战"以后到20世纪90年代,国际一级审判组织主要是对在"二战"中的战争罪及危害人类罪行进行惩治,国家一级也尝试了针对战争罪及危害人类罪的普遍管辖实践;第三个阶段即20世纪90年代至今,前南斯拉夫特设国际法庭与卢旺达特设国际法庭的建立及《罗马规约》的产生,促使更多的国家开始履行对国际犯罪进行国内立法及行使普遍管辖的国际法义务。奥地利、丹麦、德国、瑞士及瑞典等国的法院已经进行过对在前南斯拉夫犯了国际罪行的罪犯

---

① 参见高铭暄、〔法〕米海依尔·戴尔马斯-马蒂主编:《经济犯罪和侵犯人身权利犯罪的国际化及其对策》,中国人民公安大学出版社1996年版,第128—129页。

② 《世界法院:受限制的普遍管辖权》,载《世界观察与评论》第128期,2002年2月20日。

的普遍管辖实践。作为对安理会第978号"敦促各国逮捕、拘留,根据各国国内法及相关国际法准则,ICYR法庭悬而未决刑事起诉或者对在其境内被发现的有充分证据证明应对ICTY管辖范围内的行为负刑事责任的国家领导人进行管辖"决议的响应,比利时、法国及瑞士法院已经开始对1994年在卢旺达所犯的相关的灭绝种族罪、危害人类罪或者战争罪等犯罪的调查与起诉。①

尽管如此,正如有学者所说:"毕竟,国际刑法的国内执行方式主要是为了解决各个主权国家的需要与利益而发展起来的。普遍管辖原则并不能为适用的国家起诉国际犯罪提供更多有效的保障。"②因此从总体上看,普遍管辖原则的实践仍然是非常肤浅的。

(2)普遍管辖原则在欧洲的实践

普遍管辖原则的实践在欧洲国家进展较大,该原则曾为数个犯罪调查与审判提供了管辖依据,这些罪行大部分是在前南斯拉夫及卢旺达冲突中以及在拉丁美洲的军事独裁中所犯的。

①涉及前南斯拉夫及卢旺达冲突中的国际犯罪。自从1993年起,欧洲进行过六个完整的审判,四个有罪判决,两个无罪判决。在德国,两个波斯尼亚和塞尔维亚人被判在前南斯拉夫对穆斯林人犯了罪。③ 在1994年11月,丹麦一法院判决一个被控在波斯尼亚一个由克洛地亚人控制的集中营里对战犯实施野蛮酷刑的波斯尼亚穆斯林人(拉菲克·萨里克)8年监禁。1999年4月,一个瑞士军事法院判决一个卢旺达人在卢旺达犯了战争罪。两个波斯尼亚、塞尔维亚人受审并被宣告无罪。④ 在比利时,至少有4件其他刑事诉讼在进行。所有这些案件都是在前南斯拉夫及卢旺达冲突中发生的。

②涉及发生在拉丁美洲的国际犯罪。在进行普遍管辖的案件中,最引人注目的案件就是欧洲国家对智利前总统皮诺切特的调查案。其他正在进行的,是一些发生于拉丁美洲军事独裁统治国家,尤其是智利与阿根廷的涉及违反人权的诸如强迫消失或酷刑罪的案件。例如,数个意大利与西班牙人是20世纪70年代到80年代之间智利与阿根廷残酷统治时期的被害人。其他案件的立案则源于拉美国家高压政权统治期间大部分成立于欧洲的难民组

---

① 参见《有效实践普遍管辖权14项原则》,大赦国际1999年5月,索引:IOR 53/01/99。

② 参见〔意〕莱亚尔·S.桑戈:《形成中的国际刑法典与执行制度的发展体系》,库勒法律国际公司1997年英文版,第264页。

③ 诺卫斯莱夫·塔吉克于1997年5月受审并被判犯有战争罪,处5年监禁;尼克拉·乔杰克于1997年9月被判犯有灭绝种族及谋杀罪,处终身监禁。

④ http://www.redress.org/inpract.html,2003年10月11日。

织的控告。①

意大利以及瑞士已经启动了在20世纪70年代到80年代在阿根廷所犯的酷刑罪、未经审判的死刑以及强迫消失行为的犯罪调查。西班牙、比利时、法国及瑞士，都曾向英国请求引渡奥古斯特·皮诺切特。

在苏格兰，一个苏丹人在1997年9月被指控在苏丹一个秘密拘留中心对被拘留者实施酷刑罪，并等候审判。不过后来对他的指控被撤销，该案被放弃的原因没有公开。

据了解，至少还有其他10名嫌疑人正处于数个欧洲国家的刑事调查之中。

另外，欧洲有些国家也对在本国境外的犯罪嫌疑人进行犯罪调查。② 如比利时。不过比利时屈于美国的压力将本国的《普遍管辖权法》废止后，一个针对美军在伊拉克军事行动中汤米·弗兰克将军的指控最近被移交给美国(接着就被美国法官驳回)，其他被控犯有危害人类罪的包括对乔治·布什、考林·鲍威尔和诺曼·斯奇沃兹考夫等美国人的所有指控都将被移交给美国法院。③

(3)欧洲国家为实践普遍管辖所作的努力

在普遍管辖的实践中，欧洲国家采取了多种措施来加强国际合作及克服在运用普遍管辖原则中所遇到的障碍。

①与国际刑事审判组织密切合作。前南斯拉夫及卢旺达的武装冲突产生的难民大量涌入欧洲，受害人与犯罪分子在这里相遇，欧洲法律体系受到了挑战。为了对这种局面作出反应，绝大多数国家都作出了相应的法律及司法制度的改变以迎接挑战。其中就包括与两个特设国际刑事法庭(“ICTY”、“ICTR”)紧密合作、相互影响，大多数欧洲国家进行了旨在与国际刑事法庭合作的立法，也提供了相关的司法协助。例如，德国自从1992年起逮捕了4名在前南斯拉夫冲突中涉嫌暴行的嫌疑人。海牙ICTY只要求移交其中的一个叫塔迪克的人，此人于1994年被适时移交给国际法庭并接受了审判，对其他几个人的审判是在德国继续的。到目前为止，三个中的两个，即挪维斯利弗·迪加杰克与尼克拉·乔杰克，已经被定罪判刑。④

②司法管辖的改变。一些国家为适应对战争罪的惩治而完善本国的司法管辖制度。其中最受人瞩目的是瑞士与荷兰，两国将他们的军事审判机关

① 《国际刑事法院与普遍管辖权的概念》，载苏格兰国会网站2003年10月24日。

② 参见《有效实践普遍管辖权14项原则》，大赦国际1999年5月，索引：IOR 53/01/99。

③ http://www.mamasquilt.com/blog/archives/000012.html.，2003年11月23日。

④ 《国际刑事法院与普遍管辖权的概念》，载苏格兰国会网站2003年10月24日。

作为适合管辖涉及战争罪案件的法院。在决定荷兰法院能够对战争罪行使普遍管辖的最主要的案件中,荷兰最高法院决定将一个普通军事法官培训成处理涉及战争罪中军事性专门问题的特别法官。

③进行立法以呼应国际公约。法国是《日内瓦公约》缔约国,但是没有具有执行该公约的法律规定,法国进行了相关的补充性立法。法国最高法院于1996年3月批准了这项决定,为对波斯尼亚人、塞尔维亚人所犯战争罪的刑事调查排除了障碍。①

④对国际公约在有关内容上的空缺进行弥补。有的国际公约在制定中没有为缔约国确立普遍管辖权,这使得缔约国对相关国际犯罪进行普遍管辖缺乏明确的法律依据,欧洲国家在不违反国际公约的前提下,积极地在本国法中弥补这种缺陷。

《防止及惩治灭绝种族罪公约》第6条只规定了依据领土行使管辖或一个相关的国际法庭来行使。奥地利最高法院在1994年赋予本国法院在犯罪地国没有功能正常的司法审判系统,并且也没有能够对国际犯罪进行管辖的国际刑事法庭时,对该类案件进行普遍管辖的权力。德国与西班牙也规定了本国可以对《防止及惩治灭绝种族罪公约》中规定的罪行进行普遍管辖。德国法院在审理1997年的"乔杰克案"中发现该《公约》第6条原则上并没有排除国家行使刑事普遍管辖的可能性。西班牙最高法院在皮诺切特案件中也发现:该《公约》中虽然缺乏缔约国行使普遍管辖权的具体规定,但公约并没有完全排除成员国行使刑事管辖权的可能性。因此法院认为,如果将该《公约》第6条视为对国家法院自由地起诉发生在境外的灭绝种族罪的限制性规定的话,是与公约的精神相悖的。②

(4)实践中存在的问题

在欧洲进行的普遍管辖实践,遇到了一些障碍,也暴露出普遍管辖原则自身的一些缺陷。主要有以下几方面。

①对普遍管辖态度消极。由于国际公约都没有规定缔约国不履行国际犯罪普遍管辖义务的责任条款,从这种意义上说普遍管辖权只是"允许"而不是"强制",不是"要求"任何特别的国家进行起诉。

从整个国际社会看,大部分国内法院并不情愿在本国与罪行之间在没有明显联系的情况下进行刑事管辖。③ "普遍管辖权只是国家法院在很零星的

① 同上注。

② 同上注。

③ 参见〔意〕莱亚尔·S.桑戈:《形成中的国际刑法典与执行制度的发展体系》,库勒法律国际公司1997年英文版,第254页。

情况下运用。尽管在20世纪爆发的许多武装冲突中有许许多多的战争罪、危害人类罪及灭绝种族罪被实施,但是除存在争议的'艾希曼案'外,国家法院单独依据普遍管辖原则起诉一个国际罪犯的案件是极少的。"①

②管辖冲突。国际犯罪案件常常会牵连到数个国家,如果相关国家都主张对同一国际罪行的刑事管辖权,就会发生积极的管辖冲突。另一方面,相关的国家刚好对同一个国际犯罪都无法进行管辖的情况也可能发生。虽然这种情况出现的可能性很小,但不是没有可能性。这就是所谓消极的管辖冲突。

虽然国际公约常常规定当有关国家之间不能以谈判方式解决时,其中任何一方可以交付仲裁或者提交国际法院裁决,但有些国家在加入国际公约时对这类条款加以了保留,因此刑事管辖冲突的出现是难免的。这种刑事管辖争端往往导致对罪犯惩处不能实现。如法国的"阿斯泰兹案"就是如此。1999年,阿根廷上尉阿尔弗莱德·阿斯泰兹因被控在阿根廷对两名法国修女实施酷刑及强迫消失行为,在缺席情况下阿斯泰兹被审判并被判处终身监禁。但是,2001年8月,阿根廷政府拒绝将其引渡给法国,同时阿根廷外长写信给意大利及法国驻布宜诺斯艾利斯大使馆,声称阿根廷法院对在阿境内的犯罪拥有唯一的排他的管辖权。② 因管辖争端导致案件久拖不决的例子还有"洛克比空难案",该案在各方僵持十多年后才尘埃落定。

③各国在刑事诉讼程序上的差异,同样可能导致普遍管辖原则适用的障碍。

④证据调查中的困难。援引普遍管辖原则的案件往往十分复杂,犯罪嫌疑人、犯罪证据或证人可能分别处于不同的国家,即使罪犯处于法院地国的实际控制中,单是对犯罪证据的调查工作就艰苦异常,这包括收集证据,寻找证人,在那些法律不承认书面证词的国家,还要保证证人到庭作证。这些诉讼活动必须依赖相关国家的密切配合及司法协助。

⑤财政问题。对在本国境外发生的国际犯罪进行普遍管辖,意味着证据收集上的困难,要解决这些困难,就意味着巨大诉讼成本的投入。虽然,不少国家寻求更方便的收集证据的途径,但整个刑事诉讼过程中仍要承担很大的诉讼费用。这也是许多国家不愿进行普遍管辖的原因,有的国家即便愿意管辖也力不从心。在"皮诺切特案"中,英国在财政方面就投入巨大。害怕高额的司法成本是很多国家在需要其履行普遍管辖义务的情况下踯躅不前的

① 亚兹·桑德斯在《国际刑法》(巴西奥尼主编,1986年版)中违反人权法犯罪部分第230页;吉夫·吉尔博特的引渡法部分(1991),第213—218页。

② 《国际刑事法院与普遍管辖权的概念》,载苏格兰国会网站2003年10月24日。

原因,即使那些司法成本比英国低得多的国家也不愿多管闲事。而且,即使国家能够或愿意为其司法机关进行普遍管辖投入金钱,被害人及其组织也常常根本无法承担交通、到庭作证及其他事项中的高额费用。①

总而言之,适用普遍管辖权虽确定了刑事管辖权,但在罪行的起诉和审判上必须取得相关国家合作才能有效打击和预防国际犯罪。立法与司法双重障碍导致普遍管辖权在实践中的阻滞,需要深入研究并加以克服。②

(5)关于豁免问题

刑事豁免权制度似乎是普遍管辖原则不得不接受的一个限制。豁免权问题在关于普遍管辖的理论中,是争议最多、难度也最大的问题。

①关于外交豁免。外交代表享有外交特权和刑事管辖豁免权,是国际法上的一项古老规则,在 1961 年的《维也纳外交关系公约》中被明确规定。③可见,外交代表在驻在国犯罪时不受驻在国刑法的管辖,即使享有外交特权或豁免权的人实施了国际犯罪,其驻在国也不能援引普遍管辖原则进行管辖。该豁免权始自其委派通知到达接受国外交部门之时,终于该员离境之时或听任其离境的合理期间终了之时。④

尽管关于外交人员的豁免权有上述明确规定,但是在关于外交人员涉嫌实施违反国际法的国际犯罪时是否仍可享有刑事豁免权问题上,国际社会的认识是不同的。"比利时逮捕令案"的发生就起因于此。⑤ 在该案中,比利时的行为被国际法院裁定违反了国际法。国际法院认为,尽管一系列相关国际公约赋予缔约国管辖国际犯罪的权利,但国家刑事管辖权的扩大并不意味着豁免制度的放弃。而且,如果外交部长存在着被逮捕的危险的话,可能根本

---

① 《普遍管辖权:通过非政府组织迎接挑战》,"人权律师协会"网 2003 年 10 月 3 日。

② 参见黄京平、石磊、蒋熙辉:《论普遍管辖原则及其实践》,载《政治论坛》2001 年第 2 期。

③ 该《公约》第 29 条规定:"外交代表人身不得侵犯,外交代表不受任何方式之逮捕或拘禁。接受国对外交代表应特示尊重,并应采取一切适当步骤以防止其人身、自由或尊严受到任何侵犯。"第 31 条第 1 款规定:"外交代表对接受国之刑事管辖享有豁免",该条第 4 款还规定:"外交代表不因其对接受国管辖所享之豁免而免除其受派遣国之管辖。"

④ 参见王铁崖主编:《国际法》,法律出版社 1995 年版,第 381 页。

⑤ 比利时认为,一旦外交部长犯有国际罪行,他(她)就不能再享有外交特权和豁免权。也就是说,在这种情况下,任何外国的司法当局可采取相应的措施对其行使普遍管辖权。可见比利时不承认国际刑法领域中的外交刑事豁免权。基于上述认识,2000 年 4 月 11 日,比利时特别法庭的调查法官签发了针对刚果当时的外交部长耶罗迪亚的"缺席审判逮捕令",指控其犯有战争罪及危害人类罪。刚果强烈反对比利时的做法,并上诉至国际法院。第二个反对理由就是刚果的现任外交部长享有国外司法豁免权。参见《世界法院:受限制的普遍管辖权》,载《世界观察与评论》第 128 期,2002 年 2 月 20 日。

不能开展外交工作。同时,国际法院认为,外交部长的外交特权和豁免也并不意味着,无论他们犯有多么严重的国际罪行都应享有刑事豁免权,下列几种情况下外交部长的豁免权无效:在所属国受审;所属国放弃豁免;退出政府公职后不再享有外交特权和豁免权;在具有管辖权的国际刑事法庭接受审判。①

国际法院的上述裁决使当时比利时的一系列待决的普遍管辖案件被停止,这些待解决的案件中,包括一个针对以色列总理阿瑞尔·沙龙的指控。②2001年7月,23名巴勒斯坦人向比利时地方法院提出起诉,要求以战争罪对以色列总理沙龙和前以军司令阿莫斯·亚龙进行司法调查和审判。根据指控,在1982年担任以色列国防部长的沙龙对当年发生在贝鲁特南部的巴勒斯坦难民营屠杀案负有不可推卸的责任。2003年2月12日,比利时最高法院作出裁决,同意本国政府在以色列现任总理阿里埃勒·沙龙卸任后对其展开战争罪的司法调查和起诉。③

不过,对于国际法院的裁定,比利时外长路易斯·米切尔并没有认输。虽然声明比利时的相关法律必须被修改,但他们仍坚持认为"这项惩罚严重违反国际人权法的基本原则仍是可以适用的",普遍管辖失去一次战役,但或许赢得了整个战争。④

②国家元首的豁免问题。在豁免问题上,最主要的难题就是前任或现任国家首脑的刑事豁免问题。⑤

外交人员及国家领导人的豁免虽然是一项存在已久的国际习惯规则,而且也已得到相关国际公约的确认。但是,在规定国际犯罪的国际法规范中,豁免权对国际犯罪刑事管辖的限制往往是不被承认的。因为,从历史上看,最严重的国际犯罪者常常是国家元首或国家首脑,他们在主权及豁免权的庇护下总能逃脱惩罚、逍遥法外。这与普遍管辖理论的精神相悖。根据相关国

---

① 参见2002年2月14日国际法院关于"刚果诉比利时逮捕令案"的判决,转引自余民才主编:《国际法专论》,中信出版社2003年版,第288页。

② 《世界法院:受限制的普遍管辖权》,载《世界观察与评论》第128期,2002年2月20日。

③ 参见余民才主编:《国际法专论》,中信出版社2003年版,第288页。

④ 《世界法院:受限制的普遍管辖权》,载《世界观察与评论》第128期,2002年2月20日。

⑤ 参见高铭暄、王秀梅译:《普林斯顿普遍管辖原则及其评论》,载《中国刑事法杂志》,2002年第3期。

际公约规定①,似乎可以说明两点:一是国际刑事审判组织在管辖国际罪行中不承认嫌疑人的豁免权。二是涉嫌犯有灭绝种族罪、酷刑罪、战争罪及危害人类罪等几种最严重国际犯罪的人不应当享有豁免权。

但是,在普遍管辖的实践中情况好像没有这么简单,前文曾多次提到的“皮诺切特案”就是个很好的例子。

1998 年至 2001 年的“皮诺切特案”之所以引起国际社会广泛、高度的关注,很大程度是由于其涉及国家领导人的刑事豁免权问题。英国上议院裁定皮诺切特在关于酷刑的指控上不享有豁免权,随后智利上诉法院也取消了皮诺切特的终身参议员的豁免权。如果不是皮诺切特身体状况不适宜接受审判从而终止诉讼的话,他应当会被定罪判刑。这一案被认为具有划时代的意义,“这点在国际层面有相当的重要性:如果就 1988 年 9 月 29 日(即《反酷刑公约》在英国正式生效实施的日子)后被指控的酷刑行为,皮诺切特参议员被裁定不享有豁免权,这便是(至少根据本案中律师的调查研究)有史以来首次有一国内法院以豁免权不适用于某些国际罪行的检控为理由,拒绝把豁免权给予一个国家元首或前国家元首。”②

皮诺切特一案给人们的最大启示是,在某些情况下,贵为国家元首的人,如在本国犯有严重侵犯人权的暴行,在其卸任后即使本国不对他进行司法追究,他在国外也可能受到逮捕、起诉、审判或引渡。如果他涉嫌所犯的是某些国际罪行,他和他的国家将不能主张其豁免权。③

③理论观点的分歧。关于在外交代表及国家元首涉嫌国际犯罪时能否仍依相关公约享有刑事豁免权问题,理论上存在针锋相对的观点。

不少学者以及国际人权团体都主张在国际犯罪的管辖中不应承认豁免权。认为普遍管辖原则之所以被确立正是为防止某些国家出于不良动机包庇国际罪犯情况下,其他国家可以依据该理论将其绳之以法。从这个意义上

① 《纽伦堡宪章》第 7 条规定,被告人的官方身份,无论作为国家首脑或者政府部门的负责官员,都不能免予责任或者减轻处罚。《前南斯拉夫国际刑事法庭规约》和《卢旺达国际刑事法庭规约》中删除了战争罪、灭绝种族罪和危害人类罪的实体豁免。《罗马规约》第 27 条也作了类似的规定:(1)本规约对任何人一律平等适用,不得因官方身份而差别适用。特别是作为国家元首或者政府首脑、政府成员或议会成员、选任代表或者政府官员的官方身份,在任何情况下都不得免除个人根据本规约所负的刑事责任,其本身也不得构成减轻刑罚的理由。(2)根据国内法或者国际法可能赋予某人官方身份的豁免权或者特别程序规则,不妨碍本法院对该人行使管辖权。

② 参见“皮诺切特案”中 Browne-Wilkinson 勋爵的判词[1999] 2 All ER 97 at 111 。

③ 参见赵秉志、陈弘毅主编:《国际刑法与国际犯罪专题探讨》,中国人民公安大学出版社 2002 年版,第 35—38 页。

说,对普遍管辖原则的任何限制都是与普遍管辖的精神相背离的。如《普林斯顿原则》第5条对“豁免”的规定:关于原则2(1)中所列举的国际法规定的严重犯罪,任何被指控人的官方地位,无论是一国或政府首脑还是政府负责官员,都不能免除其刑事责任或者减轻处罚。①

有的学者对豁免权的历史基础提出质疑,从而得出否定国际刑法中存在豁免权的结论。皮诺切特一案中英国上议院菲利斯法官指出:在国际法的发展史中,国内法院在刑事上就非公民的治外法权是新生的事物,翻查国际法的四大渊源——习惯、司法判例、学者著作和一般法律原则,都找不到关于一国的前国家元首其任内的公务行为是否在别国刑事法院享有豁免权的权威性规范。并不存在已成立的国际法规范,要求在国际犯罪的检控中承认国家豁免权。

也有学者认为虽然对国际犯罪管辖中的豁免权持否定态度,但是并没有将观点极端化,而是认为外交代表至少在驻在国领域内还是享有刑事管辖豁免权的,一旦离开驻在国的领域,他就不能作为外交代表享有外交特权和刑事管辖豁免权,而是同样受到其他国家包括其派遣国的刑事管辖。因此,所谓的豁免则是从某一内国法的角度看,才可能出现的情况。②

另有一些学者持相反观点,认为豁免权即使在涉及国际犯罪的管辖中也一样应当被允许。如基辛格博士认为:即使对于附有履行承诺的公约,如《灭种公约》,普遍管辖权也从未被考虑过可能使一个国家的往任或继任首脑被另外一个非犯罪地国家的检察官控告。甚至直到最近,在各种联合国声明中,导致一国往任或继任首脑可能在不经过正当程序的保护或制度上的约束的情况下就被第三国的地方法官起诉并审判的制度也没有争论过。③ 他同时认为,虽然英国基于西班牙的请求而对皮诺切特进行长达16个月的软禁是建立了一个公正原则即普遍管辖原则的里程碑,但是“不能允许法律原则被作为解决政治宿怨的武器”。④

很多学者对国际刑法中的豁免权问题采取了折中或务实的态度。如《普林斯顿原则》制定者之一的罗德·布劳恩-威尔金森就提出与《普林斯顿原则》不同的观点。他首先表明赞成对严重国际犯罪适用普遍管辖权的态度,

---

① 参见高铭暄、王秀梅译:《普林斯顿普遍管辖原则及其评论》,载《中国刑事法杂志》2002年第3期。

② 参见张智辉:《国际刑法通论》(增补本),中国政法大学出版社1999年版,第87页。

③ 参见〔美〕亨利·基辛格:《普遍管辖权的缺陷:冒专制司法的危险》,载《外交事务》2001年第4期。

④ 《国际刑事法院与普遍管辖权的概念》,载苏格兰国会网站,2003年10月24日。

但是认为在该原则适用时不承认任何形式的主权豁免可能引起国际社会更大的动荡:对西方国家没有好感的国家可能会抓住这些西方国家现任、已退休的官员及军事人员,并对指控的国际犯罪进行展示性的审判。相反,西方国家的痴迷者也可能会进行诉讼,例如,对伊斯兰极端主义分子的恐怖主义行为提起诉讼。在这种情形中,如果认为被告人的国籍国会支持和观望审判的进行则过于天真,更有可能的是采取强制的手段。无论如何对这种法律行为的担忧,在其希望适用涉及外交人员免于指控的情况下,制约了维持和平强制方法的使用。笔者相信,采纳毫无保留现行豁免观念的这种普遍管辖权,与促进国际和平的机会相比会更容易造成损害。①

笔者认为,如果从普遍管辖原则的基本精神出发,该原则在适用中不应该有任何例外存在,任何人,不论是普通百姓,还是国家元首,只要犯有国际罪行,就应该平等地、无一例外地受到惩治。原因很简单,防止"免予处罚"本来就是普遍管辖原则产生的理由及存在的价值。更何况,当国际犯罪是以官方名义进行时,它与其他国际犯罪同样令人厌恶,甚至更加令人厌恶。②但是从普遍管辖原则的国际实践及国际法院关于"比利时逮捕令案"的判决结果来看,在普遍管辖原则的适用中,不承认外交豁免这一例外似乎不现实。实际上,当被指控的国际罪行与一国国家政策相关时,当被指控的嫌疑人是执行国家政策的一国国家元首或高级官员时,由另一国的国内法院对被指控的国际罪行行使普遍管辖权不仅具有其难以克服的局限性,而且可能影响正常的国际关系。③

由此可见,"通过跨国性诉讼企图追究别国前领导人的暴行的法律行动,涉及复杂的外交、政治问题和多元的考虑,不宜简单化地把追求法律意义上的正义视为唯一的价值和目标。"④普遍管辖原则的目的固然是惩治国际犯罪,但是普遍管辖原则的最终目标更是维护世界和平与安全。如果刻意追求不存在任何例外的绝对的普遍管辖,既不现实也不合理,最后可能与自己所要追求的目标背道而驰。因此,笔者认为在普遍管辖原则当前的发展阶段

---

① 转引自高铭暄、王秀梅译:《普林斯顿普遍管辖原则及其评论》,载《中国刑事法杂志》2002 年第 3 期。

② R v Bow Street Metropolitan Stipendiary Magistrate and others, exparte Pinochet Ugarte(No. 3)[1999]2All,《英国法律报告》第 189—190 页。

③ 事实情况正是如此,"皮诺切特案"的发生严重影响了西班牙与智利、英国与智利原有的友好外交关系。也有人担心该案会改变智利民主化过程中微妙的各方权利的均衡而造成政治动乱。参见余民才主编:《国际法专论》,中信出版社 2003 年版,第 287 页。

④ 参见陈弘毅:《从"皮诺切特案"看国际刑法和国际人权法的发展》,载陈弘毅:《法理学的世界》,中国政法大学出版社 2003 年版。

中,容许豁免权这一例外存在可能是唯一明智的选择。

(二)普遍管辖原则的改进

1. 立法上的完善

(1)国际公法的完善

①确立责任条款。目前,无论是学者还是进行过普遍管辖实践的国家,都强烈地感觉到以某种方式确认有能力履行但恶意不履行国际公约义务,包庇国际犯罪分子的国家应承担国际责任的必要性。国际社会已为此进行了一些努力,如为防止怠于履行打击国际犯罪义务情况的发生,美国、英国、法国、加拿大等国家在1978年曾签署《波恩声明》,宣称对于违反《东京公约》、《海牙公约》、《蒙特利尔公约》规定的义务而不对上述公约规定的国际罪行采取必要措施的国家实施联合制裁。但是这样做必然涉及相关国家的主权。在缺乏明确国际法规则的情况下,很容易引起国际纠纷。①

可见,更可行的途径似乎仍应在国际公约制定时,将责任条款作为公约制定时一个重要议题进行考虑。这样做困难很大,因为采取什么方式制裁、执行中的一些配套程序等需要经过大量的考察,也会引起很多争论;同时各国必然会基于本国利益考虑是否加入相关公约,这一定会限制加入公约国家的数量,从而限制公约的效力范围,这样也自然影响普遍管辖原则适用的空间范围。但是,普遍管辖原则适用的这一障碍如果不解决,国际社会为普遍管辖原则的发展所作的努力将前功尽弃。因此,在不可能有更理想的解决途径时,我们所能做的只能是退而求其次了。

②创制国际刑法典的努力。如何解决各国对国际罪行规定的刑罚轻重悬殊的问题,早已成为学者们讨论的课题。有的学者建议国际社会在创设国际刑法规范时,对国际犯罪认定最低限度刑罚,以保障罪与刑在世界范围内的大致均衡。这不失为一种可行的解决办法。

解决各国公法具体规定差异的另外一种设想就是制定一部统一的在全世界范围内有效的国际刑法典,很久以来这一直是学者们的梦想。为此,学者们进行了不懈的努力。1872年美国学者菲尔德所创建的"和平协会",1889年由德国刑法学家李斯特、荷兰刑法学家哈默尔和比利时刑法学家普林斯等人共同创建的国际刑事科学协会,1900年在巴黎举行的国际比较法大会,1926年成立的国际刑事和感化基金会,都曾提出研究国际刑法、建立统一的国际刑法制度的建议和设想。② 第一个提出国际刑法典的原则纲要

① 参见张智辉:《论国际刑法中的普遍管辖原则》,载《法学研究》1992年第5期。

② 参见张智辉:《国际刑法通论》(增补本),中国政法大学出版社1999年版,第24页。

的是意大利犯罪学家加罗法洛。[①] 从1926年在布鲁塞尔召开的第一次国际刑法大会开始,国际刑法的编纂一直是大会的一个议题,大会所作出的许多决议都关系到国际刑法的编纂。[②] 第一部国际刑法典的草案是各国议会联盟在1925年提出的,该草案未获国际社会普遍认可,影响有限。1979年,美国芝加哥圣保罗大学教授M·C.巴西奥尼受国际刑法学协会理事会委托拟定了一个完整的《国际刑法典草案》。1984年,巴西奥尼在《国际刑法典草案》的基础上增加有关国际刑事法庭规则的内容,以《国际刑法典及国际刑事法庭法规草案》为名公开出版。该《国际刑法典草案》对于国际刑法学的发展仍具有不可忽视的意义,受到国际刑法学界的高度评价,成为国际刑法学理论发展的重要研究成果。

从目前情况看,尽管建立统一的国际刑法规范的时机还不成熟,甚至可能是前途渺茫,但毫无疑问,这仍是值得我们为之付出努力的一项事业。

(2)国内刑事实体法的完善。国内法上是否规定普遍管辖原则及规定内容如何直接影响着普遍管辖原则能否被适用。

①确立普遍管辖原则。普遍管辖原则的有效实践依赖国际社会的精诚合作,但前提是更多的国家在本国法对该原则及国际犯罪进行规定,否则即便公约规定了责任保障条款也无能为力。按照国际法理论,公约只约束缔约国,而不能约束非缔约国,所以普遍管辖原则在需要公约进行更合理、更科学规定的同时,同样需要被更多的国家接受。

②完善相关立法。国际公约的规定与国家公法的确认只是为普遍管辖原则的适用提供了法律依据,但是显然不能保证该原则在适用上的畅通无阻,后者主要依赖于各国相关法律规定的一致性,但这种想法显然有点异想天开,因为历史传统、法律文化的差异,各国刑事法对普遍管辖原则及国际犯罪在实体法及程序法上的规定都必然有很大差别。这个问题是客观存在的现象,应当是普遍管辖原则在适用中无法根本克服的一个障碍。

尽管如此,作者认为,从普遍管辖原则的精神出发,各国在进行相关立法时还是应当做到如下几点:

首先,在定义国际犯罪时尽量与国际法的定义保持一致。随着国际公约制定技术的完善及各国交流与合作的加强,国际刑法公约对犯罪定义及特征的表述越来越准确、科学,所以各国在本国法中将严重的国际犯罪进行定义时,应当尽量使这些罪行的定义与国际法及国际准则保持一致。但是,各国

---

① 参见〔意〕加罗法洛:《犯罪学》,王新等译,中国大百科全书出版社1996年版,第359—372页。

② 参见邵沙平:《现代国际刑法教程》,武汉大学出版社1993年版,第70页。

出于不同的利益考虑,在国内法中规定相关犯罪时常按自己的需要来表述该罪的定义及构成特征,这也会成为普遍管辖原则有效适用的一个障碍。因此,如何将犯罪定义与国际公约保持一致是各国制定法律时面临的一个课题。至少,各国为呼应其加入的公约而规定国际犯罪时,不能使国内法上的定义与国际法中的规定有根本的差异。

有的非政府组织还要求国家立法应当将严重的国际犯罪,诸如灭绝种族罪的共谋及帮助行为等共同犯罪形态也进行规定,个人也可以因其共犯行为被运用于普遍管辖原则。这一建议并不违背共同犯罪基本理论,而且也符合国际刑法的立法现状。有的国际公约就规定共犯、未遂、中止等都应当受处罚,这当然也意味着可以适用普遍管辖原则,如《反腐败公约》及《联合国打击跨国有组织犯罪公约》都有这样的规定。

其次,关于刑罚立法。各国实体法对刑罚种类、严厉程度的规定都有很大差别,在具体犯罪法定刑的配置上区别更大。要求各国刑法典在将刑罚规定得整齐划一显然过于幼稚,但是至少在一点上各国实体法应当做到,那就是禁止酷刑、不人道或降低人格的惩罚。

(3)国家刑事程序法的完善

①关于辩护理由。很多暴行都是在上级命令下进行。对于那些严重的国际犯罪,国家刑事程序法应当规定:上级命令、强迫及不得不去做等不能作为辩护理由。当然,国家在适用普遍管辖原则对国际犯罪的嫌疑人进行审判时,与国际法相符的辩护还是应当被允许的。总之,国家刑事程序法应当将本国运用普遍管辖原则审判国际罪犯时能够适用和禁止适用的辩护理由都予以明确规定。

②关于启动刑事诉讼的方式。在启动刑事诉讼方式上,各国的规定不同,有的国家法规定必须等待被害者的控告或其他具有密切利益的人控告,否则不能启动刑事程序。很显然,对于那些严重的国际犯罪来说,这种设置并不合理。将国际犯罪分子交付审判,是每一个国际社会成员为了国际整体利益而应当履行的国际义务,这就要求国家不能在起诉方式上设置不必要的障碍。因此,为确保对国际罪行行使普遍管辖,国家立法应当规定,只要有充足的证据,不需要等其他人控告司法机关就可以提起诉讼。

③公正审判。国家应当在刑事诉讼法中规定保护国际罪犯的嫌疑人或被告人所有的必需的正当程序权利,以确保对他们进行的审判按照国际法及国际准则要求的公正及时效制度进行。国家立法应当规定所有政府部门,包括警察、检察官以及法官,必须保证被控告者的这些权利受到全部的注意。

2. 实践中缺陷之克服

(1)关于豁免问题。豁免权的限制是普遍管辖原则实践中一个不得不接受的事实,这在前文已进行过分析。但学者们仍在想办法将对普遍管辖原则适用中的豁免权范围作合法的限制。但是,这很困难,尤其是外交豁免权,其已被滥用到严重影响正常国际关系,妨碍普遍管辖原则实践的程度。欲根本消除滥用外交豁免,既不符合现实情况,也不具有理论基础。所需解决的只是减少滥用限度的问题。① 国际法学者也不得不承认国家之间出于对等互惠原则不能单方做出外交特权与豁免权的限制。但英美法系和大陆法系目前都倾向于限制外交豁免,主张区分外交代表以官方身份所为行为和具有私人性质的行为。②

(2)证据的收集与保全。近些年发生的许多普遍管辖的案件中,国家法院在准备起诉国际犯罪中,确实曾遇到过包括从犯罪地国官方获得重要证据(尤其是在该国反对这一起诉或不愿进行合作的情况中)和确保被害人及证人在审判时按时到庭在内的一些困难。这当然严重制约着国家对普遍管辖国际义务的有效执行。事实上,这也是最常见的反对普遍管辖的理由,对于那些不承认普遍管辖原则适用中有豁免权限制的人来说,证据收集上的困难是普遍管辖原则有效适用的唯一障碍。

笔者认为,尽管调查与起诉一个发生在他国境内的罪行存在着上述挑战,但是这种困难不应被用作不履行普遍管辖国际义务的借口。因为这些障碍并不是在所有案件中都存在,而且如果出现的话,通常是有解决的途径的。根据20世纪90年代以后欧洲国家进行的数起成功的普遍管辖案件看,有的是目击证人自愿到法院地国作证。近几年还出现了新的证据收集方式,如陪审团直接到被指称的屠杀地点调查,或检察官直接找到被害人获得证词,还有其他的一些收集证据的途径,如卫星照片等。奥地利、比利时、加拿大、丹麦、法国、德国、意大利、塞内加尔、西班牙、瑞士及英国等国的检察官成功地调查并起诉涉嫌发生于国外的国际犯罪的事实清楚地说明:在大多数案件中,技术上的障碍是能够克服的。③

(3)政治因素的影响及克服。国际法不可能是一种孤立的存在,它深受国际社会各个方面,特别是国际政治的制约。

具体到国际刑法来看,可以说政治势力的影响遍及国际刑法立法及司法

① 参见黄德明:《论滥用外交豁免的解决方法》,载《武汉大学学报(哲社版)》1997年第2期。

② 参见米歇尔·阿克胡拉特:《现代国际法绪论》,1987年第6版,第116—117页。

③ 《普遍管辖权:通过非政府组织迎接挑战》,"人权律师协会"网,2003年10月3日。

层面的每一个角落。具体表现在以下几方面：

①影响国际刑事立法。在国际刑法的立法中，常常存在被某些政治经济强国进行政治或外交斗争，从而推行其霸权主义、扩张主义、新殖民主义的现象。如作为赫尔辛基会议最后(1975年《欧安会最后法案》)法案的谈判代表之一的基辛格博士就十分肯定地说："我代表的政府首先是将该法案作为用来阻碍共产主义向苏联施加压力及迷惑民众的外交武器。"①具体到普遍管辖问题，他并不否认从理论上看它应当是一种公正的原则，但是对于该原则不被作为政治斗争的工具根本不抱乐观态度。

②影响国内刑事立法。这一点从比利时制定《普遍管辖权法》的命运可见一斑。

③影响国际刑事司法。普遍管辖案件中，常常无法摆脱政治势力的干预，甚至普遍管辖原则本身也会被作为政治斗争的工具。正如有学者所担忧的：个别国家也可能出于政治动机滥用普遍管辖权进行起诉，唯利是图的政府和卑劣的检察官可能会指控与他们政治见解不一致的国家首脑或者其他高级官员。强国可能在希望起诉他人，违反相互平等对待的基本主张中，努力免除自己领导者的责任。②

④影响国际法理论。有学者说，从国际法的历史演进中可以发现"国际法对国际政治有一种畸形的从属性。"③这一表述或许有些夸张成分，但我们确实不能否认强权政治曾给近代国际法留下了深刻的烙印，而且从现代国际法的发展看，情况并没有太大改善。不仅如此，政治因素的影响已经渗透到国际法理论之中。有的学者在探讨国际法的效力来源这一国际法的基本问题时，就将目光由自然法学派、实在法学派或折中观点而转向从政治势力影响上来寻求国际法的效力来源。④ 笔者认为，即使其确实能够在很大程度上揭示权力政治与国际法关系的现状，也决不能因此就将国际法的效力来源理解为国际政治或外交势力影响，因为所谓国际政治势力影响只是国际法在努力建立国际政治、经济新秩序的过程中常常遇到的一种外在干扰因素。其与国家法的效力问题根本不是同一层次上的概念。无论政治影响对国际法的运行产生多大的影响，都不可能因而成为国际法据以存在的正当性根据。

---

① 参见〔美〕亨利·基辛格：《普遍管辖权的缺陷：冒专制司法的危险》，载《外交事务》2001年第4期。

② 参见高铭暄、王秀梅译：《普林斯顿普遍管辖原则及其评论》，载《中国刑事法杂志》2002年第3期。

③ 参见杨泽伟：《国际法析论》，中国人民大学出版社2003年版，第18页。

④ 参见邵沙平、余民友主编：《国际法问题专论》，武汉大学出版社2002年版，第6页。

在笔者看来，从国际法的发展前景看，减少或逐渐摆脱国际政治的影响和束缚既具有必要性，也具有可行性：一方面，国际社会的和平与发展需要一个不受政治因素干预的独立的国际法体系。虽然在当今世界，强权政治依然存在，而且可能在某些国际区域或某些时期十分突出。但是和平与发展已成为当今世界的两大主题，国际社会的所有成员，无论是弱小国家还是经济军事强国都应当自觉自律，切实履行国际法义务，真诚进行国际合作的观念已成为国际社会的共识及奋斗目标。另一方面，国际法约束力的不断增强，民主性的日益提高为这一目标的实现提供了可行性。国际法律关系和国际司法行为已成为国际政治与国际关系的一个重要组成部分，成为制约国际行为的一个重要因素。① 虽然国际法尚未建立对违反国际法的行为进行强制性、有效制裁的体系，但是国际法的“硬”性因素在逐渐增加②，这是国际社会的共识，也是国际社会的共同愿望。同时，由于国际法的主体迅速增加，使得国际社会日益向多元化方向发展，国际社会的民主、平等观念因而也逐渐得到增强。所有这些都将成为约束强权政治等国际不法行为的有力因素。

不过，要彻底排除强权政治对国际刑法的不正当干预还需要人们长期坚持不懈的努力，为此应从两方面入手：从立法层面上看，制定国际刑法条约或国内刑事法时，国际社会应当严格遵循国家主权平等原则、善意履行国际义务原则等国际法基本准则。从司法层面上看，为了尽量减少政治干预，各国应作出相关法律规定，保证司法的独立性。具体地说要保证开始、进行或停止犯罪调查或起诉的决定应当以司法机关的公正与独立为基础。联合国《关于检察官角色的指导方针》第 14 条明确规定：“一个公正的调查意味着在指控没有根据时，检察官不应发动或将已经开始的调查进行下去，或者进行延缓程序的任何努力。”而且指导原则第 13 条[A]与[B]还规定：检察官发动或继续一个起诉时，应排除政治、社会、宗教、种族、文化、性别或者任何其他形式歧视的影响，应当遵守国家法协助检察官将严重违反人权法及国际人道主义法的国际犯罪分子交付审判，以保护国际社会整体的利益以及被控犯罪中被害人的利益。③

(4)关于财政问题。财政问题也是普遍管辖原则适用中的一个现实问题，一国可能基于财力有限无法进行昂贵的普遍管辖诉讼。对于诉讼中被害人及证人面临的财政问题，有的学者建议可以通过非政府组织进行一些努力，如进行集资或成立信用基金等来支持诉讼工作。

---

① 参见杨泽伟：《国际法析论》，中国人民大学出版社 2003 年版，第 18 页。

② 参见梁西：《国际组织法》(修订 5 版)，武汉大学出版社 2001 年版，第 332 页。

③ 《普遍管辖权：通过非政府组织迎接挑战》，“人权律师协会”网，2003 年 10 月 3 日。

五、中国与普遍管辖原则

中国一向十分重视对严重危害国际社会和平与安全犯罪行为的预防与惩治。虽然关于普遍管辖原则的实践尚未全面展开,但中国已经积极地开始了相关的国内立法活动,并日益重视与其他国家的刑事司法合作,以更充分地履行国际义务。本文中仅就中国关于普遍管辖原则的国内立法活动进行探讨。

(一)普遍管辖原则在中国的确立

由于缺乏足够的了解,中国刑法学界曾长期对普遍管辖原则存有偏见,将其视为霸权主义者肆意践踏别国主权的理论基础,是霸权主义的产物,因此,学者们对这一原则很少论及。① 在近几十年中,中国法学界在这一问题上开始改变观念,逐渐认识到作为国际刑法基本原则之一的普遍管辖原则对于惩治国际犯罪、维护世界和平与安全具有重大意义,也意识到对国际犯罪进行普遍管辖是每一个国家应尽的国际义务。但在制定1979年《刑法》时,理论上对普遍管辖原则的认识仍未达到应有的高度,因此在刑法中没有确立普遍管辖原则。

1. 中国所缔结或加入的相关国际公约

新中国成立后,中国先后缔结和参加了一些国际刑法公约,随着中国改革开放的不断深入以及在国际社会中的地位不断提高,中国缔结和参加的公约数目大为增加,这些公约中多数规定有普遍管辖原则。这些国际条约要求各缔约国应将非法劫持航空器、危害国际民用航空安全、侵害应受国际保护人员等国际犯罪规定为国内法上的罪行,予以惩处;有关缔约国应采取必要措施,对任何此类罪行行使刑事管辖权,而不论罪犯是否为本国人、犯罪行为是否发生在其国内,对此类国际犯罪都有普遍管辖权。根据这些国际公约的规定,中国应采取必要的措施,负有对条约中所列国际犯罪行使普遍管辖的义务,但是由于中国没有相关的普遍管辖原则的立法,所以承担公约义务无异于一句空话。

中国先后加入的国际刑法公约,依据是否对普遍管辖原则进行明确规定可分为两类:

(1)明确规定了普遍管辖原则的公约。

---

① 参见高铭暄主编:《刑法学原理》(第1卷),中国人民大学出版社1993年版,第301页。

这类公约包括：

1980 年 9 月 10 日中国加入 1970 年 12 月 16 日通过的《关于制止非法劫持航空器的公约》(即《海牙公约》)。同日中国加入了 1971 年 9 月 23 日通过的《关于制止危害民用航空器安全的非法行为的公约》(即《蒙特利尔公约》)。

1983 年 3 月 5 日无保留地加入联合国大会 1973 年 11 月 30 日通过的《禁止并惩治种族隔离罪行公约》。

1985 年中国批准加入 1972 年的《麻醉品单一公约》。

1985 年中国批准加入 1971 年在维也纳通过的《精神药物公约》。

1987 年 6 月 23 日中国加入 1973 年的《关于防止和惩处侵害应受国际保护人员包括外交代表的罪行公约》,该公约从 1987 年 9 月 4 日对中国生效。

1988 年 9 月 5 日全国人大常委会批准 1986 年 12 月 2 日中国代表签署的联合国于 1984 年 12 月 10 日通过的《反酷刑公约》。

1989 年加入 1987 年的《核材料实物保护公约》。

1989 年中国批准加入 1988 年 12 月 19 日通过的《联合国禁止非法贩运麻醉药品和精神药品公约》。

1991 年 6 月 29 日中国批准加入 1988 年的《制止危及海上航行安全非法行为公约》和 1988 年的《制止危及大陆架固定平台安全非法行为议定书》。

1996 年 5 月 15 日批准加入的 1982 年《联合国海洋法公约》。

2003 年 9 月 23 日批准加入 2000 年 11 月 15 日第 55 届联合国大会通过的《联合国打击跨国有组织犯罪公约》。

2003 年 12 月 10 日(墨西哥梅里达市当地时间)签署 2003 年 10 月 31 日第 58 届联合国大会通过《反腐败公约》。

最后两个公约是联合国历史上通过的首批用于指导国际反腐败斗争和针对跨国有组织犯罪的全球性的法律文件。这两项公约生效后,对腐败的预防、反腐败国际合作、非法资产追缴等问题都有了明确的国际法依据。这将对中国境内外的腐败分子产生极大的震慑作用,从而大大提高了在中国境外的追逃效能。

上述十余项国际公约都明确地而且越来越详尽地规定了普遍管辖原则,作为缔约国的中国应当依公约的规定,对其中规定的犯罪享有普遍管辖的权力。

(2)可依据国际习惯法对其中的国际犯罪适用普遍管辖原则的公约。这类公约包括：

1956 年 11 月 5 日全国人民代表大会常务委员会第 50 次会议批准加入

1949年日内瓦四公约:1949年8月12日的《改善战地武装部队伤者病者境遇的日内瓦公约》(即“日内瓦第一公约”);1949年8月12日的《改善海上武装部队伤者病者及遇难者境遇的日内瓦公约》(即“日内瓦第二公约”);1949年8月12日的《关于战俘待遇的日内瓦公约》(即“日内瓦第三公约”);1949年8月12日的《关于战时保护平民的日内瓦公约》(即“日内瓦第四公约”)。上述日内瓦四公约将严重破坏公约的行为规定为犯罪行为,并要求缔约国制定法律予以刑事制裁,同时并规定:“各缔约国有义务搜捕被控曾犯或曾令人犯此种严重破坏本公约的行为,并应将此种人,不分国籍,送交各该国法庭。”从这一规定可以看出,对于违反日内瓦四公约的犯罪各缔约国可以依本国法确立的管辖原则进行管辖,虽然没有明确规定普遍管辖原则,但是很明显是没有排除援引这一原则的可能性,当然前提是一国刑法中已确立的这一原则。

1978年11月14日中国加入《关于在航空器内的犯罪和其他某些行为的公约》(简称《东京公约》),该公约从1979年2月12日对中国生效。《东京公约》在管辖权一章中明确规定了航空器内犯罪的管辖权属于航空器登记国、犯罪行为受害国、犯罪后结果发生国以及罪犯的国籍国。没有明确规定缔约国的普遍管辖权,但是在该公约第4条规定了非登记国在下列情况可以对飞行中的航空器进行干预以对航空器内的犯罪行使其刑事管辖权:“……该国必须行使管辖权,以确保该国根据某项多边国际协定,遵守其所承担的义务。”从这一规定内容可以看出,该公约并不禁止对缔约国行使普遍管辖权,但仍不算是对普遍管辖原则的明确规定。

1983年9月2日全国人民代表大会常务委员会决定中国加入1949年日内瓦四公约两项附加议定书,即《1949年8月12日日内瓦公约关于保护国际武装冲突受难者的附加议定书》(第一议定书)和《1949年8月12日日内瓦关于保护非国际性武装冲突受难者的附加议定书》(第二议定书)。

1983年3月5日,中国批准加入1948年12月9日通过的《防止及惩治灭绝种族罪公约》。

上述几项公约中,有的是没有排除普遍管辖原则适用的可能性,有的则是从条文上看,不具有适用普遍管辖原则的可能性,当然这并不是绝对的。由于这些公约规定的犯罪都属于国际关注的最严重罪行,对国际社会危害极大,因此对这些犯罪适用普遍管辖原则进行联合惩治已成为国际社会的共识。如灭绝种族罪、战争类犯罪等,对这些犯罪的嫌疑人各国都有义务进行刑事管辖,无论该犯罪与本国有无密切关系。

另外,中国还签署或加入了其他一些国际刑法公约,但是其中没有明确规定国际犯罪或者没有确立普遍管辖原则,而且对这些罪运用普遍管辖原则进行惩治也尚未形成国际习惯法,笔者认为,对这些公约中规定的国际犯罪不能适用普遍管辖原则。如《禁止或限制使用某些可被认为具有过分伤害力或滥杀滥伤作用的常规武器公约》、1981 年 11 月 26 日全国人大常委会通过加入的《消除一切形式的种族歧视国际公约》及 1980 年 9 月 29 日全国人大常委会批准的《消除对妇女一切形式的歧视公约》等都属于这类情况。

2. 中国刑法与国际刑法的接轨

"国际刑法间接适用的前提是国际刑法规范的国内化。从这一意义上讲,国际刑法规范的国内化问题,是国际刑法从规范到实践的一个关键性的中间环节。"①正如 1989 年国际刑法学协会第 14 届代表大会关于"国际犯罪与国内刑法"决议所指出的:"包含刑事条款的国际条约给我们提出了一个重要任务 ,那就是要使某些条款在国内立法上刑事化";"缔约国应尽最大努力将国际条约中所包含的刑法条款纳入本国法律"。②

从刑事实体法上看,一国履行国内立法义务包括两方面:一是对普遍管辖原则本身的规定;二是对适用这一原则的国际犯罪的规定。在这两方面中缺少任何一方面,普遍管辖原则的实践就不能有效实施。

(1)在刑法总则中明确规定普遍管辖原则。尽管中国在参加有关的国际公约方面做了许多工作,批准参加的有关国际公约也为数不少,根据国际法之条约必须遵守的原则,中国批准或加入某一国际条约之后,即承担了对该条约规定的罪行予以管辖的义务。③ 但是由于中国 1979 年《刑法》没有确立普遍管辖原则,这必然削弱中国履行国际公约的力度。这种情况的存在不仅与中国作为联合国的创始国和联合国常任理事国的国际地位很不相称,同时也反映出中国刑法的不完善。④

为了更好地肩负起中国作为缔约国的国际义务,中国第 6 届全国人大常委会于 1987 年 6 月 23 日通过并颁布了《关于对中华人民共和国缔结或参加的国际条约所规定的罪行行使刑事管辖权的决定》,以特别立法的形式确立了中国刑法的普遍管辖原则。该决定明确指出:"对于中华人共和国缔结或者参加的国际条约所规定的罪行,中华人民共和国在所承担条约义务的范围内,行使刑事管辖权。" 这是中国立法机关首次向世界明确宣告,对国际犯罪行使普遍管辖权。其后于 1990 年,全国人大常委会公布的《关于禁毒的决

① 黄京平、石磊、蒋熙辉:《论普遍管辖原则及其实践》,载《政法论坛》2001 年第 2 期。

② 参见张智辉:《国际刑法通论》(增补本),中国政法大学出版社 1999 年版,第 271—272 页。

③ 参见赵秉志、黄芳:《论中国刑法典中的国际刑法规范》,载赵秉志主编:《国际刑事法院专论》,人民法院出版社 2003 年版,第 400 页。

④ 参见冯锐:《中国刑法与国际刑法的接轨》,中国法学网,2004 年 3 月 28 日。

定》第13条规定:“外国人在中华人民共和国领域之外走私、贩毒、运输、制造毒品进入中国领域的,中国司法机关有管辖权,除依照中国参加、缔结的国际公约或者双边条约实行引渡外,适用本决定。”

在1997年《刑法》修改中,中国吸收了上述立法规定,明确将普遍管辖原则作为中国一个刑事管辖原则予以规定。1997年《刑法》第9条规定:“对于中华人民共和国缔结或参加的国际条约所规定的罪行,中华人民共和国在所承担条约义务的范围内行使刑事管辖权的,适用本法。”这一规定将中国承担的国际义务同国内法有机衔接,使中国在运用普遍管辖原则惩治国际犯罪时有了明确、直接的法律依据。这一原则的确立,适应了中国改革开放新形势的需要,有利于加强中国在惩治国际犯罪活动中与世界各国的协调与合作,便于中国在国际事务中发挥更为重要的作用,可以说是中国刑法与国际刑法接轨的一个重要标志。

(2)对国际犯罪的国内立法。关于国际犯罪的国内立法方式,各国存在差异,有的是采用特别法形式,有的则规定在刑法典中。而采取法典式的国家中,具体规定国际犯罪的方式又有不同:有的采取总则与分则共同规定式,如《加拿大刑事法典》;有的国家是在分则中或集中或分散规定国际犯罪,如法国刑法、俄罗斯刑法。中国的规定方式与法国及俄罗斯相同。当然,由于所加入的公约不同,各国刑法所确立的国际犯罪种类也各不相同。

据前文介绍,中国所加入的国际刑法公约可分为两类,刑法典中规定的国际犯罪也可以相同的标准分为以下两类。

第一类,对普遍管辖原则的援引有成文国际法依据的犯罪。由于大部分国际刑法公约都确立了普遍管辖原则,所以这类犯罪在普遍管辖原则的适用对象中占绝大多数,中国刑法的规定也是这种情况。依据犯罪所侵犯的客体性质,中国刑法中规定的国际犯罪有以下几类。

①恐怖主义犯罪。中国政府对一切形式的国际恐怖主义行为一向深恶痛绝,反对任何国家、组织、团体或个人采取违反国际法准则的恐怖暴力行为;反对将恐怖主义作为侵犯他国主权、领土完整和干涉别国内部事务的手段;反对把恐怖主义活动作为实现政治目标的方式和手段。为此中国加入了一系列打击恐怖主义罪行的国际公约,但是在1997年《刑法》之前,由于缺乏专门的打击恐怖主义犯罪的法律规定,在这方面可以引用的刑法条文也不多,对于恐怖主义案件,一般只能根据其恐怖行为本身所触犯的相关罪名进行定罪处罚,这当然不能使中国有力地投入打击国际恐怖主义犯罪的斗争。1997年《刑法》修订后,规定了一系列相应的打击恐怖主义的罪名,如:组织、领导、参加恐怖组织罪(第120条),绑架罪(第239条),组织、领导、参加黑社

会性质组织罪（第 294 条第 1 款），包庇、纵容黑社会性质组织罪（第 294 条第 3 款），破坏交通工具罪（第 116 条），破坏交通设施罪（第 117 条），劫持航空器罪（第 121 条），劫持船只、汽车罪（第 122 条），暴力危及飞行安全罪（第 123 条），非法买卖、运输核材料罪（第 125 条第 2 款）等。

在 2001 年美国“9.11”恐怖主义袭击事件后不久，中国为了惩治恐怖活动犯罪，保障国家和人民生命、财产安全，维护社会秩序，于 2001 年 12 月 29 日第九届全国人民代表大会常务委员会第 25 次会议通过了《中华人民共和国刑法修正案（三）》，该修正案以三种方式加强对恐怖主义犯罪的立法：

A. 增加新的恐怖主义犯罪行为。具体内容为：

在第 114 条中，以“投放危险物质罪”取代“投毒罪”罪名，投放危险物质罪即投放毒害性、放射性、传染病病原体等物质，尚未造成严重后果的犯罪行为。

在第 115 条增加了投放危险物质罪的既遂犯形态。即投放毒害性、放射性、传染病病原体等物质，致人重伤、死亡或者使公私财产遭受重大损失的犯罪行为。

在第 120 条后增加了一个条文作为第 120 条之 1，从而确立了“资助恐怖活动罪”这一新罪名，即资助恐怖活动组织或者实施恐怖活动的个人的行为。

在第 125 条第 2 款增加了“非法制造、买卖、运输、储存危险物质罪”，取代“非法买卖、运输核材料罪”罪名，该行为是指非法制造、买卖、运输、储存毒害性、放射性、传染病病原体等物质，危害公共安全的行为。

第 127 条第 1 款增加了“盗窃、抢夺危险物质罪”，即盗窃、抢夺毒害性、放射性、传染病病原体等物质，危害公共安全的行为。第 2 款增加了“抢劫危险物质罪”，即抢劫毒害性、放射性、传染病病原体等物质，危害公共安全的行为。

在第 291 条“聚众扰乱公共场所秩序、交通秩序罪”后面增加了第 291 条之 1，从而确立了“投放虚假危险物质罪编造、故意传播虚假恐怖信息罪”，是指投放虚假的爆炸性、毒害性、放射性、传染病病原体等物质，或者编造爆炸威胁、生化威胁、放射威胁等恐怖信息，或者明知是编造的恐怖信息而故意传播，严重扰乱社会秩序的行为。

B. 加重相关犯罪的法定刑。具体内容为：

将第 120 条对组织、领导和积极参加恐怖活动组织罪的法定刑由“3 年以上 10 年以下有期徒刑”加重为“处 10 年以上有期徒刑或者无期徒刑”。

将“其他参加的”法定刑由“3 年以下有期徒刑、拘役或者管制”增加了“剥夺政治权利”这一刑种。

C. 扩大洗钱罪上游犯罪的范围。具体内容为：

将洗钱罪上游犯罪的类型由原来的“毒品犯罪、黑社会性质的组织犯罪、走私犯罪”三类犯罪扩大到包括“恐怖活动犯罪”在内的四类犯罪中。①

这些修改使中国的反恐怖主义犯罪立法更加完善，从而为更有效地打击国际恐怖主义活动提供了有力的国内法根据和保证。

②毒品犯罪。依据中国所加入的惩治毒品犯罪的公约及中国打击国内国外毒品犯罪的需要，中国刑法典分则第 6 章妨害社会管理秩序罪第 7 节以一节的内容集中规定了毒品方面的犯罪。包括：走私、贩卖、运输、制造毒品罪（第 347 条），非法持有毒品罪（第 348 条），包庇毒品犯罪分子罪（第 349 条第 1 款、第 2 款），窝藏、转移、隐瞒毒品、毒赃罪（第 349 条第 1 款），走私制毒物品罪（第 350 条第 1 款），非法买卖制毒物品罪（第 350 条第 1 款），非法种植毒品原植物罪（第 351 条），非法买卖、运输、携带、持有毒品原植物种子、幼苗罪（第 352 条），引诱、教唆、欺骗他人吸毒罪（第 353 条第 1 款），强迫他人吸毒罪（第 353 条第 2 款）、容留他人吸毒罪（第 354 条），非法提供麻醉药品、精神药品罪（第 355 条），等等。这些罪名的设立为中国打击毒品犯罪提供了法律依据。

③腐败犯罪。与公务有关的贪污、受贿、索贿、徇私舞弊等腐败行为及商业领域中的侵占、贿赂等行为是各国都普遍存在的违法现象，也是各国都深恶痛绝的丑恶行为，所以对这些行为予以惩治是各国的共同愿望。《联合国反腐败公约》将这些犯罪都规定为可引渡之罪并都确立了普遍管辖原则，这对于国际社会互相协助打击这类犯罪，为缔约国追诉那些逃到他国境内涉嫌犯罪的公职人员提供了有效的法律保障。

在中国《刑法》分则中，与《联合国反腐败公约》中规定的犯罪行为相应的罪名应该有如下诸种：公司、企业人员受贿罪（第 163 条），对公司、企业人员行贿罪（第 164 条），洗钱罪（第 191 条），职务侵占罪（第 271 条），挪用资金罪（第 271 条），伪证罪（第 305 条），辩护人、诉讼代理人毁灭证据、伪造证据罪（第 306 条），妨害作证罪（第 307 条），帮助毁灭、伪造证据罪（第 307 条），打击报复证人罪（第 308 条），扰乱法庭秩序罪（第 309 条），贪污罪（第 382 条），挪用公款罪（第 384 条），受贿罪（第 385 条），单位受贿罪（第 387 条），行贿罪（第 389 条），对单位行贿罪（第 391 条），介绍贿赂罪（第 392 条），单位行贿罪（第 393 条），巨额财产来源不明罪（第 395 条），隐瞒境外存款罪（第 395 条），滥用职权罪（第 397 条），等等。

---

① 2006 年《刑法修正案（六）》又增加了贪污贿赂犯罪、破坏金融管理秩序犯罪和金融诈骗犯罪三类犯罪为洗钱罪的上游犯罪。

④有组织犯罪。中国《刑法》中与《联合国打击跨国有组织犯罪公约》规定的有组织犯罪相应的罪名有组织、领导、参加黑社会性质组织罪(第294条),入境发展黑社会组织罪(第294条)及包庇、纵容黑社会性质组织罪(第294条)。

第二类,依据国际习惯法可以适用普遍管辖原则的国际犯罪。这类犯罪主要是关于战争犯罪。战争犯罪严重危及整个人类的和平与安全,为了制止这类犯罪,国际社会制定了不少国际条约,中国也积极加入这些惩治战争罪的公约。同时为了履行由此产生的国际义务,中国现行《刑法》在分则中规定了遗弃伤病军人罪(第444条)、战时拒不救治伤病军人罪(第445条),战时残害居民、掠夺居民财物罪(第446条)、虐待俘虏罪(第448条),等等。

(二)普遍管辖原则在中国立法中的完善

从现状来看,尽管中国刑法对众多的国际刑法规范有不同程度的体现,使中国在打击国际犯罪的斗争中在一定程度上实现了有法可依。但与国际刑法规范的协调与衔接问题仍然是中国刑事立法面临的一个重要课题。

1. 在中国刑法中体现国际刑法的模式选择

如何实现中国刑事法与国际刑法规范的完美对接,刑法理论上有几种不同的设想。

第一种观点主张在刑法典中作简单规定,承认所参加条约中的国际刑法规范具有中国刑法规范的同等效力。① 第二种观点主张以国内刑法具体规范将所参加条约中的国际罪行逐一规定,使条约义务在国内能得到一体遵行;第三种观点综采二者之长,认为国内刑法可采用空白罪状规定国际罪行(参见有关条约对这种行为的规定),同时规定明确具体的罪名和法定刑。第四种观点主张具体分析中国1997年《刑法》分则的罪名体系,参照中国缔结或者参加的国际条约规定的罪行加以区分,根据不同情况,分别予以解决。②

笔者认为,将中国《刑法》分则中规定的罪名与中国缔结或参加的国际公约确定的犯罪相比,两者的关系必然呈现出较为复杂的情况,因此,单一的解决办法不一定是最优选择,因此第四种意见是最为客观的,也应当是最合理的。

2. 中国刑法上的犯罪与国际犯罪的对应状况及完善方式

通过比较分析,中国刑法规定的罪名与国际犯罪之间的关系存在以下几种情况:

---

① 参见陈正云:《中国刑事法律冲突论》,中国法制出版社1997年版,第203—204页。

② 参见黄京平、石磊、蒋熙辉:《论普遍管辖原则及其实践》,载《政法论坛》2001年第2期。

(1)刑法分则规定的个罪构成与有关国际刑法规范的规定基本相同。这类情形例如毒品犯罪、劫持航空器罪、劫持船只罪、暴力危及飞行安全罪。

(2)国际公约中的罪名在中国刑法分则中没有相同的罪名,但是可以被包含在别的罪名中。这类情形例如海盗罪可以被抢劫罪包含,劫持人质罪可以被绑架罪包含。

(3)中国刑法中没有对应的罪名,但是国际犯罪的行为分散在几个罪名中,是数个犯罪行为的一部分。如酷刑罪,该罪分散在刑讯逼供罪、暴力取证罪中,侵害受国际保护人员罪依据不同的情况可分散故意杀人罪、故意伤害罪、绑架罪、非法拘禁罪等罪中。《联合国反腐败公约》中也存在这种情况:如该公约第15条规定的"贿赂本国公职人员罪",该罪的行为包括:①直接或间接向公职人员许诺给予、提议给予或者实际给予该公职人员本人或者其他人员或实体不正当好处以使该公职人员在执行公务时作为或不作为;②公职人员为其本人或者其他人员或实体直接或间接索取或者收受不正当好处,以作为其在执行公务时作为或者不作为的条件。从上述条文内容看,该公约规定的贿赂本国公职人员罪既涵盖了中国刑法中的受贿罪也涵盖了行贿罪。另外,该公约中规定的公职人员贪污、挪用或者以其他类似方式侵犯财产罪、影响力交易罪、妨害司法罪等都涵盖了中国刑法分则规定的数种具体犯罪行为。

对于上述几种情况,学者们认为,中国在援引普遍管辖原则审理案件时,中国司法机关可根据具体案情直接适用中国刑法分则的有关规定,确定国际罪犯触犯的罪名和法定刑。①

(4)刑法分则对有关国际刑法规范所规定的国际犯罪存在相应规定,但具体构成要件与国际刑法规范不尽一致。这种不一致可表现为犯罪主体范围的不同,或表现为危害行为类型不同:

①主体范围不一致。例如,中国刑法中的战时残害居民、掠夺居民财物罪等战争犯罪,根据中国《刑法》第450条的规定:"本章适用于中国人民解放军的现役军官、文职干部、士兵及具有军籍的学员和中国人民武装警察部队的现役警官、文职干部、士兵及具有军籍的学员以及执行军事任务的预备役人员和其他人员。"而根据日内瓦四公约及两个附加议定书的规定,其中战争犯罪的主体是"本国军人和外国军人"。前者的主体范围显然不能涵盖后者的主体范围。

关于如何解决这一问题,中国理论上有两种主张:

---

① 参见黄京平、石磊、蒋熙辉:《论普遍管辖原则及其实践》,载《政法论坛》2001年第2期。

第一种意见是对中国刑法条文直接做扩大解释:将犯罪主体扩展为与国际公约确定的范围一致。① 在刑法分则中某一犯罪的某一要件内涵小于国际公约的相关规定时,有的学者直接"从与相关国际公约接轨的目的出发"进行扩张解释,如将《刑法》第444条规定的遗弃伤病军人罪与第445条规定的拒不救治伤病军人罪中的犯罪主体直接解释为既可是中国军人,也可是外国军人或作战双方的军人(缔约国双方或一国内敌对双方的军人)。伤病军人应包括:武装部队及构成武装部队一部分的民兵与自愿部队人员;其他民兵与自愿部队人员,如在其领土内外活动的有组织的抵抗运动人员;获得武装部队准许伴随武装部队的文职工作人员、战地记者、供应商人、劳动队工人或武装部队福利工作人员;依照国际法的任何其他规定不能享受更优惠的待遇的冲突各方的商船的船员以及民航机上的工作人员;当敌人迫近时自动拿起武器抵抗侵略者并尊重战争法规和惯例的未占领地居民等。②

第二种意见则认为,上述做法违背罪刑法定原则。应该通过修改现行刑法,最好以修正案形式重新界定主体范围。③

笔者认为,缔约国履行国际公约义务固然重要,基于这种目前将法律条文进行扩张解释也可以理解,但是这种做法应以罪刑法定原则为底线。对于那些法律没有明确限制某一种或某一类犯罪的某个要件范围时,为了更有力地与国际犯罪作斗争,对相关法律条文内涵在一定程度上进行扩张并无不可。但是对于法律明确限定了范围的情况下,再对其进行扩张解释就是违背罪刑法定了。如上述关于军人违反职责罪中的"军人"的内涵,中国《刑法》第450条规定得很清楚,显然不应当再任意改变其范围。

②客观行为方式上存在差异。《刑法》分则中规定与国际公约中的相关规定在客观行为上有差异的情况是很常见的,即使其他要件相同,对行为特征上国内刑法也常常与公约的规定不完全一致。

洗钱罪就属于这种情况,根据《中华人民共和国刑法修正案(三)》(以下简称《刑法修正案(三)》)的规定,《刑法》第191条规定的洗钱罪是指"明知是毒品犯罪、黑社会性质的组织犯罪、恐怖活动犯罪、走私犯罪的违法所得及其产生的收益,为掩饰、隐瞒其来源和性质,并且有下列行为之一的……(一)提供资金账户的;(二)协助将财产转换为现金或者金融票据的;(三)通过转账或者其他结算方式协助资金转移的;(四)协助将资金汇往境外的;(五)以其他方法掩饰、隐瞒犯罪的违法所得及其收益的来源和性质的。"根

① 参见林欣:《国际刑法问题研究》,中国人民大学出版社2000年版,第315—317页。

② 参见冯锐:《中国刑法与国际刑法的接轨》,载中国法学网2004年3月28日。

③ 参见黄京平、石磊、蒋熙辉:《论普遍管辖原则及其实践》,载《政法论坛》2001年第2期。

据《联合国打击跨国有组织犯罪公约》第 6 条及《联合国反腐败公约》第 23 条所规定的洗钱罪,其定义是:明知财产为犯罪所得,为隐瞒或者掩饰该财产的非法来源,或者为协助任何参与实施上游犯罪者逃避其行为的法律后果而转换或转移该财产;明知财产为犯罪所得而隐瞒或者掩饰该财产的真实性质、来源、所在地、处分、转移、所有权或者有关的权利。

除此之外,还包括:在得到财产时,明知其为犯罪所得而仍获取、占有或者使用;对本条所确立的任何犯罪的参与、协同或者共谋实施、实施未遂以及协助、教唆、便利和参谋实施等行为。

很显然,从上游犯罪的范围看,尽管《刑法修正案(三)》增加了洗钱罪的上游犯罪种类,但是与国际公约的相关规定相比,该范围还是窄得多,这应当是中国刑法关于洗钱罪立法上的一个缺陷。

属于这种情况的还有中国《刑法》第 125 条第 2 款规定的非法买卖、运输核材料罪与《核材料实物保护公约》中规定的非法获取和使用核材料罪。

(5)《刑法》分则对有关国际刑法规范所规定的国际犯罪没有相应规定。例如,侵略罪、战争罪、危害人类罪、种族隔离罪、灭绝种族罪、种族歧视罪等都属于这种情况。《联合国反腐败公约》规定的贿赂外国公职人员或者国际公共组织官员罪也是如此。

这类犯罪行为在中国刑法中法无明文的现象,无疑是 1997 年修订《刑法》的一个缺憾。对于国内法中尚未规定的国际犯罪,从公约义务应当遵守的规则看,只要一国缔结或加入了一个公约,就等于说该国承认了该公约中规定的国际犯罪行为在本国刑事管辖范围内也具有犯罪性。本国法中没有进行立法呼应并不意味着该国际犯罪行为在缔约国内就是非罪行为,而仅仅意味着司法机关没有国内法依据将行为定罪判刑。这种情况的存在可能会使中国在以下情形中处于被动局面:中国公民在境外实施了此类国际犯罪行为,潜逃回中国,如果其他国家对该罪行主张管辖权,依据“或引渡或起诉”原则,而中国缺乏法律规定对其进行起诉时,只能将该嫌疑人引渡到请求国。在这种情况下,即使在国际法中已形成本国公民不引渡的国际规则,中国也不能以此为由拒绝履行公约义务。

上述情况出现的可能性虽然不大,但一旦出现,对维护中国主权无疑是十分不利的。因此对中国国内法中尚未规定的国际犯罪应当尽量进行相关立法,以防止这种情况的出现。

关于以什么形式来进行相关立法,中国刑法学界存在不同的主张:有的学者主张在中国刑法中明文规定这类犯罪行为。[1] 有的学者则认为应采取特别法与普通法相结合的方法：一方面，国家应在其普通刑法中宣布凡该国缔结或加入的国际条约中规定的国际犯罪，在国内法中尚未规定的，应参照国际条约的有关规定来处理。另一方面，制定具有针对性的特别刑法来打击新的国际犯罪。总之，应当坚持普通刑法与特别刑法相结合的原则。[2] 笔者认为后一种意见更为合理，既考虑到了如何解决已经出现国际犯罪种类在中国刑法中的空缺现象，也考虑到了如何防止这种情况的再度出现，在总则中进行相应规定是一种有预见性的观点。

最后，笔者想说的是，无论是总则中对普遍管辖原则的设立还是分则中对国际犯罪的规定，对于所缔结或加入的国际公约来说，中国刑法的反应都迟了一步。国内法律条款与国际公约对接的正常机制不是先缔结或加入公约，国内法再作出反应。而是先有国内法的积极准备，后有对国际公约的缔结或加入。具体来说，就是在准备加入某一公约时，一国就应先完善本国相关立法，或者通过修改普通刑法，或者制定特别法等不同方式，使本国刑法与国际公约的相关规定完全衔接，为准备加入的国际公约在本国的有效执行清除障碍，铺平道路。如果在本国法没有做好准备之前就加入国际刑法公约，这除了造成公约在本国被闲置、对国际犯罪案件无法行使管辖权之外不会有别的结果。

六、结　　语

普遍管辖原则自确立至今，在国际、国内立法、司法及理论研究上都已经获得了极大的发展，但越是如此，我们越应以冷静、客观的态度来看待这一事物。作为国际社会采取统一行动联合惩治国际犯罪的法律保障，普遍管辖原则承载着人类莫大的希望——希望它能带来国际社会的和平与稳定。然而我们不能忘记，这一原则毕竟是对罪行未发生在本国，也未对本国造成直接损害，并且犯罪人也不具有本国国籍的刑事案件进行管辖。倘若滥用或者无理适用这一管辖原则，它就会成为政治斗争的工具，成为非常危险的东西。所以，我们既不能因其所具有的缺陷而放弃它，也不能因其具有的积极意义而滥用它。正确的态度应该是，在肯定普遍管辖原则在反国际犯罪斗争中的积极作用的同时，也要注意克服它固有的弊端，尽量做到扬长避短，使其在人类的和平大业中真正发挥积极的作用。

---

① 参见黄京平、石磊、蒋熙辉：《论普遍管辖原则及其实践》，载《政法论坛》2001 年第 2 期。

② 参见赵秉志、黄芳：《论中国刑法典中的国际刑法规范》，载中国法学网 2004 年 3 月 20 日。

9. 论国际刑事法院管辖的战争罪*

目次

一、战争罪概说

（一）关于战争罪的历史考察

对人类而言，战争并非陌生的概念，甚至早在原始部落或集团之间便存在着仇杀或复仇的行为——原始人的战争。著名的人类学家拉德克里夫·勃朗在描绘原始澳大利亚人之间的战争时指出："在某些共同体中，如在澳大利亚游牧部落中，进行战争通常是由一个集团对应向所遭受的伤害负责的另一集团所实行的一种复仇行为，而其程序则由等于现代国家的国际法的一批公认的习惯来加以调整。"①国际法理论关于战争的认识主要有三种：一是应予以系统的谴

---

* 与王秀梅合著，原载《河南省政法干部管理学院学报》2003 年第 6 期。

① 参见〔奥〕凯尔森：《法与国家的一般理论》，沈宗灵译，中国大百科全书出版社 1996 年版，第 368 页。

责;二是应毫无保留地对战争予以赞赏;三是认为在某些情况下,战争是一种必要的坏事。对国家社会主义学派者来说,战争是一种高于法律的现象;对许多实证主义者来说,战争是一种处于法律范围之外的现象。① 但是,自 1928 年 8 月 27 日美国、德国、比利时、法国、意大利、日本、波兰、捷克斯洛伐克、英国(包括英联邦 7 个国家)等 15 个国家在巴黎签署了非战公约——《关于废弃战争作为国家政策工具的一般条约》(又称《白里安—凯洛格条约》或《巴黎条约》)后,国际法理论中的主导观点认为,战争是一种违背法律的现象,其行为的主要特点是,它既不是超法律的,也不是在法律之外的,而是违反法律的。② 近代第一次和第二次世界大战的爆发,不仅没有达到战争发动者所欲追求的结果,反而进一步暴露了战争行为的残酷性。许多涉及战争行为的国际法律文件应运而生,国际社会对战争罪行的刑事审判也得到长足的发展。根据 1919 年《凡尔赛和约》的规定,国际社会创建了国际特设刑事法庭,并着手对德国凯萨·威廉二世、德国战犯,以及实施"违反人道主义法罪行"的土耳其官员进行审判。尽管这次审判最终化为泡影,但战争罪在国际法理论上和司法实务中却得以被广为认可。

战争罪(war crimes)是国际刑事法院管辖罪行中出现最早的一种国际犯罪。自 1854 年 7 月 22 日美国和俄国在华盛顿签署《关于海上中立权公约》至 1998 年 7 月罗马国际外交代表大会通过《国际刑事法院规约》,国际社会共有 70 多个相关法律文件涉及战争行为或战争罪的内容。依据罪行类别的划分方法,从 1868 年到 1996 年,另有 30 多个国际法律文件可以适用于战争罪,如 1919 年 8 月 12 日在日内瓦签订的《关于战时平民保护的日内瓦公约》等。

综合考察所有关于战争犯罪的国际法律文件,其中涉及战争犯罪的禁止性规定或规则占有相当大的比例,且内容较为详尽,甚至还包括起诉和处罚的具体内容。如 1945 年 8 月 8 日的《伦敦协定》及其附件《纽伦堡法庭宪章》都具有明确的刑事处罚特征。需要说明的是,这些涉及战争犯罪的法律文件大多为国际习惯法所涵盖,并成为国际习惯法的组成部分。诸如 1899 年 7 月 29 日第一届海牙和平会议第一公约,即《陆战法规和习惯公约》;1907 年 10 月 18 日第二届海牙和平会议《关于陆战法规和习惯的公约》(第四公约)

① 参见〔法〕夏尔·卢梭:《武装冲突法》,张凝等译,中国对外翻译出版公司 1987 年版,第 11—12 页。

② 但是,在国际法关于正义战争的理论中,通常将《关于废弃战争作为国家政策工具的一般条约》,1919 年的《凡尔赛和约》和《国际联盟盟约》视为是国际法关于正义战争的重要法律文件。其理由是从上述三个法律文本的有关规定中得出的结论。

等。在国际刑法发展史上,这些禁令的施行仅涉及战争罪的有关问题,而且并不统一或一致,却成为起诉和惩治战争犯罪实施者的有效依据。1949 年的四个《日内瓦公约》及其两个《附加议定书》是能够适用于战争犯罪的最明确的综合性法律文本。① 之所以将四个《日内瓦公约》及其《附加议定书》视为战争罪的详尽规定,是因为这些法律文本不仅吸纳了《海牙公约》②构建的规范性内容,而且弥补了《海牙公约》存在的缺失,因而,这些综合性法律文本在很大程度上被看做国际惯例。

这些有关战争罪的国际习惯法、公约及附加议定书所涉及的原则或规则,不仅在国际刑事法庭规约中有所体现,而且在国际刑事司法实践中亦得到具体的运用。战争犯罪作为国际刑事审判机构管辖的罪行,已被国际社会视为强制法律规范调整的罪行之一。③ 无论是国际性的武装冲突,还是非国际性的武装冲突,这些关于战争罪的国际法原则均可通过国际刑事审判机构得以贯彻实施。

(二)战争罪的概念

战争罪,是指在国际性武装冲突或非国际性武装冲突中,严重违反武装冲突法规或惯例所实施的行为。

战争罪涉及的多项具体罪行主要源自 1949 年的四个《日内瓦公约》及其《附加议定书》,以及由一系列有关战争规则的国际协定形成的海牙公约体系。在讨论战争罪构成要件过程中,美国为防止其海外驻军执行公务的行为

---

① 1949 年 8 月 12 日的四个《日内瓦公约》分别为:《改善战地武装部队伤者病者境遇的日内瓦公约》、《改善海上武装部队伤者病者及遇难者境遇的日内瓦公约》、《关于战俘待遇的日内瓦公约》、《关于战时保护平民的日内瓦公约》;1949 年 8 月 12 日四个《日内瓦公约》的两个附加议定书分别为:《关于保护国际性武装冲突受难者的附加议定书》(第一议定书)、《关于保护非国际性武装冲突受难者的附加议定书》(第二议定书)。

② 《海牙公约》的形成和发展经历了两个阶段:(1)1899 年 7 月 29 日第一届国际和平会议形成的以下公约及宣言:《和平解决国际争端公约》、《关于陆战法规和习惯公约》、《关于 1864 年 8 月 22 日日内瓦公约原则适用于海战的公约》、《禁止投射物和爆炸物宣言》、《禁止使用专用于散布窒息性或有毒气体的投射物的宣言》、《禁止使用在人体内易于膨胀或变扁的投射物,如外壳坚硬而未能全部包住弹心或外壳上刻有裂纹的子弹的宣言》;(2)1907 年 10 月 18 日第二届国际和平会议形成的以下公约和宣言:《和平解决国际争端公约》、《限制使用武力以索偿契约债务公约》、《关于战争开始的公约》、《关于陆战法规和习惯的公约》、《中立国家和人民在陆战时的权利和义务公约》、《关于战争开始时敌国商船地位公约》、《关于商船改造为军舰公约》、《关于敷设自动触发水雷公约》、《关于战时海军轰击公约》、《关于日内瓦公约原则适用于海战的公约》、《关于对海战中行使拿捕权的某些限制的公约》、《关于建立国际捕获法院公约》、《关于中立国在海战中的权利和义务公约》、《禁止从气球上投掷投射物和爆炸物宣言》。

③ 参见〔美〕M. Chcril Bassiouni. International Criminal Law Conventions and Their Penal Provisions. Transnational Publisher 1997, pp286.

受到起诉,对各具体罪行的主观和客观方面均提出较高的要求,而另一些国家却试图通过制定罪行要件尽可能扩大本国法院管辖的行为的范围。中国代表团提出应在规约既定框架内制定具体罪行的构成要件,同时应参考适用上述国际法律文书中有关条款的司法判例和实践。中国对通过罪行要件扩大某特定战争罪行适用范围的意图持谨慎态度,因为这很可能有悖于规约制定者的本意,而且与现行国际法不符。目前形成的有关战争罪的滚动案文基本未超出日内瓦公约体系和海牙公约体系的框架,但就严重违反适用于非国际性武装冲突的法规和惯例的行为而言,战争罪罪行要件的某些规定突破了现行国际法的一些原则。

战争罪作为强制性法律规范调整的罪行之一,在国际犯罪种类中属于最为严重的罪行。早在1854年的《关于海上中立权的公约》中就已涉及战争行为,但国际社会公认战争行为是一种国际性犯罪,以及对战争罪内涵的明确界定,则经历了一个渐进的发展过程。尽管1899年和1907年在海牙召开的两届国际和平会议就战争行为制定了较为详尽的规则或章程,但这些法律文件缺少相应的刑事处罚规定;1949年的四个《日内瓦公约》及两个《附加议定书》确立了对战争行为采用的规章和规则,然而,战争罪的内涵及刑罚在当时并没有得到完全的确认。不过,上述国际法律文件毕竟确立了战争罪行违反国际人道主义法和国际习惯法的基础模式,这一模式为战争罪的定义提供了国际法上的依据。

第二次世界大战结束以后,战争罪的定义通过国际刑事法庭的审判得到确认。《纽伦堡法庭宪章》和《远东法庭宪章》分别就战争罪的内容加以界定,两个宪章都认为,“战争罪,系指违反战争法规或战争习惯的罪行”。《纽伦堡法庭宪章》还强调,这种违反包括(但不限于):谋杀或虐待占领区平民,或以奴隶劳动为目的、或为其他任何某种目的而将平民从被占领区或在被占领区内放逐,屠杀或虐待战俘或海上人员,杀害人质,掠夺公私财产,恣意破坏城镇乡村,或任何非属军事必要而进行破坏。① 实际上,《纽伦堡法庭宪章》和《远东法庭宪章》定义的战争罪属于普通战争犯罪(或称为通常的战争

---

① 《纽伦堡法庭宪章》第6条第2款(b)项规定:“即违反战争法规或惯例此种罪行包括但不限于:杀害或虐待属于占领区或在占领区的平民,或为从事奴隶性劳动或为其他目的而将平民劫走,杀害或虐待战俘或海上人员,杀害人质,掳掠公私财产,恣意破坏城市乡镇,或非为军事需要而进行毁坏。”参见《国际军事法庭判决书》,世界知识出版社1955年版第74页;王虎华等:《国际公法与惯例(国际公法卷)》,华东理工大学出版社1994年版,第509页;《远东法庭宪章》第5条第2项规定:“普通战争犯罪,是指违反战争法规或战争惯例之犯罪行为。”参见[苏联]拉金斯基等:《日本首要战犯的国际审判》,世界知识出版社1955年版,第99页;梅汝儆:《远东国际军事法庭》,法律出版社1988年版,第276页。

罪),因为广义的战争犯罪还包括侵略罪行和危害人类罪行,这一定义在《纽伦堡原则》中进一步得到确认。① 1954 年《罪行法典草案》与《远东法庭宪章》一样,只是简单提及战争罪行,未作具体的列举。著名国际刑法学家巴西奥尼教授在其拟订的《国际刑法典草案》中认为:“战争罪,是指在国际协约中规定的适用于武装冲突的规则,以及普遍认可的适用于武装冲突的国际法原则和规则所禁止的作为或不作为。”②基于历史的原因,这些定义的内容根植于上述国际人道主义法和国际习惯法,而且限于“国际性武装冲突”中的实施行为。从战争罪定义形成的前提条件分析,《纽伦堡法庭宪章》和《远东法庭宪章》及法庭审判实践对战争罪的理解只停留在违反武装冲突法规或规则的认识上,至于战争罪是否仅限于国际性武装冲突,非国际性武装冲突能否适用战争法和习惯国际法,一直是国际社会争论不休和悬而未决的问题。

在前南斯拉夫法庭组建期间,非国际性武装冲突中的战争罪行的问题再度引起国际社会的普遍关注。因为前南斯拉夫境内发生的武装冲突主要是在克罗地亚和波斯尼亚—黑塞哥维那之间,在这些冲突中很难判别哪些是国内武装冲突,哪些是国际武装冲突。如果冲突属于国际性,则“严重破坏”各项《日内瓦公约》,包括《第一附加议定书》以及违反战争法和惯例均能适用。尽管适用于国际武装冲突的条约和习惯法久经确立,但适用于国内武装冲突的条约仅载于各项《日内瓦公约》第 3 条、1977 年《第二附加议定书》和 1954 年《关于武装冲突中保护文化财产的海牙公约》第 19 条,这些法律文件没有使用“严重破坏”或“战争罪”等概念。此外,适用于国内武装冲突的习惯法内容尚有争议。因此,一般而言,除非国内武装冲突的当事方另有协议,国内武装冲突中唯一属于国际管辖范围的罪行是危害人类罪和灭绝种族罪。③如前已述,这些罪行不论冲突的类别均能适用。由于以条约为基础可适用于国内武装冲突的法律出现得较晚,所以适用于国际武装冲突还是国内武装冲

---

① 《纽伦堡原则》原则六乙项:“违反战争法规或惯例——包括谋杀、为奴役或为其他目的而虐待或放逐占领地平民、谋杀或虐待战俘或公海上的人员、杀害人质、掠夺公私财产、恣意破坏城镇或乡村或非基于军事上必要而使它们不正常的荒芜。但是,不仅限于这些。”参见《国际法辞典》,世界知识出版社 1985 年版,第 424 页。

② 〔美〕M. Cherif Bassiouni, International Criminal Law, A Draft International Criminal Cord. Netherlands 1980, pp. 56.《国际刑法典草案》第 2 条战争罪第 1 款,战争罪是适用于国际协约中提出的国际武装冲突的国际法规则所禁止的,以及有关武装冲突中的一般公认的国际法原则和规则的作为或不作为。还可参见刘亚平:《国际刑法与国际犯罪》,群众出版社 1986 年版,第 149 页;黄肇炯:《国际刑法概论》,四川大学出版社 1992 年版,第 297 页。

③ 参见 1994 年 5 月 27 日联合国安理会《第 780(1993)号决议所设专家委员会的最后报告 S/1994/674》,第 13—16 页。

突的国际习惯法必须加以区分。《日内瓦公约》第3条可视为一项国际习惯法,但其他法律文件大多不能视为这种法律,在可适用于国内武装冲突的国际习惯法中几乎没有包含战争罪的定义。《前南法庭规约》在规定危害人类罪时冠以“无论在国际性或国内性武装冲突中”的定语,这种规定表明危害人类罪可以适用于非国际性武装冲突,但没有指明战争罪可否适用于这种情况。

事实上,非国际性武装冲突中的战争罪行完全可以适用《日内瓦公约》第3条的规定。① 在起草《前南法庭规约》过程中,法庭规约草案中的危害人类罪规定已经认同《日内瓦公约》第3条的内容,因为这种禁止性规定在任何武装冲突中都不能违反,故而没有必要考虑冲突的实际性质。有一观点认为,罪刑法定原则的适用要求国际法庭运用国际法规则,“这些规则是不产生疑义”的国际习惯法部分,所以遵守特殊公约不是对一些国家的要求,而是对所有国家的要求。在武装冲突中适用的公约法律文书无疑已成为国际习惯法的部分。因此,在这些文书中,既不包括参照1949年《日内瓦公约》附加议定书(《第二附加议定书》是保护非国际武装冲突的受害者的)的内容,也不包括《日内瓦公约》第3条的规定。②

继前南斯拉夫法庭之后建立的卢旺达法庭,由于顾及卢旺达境内冲突具有非国际武装冲突的性质,故卢旺达法庭规约的起草者决定,在该规约中明确法庭管辖的罪行包括违反《日内瓦公约》第3条和1977年6月8日《第二附加议定书》的国内武装冲突。③ 卢旺达特设法庭成立以后,战争罪构成的前提条件出现了新的内容。因此,有关战争罪法规是否可以适用于非国际性武装冲突的问题,引起了国际社会的普遍关注。从《前南法庭规约》和《卢旺达法庭规约》的内容上分析,这两个规约涉及的战争罪行具有明显的针对性,两个特设法庭分别就各自管辖武装冲突的性质,结合战争法、战争习惯法以及违反《日内瓦公约》等有关法律文件,设定了各自管辖的战争罪行,尤其在适用国际习惯法方面极具特色。

在国际刑事法院筹备委员会会议期间,一些代表团就战争罪的一般性规定各抒己见。日本提出:“战争罪行一词,是指冲突一方的武装部队成员以及构成此种武装部队一部分的民兵或志愿部队成员在国际性武装冲突中实施

① 参见《日内瓦公约》第3条规定。

② Karine Leseure &. Florence Trintignac, International Justice Justice Former Yugoslavia, The working of the International Criminal Tribunal of The Hague. Klwwer Law Internation (The Netherlangs), 1996.

③ 参见《卢旺达法庭规约》第4条规定。

的下述行为……”①美国提出，战争罪行是指“当作为有系统的计划或政策的一部分或作为大规模的此种犯罪行为的一部分而犯下时，都构成法院管辖范围内的罪行……”②瑞士和新西兰代表团则认为，红十字国际委员会编写的关于战争罪的定义值得探讨，因为红十字国际委员会提出的建议强调了行为违反国际人道主义法，而不论冲突行为具有国际性还是国内性。③ 在国际刑事法院规约正式文本制定过程中，联合国综合考虑了先前的经验及筹备委员会会议期间各代表团的建议，为了适合于不同时间、不同性质的武装冲突，《国际刑事法院规约》第 8 条将战争罪总括为四类行为：①严重破坏 1949 年 8 月 12 日《日内瓦公约》的行为，即对有关《日内瓦公约》规定保护的人或财产实施的行为；②严重违反国际法既定范围内适用于国际武装冲突的法规和惯例的其他行为；③在非国际性武装冲突中，严重违反 1949 年 8 月 12 日四项《日内瓦公约》第 3 条的行为，即对不实际参加敌对行动的人，包括已经放下武器的武装部队人员，及因病、伤、拘留或任何其他原因而失去战斗力的人员实施的行为；④严重违反国际法既定范围内适用于非国际性武装冲突的法

---

① 这些行为包括：(1)针对不积极参与战争行动的人，包括已经放下武器或者成为战俘以及因为生病、受伤、被禁闭或任何其他原因失去战斗力的武装部队成员：a. 故意杀害；b. 故意对其身体或健康造成巨大痛苦或严重伤害；c. 将其当作攻击目标；d. 强迫在敌方部队中服役；e. 故意剥夺接受公平和正常审判的权利；f. 非法驱逐出境、移送或者非法监禁 g. 劫持人质；h. 故意将其放在军事目标地；i. 将其用作掩护来抵挡军事进攻；J. 作为一种手段故意使其挨饿；(2)针对任何人：a. 施以酷刑或不人道待遇，包括进行生物实验；b. 使用毒药或毒性武器、窒息性气体或其他化学武器、生物武器、会膨胀扩大的子弹(达姆弹)或其他旨在造成不必要痛苦的武器；(3)在并无军事必要的情况下，非法肆意大举摧毁和占用财产；(4)肆意摧毁城市、乡镇或村庄，或者在并无军事必要的情况下进行劫掠破坏；(5)以任何手段进攻或者攻击未设防的城镇、村庄、住处或建筑物；(6)进攻含有危险力量的工程或设施，而明知这种进攻将会造成极大生命损失、平民受伤或者毁坏民间目标；(7)占领、摧毁或者故意破坏专供宗教、慈善、教育、艺术或科学用途的机构、古迹以及艺术和科学成果；(8)掠夺公共或私人财产；(9)进攻并非用于军事用途的民间目标；(10)故意将军事目标放在平民区；(11)欺骗性地使用红十字会、红新月会或红狮子太阳会的保护符号或者其他公认的保护符号或休战旗来掩护军事进攻。参见设立国际刑事法院问题筹备委员会 1996 年 8 月 12 日至 30 日会议期间日本提出的《关于战争罪行定义的提案》，A/AC. 249/WP. 48,27 August 1996。

② 参见设立国际刑事法院问题筹备委员会 1997 年 2 月 11 日至 21 日《美国提出战争罪行定义的提案》，A/AC. 249/1997/WG. 1/DP. 1,14 February 1997. 1—2。

③ 红十字国际委员会指出战争罪的一般性规定是：(1)严重破坏适用于国际武装冲突的国际人道主义法的行为；(2)严重违反适用于国际武装冲突的国际人道主义的其他行为；(3)严重违反适用于非国际武装冲突的国际人道主义法的行为。参见设立国际刑事法院问题筹备委员会 1997 年 2 月 11 日至 21 日《新西兰和瑞士代表团提出的工作文件》，A/AC. 249/1997WG. 1/DP. 2,14,February 1997。

规和惯例的其他行为。①

《国际刑事法院规约》对战争罪概念的界定,尽管形式上似乎颇为冗长,缺乏概念本身要求的精练,但这种规定详尽囊括了各种涉及战争犯罪国际公约、国际法理论和国际审判经验。如此规定既可以满足世界上绝大多数国家遵从罪刑法定原则的要求,同时又能使国际或国内的刑事审判机构在审理有关战争罪案件时,可以直接援引或参照《国际刑事法院规约》的规定内容。

二、战争罪的客观特征及其具体行为

(一)战争罪的客观特征

战争罪在客观方面的特征明显不同于其他罪行。战争罪属于一种作为一项计划或政策的一部分所实施的行为,或作为在大规模实施这些犯罪中所实施的行为。《国际刑事法院规约》将战争罪行归为两种类型:①国际性武装冲突中的战争罪行;②非国际性武装冲突中的战争罪行。在此基础上,《国际刑事法院规约》列举了50种具体的战争罪行。国际刑事法院筹备委员会制订的《构成要件》终稿案文导言指出,《国际刑事法院规约》第8条第2款第3项和第5项(非国际性武装冲突)所列战争罪的要件,受不属于犯罪要件的第8条第2款第4项和第6项的规定限制。换言之,第8条第2款第3项和第5项适用于非国际性武装冲突,因此不适用于内部动乱和紧张局势,如暴动、孤立和零星的暴力行为或其他性质相同的行为;但第8条第5项规定适用于在一国境内发生的武装冲突,如果政府当局与有组织武装集团之间,或这种集团相互之间长期进行武装冲突;第8条第2款第3项和第5项的任何规定,均不影响一国政府以一切合法手段维持或恢复国内法律和秩序,或保卫国家统一和领土完整的责任。此外,《国际刑事法院规约》第8条第2款所列战争罪的要件,应在武装冲突国际法规,酌情包括适用于海上武装冲突的武装冲突国际法规的既定框架内解释。

国际刑事法院筹备委员会《构成要件》终稿案文对每项犯罪均开列了最后两个要件,即“行为在国际武装冲突(非国际武装冲突)情况下发生并且与该冲突有关”与“行为人知道据以确定存在武装冲突的事实情况”。这两个行为要件不要求犯罪行为人对是否存在武装冲突,或对冲突系属国际性质还

---

① 参见《国际刑事法院规约》第8条第2款。U. N. Doc. A/CONF. 183/9 ,1998—07—17,7—11.

是非国际性质作出法律评价;在这方面,不要求犯罪行为人知道确定冲突的国际性质或非国际性质的事实;仅要求知道据以确定存在武装冲突的事实情况;"在……情况下发生并且与该冲突有关"一语内含这一要求。

(二)战争罪的四类行为

战争罪的客观特征主要表现为以下四类行为:

1. 严重破坏1949年8月12日《日内瓦公约》的行为,即对有关的《日内瓦公约》规定保护的人或财产实施的行为。

具体包括8种行为:

(1)故意杀害(第8条第2款第1项第1目)。故意杀害,是指犯罪行为人杀害一人或多人。这些人受到一项或多项1949年《日内瓦公约》的保护,且行为人知道确定该受保护地位的事实情况。这一心理要件确认《国际刑事法院规约》第30条与第32条的相互作用。这种明知的心理要件即知道确定某些人或某些财产根据有关武装冲突国际法规具有受保护地位的事实情况,以及在国籍方面,仅需知道被害人为冲突敌对方的人员。该要件适用于第8条第2款第1项所列每一犯罪的相应要件,及第8条第2款其他犯罪的有关要件。其中"杀害"一词与"致死"一词通用。这种行为在国际武装冲突情况下发生并且与该冲突有关,且犯罪行为人知道据以确定存在武装冲突的事实情况,其中"国际武装冲突"一词包括军事占领。

(2)酷刑或不人道待遇,包括生物学实验(第8条第2款第1项第2目)。酷刑、不人道待遇、生物学实验,是指犯罪行为人使一人或多人身体或精神遭受重大痛苦。犯罪行为人造成这种痛苦是为了取得情报或供状、处罚、恐吓或威胁,或为了基于任何一种歧视的任何理由。由于要件3要求所有被害人必须是一项或多项1949年《日内瓦公约》"保护的人",这些要件不包括第7条第1款第6项的要件所列的羁押或控制要素。其中生物学实验,是指犯罪行为人使一人或多人遭受某项生物学实验。实验严重危及这些人的身体或精神健康或完整性。实验目的不在于治疗,而且缺乏医学理由,也不是为了这些人的利益而进行的。

(3)故意使身体或健康遭受重大痛苦或严重伤害(第8条第2款第1项第3目)。故意造成重大痛苦,是指犯罪行为人使一人或多人身体或精神遭受重大痛苦,或严重伤害这些人的身体或健康。

(4)无军事上的必要,非法和恣意地广泛破坏和侵占财产(第8条第2款第1项第4目)。破坏和侵占财产,是指犯罪行为人破坏或侵占某些财产。这种破坏或侵占无军事上的必要,而且是广泛的和恣意进行的。

(5)强迫战俘或其他被保护人在敌国部队中服役(第8条第2款第1项

第5目)。强迫在敌国部队中服役,是指犯罪行为人以行为或威胁方式,强迫一人或多人参加反对他们本国或本国部队的军事行动,或者在敌国部队中服役。

(6)故意剥夺战俘或其他被保护人应享有的公允及合法审判的权利(第8条第2款第1项第6目)。剥夺公允审判的权利,是指犯罪行为人不给予特别是1949年《日内瓦第三公约》和《日内瓦第四公约》所规定的司法保障,剥夺一人或多人应享的公允及合法审判的权利。

(7)非法驱逐出境或迁徙或非法禁闭(第8条第2款第1项第7目)。非法驱逐出境和迁移、非法禁闭,是指犯罪行为人把一人或多人驱逐出境或迁移到另一国家或另一地点,或者将一人或多人禁闭或继续禁闭在某一地点。

(8)劫持人质(第8条第2款第1项第8目)。劫持人质,是指犯罪行为人劫持或拘禁一人或多人,或以这些人为人质。犯罪行为人威胁杀害、伤害或继续拘禁这些人。犯罪行为人意图迫使某一国家、国际组织、自然人或法人或一组人采取行动或不采取行动,以此作为这些人的安全或释放的明示或默示条件。

2. 严重违反国际法既定范围内适用于国际武装冲突的法规和惯例的其他行为。

具体包括26种行为:

(1)故意指令攻击平民人口本身或未直接参加敌对行动的个别平民(第8条第2款第2项第1目)。攻击平民,是指犯罪行为人故意以平民人口本身或未直接参加敌对行动的个别平民为攻击目标,指令攻击平民人口本身或未直接参加敌对行动的个别平民。

(2)故意指令攻击民用物体,即非军事目标的物体(第8条第2款第2项第2目)。攻击民用物体,是指犯罪行为人意图以这种民用物体,即非军事目标的物体为攻击目标而指令攻击。

(3)故意指令攻击依照《联合国宪章》执行的人道主义援助或维持和平行动的所涉人员、设施、物资、单位或车辆,如果这些人员和物体有权得到武装冲突国际法规给予平民和民用物体的保护(第8条第2款第2项第3目)。攻击与人道主义援助或维持和平行动有关的人员或物体,是指犯罪行为人故意以这些人员、设施、物资、单位或车辆为攻击目标,在知道确定这些人员、设施、物资、单位或车辆有权得到武装冲突国际法规给予平民和民用物体的保护的事实情况下,指令攻击依照《联合国宪章》执行人道主义援助或维持和平行动的所涉人员、设施、物资、单位或车辆。

(4)故意发动攻击,明知这种攻击将附带造成平民伤亡或破坏民用物体或致使自然环境遭受广泛、长期和严重的破坏，其程度与预期得到的具体和直接的整体军事利益相比显然是过分的（第 8 条第 2 款第 2 项第 4 目）。造成过分的附带伤亡或破坏，是指犯罪行为人发动的攻击会附带造成平民伤亡或破坏民用物体或致使自然环境遭受广泛、长期和严重的破坏，其程度与预期得到的具体和直接的整体军事优势相比显然是过分的。其中“具体和直接的整体军事优势”一语，系指犯罪行为人在有关时刻可预见的军事优势。就时间或地理而言，这种优势与攻击目标可能有关，也可能无关。虽然这一犯罪考虑到可能会造成合法的附带伤害和间接损害，但这决不是违反适用于武装冲突的法规的理由。这与战争理由或关于诉诸战争权的其他规则无关。这一术语反映确定武装冲突背景下进行军事行动是否合法的相称性要求。犯罪行为人明知这种攻击会附带造成平民伤亡或破坏民用物体或致使自然环境遭受广泛、长期和严重的破坏，其程度与预期得到的具体和直接的整体军事优势相比显然是过分的。与一般性导言第 4 段中的一般规则不同，这一明知要件要求犯罪行为人作出其中所述的价值判断。对这一价值判断的评价必须以犯罪行为人在当时能够得到的必要信息为依据。

（5）以任何手段攻击或轰击非军事目标的不设防城镇、村庄、住所或建筑物（第 8 条第 2 款第 2 项第 5 目）。在一个地方有特别受到 1949 年《日内瓦公约》保护的人或为了维持法律与秩序的唯一目的而留下的警察部队，并不使该地方成为军事目标。攻击不设防地方，是指犯罪行为人攻击一个或多个不构成军事目标的城镇、村庄、住所或建筑物。这些城镇、村庄、住所或建筑物没有抵御，可以随时占领。

（6）杀、伤已经放下武器或丧失自卫能力并已无条件投降的战斗员（第 8 条第 2 款第 2 项第 6 目）。杀害、伤害失去战斗力的人员，是指行为人知道确定这些人失去战斗力的事实情况而杀害、伤害一人或多人的情形。

（7）不当使用休战旗、敌方或联合国旗帜或军事标志和制服，以及《日内瓦公约》所订特殊标志，致使人员死亡或重伤（第 8 条第 2 款第 2 项第 7 目）。不当使用休战旗，是指犯罪行为人知道或应当知道使用这种手段的违禁性质，使用休战旗以假装有意谈判，而实际并无此意。不当使用敌方旗帜、标志或制服，是指犯罪行为人在从事攻击时，以国际法禁止的方式使用敌方旗帜、标志或制服。不当使用联合国旗帜、标志或制服，是指犯罪行为人以武装冲突国际法规禁止的方式使用联合国旗帜、标志或制服。不当使用《日内瓦公约》所订特殊标志，是指犯罪行为人以武装冲突国际法规禁止的方式为战斗目的使用《日内瓦公约》所订特殊标志。在这些情况下，“战斗目的”是指与敌对行动直接有关的目的，不包括医疗、宗教或类似活动。这些行为客观上致使人员死亡或重伤,而且行为人知道该行为会致使人员死亡或重伤。这些行为的心理要件表现为"行为人知道或应当知道这种手段的违禁性质",这一心理要件确认《国际刑事法院规约》第30条和第32条的相互作用,其中"违禁性质"一词指行为的违法性。除此之外,第8条第2款第2项第7目列出的其他犯罪所需的"应当知道"检验标准不适用于不当使用联合国旗帜、标志或制服的情形,因为有关禁止规定具有可变和管制性质。

(8)占领国将部分本国平民人口间接或直接迁移到其占领的领土,或将被占领领土的全部或部分人口驱逐或迁移到被占领领土内或外的地方(第8条第2款第2项第8目)。占领国将部分本国平民人口直接或间接迁移到其占领的领土,或将被占领领土的全部或部分人口驱逐或迁移到被占领领土内或外的地方,是指犯罪行为人将部分本国人口直接或间接迁移到其占领的领土;或将被占领领土的全部或部分人口驱逐或迁移到被占领领土以内或以外的地方。其中"迁移"一词须按国际人道主义法有关规定加以解释。

(9)故意指令攻击专用于宗教、教育、艺术、科学或慈善事业的建筑物、历史纪念物、医院和伤病人员收容所,除非这些地方是军事目标(第8条第2款第2项第9目)。攻击受保护物体,是指犯罪行为人故意以一座或多座专用于宗教、教育、艺术、科学或慈善事业的建筑物、历史纪念物、医院或伤病人员收容所作为攻击目标而指令攻击。在一个地方有特别受到1949年《日内瓦公约》保护的人和为了维持法律与秩序的唯一目的而留下的警察部队,并不使该地方成为军事目标。这些专用于宗教、教育、艺术、科学或慈善事业的建筑物、历史纪念物、医院或伤病人员收容所不是军事目标。

(10)致使在敌方权力下的人员肢体遭受残伤,或对其进行任何种类的医学或科学实验,而这些实验既不具有医学、牙医学或住院治疗有关人员的理由,也不是为了该人员的利益而进行的,并且导致这些人员死亡或严重危及其健康(第8条第2款第2项第10目)。残伤肢体,是指犯罪行为人致使一人或多人肢体遭受残伤,致使这些人死亡或严重危及其身体或精神健康,特别是永久毁损这些人的容貌,或者永久毁伤或割除其器官或附器。医学或科学实验,是指犯罪行为人致使一人或多人遭受医学或科学实验,致使这些人死亡或严重危及其身体或精神健康或完整性。这些行为的实施不具有医学、牙医学或住院治疗这些人的理由,也不是为了其利益而进行的,而且不能以受害人同意作为本罪辩护理由,因为这些人处于敌方权力之下。本罪禁止采取有关人员的健康状况所不需的任何医疗程序;这些程序不符合适用于进行程序一方处于同样医疗状况下,但未被剥夺自由的公民的公认医疗标准。

(11)以背信弃义的方式杀、伤属于敌国或敌军的人员(第8条第2款第

2 项第 11 目)。背信弃义的杀害、伤害,是指犯罪行为人诱取一人或多人的信任或信心,有意背弃这种信任或信心,使其以为本人应享有或应给予适用于武装冲突国际法规则的保护。行为人利用这种信任或信心杀害、伤害的这些人是敌方人员。

(12)宣告决不纳降(第 2 条第 2 款第 2 项第 12 目)。决不纳降,是指犯罪行为人在能够有效指挥或控制接受其宣告或命令的下属部队时,为了威胁敌方,或在杀无赦基础上进行敌对行动而宣告或下令杀无赦。

(13)摧毁或没收敌方财产,除非是基于战争的必要(第 8 条第 2 款第 2 项第 13 目)。摧毁或没收敌方财产,是指犯罪行为人在知道确定财产地位的事实情况下,摧毁或没收无军事上必要的敌方的某些财产。这些财产受武装冲突国际法规的保护,不得予以摧毁或没收。

(14)宣布取消、停止敌方国民的权利和诉讼权,或在法院中不予执行(第 8 条第 2 款第 2 项第 14 目)。剥夺敌方国民的权利或诉讼权,是指犯罪行为人有意针对敌方国民实施这种取消、停止某些权利或诉讼权,或在法院中终止执行的行动。

(15)强迫敌方国民参加反对他们本国的作战行动,即使这些人在战争开始前,已为该交战国服役(第 8 条第 2 款第 2 项第 15 目)。强迫参加军事行动,是指犯罪行为人以行为或威胁方式,强迫敌方国民一人或多人参加反对他们本国或本国部队的军事行动。

(16)抢劫即使是突击攻下的城镇或地方(第 8 条第 2 款第 2 项第 16 目)。抢劫,是指犯罪行为人未经物主同意有意剥夺和侵占物主财产,以供私人或个人使用。"私人或个人使用"一词表明,有军事必要的侵占不构成抢劫罪。

(17)使用毒物或有毒武器(第 8 条第 2 款第 2 项第 17 目)。使用毒物或有毒武器,是指犯罪行为人使用一种物质,或一种使用时释放这种物质的武器。这种物质凭借其毒性,在一般情况下会致死或严重损害健康。

(18)使用窒息性、有毒或其他气体,以及所有类似的液体、物质或器件(第 8 条第 2 款第 2 项第 18 目)。使用违禁气体、液体、物质或器件,是指犯罪行为人使用一种气体或其他类似物质或器件。这种气体、物质或器件凭借其窒息性或毒性,在一般情况下会致死或严重损害健康。此要件不能解释为限制或妨害关于发展、生产、储存和使用化学武器的现有国际法规则或正在发展中的国际法规则。

(19)使用在人体内易于膨胀或变扁的子弹,如外壳坚硬而不完全包裹弹芯或外壳经切穿的子弹(第 8 条第 2 款第 2 项第 19 目)。使用违禁子弹,是指犯罪行为人使用某种违反武装冲突国际法规的子弹。因为这种子弹在人体内易于膨胀或变扁,行为人知道使用这种子弹的性质将不必要地加重受害人的痛苦或致伤效应。

(20)违反武装冲突国际法规,使用具有造成过分伤害或不必要痛苦的性质,或基本上为滥杀、滥伤的武器、弹药、装备和作战方法,但这些武器、弹药、装备和作战方法应当已被全面禁止,并已依照第 121 条和第 123 条的有关规定以一项修正案的形式列入本规约的一项附件内(第 8 条第 2 款第 2 项第 20 目)。使用《国际刑事法院规约》附件所列武器、射弹或装备或战争方法,是指列入《规约》附件的武器、射弹或装备或战争方法。这些内容一旦制定,即须拟订相应要件。

(21)损害个人尊严,特别是侮辱性和有辱人格的待遇(第 8 条第 2 款第 2 项第 21 目)。损害个人尊严,是指犯罪行为人侮辱一人或多人、实行有辱其人格的待遇或以其他方式损害其尊严。侮辱、有辱人格或其他损害行为的严重性达到公认为损害个人尊严的严重程度。就本罪而言,"人"包括死人。被害人本人不必知道存在侮辱或有辱人格或其他损害情事。这一要件考虑到被害人文化背景的相关方面。

(22)强奸、性奴役、强迫卖淫,第 7 条第 2 款第 6 项所界定的强迫怀孕、强迫绝育或构成严重破坏《日内瓦公约》的任何其他形式的性暴力(第 8 条第 2 款第 2 项第 22 目)。强奸,是指犯罪行为人侵入某人身体,其行为导致以性器官不论如何轻微地进入被害人或犯罪行为人身体任一部位,或以任何物体或身体任何其他部位进入被害人的肛门或生殖器孔口。其中"侵入"一词概念的含义广泛,不分性别。侵入以武力实施,或在针对该人或另一人实行武力威胁或威逼,例如以暴力威吓、胁迫、羁押、心理压迫或滥用权力造成威逼的情况下实施,或利用威逼环境实施,或者是针对无能力给予真正同意的人实施的。因为有关的人可因自然、诱导或与年龄有关的因素而无能力给予真正同意。这个内容也适用于强迫卖淫、强迫绝育和性暴力条款的相应要件。

性奴役,是指犯罪行为人对一人或多人行使附属于所有权的任何或一切权力,如买卖、借出或交换一人或多人,或以类似方式剥夺其自由。基于此罪行的复杂性,认识到实施此犯罪的可能不止一个犯罪行为人,犯罪行为可能是共同犯罪目的的一部分。这种剥夺自由在某些情况下,可能包括强迫劳动或使一人沦为 1956 年《废止奴隶制、奴隶贩卖及类似奴隶制的制度与习俗补充公约》所界定的奴役地位。这一要件所述的行为包括贩运人口,特别是妇女和儿童。

强迫卖淫,是指犯罪行为人迫使一人或多人进行一项或多项猥亵行为,并为此采用武力,或针对这些人或另一人实行武力威胁和威逼,例如以暴力威吓、胁迫、羁押、心理压迫或滥用权力造成威逼,或利用威逼环境或这些人无能力给予真正同意的情况。犯罪行为人或另一人实际上或预期以这种猥亵行为换取,或因这种猥亵行为取得金钱或其他利益。

强迫怀孕,是指犯罪行为人禁闭一名或多名被强迫怀孕的妇女,意图影响任何人口的族裔组成,或进行其他严重违反国际法的行为。

强迫绝育,是指犯罪行为人剥夺一人或多人自然生殖能力。这种剥夺行为不包括实际上不具有长期效果的节育措施。行为缺乏医学或住院治疗这些人的理由,而且未得到本人的真正同意。“真正同意”不包括以欺骗手段取得的同意。

性暴力,犯罪行为人对一人或多人实施一项猥亵行为,或迫使这些人进行一项猥亵行为,并为此采用武力,或针对这些人或另一人实行武力威胁或威逼,例如以暴力威吓、胁迫、羁押、心理压迫或滥用权力造成威逼,或利用威逼环境或这些人无能力给予真正同意的情况。犯罪行为人知道确定行为严重程度的事实情况,其行为的严重程度与严重破坏《日内瓦公约》的行为相若。

(23)将平民或其他被保护人置于某些地点、地区或军事部队,利用其存在使该地点、地区或军事部队免受军事攻击(第8条第2款第2项第23目)。利用被保护人作为掩护,是指犯罪行为人移动一名或多名平民或受武装冲突国际法规保护的其他人,或以其他方式利用这些人所处位置,故意使军事目标免受攻击,或掩护、支持或阻挠军事行动。

(24)故意指令攻击依照国际法使用《日内瓦公约》所订特殊标志的建筑物、装备、医疗单位和运输工具及人员(第8条第2款第2项第24目)。攻击使用《日内瓦公约》所订特殊标志的物体或人员,是指犯罪行为人故意以依照国际法使用特殊标志或其他识别方法以表示受《日内瓦公约》保护的人、建筑物、单位或运输工具或其他物体作为攻击目标而进行的攻击。

(25)故意以断绝平民粮食作为战争方法,使平民无法取得其生存所必需的物品,包括故意阻碍根据《日内瓦公约》规定提供救济物品(第8条第2款第2项第25目)。以断绝粮食作为战争方法,是指犯罪行为人剥夺平民取得其生存所必需的物品。犯罪行为人故意以断绝平民粮食作为战争方法。

(26)征募不满15岁的儿童加入国家武装部队,或利用他们积极参与敌对行动(第8条第2款第2项第26目)。利用或征募儿童,是指犯罪行为人征募不满15岁的一人或多人参加国家武装部队,或利用一人或多人积极参与敌对行动,且行为人知道或应当知道这些人不满15岁。

3. 在非国际性武装冲突中,严重违反1949年8月12日四项《日内瓦公约》共同第3条的行为,即对不实际参加敌对行动的人,包括已经放下武器的武装部队人员,及因病、伤、拘留或任何其他原因而失去战斗力的人员实施的行为(第8条第2款第3项)。

具体包括4种行为:

(1)对生命与人身施以暴力,特别是各种谋杀、残伤肢体、虐待及酷刑(第8条第2款第3项第1目)。谋杀,是指犯罪行为人杀害一人或多人。虐待,是指犯罪行为人使一人或多人身体或精神遭受重大痛苦。酷刑,是指犯罪行为人为了取得情报和供状、处罚、恐吓和威胁,或为了基于任何一种歧视的任何理由使一人或多人身体或精神遭受重大痛苦。残伤肢体,是指犯罪行为人在知道确定这一地位的事实情况下,致使无战斗力人员,或为不实际参加敌对行动的平民、医务人员或神职人员一人或多人肢体遭受残伤,特别是永久毁损这些人的容貌,或者永久毁伤或割除其器官或附器。这些行为不具有医学、牙医学和住院治疗这些人员的理由,也不是为了其利益而进行的。上述这些行为都是行为人在知道确定这一地位的事实情况下,针对无战斗力人员,或为不实际参加敌对行动的平民、医务人员或神职人员实施的。其中"神职人员"一词包括不办忏悔、告解但执行同一职能的非军事战斗人员。

(2)损害个人尊严,特别是侮辱性和有辱人格的待遇(第8条第2款第3项第2目)。损害个人尊严,是指犯罪行为人侮辱一人或多人、实行有辱其人格的待遇或以其他方式损害其尊严。就本罪而言,"人"包括死人。被害人本人不必知道存在侮辱或有辱人格或其他损害情事。这一要件考虑到被害人文化背景的相关方面。这些人或为无战斗力人员,或为不实际参加敌对行动的人员、医务人员和神职人员,且行为人知道确定这一地位的事实情况,侮辱、有辱人格或其他损害行为的严重性达到公认为损害个人尊严的严重程度。

(3)劫持人质(第8条第2款第3项第3目)。劫持人质,是指犯罪行为人劫持或拘禁一人或多人,或以这些人为人质。行为人在知道确定这一地位的事实情况下,威胁杀害、伤害或继续拘禁无战斗力人员,或为不实际参加敌对行动的平民、医务人员或神职人员,意图迫使某一国家、国际组织、自然人或法人或一组人采取行动或不采取行动,以此作为这些人的安全或释放的明示或默示条件。

(4)未经具有公认为必需的司法保障的正规组织的法庭宣判,径行判罪和处决(第8条第2款第3项第4目)。未经正当程序径行判罪或处决,是指犯罪行为人对一人或多人作出判罪或执行处决。其中各文件所列的要件没有涉及《国际刑事法院规约》第25条和第28条所规定的各种不同的个人刑事责任。这种行为是行为人在知道确定这一地位的事实情况下,针对无战斗力人员,或为不实际参加敌对行动的平民、医务人员或神职人员实施的。未经法庭判罪,或者作出判罪的法庭并非“正规组织”的,即未有独立和公正的必要保障,或者作出判罪的法庭未提供公认为国际法规定的所有其他必需的司法保障。行为人知道未经判罪,或未得到有关保障,而且知道这些保障是公允审判所必要或必需的。这些情况国际刑事法院应根据一切相关情况,考虑与保障有关的各种因素最终是否导致有关的人没有获得公允审判。

4. 严重违反国际法既定范围内适用于非国际性武装冲突的法规和惯例的其他行为(第 8 条第 2 款第 5 项)。

具体包括 12 种行为:

(1)故意指令攻击平民人口本身或未直接参加敌对行动的个别平民(第 8 条第 2 款第 5 项第 1 目)。具体内容与第 8 条第 2 款第 2 项第 1 目相同。

(2)故意指令攻击按照国际法使用《日内瓦公约》所订特殊标志的建筑物、装备、医疗单位和运输工具及人员(第 8 条第 2 款第 5 项第 2 目)。具体内容与第 8 条第 2 款第 2 项第 7 目之 4 相同。

(3)故意指令攻击依照《联合国宪章》执行的人道主义援助或维持和平行动的所涉人员、设施、物资、单位或车辆,如果这些人员和物体有权得到武装冲突法规给予平民和民用物体的保护(第 8 条第 2 款第 5 项第 3 目)。具体内容与第 8 条第 2 款第 2 项第 3 目相同。

(4)故意指令攻击专用于宗教、教育、艺术、科学或慈善事业的建筑物、历史纪念物、医院和伤病人员收容所,除非这些地方是军事目标(第 8 条第 2 款第 5 项第 4 目)。具体内容与第 8 条第 2 款第 2 项第 9 目相同。

(5)抢劫即是突击攻下的城镇或地方(第 8 条第 2 款第 5 项第 5 目)。具体内容与第 8 条第 2 款第 2 项第 16 目相同。

(6)强奸、性奴役、强迫卖淫、第 7 条第 2 款第 6 项所界定的强迫怀孕、强迫绝育以及构成严重违反四项《日内瓦公约》共同第 3 条的任何其他形式的性暴力(第 8 条第 2 款第 5 项第 6 目)。具体内容与第 8 条第 2 款第 2 项第 22 目相同。

(7)征募不满 15 岁的儿童加入武装部队或集团,或利用他们积极参加敌对行动(第 8 条第 2 款第 5 项第 7 目)。具体内容与第 8 条第 2 款第 2 项第 26 目相同。

(8)基于与冲突有关的理由下令平民人口迁移,但因所涉平民的安全或因迫切的军事理由而有需要的除外(第 8 条第 2 款第 5 项第 8 目)。迁移平民,是指有权发出命令实行这种迁移的犯罪行为人命令迁移平民人口,而且这种命令缺乏与所涉平民的安全有关或与军事必要性有关的理由。

(9)以背信弃义的方式杀、伤属敌方战斗人员(第 8 条第 2 款第 5 项第 9

目)。具体内容与第8条第2款第2项第11目相同。

(10)宣告决不纳降(第8条第2款第5项第12目)。具体内容与第8条第2款第2项第26目相同。

(11)致使在冲突另一方权力下的人员肢体遭受残伤,或对其进行任何种类的医学或科学实验,而这些实验既不具有医学、牙医学或住院治疗有关人员的理由,也不是为了该人员的利益而进行的,并且导致这些人员死亡或严重危及其健康(第8条第2款第5项第11目)。具体内容与第8条第2款第2项第10目之1、2相同。

(12)摧毁或没收敌对方的财产,除非是基于冲突的必要(第8条第2款第5项第12目)。具体内容与第8条第2款第2项第13目相同。

三、关于团体或组织的战争罪之刑事责任问题

(一)概说

国际刑法与国内刑法对刑事责任主体范围的认识存在一定的分歧,这一问题在国内法中的反映最为明显,国家不能将由自己组成部分之一制定的禁止性法律规范施加于其整体之上①,否则刑事管辖权的行使将产生困惑;在国际法中,如果通过国际性审判机构(直接的实现方式)实现国际刑事责任②,确认国家的国际刑事责任尚可以探讨;如果国际刑事责任是通过各个国内的刑事司法系统来实现(间接的实现方式),则同样会遇到刑事管辖权行使上的难题。其次,就团体或组织的刑事责任来说,国际刑法和国内刑法存有不同的认识,各法系与各主权国家之间亦有不同的见解。在国内法体系

① 国家的存在必须有四个方面:一是人民;二是领土;三是政府——要求有一个或更多人为人民并且按照本国的法律进行统治;四是主权(参见〔英〕詹宁斯·瓦茨修订《奥本海国际法》,王铁崖等译,中国大百科全书出版社1995年版,第9页。)如果政府用国家制定的强制性法律作用于国家的身上,只能说明国家制定的法律缺陷甚大,或国家只是一个非完全主权的国家。

② 在1998年联合国设立国际刑事法院全权代表外交会议上通过的《国际刑事法院罗马规约》之前,国际社会已经尝试性地建立了纽伦堡国际军事法庭、远东国际军事法庭、前南斯拉夫国际刑事法庭和卢旺达国际刑事法庭,也主要是追究个人的国际刑事责任,但是对第二次世界大战后国际社会对德国、日本、意大利国家所采取的制裁能否理解为是国际社会对该三个国家所实施的战争罪行的结果承担的国际刑事责任,这个问题虽然至今仍有争议,但我们认为,国际刑事责任的具体内容与国家法律规范所确定的刑事责任的内容是不同的,国际刑事责任如同国内的刑罚种类只能通过惩罚个人才能体现出来,对于国家的惩罚,国际性的法律制裁或经济制裁,也可理解为是国际刑事责任的内容之一,这种刑罚方法也可以理解为如同国内刑罚体系中的罚金或没收财产一样的作用。

中,刑事责任的承担已由单一的个人刑事责任向“法人”或“单位”等组织、团体延展,而且已经成为刑事法律发展的一种新趋向①;在国际法领域中,认定组织或团体的刑事责任,虽然曾在个别场合中有所体现,但却未能像个人刑事责任原则那样得到广泛的认可。由此可见,无论是历史的法律规范还是现代的法律规范②,不管是国内法还是国际法③,对于追究个人的国际刑事责任都毫无争议。《罗马规约》关于个人刑事责任原则及其承担刑事责任的具体条件均做了详尽的规定。但由于战争罪从形式上看,往往非一人所为,有些甚至是国家的行为,因此,仅规定个人刑事责任似乎过于狭窄。

在国际刑法理论中,关于团体或组织刑事责任的研究发展得较为迟缓。从上述战争罪内涵中可见,战争罪明显属于一种带有组织性或团体性的国际犯罪,这种犯罪组织或团体不可能是由若干人临时性纠合在一起的犯罪团伙,而是由具有共同犯意的多元个体构成的较为固定的犯罪组织,这种团体或组织实施的国际犯罪行为,其恶劣性和危害程度远远超出个人实施的国际犯罪行为,更应受到相应的刑事处罚。国际军事法庭在比较犯罪团体或组织与阴谋集团时指出,犯罪组织是严密结合在一起的,并为某一共同的目的而组织起来的团体,且该团体的形成或对其适用法律必须与宪章规定的罪行有关,战争罪即是与宪章相关的罪行之一。

(二)《纽伦堡宪章》的确认

目前,虽然国际刑法理论尚未认同团体或组织实施战争罪应承担国际刑事责任,但在国际社会的司法实务中已逐步认识到团体或组织的犯罪性。特别是德国的纳粹党政治领袖集团、秘密警察、党卫队保安勤务处、冲锋队、党卫队、德国内阁以及参谋总部和德国国防最高统帅部,在第二次世界大战中实施的种种暴行,足以表明有组织犯罪的危害性。为此,《纽伦堡宪章》第9条和第10条分别规定:“在对任何集团或组织的个别成员进行审判时,法庭

① 现代国内立法中有关于“有组织犯罪(organized crimes)”应承担刑事责任的规定(参见《意大利刑法典》犯罪之结社,第416—418条;颠覆之结社,第270条;黑手党之结社,第416条。参见《法国刑法典》第265—267条)我国刑法不仅在《刑法》第30条明确规定:“公司、企业、事业单位、机关、团体实施的危害社会的行为,法律规定为单位犯罪的,应当负刑事责任。”;在分则规定的具体罪名和刑事责任上也体现了单位、组织的刑事责任条款,如第191条规定的洗钱罪、第151条规定的走私核材料罪等。

② 依照古罗马民法的法律体系,法律实体(1es personalities morales)是不能承担刑事责任的,只有个人才可以。

③ 在国际刑事法律规范中规定个人刑事责任的款项比较普遍,自1907年的《关于陆战法规和习惯的海牙公约》明确指出该公约适用于居民和交战者个人时起,国际社会惩治个人国际犯罪行为便有了法律依据。至1945年的纽伦堡审判,正式确立了个人刑事责任原则。1998年的《国际刑事法院规约》将个人刑事责任原则予以法典化。

可以(在被告被判决与该集团或组织的任何行为有联系的情况下)宣布被告所属的集团和组织为犯罪组织";"如果某一集团或组织被法庭宣布为犯罪组织,任何签字国的国家主管当局均有权将从属于某一此类犯罪组织的人员交付其国家法庭、军事法庭或占领区法庭提出诉讼。在此类情况下,该集团或组织的犯罪性质应被认为已经证实,而不应有所异议。"依照《纽伦堡宪章》的规定宣告上述犯罪组织的有效性,在德国管制委员会第10号法案(Control Council Law No. 10)中得到了进一步的说明:"有下列行为之一者,均为犯罪:(一)凡参与经国际军事法庭宣告为犯罪的犯罪集团或组织的成员……任何经判定有上述罪行之一者,可于定罪后判以法庭认为公正的刑罚……"①

需要说明的是,《纽伦堡宪章》强调了团体或组织的犯罪性质,同时强调个人对组织犯罪所应承担的责任。如国际军事法庭的判决书中明确指出:"经法庭宣告有罪的某一组织成员,以后可因其以该组织成员身份所犯的罪行进行判决,并可因此被判处死刑。"②那么,被宣告为犯罪集团或组织中的所有成员是否都应无一例外地承担刑事责任呢?仅仅凭借某一个人是否具备组织成员的身份,或者对组织犯罪性质处于不明知的情况下,而要求其承担个人刑事责任是否有失公平呢?国际军事法庭在审判过程中,将犯罪集团或组织定义为:"宣告犯罪组织和集团性质将决定于它的成员的犯罪性质,因此,宣告集团或组织的犯罪性质时,应不包括那些对该组织的犯罪目的或犯罪行为并不知情的人,也不包括被国家吸收为各该组织的人,但如果以各该组织成员的身份参与第六条所规定的犯罪行为的人除外,单凭成员资格并不足以被列入法庭宣告之列。"③

因此,如何认定组织或团体实施战争行为的犯罪性质,怎样透过团体或组织的外衣使有罪者接受恰当的刑罚,使无罪者避免承担组织犯罪的集体刑罚,《纽伦堡宪章》第9条规定的"法庭可以宣告"方式,恰如其分地解决了个人与组织有罪性和可罚性的问题。该规定强调法庭是否宣告一个组织为犯罪组织,应依照公允原则进行判断,而这种判断过程便是司法的职责。如果法庭确信一个组织或集团犯有应受处罚的罪责,法庭决不会因为"集团犯罪"概念属于新的理论,或者因为这种理论可能被以后的法庭不公正地使用,

① 参见德国管制委员会1945年12月20日的第10号法案。

② 参见〔德〕P·A.施泰尼格尔:《纽伦堡审判(上卷)》,王昭仁等译,商务印书馆1985年版,第225页。

③ 参见〔德〕P·A.施泰尼格尔:《纽伦堡审判(上卷)》,王昭仁等译,商务印书馆1985年版,第226页。

而对宣告该组织或集团为犯罪组织有所迟疑；另一方面，法庭在宣告一个组织具有犯罪性质时，应尽可能保证无罪的人不受惩罚。① 事实上，国际军事法庭在确定第二次世界大战战犯及组织或团体的犯罪性质时，要求既有以个人身份实施的犯罪行为，也要求其明知自己是实施犯罪行为组织中的成员。如果法庭仅仅根据某一个体在组织中的成员身份，而强加其国际刑事责任，不仅延伸了大部分法律体系中已被普遍接受的刑事责任原则，而且易于招致大多数法律体系反对将单纯结伙认定为犯罪的这种不公正的现象。

（三）关于构建理论与修改《罗马规约》的思考

由于战争罪具有明显的组织性和团体性的特征，故而需要国际社会进一步探讨是否有必要构建组织或团体之国际刑事责任的理论。假设可以将组织或团体理解为介于个人和国家之间的一种集体形式，团体或组织的刑事责任则既可以由组成该集体的若干个人分担刑事责任的实体，也可以由授权其成立的国家代为承担宣告式的罪责，如果这样，则没有必要确立团体或组织的国际刑事责任。但是，就团体或组织与国家的关系来讲，其成立主要有两种形式：

（1）国家授权成立的团体或组织，完全执行国家的政策，没有自我的决策权。在这种情况下，即使宣告组织或团体有罪，首先，其刑事责任的实体仍由个人承担；其次，作为国家授权的团体或组织，也只是替代国家的刑事责任，如果将组织或团体的罪和责分别由国家的国际刑事责任和个人的国际刑事责任分担，则没有必要建立组织或团体的刑事责任。

（2）该组织或团体非经国家特殊授权，依照本国法律成立的组织或团体，该组织执行自己机构的决策，实施了危害国际社会的行为，如跨国环境污染（污染转嫁）构成环境犯罪时，该组织或团体、法人除承担组织或团体、法人的刑事责任外，其决策者和执行者也应承担相应的刑事责任。由此可见，团体或组织的国际刑事责任不仅不能为个人刑事责任理论所替代。而且不能包含在国家刑事责任的理论之内。只要国际社会存在一种法人、团体或组织应承担国际刑事责任的可能性，就非常有必要于国际刑法理论中探讨确立法人、团体或组织的国际刑事责任问题，且在可能的情况下，在《罗马规约》的缔约国大会修订《罗马规约》部分条款时，将团体或组织的刑事责任明确纳入其中。

---

① 同上注，第225页。

10. 美军虐囚事件中的国际刑法问题*

目 次

一、前　言

2003 年 3 月 20 日，美国开始对伊拉克发动反恐战争（war against terrorism），在此期间，伊拉克半岛电视台曾公开报道美国战俘的场面，画面上显示了美国战俘不安的神态，无论伊拉克的这种做法是出于心理战术还是政治战术，都违反了《关于战俘待遇的日内瓦公约》，并因此受到国际舆论的谴责。美国总统布什和国防部部长拉姆斯菲尔德亦强调，在电视上展示战俘违反《日内瓦公约》关于战争的国际规则，而且这种不人道的行为应以战争罪受到起诉。① 然而，在这场战争进行一年之后，媒体公开的画面却是美军虐待伊拉克囚犯的画面，这种情景似乎较美国发动反恐怖战争的借口，以及至今仍没有发现伊拉克方面的任何大规模杀伤武器的证据更令其尴尬不堪。同时，国际社会的视线也转移到虐待伊拉克囚犯的行为是否也应以"战争罪"受到起诉的问题上，更对美国政府强调伊拉克公开美国战俘画面可以构成

---

* 赵秉志、王秀梅，原载《法学》2005 年第 5 期（发表时有删节）。

① Donald Rumsfeld on Face the Nation, March 23, 2003, http://www.cbsnews.com/stories/2003/03/23/ftn/Main 545616.shtml >. 3/23/03.

“战争罪”的主张提出反诘。本文也可作为我们在美国对伊拉克发动战争不久所写的《略述伊拉克战争涉及的国际法和国际刑法问题》①的续篇，在上篇结尾中，我们曾提出疑问，即伊拉克战争结束后谁将承担这场战争的刑事责任或其他责任？现在的问题是，如何追究战争期间虐待囚犯行为的国际刑事责任？

二、虐囚问题的提出

联合国秘书长科菲·安南曾于2003年3月20日呼吁伊拉克战争的冲突双方采取一切可能的措施保护平民。安南当日在联合国总部表示：“我现在考虑的是面临另一次痛苦经历的伊拉克人民。我希望各方恪守国际人道主义法律的要求，采取一切能力范围内的措施保护平民免遭战争的残酷后果。”②

事实上，遭受战争残酷后果的不仅是伊拉克战俘，伊拉克平民更不可避免地受到了酷刑、残忍、不人道和有辱人格的虐待。早在2004年1月24日美国少将安东尼奥·M.塔古巴（Antonio Men Taguba）即受命调查美军虐待伊拉克囚犯问题，3月3日他完成了使命，但尚未引起美国有关部门的关注。③2004年1月国际红十字会作出一份名为《红十字国际委员会关于联军在伊拉克于逮捕、扣押和审讯期间给予战俘和其他受日内瓦公约保护之人待遇的报告》的保密文件，该报告详尽地报道了被联合国军逮捕和关押者的处境（该报道目前尚处于保密阶段）。④ 直到2004年4月28日虐囚照片通过各种途径被描述，美国士兵虐待伊拉克囚犯的丑闻被宣扬后，此事才公开。⑤ 5月7日出版的《华尔街日报》披露了红十字国际委员会这份保密文件中的大

---

① 参见赵秉志、王秀梅：《略述伊拉克战争涉及的国际法和国际刑法问题》，载《河北法学》2003年第2期。

② http://www.chinadaily.com.

③ Commanders blamed for Iraq abuses, at http://news.bbc.co.uk/1/hi/world/americas/3703751.stm.

④ 红十字国际委员会的报告阐述了从2003年3月31日到10月24日，红十字国际委员会对伊拉克境内14个拘留地点进行了29次探视，在对29次探视中所作的观察以及与战俘和平民被拘留者单独谈话的基础上，并基于红十字国际委员会《日内瓦公约》下的职责，向责任当局提交了该保密报告。http://www.cbsnews.com/htdocs/pdf/redcrossabuse.pdf.

⑤ http://www.asil.org/isights.htm. and Q & A: Iraq prison abuse scandal, http://news.bbc.co.uk/1/hi/world/americas/3701941.stm.

量内容。

根据安东尼奥·M.塔古巴(Antonio Men Taguba)的报告分析,联军逮捕或拘禁的人大部分是平民;而且国际红十字会的报告指出,美国在伊拉克拘禁的囚犯有70% ~90%是被错捕和错押的。根据国际红十字会的报告,执行逮捕人员通常是夜间破门而入,吵醒居民,强令家庭成员集中在一个房间并受军事人员看守。同时,翻箱倒柜地搜查住房的各个角落。他们用软手铐将嫌疑犯们的手绑在身后,蒙上头并把他们带走。有时候美军将屋内的所有男性全部抓走,包括年老、残疾或生病的人。《日内瓦公约》没有禁止逮捕和扣押的规定,但对逮捕的方式、被关押者的对待则有严格的程序和实质条件的规定。

三、国际刑法的适用问题

美国强调对伊拉克进行的反恐怖斗争不是武装冲突,所以不适用国际法。作为国际刑法渊源之一的国际法——《国际人道主义法》,有时也称为武装冲突法或者战争法,只适用于武装冲突,无论是国际的还是国内的,该法均平等地适用于武装冲突双方,而不需要考虑冲突的性质;不考虑任何一方是出于侵略,还是自卫;更不考虑冲突双方是一个国家,还是一个叛乱组织。因此,美国对伊拉克发动的反恐战争是否属于武装冲突,决定着美军虐待囚犯行为的性质是否违反国际法。

笔者认为,美国"9.11"后发动的反恐怖战争符合国际人道主义法界定的武装冲突。

(1)武装冲突的核心要素是存在多个冲突的当事方,而该当事方是两个或两个以上具有一个类似军队编制、具有一定的组织程度和指挥结构,并因此具有遭受和确保遵守国际人道法能力的国家。美国对伊拉克发动的反恐战争,美国、英国等国家组成的联军是武装冲突的一方,而伊拉克作为武装冲突的另一方,这一点完全符合上述武装冲突的核心要素。

(2)根据1949年《关于战俘待遇的日内瓦公约》第2条的规定:"本公约适用于两个或两个以上缔约国间所发生的一切经过宣战的战争或任何其他武装冲突,即使一国不承认有战争状态。凡在一缔约国的领土的一部分或全部被占领的场合,即使此项占领未遇武装抵抗,亦适用本公约。"美国是该公约的缔约国,即便美国不承认反恐行动是武装冲突,也不影响该公约的适用。

(3)国际红十字会官员亚当·罗卜在谈到国际人道主义法在反恐活动中所面临的困难时认为:"以制止恐怖活动为目标的军事行动中,反恐武装部队中已经出现了一种违反法律基本限制性规定的倾向。如已经发生了许多战俘受到虐待和折磨的情况。在某些场合下，可能正是政府或武装干涉力量的暴行，导致了恐怖对抗活动范围的扩大……向政府或军队施加压力以改变其反恐活动的方式使之更加符合战争法和人道法，将是一项艰巨的任务。"①

恐怖主义犯罪的确是令国际社会极为头痛的事，且国际社会也未能寻找出更为有效地防止和惩治恐怖主义犯罪的方法。自9·11事件后，美国采取以武力打击恐怖主义犯罪的方式似乎没有招致更多的批评。但是，对恐怖主义袭击作出的武力回应也必须在法律允许的框架内，只有在不损害人类共同享有的基本价值的前提下，反对恐怖主义的斗争才是正当的，任何战争都不能凌驾于国际法之上，因为国际法不仅顾及各国的正当安全，而且特别强调保护公民的生命与基本权利的义务，此两者之间应是平衡的，美国不能因本国安全问题，而忽视其他国家公民的生命及基本权利，无视他们的身体和精神健康，并对其实施有辱人格的待遇或处罚。

四、被押人员身份的确定问题

在确定美国对伊拉克发动的反恐战争属于国际武装冲突的前提下，需进一步分析被押人员的身份以确定应适用的法律规范。因此，对被俘并处于美军控制之下者的人员身份的法律地位及待遇，是确定美国军人承担刑事责任的关键。2002年9月4日联合国有关人权专家呼吁基本的法律保障，防止任何酷刑和其他涉及逮捕、拘禁等其他处罚，包括反恐怖主义的立法。他强调任何被拘禁者的人身保护权、自被逮捕的24小时内有权接触律师，并有权通知亲属或朋友关于被拘禁的事实，这些保障措施能够保证被拘禁者能够与外界接触并确保其得到人道的待遇。② 战争中被俘"不是报复，也不是惩罚，而仅仅是保护性的监管，其唯一目的是防止战俘进一步参与战争"。③ 国际人道法的一项基本原则是：在武装冲突中参战的人，在任何时候都必须将平民与作战人员区分开来。战俘属于战争中最易受攻击的受害者范围，因而，需

① Hans – Peter Gasser, "Acts of terror, "terrorism"and international humanitarian law", International Review of the Red Cross? No. 847, p. 547 – 570.

② UN rights expert calls for protection against torture in anti – terrorism laws, 2002年9月10日, www. un. org.

③ Yasmin Naqvi, "Doubtful prisoner – of – war status" International Review of the Red Cross? No. 847, p. 571 – 596.

要特别保护,而平民则更需要特别地予以保护。

(1)被关押的伊拉克战斗人员应被赋予战俘的身份。1949年《关于战俘待遇的日内瓦公约》第13条规定:“战俘在任何时候须受人道之待遇。拘留国任何不法行为或不行为可致其看管中之战俘死亡或严重危害其健康者须予禁止,并当视为严重破坏本公约之行为。尤其不得对战俘加以肢体残伤,或供任何医学或科学试验而非为有关战俘之医疗、治牙或住院治疗所应有且为本身利益而施行者。战俘亦应在任何时候受到保护,尤其免致遭受暴行或恫吓及侮辱与公众好奇心的烦忧。对战俘之报复措施应予禁止。”

(2)被关押的平民应视为《日内瓦第四公约》保护的对象。人权观察者指出,美国不能提供清晰、一致的关于如何对待关押在伊拉克的10万个平民的信息。①《日内瓦第四公约》第27条规定,被保护人之人身、荣誉、家庭权利、宗教信仰与仪式、风俗与习惯,在一切情形下均应予以尊重。无论何时,被保护人均须受人道待遇,并应受保护,特别使其免受一切暴行,或暴行的威胁及侮辱与公众好奇心的烦扰。妇女应受特别保护以免其荣誉受辱,尤须防止强奸、强迫为娼或任何形式的非礼之侵犯。冲突各方对在其权力下之被保护人,在不妨有关其健康状况、年龄、性别之各项规定之条件下,应同样待遇之,尤不得基于种族、宗教或政治意见而有所歧视。但冲突各方对被保护人得采取由于战争而有必要之管制及安全之措施。

(3)美国事实上已经为被关押人员界定了他们的身份。国际人道法规则平等地适用于武装冲突的所有当事方,这种权利和义务的平等性使所有冲突各方都能够了解国际人道法的相关规则,美国自然了解这一规则。因此,当美国指出“在电视上展示战俘违反《日内瓦公约》规定的关于战争的国际规则,而且这种不人道的行为应以战争罪受到起诉”②的同时,已经将这场冲突中犯罪行为人的身份明确界定为“criminals of war”。当这一规则平等地适用于美国军人时,美国军人虐待伊拉克囚犯的行为也同样构成了“criminals of war”。

因而尽管美国在逮捕或关押伊拉克囚犯的最初阶段是合法的,但由于他们没有尊重被拘留人基本的实体和程序上的权利,而且其行为也没有遵守《日内瓦公约》的规定,从而使这一最初合法的行为变为不合法。进而使美国无论是否给予被关押人员战俘或平民的法律地位,都严重违反了国际人道主义法的规定。《日内瓦第三公约》和《日内瓦第四公约》的规定已经相辅相成地肯定了美国军人虐待伊拉克囚犯的事实违反了国际人道主义法,拒绝给

① http://www.hrw.org/english/docs/2004/04/21/iraq8477.htm.

② Donald Rumsfeld on Face the Nation, March 23,2003,http://www.cbsnews.com/stories/2003/03/23/ftn/main545616.shtml>.3/23/03.

予被俘的敌军"战斗人员"以战俘的法律地位,并不能使他们规避法律责任;这些被囚禁的人同样会被视为平民,而属于《日内瓦第四公约》在战争期间保护平民的调整范围。而且日内瓦四公约对讯问扣押者规定了十分严格的限制条件,即使是对最恶劣的犯罪分子,国际社会保护人的身体和精神上完整性的努力也不应有所削减。而且不论有嫌疑的恐怖分子、武装部队的成员还是平民("非法的战斗人员"),依然受国际人道主义法的保护。无论何种原因,当他们被捕或被扣押时,所受到的对待必须分别符合《日内瓦第三公约》和《日内瓦第四公约》中的规定,特别是扣押制度的规定。

五、违反国际法的法律后果

30 年前,在北越南的美国战俘受到残酷的对待,愤怒的美国政府希望通过《日内瓦公约》使这些虐待他们国民的人受到指责。① 唐纳德·拉姆斯菲尔德(Donald Rumsfeld)于 2002 年 1 月曾承认,《日内瓦公约》适用于在关塔纳摩基地的所有囚犯。② 我们认为,即便美国强调反恐战争是正义的战争,是在行使他们的合法自卫权,以抵御他们自己作为受害者所受到的伤害。但在这种情况下,他们仍应履行战争法规与惯例所规定的义务。特别是正如国际红十字会官员弗朗索瓦·德拉努所指出的:"如果一场战争进行得肆无忌惮,那么谁相信它会有什么正义性呢"?③ 目前,美国发动这场反恐战争借口的"大规模杀伤武器"尚无任何着落,而美国军人又在虐待被关押在监狱中的战俘和平民,这不仅使其发动这场反恐战争的正义性受到质疑,而且其违反的国际法准则的行为同样应受到惩罚。

美军虐待伊拉克囚犯的行为已经构成了典型的国际犯罪,即构成了战争罪、危害人类罪,以及酷刑、残忍、不人道和有辱人格待遇的犯罪行为。④ 这些行为分别违反了:

(1)美国国家法。如《统一军事法典》、《酷刑被害人保护法案》、1996 年

---

① Tom Malinowski, "What to do with our 'detainees?'", http://hrw.org/editorials/2002/uspow012802.htm.

② Tom Malinowski, "What to do with our 'detainees?'", 2002 年 1 月 28 日, http://hrw.org/editorials/2002/uspow012802.htm.

③ Fran? ois Bugnion, "Just war, war of aggression and international humanitarian law", International Review of the Red Cross, 2002 - No. 847, p. 523-546.

④ 在 Taguba 的报告中,他用自己的语言描述这个事件是"过度悲伤的和肆意的刑事虐待……导致一些结果……这是有系统的、非法的。"

《战争罪法案》以及《域外军事管辖法》等法律,美国军事法典与程序法是统一规定在一部法典之中。

(2)国际人道主义法。即《关于战俘待遇之日内瓦公约》(第3条和第13条)和《关于战时保护平民之日内瓦公约》(第5、27、31、32条),美国是这两个公约的缔约国;由于美国没有批准《日内瓦公约》的第一附加议定书,因而于此不探讨该部分内容。2003年6月30日,美国总统布什在联合国酷刑被害人日的讲话中指出:"美国承诺在世界范围内消除酷刑,并将树立榜样领导这场战斗,我号召所有政府与美国和法治社会合作禁止、调查和起诉任何酷刑行为。"①美国军人不仅故意使伊拉克囚犯身体、健康和精神上遭受重大痛苦或严重伤害,而且故意剥夺战俘或其他被保护人应享有的公允及合法审判的权利。如阿齐兹·哈姆扎·贾拉拉赫(Aziz Hamza Jarallah)的家庭成员告诉人权观察人员,在阿齐兹·哈姆扎·贾拉拉赫(Aziz Hamza Jarallah)于6月10日在巴格达被捕后超过3个月还不知道为什么他被关押在此,他的家庭甚至不知道对他的正式指控是什么。②

(3)国际人权法。在诸多人权法中,美国作为缔约国违反的主要国际人权法包括:《公民权利和政治权利国际公约》、《禁止酷刑和其他残忍、不人道或有辱人格的待遇或处罚公约》、1955年日内瓦联合国预防犯罪和罪犯待遇第一次会议通过的《联合国罪犯待遇最低标准》(第84—93条),以及被广泛视为国际习惯法的《世界人权宣言》。

就驻伊美军虐囚事件而言,应该说美国和国际司法机构同时具有管辖权。但是,国家管辖权优先于国际刑事司法机构的管辖权,而且按照国际法律规定,在美国积极采取司法措施查处涉嫌犯罪之人的情况下,根据国际公认的一罪不二审原则,国际司法机构不应再对同一人就同样的行为进行审理。另外,美国不是国际刑事法院的缔约国③,只要美国有效地惩治了这些犯罪行为人,则国际刑事法院对其就没有管辖权。

美国军人承担法律后果的关键问题之一是,虐待囚犯的行为是美国的政策还是个别人的反常行为,其结果是实施虐待囚犯的个人应承担个人刑事责任毫无疑问。但是,上级由于疏于监督,也应承担一定的刑事责任;同时,美国亦应因其军人实施的行为,而承担国家责任。

关于个人刑事责任。个人刑事责任的观念直接源于国际刑法的规定,第

---

① http://www.whatreallyhappened.com/torture_pow.html.

② http://www.hrw.org/english/docs/2004/04/21/iraq8477.htm.

③ 目前国际社会虽然存在安理会设置的前南斯拉夫和卢旺达两个特设国际刑事法庭,但由于他们分别受属地管辖和管辖权行使的时间性限制,而无权管辖美国军人的虐囚行为。

二次世界大战后,《纽伦堡军事法庭宪章》和《远东军事法庭宪章》规定了直接执行的方式,而且后来国际社会又经历了国际军事法庭和前南斯拉夫国际刑事法庭的诉讼过程。《纽伦堡军事法庭宪章》第6条创设了个人刑事责任原则;国际军事法庭的判决书认为:"违反国际法的犯罪行为是由个人实施而非法律实体实施的,而且国际法的规定只能用于处罚实施这些犯罪的个人。"实施虐囚的具体行为人及其上级都应承担刑事责任。

美国学者乔丹·鲍斯特(Jordan Paust)指出:"如果美国总统和检察长认识到美国有义务履行《酷刑公约》,该公约要求起诉酷刑和违反《日内瓦公约》的行为,而只起诉一些履行军事职责的个人是不充分的。"①耶鲁大学法学院学者海勒德·科(Harold Koh)指出,追溯到"二战"后的纽伦堡审判的战争罪原则,"纽伦堡审判前不存在上级责任问题,因而上级可以说他们并不知道发生了什么事,而下级则可以说他们是在服从命令。但纽伦堡审判改变了这种理解……照片中展示的个人及他们的上级都应承担责任,因为上级很显然疏于训练和监督。"②一些军事情报人员告诉国际红十字会,这种广泛的虐待行为是由于缺乏军事警察的监督。③ 安东尼奥·M.塔古巴(Antonio Men Taguba)告诉国际红十字会,"缺乏惩戒、没有训练和监督,监督的疏忽蔓延。"④

国际刑事司法理论与实践均明确,军事指挥官和其他上级在明知其下级将要从事的犯罪行为或者正在实施的犯罪行为,而故意不阻止这种犯罪行为的实施的,或者疏于监督的,"应受到与犯罪行为人同样罪行的处罚"。⑤

关于国家责任。国际公约关于个人刑事责任的规定,不影响国家依照国际法应承担的责任。国家责任源于其义务所应当承担的责任,冲突一方"必须对其武装力量的组成人员的所有行为负责"⑥,且责任国必须停止不法行为并进行赔偿。国家赔偿的形式包括"恢复原状"、补偿或抵偿。事实上,国家责任概念的援引是一种象征性的行为,是通过国际社会谴责那些从事国际性禁止行为。目前,美国已经开始审理虐囚的具体行为人,即2004年5月19

① Charlie Savage, "Justice Dept. can target war crime," Scholars cite way to punish abuse of Iraqis, http://www.boston.com/news/world/articles/2004/05/12/justice_dept_can_target_war_crim.

② 同上注。

③ Red Cross details abuse claims, at http://news.bbc.co.uk/1/hi/world/americas/3700975.stm.

④ Commanders blamed for Iraq abuses, at http://news.bbc.co.uk/1/hi/world/americas/3703751.stm.

⑤ Antonio Cassese, "International Criminal Law", Oxford University Press, 2003, p. 206 - 207.

⑥ 参见F.卡勒索文:《武装力量与战争类似行为的国家责任》,载《国际法与比较法季刊》1991年第40卷,第847-848页。

日在伊拉克审理了24岁的美军宪兵杰里米·西维茨(Jeremy Sivits)。[①] 虽然军事法庭认定的罪行与国际公约的规定相距甚远,且量刑也过于宽缓,但在定罪与量刑间存在观念的倾向性问题。我们认为,定罪是根本,量刑是标志,量刑虽然原则上标志着罪行的严重性,但量刑毕竟是一种艺术,不是科学,量刑与定罪之间无法用科学的方法进行衡量。尤其是在当前没有一个适合的国际刑事法庭审理美国军人虐待囚犯的犯罪行为,美国依照其军事刑法或普通刑法审理并处罚犯罪行为人及其上级的同时,国家对此行为进行了道歉,在今后如何能够给予受害者一定的赔偿,则从一定角度上说也在履行国际公约规定的国家义务。

---

① 如果美国指控这些虐待囚犯的人除了其他处罚方式外,最重的刑罚是1年的监禁。

11. 国际刑事法院的公正性与有效性研析*

目 次

一、前　　言

1998 年 7 月 17 日，在意大利罗马举行的外交大会通过了《国际刑事法院罗马规约》（以下简称《罗马规约》或《规约》），迈出了“通向普遍的人权和法治进程中的巨大一步”。① 随着波黑、保加利亚、柬埔寨等国②的相继批准，

---

* 与周露露合著，原载赵秉志、卢建平主编：《国际刑法评论》（第 1 卷），中国人民公安大学出版社 2006 年 5 月版。

① 联合国秘书长安南语，转引自王秀梅：《国际刑事法院研究》，中国人民大学出版社 2001 年版，第 11 页。

② 2002 年 4 月 11 日，9 个国家同时向联合国秘书长提交了批准或加入《罗马规约》的文件，使得《罗马规约》因具有 60 个以上的缔约国家而生效。同时提交批准或加入文件的其他国家有：刚果、罗马尼亚、斯洛文尼亚、约旦、蒙古、尼日尔。

2002 年 7 月 1 日,《罗马规约》正式生效,宣告了国际刑事法院的正式成立。"一个独立的、遵守公平与正当程序的最高标准的国际刑事法院,是和平与正义的重要组成部分。"①然而,国际刑事法院能否成为正义的化身,代表整个国际社会伸张正义,则取决于其是否具有公正性和有效性。正如国际刑事法院院长菲利普 · 科什(Philippe Kirsch)所指出的,国际刑事法院的威信源于其公正性和有效性。②

其实,早在《罗马规约》起草阶段,如何确保国际刑事法院的公正性和有效性问题,就已成为起草者考虑的重要问题。直至《规约》通过以来,在国际社会给予国际刑事法院如此广泛、积极的评价,对其寄以无限期盼的同时,有关国际刑事法院的公正性与有效性问题的讨论也从未间断过。

本文试结合公正性与有效性的考量因素,对国际刑事法院的公正性和有效性加以研究分析。需要指出的是,由于国际刑事法院作为一个独立的综合性的国际刑事司法机构,在其组织建构上是"检法一家"③的形式,为此考察国际刑事法院的公正性,不应仅仅局限于法官的"审判阶段",而应放眼于自启动案件调查直至执行判决的整个诉讼过程。④ 这样才能更加全面、完善。

二、国际刑事法院的公正性问题

(一)公正性的含义及司法机构公正性的考量因素

公正一直是人类的美好追求和价值取向,是人们在政治、经济、道德、法律等各个领域活动的评判标准和追求的终极目标。公正与法律具有天然、紧密的联系。然而,对于公正的内涵及考量因素并无统一理解。美国学者博登海默曾说过:"公正具有一张海神般的脸,变幻无常,并且具有极不相同的面貌。"⑤按照马克思主义的观点,公正作为一种价值判断,是一个历史的、相对

① David Stoelting, " Status Report on the International Criminal Court", *3 Hofstra L. & Pol' y Symp 233*

② Philippe Kirsch, "The International Criminal Court And Its Challenges Ahead".

③ 这主要是指国际刑事法院与绝大多数国内法院不同,其内部建制不仅包括负责审理案件的法院,还包括负责调查、起诉案件的检察官——通常是"游离"在国内法院之外。

④ 有学者在考察国际刑事法院的公正性时,仅着眼《罗马规约》中的公正审判,特别是被告人诉讼权利方面(参见〔意〕莱亚尔 · S. 桑戈:《国际刑事法院是否能成为公平和公正的审判工具》,载赵秉志、王秀梅主编:《国际刑事法院专论》,人民法院出版社 2003 年版),笔者认为其不够全面。

⑤ 参见〔美〕E · 博登海默:《法理学——法哲学及其方法》,邓正来译,中国政法大学出版社 1999 年版,第 240 页。

的概念,要受一定的经济基础的制约,并最终决定于物质生活条件。而西方启蒙思想家卢梭则认为,"一切正义都出于神,神是正义的唯一渊源"①,这实际上是肯定了"公正"源于人性,并具有某种普遍性的特征。

应当说,公平与正义应是对"公正"内涵最基本的理解。何为公平、正义又是见仁见智的问题,与每个人所处时代、国家、所属阶层、群体、社会背景、教育程度等密切相关。例如,在被称为"世纪审判"的美国辛普森案的审理过程中,约有80%的美国白人认为辛普森有罪,80%的美国黑人认为他无罪。在控方提供大量不利于被告的证据的情况下,由于案件涉及种族问题,陪审团12人中(其中10人是黑人)的最终结论是辛普森无罪。从而清楚表明了不同阶层或不同种族持有不同的公正标准。② 当然,这也并不意味着公正是虚无的、不可企及的幻想。因为,无论在任何社会,"公正"都被认为是一种高尚的、能够体现人性、良知的美德,体现着扬善惩恶的精神。它包含人们对结果的价值判断——实质公正,以及对客观形式的要求——程序公正这两个方面的内容。

基于对"公正"上述共识,某些品质或特征可以成为公认的评判公正性的考量因素。基于公正的基本品质并结合司法活动的特点来考虑,我们认为,评判司法机构是否具有公正性,应当主要从独立性、中立性与公开性三个方面考量。需要强调的是,由于公正性本身同时包含实体公正和程序公正,因而在分析上述各项考量因素时,应注意把握各项因素在实体公正和程序公正方面的不同体现和要求,从而全面、充分地衡量公正性问题。

(二)国际刑事法院是否公正

1. 独立性

独立性是指司法机构只服从宪法和法律,不受任何机关、组织和个人的干涉。独立性包括司法机构独立于外部其他机构,法官独立审判等方面内容。司法独立是现代司法的一项基本原则,是实现公正的基础。司法独立是考量公正性的首要因素。法院的独立是保障其中立、实现公正的基础。独立性包括法院本身的独立及法官的独立。只有在机制和人员等方面均独立,法院才能具有抗干扰的能力,不受外界因素的干扰或影响而公正地行使职权。为满足独立性的要求,必须从法院外部、内部人员、机制、财务等方面予以保障。

(1)外部独立问题:联合国安理会对国际刑事法院的影响。在《罗马规约》制定过程中,国际刑事法院与联合国安理会(以下简称"安理会")的关系问题,由于事关国际刑事法院独立性的关键,而成为各方争执的焦点之一。

---

① 引自王鹏令:《作为政治哲学概念的"社会公正"——社会公正问题研究系列之一》。http://www.clibrary.com/column/pengling/wp13-3.html.

② 参见田禾:《论刑事法制的公正性》,载中国法学网,http://www.illaw.org.cn.

《罗马规约》中有关国际刑事法院与安理会关系之规定,最主要地集中于第13条和第16条。①

①提交情势的权力。关于《罗马规约》第13条规定的安理会向国际刑事法院(检察官)提交情势的权力。在讨论中,有种观点认为,赋予安理会向国际刑事法院提交情势的权力,符合《联合国宪章》赋予安理会的权力,将有利于避免安理会再通过设立特设国际刑庭的决议,从而更大限度地维护国际刑法规则的统一性和国际刑事法院的普遍性与权威性。但反对者认为,安理会是政治机构,其提交的案件会有政治动机,会影响国际刑事法院的独立性。②

我们认为,赋予安理会向国际刑事法院提交情势的权力,并不会减损法院的独立性。

首先,按照《联合国宪章》的规定,安理会负责维护国际社会的和平与安全事宜。纵观联合国建立的历史,尽管安理会作为政治性机构,在处理不同国家或地区和平与安全问题时,也存在少数的有失公允之处③,但不能由此否认安理会在维护和平与安全方面发挥的积极作用。而且,值得注意的是,安理会的"有失公允"在绝大多数情况下,表现为对某种行为或某个国家的"袒护"或听之任之,但就安理会采取措施或行动时所针对的行为或国家而言,乃是因为该行为或该国本身都会或多或少地对国际社会的和平与安全造成威胁。自国际刑事法院成立以来,安理会将苏丹达尔富尔(非《罗马规约》缔约国)的情势提交国际刑事法院,客观上为充分发挥国际刑事法院的作用提供更多"机会",符合全人类利益。

其次,安理会提交情势,只为国际刑事法院行使管辖权提供某种可能,至于国际刑事法院最终是否必然地行使管辖权,包括检察官是否启动调查、起诉程序,或国际刑事法院受理有关案件,则由检察官、法官分别按照规约规定的要求和程序决定。因此,就提交情势的权力而言,安理会并不会影响国际

① 其他相关条款还包括:第5条、第86条。关于联合国安理会与国际刑事法院的关系,参见周露露:《罗马规约有关国际刑事法院与联合国安理会关系规定之研究》,载高铭暄、赵秉志主编:《刑法论丛》第8卷,法律出版社2004年版,第437页。

② 有关讨论,另见 Justice Louise Arbour, "The Singapore Plan Maximize the Power of ICC" (http://www.nesl.edu/intljournal/VOL4/sing.pdf)

③ 例如,在处理前南斯拉夫地区、卢旺达、柬埔寨、东蒂汶等地的地区冲突时,安理会采取了不同的方式,对前两者采取了建立特设国际刑庭的做法,对后两者则没有。这种不同有不公正之嫌。参见 Morten Bergsmo(前南刑事庭检察官办公室法律顾问,挪威籍):《公正性和有效性:国际刑事法庭的未来发展趋势》。

刑事法院的独立性。①

②推迟调查或起诉问题。在《罗马规约》起草过程中,部分国家主张,在国际刑事法院起诉的案件须经安理会同意。据此,安理会 5 个常任理事国任何一国可以通过行使否决权达到阻止向法院提交案件的目的。该主张受到大多数国家的反对而并未被最终采纳。《罗马规约》最终采用了新加坡的建议,仅赋予安理会推迟调查或起诉的权利。根据此方案,法院可以接受缔约国提交或检察官自行提起的案件,除非安理会通过决议要求推迟调查或起诉。通过该种规定,安理会形成推迟决议需包括 5 个常任理事国在内的 9 个国家同意后形成决议,任何一个常任理事国即使行使否决权,也只能是阻止推迟决议的通过,对国际刑事法院行使管辖权并无损害。

我们认为,《罗马规约》实际上是不同主张的折中。虽然依《罗马规约》现有规定,安理会要“阻止”国际刑事法院行使管辖权将并非易事,任何一个常任理事国也无法通过单方行使否决权而影响国际刑事法院的管辖权,但是,《罗马规约》毕竟没有排除安理会的此项权利,对安理会行使该权利的次数也未做任何限制。这种要求国际刑事法院推迟法院调查的权力无疑会影响国际刑事法院独立管辖权,令人担忧。在《罗马规约》生效后很短时间内,该规定已显示其弊端。

在安理会讨论延长在波斯尼亚维和行动问题时,美国出于对国际刑事法院的反对,威胁要使用否决权。在美国的压力和威胁下,2002 年 7 月 12 日,安理会通过决议,要求国际刑事法院推迟任何关于非缔约国现任或以前的人员在维和行动中的行为的调查或起诉。② 该决议从 2002 年 7 月 1 日开始适用,除非安理会作出相反决定。该决议即根据《规约》第 16 条作出。由此也证明了安理会对国际刑事法院的影响。

(2)法院人员的独立性。司法机构的独立性在很大程度上体现在法官的独立性。法官保持独立“对确保公众承认法院的公正性是至关重要的,不

① 当然,我们说,安理会提交情势的权力不会影响国际刑事法院的独立性,并不等于说安理会作出的决议不受政治影响。安理会之所以能够将苏丹达尔富尔地区的情势提交国际刑事法院,一方面是由于安理会不希望对该地区的暴行坐视不理,而设立一个新的特设国际刑事法庭将需要至少一年的时间运作;另一方面,作为《规约》缔约国的安理会其他成员国(如英国)也希望向国际社会传递一个信息,即不论美国布什政府多么反对国际刑事法院,他们仍将支持国际刑事法院的运作;再者,也是最为重要的原因是,美国在苏丹地区没有派驻任何军队,不担心其国民因违反战争罪、反人类罪或种族灭绝罪等受到国际刑事法院的管辖。参见 U. S. Fiddles Over ICC While Darfur Burns, published in http://platform. blogs. com/passionofthepresent/2005/01/us _fiddles _over. html.

② 参见联合国安理会第 1422 号决议。U. N. Doc. S/RES/1422(2002)。

论法院在解决争端中的决策者角色还是法官在制定法律时的立法者角色”①。而法官本身的独立性不仅涉及司法职业、法院和行政管理,还包括意义更为深远的事项,如法官的选择等。

对比国际刑事法院与“二战”后建立的纽伦堡军事法庭、远东军事法庭,以及20世纪90年代初由安理会建立的前南斯拉夫国际刑事法庭和卢旺达国际刑事法庭(以下简称“前南法庭”、“卢旺达法庭”或两个特设法庭),在法官、检察官选举规定方面,国际刑事法院较其他各军事法庭或特设刑庭更为全面、完整,并能更加体现法官的独立性,确保公正性。

在纽伦堡和远东军事法庭中,法庭的法官、检察官均来自战胜国,由战胜国自己任命。② 前南法庭、卢旺达法庭的法官,是由联合国大会依安理会提名选出,检察官则经秘书长提名由安理会任命。③ 虽然特设刑庭的法官、检察官候选范围要比前两个军事法庭更加宽泛,更大程度地防止了因其完全来自战胜国而可能产生的不利于被告的结果。但由于在选举过程中,法官或检察官或需经安理会提名,或需安理会任命,无论何种方式均难以摆脱安理会的控制或影响,导致法官或检察官在行使职权时,难免会因顾忌安理会国家的“口味”或喜好,而影响法官的独立判断。④

相比之下,《罗马规约》在确保法官独立性方面有较大的进步。《罗马规约》明确规定了法官的独立性⑤,并规定了严格资格、提名、选举程序。⑥ 根据《罗马规约》,缔约国均可以提名候选人参加法院的选举,由缔约国以无记名投票方式选举产生。在推选法官时,《罗马规约》要求缔约国考虑世界各主要法系的代表性、公平地域代表性、男女代表性等因素⑦,尽可能地体现民主和代表性。为确保法官独立履行职责,规约还规定了法官、检察官等在涉及法院的职务方面,享有特权与豁免⑧,为法官独立自主的行使职权解除后顾之忧。但这决不意味着《罗马规约》在保障法官独立性方面是尽善尽美

---

① 《促进法制与加强刑事司法系统》,联合国第十届预防犯罪与罪犯待遇大会,2000年4月(秘书处编写的工作文件),第19段。

② 参见《纽伦堡国际军事法庭宪章》第2条、第14条;《远东国际军事法庭宪章》第2条、第8条。

③ 参见《前南斯拉夫国际刑事法庭规约》第13条、第16条;《卢旺达国际刑事法庭规约》第12条、第15条。

④ 对前南刑庭法官选举问题的批评,另见 Lauren Etter, “Call for ICC to Learn ICTY Election Lessons” (http://www.globalpolicy.org/intljustice/icc/2004/1126icclessons.htm)

⑤ 《罗马规约》第40条。

⑥ 《罗马规约》第36条。

⑦ 《罗马规约》第37条。

⑧ 《罗马规约》第48条。

的。依照《罗马规约》,被提名的法官仅能是缔约国的国民,这种比较“独特”的提名条件①虽然对刺激和鼓励国家批准《罗马规约》有一定作用,但对确保被选举出的法官具有真正意义的代表性和独立性并无益处。②

2. 中立性

中立性是由司法机关的立场和任务所决定的。司法机关必须居中裁判,公平对待各当事方,对当事双方不偏不倚,无任何偏袒,举凡评判是非功过或赏罚予取,遵循公众认可或代表公众意志的准则而不偏私。唯有中立,才能获得各当事方的信任,才能保证公正性。法院在审判过程中,能否做到中立,不偏不倚地对待当事双方,给当事双方以平等的保证,是考察国际刑事法院是否具有公正性的又一因素。判断法院是否中立,主要应审查诉讼程序的各个阶段,法院是否给予各当事方平等的地位和权利保护。这既是程序公正的要求,也是保护人权的需要。

(1)平等性。法律面前的平等最初是指个人与国家在法律面前平等。但现代概念已将该原则的范围扩大到包括与法律有关的所有人的普遍平等。平等对确保以法律规定而不是以所涉当事方的地位为依据作出法律决定来说是至关重要的。这不仅对于起码的公平来说是必要的,而且对“确保结果的可预测性也是必要的”。③

①缔约国间的平等性问题。研究《罗马规约》的规定可以发现,《罗马规约》的设计导致出现缔约国间存在不平等的情况。例如,《罗马规约》第13条涉及的缔约国和安理会向国际刑事法院提交案件或情势后的通知程序不平等。如果是缔约国或检察官主动提起的“情势”,国际刑事法院须将启动调查的意图通知所有缔约国以及那些“通常将会对此类犯罪行使管辖权的国家”,以便有关国家可以就其国内主管机关是否正在处理此类案件通知法院。通过该程序,可以很好地贯彻《罗马规约》确定的补充性原则。但是,这种旨

---

① 根据联合国宪章建立的国际审判机构,包括国际法院、前南法庭、卢旺达法庭,对被提名的法官,均没有被提名法官须为联合国成员国国民的要求或限制。

② 因为,如果一个非《规约》缔约国的国民当选为国际刑事法院法官,由于其国籍国在相当广泛的程度上与国际刑事法院无关,该法官不会因为对其所表达的立场或观点是否会影响其国籍国而困扰,由此也能更加超脱地审理案件。关于《罗马规约》法官选举问题的讨论,参见Thordis Ingodottir, “The International Criminal Court Nomination and Election of Judges”, http://www. iccnow. org/buildingthecourtnew/officialsofthecourt/judgesdocs/PICTNomElectProcedure200206. pdf.

③ 参见《促进法制与加强刑事司法系统》,第十届预防犯罪与罪犯待遇大会,2000年4月(秘书处编写的工作文件)。

在保护国内管辖权的通知程序并不适用于安理会提交的情势。① 又如，由于依据《罗马规约》，安理会有向国际刑事法院提交情势以及推迟调查和起诉的权力，因此，作为安理会成员的缔约国与非安理会成员的缔约国，在提交情势的权力方面不平等，前者较后者有更多的机会去向国际刑事法院提交情势；此外，在推迟调查和起诉方面，前者有比后者更多的决策权。②

上述不平等现象虽然尚未使各缔约国彼此间权利义务严重失衡，但对于旨成为具有权威性、公正性的常设国际刑事法院而言，这些瑕疵足以为追求完善的学者提出批评意见提供"口实"。

②当事人间的平等性问题。当事人间的平等，体现在对当事人诉讼权利的平等保护方面，即所谓"平等武装"（equal arms）原则。在刑事诉讼程序中，由于控方往往都是国家或公权力的代表，占有着较被告方更多的资源和资金，在调查取证等方面具有相对优势，因此，为保证诉讼双方的平等，尤应强调对被告人诉讼权利的保障。这不仅是程序公正的体现，也是保护人权的要求。在现代刑事诉讼中，公正审判的权利或诉讼中应当贯彻的原则主要包括：罪刑法定原则、一罪不二审原则，得到公开审判的权利、无罪推定权利、辩护权、上诉的权利等。③

在纽伦堡和东京审判中均存在着影响被告人诉讼权利的缺陷，包括违反"一罪不二审"原则④、剥夺上诉权⑤、允许法庭做出缺席判决等。上述不足在前南法庭和卢旺达法庭中有所改进。与纽伦堡宪章和东京宪章不同，两个特设刑庭均明确规定了罪刑法定原则，无罪推定、一罪不二审原则等，取消了缺席判决，确认了被告的上诉权利。⑥ 上述原则相对于两军事法庭而言，给予了被告人更充分的保障，体现了公正性。虽然特设法庭实现程序公正方面有所改进，但正如有人所指出的，上诉庭和审判庭的法官轮转制度导致被告不能有效地进行上诉，不符合《公民权利和政治权利国际公约》第 14 条(5)项规定的"凡被判定有罪者，应有权由一个较高级法庭对其定罪及刑罚依法

---

① 这是因为，对于缔约国向法院提交，或检察官自行启动调查的案件，国际刑事法院具有管辖权的先决条件是，案件的发生地或被告人的国籍国须是《规约》的缔约国（参见《规约》第 12 条），但是，在安理会向法院提交的案件中，无需具有上述连接因素。

② 有关分析，另见周露露：《罗马规约有关国际刑事法院与联合国安理会关系规定之研究》，载高铭暄、赵秉志主编：《刑法论丛》第 8 卷，法律出版社 2004 年版，第 452—453 页。

③ 参见《公民权利和政治权利国际公约》第 14 条、第 15 条。

④ 参见《纽伦堡国际军事法庭宪章》第 11 条。

⑤ 参见《纽伦堡国际军事法庭宪章》第 26 条。

⑥ 参见《前南斯拉夫国际刑事法庭规约》第 1—5 条、第 21 条；《卢旺达国际刑事法庭规约》第 1—7 条、第 17 条。

进行复审”。①

对照两个军事法庭和两个特设法庭,《罗马规约》在保证被告人受到公正审判的权利方面更加全面和完善。《罗马规约》基本采用、甚至照搬了现有国际人权文书中保护被告人诉讼权利的规定,例如,《规约》第55条吸收了《公民权利和政治权利国际公约》有关个人在被调查阶段应有的权利,第63条规定了被告出席审判,第66条规定了无罪推定原则,第67条列明了被告人应受最低限度的权利。特别值得注意的是,《罗马规约》还规定了被告人对其权利的侵犯有获得赔偿的权利,从而与国际人权保护标准相一致。通过对被告诉讼权利的详细规定,保证了控辩双方可以平等地参与诉讼,比较充分地体现了程序公正,为国际刑事法院的全面公正性奠定了坚实的基础。

③被害人权利保护。《罗马规约》吸收了前南法庭规约及其程序与证据规则中对受害人和证人保护的内容②,规定被害人可以参与诉讼程序,向国际刑事法院提出意见和关注,以及国际刑事法院应采取适当措施保护被害人的安全、身心健康、尊严和隐私,并允许为保护被害人目的,可以不公开某部分诉讼,或允许以特别方式提出证据。③

我们认为,如前所述,国际刑事法院的公正性需要从程序和实质两方面体现。由于案件真相作为已发生的事实无法复制,只能通过程序和制度的保证,尽可能还事实以原貌。但不容否认的是,人们对案件审理的结果是否符合公平正义会有心理期盼,即要求达到实质公正。被害人作为案件的亲历者,是犯罪行为的直接对象和痛苦的承载者,对其权益的保护更能反映国际社会对弱势群体的关注与关爱,满足人们对正义——不仅是对犯罪分子的惩罚,而且包括对被害人的保护和救济——的全面期待。这样方能彰显国际刑事法院全面的实质公正。

但是,《罗马规约》对被害人的保护方面似仍有不尽如人意之处,因为被害人在诉讼程序中,既可以证人身份,也可以被害人身份参与诉讼,但《罗马规约》并未对如何区分这两种身份,以及在以“被害人”身份参与诉讼时,其具有何种诉讼权利做出明确和具体的规定。由此,实践中极有可能出现的情况是,被害人作为证人在国际刑事法院提供信息(证词),而其作为“独立”的被害人身份得不到重视。

---

① 参见〔意〕莱亚尔·S.桑戈:《国际刑事法院是否能成为公平和公正审判的工具》,载赵秉志主编:《国际刑事法院专论》,人民法院出版社2003年版,第27页。

② 参见《前南斯拉夫国际刑事法庭规约》第22条,《程序与证据规则》第64条。

③ 《罗马规约》第68条。

(2)检察官的自行调查权。《罗马规约》中另一个备受争议的、涉及国际刑事法院中立性的问题,是检察官的调查权。根据《罗马规约》,检察官可以自行根据资料开始调查。尽管《罗马规约》对检察官自行调查权设置了限制措施,即需要经预审分庭的审查,但仍然无法完全消除一些国家对检察官滥用权力的担忧。美国、中国等一些国家担心,赋予检察官启动案件的权力会产生不合法或轻易导致政治诉讼。这也成为阻碍部分国家接受国际刑事法院的重要原因之一。① 这些国家担心检察官自行调查权不仅会使国际刑事法院面临来自个人或非政府组织过多的指控,而且,检察官面对大量指控而需要不断做出是否调查的政治决策,不得不置身于政治漩涡,从而无法做到真正的独立与公正。

我们认为,上述担心有一定道理。因为,检察官作为与被告人相对立的一方,其任务就是将被告人"绳之以法"。这种地位决定了其很难公平或不带任何主观色彩地对待被告人。此外,《罗马规约》所体现的"检察官个人负责制"②虽然对提高国际刑事法院效率有积极作用,但为检察官"滥用职权"提供了便利。再者,关于预审分庭的审查权,依照《罗马规约》规定,对于检察官授权调查请求的审查,预审法庭只需以2:1的表决通过即可。该比例能否使预审分庭成为限制检察官权力的有效屏障,令人怀疑。

3. 公开性

公开性是现代司法民主性的重要体现,也是实现司法公正、防止司法腐败的重要良方。正如同英国古老的法律名言所指出,"正义不仅要实现,而且要以看得见的方式实现"。③ 英国法学家边沁也十分看重公开审判的监督意义,他认为"其他一切制约……与公开性相比,都是小巫见大巫"。④ 法律程序的公开性和透明度有助于所制定的立法的合法性得到公众普遍承认。具有透明度对保持一般司法程序的公正性以及所认为的公正性或合法性来说

---

① 参见 Is a U. N. International Criminal Court in the U. S. National Interest?: Hearing Before the Subcomm. On Internatinal Operations of the Senate Comm. On Foreign Relations, 105th Cong. 72 (1998), at 14 (statement of David J. Scheffer, Ambassador - At - Large For War Crime Issues),引自 Joel F. England "The Response of the United States to the International Criminal Court: Rejection, Ratification or Something Else?", 18 Arizona Journal of International and Comparative Law 941.

② 参见林灵:《独具特色的国际刑事法院检察官制度》,载《人民法院报》2004年11月24日B3版。

③ 参见赵振宇:《以科学的程序保证科学的决策》。http//www. china. org/cn/chinese/zhuanti/xxsb/648375. htm.

④ 转引自常怡:《民事诉讼的基本制度(一)》,载 http://www. civillaw. com. cn/weizhang/default. asp? id=21779.

也是很重要的。① 坚持这一价值标准可以将审判工作有效地置于当事人和社会公众的监督之下,调动诉讼参与人的积极性,增强审判人员的责任感,提升司法公信度。

《罗马规约》规定了一系列措施(从诉讼程序到内部建制各个方面)确保法院的透明度,从而提高国际刑事法院的公信力,包括:公开审判、法官的选举须获缔约国大会2/3以上通过②;由3名法官组成的预审法庭负责监督检察官启动案件调查程序③;在被告人国籍国非规约缔约国情况下,该国及被告人均可挑战法院的管辖权或直接参与诉讼④;规定了公正审判及被告人可获赔偿的权利等。⑤ 上述规定使国际刑事法院运作受到整个国际社会的监督,对防止暗箱操作、司法腐败乃至提高国际刑事法院效率均有促进作用。

三、国际刑事法院的有效性问题

(一)有效性的含义及考量因素

"有效"一词是指可以起作用、发挥功效。"有效性"则是具备实现其功能、效果的品质。建立国际刑事法院的目的,如《罗马规约》序言所载明的,是有效地惩治犯有最严重罪行的罪犯、预防犯罪,维护世界的和平、安全和福祉。笔者认为,国际刑事法院是否具有实现上述目标的品质和能力,即是否有效,主要取决于国际刑事法院是否有足够的权威和执行力,能否切实管辖和震慑罪犯,惩治和预防犯罪。只有当国际刑事法院是一个具有普遍性、可以管辖世界的每一块土地,并且有能力将其所做的命令、决定或判决予以执行的情况下,法院才是有效的。

(二)国际刑事法院是否有效

1. 普遍性问题

众所周知,法律的权威来源于公众的共同意志和普遍的遵行⑥,法院的权威则来自于其强制力的普遍性。国际刑事法院院长菲利普·科什曾指出:

① 《促进法制与加强刑事司法系统》,联合国第十届预防犯罪与罪犯待遇大会,2000年4月(秘书处编写的工作文件)。

② 《罗马规约》第36条。

③ 《罗马规约》第15条、第39条。

④ 《罗马规约》第19条。

⑤ 《罗马规约》第85条。

⑥ 参见张柏峰:《司法公正与效率的价值构成》,http://www.china.org.cn/chinese/OP-c/109039.htm

“国际刑事法院是目前最绚烂的实现国际刑事正义的司法机构……但是，只有在其具有普遍性（universality）的时候，国际法院才是有效的。”①目前的国际刑事法院显然尚不具备这一条件。

（1）缔约国有限。由于国际刑事法院是依条约建立的国际组织。依照条约法的一般理论，条约不能为第三方施加义务。因此，在并非所有国家都参加《罗马规约》的情况下，《罗马规约》不能当然地适用于非缔约国，因而国际刑事法院并不具有普遍性。截至 2005 年 5 月 12 日，已有 99 个国家成为《罗马规约》的缔约国。这一数字虽然令人鼓舞，但与联合国 191 个会员国②相比，还相距甚远。当然有一点值得注意并肯定，即《罗马规约》条款的设计，使得《罗马规约》实际上具有某种“准普遍性”的特征，这体现在：缔约国可就非缔约国国民在其领土上的犯罪，或非缔约国国民针对其国民的犯罪向国际刑事法院启动诉讼；而且，对于安理会向国际刑事法院提交的情势，也不受是否是规约缔约国的限制。③ 但可以预见，援引这些“准普遍性”条款的情况将十分有限，不足以解决大量非缔约国存在的问题，特别是对于美国、俄罗斯、日本、中国等大国而言，更无法达到有效管辖的目的。

（2）管辖权行使受限制（补充性管辖权问题）。国际刑事法院的管辖权问题上采用的是补充性管辖原则，这与前南法庭在并行管辖权基础上享有的优先管辖权不同。对此，一些学者对前南法庭的规定赞赏并推崇④，认为国际刑事法院的补充性原则是保守且不合时宜的。⑤ 同时，也有学者认为，为鼓励缔约国对国际社会广泛关注的最严重犯罪行使管辖权，国际刑事法院的补充性原则不失为一种较明智的选择。⑥

我们认为，因补充性管辖问题对国际刑事法院的有效性产生疑虑似无必

---

① Philippe Kirsch, “The International Criminal Court And Its Challenges Ahead”.

② 参见《世界知识年鉴 2004/2005》，世界知识出版社 2004 年版，第 1061 页。

③ 对此观点，有学者持不同理解，认为如果安理会向检察官提交的有关犯罪发生的情势，属于非缔约国国民在缔约国境内犯罪，或者缔约国国民在非缔约国境内犯罪，国际刑事法院当然可行使管辖权；但若情势仅仅属于非缔约国国民在非缔约国境内实施犯罪，而且该非缔约国并未提交声明接受国际刑事法院对此行使管辖权，则国际刑事法院不得根据第 13 条行使管辖权。参见：陈泽宪《论国际刑事法院管辖权的性质》。（http://www.iolaw.org.cn/shownews.asp?id=4868）

④ 参见马呈元：《国际犯罪与责任》，中国政法大学出版社 2001 年版，第 322 页；王秀梅：《国际刑事法院研究》，中国人民大学出版社 2002 年版，第 39 页。

⑤ Bartram S. Brown, U. S. Objections to the Statute of ICC: A Brief Response, N. Y. U Journal of International Law and Politics, Vol. 31, No. 4 (1999)。

⑥ 参见陈泽宪：《论国际刑事法院管辖权的性质》”（http://www.iolaw.org.cn/shownews.asp? id=4868）。

要。因为,虽然根据《罗马规约》规定,国际刑事法院只有在国家"不愿意或不能够"管辖的情况下才行使管辖权,表面上看,是对国家管辖权的补充,然而这种补充性并不是消极被动的,而是更具潜在威慑力的管辖。由于国家是否属于"不愿意或不能够"行使管辖的判断权在国际刑事法院,因此,一国法院对有关案件的管辖,并不意味着彻底消灭或剥夺了国际刑事法院的管辖权,相反,国际刑事法院仍可以"监督"、"审查"该国内法院的审理过程,考察并判断该国状况是否属于"不能够"管辖,抑或属于形式或实质上的"不愿意"管辖,并在此基础上决定是否有必要再行使管辖权。国际刑事法院的这种判断权仿佛是悬在缔约国上的"达摩克力斯"之剑,对缔约国具有监督作用。

2. 执行力问题

一国国内司法机关之所以有权威性及强制力,在于其有有效的暴力机关,保证其判决的执行。相类似地,对于国际审判机构,只有为其武装上"牙齿",保证其执行力,从而确保有效性。在这一点上,国际刑事法院显然还十分不足。国际刑事法院没有自己的警察协助案件调查,也没有自己的执法队伍负责执行判决。法院检察官调查权的实现,国际刑事法院判决的执行,几乎完全依赖于有关国家对案件调查的有效合作和有关国际机构的必要支持。但是,由于很多案件中,诸如引渡和司法协助方面的事宜,通常都需要经国家酌情处理,在很多情况下,国家最终将基于政治原因而不是法律原因来行使酌处权。皮诺切特案就是一个很好的例证。① 因此,国际刑事法院的运作受制于各缔约国的合作态度,其效力具有非常大的不确定性。更令人担忧的是,《罗马规约》对缔约国的不合作并未采取任何惩治性措施。《罗马规约》虽然规定,缔约国不执行国际刑事法院的合作请求,国际刑事法院可以将此事项提交缔约国大会,或在有关情势系由安理会提交的情况下,提交安理会,但并未具体规定不履行合作义务会受到何种制裁,从而为缔约国寻找《罗马规约》漏洞,规避合作义务埋下隐患。

近两年来,美国利用《罗马规约》第98条,通过对其他国家施加压力等办法,与41个《罗马规约》缔约国②签订的豁免协议,则是《罗马规约》在缔约国合作问题上规范不力的例证。《罗马规约》第98条规定:"……如果被请求

① 在皮诺切特案中,英国对西班牙引渡智利前总统皮诺切特请求的处理过程一波三折,在英国上议院最终裁定皮氏的行为不具外交豁免权。但此后,在英内阁就是否引渡进行行政审查时,最终以健康为由,决定拒绝引渡。

② 截至2005年5月,与美国签订《98条豁免协议》的国家共有91个,其中41个为《罗马规约》的缔约国。资料来源:http://www.iccnow.org。

国执行本法院的一项移交请求,该国将违背依国际协定承担的义务,而根据这些义务,向本法院移交人员须得到该人派遣国的同意,则本法院不得提出该项移交请求,除非本法院能够首先取得该人派遣国的合作,由该派遣国同意移交。"该规定本意在为缔约国面临国际义务冲突时,提供避免陷入窘境的解决办法,现如今却被美国反对国际刑事法院所利用,这不能不令人悲哀。对于那些与美国缔结豁免协定的《罗马规约》缔约国而言,虽然其缔结豁免协定的行为本身不等于赦免犯罪嫌疑人①,但是很显然,该等缔约国与美国订立豁免协定属于人为地制造与国际刑事法院合作的障碍,未尽到善意履行《罗马规约》之义务。归根到底这是由于规约在防止缔约国规避合作义务方面存在着严重欠缺,从而严重损害了国际刑事法院的有效性。

3. 效率

有效性不同于效率,但又与效率有密切的关系。司法的及时是现代司法特征之一,体现了国家、诉讼当事人和社会公众对诉讼过程的结果在时间上的期望与要求,关系到司法的公信度。诉讼的目的在于使犯罪得到惩处,使争议解决,如果诉讼不讲求速度和有效性,必将使有些犯罪得到放纵,使社会发展陷于停顿,从根本上背离诉讼的目的,正所谓"迟来的公正就是不公正"。

《罗马规约》第64条第2款规定了快速审判原则,并设立相应机制予以保障,包括允许审判分庭在必要时将初步问题送交预审分庭②,可以酌情合并审理对多名被告人的指控。③ 有关规定反映了规约起草者对诉讼效率的重视。需要指出的是,效率涉及投入与产出的比率关系,在评价效率时,考虑的投入不只是时间,还包括人力、物力和财力等多方面因素。仅仅对诉讼时限作原则规定,距效率原则的要求还相距甚远。当然,在效率问题上,国际刑事法院的实际行动远比规约的抽象规定更让人信服。这只能留待时间去检验了。

四、结　　论

公正的内涵难以准确、统一界定,公平正义是最基本的认识,程序公正与实质公正是公正的两方面内容。国际刑事法院的公正性,应从法院的独立

---

① 因为,该等国家向美国承诺不将犯罪嫌疑人交给国际刑事法院,但并不排除其由本国法院审判或将犯罪嫌疑人交给美国或其他国家进行审判,即程序的豁免并不等于实质的赦免。

② 《罗马规约》第64条第4款。

③ 《罗马规约》第64条第5款。

性、中立性、公开性三方面进行分析评判,并要结合程序公正和实质公正综合考察。简言之,国际刑事法院在独立性方面,可能会受到安理会的影响,但在法官独立行使职权问题上基本可以保证;在中立性方面,《罗马规约》在平等保护被告的诉讼权利有较充分的规定,但在保护受害人、检察官的中立、确保缔约国平等方面尚令人心存疑虑;在公开性方面,《罗马规约》规定得较为全面,有助于实现国际刑事法院的公正,确立其公信度。

有效性主要从法院效力的普遍性、法院的执行力、效率等方面分析评判。就普遍性而言,由于缔约国的有限,法院尚不具备普遍性。对非缔约国无法管辖是影响国际刑事法院有效性的关键,补充性管辖原则并不会削弱国际刑事法院的有效性。在执行力方面,由于国际刑事法院没有自己的执法部门,其运作有赖于缔约国的合作;同时,由于《罗马规约》在规范如何惩治缔约国的不合作或不善意履约问题上的不足与"纵容",使国际刑事法院的执行力大打折扣。在效率问题上,《罗马规约》在快速审判方面有原则性规定,但在评判效率的其他依据方面,如投入财力、物力的计量上,并无规定,当然这并不能否认法院通过自己的实践证明其效率。

国际刑事法院自酝酿之初,就处在正义与邪恶、美好与丑陋、无私与自私、合理与不合理并存的国际背景下。客观现实的错综复杂注定了通往完美的国际刑事审判机构的道路曲折而漫长。我们能做的是,通过自己的努力,使这条路走得更快、更顺畅。

12. 略论国际刑事法院的量刑制度*

目次

---

* 与赵晨光合著,原载《河北法学》2007 年第 5 期。

一、前　　言

1998 年 7 月 17 日在罗马外交官大会上,《国际刑事法院罗马规约》(以下简称《罗马规约》)应运而生。2002 年 7 月 1 日,在达到《罗马规约》的法定缔约国数目的情况下,有史以来创设的第一个常设国际刑事法院合法诞生。《罗马规约》的通过,无疑堪称是国际法、国际刑法及国际刑事审判的历史性变革。时任联合国秘书长的安南先生曾指出:国际刑事法院的建立是"对未来一代希望之馈赠,并在通向普遍的人权和法治进程中迈出的巨大一步"。①国际刑事法院的成立蕴涵着国际社会对国际刑事审判的殷切期望,从设立之初,国际刑事法院就被赋予了神圣的历史使命——惩治犯罪,恢复和平、正义。《罗马规约》的序言明确指出:"意识到各国人民唇齿相依,休戚与共……注意到在本世纪内,难以想象的暴行残害了无数儿童、妇女和男子的生命,使全人类的良知深受震动,认识到这种严重犯罪危及世界的和平、安全与福祉,申明对于整个国际社会关注的最严重犯罪,绝不能听之任之不予处罚……决心保证永远尊重国际正义的执行。"②国际刑事法院在惩治严重国际犯罪上所表现出来的这种魄力和维护国际正义的决心,使我们对于其所追求目标的实现充满信心。然而,要将国际刑事法院的各项规定和法律精神运用到司法实践中,则还要通过法官的具体审判活动来实现。因此,《罗马规约》惩治犯罪与维护和平正义之目标的实现就离不开公正的审判。而量刑作为审判活动的核心环节,其作用至为关键。因而研究国际刑事法院的量刑问题,对于国际刑事法院的运作及其"惩治犯罪"与"恢复和平正义"目的的实现都具有重要的意义,本文拟对国际刑事法院的量刑规范及相关制度作一个简要的梳理和论述,并在此基础上略抒浅见。

二、国际刑事法院量刑的重要指导原则

(一)罪刑法定原则

罪刑法定原则是联合国刑事司法准则中的一项非常重要的原则,联合国

---

① 转引自王秀梅:《刑事法理论的多维视角》,中国人民公安大学出版社 2003 年版,第 314 页。

② 《罗马规约》序言。

大会通过的《世界人权宣言》(1948 年)和《公民权利和政治权利国际公约》(1966 年)都对罪刑法定原则加以确认。同时,罪刑法定原则也是国际刑事法院处理案件遵循的重要原则之一。罪刑法定原则作为刑事审判的基本原则,对维护法律权威性与执法的公正性,特别是在这种整合各种法律规范及不同法系特点的国际审判机构的活动中必不可少。

(1)《罗马规约》第 22 条规定"法无明文不为罪"。这一规定体现了罪刑法定原则中的罪行法定化。罪行法定化的内容主要是强调,在确定行为是否构成国际刑事法院管辖的国际犯罪的时候,要严格按照相关法律的规定来认定,法律明文规定为犯罪行为的,依照法律进行定罪处刑;法律没有明文规定为犯罪行为的,不得定罪处罚。另外还规定,犯罪定义应予以严格解释,不得类推延伸;含义不明时,对定义作出的解释应有利于被调查、被起诉或被定罪的人。

(2)《罗马规约》第 23 条载明"法无明文者不罚",从而体现了罪刑法定原则中的刑罚法定化。刑罚法定化强调,禁止使用绝对不定期刑,并在量刑尺度上成文化。"法无明文者不罚"原则与《罗马规约》第七编之"刑罚"的规定密切相关。《罗马规约》并没有对具体罪名规定相应刑罚,而是统一规定了适用于法院管辖罪刑的刑罚的类型以及量刑标准。另外,为了对国际刑事法院的裁量权加以限制,《罗马规约》第 23 条还要求,国际刑事法院不能对被告判处规约没有规定的刑罚。

(3)《罗马规约》第 24 条规定的"对人不溯及既往"原则是罪刑法定原则存在的基础。这一规定一方面体现了法的公正性和权威性,另一方面保证了对案件当事人绝不能追溯既往的定罪处罚,从而维护了有关当事人的合法权利。国际刑事法院审理案件依据的法律只适用于其施行后的犯罪,而不追溯法律施行之前的犯罪。禁止溯及既往作为现代法治的一项基本原则与罪刑法定原则相互衬托,罪刑法定原则中蕴涵了禁止溯及既往的精神,而禁止溯及既往又体现了罪刑法定原则的主旨。

(二)无罪推定原则

无罪推定原则是刑事审判中保障人权不可缺少的内容之一,是大多数国家刑事诉讼法普遍认可的一项基本原则,而且是保障刑事审判公正进行的准则。《世界人权宣言》第 11 条即已明确宣示了无罪推定原则,这一原则早已得到国际社会的普遍认可。然而直到国际刑事法院设立,无罪推定原则才得以规约条文的形式在国际刑事司法领域中正式占据基本原则的地位。

《罗马规约》第 66 条明定"无罪推定"专条:"(一)任何人在本法院被依照适用的法律证明有罪以前,应推定无罪。(二)证明被告人有罪是检察官的责任。(三)判定被告人有罪,本法院必须确信被告人有罪已无合理疑问。”这项原则的确立,无疑是国际刑事审判迈向成熟的标志。无罪推定原则在国际刑事法院的审判中具体要求做到:国际刑事法院依照实体法的规定衡量当事人的行为是否构成犯罪;同时,当事人享有依法规定的一切权利;而法庭还要依照程序法的规定来保证独立、公正和公开对当事人进行裁断。在国际刑事法院作出判决前,应推定被诉者无罪。① 同时,《罗马规约》还要求法官只有在无任何合理疑问的情况下,才能作出有罪判决,否则即应作出有利于被告的无罪裁决。无罪推定原则在国际刑事审判体系中的运用,加强了与刑事正当程序之间的必然联系,而且贯彻了维护人的尊严之精神,有助于避免司法当局滥用权力,确保了公正与正义的基本理念。

(三)正当程序原则

在国际刑事法院运作中,正义不仅体现为实体上的正义,还包括法律程序上的正义。程序上的正义保证和制约着实体上的正义。国际刑事法院作为执行法律的国际性审判机构,若要维护正当程序,实现法所体现的最高价值——正义,其最佳途径是保持国际刑事法院的独立性和公正性。

《罗马规约》序言中已然强调:“为了今世后代设立一个独立的常设国际刑事法院。”这一主张对国际刑事法院进行了准确的定位,同时阐明国际刑事法院具有独立性。法院建制的独立性和法官审判的独立性共同构成了国际刑事法院司法独立原则的内涵。法官的独立与法院的独立互为表里,相辅相成。国际刑事法院的独立性是其能否获得国际社会和广大民众信赖的主要因素之一。国际刑事法院的独立性不仅表现为法官主持诉讼活动的独立性,而且表现为国际刑事法院机构本身的独立性。国际刑事法院的公正性是“内容、形式与法官”三者的综合反映②,即不仅规则本身应充分体现正义的内容,而且应通过法院诉讼活动维护正当程序加以实现,还要通过法官的素质与职业道德保障公正价值的实现。

三、国际刑事法院量刑情节的一般规定

《罗马规约》第78条第1项对于量刑情节明确规定,国际刑事法院应当

---

① 参见王秀梅:《国际刑事法院研究》,中国人民大学出版社2002年版,第123页。

② 同上注,第115页。

依照专门规范国际刑事法院相关诉讼活动的《程序和证据规则》①,考虑犯罪的严重程度和被定罪人的个人情况等因素。同时,在《程序和证据规则》规则 145 中就量刑情节作出了较为详细的规定:

(一)基本量刑情节

《程序和证据规则》规则 145② 的(b)、(c)项要求量刑的时候应权衡所有的相关因素,包括任何减轻和加重因素,并考虑被定罪人的情况和犯罪的情节。除此之外,还要考虑造成损害的程度,尤其是对被害人及其家庭造成的伤害;非法行为的性质和实施犯罪的手段;被定罪人的参与程度;故意程度;方式、时间和地点等情节;被定罪的人年龄、教育、社会和经济状况等。

(二)特别量刑情节

《程序和证据规则》规则 145③ 第 2 款的(a)、(b)项规定了法院应酌情考虑的减轻情节和加重情节。

1. 减轻情节

(1)尚不足以构成排除刑事责任的理由,例如严重的智力缺陷或胁迫状态;

(2)被定罪人在犯罪后的行为,包括任何为赔偿被害人而作出的努力和与本法院的合作。

2. 加重情节

(1)以前因本法院管辖权内的犯罪或类似性质的犯罪而被定罪的有关犯罪记录;

(2)滥用职权或官方身份;

(3)在被害人特别孤弱无助的情况下实施犯罪;

(4)犯罪手段特别残忍,或多人被害;

(5)犯罪动机涉及第 21 条第 3 款所提的任何理由的歧视;

(6)性质与上述情节相同的其他未列情节。

(三)无期徒刑的量刑情节

《程序和证据规则》规则 145 第 3 款规定,存在一种或多种加重情节,证明犯罪极为严重,可以根据被定罪人个人情况,判处无期徒刑。

---

① 国际刑事法院《程序和证据规则》是适用《国际刑事法院罗马规约》的文书,在任何情况下均从属于《罗马规约》。在任何情况下均应参照《罗马规约》的规定理解《程序和证据规则》,并以《罗马规约》的规定为准。参见中国人民大学刑事法律科学研究中心编:《国际刑事法院手册》,中国人民公安大学出版社 2005 年版,第 101 页。

② 参见《程序和证据规则》规则 145。

③ 参见《程序和证据规则》规则 145。

四、国际刑事法院各种刑罚的量刑情况

《罗马规约》第七编第77条规定了国际刑事法院适用的刑罚。具体到各种刑罚适用时的量刑情况如下:

(一)监禁刑的量刑

监禁是国际刑事法院适用的基本刑罚,包括有期徒刑和无期徒刑。这与此前设立的两个特设国际法庭即前南斯拉夫国际刑事法庭和卢旺达国际刑事法庭规约中可以处以监禁的规定相同。然而不同的是,这两个特设国际法庭没有规定有期徒刑的最低刑期和最高刑期。实践中,截至2005年5月底,前南斯拉夫国际法庭判处的有期徒刑的最低刑期为5年,最高刑期达到了45年,卢旺达国际法庭判处的最低有期徒刑为6年,最高有期徒刑也为45年。《罗马规约》第77条第2款规定国际刑事法院可判处有期徒刑,虽然《罗马规约》没有规定最低刑期,但规定了有期徒刑的最高刑期不得超过30年。这个刑期要比两个特设国际法庭判处的最高有期徒刑的刑期短,但比很多国家国内法规定的最高刑期(20年)要长。这主要是当时在《罗马规约》谈判过程中,考虑到不同国家对死刑态度的不同而作出妥协的结果。①

《罗马规约》还规定可以对被判罪人处以无期徒刑,但是以犯罪极为严重和被定罪人个人情况证明有此必要为限。与两个特设法庭不同的是,在两个特设国际法庭的实践中,判处无期徒刑的极为普遍,特别是在卢旺达国际法庭中判处的无期徒刑比有期徒刑还要多。② 而规约中虽然保留了国际刑事法院判处无期徒刑的权力,但是对判处无期徒刑设下了条件限制,即要求犯罪极为严重及被定罪人的个人情况证明有此必要。在现代法治理念指导下,为了使法律对社会的调整更为有效,特别强调让每一个违法行为承担法律责任(即接受法律制裁)的正当性和正义性。正如现代刑法学先驱贝卡里亚所言:一旦超过了维护公共自由的需要,所有惩罚都是不公正的。③ 贝卡里亚还指出:一种正确的刑罚,它的强度只要足以阻止人们犯罪就足够了。④ 著名刑法学者边沁也指出:存在两种恶,一种代表罪行之恶,另一种代表刑罚

---

① 参见李世光、刘大群、凌岩主编:《国际刑事法院罗马规约评释》,北京大学出版社2006年版,第627页。

② 同上注。

③ 参见〔意〕贝卡里亚:《论犯罪与刑罚》,黄风译,中国方正出版社2004年版,第9页。

④ 同上注,第61页。

之恶,如果刑罚之恶超过罪行之恶,立法者就是制造更大的痛苦而不是防止痛苦,是以较大的恶之代价来消除较小之恶;只有在以小恶免除大恶这个意义上,刑罚才具有存在的价值。①《程序和证据规则》规则 145 第 3 项进一步明确规定,只有存在一种或多种从重情节,证明犯罪极为严重,才可以根据被定罪人个人情况,判处无期徒刑。即只有在被定罪之人的加重刑罚因素大大超过减刑因素时,才有可能被判处无期徒刑。至于被定罪人的个人情况,会各有不同,可能包括被定罪人的年龄、社会地位、心理成熟程度、家庭情况、对所犯罪行是否悔过等等。如何评价被定罪人的情况,则完全由法官们自由裁量。

另外,对于长期的监禁和无期徒刑的减刑,《罗马规约》第 110 条第 3 项规定:"对于已执行刑期 2/3 的人,或被判处无期徒刑已服刑 25 年的人,本法院应当对其判刑进行复查,以确定是否应当减刑。"如果国际刑事法院在复查时发现存在一个或多个下列因素:该人较早而且一直愿意在法院的调查和起诉方面同法院合作;该人在其他方面自愿提供协助,使国际刑事法院得以执行判决和命令,尤其是协助查明与罚金、没收或赔偿命令有关的、可以用于被害人利益的资产的下落;或根据程序和证据规则的规定,其他因素证明,情况发生明显、重大的变化,足以构成减刑的理由的,国际刑事法院可以决定对该人减刑。② 如果国际刑事法院在第一次审查后决定不予减刑,《罗马规约》要求国际刑事法院依照《程序与证据规则》继续审查量刑。实际上,国际刑事法院的量刑是年审查制。③

最后,对于数罪确定刑期则要根据《罗马规约》第 78 条第 3 项的规定。即一个人被判犯有数罪时,国际刑事法院应对每一项判定和宣告刑期,然后再宣告合并执行的总刑期,这样就否定了连续执行数罪刑期的办法。如果数罪都被判为有期徒刑时,总刑期应在数刑中的最高刑期以上,30 年或 30 年以下,但是不能超过 30 年,当然更不能上升为无期徒刑。如果数罪中有一项被判为无期徒刑,则综合刑期就只能是无期徒刑,不可能低于该刑期成为有期徒刑,也不可能成为国际刑事法院不允许判处的死刑。

(二)判处罚金的量刑

前南国际法庭与卢旺达国际法庭规约都未规定对被判罪人处以罚金,而只是在妨害司法罪中才作为一种惩罚。《罗马规约》允许国际刑事法院对被

① 参见陈兴良:《当代中国刑法新视界》,中国政法大学出版社 1999 年版,第 144 页。

② 参见《罗马规约》第 110 条第 4 项。

③ 参见王秀梅:《刑事法理论的多维视角》,中国人民公安大学出版社 2003 年版,第 300—301 页。

定罪的人处以罚金,作为附加于监禁的刑罚。① 但是在处以罚金的时候要考虑以下因素:

(1)国际刑事法院要断定监禁是否为足够的刑罚,如监禁已经足够惩罚犯罪,则不考虑加以罚金;如果监禁不足以惩罚罪犯,还需要处以罚金时,则需要考虑罪犯的财力,因为对于没有一定财力的罪犯判处罚金是没有意义的。此外还要考虑该犯罪是否为个人经济利益以及程度如何。这是因为,只有对以得到财产利益为犯罪动机的犯罪,罚金再加上监禁才可能真正起到遏制这种犯罪的作用。

(2)《程序和证据规则》规则 145 中所述的国际刑事法院量刑时应考虑的因素,也可用来确立罚金的数额。但是罪犯造成的损害和损失以及取得的利益是对评估罚金的适当数额最为重要的因素。

(3)对于不缴纳罚金的惩罚,规约规定,如果持续蓄意不缴纳罚金,国际刑事法院院长会议可以依职权或应检察官请求,在确定已用尽一切可用的执行措施后,作为最终办法,可以延长监禁刑期 1/4 或 5 年,以较短者为准。此外,延长刑期不得适用于无期徒刑;延长刑期不应使全部监禁时间超过 30 年。

(三)命令没收财产的量刑

按照规约规定,国际刑事法院可以命令没收从犯罪直接或者间接获得的收益、财产或资产,但不得妨害善意第三方的权利。《程序与证据规则》规则 147 对命令没收财产作了具体规定。国际刑事法院考虑没收命令时应举行听讯,听取证据,以查明犯罪直接或间接所得的具体收益、财产或资产及其所在地点。如果国际刑事法院审判分庭知道存在显然与有关收益、财产或资产有利害关系的善意第三方,应向该第三方发出通知。检察官、被定罪人和该善意第三方可以提出与问题相关的证据。在审议过提出的证据后,国际刑事法院审判分庭如果确信该收益、财产或资产是犯罪直接或间接所得,可以作出没收命令。

五、国际刑事法院量刑的程序保障及法官的作用

(一)量刑的程序性保障

程序的相对独立性决定了量刑程序可以弥补由于法官在量刑方面宽泛

---

① 参见《罗马规约》第 70 条和《程序和证据规则》规则 145。

的自由裁量权而可能产生的社会对国际刑事法院判决的公正性的怀疑。当事人参与到公开、透明的量刑程序中,向法官提供各种证据来支持自己关于对罪犯的量刑主张,有助于法官综合各方面的法律事实最终准确地适用刑事实体法。《罗马规约》可以说是一部实体法与程序法结合的"国际刑法百科全书",它不仅有兼采两大法系之精华的实体法规定,而且从诉讼理念上注重"程序正义",注意切实保护被告人的权益,尊重人权,以达成真正的公正、公平的审判。如根据《罗马规约》第 67 条的规定,在确定任何指控时,被告人有权获得符合本规约各项规定的公开审讯,获得公正进行的公平审讯,及在人人平等的基础上获得下列最低限度的保证:迅速被详细告知指控的性质、原因和内容;有充分时间进行答辩;没有不当拖延审判;获得法律援助;有权进行答辩和提出证据;使用自己的语言文字;不被强迫作证或认罪,有权保持沉默、为自己进行辩护;不承担任何反置的举证责任或反驳责任。这些最低限度的保证的规定,就是为保证被告人得到公正的审判。而国际刑事法院的诉讼程序基本上采用的是英美法系的对抗制,因此其证明标准也采用了其"排除合理怀疑(beyond reasonable doubt)的要求"。即要求法官在聆听检察官提供的所有证据后,再把被告人的反驳证据考虑在内,若觉得对被告人就是罪犯这一点还存在"合理的怀疑",则不能判决被告人有罪,应将其无罪释放。可以看出,国际刑事法院极为重视程序在确保量刑公正方面的价值与功能,从而通过公正、合法、透明的程序实现刑事判决的正当性。

(二)国际刑事法院的法官与量刑

在刑事审判中,量刑是法官最基本的工作内容之一。根据案件证据认定事实,在作出了"是否有罪"判断的基础上,对有罪的刑事被告处以适当的刑罚,是刑事法官审理案件的一个重要环节。从一定意义上可以说,检验刑事法官能力的最好尺度不是定罪,而是量刑水平,判断刑事法官的基本功是否扎实,也要看他在量刑方面的表现。量刑之所以被认为是刑事法官素质与能力的集中体现,一个很重要的理由是量刑与法官的自由裁量权相关。自由裁量权的运用直接体现着法官从法治理念、法律素养到司法技能的各种能力与水平,量刑也因此而成为刑事法官司法能力的具体体现。因此在国际刑事法院的量刑制度中,法官的作用不可忽视。因为国际刑事法院运行的成功与否,在很大程度上取决于法官的能力与资历。《罗马规约》第四编专编对国际刑事法院的组成和行政管理进行了规定,尤其是对法官的任职条件、资格、提名及其独立性等规定了一套非常详尽的制度。《罗马规约》不仅对法官的基本素质提出了要求,第 36 条第 3 项还特别规定:"法院法官应选自品格高尚、清正廉明,具有本国最高司法职位的任命资格的人……"而且还注重法官遴选的形式的公正性。罗马外交官大会一致认为,国际刑事法院整体法官队伍应具有各个法系的代表性、公平地域的代表性,并由适当数目的男女法官组成,法官的选举应以“无记名投票”的形式进行,“不得有两名法官来自同一国家的国民。”①从而在肯定法官有自由裁量权的同时,对自由裁量进行了限制,保障裁量的公正,切实维护法庭审判的权威性和公正性。

六、国际刑事法院量刑制度的几点特色

刑罚是犯罪和刑事责任的法律后果,而量刑正是追求这一结果的必由之路。在国际刑事法院审判中,正确的量刑对于保证《罗马规约》的实施及实现其目的,即通过惩罚国际罪行、维护世界和平,最终达成公正、公平的实现,都具有重要的意义。

(一)要求量刑与公正的平衡

国际刑事法院的量刑制度要求量刑公正与平衡。通过《罗马规约》对量刑的规范来看,一方面,罪刑法定原则、无罪推定原则、正当程序原则等对国际刑事法院法官们的量刑活动具有重要的指导意义。依法定罪和量刑,通过程序正义来保障实体公正的实现,不使无辜的人受到法律的追究,这就为实现公正的审判提供了充分的保障,从而为公正量刑提供了实现的基础。国际刑事法院依法定罪量刑以及对待任何被定罪人都坚持平等的原则,这也是符合量刑平衡要求的。因此,国际刑事法院所追求实现的公正的量刑,向国际社会昭示了《罗马规约》在惩治严重国际犯罪中的确定性;而平衡的量刑则向国际社会表明了国际刑事审判的连续性和稳定性,从而有助于树立国际刑事法院的权威性。相反,不公正、不平衡的定罪量刑将会导致国际社会成员对《罗马规约》的理解产生混乱,使其失去应有的效能,甚至会助长犯罪及罪犯的无理辩解,社会秩序和安全将受到破坏,犯罪会得不到应有的和公正的惩罚,刑罚的目的则最终无法实现,国际刑事法院的司法权威将荡然无存。因此,只有在《罗马规约》规范下,在具体审判中贯彻量刑的公正、公平,才能够真正树立国际刑事法院的权威,从而有效地惩治犯罪,实现刑罚的目的,最终达到恢复和平和正义之目标。

(二)兼顾刑法的保护与保障机能

国际刑事法院的量刑制度兼顾现代刑法保护社会和保障人权的机能。

---

① 参见《罗马规约》第36条第(六)、(七)、(八)项的规定。

国际刑事法院建立的宗旨之一就是要惩治严重的国际犯罪,而通过对严重国际犯罪的审判及其定罪量刑,正是贯彻这一宗旨的体现;在注意通过惩治国际犯罪、维护国际社会秩序的同时,国际刑事法院的量刑制度也注重对人权的保障。一方面,国际刑事法院通过打击犯罪,直接消除了犯罪行为对公民权利的侵犯,排除了对公民行使合法权利的妨害;另一方面,通过对犯罪人的惩罚,使其受到追究,这也是社会正义的基本要求,同时还使得社会秩序得以修复,人们的心理安全感得到确立,通过刑罚的辅助手段还使得国家和公民受损的权益得以恢复或补偿。除了对于正常的国家利益和公民利益的保障之外,国际刑事法院审判中的量刑问题对犯罪人而言也是具有重要意义的。犯罪人是适用刑罚的对象,量刑是否公正,直接关系到犯罪人的切身利益。公正的量刑,能够在剥夺犯罪人应当被剥夺的权益的同时,保障其应当受保障的权益,使犯罪人感受到刑罚的威严,认罪服判,从而真正达到刑罚的目的。平衡的量刑,可以使犯罪人在横向比较中感受到法律面前人人平等,避免不公平和受歧视的待遇,从而树立起改造的决心和信心。

(三)体现刑罚轻缓及保障人权

与以往的国际刑事审判所依据的国际审判规约相比,《罗马规约》在刑罚适用上也鲜明地体现出当代国际社会刑罚轻缓化的趋势以及保障人权理念的要求。当前,国际社会存在着轻刑化的广泛要求和发展趋势,而且,由于人类文明的巨大进步,人权在不断引起人们的重视,尤其是近几年尊重和保护人权的呼声愈加高涨,并且国际社会普遍认为,在这样的人权时代,剥夺个人自由是对罪犯最严厉的惩罚。因此,定罪准确、判刑适当,不仅能使受害国(者)享受到国际刑事法院公平、公正的待遇,满足其精神要求,同时也能使国际罪犯得到与之所侵害的程度相当的刑罚惩罚,实现罪有应得。而《纽伦堡国际军事法庭宪章》、《远东国际军事法庭宪章》都规定了法庭有权对被认为有罪的被告宣判死刑或其他与之相适应的刑罚;《前南斯拉夫国际刑事法庭规约》以及《卢旺达国际刑事法庭规约》中均规定,审判分庭判处的刑罚以监禁为限,虽然这两个国际刑事法庭对刑罚的规定与之前的国际审判相比有所进步,即取消了死刑的适用,反映了人类社会惩治犯罪与保障人权兼顾之理念的进步,但是由于其仅仅规定刑罚以监禁为限,而没有具体规定执行的期限以及数罪并罚情况下如何适用刑罚,所以就给司法实践中法官的自由裁量留下过大的空间,因而不能满足国际刑事审判对于刑罚合理裁量的要求。而《罗马规约》在第七编中专门规定了适用的刑罚和量刑问题,其规定国际刑事法院可以判处的刑罚包括有期徒刑、无期徒刑,同时又规定有期徒刑之最高刑期不能超过30年,而无期徒刑的适用必须要以犯罪极为严重和被定罪人的个人情况而证明有此必要的情形为限。因此可以说,《罗马规约》对刑罚及量刑的规定体现了世界各国刑罚规定轻缓化的发展趋势,即限制死刑的适用,对于无期徒刑等刑罚处罚的适用实行严格限制等。这些定罪量刑方面的进步,无疑为国际刑事法院适应国际刑事审判趋势,获得大多数国家的支持,保障被判罪者的基本人权打下了坚实的基础;而且这些规定也是其在以往国际刑事审判经验教训基础上于国际刑事司法领域所取得的切实保障人权的巨大进步。

七、结　　语

总而言之,在一定程度上,国际刑事法院的建立,大大增加了惩治国际犯罪的有效性和威慑性,从而有助于世界范围内的真正正义的持久维护。通过对国际刑事法院量刑制度的探讨和分析,使我们得以加深对国际刑事法院量刑制度的内容、价值及其实际操作的理解和认识,这对于我们更加全面、深入地了解国际刑事法院,加强对国际刑事法院的研究都具有重要的意义。

13. 关于国际刑事法院对非缔约国行使管辖权问题的研析*

目次

一、前　　言

1948 年 12 月 9 日联合国大会第 260 号决议指出："有史以来，灭绝种族行为殃祸人类至为惨烈；深信欲免人类再遭此类狞恶之浩劫，国际合作实所必需。"为此通过了《防止及惩治灭绝种族罪公约》。该公约第 6 条规定，凡

---

* 与王秀梅合著，原载赵秉志主编：《全球化时代的刑法变革——国际社会的经验及对中国的启示》，中国人民公安大学出版社 2007 年 9 月版。

被诉犯灭绝种族罪者,“应交由行为发生地国家的主管法院或……(具有)管辖权的国际刑事法庭审理”。在该决议中,大会还请国际法委员会“研究宜否及可否设立一个国际司法机构以审判被控犯灭绝种族罪的人……”此后50年来的实践和理论探索,国际社会在继承与发展纽伦堡和东京审判经验及汲取教训的基础上,通过联合国安理会的决议又设立了颇有影响的前南斯拉夫国际刑事法庭和卢旺达国际刑事法庭。然而,实践再次证明,特设法庭虽有明显的针对性,但缺乏持续性和稳定性。国际社会需要一个独立、公正、公平、有效和具有广泛代表性的,并不为政治或其他因素影响的,也不会成为政治斗争的工具或干涉内政手段的国际刑事机构,审判严重危害人类和平、安全与福祉的行为。在这种形势下,设立常设国际刑事法院的《国际刑事法院罗马规约》(以下简称《罗马规约》),在经历近50年的研究、起草和修订,终于在1998年7月17日的罗马外交官大会上获得通过,并于2002年7月1生效。《罗马规约》是国际刑事法院运作的基础性法律文件,该规约关于管辖权的规定又是其全部内容的核心,它影响着是否有更多的国家批准该规约,并对国际刑事法院能否独立、公正和高效地运作起到重要的作用。

二、非缔约国的顾虑

从人类的整体利益出发,无论是第一次世界大战或第二次世界大战的战胜国、战败国或中立国,全世界人民一道共同经历了人类历史上惨绝人寰的历史悲剧。因此,运用法律武器严惩严重危害人类的罪行已是全世界人民共同的愿望。于是国际社会先后出现:

(1)夭折的莱比锡审判。1919年战争罪行发起者责任与刑罚委员会在提交895名被诉战犯名单的同时,希望协约国军事法庭根据1907年《海牙公约》序言中的马顿斯条款,起诉1915年在土耳其境内大规模屠杀亚美尼亚人的土耳其官员及其他实施“违反人道主义罪行”的个人。①

---

① 对土耳其官员起诉的根据是1920年协约国与土耳其签订的《塞夫勒条约》(Treaty of Sèvres),根据该条约的规定,土耳其罪犯可能因“违反人道主义法罪行”受到审判,但是《塞夫勒条约》并没有获得批准,其条款也始终没有投入使用。相反,1923年的《洛桑条约》(Treaty of Lausanne)取代了《塞夫勒条约》,《洛桑条约》不仅没有规定任何起诉条款,反而在其未公开的附件中却同意赦免土耳其官员。土耳其政府和专家也一致否认曾经在土耳其境内发生过这样的大屠杀,他们认为在亚美尼亚人和土耳其人之间存在种族冲突,并由此导致了双方伤亡事件的发生。参见M. Cherif Bassiouni:The Time Has Come For an International Criminal Court, at *Indiana International and Comparative Law Review*, Spring 1991;M. Cherif Bassiouni:From Versailles to Rwanda in Seventy-five Years:The Need to Establish a Permanent International Criminal Court, at *Harvard Human Rights Journal*, Volume Ten, Spring 1997.

(2)严惩第二次世界大战中实施战争罪等暴行的纽伦堡审判和东京审判。这两次审判虽然创建和发展了国际法的基本原则,如“个人刑事责任”原则,且其无论在形式上还是在程序上都具有国际性,但从本质上说,由于同盟国在占领区内各自进行的诉讼活动只具有国内诉讼的性质,并未充分体现国际性。①

(3)缺乏效率的前南斯拉夫和卢旺达国际刑事特设法庭。联合国安理会依照《联合国宪章》的精神,并根据安理会决议设立了这两个国际特设法庭,它们对及时、有效地解决当时历史条件下发生的严重违反人道主义法行为发挥了积极的功效。② 虽然这两个法庭各有功过,但它们毕竟对国际刑事法院的发展起到一定的参考、借鉴和推动作用。为弥补特设法庭的不足,稳定的常设国际刑事法院作为历史与现实选择的产物遂应运而生。但是,为什么对其中一些特设法庭提供积极配合并作出较为突出贡献的国家,如美国和中国等国却没有成为《罗马规约》的缔约国呢?这些国家在推动建立国际刑事法院的进程中态度积极,并始终参与了《罗马规约》的起草、修订,直至1998年罗马外交官大会的最后阶段,仍不断地为完善《罗马规约》提供参考意见,但最终仍没有选择批准。这表明这些国家对《罗马规约》及国际刑事法院的运作存有很大的疑虑。

(一)建立常设国际刑事法院的时机成熟,但立法尚不完备

有学者指出,建立一个常设国际刑事法院的设想是国际社会多年不懈努力的结果。以往所有的先例都是以国际特设法庭的形式出现,一旦该法庭预设的特殊任务或目的得以完成,该特设法庭便不复存在。尽管这些法庭由于匆忙地为某种单一审判目的而临时性创设,而且存有许多缺陷和不足,但是,重要的法律事实是它们存在过。不过,这些先例是国际实践的背景,这些经验已经成熟到可以建立一个通过客观地、统一地以及采取公正程序的途径,适用国际刑法的常设国际审判机构。尤其是“冷战”的结束,为建立国际刑事法院维护世界和平、提高人权的保障以及减少国际犯罪和跨国犯罪,促进

---

① 同盟在各自占领区的起诉风格各不相同,美国是在非军事法庭上进行,而英国、法国和苏联则在军事法庭起诉。授权德国自身进行的诉讼,则是在德国普通刑事法庭执行着德国国内的诉讼程序。参见 M. Cherif Bassiouni:From Versailles to Rwanda in Seventy - five Years: The Need to Establish a Permanent International Criminal Court, at *Harvard Human Rights Journal*, Volume Ten, Spring 1997; M. Cherif Bassiouni: *Crimes Against Humanity in International Criminal Law*, Published by Martinus Nijhoff Publishers, Netherlands 1992, pp. 87 - 164.

② 以决议创制的法庭比以条约形式创造的法庭其优点突出了及时性和有效性,而以条约形式建立的法庭其缺陷表现为将花费大量的时间拟订文书,并需获得法定数目的国家批准方能生效,即便如此,也不能保证应成为条约缔约国国家的批准,从而难以确保条约的切实有效性。

国际社会的法治发展，提供了历史的契机。① 罗马外交官大会上执行主席菲利普·基里斯奇(Philippe Kirsch)先生讲到："外交官大会已经建立了基础稳定的会对未来一代产生主要影响的机构。"②意大利外交部长兰贝托·迪尼(Lamberto Dini)先生强调，国际刑事法院为减少人们之间不可靠的共存关系，并"将标志国际社会不仅是政治而且是道德的进步"。③ 由此可见，尽管两次世界大战后，特别是经过纽伦堡审判和远东审判之后，国际社会再也没有发生足以引起全社会对之普遍愤慨的残酷事实，从形式上看，国际社会似乎缺乏惩治国际罪犯的历史环境与需求，但从国际社会在发展进程中出现的类似前南斯拉夫、卢旺达的惨例，恐怖主义袭击等一系列新的现象以及国际社会政治、经济发展存在的一系列契机方面看，国际社会寻求建立这样一个法院的时机确已成熟。但是，我们认为，法律方面的条件尚不够完备。

1.《罗马规约》明确将侵略罪列为国际刑事法院管辖罪行的范围，但并未明确侵略罪的定义便使该规约生效，而且关于判定侵略罪的主体问题也与《联合国宪章》的精神相悖

自1899年至1996年间，国际社会共有53个相关法律文件涉及侵略罪，其中大多数文件都缺乏对于侵略罪行为特征和处罚的规定。④ 1974年联合国大会通过了《侵略罪定义的决议》，该决议规定"侵略战争是危害国际和平的犯罪"。但是，该决议不仅没有详尽明确侵略罪的定义，也没有涉及侵略行为之个人的刑事责任。所以，侵略罪定义是否可适用于个人的犯罪行为值得质疑，以至于国际社会对侵略罪一般性的规定始终没有达成共识。

《罗马规约》第25条明确规定国际刑事法院只对自然人行使管辖权，即国际刑事法院只追究个人的刑事责任，而不追究国家或团体的刑事责任。但从实践分析，侵略是绝非个人所能实施的行为，通常具有国家或团体的侵略行动背景。因而《罗马规约》规定不追究团体的刑事责任本身似乎就存在着逻辑上的矛盾。此外，从《联合国宪章》第39条规定的内容上理解，联合国安

---

① M. Cherif Bassiouni, The Time has Come for an International Criminal Court, at *Indiana International and Comparative Law Review*, Spring, 1991。

② Bruce Broomhall: The International Criminal Court: Overview, and Cooperation with States, at *A. I. D. P. "NOUVELLES? TUDES P? NALES"*, 1999, p. 13.

③ Id.

④ 如《和平解决国际争端公约》(1899年、1907年)；《凡尔赛条约》；1925年10月16日的《相互保证条约》(《洛迦诺公约》Treaty of Locarno)与1928年8月27日的《白里安—凯洛格条约》；《公海公约》；《关于控诉和惩处欧洲轴心国主要战犯的协定》、《纽伦堡宪章》，以及《远东宪章》等。M. Cherif Bassiouni: *International Criminal Law Conventions and Their Penal Provisions*, Transnational Publisher 1997, p. 105.

理会对确定侵略罪的行为享有独断权(专属权)。国际刑事法院作为一个独立的国际性司法机构,在制定侵略罪定义和行使管辖权条件时,却未明确指出这一问题。联合国安理会五个常任理事国始终坚持安理会的判定是国际刑事法院管辖侵略罪的先决条件,而且这一内容应当作为侵略罪定义不可或缺的一部分。中国始终认为,既然个人承担刑事责任的前提是国家实施了侵略行为,在安理会未就侵略情势作出判定的情况下,国际刑事法院缺乏追究个人刑事责任的依据。允许国际刑事法院在安理会没有作出判定前就实施管辖,实际上赋予了国际刑事法院对国家侵略行为的判定权,该权限必定与联合国安全理事会的权限产生冲突,而且与《联合国宪章》的精神相悖。可见,《罗马规约》并未解决国际刑事法院管辖侵略罪的这一主要难题。

此外,根据《联合国宪章》第 24 条规定:"为保证联合国行动迅速有效起见,各会员国将维持国际和平及安全之主要责任,授予安全理事会,并同意安全理事会于履行此项责任下之职务时,即系代表各会员国。"《罗马规约》在规定其管辖范围内罪行的诸多行为中,其中包括禁止蓄意攻击参与人道主义援助或维持和平行动的人员、设施、物资、单位或车辆,否则视为战争罪或危害人类罪,从而体现了对维持和平人员提供的特别保护。但是,如果《罗马规约》的管辖权适用于维持和平特派团的人员,则与《联合国宪章》的规定相左。

2.《罗马规约》对非缔约国施加义务的内容,违反了《维也纳条约法公约》的精神

根据 1969 年 5 月 23 日在维也纳签订的《维也纳条约法公约》第 34 条关于第三国之通则的规定,条约非经第三国同意,不为该国创设义务或权利。长期以来,国际惯例和各国实践均遵守着这一被称为"条约相对效力"的原则。但是,《罗马规约》的规定打破了被国际社会普遍认可和遵循的此项规则。

根据《罗马规约》第 12 条的规定,国际刑事法院行使管辖权的前提,是一个国家必须是《罗马规约》的缔约国或声明接受国际刑事法院的管辖权。因此,《罗马规约》原则上要求非缔约国应继续在各自国家管辖范围内履行惩治严重国际犯罪的责任,形式上似乎没有对缔约国施加任何义务。但是,仔细审查《罗马规约》的规定可见,《罗马规约》事实上在要求非缔约国与国际刑事法院的自愿合作的同时,却使非缔约国在某些情况下被置于国际刑事法院的管辖之下。①

在《罗马规约》设定国际刑事法院行使管辖权的三种情势中,有两种可

① 《罗马规约》第 87 条第 5 款规定的非缔约国合作义务只能以非缔约国自愿合作为基础。

能会对非缔约国施加一定的义务：

(1)联合国安理会向国际刑事法院提交案件的情势。根据《联合国宪章》的规定①，授权安理会享有判断是否存在威胁和平、打破和平或侵略行为的权力，安理会根据其判断的结果，对确实存在危害和平与安全的情势提交给检察官，以便检察官进行指控与否的审查。由于安理会的行动已经被世界上绝大多数国家所认可，并认同安理会的行动代表着各会员国，各会员国均应为配合安理会的行动而采取积极合作的态度，其中包括《罗马规约》的非缔约国。当然，中国和美国因是常任理事国，也可以在是否界定行为构成国际刑事法院管辖的罪行，应否提交给检察官予以调查时行使否决权，而使本国的利益不受干涉，而其他非缔约国就不会存在这种优势。

(2)检察官对国际刑事法院管辖范围内的犯罪，依据犯罪信息可以自主启动调查。该规定一方面明确了检察官自主启动调查的基本原则，将检察官的独立性发挥到极致；但另一方面，自主启动一词的使用应该被理解为一人自己的意愿。关键在于检察官可以依据其自己的意愿行动，不需要任何正式推举或者正式职责来启动对案件的调查。这样不仅容易导致仅体现检察官个人理念的武断决策，造成基本价值的错误判断，而且使非缔约国被动地接受国际刑事法院的管辖权，最重要的是与《维也纳条约法公约》的"条约相对效力"的原则相悖。

(二)美中两个安理会常任理事国的主要顾虑

2002年5月6日，美国总统乔治·布什在一封信中声明，美国不会成为《罗马规约》的缔约国。信中声明，克林顿总统于2000年12月31日签署的《罗马规约》对美国不具有法律义务。② 美国的主要反对意见包括以下要点：①对管辖权含义的理解；②管辖权对非缔约国的适用；③《罗马规约》没有明确确定侵略行为方面的安理会的作用；④检察官可能进行轻率或具有政治动机的起诉；⑤国际刑事法院没有自己的强制力，不能保障法律的有效实施；⑥国际刑事法院不能赋予被告人享有陪审团参加审判的权利，无法防止个人的控告、抗辩和交叉询问等基本权利。③

---

① 《联合国宪章》第39条、第40条和第41条。

② U.S. Department of State press statement (May 6, 2002) (with text of letter); European Union press release 8864/02 (Presse 141) (14 May 2002) (available at "ue. eu. int/newsroom"); 79 Interpreter Releases 786 (May 20, 2002).

③ Committee on Foreign Relations United States Senate, The International Criminal Court: Protecting American Servicemen and Officials From the Threat of International Prosecution, one hundred sixth congress, second session, June 14, 2000. Available at Http:// www. access. gpo. gov/congress/senate.

事实上,即便美国没有成为《罗马规约》的缔约国,美国仍担心其驻海外的军事和外交人员会受到国际刑事法院的指控和判刑。美国认为,自己有维护全球安全的义务,因而美国存在有效执行人道主义法的军队人员的问题。① 例如,在1998年中期,在波斯尼亚的美国军队至少代表了20%的北大西洋公约组织,而国际警察特遣队则只占10%。为解决其在海外驻军免受法院管辖的问题,在第五次会议讨论《程序与证据规则》时,美国正式提出关于《罗马规约》第98条第2款的规则案文②,规定国际刑事法院可能因受制于某一国际协定而不能要求缔约国向其移交被告。该提案实际上是对规约的修改,遭到大多数国家的反对。后来经多次磋商,双方达成妥协,在《程序与证据规则》中部分采纳了美国提案,但强调了《罗马规约》第98条第2款的内容,并就这一规则达成了有关谅解协议,明确这一规则不应解释为要求国际刑事法院、国际组织或国家将来缔结有关移交问题的协定。

中国虽然没有海外驻军问题,但中国台湾地区和西藏地区等现实问题也并不是中国投反对票的根本原因。中国的反对意见主要表现为:①《罗马规约》近乎确立了普遍管辖权;②检察官个人可决定开始调查程序,这实际上意味着检察官权力之大,能够直接影响或干扰国家的司法主权;③将国内武装冲突列入战争罪持有疑义;④关于危害人类罪犯罪行为的列举上加入了许多人权法的内容;⑤没有确定联合国安理会事先判定侵略的权力。③ 中国政府对《罗马规约》上述方面的关切聚焦于《罗马规约》的规定和国际刑事法院运作中的基本问题,而并非强调我国的台湾和西藏等具体问题。

我们认为,任何国家在走向民主、法治和主权统一的进程中,都可能会有国内战争,而这种"战争"中实施的行为在不违反关于战争习惯与规则的《日内瓦公约》和人道主义法的规定,原则上是可以豁免的。如美国在南北统一的战争中("内战"),那些杀害黑人士兵的人都得到了豁免,因为这毕竟是一国内部的事务。中国作为《日内瓦公约》的缔约国,对基本上套用《日内瓦公

---

① Committee on Foreign Relations United States Senate, The International Criminal Court: Protecting American Servicemen and Officials From the Threat of International Prosecution, one hundred sixth congress, second session, June 14, 2000. Available at Http://www. access. gpo. gov/congress/senate.

② 根据《罗马规约》第98条第2款规定,如果被请求国执行本法院的一项移交请求,该国将违背依国际协定承担的义务,而根据这些义务,向本法院移交人员须得到该人派遣国的同意,则本法院不得提出该项移交请求,除非本法院能够首先取得该人派遣国的合作,由该派遣国同意移交。没有要求许多规约缔约国与其签署有关人员豁免权的双边协定,罗马尼亚和以色列已经与美国签署了该双边协定;而加拿大、挪威、瑞士和南斯拉夫则表示拒绝这样做。

③ 参见徐杰:《〈国际刑事法院规约〉与条约相对效力原则》,载《法学评论》1999年第2期。

约》共同第3条规定的内容本不应有任何疑义，但《罗马规约》中涵盖的非国际性的武装冲突的内战和内部叛乱等形式构成战争罪的评判标准，有可能趋于政治倾向性，使国际刑事法院作出不利于我国稳定和发展的决定。此外，国际刑事法院虽然惩治的是严重侵犯人权的国际犯罪，但其不是国际人权法院，而是具有国际性的刑事法院。事实上，任何犯罪即便是国内刑法规定的侵犯人身、财产甚至是侵犯无形的知识产权的犯罪，也都是对人权的侵犯，但国内审理这类案件的法院就是性质单一的刑事法院，而并未夹杂任何人权法院的内容。国际刑事法院亦应如此，无非是其管辖的犯罪是具有国际性质的震撼人类良知的国际性犯罪。

当然，美国和中国的反对意见并不代表所有非缔约国对国际刑事法院的担忧，但作为安理会常任理事国和在国际社会非常有影响的两个大国来讲，美中两国的反对意见还是有一定代表性的。从本质上说，这些反对意见无论从哪个角度看，最终都集中在管辖权的属性及其行使上。因为《罗马规约》创制的国际刑事法院不是超国家的法院，其运作不应威胁一国的司法主权，以及受政治等方面的影响。

三、国际刑事法院管辖权的补充性与普遍性

国际刑事法院的管辖权与国家刑事司法管辖权之间的关系始终是建立国际刑事法院进程中的聚讼焦点。《罗马规约》序言和第1条均强调，根据本规约设立的国际刑事法院对国内(国家)刑事管辖权起补充作用，从而表明国际刑事法院管辖权的属性是补充性。但无论《罗马规约》的序言和相关条款如何强调国际刑事法院管辖权的补充性，仍不能掩盖国际刑事法院在实际行使管辖权过程中仍存在着明显的普遍管辖迹象。

(一)国际刑事法院管辖权的补充性

国际刑事法院管辖权的补充性主要体现在：

(1)强调国际刑事法院行使管辖权的先决条件分别为：所涉的一方或多方是缔约国；被告人是缔约国国民；犯罪是在缔约国境内实施的；一个国家虽然不是规约缔约国，但有决定接受国际刑事法院对在其境内实施的或由其国民实施的一项具体犯罪的管辖权。(2)强调国际刑事法院管辖权的行使是因为国家管辖权出现“不愿意”或“不能”行使的情形。即根据《罗马规约》第17条规定，国际刑事法院补充性管辖权适用的情形包括：①对案件具有管辖权的国家不愿意或不能切实进行调查或起诉；②对案件具有管辖权的国家在

对具体案件进行调查后，由于该国不愿意或不能切实进行起诉，而作出不对有关的人进行起诉的决定。① 在这两种情形下，国际刑事法院才能积极行使其管辖权，以弥补国家管辖权不能行使的弱势。

为了确定某一案件中是否存有国家不能切实进行调查和起诉、无法行使管辖权的问题，国际刑事法院应考虑，一国是否因本国司法系统完全瓦解，或实际上瓦解或者并不存在，而无法拘捕被告人或取得必要的证据和证言，或在其他方面不能进行本国的诉讼程序。② 在这种情况下，由于一个国家的司法系统已经瘫痪，无法行使正常的司法管辖权，就属于国家管辖权不能进行切实调查和起诉的情况，如柬埔寨地区的冲突，卢旺达、索马里、前南斯拉夫等国内或国际性冲突结束之后所出现的情况。但是，为了保障国际刑事法院的检察官不会滥用其权力，以及保证所涉国家的主权不会受到侵犯，国际刑事法院在确定是否存在上述现象时，一定要坚持国际法认可的正当程序规则。

（二）国际刑事法院管辖权的普遍性

虽然《罗马规约》第 12 条为国际刑事法院设置了管辖权实际运作的补充性机制，但其第 12—15 条关于管辖权行使的先决条件、管辖权的行使，以及缔约国提交的情势和检察官自行开始调查的规定之间存在着管辖权行使的逻辑关系，并通过这种逻辑推导的过程，展现了国际刑事法院管辖权行使过程中蕴涵的普遍管辖权的特性。

1. 缔约国提交的情势中，对犯罪地和缔约国国民采取选择的方式，扩大了国际刑事法院管辖权行使的前提

国际刑事法院管辖权的普遍性是对其管辖范围内的罪行行使，而且这种普遍性与其说是一种实体上的权利，还不如说是一种程序上的机制。通过这种机制，国际刑事法院自身行使或赋予缔约国（个别情况下为非缔约国）行使惩治《罗马规约》规定范围内罪行的权力。

根据《罗马规约》第 12 条第 2 项的规定③，只要有国际刑事法院管辖的犯罪发生在缔约国境内、注册国为缔约国的船舶或飞行器上，或者被告人的国籍国为缔约国，缔约国均可向国际刑事法院提交该情势，而且根据该条第 2 项提出依照第 13 条第 3 项的规定④，《罗马规约》使用的"缔约国境内发生

---

① 《罗马规约》第 17 条。

② 《罗马规约》第 17 条第 3 款。

③ 《罗马规约》第 12 条第 2 项规定："对于第 13 条第 1 项或第 3 项的情况，如果下列一个或多个国家是本规约缔约国或依照第 3 款接受了本法院管辖权，本法院即可以行使管辖权：（1）有关行为在其境内发生的国家；如果犯罪发生在船舶或飞行器上，该船舶或飞行器的注册国；（2）犯罪被告人的国籍国。"

④ 《罗马规约》第 13 条第 3 项规定："检察官依照第 15 条开始调查一项犯罪。"

的情势和缔约国或非缔约国国民实施的犯罪”的这种表述,事实上为缔约国提供了一个向国际刑事法院提交情势的选择权,即当缔约国境内发生国际刑事法院管辖范围内的情势时,且犯罪行为人非该缔约国本国国民(犯罪行为人既可以是缔约国国民,也可以是非缔约国国民)时,该缔约国极有可能将在其境内发生的情势提交给国际刑事法院;而当犯罪行为发生地和犯罪行为人均属于同一缔约国时,该犯罪的情势被提交国际刑事法院的概率就会相当低,除非存在该国的司法制度完全瘫痪、不能或者不愿意予以追诉的情况。①

缔约国可以根据《罗马规约》第 12 条、第 13 条第 1 项及第 14 条的规定向国际刑事法院提交其管辖范围内犯罪发生的情势,事实上只赋予缔约国行使管辖权的权利。一方面,缔约国提交的案件是犯罪行为在其境内发生,以及缔约国注册的船舶和飞行器,但条文没有明确其提交的犯罪嫌疑人是否也要求为缔约国的公民。这里出现的问题是,缔约国是否会提交本国国民。如果犯罪行为发生在缔约国境内,且犯罪嫌疑人也是缔约国国民,那么缔约国还会将本国公民移交给国际刑事法院吗?答案应该是否定的。如果缔约国提交的情势中只是针对非缔约国的国民,岂不是缔约国享受的是权利而非缔约国承担的是义务吗?

2. 安理会提交的情势中,只考虑犯罪的性质是否为国际刑事法院管辖的罪行,体现了普遍性管辖权的核心

管辖权普遍性的核心是,仅依据犯罪的性质,而不考虑犯罪实施地、被指控人或罪犯的国籍、被害人的国籍,或者与国家行使这种管辖权有任何其他关联因素的刑事管辖权。② 根据《罗马规约》第 13 条第 2 项的规定:“安全理事会根据《联合国宪章》第七章行事,向检察官提交显示一项或多项犯罪已经发生的情势。”由安理会提交的情形似乎就不再考虑行为人的国籍国或犯罪地国是否为《罗马规约》的缔约国,安理会在国际刑事法院提交某项情势以及推迟某项情势的调查和起诉过程中扮演着重要的角色。

(1)联合国安理会享有向国际刑事法院提交某项情势的权力,对此有国家反对安理会向国际刑事法院提交除了侵略行为以外的情势;而有的国家则表示赞同。如印度、伊朗、摩洛哥和尼日利亚等国认为,安理会不能提交除了

---

① 人权观察也认为,在《罗马规约》中对国家领域或被告人国籍国的这种选择式规定方式是管辖权机制设置的最严重的缺陷,而且因此减少了批准的国家。Human Rights Watch, “*Summary of The Key Provisions of the ICC Statute*”, September 1998, available at http://www. hrg. org/campaigns/icc/docs/icc – statute. htm.

② Principle 1 – Fundamentals of Universal Jurisdiction, in “The Princeton Principles on Universal Jurisdiction and Commentary on the Princeton Principles” (Steering Committee ed.), Program in Law and Public Affairs Princeton University New Jersey, 2001.

侵略行为以外的情势,否则会影响国际刑事法院的独立性;而德国、英国、瑞典、挪威和丹麦等国则认为,安理会有义务维护国际和平与安全,因而有权提交国际刑事法院管辖范围内的任何罪行。① 我们认为,国际刑事法院管辖范围的罪行都是对人类和平与安全构成较大威胁的犯罪,从《联合国宪章》赋予安理会的职责分析,安理会应享有提交这些案件的权力,而且《罗马规约》事实上也赋予安理会这样的权限。但同时,安理会只需考虑某行为是否符合国际刑事法院管辖范围内罪行的构成要件,便可向国际刑事法院提交该情势,充分体现了国际刑事法院管辖权在这种情况下无需考虑犯罪实施地、犯罪行为人的普遍管辖特征。

(2)推迟调查和起诉的权利。根据《罗马规约》第16条关于推迟调查或起诉的规定,如果安全理事会根据《联合国宪章》第七章通过决议,向国际刑事法院提出要求,在其后12个月内,国际刑事法院不得根据《罗马规约》开始或进行调查或起诉;安全理事会可以根据同样条件延长该项请求。为此,联合国安理会2002年7月12日第4572次会议通过第1422(2002)号决议指出:"根据《联合国宪章》第七章采取行动:①根据《罗马规约》第16条的规定,要求国际刑事法院,如出现涉及参与联合国所设立或授权的行动,但不是《罗马规约》缔约国的国家目前或以前的官员或人员有关上述行动的行为或不行为的案件,在2002年7月1日起的12个月期间内不要对任何此类案件开始或着手进行调查或起诉,除非安全理事会另有决定。②表示打算只要有必要,就于每年7月1日按同样条件将第1段所述要求顺延12个月……"② 2003年6月12日联合国安全理事会第4772次会议通过了第1487(2003)号决议③,在执行联合国安理会第1422号决议的同时,又将维和人员免予指控的期限顺延12个月。更重要的是,通过安理会决议的方式,持续延长免予对维和人员的指控,从而排除一些国家对其维和人员会受国际刑事法院起诉的担忧。但是,采取每年通过一项新的安理会决议的方式,不如采取修订《罗马规约》的方式更经济、更直接和具体。

3. 检察官提交的情势是国际刑事法院管辖权具有普遍性最明显的表现

前南斯拉夫国际刑事法庭法官刘大群博士认为,联合国安理会根据《联

---

① Young Sok Kim, "*The International Criminal Court (A Commentary of the Rome Statute)*", Wisdom House, 2003, p. 239.

② 2002年7月12日联合国安全理事会第4572次会议通过第1422号决议,S/RES/1422(2002)。

③ 2003年6月12日联合国安全理事会第4772次会议通过了第1487(2003)号决议,S/RES/1487(2003)。

合国宪章》第七章向检察官提交一项或多项犯罪已经发生的情势,在这种情况下,无论《罗马规约》的缔约国和非缔约国对这种犯罪都必须接受国际刑事法院的管辖。但是,《罗马规约》故意使用了"情势"(Situation)而不是"案件"(Cases)的措词,这就为扩大检察官的权力埋下了伏笔。①

《罗马规约》第14—15条详尽规定了检察官主动展开调查的权力。② 检察官可以主动展开调查,这是从起草国际刑事法院规约之时即为争议最大的政治和法律问题,直至1998年3—4月建立国际刑事法院的最后一次预备委员会议上,对检察官主动展开调查仍有非常大的分歧。"理性主义"者认为,国际刑事法院一定要有独立的检察官,该法院才能对国际社会整体所关注的严重犯罪进行有效的惩处和防范,否则该法院会受政治或其他因素而不能发挥有效性;另有国家恰恰是基于政治因素以及主动发动权的可能滥用的风险考虑,反对国际刑事法院检察官的独立发动权。③

《罗马规约》最终选择检察官可以根据其获得的可靠信息,主动展开调查。规约中关于检察官享有的权力,大多使用了委婉的措辞,如:①检察官可以自行根据有关国际刑事法院管辖权内的犯罪的资料开始调查;②检察官依据其后发现的新事实或证据就已经被预审分庭拒绝授权调查的情势,再次提出授权调查的请求;③检察官在等候有关国家自行调查时,可以要求有关国家定期向检察官通报其调查的进展和其后的任何起诉,缔约国应无不当拖延地对这方面的要求作出答复。尽管上述表达方式比较含蓄地指出检察官享有的权力,仍不能掩盖检察官的权力过大的事实。这一点对于缔约国来讲,似乎没有明显的感觉,因为这些国家在批准《罗马规约》时就已经认可某些情况下国际刑事法院行使管辖权的方式。但对于非缔约国来讲,在本应不承担《罗马规约》义务的前提下,却因检察官的指控而被动接受管辖,其敏感度自然十分明显。

综上所述,国际刑事法院的管辖权的确存在补充性,而这种补充性的逻辑关系是:①国际刑事法院在相关缔约国不能或不愿意履行其惩治国际刑事法院管辖范围的犯罪,或非缔约国提交声明接受国际刑事法院管辖权的前提下,国际刑事法院的管辖权补充国家法院的管辖权;②联合国安理会向检察

---

① 参见刘大群:《中国代表团对〈国际刑事法院罗马规约〉的看法》,载中国人民大学刑事法律研究中心:《名家刑法讲座》第4期,2003年1月5日。

② Paul Harris, "The Jurisdiction of the International Criminal Court", working paper at "Seminar on Related Issues of International Criminal Court", Hainan, 2003.

③ Otto Triffterer ed. "*Commentary On The Rome Statute of the International Criminal Court* (*Observers' Notes*, *Article by Article*)", Nomos Verlagsgesellscgaft Baden - Baden, 2000.

官提交某项情势,直接替代国家法院的管辖权;③检察官可以自行根据有关国际刑事法院管辖权内的犯罪的资料开始调查,直接超越了国家法院的管辖权。缔约国、安理会和检察官任何一方均有权向国际刑事法院提交犯罪发生的情势,还会有哪个国家的国民能够规避国际刑事法院的管辖权呢?除非该人在本国已受到应有的审判和处罚。因此,国际刑事法院的补充性,在一定程度上可以说,并不是在补充国家法院的管辖权,而是对国际刑事法院自身行使管辖权的几个方面互为补充,也正是这种互补性构成了国际刑事法院管辖权的普遍性,并存在对非缔约国行使管辖权的可能性。

四、国家司法管辖权与国际刑事法院管辖权的关系

(一)国家刑事管辖权与国际刑事法院管辖权的区别

国家刑事司法管辖权与国际刑事法院管辖权最明显的区别,是基于管辖权性质的决定因素不同。居于国家刑事管辖权适用首位的是属地原则,这已为世界大多数国家所认可。相对而言,无论世界主要法系国家对其他适用原则如何称谓,其适用的大体顺序都是,以属地原则为基础,以属人原则和保护原则为补充,兼采普遍管辖原则。由此可见,普遍管辖权在国家刑事司法中的适用是居于次要地位,是在其他管辖权均无法适用的情况下,方可适用的一种管辖权。而国际刑事法院首推的普遍性管辖权,事实上是与国家管辖权精神相抵触的,因而有侵犯国家司法主权之嫌。

(二)国家主权与刑事管辖权相关联

国际社会多年来尝试建立国际刑事法院未能成功的主要原因之一,就是以惩治侵略战争为宗旨的国际刑事法院可能会对国家安全与主权构成一定的威胁。一些超级大国,特别是那些习惯于运用武力解决问题的国家,不情愿将国内法院的管辖权让与超越国家主权之上的国际司法机构行使。① 国家主权与刑事管辖权问题是相互关联的。

(1)一个主权国家能在国际刑事法院的管辖权优于国内刑事管辖权的情形下,放弃本国对某种罪行进行审判和强制执行的权力吗?答案应该是否定的。

(2)国际刑事法院管辖权的依据是否会降低或加强任何国内审判机制

---

① Virginia Morris & Michael P. Scharf, "*An Insider's Guide to the International Criminal Tribunal for the Former Yugoslavia (A Documentary History and Analysis)*" (Volume 1), Transnational Publishers, Inc. Irvington - Hudson, New York, 1995, p. 14.

的作用？即国际刑事法院是否会加强或阻碍一国规定公正、合理、有效地审判那些犯有国际或跨国犯罪人的功能？从欧盟的经验分析，欧盟有统一的旗帜（当然，如果欧盟国家间发生管辖权冲突，按照传统的船旗国刑事管辖原则，就很难确定由哪个国家行使管辖权），有统一的护照，有欧洲人权法院，但仍没有一个统一的刑事法院。这意味着，欧盟国家可以分享一切，但不能分享具有主权象征的刑事管辖权。由此可见，刑事法院就是审理刑事案件的法院，而不应成为人权法院。究其原因，不外是国家主权迫使刑事审判必须在本国领域内进行。此外，当某些事实掺杂着一系列非法律因素时，国家可能情愿选择更为公正的法院行使刑事管辖权。

（三）国家刑事管辖权优于国际刑事法院管辖权

我们认为，国际刑事法院管辖权与国家法院刑事管辖权之间的关系，应是主权国家的刑事管辖权优先于国际刑事法院的刑事管辖权，国际刑事法院刑事管辖权是对国家刑事管辖权的补充。国际刑事法院的管辖权只能补充国内管辖权的不足，从而体现其管辖权的谦抑性和灵活性，或者称为弹性，为国家主权及管辖权的行使提供多方位的空间，并因此受到国际社会的普遍认可。事实上，国际刑事法院管辖权与国家刑事司法管辖权之间关系的这种优先性和并行性，满足了各国维护国家主权的愿望，并使国家刑事管辖权较国际刑事法院的管辖权处于一种完全主动和优先的地位。国际刑事法院应是国际合作和协作努力追求的机构，而不应是现行国内和国际机构的替代者。国际刑事法院作为援助者，是解决国家之间有关国际刑法领域内问题的另一个选择工具。从时间和空间层次上看，国际刑事法院管辖权的行使应列于国家管辖权行使之后；只有在必要时，国际刑事法院才能行使其补充性管辖权。从刑事管辖权本身的特性及其与国家主权之间不可分割的包容关系上分析，国际刑事法院若要充分发挥效力，获得国家的协助与合作，就要求国际刑事法院的管辖权必须以尊重国家主权为前提，强调国际刑事法院只能是国家间的刑事司法机构，而不是超国家的刑事司法机构。

五、结　　语

《人权观察》在评论罗马外交官大会时指出，国际刑事法院要想成为独立的、公正的和有效的国际刑事审判机构，就必须满足以下7个基准：①管辖机制应不要求任何国家之同意；②独立于安理会；③依职权行事的检察官；④有保留地尊重国家管辖权的主张（补充性）；⑤有权审理无论是在国际还是非国际性武装冲突中实施的战争罪;⑥明确缔约国服从国际刑事法院司法合作请求的法律义务;⑦关于被告人权利和证人适当保护的最高国际司法标准。①

事实上,《罗马规约》的规定并没有满足上述标准,①国际刑事法院的管辖权虽然强调的是补充性,但事实上体现的是普遍性;②安理会虽然参与了国际刑事法院的工作,但其职能并没有得以充分的发挥;③关于非国际性武装冲突界定为战争的问题并未得到明确,其笼统的规定存在干涉一国内政之嫌。

前联合国秘书长安南先生曾指出:国际刑事法院的建立是"对未来一代希望之馈赠,并在通向普遍的人权和法治进程中迈出的巨大一步。"②我们也不否认建立国际刑事法院具有非常显著的法律意义,但由于国际刑事法院的运作完全依赖于国家履行国际刑事法院的义务,因而一国民主与法治的进步,在一定程度上必然影响着国际刑事法院的民主与法治。只有批准《罗马规约》的国家越多,《罗马规约》中蕴涵的非法律因素才越少。

最后,我们希望,通过国际刑事法院对目前乌干达、刚果和苏丹等情势的接受,特别是公正、高效地审理案件,来解除非缔约国的顾虑,为非缔约国批准《罗马规约》建立一定的参数,以便促使非缔约国今后及时作出批准《罗马规约》的决定。

---

① Human Rights Watch, "*Summary of The Key Provisions of the ICC Statute*", September 1998, available at http://www.hrg.org/campaigns/icc/docs/icc - statute.htm.

② Bruce Broomhall: "*The International Criminal Court: Overview, and Cooperation with States*", at A. I. D. P. "NOUVELLES ? TUDES P? NALES", 1999, p. 13.

14. 国际刑事法院及其相关问题研究*

目 次

一、前　　言

从联合国最初认为有必要设立一个国际刑事法院以便起诉灭绝种族等

---

* 与高铭暄、王秀梅合著，赵秉志主编：《刑事法治发展研究报告》（2003 年卷），中国人民公安大学出版社 2004 年 12 月版。

罪行,至今已经五十余年。1948 年 12 月 9 日联合国大会第 260 号决议中指出,“认为有史以来,灭绝种族行为殃祸人类至为惨烈;深信欲免人类再遭此类狞恶之浩劫,国际合作实所必需”,为此通过了《防止及惩治灭绝种族罪公约》。该公约第 1 条将灭绝种族定性为“国际法上的一种罪行”,其第 6 条则规定,凡被诉犯灭绝种族罪者,“应交由行为发生地国家的主管法院或……(具有)管辖权的国际刑事法庭审理”。在该决议中,大会还请国际法委员会“研究宜否及可否设立一个国际司法机构以审判被控犯灭绝种族罪的人……”。前任联合国人权事务高级专员何塞·阿亚拉-拉索鲁说:“杀害了 10 万人的人,要面对审判的机会还不如杀害了一个人的人。”联合国秘书长科菲·安南最近谈道:“我们的希望是,通过惩处有罪者,国际刑事法院将为幸存的受害人和被针对的社区带来一些安慰。更重要的是,我们希望它将阻遏今后的战犯,以便终有一天无论在何处都没有任何统治者、任何国家、任何执政集团和任何军队能滥肆侵犯人权而不受处罚。”①

回顾《凡尔赛和约》②的形成到《国际刑事法院罗马规约》的诞生,纽伦堡国际军事法庭和东京国际军事法庭审理危害人类罪、战争罪等国际性武装冲突到卢旺达国际特设法庭审理非国际性武装冲突的国际实践,直至今天建立常设国际刑事法院不懈努力的近 80 年来,从国际社会筹建国际刑事法院构想的产生、形成和发展,以及建立过程中的自发、自觉、强化和定型的各个阶段,到传统观念与日益更迭的价值理念之间的碰撞、磨合与重塑经历了一个漫长的历史时期。1998 年 7 月 17 日在罗马外交官大会上《国际刑事法院罗马规约》(以下简称《罗马规约》)终于应运而生。2002 年 7 月 1 日,在达到《罗马规约》规定的法定缔约国数目的情况下,有史以来创设的唯一一个常设国际刑事法院合法诞生。

半个多世纪里,我们亲历了国际人权法、国际人道主义法和国际刑法的巨大发展。为了使严重危害人类和平与安全的国际犯罪行为人得到应有的

---

① http://www. iccnow. org.

② 1919 年 6 月 28 日战胜国同盟与德国在巴黎凡尔赛达成的和平协议,即《凡尔赛条约》。《凡尔赛条约》第 228 条规定:“德国政府承认协约国和联合政权有权将违反战争规则和习惯实施的犯罪行为之人提交军事法庭,如果确认这些人有罪,则依据法律判处刑罚,这一规定适用于德国和其同盟国境内法庭的任何诉讼和执行程序。德国政府将移交给协约国和联合政权,或者如果需要则移交给他们其中之一,所有被指控实施了违反战争法规和习惯之人,将依据他们的头衔、官职或者在德国当局具有的职位进行分类。”《凡尔赛条约》第 229 条规定:“被认定实施了针对协约国和联合政权任一国家国民的有罪之人,都将受到该国军事法庭的审判。被认定实施了针对协约国和联合政权不止一个国家国民的有罪之人,将受到相关国家几个军事法庭组成的法庭的审判。在任何情况下,被指控人均有权选择自己的律师。”

惩罚,中国积极签署、批准一系列惩治严重国际犯罪及致力于国际合作和法律协助的国际公约,在始终坚持《罗马规约》应以预防与惩治严重国际犯罪为基点,并将国际犯罪行为人诉诸审判,追究其刑事责任为宗旨;接受国际社会已经不再狭隘地理解管辖权和主权的观念,并希望通过有效的国际合作加强对国际犯罪和跨国犯罪的防范与惩治的同时,为建立一个公正、有效的常设国际刑事法院而不懈地努力。但有关主权和人权等现实问题,以及实际操作中的一些法律技术问题仍成为中国签署和批准《罗马规约》的阻滞因素。

中国作为联合国安理会常任理事国和在国际社会政治、经济和文化领域颇有影响力的世界大国之一,选择不批准《罗马规约》,事实上已经对国际刑事法院的实际运作产生一定的影响。但中国的最终选择,并不意味着中国将阻碍国际社会惩治严重国际犯罪,诸如灭绝种族罪、危害人类罪和战争罪等严重国际犯罪,相反,中国将为维护世界的和平与安全提供积极的合作;但也不能否认,中国将在不情愿的情况下,受到国际刑事法院实际运作中对非缔约国的影响。因此,为了达到既有效预防和惩治国际犯罪的目的,又维护中国的主权与人权观念的目的,有必要对《罗马规约》和国际刑事法院涉及的有关问题进行研究,一方面,提高我们对国际刑事法院和《罗马规约》的认识和了解,恰当处理我国刑事管辖权与国际刑事法院刑事管辖权在共同惩治严重国际犯罪中的关系;另一方面,为中国今后有可能批准、加入《罗马规约》进行前瞻性研究,以随时关注国际刑事法院的发展,及时正确地调整我国对《罗马规约》及国际刑事法院实践的态度与应对策略。

二、国际刑事法院的诞生和近期工作情况

国际刑事法院作为国际社会第一个将个人视为主体审判严重违反人类和平与安全犯罪的国际机构,受到世界瞩目。国际社会对其形成、发展以及今后要展开的工作给予了充分关注。

(一)《国际刑事法院规约》的诞生

国际刑事法院的诞生取决于《国际刑事法院规约》的形成与发展及罗马外交官大会的通过,直至最后达到法定缔约国数量。

国际社会经历了两次世界大战之后,先后组建了两个国际性的联合机构:即第一次世界大战后成立的国际联盟和第二次世界大战后成立的联合国。虽然两个国际机构创建的宗旨都是维持国际社会和平与发展,但是从成立过程和机构性质等方面考察,联合国的创设远远超过国际联盟。联合国的

成员几乎总括了世界上各种政治、经济制度和文化类型的大多数国家，具备了世界性机构的强大阵容。随着国际机构的发展与壮大，国际社会在总结两次世界大战后国际审判经验教训的基础上，开始努力将创建国际刑事法院的设想变为现实。

继纽伦堡审判和东京审判之后，联合国将注意力转移到灭绝种族罪和其他严重违反国际法罪行的审判上来，建立常设国际刑事法院的筹备工作逐渐展开。1948 年召开的联合国大会要求国际法委员会（International Law Commission）①研究建立国际刑事法院的价值和可行性，联合国大会在审查该委员会的报告后得出结论，建立这样一个法院不仅具有长远的战略意义，而且切实可行。因此，联合国决定由 17 个成员国组成一个国际刑事司法协会，筹备建立国际刑事法院的具体事宜，该协会于 1951 年提交了一份规约草案，1953 年国际法委员会第二次修订这一草案。

1953 年的规约草案规定建立一个常设国际刑事法院，该法院对任何“自然人”（natural persons）所犯“国际法公认”的罪行均具有管辖权，其中包括国家元首和其他政府机构所犯的罪行，这些罪行通常被认为是《危害人类和平与安全治罪法草案》（以下简称《治罪法草案》）中规定的具体犯罪。② 国际刑事法院将依照“公约、特殊协定或单方声明”授予的管辖权结合罪行发生地国及罪犯的国籍国行使属人管辖。在特殊情况下，联合国有权出于和平目的停止该法院的诉讼程序。由于 1953 年规约草案中的“侵略罪”定义尚未得到国际社会普遍认可，加之“治罪法草案”制定上的延迟，国际刑事法院管辖的罪行一直无法准确界定，所以直到 1974 年联合国大会最终通过“侵略罪”定义之前，筹建常设国际刑事法院的初步尝试始终处于搁浅的状态，这种状况使联合国建立国际刑事法院的设想推迟了 20 年之久。③

1989 年 12 月，面对毒品和恐怖主义罪行起诉与引渡的难题，特立尼达和

① 国际法委员会是 1947 年联合国第二届大会通过决议成立的联合国大会附属机构（subsidiary organ），其成员要求“以个人资格参加的著名国际法学家组成，而且确能代表世界各大文化及各主要法系”（联合国大会《第 174〔II〕号决议》），委员会的工作宗旨是促进国际法的逐步发展和编纂工作。

② 参见 1953 年《规约草案》第 26 条规定。1947 年联合国大会授权国际法委员会制定《纽伦堡国际军事法庭宪章》和纽伦堡审判中确认的国际法原则，并筹备起草《治罪法草案》。该法典草案于 1991 年基本上得到通过，委员会于 1994 年开始考虑各国政府提出的各项建议，并于 1996 年再次修订了联合国《治罪法草案》。罪行法典草案的公布与施行，为国际刑事法院有效地运作提供了更加充分、具体的法律依据，为罪刑法定原则的实现提供了现实可能。

③ Michael P. Scharf："The Jury Is Still Out On The Need For An International Criminal Court", at *Duke Journal of Comparative and International Law*, 1991.

多巴哥向联合国大会提出请求,请国际法委员会重新就国际刑事法院的问题进行工作,并把它的管辖权扩大到包括毒品贩运。针对这种反映,联合国大会再次将建立国际刑事法院的设想提上议事日程,并要求国际法委员会继续考虑建立国际刑事法院及《治罪法草案》的相关事宜。联合国大会分别于1990年第42届大会和1991年第43届大会上讨论了这个议题,国际法委员会于1992年组成一个工作组负责起草有关具体建议。1992年11月25日联合国大会通过一项毫无疑义的决议,要求国际法委员会根据工作组的建议着手起草国际刑事法院规约。

1991年在前南斯拉夫冲突中出现的战争罪、危害人类罪和“种族清洗”方式的灭绝种族罪,再次引起了国际社会的高度重视。为了制止这种新的人类灾难,联合国安全理事会设立了前南斯拉夫问题特设国际刑事法庭来起诉那些应对暴行负责的人,以达到惩前毖后、防止将来发生类似罪行的作用。此后,国际法委员会于1994年顺利完成了拟订国际刑事法院规约的任务。联合国大会建立了“设立国际刑事法院问题特设委员会”,并于1995年召开两次大会。联合国大会在审议特别委员会的报告后,又设立了旨在建立国际刑事法院反对“国际刑事法院筹备委员会”,负责拟订一份能够得到广泛接受的综合案文草案,提交给将要举行的外交会议。该筹备委员会从1996至1998年举行了几届会议,1996年10月28日筹备委员会向联合国第51届大会递交了报告,请求扩大筹备委员会的工作范围,并决定于1998年完成统一的公约文本、规约和附加议定书。该筹备委员会最后一届会议于1998年3月至4月举行,完成了案文的起草工作。

联合国尝试建立国际刑事法院数度夭折的原因有三:

(1)自纽伦堡审判和远东审判之后,再没有发生足以引起国际社会对之普遍愤慨的事实,因而国际社会缺乏惩治国际罪犯的现实需求。

(2)在冷战时期,以惩治侵略战争为宗旨的国际刑事法院可能会对国家安全与主权构成一定的威胁。一些超级大国,特别是那些习惯运用武力解决问题的国家不情愿将国内法院的管辖权让与超越国家主权之上的国际司法机构行使。①

(3)建立国际刑事法院所依据的法律文件尚未准备充分,尤其是对“侵略罪”定义的重大分歧,以及国际刑事法院规约文本尚未最后确定,都成为国际刑事法院建立过程中的阻碍因素。

---

① 参见 Virginia Morris & Michael P. Scharf: “An Insider's Guide to the International Criminal Tribunal for the Former Yugoslavia (A Documentary History and Analysis)” (Volume 1), Transnational Publishers, Inc. Irvington - Hudson, New York, 1995, pp. 14.

（二）国际刑事法院近期工作情况

1998年6月15日至7月17日在意大利罗马举行的世界外交官大会上，《国际刑事法院罗马规约》（以下简称《罗马规约》，Rome Statute of ICC）顺利通过。根据该规约第126条规定，规约的生效应在第60份批准书、接受书、核准书或者加入书交存联合国秘书长之日起60天后的第1个月份的第1天开始生效。《罗马规约》是国际刑事法院设立及运作的法律依据，因此，罗马大会通过的《罗马规约》可以说是尚停留在书面形式上的一部综合性法律文件，只有缔约国达到法定的数目，《罗马规约》方能正式生效，国际刑事法院才具备了名副其实的存在条件。为此，国际社会包括一些非政府组织继罗马大会后，进行了广泛的工作。预备委员会于1999年年初开始工作，拟定关于规约在得到60个国家批准和开始生效之后设立国际刑事法院的实际安排的提议。预备委员会将会处理犯罪要件、程序和证据规则、国际刑事法院规则等事项。所有这些对于规约的实际适用和执行方式都是极其重要的。预备委员会还将为国际刑事法院有形设施的建设作出安排。所有国家，甚至连尚未签署规约的国家，都可以参加预备委员会的工作。经联合国大会核准后，秘书长将向预备委员会提供所需的各种资源。

1. 通过若干重要文书

2002年9月3日至10日《罗马规约》缔约国举行第一届会议，通过了以下若干重要文件：

（1）《程序和证据规则》；

（2）《犯罪要件》；

（3）缔约国大会议事规则；

（4）财务条例和细则；

（5）《国际刑事法院特权和豁免协定》；

（6）关于法院与东道国谈判订立的总部协定的基本原则；

（7）法院和联合国间关系协定草案；

（8）法院第一个财政期间预算；

（9）关于继续开展关于侵略罪的工作的决议；

（10）关于国际刑事法院检察官和副检察官的提名和选举程序的决议；

（11）关于国际刑事法院法官的选举程序的决议；

（12）关于设立预算和财务委员会的决议；

（13）关于预算和财务委员会成员的提名和选举程序的决议；

（14）关于设立援助法院管辖权内的犯罪被害人及其家属的基金的决议；

(15)关于被害人信托基金理事会成员的提名和选举程序的决议;

(16)关于缔约国大会秘书处的临时安排的决议;

(17)关于缔约国大会常设秘书处的决议;

(18)关于国际刑事法院工作人员的甄选的决议;

(19)关于向国际刑事法院提供自愿捐助的有关标准的决议;

(20)关于第一个财政期间预算拨款和第一个财政期间的经费筹措的决议;

(21)关于第一个财政期间周转基金的决议;

(22)关于国际刑事法院经费分摊比额表的决议;

(23)关于以贷记方式处理对联合国支持设立国际刑事法院信托基金的捐款的决议;

(24)关于法院经费的提供的决定;

(25)关于在书记官长就任前行使职权的临时安排的决定;

(26)关于国际刑事法院参加联合国合办工作人员养恤基金的决定;

(27)关于缔约国的席次安排的决定。

关于国际刑事法院预备委员会的职能。国际刑事法院预备委员会于1998年根据《罗马会议最后文件》(以下简称《最后文件》)的一项决议成立。它必须为国际刑事法院的设立和顺利运作完成若干任务。预备委员会对签署《最后文件》或应邀参加会议的各国代表开放。到2002年4月,预备委员会已完成了指派给它的大部分任务。2000年6月,预备委员会将两项对国际刑事法院的成功运作至关重要的文件草案最后定稿:即《程序和证据规则》及《犯罪要件》。此后,它完成了《法院和联合国间关系协定》草案、《财务条例》草案、《国际刑院特权和豁免协定》草案及《缔约国大会议事规则》草案。关于其他问题的工作仍在进行中,包括第一个财政期间的预算、其他财务问题、国际刑事法院和荷兰(东道国)政府间总部协定的基本原则以及侵略罪问题。预备委员会将向缔约国大会递交各项拟就的草案,以供审议和通过。

关于《犯罪要件》和《程序和证据规则》的作用。《犯罪要件》把实施灭绝种族罪、战争罪和危害人类罪所需具备的条件、处境和心理成分或意图分门别类列出,详尽阐述了规约所列的犯罪定义。在整个起草过程中都极其慎重行事,力求不改变规约的意向。《犯罪要件》本身没有拘束力,但具有"劝导性质"。《程序和证据规则》开列了一般原则,并清楚说明具体的程序,对规约的规定加以支持和补充。规约提及的所有程序都得到透彻的说明,为不同的参与者提供了具体的准则,说明他们应如何落实规约所述的特定行动、必须采取的步骤、先后次序、有关情况等所有程序细节。《犯罪要件》及《程序和证据规则》均从属于规约的规定。

2. 国际刑事法院法官的遴选

根据《罗马规约》的规定,国际刑事法院的法官应具备如下资格:①代表世界各主要法系。②公平地代表不同的地域。③在性别上具有适当数目的男女法官。④在刑法和刑事诉讼领域具有公认能力,并因曾担任法官、检察官、律师或其他同类职务,而具有刑事诉讼方面的必要相关经验。⑤在相关的国际法领域,例如国际人道主义法和人权法等领域,具有公认能力,并且具有与本法院司法工作相关的丰富法律专业经验。⑥精通并能流畅使用本法院的至少一种工作语文,即法语或英语。

法官的遴选应遵循如下程序:①缔约国大会可以酌情决定成立提名咨询委员会。在这种情况下,该委员会的组成和职权由缔约国大会确定。②每一缔约国可以为任何一次选举提名候选人 1 人,该候选人不必为该国国民,但必须为缔约国国民。③有关国家最高司法职位候选人的提名(附有必要的详细资料),且在提名时,还应考虑到必须包括对具体问题,如对妇女的暴力或对儿童的暴力等问题具有专门知识的法官。④根据《罗马规约》第 112 条为选举召开的缔约国大会会议上,以无记名投票选举法官,并得到出席并参加表决的缔约国 2/3 多数票的 18 名票数最高的候选人,当选为国际刑事法院法官。⑤不得有两名法官为同一国家的国民。就充任本法院法官而言,可视为一个国家以上国民的人,应被视为其通常行使公民及政治权利所在国家的国民。⑥法官任期 9 年,除其他例外情况,法官不得连任。[①] 当出现法官职位空缺时,应及时根据《罗马规约》的相关规定予以补缺。

在考虑上述因素的基础上,2003 年 2 月 1 日至 7 日,《罗马规约》的 85 个缔约国参加了法官遴选工作,经过一周紧张和冗长的选举程序,终于选出常设国际刑事法院法官 18 名,其中包括 7 名女性法官。在第一轮选出的 7 名法官中,女性法官占 6 名;第三轮和第四轮分别选出 1 名和 3 名法官;其后几轮的选举均未达到法定最低人数;在第 9 轮选举中诞生 3 名法官;在第 13 轮、第 21 轮、第 28 轮和第 33 轮的选举中分别产生 1 名法官;这些法官的选举遍及世界所有地区、主要法系以及曾经从事的专业领域,从而使国际刑事法院的法官队伍具有较强的综合能力。在 18 名法官中,来自大陆法系的法官 10 名,来自英美法系的法官 8 名;在刑法领域具有丰富经验的法官、检察官 10 名,国际人道主义法和人权法方面的专家 8 名,其中包括来自前南国际刑事法庭和卢旺达国际刑事法庭的法官。

---

① 《罗马规约》第 36 条。

3. 国际刑事法院检察官的遴选

根据《罗马规约》规定,国际刑事法院的检察官和副检察官应为品格高尚、在刑事案件的起诉或审判方面具有卓越能力和丰富实际经验的人。检察官不得参加处理其公正性可能受到怀疑的案件。任何有关回避的问题,将由国际刑事法院上诉分庭决定。检察官若经查明有严重不当行为或严重渎职行为,缔约国大会有权予以免职。此外,检察官还应精通并能流畅使用国际刑事法院的至少一种工作语文。最后,通过缔约国大会成员的无记名投票,以绝对多数选出。

缔约国大会决定自2003年3月24日至4月4日重新开放检察官职位的任命,联合国经过1个月的非正式会议的讨论,在众多的检察官候选人中,阿根廷检察官路易斯·莫雷诺·奥坎波(Luis Moreno Ocampo)脱颖而出。路易斯·莫雷诺·奥坎波检察官曾带领一支检察官队伍分析了1万件侵犯人权的指控和700件指控阿根廷军事领导者在1976年至1983年间涉及绑架、酷刑和使人失踪案件。

2003年4月21日至23日进行了正式选举。经过长达6个月的国际性筛选,在缔约国大会89名成员国参加选举的情况下,路易斯·莫雷诺·奥坎波被选为国际刑事法院检察官。2003年6月17日,路易斯·莫雷诺·奥坎波宣誓就职国际刑事法院的检察官,他有权决定哪些案件进入国际刑事法院审判。①

4. 国际刑事法院的独立性与法官、检察官的公正性问题

(1)关于法官的独立性。法官的独立性是保证法官执法公正的关键,保障法官执法公正的基础有三个方面:①为保证法官能够公正地适用法律,法官应具备品格高尚和清正廉明的素质。美国法学家约翰·亨利·梅利曼在描述英美法系国家法官的地位时指出:"生活在普通法系国家中的人们,对于法官是熟悉的。在我们看来,法官是有修养的伟人,甚至具有父亲般的尊严。"②法官应注重个人修养和专业技能的培养,清正廉明地执法是保证公正的直接途径。③ ②为保证法官公正执法,应注重法官遴选形式的公正性。③法官应独立履行职责,不得从事任何可能妨碍其司法职责或者使其独立性受到怀疑的活动,而且法官不得从事任何其他专业性职业,不得参加审理其公正性可能因任何理由而受到合理怀疑的案件。如果法官过去曾以任何身份

① June 17,2003,The New York Times,Section A;Page 6;Column 4;Foreign Desk.

② 参见〔美〕约翰·亨利·梅利曼:《大陆法系》,知识出版社1984年版,第37页。

③ 依照《国际刑事法院规约》的规定,国际刑事法院的法官应当具有刑事诉讼方面的实践经验和国际人道法与人权法领域的专业知识。

参与过国际刑事法院审理中的某一案件,或在国家参与涉及被调查或被起诉的人的相关刑事案件,该法官应回避该案件的审理。

(2)关于检察官的独立性。根据《罗马规约》的精神,检察官办公室应作为法院的一个单独机关独立行事,负责接受和审查提交的情势以及关于法院管辖权内的犯罪的任何有事实根据的资料,进行调查并在国际刑事法院进行起诉。检察官办公室成员不得寻求任何外来指示,或按任何外来指示行事。

三、各国签署和批准《罗马规约》的情况

1998年6月15日至7月17日,在意大利罗马举行的世界外交官大会上,就《国际刑事法院规约》的通过问题,当时有120个国家赞成,7个国家反对,21个国家弃权。由于规约未能充分考虑中国对有关问题的严重关切,中国投了反对票。美国因其海外驻军免受法院管辖问题未能得到解决,也对《罗马规约》的通过持反对态度。美国参议院外交委员会和国防部认为,国际刑事法院无法给予美军"百分之百"免予起诉的保护;国际刑事法院可自由裁量何为"不正当"使用武力者,可能导致日后部分美军军官被列为战犯而成为被告。①

根据《罗马规约》第125条的规定,《罗马规约》于1998年7月17日在罗马联合国粮食及农业组织总部开放签署。此后,在罗马意大利外交部继续开放签署,直至1998年10月17日为止。其后,在纽约联合国总部继续开放供签署,2000年12月31日为止。据统计,截止到1999年12月31日,已有91个国家签署了《罗马规约》,塞内加尔等6个国家批准了《罗马规约》;到2000年11月27日,共有117个国家签署了《罗马规约》,24个国家批准了《罗马规约》;到2000年12月31日,共有139个国家签署了《罗马规约》,法国、德国、加拿大等27个国家批准了《罗马规约》;截至2001年2月12日的统计②,共有139个国家批准加入《罗马规约》,与2000年的统计相比增加了22个,其中美国于2000年12月31日签署;2004年4月11日签署《罗马规约》的国家仍为139个国家,而批准《罗马规约》的国家已达67个。根据《罗马规约》第126条的规定,《罗马规约》的生效应在第60份批准书、接受书、核准书或

---

① 参见 Ruth Wedgwood, "Fiddling in Rome: American and International Criminal Court", *Foreign Affairs*, November/December 1998, pp. 20 – 24; Barbare Crossette, "Dictators And (Some Lawyers) Tremble", *The New York Times*, November 29, 1998, pp. WKI&WK3.

② 参见联合国大会文献, Doc. A/CONF. 183/9.

者加入书交存联合国秘书长之日起60天后的第1个月的第1天开始生效。据此,《罗马规约》已于2002年7月1日正式生效;目前《罗马规约》的批准国已经增加到90个(详见附件一)。但有些国家对《罗马规约》的有关条款作了有利于本国的说明,以下依据《罗马规约》条文的顺序,说明有关缔约国对个别条款所做的声明。

(一)积极批准加入《罗马规约》

1998年7月17日通过《罗马规约》的世界外交官大会闭幕后的两天内,一些国家积极签署了《罗马规约》。1998年7月17日玻利维亚、喀麦隆、刚果、利比里亚、马里、尼日尔、萨摩亚、南非、赞比亚和津巴布韦签署了《罗马规约》;第二天,阿尔巴尼亚、安道尔公国、法国、乔治亚、加纳、希腊、意大利、列支敦士登、马达加斯加、摩纳哥、荷兰、巴拿马、圣马力诺、塞内加尔、西班牙和瑞士也签署了《罗马规约》,这些国家的积极行动表明了他们对建立国际刑事法院的积极态度。

以色列虽然于2000年12月31日才签署《罗马规约》,且尚未明确表示其批准《罗马规约》的时间,但以色列对建立国际刑事法院表达了坦诚的态度:作为国际刑事法院观念及其以《罗马规约》方式实现的积极的、一贯的支持者,以色列国家政府因此自豪地表示其承认执行法律规则和防止豁免的重要性和事实上的不可或缺性。

作为国际刑事法院观念的发起者之一,以色列早在20世纪50年代,就通过其杰出的法学家和政治家积极参与构建国际刑事法院各个阶段的活动。以色列国家的代表刻骨铭心地牢记着大屠杀——人类历史上实施的罪大恶极的犯罪——怀着强烈的真诚和认真的态度,投入起草《国际刑事法院规约》各个阶段的工作。同时,持有同样的使命感,以色列国家的代表们也在支持国际刑事法院筹备委员会的工作。

在1998年的罗马大会上,以色列对一些国家为了符合其政治愿望的介入而修订明确陈述的《国际刑事法院规约》内容深表失望和遗憾。以色列警告这种令人遗憾的习俗可能对滥用《罗马规约》作为政治工具产生影响。今天,怀着同样的心情,以色列国家政府签署《罗马规约》,同时抵制任何企图出于政治动机以反对以色列及其公民的动机方式解释这些规定。以色列政府希望以色列对涉及这些企图的表态载入史册作为警示,防止破坏将有利于人类整体的重要公正机构的国际刑事法院成为政治化机构的危险。

但是,作为一个民主的社会,以色列已经就国际刑事法院一些问题及其与国际法和国际社会的关系不断进行政治的、民众的和学术的讨论。国际刑事法院的本质,是确保实施罪大恶极的犯罪分子及时受到审判的至关重要的方法，而其他潜在的违反人类基本准则和公序良俗的行为都会恰当地受到威慑——从来没有停止引导以色列。因此，以色列签署《罗马规约》，使其能够从精神上与即将建立的国际刑事法院这一基本理念保持认识上的一致。

今天，也色列政府荣幸地表示："以色列真诚地希望国际刑事法院在客观和普遍真诚的司法原则指导下，真正服务于其高尚的和卓有功效的目的。"①

（二）批准加入《罗马规约》但对个别问题作出声明

根据《罗马规约》的规定，缔约国要对国际刑事法院所有阶段的工作提供协助和充分合作，并且尊重关于被害人、嫌疑人和被告人在调查、起诉和审判中的权利的国际标准。如有缔约国拒绝执行国际刑事法院提出的合作请求，可将此事提交缔约国大会或联合国安全理事会审议。但并不是所有条款均能不折不扣地适用于所有缔约国，因此，一些缔约国分别对《罗马规约》的个别条款提出如下声明。

1. 关于一些基本问题的声明

（1）尊重国家主权。葡萄牙共和国声明：对在葡萄牙领域内发现的任何人行使葡萄牙管辖权的目的是，在尊重葡萄牙刑事立法的基础上，为了起诉《罗马规约》第5条第1款规定的犯罪。

（2）自卫权。法国声明：《罗马规约》的规定不能排除法国履行其依照《联合国宪章》第51条享有的固有自卫权。《联合国宪章》第51条规定："联合国任何会员国受武力攻击时，在安全理事会采取必要办法，以维持国际和平及安全以前，本宪章不得认为禁止行使单独或集体自卫之自然权利。会员国因行使此项自卫权而采取之办法，应立即向安全理事会报告，此项办法于任何方面不得影响该会按照本宪章随时采取其所认为必要行动之权责，以维持或恢复国际和平及安全。"

新西兰政府进一步指出，国际人道主义法平等地适用于侵略者和自卫者，而且国际人道主义法在特殊情况下的适用并不独立于所处的境况是否为自卫的行为。

（3）基本权利和标准。阿拉伯埃及共和国强调，《罗马规约》的解释与适用应服从于国际社会普遍接受和认可一般原则、基本权利以及《联合国宪章》的原则、目标和规则，国际法和国际人道主义法的一般原则及规则。进而声明：阿拉伯埃及共和国对《罗马规约》中涉及基本权利和国际标准的解释与适用，是在国际社会整体接受的国际公认的准则和标准基础上理解有关的基本权利和国际标准这两个术语。

---

① http://untrety. un. org. /ENGLISH/bible/partI/chapterⅩⅤⅢ/T/treaty10. asp.

2. 关于危害人类罪和战争罪的声明

(1)涉及使用武器的范围。埃及声明,《罗马规约》关于战争罪的规定大体为第 8 条的规定,而且第 8 条第 2 款的规定尤其适用于实施《罗马规约》没有涉及的行为或者使用的武器种类,包括使用本质上不加选择,引起不必要的损害,甚至违反国际人道主义法的核武器。

法国声明,《罗马规约》第 8 条规定,特别是第 2 款第 2 项仅涉及常规武器,而且既没有控制,也没有禁止使用核武器的可能性,因而不能没有削弱法国在其固有自卫权中使用其他武器的需要,除非核武器或者这里指的其他武器成为未来全面限制的对象,并根据《罗马规约》第 121 条和第 123 条的规定通过修订《罗马规约》的方法在附录中明确列举。《罗马规约》第 8 条第 2 款第 2 项第 17 目和第 18 目规定,适用于散发任何类型的物质,在影响上不加选择和使用武器,包括对核武器的使用。

新西兰政府指出,《罗马规约》第 8 条列举的大多数战争罪行,特别是第 8 条第 2 款第 2 项第 1 目至第 5 目和第 8 条第 2 款第 5 项第 1 目至第 4 目(涉及各种攻击民用目标的行为)的有关规定,没有提供实施该类具体犯罪使用武器种类的参考。新西兰政府出于人道主义原因,呼吁加强国际人道主义法的基本原则,减轻和削弱战争罪的残酷性,而不是早些时间的限制武器装备,国际法律文件在这方面内容已经有所发展,而且还将继续发展以满足当今环境的需要。因此,新西兰政府认为,主张限制第 8 条,特别是第 8 条第 2 款第 2 项规定的武器范围,仅涉及常规武器的竞赛,这是与国际人道主义法相背离。

新西兰政府发现国际法院在关于“威胁或使用核武器的合法性”(1996)的咨询意见中支持新西兰的观点,尤其引人注目的是《罗马规约》第 86 条①,国际法院指出,人道主义法的缔结并不适用于这种武器,核武器与人道主义法原则的本质相矛盾,这些问题贯穿武装冲突法的全部规则,并适用于过去、现在和未来任何形式的战争和任何种类的武器。

瑞典表示,考虑到《罗马规约》第 8 条规定的战争罪涉及使用武器的方法,瑞典王国政府愿意保留 1996 年 7 月 8 日国际法院关于“威胁或使用核武器合法性”提供的咨询意见,在该意见中,国际法院认为对核武器问题适用人道主义法已毫无疑问。

(2)军事或民事目标的界定标准。埃及声明,《罗马规约》第 8 条第 2 款第 2 项规定的军事目标必须依照国际人道主义法的原则、规则和规定界定。关于民用物体的界定必须依照 1949 年 8 月 12 日《日内瓦公约的附加议定书

---

① 《罗马规约》第 86 条规定:“缔约国应依照本规约的规定,在本法院调查和起诉本法院管辖权内的犯罪方面同本法院充分合作。”

(二)》的规定，特别是第52条的规定。当对攻击的目标产生疑问时，应将该目标视为民用物体。

法国认为，《罗马规约》第8条第2款第2项第23目所指的情形，并不排除法国依照国际人道主义法直接攻击认为是军事的目标。《罗马规约》第8条第2款第2项所指的可以视为“军事目标”的特殊地区是指一个整体地区，如果由于其位置、性质、用途、坐落地、全部或部分的毁损、占领或者中立等因素，考虑当时的境况，法兰西共和国会提供一个明确的军事利益。

(3)预期得到的军事利益的理解。埃及声明，阿拉伯埃及共和国承认《罗马规约》第8条第2款第2项第4目使用的“预期得到的具体和直接的整体军事利益”的术语，还应依照1949年8月12日《日内瓦公约附加议定书(一)》的有关规定予以解释。该术语还应被解释为行为人在实施战争罪时预期取得的利益。在适用法律方面无须对违反武装冲突法造成附带损害的任何犯罪行为的性质提供认为正当的理由。整体军事利益不能作为说明战争最终目的或者任何其他战略目的的合理根据，“预期的利益”必须与所造成的损害相称。

法国政府声明，《罗马规约》第8条第2款第2项第4目规定的“军事利益”术语，是指从作为整体，而不是指从其中孤立的或者具体的攻击行为中获得“预期的利益”。

(4)冲突期间的理解。法国政府认为，《罗马规约》第8条第2款第2项和第3项使用的“武装冲突期间”的术语，在第8条第2款第2项和第3项中的规定及其境况，是指并不包括实施任何一种普通犯罪的情形，包括恐怖主义犯罪，无论是集体的还是孤立的行为。

(5)造成损害的理解。法国政府认为，《罗马规约》第8条第2款第2项和第5项并不指直接攻击军事目标产生的潜在的间接损害。而且《罗马规约》第8条第2款第2项第4目规定，战争使用的方法和手段导致自然环境受到损害的危险，必须以获得评估资料的时间为依据进行客观衡量。

(6)既定的国际法体系的理解。英国和北爱尔兰声明，英国理解《罗马规约》第8条第2款第2项和第5项使用的“既定的国际法体系”术语包括：通过国际实践建立的国际习惯法和法学家的观点。英国在批准有关国际法文件的声明中进一步确认，并表达了引起国际刑事法院注意的观点，包括1949年8月12日《日内瓦公约附加议定书》和1977年6月8日《关于保护国际武装冲突期间受害者的议定书(一)》。

3. 关于诉讼时效的声明

依照《罗马规约》第11条规定(诉讼时效)，国际刑事法院仅对《罗马规约》生效后实施的犯罪具有管辖权。对于在《罗马规约》生效后成为缔约国的国家，国际刑事法院只能在《罗马规约》对该国生效后实施的犯罪行使管辖权，除非该国已根据第 12 条第 3 款提交声明。①《罗马规约》第 24 条规定（不溯及既往），个人不对《罗马规约》生效以前发生的行为负规约规定的刑事责任。如果在最终判决以前，适用于某一案件的法律发生改变，应当适用对被调查、被起诉或被定罪的人较为有利的法律。

埃及对此提出声明，关于国际刑事法院的管辖权不适用追溯时效的规定，并不违反其他法律权限广泛建立的战争罪不受起诉时效的限制，且非战争罪犯逃避审判和起诉的限制。

4. 关于排除刑事责任事由的声明

根据《罗马规约》第 31 条第 1 款第 3 项规定，行为人以合理行为防卫本人或他人，或者在战争方面，防卫本人或他人生存所必需的财产，或防卫完成一项军事任务所必需的财产，以避免即将不法使用的武力，而且采用的防卫方式与被保护的本人或他人或财产所面对的危险程度是相称的。该人参与部队进行的防御行动的事实，本身并不构成本项规定的排除刑事责任的理由。

比利时声明，根据《罗马规约》第 21 条第 1 款第 2 项的规定②，考虑到比利时政府不会贬损国际人道主义法规则，因此《罗马规约》第 31 条第 1 款第 3 项的规定只能适用于及被解释为与这些规则相一致。

5. 关于国际刑事法院使用语文的声明

根据《罗马规约》第 50 条规定，国际刑事法院的正式语文为阿拉伯文、中文、英文、法文、俄文和西班牙文。国际刑事法院的判决以及为解决该法院审理的重大问题而作出的其他裁判，应以正式语文公布。院长会议应依照《程序和证据规则》所定标准，确定为本款的目的，可以视为解决重大问题的裁判；国际刑事法院的工作语文为英文和法文。《程序和证据规则》应规定在何种情况下可以采用其他正式语文作为工作语文；国际刑事法院应诉讼当事方或获准参与诉讼的国家的请求，如果认为所提理由充分，应准许该当事方或国家使用英文或法文以外的一种语文。又《罗马规约》第 87 条第 2 款规定，根据被请求国在批准、接受、核准或加入时作出的选择，合作请求书及其

① 《罗马规约》第 12 条第 3 款规定："如果根据第 2 款的规定，需要得到一个非本规约缔约国的国家接受本法院的管辖权，该国可以向书记官长提交声明，接受本法院对有关犯罪行使管辖权。该接受国应依照本规约第九编规定，不拖延并无例外地与本法院合作。"

② 《罗马规约》第 21 条第 1 款第 2 项关于适用的法律规定，视情况适用可予适用的条约及国际法原则和规则，包括武装冲突国际法规确定的原则。

辅助文件应以被请求国的一种法定语文制作,或附上这种语文的译本,也得以本法院工作语文之一制作。其后更改这一选择,应依照《程序和证据规则》作出。

一些国家对坚持使用国际刑事法院的正式语文或工作语文做了进一步确认的声明,如安道尔公国声明,来自国际刑事法院的任何合作请求及其辅助文件,必须以法语或者西班牙语或者附带这种语文,必要时应翻译成这些语文中的任何一种。

还有一些国家强调来自国际刑事法院的合作请求必须使用本国通用的语文。德国声明,对德国发出的合作请求及其辅助文件必须附带翻译为德语。奥地利共和国声明,国际刑事法院的合作请求及其任何辅助文件,应为或者附带翻译为德语。列支敦士登对《罗马规约》第 87 条第 2 款官方语文的理解是德语。国际刑事法院的合作请求及辅助文件应以列支敦士登的官方语文德语转递,或者翻译为德语。波兰共和国作如下声明,国际刑事法院转递的合作申请及其辅助文件应使用波兰语制作。葡萄牙共和国声明,葡萄牙共和国收到的国际刑事法院的任何合作请求及其辅助文件必须使用葡萄牙语起草,或者附带翻译为葡萄牙语文。

6. 关于国际刑事法院合作请求途径的声明

根据《罗马规约》第 87 条第 1 款的规定,国际刑事法院有权向缔约国提出合作请求。请求书应通过外交途径或各缔约国在批准、接受、核准或加入时可能指定的任何其他适当途径转递。各缔约国其后更改这种指定,应依照《程序和证据规则》作出。在不妨碍第 1 项规定的情况下,适用时也可以通过国际刑事警察组织或任何适当的区域组织转递请求书。

一些缔约国分别根据本国立法和司法的状况,就本国接受国际刑事法院合作请求的途径分别作出如下声明:

(1)通过外交途径解决。缔约国对该款提出通过外交途径解决合作请求的最多,如安道尔公国、伯里兹、埃及、挪威、西班牙;而匈牙利则声明,国际刑事法院的合作请求应通过外交途径转递给匈牙利共和国政府。

(2)通过政府或政府的司法途径解决。刚果民主共和国声明,国际刑事法院发出的任何合作请求应通过刚果民主共和国政府代办处转递。比利时王国声明,司法部是接受国际刑事法院任何合作请求的权威当局。采用这种途径的还有瑞典、瑞士等国。

(3)通过可以选择的途径(外交途径、外交部、司法部、公共秩序部、检察官办公室)。塞浦路斯共和国声明,国际刑事法院的任何请求应直接通过外交和公共秩序部转递;丹麦声明,国际刑事法院的任何合作请求应通过外交途径或者直接通过外交部转递，外交部是接受合作请求的权威当局。爱沙尼亚共和国声明，国际刑事法院的合作请求都应通过外交途径转递或者直接转递到检察官办公室，检察官办公室是接受这类请求的主管部门。芬兰共和国声明，国际刑事法院的合作请求应通过外交途径转递或者直接通过司法部，司法部为接受这类请求的主管当局。如果需要，国际刑事法院也可以直接联系芬兰其他主管当局。关于移交请求方面的事宜，司法部是唯一主管当局。德国声明，依照《罗马规约》第 87 条第 1 款规定，国际刑事法院的合作请求应直接通过联邦司法部或者个别情况下通过联邦司法部指定的机构转递。国际刑事法院的请求可以直接通过联邦司法部转递，或者与司法部协定，通过另一个权威机构转递。

(4)通过一定的途径传递合作请求，但除了附加语文要求外，还要求其他附带内容，如列支敦士登公国声明，接受国际刑事法院合作请求的部门是政府的司法部。国际刑事法院直接通过邮寄的方式向列支敦士登公国的收件人转递判决、其他记录或者文件。作为证人或专家到国际刑事法院出庭的传票应附带免予自证其罪的国际刑事法院的《程序与证据规则》；该规则应使用有关的人能够理解的语文转递。

7. 关于被判刑人接受的声明

根据《罗马规约》关于“国家在执行徒刑方面的作用”的第 103 条第 1 款的规定，国际刑事法院应当从向本法院表示愿意接受被判刑人的国家名单中指定一个国家，在该国执行徒刑。一国宣布愿意接受被判刑人时，可以对这种接受附加国际刑事法院同意并符合本编规定的条件。具体指定的国家应从速就其是否接受本法院的指定通知本法院。对于上述条款的规定，部分缔约国分别对接受被判刑人的范围作出声明：

(1)接受本国国民或永久居民。瑞士声明，瑞士有责任接受国际刑事法院对瑞士国民或者瑞士的永久居民作出有期徒刑判决之人。列支敦士登公国声明，为了执行国际刑事法院的判决，列支敦士登公国愿意接受国际刑事法院判处有期徒刑之人，只要被判刑的人为列支敦士登的公民或者被判刑的人为列支敦士登公国的永久居民。

(2)附条件接受本国国民。安道尔共和国声明，必要时，安道尔共和国愿意接受被国际刑事法院判刑的安道尔国民，只要国际刑事法院施加的刑罚与安道尔公国立法涉及的有期徒刑最高期限一致。斯洛伐克共和国声明，如果需要，斯洛伐克共和国将接受被国际刑事法院判刑之人，只要该人是斯洛伐克共和国的国民，或者是斯洛伐克共和国领域内的永久居民。同时，为了执行有期徒刑判决的目的，斯洛伐克将适用国际刑事法院施加徒刑转化的原则。

(3)无国籍限制,但附有一定的条件。西班牙愿意在适当的时间接受国际刑事法院判刑之人,只要被判处的刑罚期限没有超过西班牙法律适用于任何犯罪规定的最高期限。

8. 关于过渡条款的声明

根据《罗马规约》第124条规定,虽有第12条第1款和第2款规定,一国成为《罗马规约》缔约国时可以声明,在本规约对该国生效后7年内,如果其国民被指控实施一项犯罪,或者有人被指控在其境内实施一项犯罪,该国不接受本法院对第8条所述一类犯罪的管辖权。根据本条作出的声明可以随时撤回。依照第123条第1款召开的审查会,应审查本条规定。

法兰西共和国声明,当涉及《罗马规约》第8条所指的罪行是由本国国民或者在其领域内实施时,法兰西共和国不接受国际刑事法院的管辖权。

综上所述,缔约国除了较多关心与国际刑事法院合作使用的语文、途径及对被判刑人的接受等问题外,对《罗马规约》提出声明最核心的问题主要是:①根据《联合国宪章》的国家主权和自卫权问题;②战争罪的界定问题,其中包括战争罪是否适用于国内武装冲突问题,军事目标与民用目标的界定问题,使用武器的范围问题(是否包括核武器);③关于侵略罪的界定问题及对战争罪的规定。

(三)缔约国修订本国法律以执行《罗马规约》

国际刑事法院依赖于缔约国的合作与协助执行《罗马规约》,但由于《罗马规约》的规定并不能完全直接适用于所有缔约国,缔约国为能保证其有效执行《罗马规约》,纷纷采取不同的立法方法以适应规约的要求。

1. 修改宪法的方法

法国宪法委员会审查了《罗马规约》是否包含与其宪法相矛盾规定的问题。在其1999年1月22日作出的裁定中(法国宪法委员会1999年1月22日的《关于国际刑事法院规约的决定》)①,该委员会对与其宪法存在的三个方面的问题作出肯定的回答:①关于《罗马规约》第127条规定的国家首脑不享有豁免权的内容与《法国宪法》第26、68和61-1条3个条文相抵触②;②

① http://www.conseil-constitutionnel.fr/decision/1998/98408/98408dv.htm.

② 《法国宪法》第26条规定:"任何议员均不得因履行职务时发表的意见或所投的票而被起诉、搜查、逮捕、监禁或审判。任何议员在议会开会期间,非经其所属议院同意,不得因其犯有刑事罪或轻罪而加以起诉或逮捕,但现行犯除外。任何议员在闭会期间,非经其所属议院的秘书处同意,不得加以逮捕,但现行犯、经核准起诉或已确定判刑者除外。对议员的拘禁或起诉,如果议员所属议院提出请求,应该中止执行。"

关于政府成员的刑事责任;③国际刑事法院的管辖权影响国家主权的行使。

法国政府认为,宪法中不存在主要障碍,而且通过在宪法中包含一些新的规定便可以得到克服,因此,法国宪法增加了第53条之2,规定如下:

法兰西共和国可以承认1998年7月18日以条约形式签订的《罗马规约》规定的管辖权(1999年7月8日《宪法》No. 99-568, 在第四编增加内容,即在第53条后增加第53条之2关于国际刑事法院的内容, J. O. No. 157, July 9,1999,10 175)。

法国司法部进一步确认,这个新条文包含宪法委员会提出的所有非宪法性问题,并允许法国批准《罗马规约》(法国司法部通过《国际刑事法院宪法性法律》)。① 这种宪法改革方法的优点,是默默地修订了有关宪法规定,而无须对这些规定本身的优点展开广泛的公众辩论。

2. 制定新的立法

新西兰于1998年10月7日签署了《罗马规约》,并于2000年9月7日批准加入,同年通过了《国际犯罪和国际刑事法院法案》,其目的是在新西兰进一步规定规范某些国际犯罪的处罚,即灭绝种族罪、危害人类罪和战争罪;使新西兰能够依据《罗马规约》履行职能并与国际刑事法院建立合作关系。②

加拿大于1998年12月18日签署了《罗马规约》,并于2000年7月7日批准加入,从此加拿大成为在国家法律体系中采取一定措施执行《罗马规约》的众多国家中的一员。通过创制《罗马规约》的积极谈判,加拿大成为世界上首批具有适当综合立法的国家之一。2000年6月29日加拿大颁布了《危害人类罪和战争罪法案》,并于2000年10月23日生效。新法案的创制及其他立法,诸如《加拿大刑法典》和关于引渡、相互法律协助以及证人保护立法都进行了修订。加拿大《危害人类罪和战争罪法案》满足了加拿大执行《罗马规约》两个方面的要求:一是执行《国际刑事法院规约》的需要,以便协助并且与国际刑事法院进行合作,确保补充作用的优势;二是巩固加拿大惩治灭绝种族罪、战争罪和危害人类罪的立法基础,确保加拿大不会成为这些罪犯的庇护所。

(四)部分国家明确表示反对的态度

1998年7月17日,在意大利罗马的外交官大会上,对国际刑事法院明确投反对票的国家有7个,中国、美国和以色列③等国分别陈述了投反对票的

---

① http://www.justice.gouv.fr/arbo/publicat/notel3.htm(1999).

② http://rangi.knowledge-basket.co.nz/gpacts/public/text/2000/an/026.html.

③ 以色列于2000年12月31日签署《罗马规约》,但最终没有批准加入。其主要反对理由是,无法理解将人口迁入被占领领土的行动也被列为一种战争罪。

理由。

1. 美国的态度

在1995年纽伦堡审判50周年的纪念活动上,美国总统克林顿成为第一个签署创建国际刑事法院的美国总统。但当《罗马规约》的谈判达到顶峰时,美国却投了反对票。参议院对外关系委员会主席 Jesse Helms 表示,国际刑事法院的任何条约都可能起诉美国公民,任何辩论都不可能改变他的这种认识。当然,世界上其他国家也不会赞成美国国民是唯一享有国际刑事法院豁免权的国民。克林顿政府的观点部分反映了美国五角大楼的观点,态度比较温和,其关注的核心,是国际刑事法院披露了美国海外执行维持和平或者人道主义任务的军队,或者授权维和部队的官员可能会因政治动机受到起诉。事实上,美国不是唯一被披露的国家。例如,1998 年中期,在波斯尼亚的美国军队至少占北大西洋公约组织的 20%,而国际警察特遣队则只占 10%。2002 年5 月6 日,在乔治·布什的一封信中声明,美国不会成为《罗马规约》的缔约国。信中声明,克林顿总统于 2000 年 12 月 31 日签署的《罗马规约》对美国不具有法律义务。①

由此可见,美国的主要反对意见表现为:

(1)管辖权的含义。

(2)管辖权对非缔约国的适用。

(3)《罗马规约》没有明确在确定侵略行为方面安理会的作用。

(4)检察官可能进行的轻率或具有政治动机的起诉。

美国的反对意见在某种程度上支持了《罗马规约》应全面杜绝轻率的和具有政治动机的起诉。事实上,这种反对意见也具有不确定性。从实际角度分析,如果美国士兵因在伊拉克实施的战争罪受到起诉,该士兵和美国政府在很大程度上情愿接受海牙国际刑事法院起诉,而不愿意被迫接受在巴格达的萨达姆·侯赛因法院的审判。

因此,可以说美国政府真正关注更多的可能是一些敏感的问题。美国在拒绝将美国公民移交给萨达姆的问题上不会面临太多的国际压力;但如果美国拒绝向国际刑事法院移交美国公民,则可能要付出一定的外交代价。但是,即便该问题非常微小,美国也会因此阻碍国际刑事法院就该案的调查活动。

即便美国没有成为《罗马规约》的缔约国,但仍担心其驻海外的军事和

① U. S. Department of State press statement (May 6,2002) (with text of letter); European Union press release 8864/02 (Presse 141) (14 May 2002) (available at "ue. eu. int/newsroom"); 79 Interpreter Releases 786 (May 20,2002).

外交人员遭到指控和被判刑。为解决其在海外驻军免受法院管辖问题上的关切,在第五次会议讨论《程序与证据规则》时,美国正式提出关于《罗马规约》第98条第2款的规则案文①,规定法院可能因受制于某一国际协定而不能要求缔约国向其移交被告。该提案实际上是对规约的修改,遭到大多数国家的反对。后来经多次磋商,双方达成妥协,在《程序与证据规则》中部分采纳了美国提案,但强调了《罗马规约》第98条第2款的内容,并就这一规则达成了有关谅解协议,明确这一规则不应解释为要求法院、国际组织或国家将来缔结有关移交问题的协定。

然而,美国仍积极与各国签订双边起诉豁免条约。至今,美国已与43个国家签署了美国公民享有国际刑事法院豁免权的双边协议。2003年6月16日签署了埃及、蒙古、尼加拉瓜、塞舌尔和突尼斯五国与美国关于美国公民享有国际刑事法院豁免权的双边协议。

2. 中国的态度

自从筹建国际刑事法院提到联合国日常工作议程上后,中国作为安理会常任理事国始终关注创建国际刑事法院的每一步进程,主张建立一个独立、公正和有效的惩治严重国际犯罪的国际刑事法院。为此,中国始终参加了《罗马规约》谈判的全部过程,这表明中国本质上有可能签署、批准《罗马规约》,即便不能签署,也有可能投弃权票而非反对票。但是,罗马大会期间,中国代表团提出一项修正案,要求《罗马规约》不适用于非缔约国,除非该国明确表示同意。而北欧国家集团提出了程序动议,建议对该修正案不进行表决。在投票过程中,北欧国家集团的提案得以通过。在迫不得已的情况下,中国代表团投了反对票,从而坚持"一贯反对"原则。②

根据中国代表团在罗马大会投票通过《罗马规约》时的解释性发言以及在第53届联合国大会关于"建立国际刑事法院"议题的发言,中国反对加入《罗马规约》的主要理由如下:

(1)《罗马规约》规定的国际刑事法院管辖权近乎确立了普遍性管辖,这将有损于非缔约国的司法主权,势必造成在第三国非自愿的情况下,影响第三国的国内司法程序,对国际关系可能造成难以预料的紧张与混乱。

---

① 根据《罗马规约》第98条第2款规定,如果被请求国执行本法院的一项移交请求,该国将违背依国际协定承担的义务,而根据这些义务,向本法院移交人员须得到该人派遣国的同意,则本法院不得提出该项移交请求,除非本法院能够首先取得该人派遣国的合作,由该派遣国同意移交。没有要求许多规约缔约国与其签署有关人员豁免权的双边协定,罗马尼亚和以色列已经与美国签署了该双边协定;而加拿大、挪威、瑞士和南斯拉夫则表示拒绝这样做。

② 转引自刘大群:《中国代表团对〈国际刑事法院罗马规约〉的看法》,转《中国人民大学刑事法律研究中心名家论坛》2003年第4期。

(2)《罗马规约》规定的补充性原则,实际上授权国际刑事法院判定国家(包括非缔约国)行为的权利,致使国际刑事法院有权对一国,包括非缔约国是否包庇罪犯或审判不公正作出最后判定,并依此再行使其管辖之权,这将使国际刑事法院成为凌驾于国家之上的超国家司法机构。

(3)《罗马规约》关于检察官的自行调查权规定,赋予任何个人、非政府组织等实体控告国家公务员或军人的权利,从而使国际刑事法院面临来自个人与非政府组织的大量指控,而无法集中有限的资源对付国际上最严重的犯罪。而且,根据国际刑事法院管辖内的犯罪情报,检察官个人可决定开始调查程序,这实际上意味着检察官权力之大,能够直接影响或干扰国家的司法主权。

(4)中国对将国内武装冲突列入战争罪持有疑义。

(5)由于《罗马规约》在危害人类罪犯罪行为的列举上加入了许多人权法的内容,中国认为这将削弱国际刑事法院惩治国际上最严重刑事犯罪的职能,从而背离建立国际刑事法院的宗旨。

(6)在侵略罪问题上,没有确定联合国安理会事先判定侵略的权力,虽然关于侵略罪的定义和有关的管辖机制都被推迟审议,但在此问题上蚕食《联合国宪章》的有关规定,企图削弱安理会在这一问题上的作用的隐患并没有消除。

(7)中国认为,选择接受法院管辖应是国家接受管辖的主要方式,特别是在各国对国际刑事法院管辖的罪行或罪行定义存有争议的情况下,应给国家以选择的机会,而且《罗马规约》中的危害人类罪和战争罪是新的立法或增加了新的内容,对任何国家来说都有一个接受的过程,可结果是,《罗马规约》却否定了国家选择接受管辖的方式,使得国家虽能接受一项或两项罪行定义,由于对某项罪行或某项罪行的部分定义有保留,而不能成为《罗马规约》的缔约国,这种原则上否定选择接受管辖的方式,有损于国际刑事法院管辖权的普遍性。此外,《罗马规约》本身文字表述存在错误,且有些条款(如《罗马规约》第 11 条和第 12 条)还存在相互矛盾。①

总之,投反对票的国家最集中的反对意见,是《罗马规约》本质上制造了超国家的法院,在一定程度上威胁了国家的司法主权,并存在国际刑事法院会受政治影响而指控罪犯的顾虑。只要妥善解决了国际刑事法官与联合国间的关系,国际刑事法院与国家间(包括非缔约国)的关系,国际刑事法院管辖权与国家司法主权之间的关系,完善目前《罗马规约》的部分条

① 转引自徐杰:《〈国际刑事法院规约〉与条约相对效力原则》,载《法学评论》1999 年第 2 期。

款，提出了反对意见的国家在消除顾虑的情况下，就有可能选择批准《罗马规约》。

四、国际刑事法院与联合国暨国家之间的关系

根据专家们的估计，国际刑事法院至少在1年后才能开始其第一个案件的审理，希望2003年年底国际刑事法院的高级官员和近200名专业人员就位，到2004年国际刑事法院的成员很可能增长到350人。这些人员能否公正、独立和有效地行使职权，主要取决于国际刑事法院是否为一个独立、公正、公平、有效和具有广泛代表性的国际刑事机构，是否为不受政治或其他因素的影响和政治斗争的工具或干涉内政的手段的机构。因此必须明确国际刑事法院与联合国的关系，国际刑事法院与缔约国、非缔约国之间的关系。

（一）国际刑事法院与联合国之间的关系

国际刑事法院与联合国之间关系的性质，将取决于国际刑事法院成立所采取的方式。在起草《国际刑事法院规约》、筹建国际刑事法院进程中，关于国际刑事法院与联合国之间的关系问题，即筹建国际刑事法院采取何种方式问题，曾引起一定的争议。

1. 修订《联合国宪章》

有学者提出修订《联合国宪章》，将国际刑事法院像国际法院那样纳入联合国的主要机构系统。有些代表团认为这种方式很理想，因为这样可以使《国际刑事法院规约》成为《联合国宪章》中必不可少的一部分，对所有成员国均有法律效力。①

2. 通过联合国大会或安理会的决议

有学者指出，通过联合国大会或安理会的决议使国际刑事法院成为联合国的附属机构。但令人担忧的是，这种产生的方式是否能为国际刑事法院的运作提供必要的法律力量。②

3. 通过多边条约成立国际刑事法院

有主张建议，通过多边条约成立国际刑事法院使其成为独立的机构，并

---

① 参见《成立国际刑事法院筹备委员会工作报告》（第1卷，1996年3、4、8月《筹备委员会会议记录》），第8页。克拉克认为："成立国际刑事法院最有条不紊以及最有声望的方式是仿照国际法院成立的先例，即通过修订《联合国宪章》，使之成为联合国主要机构之一"，克拉克：《法院》第414－415页。

② 参见1996年《成立国际刑事法院筹备委员会工作报告》第1卷，第9页。

要求与联合国建立联系。①

分析上述建立国际刑事法院的方式可见，修订《联合国宪章》是一项耗时的复杂过程，而且不能保证2/3的联合国会员国批准联合国宪章的修正案；以联合国大会或安理会决议方式建立的国际刑事法院，由于决议只有在有限的条件下才对缔约国和非缔约国具有法律效力，其作用和影响如同前南斯拉夫和卢旺达国际刑事法庭，从而不能保证国际刑事法院的持久性、独立性和公正性；通过多边条约成立的国际刑事法院一方面克服了特设国际刑事法院适用法律的不统一性和发挥功能的临时性，另一方面仍保留将来通过修订《联合国宪章》的方式使国际刑事法院成为联合国主要机构之一。但建立一个具有广泛的司法权和公诉权的常设国际刑事审判机构才能真正体现惩治严重国际犯罪的国际性和道德权威性，最大发挥国际刑事法院的法律功效。因此，国际刑事法院是以条约为基础的国际组织，而不是联合国的机构，国际刑事法院仅与联合国系统保持联系。根据《罗马规约》第2条规定，国际刑事法院与联合国之间的关系还将由国际刑事法院缔约国大会在协商和通过的特别协定中详细阐述。② 由各缔约国代表组成的缔约国大会还负责国际刑事法院的行政管理和预算③，以及《罗马规约》未来的修正，国际刑事法院及缔约国大会的开支虽然由国际刑事法院的经费支付，但国际刑事法院经费来源于缔约国经过协议比例的摊款以及联合国和其他方面的自愿捐助。

此外，国际刑事法院与联合国安理会的关系问题，始终是筹建国际刑事法院引发广泛关注的焦点之一。中国作为安理会的常任理事国认为，应从总体上采取务实和谨慎的态度来处理二者之间的关系；美国代表则强调，国际刑事法院应以与安理会协调而不是应与之发生抵触的方式运作，而且在财政和行政上应独立于联合国。④ 安理会与国际刑事法院在国际刑事法院实际运作中的关系也应是相辅相成的。《罗马规约》赋予安理会根据《联合国宪章》第七章行事，发挥维持国际和平与安全的作用，当安理会注意到发生了《罗马规约》管辖范围内的一项或多项罪行时，可以将该“情势”提交给国际刑事法院，由检察官据此启动调查。

---

① 参见《成立国际刑事法院专家委员会报告》，联合国大会第50次会议附录22（联合国文件A/50/22），1995年。

② 参见《罗马规约》第2条。

③ 国际刑事法院设在海牙，接受联合国的经费支持，尤其是安理会提交情势所涉及的费用。参见《罗马规约》第3条、第13条第2款和第115条第2款。

④ 曾令良：《国际法发展的历史性突破——〈国际刑事法院规约〉述评》，载《中国社会科学》1999年第2期。

(二)国际刑事法院管辖权与国家刑事司法管辖权的关系问题

国际刑事法院的管辖权与国家刑事司法管辖权之间的关系始终是建立国际刑事法院进程中聚讼的焦点。审视《罗马规约》的规定,有些国家担心国际刑事法院会超越国家之上行使管辖权,进而因管辖权的丧失而失去部分主权权力;有些国家则担心国际刑事法院的审判不会正常进行,即使能够正常进行,也不一定能够保证审判方式独立、公正和有效地进行。只有妥善处理好国际刑事法院管辖权与国家刑事司法管辖权的关系,国际刑事法院才能充分履行其职权。

1. 国际刑事法院管辖权的性质

《罗马规约》序言和第1条均强调,根据本规约设立的国际刑事法院对国内(国家)刑事管辖权起补充作用,从而表明国际刑事法院管辖权的补充性。但国际刑事法院行使管辖权的条件分别为:①所涉的一方或多方是缔约国;②被告人是缔约国国民;③犯罪是在缔约国境内实施的;④一个国家虽然不是规约缔约国,但决定接受国际刑事法院对在其境内实施的或由其国民实施的一项具体犯罪的管辖权。如果联合国安全理事会根据《联合国宪章》第七章行事,向检察官提交一项情势,则不必适用上述条件。从上述内容上分析,国际刑事法院的管辖权在某种程度上说是相互矛盾的,在强调补充性的同时,又体现了强制性和普遍性的内容。

(1)国际刑事法院管辖权的补充性。国际刑事法院管辖权的补充性主要体现于国家管辖权"不愿意"或"不能"行使的情形。根据《罗马规约》第17条规定,国际刑事法院补充性管辖权适用的情形包括:①对案件具有管辖权的国家不愿意或不能够切实进行调查或起诉;②对案件具有管辖权的国家在对具体案件进行调查后,由于该国不愿意或不能切实进行起诉,而作出不对有关的人进行起诉的决定。在这两种情形下,国际刑事法院才能积极行使其管辖权以弥补国家管辖权不能行使的弱势。

根据国际法承认的正当程序原则,国际刑事法院管辖权的行使应基于国家刑事法院确实"不愿意"行使的情形,酌情考虑是否存在下列一种或多种情况:①已经或正在进行的诉讼程序或所作出的决定,是为了包庇有关人员,使其免负第5条①列举的本法院管辖权内的犯罪的刑事责任;②诉讼程序发

① 参见《罗马规约》第5条规定,法院管辖权内的犯罪:"(一)本法院的管辖权限于整个国际社会关注的最严重犯罪。本法院根据本规约,对下列犯罪具有管辖权:(1)灭绝种族罪;(2)危害人类罪;(3)战争罪;(4)侵略罪。(二)在依照第一百二十一条和第一百二十三条制定条款,界定侵略罪的定义及规定本法院对这一犯罪行使管辖权的条件后,本法院即对侵略罪行使管辖权。这一条款应符合《联合国宪章》有关规定。"

生不当延误,而根据实际情况,这种延误不符合将有关的人绳之以法的目的;③已经或正在进行的诉讼程序,没有以独立或公正的方式进行,而根据实际情况,采用的方式不符合将有关人员绳之以法的目的。① 在这种情况下,国际刑事法院检察官必须首先与该国的首席检察官或者检察长接触,以便确认是该国司法系统确实不愿意行使起诉权或审判权,或者行使权利不能令人信任。那么,国际刑事法院检察官就可以到国际刑事法院的一个预审庭,要求将该国的司法管辖权转移到国际刑事法院。所涉国家有权参与和出席法庭的决定过程,并可以提出反对司法管辖权转移的建议。如果这个法庭的多数法官认为确有必要将该国对某个案件的司法管辖权转移至国际刑事法院,该国有权到上诉庭上诉。所有这些程序都是为了保障国际刑事法院检察官不会滥用其权利,同时,也是为了保证所涉国家的主权不会受到侵犯。一旦国际刑事法院已经受理了某个案件,它在审理过程中就必须与该国司法系统保持密切的合作,不能作为一个超越国家的司法机构而存在,更不能在审理过程中完全独立于该国的司法系统。②

此外,为了确定某一案件中是否存有国家不能切实进行调查和起诉因而无法行使管辖权的问题,国际刑事法院还应考虑一国是否因本国司法系统完全瓦解或实际上瓦解或者并不存在,而无法拘捕被告人或取得必要的证据和证言,或在其他方面不能进行本国的诉讼程序。③ 在这种情况下,由于一个国家的司法系统已经瘫痪,无法行使正常的司法管辖权,就属于国家管辖权不能进行切实调查和起诉的情况,如柬埔寨地区的冲突、卢旺达、索马里、前南斯拉夫等国内或国际性冲突结束之后所出现的情况。

(2)国际刑事法院管辖权的强制性。国际刑事法院管辖权的强制性体现在三个方面:①根据《罗马规约》第 12 条第 1 款的规定,缔约国必须接受国际刑事法院对管辖权内犯罪的管辖;②根据《罗马规约》第 13 条第 2 款和第 3 款以及第 15 条的规定,对缔约国或非缔约国而言,联合国安理会根据《联合国宪章》第七章行事或检察官自行展开调查,都能够使缔约国或非缔约国接受国际刑事法院的管辖;③根据《罗马规约》第 120 条的规定,任何国家都不得对规约作出保留。

从解决管辖权冲突的角度出发,国际刑事法院管辖权的强制性确有其存在意义,因为管辖权的强制适用可以最大限度地避免几个国家法院之间,或

① 参见《罗马规约》第 17 条第 2 款。

② M. Cherif Bassiouni, "International Crimes and International Criminal Court", presentation made by professor Bassiouni on May 12, 1999, in China.

③ 参见《罗马规约》第 17 条第 3 款。

者国家刑事法院与国际刑事法院之间的管辖权冲突。例如,在洛克比空难案件中,美、英两国都要求起诉破坏、爆炸泛美103班机的两个利比亚官员。根据利比亚禁止引渡本国国民的法律,利比亚政府坚持在本国进行诉讼。美英两国则认为,利比亚政府不会进行有效的诉讼,因为他们确信这些个人所从事的国际恐怖主义暴行,以及他们所从事的这种行为,是他们国家政策的一部分。美英两国指出,利比亚不具备有效起诉该案的条件,因此,由利比亚履行起诉职能没有意义。美英两国坚持要求利比亚政府通过引渡或其他方法移交这两个人,以便在美国或英国起诉他们。同时,法国也提出引渡这两个利比亚人的请求,因为他们炸毁的飞机是一架法国的UTA飞机。① 洛克比空难引发的案件出现了4个国家争夺管辖权的现象,这足以说明国际社会需要像国际刑事法院这样的机构来梳理这些问题,不论国际刑事法院是以调和者的身份出现,还是以承办者的身份涉及案件的管辖。国际刑法学协会现任主席巴西奥尼教授认为,国际刑事法院的出现确实是和平解决这种管辖冲突的一个可望成功的选择。② 如果当时已经建立国际刑事法院,而且该法院拥有绝对管辖权,在案件管辖权难以选择的情况下,不仅可以更为迅捷地解决管辖权争端问题,还可以避免外交上的紧张局势以及可能引发的暴力行为。如果能够更好地缓解管辖权强制属性与主权观念之间的冲突,国际刑事法院管辖权的强制性在理论上和实践中才更具有现实价值。

然而,国际刑事法院管辖权的强制性与国家主权原则严重抵触。管辖权的强制性严重侵犯国家主权,特别是国家的刑事司法管辖权,而且严重影响国家根据普遍管辖原则履行国际条约义务,不符合国际社会建立国际刑事法院的宗旨和现实需求,其结果不仅无益于有效地惩治国际犯罪,反而会拖延对犯罪分子的惩罚,甚至可能让犯罪分子逃避法律的制裁。

(3)国际刑事法院管辖权的普遍性。普遍管辖权的核心是,仅依据犯罪的性质,而不考虑犯罪实施地、被指控人或罪犯的国籍、被害人的国籍,或者与国家行使这种管辖权有任何其他关联因素的刑事管辖权。③ 国际刑事法院的普遍管辖权是对其管辖范围内的罪行行使,国际刑事法院管辖权的普遍性与其说是一种实体上的权利,还不如说是一种程序上的机制。通过这种机

---

① 参见 M. Chief Bassiouni & Christopher L. Blakesley:"The Need For an International Criminal Court in the New International World Order", at "Vanderbilt Journal of Transnational Law", 1992.

② 参见 M. Chief Bassiouni & Christopher L. Blakesley:"The Need For an International Criminal Court in the New International World Order", at "Vanderbilt Journal of Transnational Law", 1992.

③ Principle 1 – Fundamentals of Universal Jurisdiction, in "The Princeton Principles on Universal Jurisdiction and Commentary on the Princeton Principles" (Steering Committee ed.), Program in Law and Public Affairs Princeton University New Jersey, 2001.

制，国际刑事法院自身或赋予缔约国（个别情况下是非缔约国）行使惩治《罗马规约》规定范围内罪行的权力。《罗马规约》明确指出，为有效地惩治国际刑事法院管辖权范围内的罪行，必须通过国家一级采取措施并加强国际合作，运用本国法律惩治严重国际犯罪的行为是每个国家应尽的义务。

事实上，无论《罗马规约》的序言，还是有关条款强调国际刑事法院的管辖权是补充性的，但从《罗马规约》文本的内容分析上看，更多地体现了普遍管辖权原则。

因此，国际刑事法院管辖权的性质本质上说是多维的。从国家的立场强调尊重主权，从国际刑事法院的立场更多地强调惩治犯罪，如果国际刑事法院并非强制的或普遍的，一旦出现严重践踏人权、违反国际法构成严重国际犯罪的行为，就难以受到应有的惩治；但一味强调惩治严重国际犯罪的同时，很可能又对国家主权造成不应有的损害。因此，《罗马规约》规定的国际刑事法院管辖权摇摆于补充管辖权和普遍管辖权与强制管辖权之间，体现了适用上的多角度、多层次和多画面。但是，从罪行受害者的角度，以及人类和智慧群体的角度，国际刑事法院的历史地位和重要性毋庸置疑，当被控国际罪行的程序逐渐制度化时，国际刑事法院的运行机制也会更加公正、合理与完善。

2. 国家刑事司法管辖权的性质

国家刑事管辖权是国家基于国家主权原则而派生的一项基本权利，其性质是国家主权的象征。国家在其主权的范围内，通过国内刑事立法确立其刑事管辖权，以解决一国刑法适用于什么地方的犯罪以及适用于什么人犯罪的问题。但是，犯罪发生于世界各地，一个国家的刑法并不能适用于发生在世界各地的犯罪。为此，一国刑法在保持其特定的适用范围的同时，在不干涉他国主权的前提下，根据该国缔结和参加的国际条约所规定的内容，拓展自己的管辖领域，履行惩治国内与国际犯罪的职责，也相应地规定了普遍管辖原则。

刑事管辖权就其在国际法中的性质来说，可分为两类：一类是国际法承认的、根据国内法行使的刑事管辖权。这类刑事管辖权的对象是国内的犯罪行为。对这类犯罪行为行使刑事管辖权，是国家主权的一项重要内容。国际法确认，每个主权国家，除了受到国际法和国际条约规定的限制以外，有权采取它认为最好的、最合适的原则来行使刑事管辖权。另一类是根据国际法和国际条约行使的刑事管辖权。这类刑事管辖权的对象是国际犯罪行为。规定这类犯罪行为的定义以及对它们的起诉和惩罚，是国际刑法的组成部分。①

① 参见林欣：《国际法中的刑事管辖权》，法律出版社 1988 年版，第 2 页。

国家刑事司法管辖权与国际刑事法院管辖权最明显的区别是，由于管辖权性质的确定因素，居于国家刑事管辖权适用首位的是属地原则，这已为世界大多数国家首肯，相对而言，无论世界主要法系国家对其他适用原则如何称谓，但其适用的顺序是，以属地原则为基础，以属人原则和保护原则为补充，兼采普遍管辖原则。由此可见，普遍管辖权在国家刑事司法中的适用居于次要地位，是在任何其他管辖权均无法适用的情况下，方可适用的一种管辖权。而国际刑事法院首推的普遍性管辖权事实上是与国家管辖权精神相违背的，因而有侵犯国家主权之嫌。

3. 国际刑事法院管辖权与国家刑事司法管辖权之间的关系

国际刑事法院管辖权与国家刑事司法管辖权之间的关系应是并行的①，互为补充、相辅相成。这种并行管辖权的实质体现为涉讼国家自愿选择由谁行使管辖权，或者自愿接受国际刑事法院的管辖权。美国学者认为，根据国际法，犯罪行为在一国领域内发生或者犯罪嫌疑人在该国领域内发现，在这种情况下，没有该国家的同意，国际法院不能行使管辖权。因为，作为国际法院法律规范的国际公约并没有直接界定犯罪行为，而是将这一任务留给国家法律规范，国际法院依据自己的法律和条约条款以及犯罪嫌疑人发现国法律获得该罪行的管辖权，就必须得到该国的同意。② 国际刑法学协会现任主席巴西奥尼教授在早期起草《罗马规约》时就赞同国际刑事法院运用并行管辖权的观点，他认为并行管辖权解决了国际刑事法院涉及的国家主权问题，允许缔约国进行选择，或者诉讼移转，或者根据其需求将管辖权保留在其国内法院之中。③但根据《罗马规约》的有关规定，国际刑事法院的管辖权无论是补充性的（蕴涵了并行性管辖权的本质），还是强制性的，抑或是普遍性的，其最终实现的途径是要求国家或者一味地服从国际刑事法院的管辖权，或者对本国刑事管辖权作出相应的调整以执行《罗马规约》的有关规定，再或被动接受国际刑事法院的管辖权。

对《罗马规约》的缔约国而言，其管辖权的行使可依据《罗马规约》的规定，或将该规约有关规定纳入国家法律体系中，如德国、法国、瑞典以及加拿大等国通过修订宪法或刑法的方式将规约有关内容纳入国家法律体系中，为

---

① 国际刑事法院并行管辖权（concurrent jurisdiction），是指国际刑事审判机构与一国刑事审判机构对某种国际犯罪同时具有管辖权。

② Paul D. Marquardt："Law Without Borders: The Constitutionality of an International Criminal Court", at *Columbia Journal of Transnational Law*, 1995.

③ Sandra L. Jamison: "A Permanent International Criminal Court: A Proposal that Overcomes Past Objections", at *Denver Journal of International Law and Policy*, Spring, 1995.

国家行使普遍管辖权惩治《罗马规约》列举的罪行奠定了基础。

对非《罗马规约》的缔约国,但却是有关国际公约的缔约国而言,亦可依据其所缔结或批准的相关公约行使普遍管辖权,因为一些国家已经把国际公约、国际法的一般原则以及国际惯例中规定的某些犯罪纳入本国刑法典之中。例如,我国《刑法》第 9 条规定:“对于中华人民共和国缔结或者参加的国际条约所规定的罪行,中华人民共和国在所承担条约义务的范围内行使管辖权的,适用本法。”有些国家和地区的刑法典明确规定了国际公约列举的国际犯罪,如《德国刑法典》规定有危害和平罪,《澳门刑法典》设专编规定了诸如煽动战争罪和灭绝种族罪等危害和平及反人道罪。①

对既非《罗马规约》的缔约国,又非相关公约的批准国而言,其惩治《罗马规约》列举的严重国际犯罪的法律依据略显不足,特别在国家法律体系对有关犯罪的规定出现空白的情况下,容易为犯罪分子提供规避法律的机会。此时,从有效惩治严重国际犯罪的角度,国际刑事法院管辖权的强制性似乎更能发挥其应有作用。然而,这种情形在某种程度可能会干涉一国的主权权力。尽管《罗马规约》第 19 条赋予国家质疑国际刑事法院管辖权或案件可受理性的权利,但这种担忧仍不可避免。因为,质疑国际刑事法院管辖权的结果,即便安理会或国际刑事法院作出推迟的决定,并不等于否认国际刑事法院管辖权的行使。为避免这种现象的发生,建议国家立法机关积极地将国际法律规范界定的国际犯罪法典化。

我们认为,国际刑事法院管辖权与国家法院刑事管辖权之间的关系,应是主权国家的刑事管辖权优先于国际刑事法院的刑事管辖权,国际刑事法院刑事管辖权是对国家刑事管辖权的补充。国际刑事法院的管辖权只能补充国内管辖权的不足,从而体现其管辖权的谦抑性和灵活性,或者称为弹性,为国家主权及管辖权的行使提供多方位的空间,并因此受到国际社会的普遍认可。事实上,国际刑事法院管辖权与国家刑事司法管辖权之间关系的这种优先性和并行性,满足了各国维护自己国家主权的愿望,并使国家刑事管辖权较国际刑事法院的管辖权处于一种完全主动和优先的地位。国际刑事法院应是国际合作和协作努力追求的机构,而不是现行国内和国际机构的替代者。国际刑事法院作为援助者,是解决国家之间有关国际刑法领域内问题的另一个选择工具。从时间和空间层次上看,国际刑事法院管辖权的行使应列于国家管辖权行使之后,只有在必要时,国际刑事法院才能行使其补充性管辖权。从刑事管辖权本身的特性及其与国家主权之间不

① 参见《澳门刑法典》第 229 至 238 条。

可分割的包容关系上分析，国际刑事法院若要充分发挥效力，获得国家的协助与合作，就要求国际刑事法院的管辖权必须以尊重国家主权为前提，强调国际刑事法院只能是国家间的刑事司法机构，而不是超国家的刑事司法机构。

五、关于中国是否参加《罗马规约》及其方式的探讨

《罗马规约》的通过标志着人权法的一个真正的进步，表达了国际社会的共同愿望。① 代表了国际上国际法和国际刑法在新世纪的发展水平，是国际刑法的一部百科全书。② 联合国秘书长安南指出：国际刑事法院的建立是“对未来一代希望之馈赠，并在通向普遍的人权和法治进程中迈出的巨大一步。”③中国著名刑法学家高铭暄教授认为：从我国的角度分析，尽管《罗马规约》尚有很多不尽如人意之处，特别是有些规定与我国政府的立场和观点不相一致，但从法律意义上讲，《罗马规约》的通过及国际刑事法院建立的法律意义依然功在人类，当今的国际社会的确需要一个公正、有效、独立的国际刑事法院和国际刑事审判体制。④

（一）创建国际刑事法院的积极法律意义

国际刑事法院在惩治严重国际犯罪方面并不是万能的，尤其是对那些实施严重国际犯罪之人更不是万能的，甚至不能彻底根除冲突的发生、杜绝严重国际犯罪的发生、使被害人得以生还，更甚至不能将所有犯罪分子毫无例外地予以公正、有效的审判。但是，作为国际社会设立的第一个专门惩治严重国际犯罪维护世界和平与安全的机构之一，其积极的法律意义仍不可忽视。

1. 联合国宪章基本精神的体现

《联合国宪章》序言中明确指出：“我联合国人民同兹决心，欲免后世再遭今代人类两度身历惨不堪言之战祸，重申基本人权，人格尊严与价值，以及

① 曾令良：《国际法发展的历史性突破——〈国际刑事法院规约〉述评》，载《中国社会科学》1999年第2期。

② 刘大群：《中国代表团对〈国际刑事法院罗马规约〉的看法》，载《中国人民大学刑事法律研究中心名家论坛》2003年第4期。

③ Bruce Broomhall: “The International Criminal Court: Overview, and Cooperation with States”, at A. I. D. P. 《刑法研究信息》(《NOUVELLES ? TUDES P? NALES》)，1999，13.

④ 参见高铭暄、王秀梅：《论建立国际刑事法院的法律意义》，载赵秉志主编：《国际刑事法院专论》，人民法院出版社2003年10月。

男女与大小各国平等权利之信念,创造适当环境,俾克维持正义,尊重由条约与国际法其他渊源而起之义务,久而弗懈,促成大自由中之社会进步及较善之民主。”序言高度概括并着重强调了全世界人民在经过历史上最惨痛的第二次世界大战之后,对和平、正义、进步的渴望与追求。

国际刑事法院建立的宗旨与《联合国宪章》所体现的正义、和平精神一脉相承,通过惩治严重国际犯罪突出强调了人类社会的整体利益。《罗马规约》同样重申了《联合国宪章》宗旨的精神,特别是各国不得以武力相威胁或使用武力,或以与联合国宗旨不符的任何其他方法侵犯任何国家的领土完整或政治独立。并强调了灭绝种族罪、危害人类罪和战争罪的严重性及对世界的和平、安全与福祉的威胁,申明对于整个国际社会关注的最严重犯罪,绝不能听之任之不予处罚,为有效惩治罪犯,必须通过国家一级采取措施并加强国际合作。①因此,生效后的《罗马规约》以犯罪个人为预防和打击对象,任何实施《罗马规约》管辖罪行之人都应受到处罚,这充分体现公正、正义、和平与进步的精神。《罗马规约》的制定是1945年联合国创立以来国际社会所取得的最显著成就,同时也揭开了国际刑事审判的历史新篇。

1998年7月17日,当时联合国185个成员国中有148个国家参加了罗马外交官大会关于《国际刑事法院规约》的讨论,除7个国家投反对票,21个国家投弃权票外,120个国家均投了赞成票,这充分表明国际社会对国际刑事法院建立的热衷与企盼。迄今为止,已有87个国家批准了《罗马规约》。②根据《罗马规约》第126条的规定,规约的生效应在第60份批准书、接受书、核准书或者加入书交存联合国秘书长之日起60天后的第1个月的第1天开始生效。据此,《罗马规约》已于2002年7月1日正式生效。

尽管基于各种各样的原因与背景,目前的批准国尚未达到联合国成员国的绝大多数,但从大多数批准国均为小国的情况上分析,至少这些国家非常希望得到国际刑事法院的保护,希望国际刑事法院能够象征着人类的团结,代表着人类的整体利益。这从一个侧面反映了《罗马规约》的现实意义和法律意义。正如约翰·唐尼(John Donne)所阐明的:“没有一个人是孤立存在的、是人类的全部,任何人均是人类大陆的一角、全人类的一部分……任何人

① 《罗马规约》序言。

② 截至1999年12月31日,已有91个国家签署了《罗马规约》,塞内加尔等6个国家批准了《罗马规约》;至2000年11月27日,有117个国家签署了《罗马规约》,24个国家批准了《罗马规约》;至2000年12月31日,有139个国家签署了《罗马规约》,法国、德国、加拿大等27个国家批准了《罗马规约》;至2001年2月12日,已有139个国家签署《罗马规约》,29个国家批准了《罗马规约》;至2002年4月11日,批准《罗马规约》的国家已达67个;直至2003年1月1日共有139个国家签署,87个国家批准了《罗马规约》。

的死亡都会减少我的存在,因为我与人类的整体休戚与共。"①

2. 法治原则的国际性延展

在人类社会进程中,第一次世界大战和第二次世界大战的历史显示出国际法律体系不健全的一面。尽管国际社会早已建立了国际法院,但国际法院仅将国家作为管辖的对象,而对那些实施灭绝种族、战争、危害人类以及侵略等严重国际犯罪的行为人,因缺乏有效的国际刑事法律机制而难以将其付诸审判,故对被害人来说难言绝对的公正。无论是国际性武装冲突,还是国内武装冲突,都有无数无辜平民罹难,其中包括没有任何反抗能力的妇女和儿童。依赖于国际社会公认的法治原则,以法律为武器来解决国际利益的冲突,并惩治、威慑严重的国际犯罪,维护人类的正义与和平已成为历史的必然,更为大势所趋。

《罗马规约》序言明确指出:"意识到各国人民唇齿相依,休戚与共,他们的文化拼合组成人类共同财产,但是担心这种并不牢固的拼合随时可能分裂瓦解……决心保证永远尊重并执行国际正义。"②国际刑事法院进一步确认审判是构成和平整体的一部分。正如罗马教皇保罗(Pope Paul VI)曾经指出的:"要和平,就要为正义而工作。"③刑法与刑事审判历来是维护国家统治、社会安定和公民合法权益不可缺少的工具之一,无论是大陆法系(civil law system)国家,还是英美法系(common law system)国家,其刑事法律都明确规定了刑事法的适用原则和机构建制。随着国际政治、经济、文化的交流与发展,在全球范围内,国际社会呈现出经济一体化的发展趋势,两大法系的独立特征逐渐融合,这种情势为国际化法治进程提供了绝佳的发展契机。

然而,国际法治原则的延展仍面临着法律渊源及法律技术各异而产生的困惑。从国家角度来讲,国家的刑事立法就是针对犯罪而制定的具体措施;而国际社会则缺乏这种规范性的国际刑事立法。④ 此外,在不同法律体系中,对法治观念的理解与思辨迥异,即便是国际刑法意义上的法治也需要有统一的确定性。而国际刑事法律实际上是一个由多种法律渊源构成的综合性法律,其法律渊源包括国际公法、区域性法律和国家的法律。这种多元性

---

① Otto Triffterer ed., "Commentary on the Rome Statute of the International Criminal Court", Nomos Verlagsgesellschaft, Baden - Baden, 1999, preface.

② 《罗马规约》序言。

③ Otto Triffterer ed., "Commentary on the Rome Statute of the International Criminal Court", Nomos Verlagsgesellschaft, Baden - Baden, 1999, preface.

④ 目前国际刑事法领域仅有的《危害人类和平与安全治罪法草案》亦仍处于草案阶段。

法律既兼容并蓄了不同法系国家合法性原则之长，又从某种意义上延展、引申、确立了国际法治原则，进而深化了该原则的基础理论和实际操作的可能性。

从《罗马规约》制定的过程及内容上分析，国际法委员会希望尽可能地体现不同法律文化和价值观念的融合、体现国际法与刑法的融合、体现大陆法系和英美法系等主要法系的融合等。人权观察官员布里吉特·萨赫（Brigitte Suhr）指出："法庭的有效性必须是全世界利益的代表。"①《罗马规约》作为创立国际刑事法院依据的主要法律文件，为国际刑事法院确立了严格的行政机制和诉讼机制，其细微之处几乎囊括了国际刑事法院的各个环节，并且为国际刑事法院的有效运行提供了极大的便利条件。《罗马规约》规定的法庭审判及上诉程序是普通法和大陆法的混合模式，同时遵从了国际社会绝大多数国家认可的法治原则：即罪刑法定、无罪推定和一罪不二审等原则。

3. 惩治已然犯罪的实然性，威慑未然犯罪的应然性

对于国际犯罪的审判既不是国际刑法发展的开端，也不是国际刑法发展的终结。国际社会惩治犯罪和预防犯罪的实然和应然模式，并不仅仅依赖于缔约国的多寡，而在于规定本身所具有应然威慑性以及缔约国能否实际履行其义务。国际刑事法院与国家法院的性质不同，其惩治对象是违反国际法规定，实施了严重国际犯罪的个人，即实施灭绝种族罪、危害人类罪或战争罪的个人。人权观察认为，《罗马规约》的通过将成为有效性国际刑事审判制度的分水岭，自此，凡实施严重国际犯罪的行为人，应无法逃避应有的制裁。

自1474年，国际社会初次审判彼得·冯·哈根巴赫（Peter Von Hagenbuch）允许其军队实施强奸、杀害和掠夺无辜平民财产的行为，并因这种行为侵犯了"上帝和人道法"（Laws of God and Man）而认定其有罪以来②，国际社

① FOR IMMEDIATE RELEASE："Important Commitments Made at Major Southern Africa Conference on the International Criminal Court". May 30, 2001, at http://www.un.org.

② 参见 M. Cherif Bassiouni："The Time Has Come For an International Criminal Court", at *Indiana International and Comparative Law Review*, Spring 1991.

会的刑事审判此起彼伏，诸如1919年的莱比锡审判①，以及创立个人刑事责任原则的纽伦堡审判和东京审判，乃至前南斯拉夫和卢旺达国际刑事法庭的审判。尽管这些国际刑事审判并没有全面臻达惩治严重国际犯罪的效应，大多数战争罪和危害人类罪没有得到应有的处罚，且其社会效果远未达到法庭建立之初所预期的设想。这些法庭并没有真正起到威慑未然犯罪的应然作用，以致于国际社会常常通过建立特设法庭的方式来缓解审判严重国际犯罪的燃眉之急。

新近诞生的国际刑事法院是国际社会惩治严重国际犯罪的最佳法律武器。国际社会普遍认识到，每一次武装冲突结束，都会对战争中违反国际人道法的行为进行起诉，在追思受害者的同时，还会考虑免予处罚制度所产生的负面后果。一旦国际社会不再忍受这种无序的责任追究方式或处罚暴行极为不当时，即便是对国家首脑和指挥官以及下级士兵或军事募征人员也不会再予以免除处罚。《罗马规约》序言明确指出："决心使上述犯罪的罪犯不再逍遥法外，从而有助于预防这种犯罪"。② 联合国法律事务部秘书长汉斯·克莱尔（Hans Corell）指出："从现在起，所有潜在的军阀必须认识到，必须依据冲突的性质，建立一个审判那些违反战争法和人道主义法的国际法庭……现在便推测每个人都了解国际刑法最基本的规定内容，犯罪嫌疑人不清楚法律规定的辩护将化为泡影。"③从国际刑法的意义上讲，建立国际刑事法院的主要目的就是有效发挥国际法律惩治、威慑国际犯罪的实然及应然作用。

4. 国际特设刑事法庭缺失的弥补

自1919年到1994年间，国际社会先后诞生了五个国际特设调查委员

---

① 1919年战争罪行发起者责任与刑罚委员会在提交895名被诉战犯名单的同时，希望协约国军事法庭根据1907年《海牙公约》序言中的马斯顿条款，起诉1915年在土耳其境内大规模屠杀亚美尼亚人的土耳其官员及其他实施"违反人道主义罪行"的个人，但最终由于政治因素，使莱比锡审判成为泡影。参见 M. Cherif Bassiouni："The Time Has Come For an International Criminal Court", at *Indiana International and Comparative Law Review*, Spring 1991; M. Cherif Bassiouni: "From Versailles to Rwanda in Seventy - five Years: The Need to Establish a Permanent International Criminal Court", at *Harvard Human Rights Journal*, Volume Ten, Spring 1997.

② 《罗马规约》序言。

③ http//www. un. org.

会①、四个国际特设法庭②和三个国际授权的国家起诉机构。③ 这些机构在一定时期、一定的历史条件下发挥了一定的作用,如有效地抑制了违反国际人道主义法和国际公约、惯例及国际法基本原则的行为;打破了无休止的种族暴行——惩罚这种恶性循环,为调停国际争端与维护世界和平铺设了道路;在国际历史的舞台上确立违反国际准则的犯罪记录;适用国际刑事审判程序起诉、审判国际罪犯并付诸执行等。这些成功的经验均为建立常设国际刑事法院提供了可行性参考。

然而,设立临时性国际法庭的弊病长期困扰着国际社会。一方面,特设法庭受制于时间和地点的局限。在过去的时间里,来自卢旺达种族冲突地区的成千上万难民被谋杀,但是卢旺达法庭的命令仍仅限于1994年发生的事件,而未涉及在此事件后实施的犯罪行为;另一方面,国际社会采用建立特设国际法庭的方式处理个别事件。④ 这种方式既不能保持国际刑事法律规范适用的统一性,也不利于对犯罪嫌疑人基本权利的保护,而且极易出现"选择正义"的问题。就如为何阿富汗地区没有因"暴行"而设立战争罪法庭一样。如果真地设立了法庭,反而更能说明国际社会始终疲于建立各种严重犯罪的国际特设法庭,结果可能造成关键证据被销毁或破坏、行为人可能逃跑或消失、证人可能会重新安置或受到胁迫、调查费用不断增长、法庭开支昂贵等一

---

① 五个国际特设调查委员会是:(1)1919年的战争发起者责任与刑罚委员会(The 1919 Commission on the Responsibilities of the Authors of War and on Enforcement of Penalties);(2)1943年的联合国家战争罪行委员会(The 1943 United Nations War Crimes Commission);(3)1945年的远东委员会(The Far Eastern Commission);(4)为调查前南斯拉夫战争罪行和其他违反国际人道法罪行,依照《安理会第780(1992)号决议》于1992年建立的专家委员会(The Commission of Experts);(5)为调查卢旺达境内严重违反国际人道法行为,依照《安理会第935(1994)号决议》于1994年建立的卢旺达专家委员会(The Rwanda Commission of Expert)。

② 四个国际特设刑事法庭是:纽伦堡国际军事法庭(The International Military Tribunal at Nuremberg)、远东国际军事法庭(The International Military Tribunal for the Far East Tokyo)、前南斯拉夫国际刑事法庭(The International Criminal Tribunal for the Former Yugoslavia)和卢旺达国际刑事法庭(The International Criminal Tribunal for Rwanda)。

③ 三个国际授权的国家起诉机构是:1921年至1923年德国最高法院根据《凡尔赛条约》和协约国的请求建立的起诉部门,即历史上所称的莱比锡审判(The Leipzig Trial);1946年至1955年根据管制委员会《第10号法案》(Control Council Law No. 10)由4个主要同盟国建立的起诉部门;1946年至1951年根据远东委员会规则由远东同盟国建立的军事起诉部门。

④ 纽伦堡法庭和远东法庭的设立显然是出于"军事"目的;前南法庭和卢旺达法庭的建立是为了平息武装冲突。这些特设法庭的创设在某种程度上均带有地域或事件的局限性,而不具有普遍的国际性特征。

系列问题。此外,这些机构的诉讼程序都是基于各种授权,而且适用不同的法律依据,大多数机构的建立并没有达到当初预期的效果。尤其是莱比锡审判因受政治倾向的干扰而失败的教训,更加表明这种临时或特设国际刑事审判体制的脆弱性。

以条约形式建立的国际刑事法院确实能够弥补特设法庭各种不利因素的困扰。①国际刑事法院基本上能够保证适用法律渊源的一致性,即国际刑事法院适用的法律文件应属国际刑法渊源的一部分,如适用国际社会公认的国际公约、条约、惯例及国际法基本原则与理论学说。②基本上能够体现世界大多数法系所保护的较为一致的共同利益。从目前的缔约国总数上看,国际刑事法院的组成不再受到地理位置和诉讼程序的限制,部分体现了较为普遍的国际性。[①] ③国际刑事法院审理案件的性质和职权范围在符合国际化标准的广泛性情况下,拓展了国际刑事法院管辖案件的范围。尽管在某些方面仍不能得到一些国家的认可,但毕竟扩大了管辖罪行的性质与范围,基本适应了时代发展的需求。

因此,在人类寻求全球共同发展的整体氛围中,单纯维护世界和平的目标已经远远不能满足人类社会的规划与憧憬,国际社会应立足于创造安全意识和协作意识,国际社会的法治化发展进程中需要建立一个独立的刑事审判机构。建立一个较为完善的国际刑事审判机构是国际社会实现和平与发展,实现平等、互惠、睦宜国际合作的共同愿望,在惩治国际性犯罪方面的历史使命,最终应由常设的国际刑事法院来承担。

5. 推动国际刑法理论与实践的研究和发展

70 多年来,国际社会创建的这些机构和审判法庭最终都以起诉战争罪犯和危害人类罪犯为宗旨,这些调查委员会、授权起诉机构以及国际刑事法庭和法院之间具有一定的传承和发展关系。在历史发展进程中,国际社会以调查委员会为主线引导着国际刑法和国际刑事审判的发展。不同时期的调查委员会、起诉机构及特设法庭都在惩治国际犯罪方面发挥着积极的作用,且不同程度地推动了国际刑法理论与实践的研究进程。

国际社会始终不会放弃维护世界和平与安宁的使命,针对不同时期的事件频繁建立国际法庭似乎就是基于这种认识。《罗马规约》的通过是国际法、刑法及国际刑事审判的历史性变革。任前南斯拉夫国际刑事法庭法官的

---

① 有学者指出,纽伦堡审判属于"区域性的国际审判,而不是国际性的刑事审判……这是纽伦堡审判的首要特色。"M. Cherif Bassiouni: "From Versailles to Rwanda in Seventy – five Years: The Need to Establish a Permanent International Criminal Court" at *Harvard Human Rights Journal*, Volume Ten, Spring 1997.

中国专家刘大群认为："《国际刑事法院罗马规约》是一部完整的国际刑法百科全书。"①罗马外交官大会起草委员会主席暨国际刑法学协会现任主席巴西奥尼教授认为："国际刑事法院代表着始于第一次世界大战后国际历史发展的顶点。从来没有人能够想象得到《国际刑事法院规约》是最完善的，他们迎接的将是最先进地兼容了国家平等原则、程序公正以及现实性的国际管辖。"②

《罗马规约》的通过成为国际法发展的里程碑和国际关系发展中至关重要的转折点。《罗马规约》从理论上推动着国际刑法的研究与发展，主要体现在三个方面：

(1)法律渊源上的进展。国际刑事法院是依照《联合国宪章》的精神，并根据国际社会公认的法治原则设立的，故该法院对及时有效地解决严重违反人道主义法的行为发挥了积极的功效。

(2)拓展了国际法原则。国际刑事法院在纽伦堡法庭创建个人刑事责任原则的基础上，改变了战胜国以审判方式实现对战败国的报复，将只由冲突的某一方承担刑事责任的理论发展为刑事责任的承担不受冲突某一方的限制，只要行为人实施了违反国际人道主义法行为之一的，无论其为冲突的哪一方，均应承担刑事责任。

(3)进一步糅合了国际法和刑法的基本理论。国际刑事法院在诉讼活动中合理使用的一些原则拓展了国际刑法的基本原则，诸如并行管辖权的行使问题③，一罪不二审原则的明确④，强调司法独立的原则⑤，犯罪嫌疑人和被告人权利的保障以及国际司法协助等。

(二)《罗马规约》存在的问题

虽然《罗马规约》已经生效，且存在上诉突出的积极法律意义，但其仍存在着诸如侵略罪的定义等一系列问题需要进一步研究解决。

1. 实体和程序公正可适用的法律问题

关于可适用的程序法。在公正问题上，国际人权规则和标准已经达到形成一个非常高标准的，能够满足世界上大多数国家要求的共同准则的水平，

---

① 2003年1月5日，前南斯拉夫国际刑事法庭刘大群法官在中国人民大学刑事法律科学研究中心所作题为《中国与国际刑事法院》的报告。

② 布鲁斯·布洛默霍(Bruce Broomhall)：《国际刑事法院综述与国家协作》("The International Criminal Court: Overview, and Cooperation with States"), at A. I. D. P.《刑法研究信息》(《NOUVELLES ? TUDES P? NALES》),1999,13.

③ 参见《前南斯拉夫国际法庭规约》第9条。

④ 参见《前南斯拉夫国际法庭规约》第10条。

⑤ 参见《前南斯拉夫国际法庭规约》第16条。

这个水平的实现是十分可能的。因此,在一些特别程序方面,可能不得不产生上述存在的国际承认的规范和准则。《罗马规约》涉及这些规范和准则的问题是:搜查和逮捕;在调查的决定性步骤期间有权聘请律师;以及在调查过程中有权保持沉默。在审判期间涉及的主要法律问题是:质权和反诘问权①,审判中的举证责任以及对提供及出示证据的保护,上诉的权利和机构。国际刑事法院的审判是否采纳陪审团方式,上诉审是否应像欧洲或其他地区国家一样,进行重新审理,或者只对适用法律错误的进行重新审理,国际刑事法院的两审是否具有最高的权威性,对于终审仍存在法律或事实错误的情况,如何依据《程序与证据规则》进行改判,并满足联合国预防犯罪和罪犯待遇最低标准。

关于可适用的实体法。1951 年联合国大会成立特别委员会决定起草《治罪法草案》,1954 年国际法委员会将《治罪法草案》提交联合国大会,该草案共计 4 个条款,详细列举了有关国际罪行的定义。② 该草案第 2 条第 1 款

---

① 反诘问,指诉讼当事人一方向对方证人就其所提供的证词进行盘问,以便发现矛盾,推翻其供词。

② 参见 M. Cherif Bassiouni: "From Versailles to Rwanda in Seventy - five Years: The Need to Establish a Permanent International Criminal Court" at *Harvard Human Rights Journal*, Volume Ten, Spring 1997. 1954 年通过的《治罪法草案》第 2 条规定,下列行为属于破坏人类和平与安全罪:(1)一国的国家机关并非出于单独或集体自卫或执行联合国主管机关的决定或建议的目的,而对别国进行的包括使用武装部队在内的一切侵略行为;(2)国家机关对别国进行的诉诸侵略行为的威胁;(3)并非出于单独或集体自卫执行联合国授权机关的决定或建议的目的而由国家机关进行的对别国使用武装部队的准备;(4)国家机关在本国领土或任何其他国家的领土上,组织或鼓励组织为侵入别国的武装集团,或者默认这种集团在本国领土内的组织,或者默认这种集团使用本国领土作为入侵别国的作战基地或出发基地,以及对这种入侵的直接参与或支援;(5)国家机关实施或鼓励蓄意助长别国内乱的活动,或者国家机关默认蓄意助长别国内乱的有组织的活动;(6)国家机关实施或鼓励在别国的恐怖活动,或者国家机关默认蓄意在别国进行恐怖活动的有组织的活动;(7)国家机关在限制军备、军事训练或防卫设施或者同样性质的其他限制方面,违反为确保国际和平与安全而制定的条约义务的行为;(8)国际机关通过违反国际法的行为吞并属于别国的领土;(9)国家机关强制本国的意志,为获得某种利益而通过采用政治性的或经济性的强制措施,干涉别国的国内事务或对外事务;(10)国家机关或个人蓄意全部或部分消灭某一种族、民族、人种和宗教团体,而犯有下述行为之一者:①杀害该团体的成员;②对该团体成员施加严重的肉体或精神伤害;③故意使该团体处于某种生活条件下,以毁灭其全部或部分成员的生命;④强制施行意图防止该团体内生育的措施;⑤强迫转移该团体的儿童至其他团体;(11)国家机关或受其唆使或默许而行动的个人,基于社会、政治、人种、宗教或文化理由,对平民进行的谋杀、灭绝、奴化、强制转移或迫害等非人道行为;(12)违反战争法规或惯例的行为;(13)构成下述事项的行为:①共同策划从事本条上述定义中的任何罪行;或②直接煽动从事本条上述定义中的任何罪行;或③从事本条上述定义中的任何罪行的同谋;或④从事本条上述定义中的任何罪行的未遂犯罪。参见 M. Cherif Bassiouni: "From Versailles to Rwanda in Seventy - five Years: The Need to Establish a Permanent International Criminal Court" at *Harvard Human Rights Journal*, Volume Ten, Spring 1997.

至第9款的内容对《纽伦堡原则》第6条甲款规定的破坏和平罪作了详细的说明,对与侵略有关的行为作出直接或间接的列举①;第10款系沿用《防止及惩治灭绝种族罪公约》第2条有关灭绝种族罪的定义;第11款是违反人道罪,但该款内容与《欧洲国际军事法庭宪章》(以下简称《纽伦堡法庭宪章》)和《纽伦堡原则》第6条丙款规定的违反人道罪有所不同②,该款增加了社会的原因和文化的原因,强调实施违反人道罪的主体必须是国家机关或受其唆使或默许而行动的个人;违反人道罪无需同破坏和平罪及常规战争罪相关联;违反人道罪不仅是单纯的迫害行为,而且是基于政治或其他原因实施的行为。第12款涉及战争罪,但未作具体的列举。1988年《治罪法草案》中的"offence"被改为"crime"③,目的在于增强对犯罪行为严重程度的认识;由于侵略罪的定义迟迟没有定论,乃至影响了整个法典的编纂进程。《治罪法草案》的最后文本于1991年完成,联合国综合各方提出的意见再次对草案进行分析修改,1996年《治罪法草案》被正式通过。国际法委员会制定的这部法典,实际已经超出国际社会惩治某种罪行公约的范畴,是一部既包括国际犯罪又涵盖跨国犯罪的综合性法典。正如国际法委员会在1984年报告中所说:"委员会编纂国际刑法试图遵循的程序是:详审违反国际制度(公约、宣言、决议等)的行为,并选择其中一些最为严重的行为,认为构成国际犯罪,因为并不是所有的国际犯罪都会对国际和平与安全产生危害。"④

但是,由于《治罪法草案》仍停留在草案阶段,国际刑事法院在适用的实体法中,考虑了《犯罪要件》和相关国际公约的内容,却没有适用《治罪法草案》,也是国际刑事法院的实际运作中缺乏明确的适用法律标准。至少没有

---

① 参见《纽伦堡原则》第6条甲款规定,破坏和平罪(1)计划、准备、发动或从事侵略战争或违反国际条约、协定或保证的战争;(2)参加为完成第1项所述的任何一种战争的共同计划或阴谋。

② 参见《纽伦堡国际军事法庭宪章》第6条(c)规定,违反人道罪,系指在战争爆发以前或在战争期间对平民进行的屠杀、灭绝、奴役、放逐或其他非人道行为,或借口政治、种族或宗教的理由而犯的属于法庭有权受理的业已构成犯罪或与犯罪有关的迫害行为,不管该行为是否触犯进行此类活动的所在国的法律。和《纽伦堡原则》第6条丙款规定,违反人道罪,即对任何平民施行谋杀、歼灭、奴役、放逐及其他任何非人道行为,或基于政治的、种族的或宗教的理由的迫害,这种行为或迫害是作为完成任何一种反和平罪或任何一种战争罪,或者同这些有关联而从事的。

③ 参见 M. C. Bassiouni: "International Crimes: Digest/Index of International Instruments 1815 - 1985", 1985, volume 2.

④ 参见 Rupa Bhattacharyya: "Establishing a Rule - of - Law International Criminal Justice System", Symposiun on Humanitarian Intervention and International Justice, at *Texas International Law Journal*, 1996.

完全满足“罪刑法定原则的要求”,无法使人们了解什么行为是禁止的,以便对于符合该禁止标准的行为承担责任。

2. 维持和平部队的问题

根据《联合国宪章》第24条规定:“为保证联合国行动迅速有效起见,各会员国将维持国际和平及安全之主要责任,授予安全理事会,并同意安全理事会于履行此项责任下之职务时,即系代表各会员国。”《罗马规约》在规定其管辖范围内罪行的诸多行为中,包括禁止蓄意攻击参与人道主义援助或维持和平行动的人员、设施、物资、单位或车辆,否则视为战争罪或危害人类罪,从而体现了对维持和平人员提供的特别保护。但是,《罗马规约》关于管辖权适用的规定上却与《联合国宪章》的规定相左,即国际刑事法院的管辖权有可能涉及维持和平特派团的人员。

为此,联合国安理会2002年7月12日第4572次会议通过第1422(2002)号决议指出:“根据《联合国宪章》第七章采取行动:

(1)根据《罗马规约》第16条的规定,要求国际刑事法院,如出现涉及参与联合国所设立或授权的行动,但不是《罗马规约》缔约国的国家目前或以前的官员或人员有关上述行动的行为或不行为的案件,在2002年7月1日起的12个月期间内不要对任何此类案件开始或着手进行调查或起诉,除非安全理事会另有决定。

(2)表示打算只要有必要,就于每年7月1日按同样条件将第1段所述要求顺延12个月……”①2003年6月12日联合国安全理事会第4772次会议通过了第1487(2003)号决议②,在执行联合国安理会第1422号决议的同时,又将维和人员免予指控的期限顺延12个月。更重要的是,通过安理会决议的方式,持续延长免予对维和人员的指控,从而排除一些国家对其维和人员会受国际刑事法院起诉的担忧。但是,采取每年通过一项新的安理会决议的方式,不如采取修订《罗马规约》的方式更经济、更直接和具体。因此,建议《罗马规约》生效7年以后的修订《罗马规约》时,将维和人员在履行职责期间或卸职的一定期限内是否享有国际刑事法院的豁免权问题经过慎重考虑后,纳入《罗马规约》的规定中。

3. 检察官权力过大的问题

联合国安理会根据《联合国宪章》第7章向检察官提交一项或多项犯罪

---

① 2002年7月12日联合国安全理事会第4572次会议通过1422号决议,S/RES/1422(2002)。

② 2003年6月12日联合国安全理事会第4772次会议通过了第1487(2003)号决议,S/RES/1487(2003)。

已经发生的情势,在这种情况下,无论《罗马规约》的缔约国和非缔约国对这种犯罪都必须接受国际刑事法院的管辖。但是,《罗马规约》故意使用了“情势”(Situation)而不是“案件”(Cases)的措辞,这为扩大检察官的权力埋下了伏笔。①

关于检察官的权利,根据《罗马规约》的规定,检察官享有如下权利:

(1)检察官可以对适用于国际刑事法院的《犯罪要件》提出修正案。

(2)检察官可以根据缔约国向检察官提交显示一项或多项本法院管辖权内的犯罪已经发生的情势及请求检察官调查该情势,核查并确定是否应指控某个人或某些人实施了这些犯罪。

(3)检察官可以自行根据有关本法院管辖权内的犯罪的资料开始调查。

(4)检察官依据其后发现的新事实或证据就已经被预审分庭拒绝授权调查的情势,再次提出授权调查的请求。

(5)检察官或副检察官可以向院长会议提出请求,准其不参与处理某一案件。

(6)如果一国正在或已经对本国国民或在其管辖权内的其他人进行调查,根据该国的要求,检察官应等候该国对有关人的调查,除非预审分庭根据检察官的申请,决定授权进行调查。

(7)检察官等候一国调查的决定,在决定等候之日起6个月后,或在由于该国不愿意或不能够切实进行调查,情况发生重大变化的任何时候,可以由检察官复议。

(8)对预审分庭作出的裁定,有关国家或检察官可以根据《罗马规约》第82条的规定向上诉分庭提出上诉,上诉得予从速审理。

(9)检察官在等候有关国家自行调查时,可以要求有关国家定期向检察官通报其调查的进展和其后的任何起诉,缔约国应无不当拖延地对这方面的要求作出答复。

(10) 在预审分庭作出裁定以前,或在检察官根据有关规定等候调查后的任何时间,如果出现取得重要证据的独特机会,或者面对证据日后极可能无法获得的情况,检察官可以请预审分庭作为例外,授权采取必要调查步骤,保全这种证据。

(11)检察官可以请国际刑事法院就管辖权或可受理性问题作出裁定,在裁定作出前,检察官应暂时停止调查。

(12)检察官可以请求国际刑事法院授权采取必要步骤调查国际刑事法

① 刘大群:《中国代表团对〈国际刑事法院罗马规约〉的看法》,载《中国人民大学刑事法律研究中心名家论坛》2003年第4期。

院管辖权内的犯罪;录取证人的陈述或证言,或完成在质疑提出前已开始的证据收集和审查工作,并与有关各国合作,防止已被检察官发出逮捕证的人潜逃。

(13)检察官提出质疑不影响检察官在此以前采取的任何行动,或国际刑事法院在此以前发出的任何命令或逮捕证的有效性。

(14)如果国际刑事法院根据《罗马规约》第17条决定某一案件不可受理,检察官在确信发现的新事实否定原来根据第17条认定案件不可受理的依据时,可以请求复议上述决定。

(15)在检察官等候一项调查时,检察官可以请有关国家向其提供关于调查程序的资料,并根据有关国家的请求,这些资料予以保密。

(16)检察官或副检察官本人有权对被起诉人提出的回避请求作出评论。

上述关于检察官享有的权利,大多使用了委婉的措辞指出检察官虽然享有某项权利,但可以行使而不是必须行使,体现出其权利含蓄的一面。但从下列内容上分析:①检察官可以自行根据有关国际刑事法院管辖权内的犯罪的资料开始调查;②检察官依据其后发现的新事实或证据就已经被预审分庭拒绝授权调查的情势,再次提出授权调查的请求;③检察官在等候有关国家自行调查时,可以要求有关国家定期向检察官通报其调查的进展和其后的任何起诉,缔约国应无不当拖延地对这方面的要求作出答复。检察官的上述权力似乎过大,但对于缔约国来讲,其感觉并非十分明显,因为缔约国有义务履行《罗马规约》的规定。相反,对于非缔约国来讲,在本应不承担《罗马规约》义务的前提下,却因检察官的指控而被动接受管辖,其敏感度则十分明显。

因此,为避免检察官权力过大而影响一国司法主权,一方面,检察官必须让愿意并且有能力自行调查的国家自己进行调查。另一方面,如果一国"不愿意"或"不能够"自行调查,而由国际刑事法院检察官履行职责时,需要对检察官在诉讼的整个阶段的权限予以一定的制约。①在启动调查之前,检察官须将所收集到的全部支持材料提交出来,征求由三名法官组成的预审分庭批准;②在调查阶段,嫌疑人和有关国家也有权力对检察官所采取的行动提出质疑;③在审判阶段,有关国家和被告人还可以对国际刑事法院的管辖权或者案件的可受理性提出质疑。

4. 对非缔约国施加义务的问题

根据1969年5月23日在维也纳签订的《维也纳条约法公约》第34条关于第三国之通则的规定,条约非经第三国同意,不为该国创设义务或权利。长期以来,国际惯例和各国实践均遵守着这一被称为"条约相对效力"的原则。但是,《罗马规约》的规定打破了被国际社会普遍认可和遵循的该规则,从某些条款的规定内容中仍可见对缔约国施加义务的端倪。

国际刑事法院行使管辖权的前提是一个国家必须批准或者加入《罗马规约》或声明接受国际刑事法院的管辖权。因此,《罗马规约》原则上要求非缔约国应继续在各自国家管辖范围内履行惩治严重国际犯罪的责任,形式上似乎没有对缔约国施加任何义务。但是,仔细审查《罗马规约》的规定可见,《罗马规约》事实上在要求非缔约国与国际刑事的合作方面是自愿的①,但在接受国际刑事法院的管辖权方面则是被动的(参见《罗马规约》第12条第2款、第13条第2款和第15条第1款的规定)②,甚至是履行《罗马规约》赋予缔约国的同样义务。

(1)根据《罗马规约》第12条第2款的规定,即使一个国家没有成为《罗马规约》的缔约国或没有向书记官长提交接受法院管辖权的声明,国际刑事法院管辖权也有延伸到这些国家的可能性。因为只要经犯罪地国或被告人国籍国任何一国同意,国际刑事法院便可在未经非缔约国或者第三国同意的情况下,审理该案件,从而使非缔约国或第三国国民被动接受法院的管辖权,履行如同缔约国一样的义务。

(2)根据《罗马规约》第13条第2款规定,联合国安理会授权的情形中,非缔约国仍有与国际刑事法院合作的义务。根据《联合国宪章》的规定③,授权安理会享有判断是否存在威胁和平、打破和平或侵略行为的权力,安理会根据其判断的结果,对确实存在危害和平与安全的情势提交给检察官,以便检察官进行指控与否的审查。由于安理会的行动已经被世界绝大多数国家认可,并认同安理会的行动代表着各会员,各会员国均应为配合安理会的行动而采取积极合作的态度,其中包括《罗马规约》的非缔约国。

(3)根据《罗马规约》第15条第1款规定,检察官对国际刑事法院管辖范围内的犯罪,依据犯罪信息可以自主发动调查。该规定一方面明确了检察官自主发动调查的基本原则,将检察官的独立性达到最完美的描述;但另一

---

① 《罗马规约》第87条第5款规定的非缔约国合作义务只能以非缔约国自愿合作为基础。

② 《罗马规约》第12条第2款规定,对于第13条第1项或第3项的情况,如果下列一个或多个国家是本规约缔约国或依照第3款接受了本法院管辖权,本法院即可以行使管辖权:(1)有关行为在其境内发生的国家;如果犯罪发生在船舶或飞行器上,该船舶或飞行器的注册国;(2)犯罪被告人的国籍国。

《罗马规约》第13条第2款规定,安全理事会根据《联合国宪章》第7章行事,向检察官提交显示一项或多项犯罪已经发生的情势。

《罗马规约》第15条第1款规定,检察官可以自行根据有关国际刑事法院管辖权内的犯罪的资料开始调查。

③ 《联合国宪章》第39条、第40条和第41条。

方面，自主发动一词的使用应该被理解为一人自己的意愿。关键在于检察官可以依据他或者她自己的意愿而行动，不需要任何正式推举或者正式职责来发动对案件的调查，令人对司法能否公正、能否不受外来的或政治因素的影响不存质疑。同时检察官自行调查国际社会普遍关注的严重国际犯罪案件仅仅依靠个人的判断，容易导致仅体现检察官个人理念的武断决策，导致基本价值的错误判断。

5. 关于侵略罪的立法技术问题

《罗马规约》第25条明确规定国际刑事法院只对自然人行使管辖权，即国际刑事法院只追究个人的刑事责任，而不追究国家或团体的刑事责任。但从实践分析，侵略行为绝非个人所能实施的，通常具有国家或团体的侵略行动为背景。当安理会判定一国或一个团体实施了侵略的行为，国际刑事法院则根据《罗马规约》的规定只调查个人实施侵略罪的证据，并对该人行使管辖权，而不追究团体的刑事责任，似乎逻辑上存在着矛盾。此外，安理会有权决定是否发生侵略行为，并将该情势提交国际刑事法院检察官，如果国际刑事法院受理该案，但审判的结果与安理会的判断不同，则有可能影响安理会的威信或国际刑事法院的威严。

（三）关于中国是否批准《罗马规约》的前景分析

2000年9月8日联合国大会第55届会议通过的《联合国千年宣言》中，各国国家元首和政府首脑强调了国际刑事法院的重要性。中国虽然没有签署《罗马规约》，但认为国际刑事法院作为国际社会第一个惩治严重国际犯罪的常设司法机构，其存在的重要意义不容忽略。中国从不否认，国际刑事法院的诞生不仅是国际社会、国际法委员会及国际学术机构共同努力的结果，而且是在世界各国渴望和平、安全与发展的共同期冀下，努力克服文化观和价值观念之间的差别，求同存异的结果。从《罗马规约》的制定过程及内容上分析，国际法委员会希望尽可能地体现不同法律文化和价值观念的融合。《罗马规约》作为创立国际刑事法院依据的主要法律文件，为国际刑事法院确立了严格的行政机制和诉讼机制，其细微之处几乎囊括了国际刑事法院的各个环节，并且为国际刑事法院的有效运行提供了极大的便利条件。但结合中国对《罗马规约》持反对意见的观点分析，值得中国进一步权衡签署和批准《罗马规约》的利弊。

1. 我国选择不加入《罗马规约》的利弊之分析

中国目前尚不会选择加入《罗马规约》，其利处在于，《罗马规约》规定的不完善基本上不会影响中国的司法主权和主权，并通过表明中国反对的态度，影响缔约国大会重新审查《罗马规约》的内容，并逐步修订、完善。中国作为联合国安理会常任理事国,在国际社会政治、经济和文化方面有着极大的影响力,特别是近些年来,中国各个领域突飞猛进的发展,已令世界刮目相看。此外,《罗马规约》第16条似乎也赋予联合国安理会常任理事国一项特殊的权力,即行使表决权,第16条赋予安理会可将调查延期至12个月或连续计算12个月的权力。该调查命令必须以安理会的名义作出,但安理会任何常任理事国之一投否决票,都会影响国际刑事法院调查工作的进行。因此,中国选择不加入《罗马规约》的态度,不仅对《罗马规约》的进一步修订和完善更具影响力,而且对国际刑事法院管辖权的行使也有一定的影响力。

但是中国选择不加入《罗马规约》,并不等于中国可以从国际刑事法院的管辖权中得到豁免,此其弊端,主要表现为:

(1)中国作为《罗马规约》的非缔约国,原则上无须承担《罗马规约》赋予缔约国的一切义务。一方面,与国际刑事法院的合作是自愿的;另一方面,维护了国家的主权和人权。但事实上,通过上述分析可见,即便中国不是《罗马规约》的缔约国,在接受国际刑事法院管辖权和与国际刑事法院合作问题上,中国仍被动地承担着义务。

(2)如前所述,目前《罗马规约》本身存在诸多不健全的规定,如果中国不是《罗马规约》的缔约国,既无权参加缔约国大会,也无权提出修正案。尤其是在关于战争罪应否包括国内武装冲突问题、侵略罪的定义问题、恐怖主义犯罪和毒品犯罪应否列入《罗马规约》管辖范围内罪行问题等重大问题上,中国就难以有直接的发言权。

(3)即便非缔约国可以按《罗马规约》第19条的规定,向国际刑事法院质疑该法院的管辖权或案件的可受理性,但是,这个质疑程序的过程就使中国置于国际刑事法院对国家司法管辖的审查之下,由国际刑事法院来审查中国的国内刑事司法程序,形式上似乎表明中国接受了国际刑事法院的管辖权。

2. 中国选择加入《罗马规约》的时间和方式

我们认为,与其被动地接受管辖和提供合作,不如主动加入《罗马规约》行使主动权,积极参与《罗马规约》的修订。但如果加入《罗马规约》,应考虑通过以下方式解决中国目前的忧虑。

(1)加入的时间。中国如果考虑加入《罗马规约》,应在其生效7年后,在任何缔约国通过《罗马规约》的适用以及国际刑事法院的实践,对所出现的问题进行修正后,可以考虑加入,因为中国所顾虑的问题部分也是某些缔约国所担忧的问题。

(2)充分利用国际刑事法院管辖权的补充性,积极主动审理本国领域内发生的或者由本国公民实施的国际刑事法院管辖范围内的罪行，根据《罗马规约》第17条第1项的规定，除非有《罗马规约》规定的特殊情形，国际刑事法院对于国内法院已经审判过的罪行或者正在审判的罪行，不得行使其管辖权。只要中国有效行使对严重国际犯罪的刑事司法权，国际刑事法院本着一罪不二审的原则，不会再侵犯中国的司法主权。

(3)适用国际社会普遍认可的普遍管辖权，履行中国已经缔结或批准的国际公约赋予的刑事管辖权，惩治非中国公民在我国境内实施的非针对中国的严重国际犯罪，或者与中国虽无任何关联，但危害了国际社会整体利益的行为。如《罗马规约》所列举的严重违反人道主义罪行的行为，及要求有关国家合作的义务在1949年的《日内瓦公约》中有明确的规定①，得到迄今为止189个联合国成员国的批准，该公约较为集中地规定了违反人道主义法的行为，作为该公约的缔约国应履行惩治这类罪行的义务。与此相对应的是《罗马规约》规定的罪行范围均包含在1949年《日内瓦公约》中，由此可见，《日内瓦公约》的缔约国即便作为《罗马规约》的非缔约国，亦有惩治《罗马规约》规定罪行的义务。

(4)采取自我保护的方式。中国可以对《罗马规约》不尽如人意的条款提出保留声明，并向缔约国大会提出修正案。如法国提出，一个国家的自卫权是符合《联合国宪章》第51条的规定的，不违反任何武装冲突国际法规。

(5)利用《罗马规约》本身规定的矛盾性，选择对中国有利的条款予以适用。如《罗马规约》第12条明确规定国际刑事法院行使管辖权的先决条件之一是一国成为缔约国，但第121条第5款则规定"对于未接受修正案的缔约国，本法院对该缔约国国民实施的或在其境内实施的修正案所述犯罪，不得行使管辖权。"②该款规定的内容似乎说明非缔约国比缔约国承担的义务要重，同时，因缔约国可以通过修正案修改已经通过的《罗马规约》的某些内容，从而使缔约国提交修正案的效力似乎大于《罗马规约》的效力。

(6)关于国内武装冲突被视为战争罪问题。通过声明指出，依据《罗马规约》第124条的规定，宣布战争罪在7年之内不适用于中国，7年以后，将视规约的修正与国际刑事法院的实践，再决定继续成为缔约国或退出该规约。

(7)《罗马规约》如同国际社会其他公约一样，缔约国或非缔约国均可以自由选择缔结或退出，如果经过国际刑事法院实践证明，不能满足中国合法性的要求，中国完全可以选择退出。

---

① 迄今为止，联合国已有189个成员国批准了1949年的《日内瓦公约》，该公约较为集中地规定了违反人道主义法的行为，作为该公约的缔约国应履行惩治这类罪行的义务。

② 参见《罗马规约》第121条。

15. 国际知识产权刑法保护的发展趋势*

目 次

---

* 与刘科合著,原载《政治与法律》2008 年第 7 期,收入本文集时又作了修改。

一、前　言

随着知识产权经济价值的不断增加,侵犯知识产权犯罪在世界范围内越来越严重。[①] 正因为如此,知识产权的刑法保护日益受到各国的高度重视。20 世纪 80 年代以来,国际知识产权保护的发展趋势之一,就是越来越重视刑事手段在知识产权法律保护体系中的作用。例如,1994 年《与贸易有关的知识产权协议》以及欧盟 2005 年《关于用刑罚方法保护知识产权的指令草案》等国际公约陆续增设了侵犯知识产权犯罪的规定,以强化知识产权的刑法保护;美国、中国香港等国家和地区相继修改知识产权法,以加大知识产权刑法保护的力度。实践证明,健全、高效的知识产权刑法保护,既是保护创新成果、激发创新活力、建设创新型国家的内在需要,也是解决国际知识产权保护的争端,顺利进行经济、文化交流的重要条件。

改革开放以来,我国知识产权的刑法保护取得了诸多进展。例如,在刑事立法领域,构建了涵盖商标权、著作权、商业秘密权、专利权的较为完善的刑事法律保护体系;在刑事司法领域,先后通过司法解释的形式明确了侵犯知识产权犯罪定罪量刑中的若干疑难问题,降低了定罪门槛,加大了保护力度。但是,令人颇为尴尬的是,侵犯知识产权犯罪在我国并未得到有效遏制[②];相反,在局部地区和某些领域,还有愈演愈烈之势。[③] 美国、欧盟等国家和地区也经常以中国知识产权保护不力(尤其是刑法保护不力)为由,不断向我国施加压力,甚至不惜诉诸世界贸易组织争端解决机构。可见,中国现有的知识产权刑法保护措施和水平既不能完全满足自身发展的需要,也不利于我国国际经济文化交流的顺利开展。

比较研究是刑法学研究的一种基本而重要的方法。运用比较方法研究问题,有助于拓宽研究视野,增进对各种不同的刑法理论、刑事立法和刑事司法的了解与掌握,从中剖析是非优劣、评述利弊得失,吸取经验教训,从而更好地获得规律性的认识。显然,在全面考察世界各国和地区知识产权刑法保

---

① “侵犯知识产权犯罪已成为联合国规定的 17 类跨国犯罪中最为严重的犯罪之一”,参见孙万怀:《侵犯知识产权犯罪刑事责任基础构造比较》,载《华东政法学院学报》1999 年第 2 期。

② 以立案数和涉案金额为例,公安机关 1998 年立侵犯知识产权犯罪的案件 500 余起,全部涉案金额近 2.1 亿元;2006 年则立案 4497 起,涉案金额达 26 亿元。在 8 年时间里,立案数和涉案金额分别上升接近 8 倍和 12 倍。

③ 这突出表现在我国侵犯知识产权犯罪由沿海发达地区向内地转移,内地侵犯知识产权犯罪日益严重以及在新技术的冲击下,信息领域的侵犯知识产权犯罪日益严重两个方面。

护基本规定及具体做法的基础上，认真总结国际上知识产权刑法保护的基本特点，准确把握其发展趋势，不仅是深化我国侵犯知识产权犯罪刑法理论研究、提高刑事司法水平乃至完善刑法立法的有效途径，而且也可以有效地增进世界各国知识产权刑事法治文明成果的交流和刑事司法协助的顺利开展。

根据相关资料信息进行考察研究，我们认为，当今世界范围内知识产权刑法保护领域大体上呈现出以下四个趋势或特点。

二、趋势之一：刑法保护日益受到重视

根据英国学者梅因的考察，愈在古代，法律中发达的内容愈是刑法，而愈往近代，民事法则愈发达。① 在古代，权利的保护主要依靠刑法；而在当代，权利的实现更应仰仗民事法。但是，与这一趋势不同的是，在构筑知识经济的法律制度的过程中，刑法的作用却日益重要。尤其是在著作权和商标权领域，对侵权行为的制裁往往偏重于刑事制裁。近代以来，世界各国和有关国际公约纷纷在知识产权法律保护体系中增设刑法条款，表现出对知识产权刑法保护的日益重视。

（一）世界主要国家和地区在知识产权法或刑法中陆续增设刑事制裁的规定

目前，据我们所掌握的资料，世界主要国家和地区虽然对于知识产权法律保护的力度有所差别，但是大多都规定了刑事制裁条款，而且这些刑事制裁的规定大部分都是在20世纪50年代以后陆续出现在各国或地区刑法或者知识产权法中的。

首先，以商标权的法律保护为例。英国商标法是世界上最早的商标法之一，对世界各国商标制度产生了深远的影响。尤其是其1938年商标法所确立的一系列制度，已成为许多英联邦国家商标制度的重要组成部分。但是，该法对于侵犯商标专用权的行为只规定了追究民事责任，却没有规定可以追究刑事责任。随着政治、经济形势的变化，为遏制日益严重的侵犯商标权的行为，英国于1994年制定了新的商标法，该法相对于原商标法的根本变革之一，就是在拓宽商标权利保护范围的同时，规定了商标侵权的刑事责任。②

---

① 〔英〕梅因：《古代法》，沈景一译，商务印书馆1959年版，第207页。

② 根据该法，未经注册商标所有人或被许可使用人同意而擅自在相同或相近商品的制造、运输、储存、销售等环节中，及在相同或相近的服务上使用与注册商标相同或相近的商标，以至于不公正地利用了注册商标的声誉或者对注册商标的声誉或显著性造成损害的，即被认为是商标侵权。上述行为如果情节严重，均可以追究刑事责任。

美国1946年《商标法》规定的商标侵权行为只能承担民事赔偿责任，而没有规定刑事责任。为了惩治严重的侵犯商标权的犯罪，1984年美国又制定了《商标假冒条例》，该条例虽然只规定了一个假冒商标罪，但是其内容却涵盖了我国侵犯商标犯罪的全部内容，从而大大加强了美国商标权的刑法保护。

其次，再以著作权的法律保护为例。作为《伯尔尼公约》的缔约国之一，德国一直比较重视著作权的保护。1837年，普鲁士王国颁布了《保护科学和艺术作品的所有权人反对复制或仿制法》，该法是德国现代著作权法的开端，但是该法只规定了著作权的民事保护，而没有规定对著作权的刑法保护。到了20世纪80年代，由于复制技术的迅速发展，盗版活动日益猖獗，成为德国社会中一个很严重的社会问题。在这样的情况下，要求用刑法手段保护著作权的呼声日渐高涨，于是1985年《联邦德国著作权及有关保护权的法律》增设了刑事责任条款，开始对著作权进行刑法保护。1990年7月《德国反盗版法》对著作权的刑法保护又进行了完善：改变了侵犯著作权犯罪的轻罪性质，不再把这种犯罪当作轻罪对待，将最高刑修改为3年监禁；并明确规定追究侵犯著作权犯罪的未遂行为，从而强调了刑法保护在著作权保护体系中的地位。在中国内地，1990年颁布的《著作权法》仅规定了侵权行为的民事和行政责任，而没有规定刑事责任；但是在该法通过几年后，全国人大常委会于1994年又通过了《关于惩治侵犯著作权犯罪的决定》，规定要对侵犯著作权和销售侵权复制品的行为追究刑事责任，该《决定》的相关规范又被1997年修订的中国新刑法所吸纳。

目前，知识产权的刑法保护在各主要市场经济国家均得到重视，但是，这并不意味着各国探求知识产权刑法保护的努力的终结；相反，世界各国仍在不断探讨刑事手段在惩治知识产权侵权行为中的积极作用，试图扩大知识产权的刑法保护范围。仅以英美两国和我国香港地区为例，英国对于严重侵犯商业秘密的行为没有规定刑事责任，但是英国对于增设侵犯商业秘密犯罪的研究一直在进行。1997年英国的一个法律委员会在一份咨询意见中列举了对侵犯商业秘密施加刑事制裁的五点理由：(1)侵占商业秘密与盗窃并没有根本区别；(2)为了保护研发的巨额投资所需要；(3)仅依靠民事救济不足以制止当事人从事这种不正当的行为；(4)法律已经赋予了对版权和注册商标侵权的刑事制裁，对商业秘密不用刑事制裁造成了法律之间的不协调一致；(5)对于严重的侵犯商业秘密行为追究刑事责任有助于维护商业世界中的道德标准。①

---

① See Carl Steele and Anthony Trenton , Trade Secrets , The Need for Criminal Liability, EIPR1998 · , p. 189.

2003年以来美国国会正在审议的多部旨在修改现行知识产权法的立法议案,都涉及扩大知识产权的刑法保护问题。例如,美国建议将使用p2p软件大量复制数字化作品定为犯罪的《遏制盗版和教育法》,建议对通过提供p2p软件等方式利用用户侵权行为而获利者应承担"帮助侵权责任"的《引诱版权侵权法》等。美国司法部作为知识产权执法单位,针对执法过程中发现的问题,还提出了一系列的完善知识产权刑事保护的建议。例如建议"为出售假冒商品而大量持有假冒商品应被定为犯罪",以追究意图售假者在售出之前的刑事责任;"应拓宽联邦商标法中'交易'的含义,将使假冒商品作为样品或赠品等提供而没有获得货币盈利,但是却获得了其他利益的行为也规定为犯罪";执法人员在调查严重威胁公众健康和安全的侵犯知识产权犯罪时,应被允许使用包括窃听器在内的所有侦查工具;即使作品尚未被出售,无法确定其零售价格,也应在合理确定其价格的基础上计算盗版者的侵权数额;如果其他国家要求引渡美国境内的侵犯知识产权犯罪嫌疑人,只要被指控的行为根据美国法律也构成犯罪,即使两国没有签订引渡条约或者引渡条约中没有将侵犯知识产权犯罪列为引渡依据,美国也应给予引渡的便利等。显然,美国司法部的上述建议如果被立法机构采纳,将极大地促进美国知识产权刑法立法的完善。此外,鉴于美国在国际社会强大的影响力,这一趋势将不可避免地影响到包括我国在内的世界各国,从而导致世界范围内对知识产权扩大刑法保护的浪潮。

中国香港地区著作权刑法保护的水平在世界上居于领先地位。尽管如此,香港地区仍不断通过修改法律的形式,进一步强化知识产权的刑法保护。据统计,自2000年以来,香港地区已对1997年《版权条例》做出多次重要的修改①,香港目前还正就在数码环境中如何保护知识产权进行公众咨询,以探讨未获授权而上传和下载版权作品行为以及破坏公共传播权行为是否应当追究刑事责任问题。如果该法例能够通过,将大大强化香港特区互联网络环境下著作权的刑法保护。

(二)有关国际公约强调知识产权的刑法保护

对知识产权进行国际保护是国际社会的共识,为此达成了一系列的保护知识产权的国际公约,例如《商标注册马德里协定》、《保护工业产权巴黎公

---

① 在香港特区,1997年《版权条例》于2000年被纳入《有组织及严重罪行条例》,以加重刑罚,提高阻吓作用,其中包括充公罪犯从事盗版活动所得的收益; 2001年修订《版权条例》,将在业务上使用侵犯版权物品的行为列为刑事罪行,以打击机构侵犯版权行为。这种刑事罪行适用于计算机软件、电影、电视剧或电视电影,以及音乐作品; 2004年修订《版权条例》,将在复制服务业务过程中将有版权作品的侵犯版权复制品列为刑事罪行。

约》、《伯尔尼公约》等，尽管如此，早期的国际公约并没有对知识产权的刑法保护达成共识。20 世纪中后期，鉴于知识产权领域侵权行为愈演愈烈，一些国际公约开始要求缔约国对知识产权进行刑法保护，如 1971 年《保护录音制品制作者防止未经授权复制其制品公约》第 3 条，将“通过刑事制裁的方式加以保护”列入公约要求。1994 年 9 月，关贸总协定乌拉圭回合谈判最后文件中的《与贸易（包括假冒商品贸易在内）有关的知识产权协议》规定：“全体成员均应提供刑事程序及刑事惩罚，至少对有意以商业规模假冒商标和对版权盗版的情况是如此。可以采用的救济应包括处以足够起威慑作用的监禁，可处以罚金，可二者并处，以适合于相应严重罪行的惩罚标准为限。”①该协议对知识产权的刑法保护规定得非常详细：不但规定要对侵犯商标和版权行为进行刑法保护，而且建议对其他侵犯知识产权的行为也要进行刑法保护；不但规定了刑事处罚的种类，还要求提供非刑事制裁措施。可以说，该协议的通过，标志着国际范围内知识产权的刑法保护达到了一个新的高度。

《与贸易有关的知识产权协议》通过以后，不仅世界各国掀起了一个对知识产权进行刑法保护的高潮，而且有关国际组织也纷纷起草一些地区性的国际公约，以推动地区范围内的知识产权刑法保护。例如，欧盟有二十多个成员国，经济发展水平和政治、法律传统有很大不同，因此对知识产权的法律保护也有很大差别：以英国、法国为代表的西欧国家的知识产权刑事立法比较先进，刑事司法较为严格，因而知识产权刑法保护的水平较高；而波兰、捷克等东欧国家则由于种种原因，知识产权刑事立法比较滞后，司法也比较松弛，导致假冒盗版物品泛滥，知识产权刑法保护的水平较低。为推动欧盟范围内知识产权的统一保护，2004 年 4 月 29 日，欧盟议会和理事会通过了尊重知识产权的指令。② 这一指令标志着欧盟全体会员国将采用统一的行动打击侵犯知识产权的违法活动。但是，这一指令主要是从民事和行政方面作了一些具体措施。鉴于近年来侵权活动的日益猖獗，特别是由集团和组织实施的犯罪不断增加，因此，用刑罚方法保护知识产权成为必要。2005 年 7 月 12 日，欧盟议会和欧盟理事会发布了《关于用刑罚方法保护知识产权的指令草案》。该草案对欧盟成员国知识产权刑法保护的最低标准进行了规定，各成员国可以制定比该草案更高的保护标准，从而可以大大提高欧盟范围内的

---

① http://www.copyright.com.cn/10protect/abut - nexus2trade - 4.html(17/09/03).

② 资料来自欧盟官方网站：http://europa.eu.int/eur - lex/lex/staging/LexUriServ/LexUriServ.do? uri = CELEX:32004 L0048R (01):FR:NOT。转引自任军民：《从法国和欧盟对文学艺术知识产权的刑法保护看中国有关立法的不足》，载赵秉志主编：《中国知识产权的刑事法保护及对欧盟经验的借鉴》，法律出版社 2006 年版，第 221 页。

知识产权刑法保护的水平。

三、趋势之二：整体而言相关刑法立法严而不厉但部分犯罪的刑罚又有加重趋向

根据资深学者储槐植教授多年前的考察，刑法规范从严与厉的关系角度看，不外乎有四种模式：一是不严不厉，二是厉而不严，三是又严又厉，四是严而不厉。① 其中，严而不厉模式因其符合时代发展的要求和现代刑罚的目的，而成为当代国际社会刑法规范模式发展的主流。从世界各国知识产权刑法的立法趋势来看，侵犯知识产权犯罪罪名体系趋向完整、保护对象越来越广泛、行为界定日益细致、刑罚种类趋向多元、刑度趋向轻缓，基本上与当代刑法发展的趋势相一致。但是，部分侵犯知识产权犯罪，尤其是其中的侵犯著作权犯罪的社会危害性，伴随着新技术的发展而有加大的趋势，因而刑罚措施也呈日益加重的趋向。

（一）刑法规范越来越严密

1. 罪名体系趋向完整

从立法上来看，经过多年的修改与完善，无论是英美法系国家还是大陆法系国家，有关侵犯知识产权犯罪的罪名体系均可谓内容丰富，罪种多样，凡是实践中所出现且有刑事规制必要的侵犯知识产权的严重危害行为，均在刑法典或者附属刑法规范中有相应的罪名可资适用。

以侵犯商标权的犯罪罪名体系为例。德国的商标法规定有非法使用他人姓名、商号或商标罪，非法使用商品的外部标志罪以及对商品的虚假说明罪，其内容基本涵盖了非法使用他人注册商标、非法使用他人的姓名或商号、非法使用商品的外部标志的行为。法国不但在《法国刑法典》第 422 条规定了伪造或冒用属于他人的标记，未经关系人允许擅自使用标记，无正当理由持有明知贴有伪造或冒用标记的产品，或者故意售出、经销、供应或提供有此项标识的产品或服务，故意不按对方所指定的注册标识发售一种产品或者提供一项服务等犯罪行为，还在其《知识产权法典》第 713 - 2 条明确规定了反向假冒商标行为（注册商标权人享有正、反两方面的权利，即有权禁止他人未经许可使用与自己相同或近似的商标，也有权禁止他人未经许可撤换自己依

① 参见储槐植：《严而不厉——为刑法修订设计政策思想》，载《北京大学学报（哲学社会科学版）》1989 年第 6 期。

法贴附在商品上的商标标识)。总的来看,虽然世界各国侵犯商标权的罪名体系有细微差别,但是基本上都涵盖了假冒注册商标罪,生产、销售假冒注册商标的商品罪,非法制造、销售非法制造的注册商标标识罪等罪名。

再以侵犯著作权犯罪为例。德国《著作权法》共规定了未经许可使用著作权罪,不经许可显示著作人名称罪,侵犯邻接权以及与著作权有关的其他权利罪,不法营业使用之罪。日本《著作权法》规定了侵权罪,侵犯已亡作者人格权罪,诈称作者姓名罪,擅自复制、发行外国原盘商业用唱片罪,不注明出处罪。与日本、德国著作权法有一脉相承关系的我国台湾地区的著作权法,规定的侵犯著作权犯罪罪名体系则更为复杂,据统计,共有 12 种之多,基本上每一种具体的犯罪行为方式都有与之相对应的罪名。① 我国澳门地区刑法中的侵犯著作权犯罪,按照受保护作品是否发表、是否公开,甚至根据对他人著作权的侵犯程度和手段,分别设定了 6 个罪名。② 完整的罪名体系,既符合罪刑法定原则要求立法具有明确性的要求,也大大便利了司法实践。

2. 保护对象越来越广泛

当今世界科学技术的飞速发展,在进一步巩固知识产权制度在知识经济中的重要地位与作用的同时,也使知识产权制度不断面临新的挑战。这种挑战首先表现在新的受保护客体类型的不断出现。③ 例如,专利权的客体,从机械时代的机械工艺及其制品,发展到生物信息时代的微生物专利、动植物专利、基因专利、计算机软件专利。商标权的客体,从以前的文字、图形相结合的组织体,发展到今天的动态商标、气味商标、色彩商标。著作权的客体,从文学作品、艺术作品(音乐、图画、雕塑),发展到录音制品、录像制品(唱片、磁带、录像带、CD/VCD/DVD 等)、电影、建筑作品、表演作品、电视节目、民间艺术作品、科学技术的表现形式(包括电脑程序)以及与著作权产品相关的物品(例如我国台湾地区"刑法"中规定的制版)等。

受此影响,世界各国知识产权刑法保护对象的范围也呈日益扩大之势。以英国为例。英国 1994 年通过的商标法规定,可以在英国注册的商标分为商品商标、服务商标、集体商标、系列商标和证明商标,上述商标均受到商标法和刑法的保护。此外,对于在英国已享有声誉的"驰名商标",未经该商标

① 参见赵秉志、田宏杰:《侵犯知识产权犯罪比较研究》,法律出版社 2004 年版,第 250—253 页。

② 同上注,第 248 页。

③ 参见吴汉东、胡开忠等:《走向知识经济时代的知识产权法》,法律出版社 2002 年版,第 44 页。

所有人或被许可人同意而在非类似的商品或服务上使用相同商标或近似商标,也被认为是侵权。在德国,著作权法所规定的侵犯著作权的犯罪,不仅保护的作品种类繁多,既包括原创作品,又包括改编作品和汇编作品;而且保护的著作权利也很广泛,不仅保护著作权人的经济权利,而且保护著作权人的人身权利。其中人身权包括发表权、标明身份权、保护作品完整权,经济权利包括使用权(即著作权人有以实体形式使用其著作的专有权,包括复制权、传播权、展览权三项)、再现权(朗诵权、表演权、放映权、广播权、制作音像制品权)、延续权(再次转让收益权、再次租借收益权等)。而在法国,植物新品种的发现、半导体掩模产品、特色标记、表演者权利、著作权中的精神权利等早已被纳入刑法保护的范围之中。① 最近,随着数字化技术的出现和飞速发展,有关技术措施和权利管理信息的法律保护不仅已被提到著作权国际保护的层次,而且还被一些国家纳入到其著作权刑法保护体系之中。例如,根据美国《数字千年版权法案》(Digital Millenium Copyright Act)的规定,对于故意侵犯技术措施和权利管理信息,且目的是为了获得商业优势或个人金钱利益的,如果是初犯,处以 50 万美元以下的罚金或 5 年以下的监禁,或两者并处;如果是再犯,则处以 100 万美元以下的罚金或 10 年以下的监禁,或二者并处。日本著作权法规定,对于故意增设虚假权利管理信息和故意除去、改变权利管理信息等行为,可以追究民事责任;对于由此严重侵犯了著作权人人格权、财产权等权利者,可以追究刑事责任,处 3 年以下的徒刑或者 300 万日元以下的罚金。

3. 行为界定日益细致

随着各国对知识产权法的不断修改与立法技术的不断进步,世界各国和地区对侵犯知识产权犯罪的行为界定也更加严密细致。以我国香港地区为例, 2001 年修订《防止盗用版权条例》,把在戏院、剧院和音乐厅盗录作品列为刑事罪行,修订《版权条例》,将在业务上使用侵犯版权物品的行为列为刑事罪行,以打击机构侵犯版权的行为。这些刑事罪行分别适用于计算机软件、电影、电视剧或电视电影,以及音乐作品。上述几种犯罪行为的对象、场合、主体界定都非常明确,既可以清楚地表明立法者的意图,又方便权利人维护自己的权利和普通公民学法用法。又如,英国虽然是判例法国家,但是其著作权法中规定的侵犯著作权罪却非常详细和系统:对于有关侵权复制品的犯罪,就分别规定了制作、进口、占有、出售、出租、公开展览、散发七种行为方式,每种行为方式既相互区别,彼此有明确的界限,又相互联系,共同构筑起

① 参见唐稷尧:《知识产权犯罪:利益背景与刑事控制》,载《中国刑事法杂志》2002 年第 3 期。

了著作权刑法保护的完整体系。

(二)刑种多元而刑度轻缓

侵犯知识产权犯罪作为法定犯罪,其刑事责任归责的主要依据,是其刑事违法性以及社会危害性。综观世界各国知识产权侵权行为的刑事罚则,绝大多数呈明显的轻刑化态势,自由刑与罚金刑并重(具体参见表一至表三)。①

表一:侵犯商标犯罪的刑事处罚

国家或地区	刑事立法规定的最高刑期和罚金数额上限	刑事立法规定的最低刑期和罚金数额下限
日本	5 年有期徒刑或 50 万日元罚金	3 年以下有期徒刑或 20 万日元以下罚金
德国	6 个月有期徒刑或罚金	
法国	6 年监禁和 150 万欧元罚金	
英国	2 年监禁	
挪威	3 个月有期徒刑或罚金	
瑞典	6 个月监禁	
墨西哥	6 年监禁并处罚金 10 万比索	2 年以下监禁并处 1 千比索
印度尼西亚	5 年监禁或 10 万美元罚金	
巴西	1 年监禁或罚金	3 个月监禁或罚金
韩国	7 年监禁或 8 万 4 千美元罚金	
中国台湾地区	3 年有期徒刑,或科或并科新台币 20 万元罚金	
中国香港地区	5 年监禁或 50 万港元的罚金	2 年以下监禁或 10 万港元的罚金

① 表一至表三参考了孙万怀《侵犯知识产权犯罪刑事责任基础构造比较》(载《华东政法学院学报》1999 年第 2 期)一文中的部分资料,其他资料参见各国刑法典和知识产权法的有关规定。需要说明的是,由于资料来源的不一致,加上各国商标犯罪的罪名的多样性,此处的"立法规定的最高刑期和罚金数额上限"及"立法规定的最低刑期和罚金数额下限"并不完全准确,但是大致反映了该国该种犯罪的刑罚规定。

表二:侵犯专利犯罪的刑事处罚

国家或地区	刑事立法规定的最高刑期与罚金数额上限	刑事立法规定的最低刑期与罚金数额下限
日本	5 年有期徒刑及 50 万日元罚金	3 年以下有期徒刑及 20 万日元以下罚金
巴西	1 年拘役或 1.5 万克罗赛罗罚金	6 个月拘役或 1 千克罗赛罗罚金
英国	2 年监禁或罚金	200 英镑以下罚金
瑞士	1 年有期徒刑或 2 万法郎罚金	2 千法郎以下罚金
印度	2 年监禁或处罚金,或并处罚金	6 个月以下监禁或罚金,或并处罚金
瑞典	6 个月监禁	
洪都拉斯	1 年有期徒刑,每日 2 伦皮拉罚金	
泰国	3 年有期徒刑或 30 万铢罚金,或并处罚金	6 个月以下拘役,5 千铢以下罚金或并处罚金

表三:侵犯著作权犯罪的刑事处罚

国家或地区	刑事立法规定的最高刑期及罚金数额上限	刑事立法规定的最低刑期及罚金数额下限
日本	3 年有期徒刑或 100 万日元罚金	1 年以下有期徒刑或 10 万日元以下罚金
德国	5 年监禁或罚金	1 年以下监禁或罚金
法国	10 年有期徒刑或 150 万欧元罚金	
印度尼西亚	5 年监禁或 500 万之印尼盾	9 个月以下监禁
美国	10 年监禁或 100 万美元罚金	
韩国	7 年有期徒刑或 7000 万韩元罚金	

续表

国家或地区	刑事立法规定的最高刑期及罚金数额上限	刑事立法规定的最低刑期及罚金数额下限
英国	2 年监禁，并处或单处罚金	6 个月以下监禁，并处或单处罚金
中国香港地区	8 年有期徒刑，并处或单处 50 万元港币罚金	
中国台湾地区	7 年有期徒刑，并处或单处 45 万元新台币罚金	3 万元新台币以下罚金
中国澳门地区	4 年徒刑，并处或单处 480 日罚金	1 年以下徒刑，并处或单处 240 日罚金
中国大陆地区	7 年有期徒刑，并处罚金	3 年以下有期徒刑、拘役或单处罚金

1. 侵犯知识产权犯罪刑事责任的承担以短期自由刑为核心

侵犯知识产权犯罪作为法定犯罪，由于其应受社会道德谴责性和主观恶性不如自然犯罪那样强烈，所以一般认为其社会危害性较后者为小。因此，本着罪刑等价(相适应)原则，侵犯知识产权犯罪的法定刑自然较轻。同时，近年来西方轻刑化的法律思潮的兴起，不可避免地使得西方国家的刑事立法以及借鉴西方国家立法经验的第三世界国家的刑事立法受到影响。因此，从整体上来看，世界各国侵犯知识产权犯罪的刑罚体系中，短期自由刑占据了核心地位。

2. 普遍规定罚金刑，并将其与自由刑并科或选科

各国刑法在注重对侵犯知识产权犯罪规定短期自由刑的同时，均十分注重罚金刑的运用。这是因为罚金刑对贪利型犯罪具有极为有效的威慑力和极强的惩罚功能。侵犯知识产权犯罪尤其是其中侵犯工业产权的犯罪基本上是带有营利性的目的(当然并不排除有其他毁誉之目的的存在)，行为往往不仅使犯罪行为人获得极大的收益，而且还带给权利人极大的物质损失和精神损失。所以，对此类犯罪立法上普遍规定、司法上大量适用罚金刑，应该是一项必然的选择。

3. 某些国家和地区开始注重资格刑在惩治侵犯知识产权犯罪中的作用

例如，法国 2004 年《知识产权法典》第 133 条第 5 款规定了对侵犯文学艺术产权的关闭和停业处罚措施：对以上三款(指第 133 条第 2—4 款)规定

的犯罪行为进行处罚时，法院可以责令侵权企业全部或部分关闭，停止或暂停营业，暂停时间为5年以下。我国澳门地区《著作权法》规定对于侵犯著作权，构成犯罪的，得科处良好行为之担保、暂时禁止从事某些业务或职业、暂时或永久关闭场所及公开有罪裁判等附加刑。附加刑的立法规定及其司法运用，将极大地遏制侵犯知识产权犯罪分子的再犯能力，有效地预防侵犯知识产权犯罪向集团化、组织化发展的趋势，大大加强知识产权的刑法保护力度。

（三）部分犯罪的刑罚有加重趋势

值得注意的是，近些年来，与侵犯知识产权犯罪的刑罚整体轻缓趋向不同的是，侵犯著作权犯罪以及商业间谍犯罪的刑罚在有些国家有日益加重的趋势。

1. 侵犯著作权犯罪的刑事处罚在某些国家出现了日益加重的趋势

例如，美国1992年《侵犯版权刑事处罚修正案》规定了较以前更严厉的制裁，最高刑期由原第2319条(b)款规定的"不超过5年监禁"改为"不超过10年监禁"；法国2004年著作权法对侵犯著作权行为的处罚，将原"处以3个月至2年的徒刑和6 000至12 000法郎的罚金，或只受到两种处罚的一种"修改为"5年以下有期徒刑和50万欧元以下的罚金（如果该行为是犯罪集团所为）"，如果是累犯或者是与受害人有合同关系的人侵犯著作权的，则最高可处以10年有期徒刑或150万欧元罚金。韩国的《计算机软件保护法》修订案也强化了软件侵权行为的处罚力度，将刑事处罚的起刑点由"3年以下有期徒刑或5 000万韩元以下罚金"调整为"5年以下有期徒刑或5 000万韩元以下罚金"，对于累犯则处以"7年以下有期徒刑或7 000万韩元以下罚金"。①

2. 对为外国利益侵犯本国知识产权的刑罚力度有所加大

这主要表现在侵犯商业秘密犯罪中。例如，1996年美国颁布了《经济间谍法》(Economic Espionage Act of 1996)。该法规定了两种犯罪：第一种犯罪是对商业秘密的经济间谍罪，指为外国利益侵犯美国企业的商业秘密的犯罪行为；犯该罪的，处50万美元罚金或15年以下有期徒刑，或两者并处。第二种犯罪是侵夺商业秘密罪，是指国内的侵犯商业秘密的犯罪行为；犯该罪的，处罚金或10年以下有期徒刑，或二者并处。以上两个罪名，除了犯罪目的不一样，即一个是为了外国利益，另一个是为了犯罪人自身利益以外，二者犯罪行为的表现形式完全一样，但是惩罚力度显然有别，表现了美国对保护本国

① 中国法制网2005年7月13日报道。

商业秘密、打击来自国外的经济间谍行为的重视。

四、趋势之三:立法保护与司法保护并重

“徒法不足以自行”。如果说立法是法律实践理性的最初环节,那么司法就是这一法律实践理性的最后保障。知识产权的刑法保护是一项系统工程,不仅需要完善的立法,也需要强有力的司法。可以毫不夸张地说,发达国家知识产权刑法保护制度的良好运行,除了其完善的立法体系以外,还与其高效的执法及司法密切相关。从世界各国知识产权刑法保护的基本发展趋势来看,可谓立法保护与司法保护并重,两者相得益彰,共同构筑了知识产权刑法保护体系。在本文上一部分,我们已对世界各国知识产权刑法立法情况作了较为详尽的介述,因此,在本部分将主要介述若干国家和地区知识产权刑事司法保护的一些做法,并对其发展趋势进行评析。

(一)中国香港地区知识产权的刑事司法保护

我国香港特别行政区自建立以来,基于创建创意之都的设想,一直不断加强知识产权的法律保护,尤其是注重加强著作权的刑事法律保护,并取得了巨大成就。于1999年被美国从“特殊301”条款重点关注的国家和地区名单中除名,并被誉为世界著作权保护的一片净土。下面以几组统计数据(2002年度至2007年度)①予以说明。

年度	案件数目	被捕人数	盗版光碟数目	查获侵权品价值(千港元)	被控人数	定罪人数
2002	11 482	1 421	9 606 406	335 461	858	697
2003	10 341	1 288	6 217 795	229 463	1 215	997
2004	8 712	1 133	7 294 353	273 390	1 013	926
2005	9 794	957	4 329 681	137 164	948	857
2006	9 126	1 061	3 044 291	126 992	1 001	898
2007	9 200	1 225	4 263 803	116 873	1 130	1 105

① 根据我国香港海关内部统计资料整理。

从上述统计数据可以看出，自 2002 年以来，香港地区查处的侵犯著作权案件数目、被捕人数、盗版光碟数目、查获的侵权品价值等整体上都呈下降趋势。这与香港地区自 21 世纪以来，不断加大著作权刑法保护的力度似乎不吻合。① 其实，香港地区作为世界自由贸易体系的一部分，长期受美国、英国等发达国家的影响，在著作权等知识产权的保护中已经采取了比较有力的措施，并取得了显著的成绩，知识产权侵权现象相对于内地而言，本身并不是很严重。因此，无论如何加大保护力度，每年查处的盗版货品以及被捕人数等也都是有限的，不会出现像内地那样的被捕人数以及侵权货品案值等大幅上升的局面。相反，由于香港地区回归后经济持续繁荣、人民安居乐业，在特区执法及司法机关不断采取严格保护知识产权的态势下，权衡利弊，普通百姓也没有必要冒险去侵犯著作权。因此，在一段时期内侵犯著作权犯罪总量没有明显上升的情况下，每年查处的侵权货品数量以及被捕人数从长期来看会呈下降趋势。

香港地区著作权刑法保护取得的成就是与其高度重视执法和司法活动密不可分的。据香港知识产权执法界人士介绍，在过去数年，香港海关制定和执行了有效的执法策略，不断加强对各层面盗版活动（包括进口、分销和零售侵犯版权的货品）的执法行动，大大加强了知识产权的执法和司法保护力度。② 具体内容包括：

其一，与其他国家和地区执法机关加强合作与交流。从实践来看，在打击盗版活动的工作上，监察和搜集情报是十分重要的；因此，香港海关关长与警务处处长紧密合作，经常交换资料，特别是关于有组织集团及重要疑犯的资料。

香港执法机关亦与其他地区的知识产权执法机构建立了紧密的联系，以遏制盗版物品的走私活动和国际贸易。举例来说，香港海关关长曾与内地的对口机关进行多次互访、会议和研讨会，并通过设立双方联络点，以方便交换

---

① 在内地知识产权刑法保护中，谈到加强知识产权刑法保护力度时，往往举出公安机关、检察机关、审判机关每年查处、检控以及审判的案件数量、被捕人数、涉案金额有多大的上升幅度。如果比上年度查处的案件数量或被捕人数有所上升，则表明加大了力度；反之，则一般认为力度不够大。例如，内地最高人民法院民事审判第三庭（知识产权庭）庭长蒋志培在香港“内地与香港侵犯版权刑法论坛”上介绍说：“（内地）入世五年来，我国共受理侵犯知识产权案件 54000 多件，结案 52000 多件，增长 145%，每年增长 17%。2005 年全国各级法院审结侵犯知识产权案件 505 件，上升 31.17%。2006 年全国各级法院审结侵犯知识产权案件 769 件，上升 52.28%。”（参见蒋志培在“内地与香港侵犯版权刑法论坛”上的发言稿）从而表明内地著作权法律保护力度的加大。

② 参见香港海关助理关长谭耀强在“内地与香港侵犯版权刑法论坛”上的发言。

资料和情报。此外,香港海关也加强与派驻香港的美国、日本和韩国海关人员合作,掌握香港与这些国家之间盗版活动的动向。

其二,配备充足的执法人员、强化科技措施的应用。具备足够的人手,是维持健全执法制度的关键。目前,香港海关辖下的版权及商标调查科聘有400多名人员,再加上其他有关机关的相关执法人员,组成了比较强大的执法力量,能更有效率地对付著作权侵权问题。

先进的技术措施是预防和打击侵犯著作权犯罪的有效手段。近年来,为适应打击网络盗版犯罪的需要,香港特区不断采取最新的科技措施,"网线监察系统"的采用就是一个典型的例子。该系统是在香港工商及科技局的支持下,由香港大学开发的一套系统,能够在BT网络分享档案的过程中,掌握和收集有关BT使用者详细的网上活动资料。该系统具有三个方面的功能:搜寻目标网站;下载Torrent档案进行分析、产生报告;如符合某些预设条件会通知用户。该套系统对于香港海关打击BT等网上侵权活动已经起到积极的辅助作用。

其三,多种策略并用。香港海关主要采取了以下三种具体的执法策略:一是主动性堵截。主动性堵截主要体现在打击侵权物品走私活动上。主要措施包括:加强巡查边境口岸;主动堵截跨境走私侵权物品的不法活动;加强与各国及内地的情报交流,并作进一步分析,以彻底堵住侵权物品的源头。二是严厉性执法。严厉性执法措施包括:采用连续性密集式扫荡行动打击零售店铺;通过实施"断点"程序(假若售卖物品的总成本超过从售卖盗版获得的利润的话,盗版业务将不能生存)严厉执法;采取以情报为本的深入调查手段把盗版集团连根拔起,严厉打击集团式活动。三是阻吓性巡查。主要包括:(1)加强阻吓性的巡查。香港海关经常在各大型展览活动中,作主动性巡查及对各商户及参与人士派发宣传单张,以提高大众对保护知识产权的意识,同时亦能收到阻吓作用。(2)年宵市场的巡查。每年的年宵市场举行期间,海关人员于场内进行巡查和派发宣传单张。(3)"快速行动"计划。由2006年开始,海关与香港工商品牌保护阵线合作,实施"快速行动"计划;在多个于香港举行的国际大型展览会中张贴保护知识产权的通告;采取"快速行动"的策略,以拘捕侵权的参展商,以收到阻吓的作用。

除此之外,香港地区法院对于律政司等起诉的侵犯知识产权案件的定罪率大幅上升;在近年来的刑事判决中,在量刑的幅度内一般选择较重的刑罚处罚;为惩治犯罪人,很少单独判处财产刑,往往是在判处自由刑的同时,附加适用财产刑等。上述情况也反映了香港地区著作权刑事司法保护力度的加强。

（二）美国知识产权的刑事司法保护

美国作为世界经济科技大国，非常重视知识产权的法律保护。为了应对日趋严重的侵犯知识产权犯罪，美国司法部从20世纪90年代起，先后设立了三个高度专业化的部门："计算机犯罪与知识产权部"、"计算机与电信协调员部"及"计算机黑客与知识产权部"，此外，还于2002年在联邦调查局内设立了"网络与知识产权部"。这些部门相互配合，共同担负起侵犯知识产权犯罪的侦查、起诉等工作。近年来，美国司法部不断利用这些部门和侵犯知识产权犯罪专职检察官对侵犯知识产权的犯罪提起诉讼，特别是于2004年4月至8月间针对通过网络和p2p技术传播电影和音像制品的行为发动了三次大规模的逮捕行动，有力地打击了侵犯知识产权犯罪。

尽管如此，美国司法部2005年发布的知识产权工作组报告仍然提出，需要采取更加有力的措施来加强知识产权的司法保护。

1. 扩充打击侵犯知识产权犯罪的机构，加强人员配备

具体包括以下措施：加强"计算机犯罪与知识产权部"的人员和技术装备；建议在哥伦比亚地区、匹兹堡、奥兰多等五个城市设立"计算机黑客与知识产权部"；鉴于加利福尼亚州中区和北区高科技产业和娱乐业特别集中，在此发生的知识产权犯罪案件数量占全美国的前两位，因此应当增强洛杉矶地区和圣何塞地区"计算机黑客与知识产权部"的执法力量，加派新的执法力量；对于其他没有设立"计算机黑客与知识产权部"的地区，建议司法部派遣一名"计算机黑客与知识产权部协调员"，以帮助当地检察机构中的"计算机与电信协调员部"增强知识产权刑事诉讼的力量。

为配合上述知识产权检察队伍增强的需要，联邦调查局也需要增加知识产权调查员的数量。同时，为了应对高科技手段进行的犯罪，建议联邦调查局研究先进的刑事侦查技术，特别是发现和查找电子证据的能力。

2. 调整策略，扩大起诉侵犯知识产权犯罪的范围

目前，在知识产权诉讼中，美国司法部一般会派遣联邦检察官到各地负责起诉工作。但是，由于互联网络的迅速发展，跨国、跨地区的侵犯知识产权犯罪时有发生，给起诉工作带来了许多困难。因此，建议司法部加强跨部门和其他执法机构的合作，并不断发起大规模的跨区域执法行动，以打击侵犯知识产权犯罪；同时与外国执法机构开展合作，共同发出搜查令和逮捕令，使其成为未来共同执法的组成部分。

许多严重的犯罪，例如走私犯罪、跨国计算机犯罪、有组织犯罪等时常涉及侵犯知识产权犯罪，但检察官在实际起诉时，又往往不将侵犯知识产权犯罪纳入其中。为此，专家组报告建议，无论被告的主要犯罪行为是什么，只要在犯罪过程中发生了侵犯知识产权行为并构成犯罪,检察官就应提起侵犯知识产权犯罪的诉讼,以发出一个明确的信号:“所有的侵犯知识产权犯罪都不能容忍”。

同时,报告强调,对于制作、贩卖假电池、假药品等危害社会安全和健康,又涉及侵犯知识产权的犯罪,必须加大打击力度。

3. 加强对执法人员的培训和对社会公众的教育

侵犯知识产权犯罪随着科技的发展而不断发生变化,执法机构必须对此及时做出反应。过去,司法部每年都要对从事知识产权司法及执法的检察官和侦查员提供培训,今后还要增加培训机会,改善培训内容。针对侵犯知识产权犯罪调查中证据的易灭失性,报告建议加大对社会公众和权利人的教育力度,鼓励受害人及时报告犯罪事实,协助执法机构迅速发现犯罪事实,确立管辖权、计算损失,确认嫌疑人身份。为此,专家组起草了《侵犯知识产权犯罪报案指南》,该指南介绍了知识产权的一般常识,阐明了应当及时报告知识产权犯罪的原因,揭示了受到知识产权侵害以后应当采取的步骤和协助执法机关的方法,还区分版权侵权、假冒商标、侵害商业秘密等类别,附上便于报案的表格,以及各地区执法机构的联系方式。①

(三)其他国家和地区知识产权的刑事司法保护

除了美国、中国香港地区等发达国家和地区不断加大知识产权刑事司法保护的力度以外,在美国等发达国家的压力和 TRIPs 协定等国际公约的约束下,广大发展中国家和所谓的转型国家也开始注重知识产权的刑事司法保护,加大了保护力度。例如,俄罗斯为加入世界贸易组织,开始严厉打击侵犯知识产权犯罪活动,措施包括采取“扫荡”行动(类似我国的专项治理)、检察机关提高诉讼效率、加快追诉进度、法院对侵犯知识产权犯罪适用较重的刑罚等。据俄《新闻报》称,圣彼得堡内务部门在一次执法活动中就收缴总价值 400 多万美元的光盘制作片材。② 印度为打击侵犯知识产权犯罪,专门设立了举报热线,鼓励人们积极运用法律武器保护知识产权。③ 韩国为了加强对知识产权的保护,还专门设立了“著作权保护中心”。中央政府和地方政府等各级机关还设立专门机构指导知识产权的司法活动。例如,在中央层面,设有大检察厅刑事部长为部长的“侵犯知识产权犯罪联合侦查本部”,其下设立了由专利厅、大检察厅、外交通商部等八个部门相关局长级领导参与

---

① 参见胡坚:《美国保护知识产权的新动向》,载《电子知识产权》2005 年第 5 期。

② 参见《全球掀起反盗版风暴——俄罗斯为入世重拳出击》,新华网 2007 年 5 月 15 日报道。

③ 参见《全球掀起反盗版风暴——印度建四位一体“反盗网”》,新华网 2007 年 5 月 15 日报道。

的"侵犯知识产权犯罪侦查指导协议会",并从泛政府的角度开展了伪劣商品(包含侵犯知识产权产品)驱除活动。在21个地方检察厅、支厅设置的"地区联合侦查班"则设立了运营伪劣商品专案小组,持续并大力落实伪劣商品打击活动。①

如本文前述,世界各国既重视知识产权的刑事立法保护,也重视其刑事司法保护,两者共同构筑起完善的知识产权刑事保护体系。在这个体系中,立法和司法是密不可分的,两者相互促进,相得益彰。完善的立法是正确司法的前提和基础;而严格的司法则是保证立法意图得以实现的关键。同时,将司法实践中遇到的问题,及时予以总结、提炼,提出立法议案,还可以推动立法的进步。例如,美国1994年United States v. Lamacchia案件②的发生,促使美国通过1995年《刑事版权修正案》,将构成著作权犯罪的主观条件等部分进行修正,仅要求犯罪人"故意"侵犯他人著作权即可构成犯罪,不再要求侵权人必须"出于商业利益或个人的经济利益目的"。又如,中国香港地区在1997年《版权条例》通过以后,鉴于刑事司法实践中出现的问题,先后通过几个修正条例,将在影院盗录电影、分发计算机软件等行为纳入刑事制裁的范围,将版权犯罪纳入有组织犯罪条例,以加强打击力度等等,这些都可以说明在国际知识产权的刑事保护中,立法和司法相得益彰的良性互动关系。

五、趋势之四:国际合作开始受到重视

(一)概说

由于刑法一向被认为是"地方性知识"③,与国家主权紧密相连,传统的侵犯知识产权犯罪也主要发生于一国国内,因此,知识产权的刑法保护主要

---

① 参见韩相敦:《韩国著作权的刑事保护》,载《中外法学》2007年第5期。

② 1994年,麻省理工学院的学生David Lamacchia,未经版权人同意,将十分流行的版权专有的电脑软件,放到国际互联网的计算机公告栏系统上,并邀请使用者去自由复制,在短短的六个星期内,给版权人造成了一百多万美元的严重损失。然而,由于David Lamacchia的行为并不以商业利益和个人的经济利益为目的,因而美国法院依照当时的有关刑事规定,无法对其追究版权侵害的刑事责任。参见United States v. Lanacchia,871F. supp. 535(D. Mass,1994),转引自廖中弘:《中美知识产权刑事保护的比较研究》,载《法律科学》1997年第3期。

③ 吉尔兹认为,法律如同民族志,都是具有地方性意义的技艺,只有依靠地方性知识,才能进行法律的运作。参见〔美〕克利福德·吉尔兹:《地方性知识:事实与法律的比较透视》,载梁治平主编:《法律的文化解释》,三联书店1994年版,第73页。

是一国国内的问题,由各国司法机关依照本国刑事法律进行侦查、追诉乃至定罪处罚。也就是说,在知识产权刑法保护中,主权国家的立法机关和司法机关都扮演着重要角色。

但是,随着互联网络的兴起和国际经济贸易交流的深入,20 世纪 90 年代以后,知识产权犯罪开始跨过国界,发展为国际犯罪,并被联合国规定为 17 类跨国犯罪中最严重的犯罪之一。① 可以预见,在经济全球化和犯罪国际化的总体趋势下,知识产权领域跨国(境)犯罪现象还将呈现增加趋势。为打击越来越严重的跨国知识产权犯罪,世界各国开始重视国际合作,纷纷以国际公约或者其他形式开展司法协助,共同打击侵犯知识产权的犯罪活动。由于这些合作层次多样、方式灵活,有些正处于探讨和摸索阶段,尚不规范,很难用系统的理论加以概括。考虑到美国是当今世界上推动知识产权保护国际合作最积极的国家,美国的主张和实践中的具体做法最具有代表性,因此我们主要对美国的国际合作情况予以介述。

(二)美国的主张和实践

美国是世界上头号经济科技大国,其所拥有的各类知识产权数量也最多,因此,加大知识产权保护力度对其最为有利。长期以来,美国不但不断加大知识产权的国内保护力度,还不断通过条约或者其他形式,督促世界其他国家保护知识产权,开展国际合作,甚至不惜诉诸世界贸易组织争端解决机构和用贸易报复相威胁。在美国的"威胁利诱"下,世界上许多国家和地区与其签订合作协议,不断开展一些正式和非正式合作。例如,美国向驻在国使领馆派驻知识产权执法专员,以监督、协助所在国的知识产权执法活动;资助有些国家的研究机构开展知识产权研究,并游说所在国立法和司法机构,要求加大知识产权保护力度;开展具体的执法合作,如互通情报、共同签发逮捕令、搜查令等刑事强制措施;引渡侵犯知识产权的犯罪分子等等。

尽管如此,美国对于现有的知识产权刑法保护的国际合作并不满意,美国司法部 2005 年发布的报告中进一步提出了加强国际合作的以下建议:

(1)建议调配美国的检察官到中国香港和布达佩斯的使领馆,将其指定为知识产权执法协调员,以协调在这些地区进行的知识产权执法。这些检察官的主要任务包括:发展与该地区外国执法机构的关系,就知识产权司法提供技术协助,开展培训项目,以及调查该地区知识产权犯罪的动向。

---

① 以中国为例,仅在公安机关 2004 年 11 月布置的为期一年的打击侵犯商标专用权犯罪的"山鹰"行动中,所查获的全国十大案件,就有六起重大跨国案件。其中中美执法部门联合侦查的涉及全球 11 个国家的制售"万艾可"、"西力士"假药案,案值达 4000 多万元人民币。

(2)建议在调配检察官到中国香港和布达佩斯的同时,从联邦调查局调配知识产权法律专员协助其工作。鉴于知识产权犯罪调查非常复杂,而且涉及特殊的技术问题,需要联邦专门受过训练的探员追踪在国外的知识产权罪犯。知识产权法律专员将负责收集证据、询问证人、制定调查策略。

(3)增强非正式联系渠道的作用,以在国外的调查中迅速收集信息和证据。报告指出,虽然美国已经和许多国家签订了司法协助条约,能够在国际司法调查中获得外国政府的协助并获取有关犯罪的证据,但是,在对知识产权犯罪的调查中,时效很关键,例如,证据可能存在于外国的计算机或互联网络之中,如果不立即采取行动,这些证据往往得不到保全。为此,报告建议建立"检察官对检察官"、"检察官对警察"或"警察对警察"的非正式联系渠道,使驻外的知识产权法律专员能够得到外国检察官、警察和其他执法人员的协助,以迅速获得有关证据。

(4)加强对外国检察官和有关执法官员的培训。报告认为,知识产权犯罪是全球化犯罪,但是,有许多国家的执法机构和人员缺乏必要的法律以及执法技能。因此,政府应邀请那些知识产权问题比较突出而其政府又有意打击该类犯罪的国家和地区,参与培训项目、学习执法技巧等,甚至派遣联邦检察官和探员参与这些国家的执法活动,以建立与这些国家的联系。

(5)与那些在知识产权执法方面存在突出问题的政府优先谈判司法协助条约,优先谈判将侵犯知识产权犯罪列入引渡条约的议题;在与外国谈判时强调知识产权执法问题。报告认为,司法部应当确保与亚洲国家签订有效的司法协助条约,因为那里的假冒商品正在成为突出的问题。司法协助条约将便于要求外国政府提供证据、询问证人以及在知识产权犯罪中提供其他证据。

报告还指出,虽然美国已经与100多个国家签署了引渡条约,但其中一些老条约规定只有在被指控的犯罪属于条约列出的犯罪清单时,美国才能要求引渡,从而导致美国无法引渡一些侵犯知识产权的犯罪分子。而美国政府在外国羁押知识产权犯罪的能力对于进行知识产权执法是一个关键因素。因此,美国司法部应当确保知识产权犯罪被包括在与外国签订的引渡条约内。如果某一国家的知识产权执法对美国至关重要,而其与美国之间又没有引渡条约,或者原有引渡条约中没有列入知识产权犯罪,则美国需要寻求谈判新条约。同时,在与亚洲和东欧国家谈判时,应不断提出和强调知识产权执法问题,并就新出现的知识产权问题展开对话。①

---

① 参见胡坚:《美国保护知识产权的新动向》,载《电子知识产权》2005年第5期。

(三)韩国和中国香港地区的实践

除了美国以外,作为新兴的准发达国家和地区,韩国与我国的台湾地区、香港地区知识产权保护已经成为其进一步发展的内在需要,因此,这些国家和地区也在积极开展知识产权刑法保护的国际合作。例如,香港地区的执法机关会定期与外国驻港领事机构中的知识产权执法人员会晤,就知识产权执法问题进行沟通;定期与中国大陆的执法机关开展合作,进行包括人员培训、共同研讨、互通情报等方面的合作。① 韩国在 2007 年与美国签订自由贸易协定以后,就担负起了在贸易领域保护知识产权的义务,需要在多个层面上与美国加强合作,以打击知识产权领域的跨国犯罪问题。②

需要注意的是,知识产权保护的范围、强度在国际上还存在一定的争议,刑法保护又往往涉及一国的主权问题,因此,国际范围内的知识产权刑法保护的合作还存在很多困难,并不断引发一些国际争端。今后,知识产权刑法保护的国际合作还有很长的道路要走。

六、结　　语

知识产权的刑法保护是当前刑事法理论和实践中的一个重大问题。改革开放以来,尽管我国不断加大知识产权的保护力度,但是,现有知识产权刑法保护的措施和水平仍不能完全满足自身发展及中外经济文化交流的需要。因此,我国仍然有必要在把握国际知识产权刑法保护基本特点及其发展趋势的基础上,结合自身需要,进一步完善知识产权的刑法保护。

在全面考察国际公约、世界各国和地区知识产权刑法保护之基本规定和具体做法的基础上,本文概要地勾勒了国际上知识产权刑法保护的基本特点及其发展趋势,即刑法保护日益受到重视;整体而言,刑法立法严而不厉但部分犯罪之刑罚又有加重趋向;立法保护与司法保护并重;开始重视国际合作。对国际知识产权刑法保护发展趋势的正确把握,有利于我国审时度势,提高知识产权刑事司法水平乃至于完善刑法立法,进而增进中外知识产权刑事法治文明成果的交流和刑事司法协助的顺利开展。例如,与国际上知识产权刑法保护日益受到重视的趋势相适应,我国今后仍有必要进一步加强知识产权的刑法保护,为创新型国家的建设提供最坚实的法治保障;与国际上知识产

① 参见香港海关原关长汤显明先生在 2007 年"内地与香港侵犯版权刑法论坛"上的发言。

② 参见韩相敦:《韩国著作权的刑事保护》,载《中外法学》2007 年第 5 期。

权刑法立法严而不厉的趋向相适应，我国有必要继续严密知识产权刑事法网，增设一些新罪名，改革一些犯罪的罪状设置（比如取消侵犯著作权犯罪“以营利为目的”主观要素的设置等）；与“开始重视国际合作”的趋势相适应，我国有必要在“理解、信任、平等”①等原则的指导下，积极开展与美国、欧盟等国家和地区的刑事执法合作。

① “理解”，就是合作各方要充分考虑对方的实际情况和处境；“信任”，就是要充分相信对方知识产权刑法保护的态度和能力；“平等”，就是要尊重对方的法律、制度和主权，不将自己的意志强加于人，不无端指责对方。参见柯良栋、李国如：《中国内地公安机关知识产权刑事执法现状与未来》，载赵秉志主编：《中国知识产权的刑事法保护及对欧盟经验的借鉴》，法律出版社2006年版，第48页。

16. 论贿赂外国公职人员、国际公共组织官员罪*

目 次

* 与杜邈合著，原载《中国刑事法杂志》2007 年第 1 期。

一、前　　言

从长远来看,国际竞争的核心不是资金和人才的竞争,也不是技术的竞争,而是制度的竞争。

腐败是人类社会的"隐性疾患",它严重威胁着国家的发展与稳定,对社会产生广泛的腐蚀作用,为滋生其他犯罪创造条件与土壤。近年来,腐败在全球化浪潮的驱动下迈出国界,成为国际社会所面临的普遍性问题。2003年12月9日,包括中国在内的来自全世界100多个国家的政府代表出席了联合国在墨西哥南部城市梅里达举行的国际反腐败高级别会议,签署了《联合国反腐败公约》(以下简称《公约》),该公约是联合国历史上第一项指导国际反腐败斗争的法律文件,对腐败的全球治理具有划时代的意义。2005年10月27日,中国十届全国人大常委会第十八次会议审议并批准了《联合国反腐败公约》,充分体现了我国改革开放与惩治腐败的坚定立场。为应对国际商业活动中日益猖獗的贿赂行为,《公约》将贿赂外国公职人员、国际公共组织官员犯罪确立为国际罪行,并要求各缔约国将该犯罪转化为国内法意义的犯罪行为。本文以贿赂外国公职人员、国际公共组织官员犯罪为视角,对我国刑法与《公约》的协调完善问题进行研究。

二、贿赂外国公职人员、国际公共组织官员罪概说

(一)本罪的设立背景

经济全球化使得企业跨国经营的范围日益扩展,跨国经营所面临的"本地性"问题也日益突出。为此,一些经营者不惜采用贿赂外国公职人员、国际公共组织官员的手段保持竞争优势、获得巨额利润。世界银行的调查显示,公共工程建筑、国防采购、石油天然气、房地产、电信以及电力行业是跨国公司腐败的高发地带。一个更为惊人的数据是,每年向发展中国家出口的金额中,高达500亿至800亿美元都流向了当地的腐败官员。据美国证券交易委员会20世纪80年代的一个调查显示,400多家公司承认它们在海外存在非法的或有问题的交易,他们承认曾经向外国政府官员、政治家和政治团体支付了高达30亿美元的巨款,而且多数都是自愿行为。[①] 著名的朗讯公司海

① 参见罗雪峰、牛方礼:《跨国行贿风暴》,载《中国对外贸易》2005年第7期。

外行贿案就是典型例证之一,2003 年 8 月,沙特 Silki－La－Silki 国家电信公司向纽约联邦法院递交起诉书,指控朗讯以及瑞士的 ACEC 公司在 1995 年至 2002 年期间,向沙特前邮政电话电报部部长阿里·艾·约哈尼行贿了价值 1500 万至 2100 万美元的现金和礼物。作为回报,约哈尼做出了很多有利于朗讯的决策,从而使朗讯在沙特无线通信市场上获得了“价值数十亿美元”的生意——比如推动该国最大的上市公司沙特电信公司和朗讯合作,并且同意朗讯终止与 Silki－La－Silki 的一项合同,造成该公司 6300 万美元的损失。①

在跨国商业活动中,贿赂外国公职人员、国际公共组织官员的现象之所以愈演愈烈,有着深刻的原因:一方面,贿赂外国公职人员、国际公共组织官员往往得不到本国的重视,不少国家的法制并不足以规制此类行为。行贿者目的是获得更多利润,从而在国际竞争中得到优势,还可以为本国带来税收、名誉等利益;这种贿赂也不会腐蚀本国的政权体系,造成社会不公等现象。一些行贿者更是以“橘生淮南则为桔,橘生淮北则为枳”的理由为自己辩解,例如声称外国投资环境较差或普遍存在腐败,如果不进行行贿,根本不可能赢得竞争;声称为了绕过外国的各种不合理的法规和政策,必须行贿等等。另一方面,跨国性是贿赂外国公职人员、国际公共组织官员的显著特征,鉴于各国间政治、经济、法律诸方面的巨大差异,在实践中很难依靠一国的司法资源去收集证据、发现事实;有关机关对跨国公司国外的腐败行为也难以像国内一样进行监察和侦查,从而增加了追究的难度。

(二)本罪的历史嬗变

随着经济全球化的加快和国际交往的增多,跨国商业贸易中贿赂外国公职人员和国际组织官员的危害日益严重,它破坏了公平竞争的国际贸易秩序,腐蚀了各国政府与国际组织的运行,从而引起国际社会的强烈关注。1975 年 7 月 10 日美洲国家间签订的《关于跨国公司行为的决议》是最早规定本罪的国际法律文件,该决议明确规定贿赂外国官员的行为是一种犯罪行为,首次提出了应当将贿赂外国官员的行为视为犯罪的原则,从而消除了以前仅把此种行为看作是一种商业陋习的错误认识。此后,1976 年 6 月 21 日在巴黎通过的《经济合作及发展组织宣言》、1979 年 5 月 25 日联合国经济和社会理事会在纽约通过的《关于非法支付的国际协定》和 1983 年 5 月 21 日在纽约通过的《联合国跨国公司行为法典草案》,都就禁止贿赂外国官员作出了规定。② 1996 年 3 月 29 日美洲国家组织通过了《美洲反腐败公约》,该

① 参见王以超、张帆:《朗讯中国“贿赂门”》,载《财经杂志》2004 年第 4 期。

② 参见〔美〕谢里夫·巴西奥尼:《国际刑法的渊源和内涵——理论体系》,王秀梅译,法律出版社 2003 年版,第 146 页。

公约在第8条“跨国贿赂”中规定缔约国应禁止并惩罚在经济或商业交易中向外国官员行贿的行为。1997年12月17日经济合作与发展组织(OECD)通过的《禁止在国际商业交易中贿赂外国公职人员公约》,明确规定缔约方应采取必要措施将向外国公职人员行贿的行为规定为犯罪。此外,1999年1月27日欧洲理事会在斯特拉斯堡制定并通过了《关于反腐败刑法公约》,该公约也提出各当事国应将下列行为确立为国内刑事法中的犯罪,例如外国公职人员的受贿、外国公共议会议员的受贿、国际组织官员的受贿、国际议会成员的受贿和国际法庭法官及官员的受贿等。① 但是,上述公约仅适用于本区域或本组织内部,而不具备普遍的约束力,难以满足反腐败全球治理的迫切需要;各公约对本罪构成的理解也存在相当差异,一些公约中也未将对国际公共组织官员行贿和国际公共组织官员受贿的行为规定为犯罪。为弥补上述缺憾,2003年12月9日至11日在墨西哥梅里达会议上通过的《联合国反腐败公约》第16条将“贿赂外国公职人员或者国际公共组织官员”定义为犯罪行为,此外还规定了详细的管辖、司法合作以及引渡等具体条款。这就以国际立法的形式统一了各国的认识,从而有利于公平、合理的国际经济秩序的建立。②

(三)对本罪的阐释

从《联合国反腐败公约》的规定来看,贿赂外国公职人员、国际公共组织官员罪实质上包含两个具体罪名,即对外国公职人员、国际公共组织官员行贿罪和外国公职人员、国际公共组织官员受贿罪。前者的罪状是直接或间接向外国公职人员或者国际公共组织官员许诺给予、提议给予或者实际给予该公职人员本人或者其他人员或实体不正当好处,以使该公职人员或者该官员在执行公务时作为或者不作为,以便获得或者保留与进行国际商务有关的商业或者其他不正当好处;后者的罪状是外国公职人员或者国际公共组织官员直接或间接为其本人或者其他人员或实体索取或者收受不正当好处,以作为其在执行公务时作为或者不作为的条件。为更好地理解该犯罪,还需要对下列问题作出阐释:

---

① 参见赵秉志、王志祥、郭理蓉编:《联合国反腐败公约暨相关重要文献资料》,中国人民公安大学出版社2004年版,第195—329页。

② 由于尼克松水门事件的影响,美国于1977年颁布了《反海外腐败法》(Foreign Corruption Practice Act,简称FCPA),明确禁止美国公司为获得海外市场向外国官员贿赂。美国为了避免在国际竞争中处于不利的地位,积极推动有关国家和国际组织进行相关立法,客观上看,美国的推动行为为促进区域性和全球性反腐败公约及有关国家的国内立法,发挥了重要的作用。参见陈雷:《惩治与预防国际腐败犯罪理论与实务》,中国检察出版社2005年版,第55页。

1. 本罪是否限于国际商业活动中

我国刑法学界对此问题存在两种观点：第一种观点认为，本罪应当限于"国际商务活动"中，《公约》第16条第1款规定的"以便获得或者保留与进行国际商务有关的商业或者其他不正当好处"实际表明了《公约》的意图，并限定了该条第2款的规定。① 第二种观点认为，根据《联合国打击有组织犯罪公约》和《联合国反腐败公约》的规定，本罪并不局限于国际商业活动中。因为上述公约的立法目的是为了有效地打击有组织犯罪和腐败犯罪。② 本文认为，第一种观点以偏概全，将某个具体罪名的特性认为是整个犯罪的共性；而第二种观点则忽视了公约的相关内容，因为从《公约》第16条第1款来看，实质上是规定了对外国公职人员、国际公共组织官员行贿者的主观要件，即以"获得或者保留与进行国际商务有关的商业或者其他不正当好处"为目的，因此贿赂行为必然发生于国际商业活动之中。故基于《公约》的明确规定，对外国公职人员、国际公共组织官员行贿罪应存在于国际商业活动之中③；而外国公职人员、国际公共组织官员受贿罪则无此要求。

2. 对"不正当好处"的理解

在贿赂外国公职人员、国际公共组织官员罪中，贿赂的范围是"不正当好处"(undue advantage)。我们应如何理解"不正当好处"呢？刑法学界对贿赂范围存在以下几种学说：第一种是"财物说"，即贿赂仅包括金钱和物品；第二种观点是"财产性利益说"，即贿赂不应只限于财物，还应包括其他可以用金钱来计算的物质利益；第三种观点是"利益说"，即贿赂既包括财物和财产性利益，也包括其他非财产性的不正当利益。④ 尽管各个国际公约对贿赂内容之语言表述各不相同，但其涵盖的范围基本相同，即贿赂除了财物、财产性利益外，还包括其他非物质性或非财产性的利益。⑤ 在实践中，对外国公职人员、国际公共组织官员的贿赂呈现隐蔽性、多样性之鲜明特征。一些经营者为

① 参见袁彬：《论贿赂外国公职人员或国际公共组织官员罪》，载《黑龙江政法管理干部学院学报》2005年第2期。

② 参见杨冠庆、吴高庆主编：《联合国反腐败公约解读》，中国人民公安大学出版社2004年版，第154页。

③ 这里应当注意，《联合国反腐败公约》将对外国公职人员、国际公共组织官员行贿罪限定于国际商业活动中，这并不一定是科学的选择，本文将在文末予以分析。

④ 参见王作富主编：《刑法分则实务研究》(下)，人民法院出版社2003年版，第1970—1971页。

⑤ 例如《美洲国家组织反腐败公约》将贿赂内容界定为"任何财物或其他利益如礼物、便利、承诺或好处等"；经济合作与发展组织《禁止在国际商业交易中贿赂外国公职人员公约》也认为是"不正当的金钱或其他好处"。参见陈雷：《惩治与预防国际腐败犯罪理论与实务》，中国检察出版社2005年版，第50页。

获取更多利润,在商业活动中无所不用其极,贿赂小至提供免费餐饮、娱乐设施、旅游项目、子女的升学机会和就业机会、性服务,大至赠送昂贵礼品、资助其喜好的慈善事业、赞助其组织的论坛或研究活动等。因而从国际立法与反腐实践来看,"不正当好处"显然包括财物、财产性利益和非财产性利益。

3. 外国公职人员、国际公共组织官员的含义

根据《公约》第2条第2项规定,"外国公职人员"系指外国无论是经任命还是经选举而担任立法、行政、行政管理或者司法职务的任何人员;以及为外国,包括为公共机构或者公营企业行使公共职能的任何人员。值得注意的是,外国不仅限于"国家",它包括从国家到地方的各级政府及其各下属部门,有时也包括任何有组织的外国地区或实体,比如自治领土或独立关税地区。①

根据《公约》第2条第3项的规定,国际公共组织官员系指国际公务员或者经此种组织授权代表该组织行事的任何人员。国际公共组织官员主要包括两类:一是受国际组织聘用的国际公务员;二是虽没有受国际组织聘用,但受国际组织授权代表该组织行事的人员。② 而国际公共组织又应如何界定呢? 有学者认为,国际公共组织是指具有公共职能或者提供公共服务的政府间组织,如联合国及其各种下属机构,世界贸易组织、国际货币基金组织等。③ 本文不赞同这种观点。因为国际公共组织以其与政府之间的关系为标准,可分为政府间国际组织(Inter - Governmental Organizations)和非政府间国际组织(International Non - Government Organization),两者均为全球化时代国际社会的参与者。④ 在实践中,政府间国际组织固然行使了绝大部分公共职能,但非政府间国际组织也经常参与政府间国际组织的项目,在国际社会经济、社会的发展过程中发挥了重要作用。例如政府间国际组织在处理人权、环保、劳工问题时,往往从非政府间国际组织中委派专家,以保证解决问题时有不同利益集团的代表参与,听取国际社会的广泛意见。因而判断国际公共组织的标准是该组织是否承担了国际公共职能,而不取决于其名称、组织形式或权限。

---

① 参见赵秉志、王志祥、郭理蓉编:《联合国反腐败公约暨相关重要文献资料》,中国人民公安大学出版社2004年版,第345页。

② 参见袁彬:《论贿赂外国公职人员或国际公共组织官员罪》,载《黑龙江政法管理干部学院学报》2005年第2期。

③ 参见杨宇冠:《联合国反腐败公约述评》,载《人民检察》2004年第4期。

④ 伴随全球化的趋势的增强,国际组织的数量激增。1940年,全世界约有80个政府间国际组织和500个非政府间国际组织;而到了20世纪90年代,这个数目已分别增加到300个与4600个。See Charles W · Kegley , Jr: Eugen R Wittkopf. World politics: Trend and transformation. New York: St Martin's Press, 1993. p155.

三、《公约》中的贿赂外国公职人员、国际公共组织官员罪与我国刑法的协调

《联合国反腐败公约》第16条规定了对外国公职人员、国际公共组织官员行贿罪和外国公职人员、国际公共组织官员受贿罪两项具体罪名，并要求缔约国予以犯罪化。那么，这是否意味我国应在刑法中增设上述两个罪名呢？当前，刑法学界有观点认为，我国刑法中应增设"对外国公职人员、国际公共组织官员行贿罪"与"外国公职人员、国际公共组织官员受贿罪"两个罪名。① 本文认为，国际立法的背景、视角与国内立法是截然不同的，在国际犯罪国内化的过程中，我们必须立足于本国实际，并考虑与现行刑法规范的协调问题。基于此种立场，本文认为，我国刑法应增设对外国公职人员、国际公共组织官员行贿罪，而不宜增设外国公职人员、国际公共组织官员受贿罪。

（一）增设对外国公职人员、国际公共组织官员行贿罪之必要

中国刑法中的贿赂犯罪有广义和狭义之分，广义的贿赂犯罪既包括公务领域的贿赂犯罪，也包括经济领域的贿赂犯罪；而狭义的贿赂犯罪仅指公务领域的贿赂犯罪。② 表面看来，中国刑法中关于贿赂犯罪的刑事法网不可谓不严密，但同《联合国反腐败公约》相比较，我国刑法在贿赂犯罪的范围上尚失之过窄。一个法律制度，如果跟不上时代的需要或要求，而且死死抱住上个时代的只具有短暂意义的观念不放，那么显然是不可取的。③ 我国刑法中存在行贿罪和对公司、企业人员行贿罪，但行贿对象被囿限于国家工作人员或公司、企业人员，当实践中出现对外国公职人员、国际公共组织官员行贿的

---

① 该观点认为，增设上述两个罪名有利于我国向受贿人追回赃款，解决我国目前对外国公职人员、国际公共组织人员在我国境内收受贿赂无法惩治的局面，以维护我国刑法的权威和威严。参见苏彩霞：《论我国惩治腐败犯罪刑事立法的完善——以〈联合国反腐败公约〉为参照》，载《法商研究》2005年第5期。该观点还可见于万克夫：《贿赂外国公职人员或国际公共组织官员罪的国内立法思考》，载《甘肃社会科学》2005年第3期；梁晓春：《论〈联合国反腐败公约〉与我国刑事法治之协调》，载《政法学刊》2004年第2期。

② 广义的贿赂犯罪既包括我国刑法分则第8章"贪污贿赂罪"中的受贿罪、单位受贿罪、行贿罪、对单位行贿罪、介绍贿赂罪、单位行贿罪，也包括刑法分则第3章"破坏社会主义市场经济秩序罪"中的公司企业人员受贿罪和向公司企业人员行贿罪；狭义的贿赂犯罪只包括我国刑法分则第8章中的相关犯罪。

③ 参见〔美〕E.博登海默：《法理学法律哲学与法律方法》，邓正来译，中国政法大学出版社2004年版，第340页。

现象时,却因法无明文规定而难以进行惩处。此外,在商业活动中采用贿赂手段属不正当竞争行为,1993 年《中华人民共和国反不正当竞争法》第 22 条规定:“经营者采用财物或者其他手段进行贿赂以销售或者购买商品,构成犯罪的,依法追究刑事责任,不构成犯罪的,监督检查部门可以根据情节处以 1 万元以上 20 万元以下的罚款,有违法所得的,予以没收。”由此可见,如果在商业活动中对外国公司、企业人员行贿的,可能受到对公司、企业人员行贿罪的惩处,而在商业活动中对外国公职人员、国际公共组织官员行贿的,则只能追究其行政法律责任,这显然有悖于罪责刑相适用原则的要求。

从实践的角度来看,在国际商业活动中对外国公职人员、国际公共组织官员行贿具有严重的社会危害性:其一,该行为为滋生其他犯罪提供土壤。诚实、守信是应当遵循的企业伦理道德,而贿赂行为则背弃了公平竞争的原则。长此以往,经营者将日益漠视伦理道德,为追求利润不择手段,从而实施制假、洗钱、走私等犯罪。其二,该行为影响我国企业在国际上的竞争力。在短期内,通过行贿可能会提供更加便利的条件,带来更多的利润,但长期看来,这种方式是难以持久的。很难想象,一个依靠商业贿赂发展壮大的企业能打造出真实的竞争力,一个漠视正常市场游戏规则的公司能在国际市场上获得长远发展。① 其三,该行为最终扰乱我国的国内市场竞争秩序。在开放型经济中,一国国内市场与海外市场是紧密联系的,要保护国内市场竞争,就必须对经营者的海外贿赂行为予以规制。如果任由经营者通过贿赂手段在海外市场谋取暴利,对那些未实施此类行为的经营者来说,显然处于不利的竞争地位;如果任由经营者通过贿赂手段在海外市场谋取暴利,就会促使大量资本转入海外市场,而影响国内的资本投入,从而直接冲击国内资本市场的竞争秩序。其四,该行为损害了我国的国际形象。在国际商业活动中,一国的经营者往往代表本国的形象,在我国加入 WTO,更多地参与国际政治、经济活动的情况下,此类行贿将引起国际舆论对我国法律制度、投资环境的负面评价,从而带来难以估量的间接损失。

因此,在我国刑法中增设对外国公职人员、国际公共组织官员行贿罪,不仅可以完善法制、填补空白,更可以以此为契机,有力地促进公平竞争秩序的建立与完善,提高我国在国际经济领域的形象。

(二)不宜设立外国公职人员、国际公共组织官员受贿罪之思考

众所周知,行贿与受贿是一对对合性犯罪,因而从理论上讲,应当同时设立和惩治这两种罪名。但从现实可行性考察,若本国将外国公职人员或国际

① 参见胡梅娟等:《商业贿赂带来八大负面影响》,载《瞭望新闻周刊》2005 年第 33 期。

公共组织官员的受贿行为规定为犯罪，势必引起诸多法律和政治问题，因而《公约》也未提出增设该罪的强制性要求。《公约》第16条第1款规定各缔约国应采取必要的立法和其他措施，将对外国公职人员或国际公共组织官员行贿规定为犯罪，这属于绝对的强制性条款；而第2款规定，各缔约国均应"考虑"采取必要的立法和其他措施，属于弹性条款，各缔约国可依照本国实际，决定是否增设该罪。

本文认为，在我国刑法中增设外国公职人员、国际公共组织官员受贿罪之主张是有待商榷的，其原因包括以下几点：首先，外国公职人员、国际公共组织官员的受贿行为并不必然侵害我国刑法保护之法益。现代刑法理论认为，犯罪的本质是侵犯法益，而刑法的特点正是通过预告和执行刑罚来预防和镇压对利益的侵害以达到对利益的保护。① 刑法总是由主权国家制定并在权力范围内施行的，各国在犯罪化过程中均体现出本国法益至上的原则，当本国法益和外国法益产生冲突时，还将优先保护本国法益。② 我国刑法同样体现了保护本国法益之倾向，对于一些对他国具有社会危害性的行为，我国刑法却未将其规定为犯罪。例如《刑法》第151条第2款走私文物、贵重金属罪仅禁止携带上述物品出境，而未将携带上述物品入境的行为以犯罪论处；又如第9条规定了普遍管辖权，尽管这是基于保护人类共同利益之必要，但其根本原因是这些犯罪严重地侵害或威胁到我国国家、社会或个人法益。由此可见，外国公职人员、国际公共组织官员受贿有损外国或国际组织的职务廉洁性，但这并不必然属于我国刑法保护的范围。

其次，增设外国公职人员、国际公共组织官员受贿罪在实践中缺乏可操作性。外国公职人员、国际公共组织官员实际上代表该国、该国际组织行使权力，部分外国公职人员、国际公共组织官员更是享有外交特权与豁免权，即便我们在立法上确立了该罪名，司法实践中也很难将犯罪嫌疑人缉捕归案。因此，如果将一项在实践中几乎不能适用的罪名纳入我国刑法中，就很难说是科学的选择。鉴于各国政治体制、意识形态等方面存在差异，有的国家会因上述差异甚至出于敌意，将惩治此类犯罪认为是政治敌对行为。在特定情况下，追究外国公职人员的刑事责任还可能引发国际冲突，从而使国内法肩

① 参见〔日〕泷川幸辰：《犯罪论序说》，王泰译，法律出版社2005年版，第1页。

② 我国1997年《刑法》第2条规定："中华人民共和国刑法的任务，是用刑罚同一切犯罪行为作斗争，以保卫国家安全，保卫人民民主专政的政权和社会主义制度，保护国有财产和劳动群众集体所有的财产，保护公民私人所有的财产，保护公民的人身权利、民主权利和其他权利，维护社会秩序、经济秩序，保障社会主义建设事业的顺利进行。"上述规定大体可认为是我国刑法保护法益的范围。

负了过多的政治色彩。此外，一国的司法资源总是有限的，为保证和谐社会的顺利建设，我们应集中资源打击侵犯本国法益之腐败犯罪。

最后，在其他国家立法中存在可资借鉴的类似规定。例如美国《反海外腐败法》就是一部完全针对美国本国公司向海外政府机构行贿行为的法律。该法将犯罪主体限定为：(1)直接参与海外交易的美国国内证券发行人、国内企业或者他们的官员、董事、雇员、代理人或代其行事的股票持有人。(2)受美国自然人、企业控制的海外子公司。(3)在美国境内违反 FCPA 的外国企业或自然人。上述主体向外国官员、外国政党及其官员或外国政治职位候选人行贿的，才属于《反海外腐败法》调整的范畴。① 又如澳大利亚 1999 年《刑法典修正案(贿赂外国公职人员)》将向外国公职人员行贿规定为犯罪。其构成要件包括：行为人向另外一个人提供利益，或造成利益被提供给另外一个人；或者向另外一个人提出要提供或承诺提供利益；或造成向另外一个人提出要提供或承诺要提供利益；以及该利益依法不应归于另外那个人；以及该个人此举的目的是影响外国公职人员行使其官方职责以便获取或保留业务，或获得或保留一个依法不应归于该接受者或预期接受者的商业优势。② 再如西班牙刑法典中亦规定了“涉外商务买卖中的贿赂罪”，该罪仅仅包括“任何人本人或者通过第三人以赠品、礼品、承诺或者许诺等方式腐化外国公务员或者国际组织工作人员”，而并未将外国公职人员或国际公共组织官员受贿的行为规定为犯罪。③《瑞士联邦刑法典》第 322 条第 6 项规定了贿赂外国公务员及国际组织官员罪：“行为人为有利于自己或第三人，向为外国或国际组织工作的审判机关或其他机关的成员、官员、官方聘请的鉴定人、文字翻译或口头翻译、仲裁员或军队成员提供、允诺或给予非应得的利益，意图使其履行职务行为时违反义务，为一定的行为或不为一定的行为的，处……。”此处也未包括外国公职人员或国际公共组织官员的受贿行为。④

---

① 例如著名的“德普公司行贿案”：德普公司(DPC)在美国的母公司通过账目查询，发现其天津子公司的账目问题，遂主动向美国司法部报告。经调查，天津德普公司从 1991 年到 2002 年期间，向中国国有医院医生行贿 162.3 万美元的现金，用来换取这些医疗机构购买 DPC 公司的产品，德普公司从中赚取了 200 万美元。德普公司被处罚向美国司法部和美国证券交易委员会分别交纳 200 万美元和 204 万美元的罚款，还要交纳 75 万美元的预审费等费用。但是，依照《反海外腐败法》的规定，美国仅对行贿者——德普公司予以处罚，而未依其本国法追究海外受贿者的法律责任。参见程宝库、王欣：《美国〈反海外腐败法〉及对中国的影响》，载《中国经济时报》2005 年 7 月 4 日第 8 版。

② 参见杨书文：《反商业贿赂全球在行动——国际组织和有关国家关于反商业贿赂的法律规定》，载《检察日报》2006 年 4 月 4 日第 3 版。

③ 参见潘灯译：《西班牙刑法典》，中国政法大学出版社 2004 年版，第 160 页。

④ 参见徐久生、庄敬华译：《瑞士联邦刑法典》，中国方正出版社 2004 年版，第 101—102 页。

四、我国刑法中增设对外国公职人员、国际公共组织官员行贿罪的具体构想

（一）立法模式之选择

有学者指出，要使《联合国反腐败公约》与我国刑法达成衔接，有两种可供选择的立法模式：一是在我国的现行刑法原条文中对“国家工作人员”和“国有单位”在立法上进行扩大解释，将国家工作人员扩大解释为包括外国公职人员，而将国有单位扩大为包括外国和国际公共机构。二是采用单行刑法或是刑法修正案的方式进行补充规定。① 我们认为，第一种模式通过牵强解释以扩大贿赂犯罪的范围，这显然是不够科学的。我国《刑法》第 93 条明确规定了“国家工作人员”的范围，该规定与我国国体、政体紧密相关，“国家工作人员”只能指中国大陆地区的公职人员，甚至不能包含港澳地区和台湾地区的公职人员；而将“国家工作人员”或“国有单位”进行扩充解释也明显扭曲了字面含义，违背了刑法解释的原则。此外，此种模式仅扩大了贿赂的对象范围，其他要件诸如犯罪主体、主观方面和法定刑均保持不变，这显然不能满足《联合国反腐败公约》的各项要求，例如《公约》以“不正当好处”为贿赂范围，我国刑法中的贿赂范围与之尚有很大差距。

我们赞同第二种立法模式，但自 1997 年修订刑法之后，我国已基本不再通过单行刑法设置犯罪与刑罚。而刑法修正案兼具修改补充功能和增设新罪功能，既能对刑法中已有内容的缺漏或不完备之处加以补正或完备，又能针对社会上新出现的刑法未规定为犯罪的严重危害行为，通过颁布刑法修正案的方式将之规定为犯罪。② 因此，以修正案模式与《公约》进行协调完善，既能够及时回应国际立法的要求，又保持了刑法体系的完整性。③

（二）该罪在刑法分则中的地位

刑法学界有观点认为，应在刑法分则第八章“贪污贿赂犯罪”中增设贿

---

① 参见张智辉：《论贿赂外国公职人员罪》，载高铭暄、赵秉志主编：《21 世纪刑法学新问题研讨》，中国人民公安大学出版社 2001 年版，第 305 页。

② 参见黄京平、彭辅顺：《刑法修正案的若干思考》，载《政法论丛》2004 年第 3 期。

③ 事实上，我国已存在以刑法修正案回应国际立法的实践。2001 年“9·11”美国遭恐怖袭击事件后，联合国安理会通过了第 1373 号决议，要求联合国各成员国将以任何手段资助恐怖主义的行为规定为犯罪。随后，我国第九届全国人大常委会第二十五次会议于 2001 年 12 月 29 日通过了《刑法修正案（三）》，增设了“资助恐怖活动罪”。

赂外国公职人员或者国际公共组织官员罪。① 本文则认为,对外国公职人员、国际公共组织官员行贿罪应纳入第二章破坏社会主义市场经济秩序罪第三节妨害对公司、企业的管理秩序罪之中。从法益保护的角度来看,该行为妨害国家对公司、企业的管理秩序,进而对社会主义市场经济秩序产生危害。公司企业管理秩序是由一系列有关公司、企业的各种法律、法规所规定的管理制度建立起来的,而在国际商业活动中对外国公职人员、国际公共组织官员行贿已为我国法律所明确禁止。1993 年《中华人民共和国反不正当竞争法》第 8 条规定:"经营者不得采用财物或者其他手段进行贿赂以销售或者购买商品。"2004 年修订的《中华人民共和国对外贸易法》第 33 条规定:"在对外贸易经营活动中,不得实施以不正当的低价销售商品、串通投标、发布虚假广告、进行商业贿赂等不正当竞争行为。"我国刑法分则体系所赖以建构的标准是犯罪所侵犯的同类法益,刑法分则第八章贪污贿赂罪所侵犯的法益是国家工作人员职务行为的廉洁性,将该罪纳入其中显然有悖于我国犯罪分类的标准。从刑罚设置的角度来看,将该罪纳入第二章将更有利于国际刑事司法协助的开展。该罪的重要特征之一就是跨国性,或是行为人位于国外,或是犯罪行为发生在国外,从而引发了引渡、证据移送等一系列国际刑事司法协助问题。我国对贿赂犯罪之惩治存在重刑化趋势,例如对行贿罪的最高刑期可达到无期徒刑,而这有悖于国际社会的轻刑化趋势。如将该罪纳入刑法分则第八章,则可能难以得到国际社会的认同,从而妨害国际刑事司法协助的实现;如将该罪纳入刑法分则第二章比照对公司、企业人员行贿罪进行处罚,则可以较好地解决这一问题。

(三)该罪的构成要件设计

1. 犯罪主体

《联合国反腐败公约》第 26 条系统规定了法人责任,即各缔约国均应当采取符合其法律原则的必要措施,确定法人参与根据本公约确立的犯罪应当承担的责任,法人责任可以包括刑事责任、民事责任或者行政责任。因此,本罪的主体是一般主体,包括自然人和单位。无论是具有中国国籍的自然人或单位,还是具有外国国籍的自然人或单位,只要其实施对外国公职人员、国际公共组织官员行贿之行为,又在我国刑事管辖的范围内,均可以成为本罪的主体。

2. 犯罪主观方面

根据《联合国反腐败公约》的要求,本罪主观方面是故意,且为具备特定目的之目的犯,即行为人为谋取不正当商业利益而实施贿赂行为。所谓不正

① 参见林俊辉:《中国贿赂犯罪立法与〈联合国反腐败公约〉之比较》,载《福建公安高等专科学校学报》2005 年第 4 期。

当商业利益，则应依据相关国家之法律、法规或其国家政策，以及国际组织的规章、制度作出判断。① 这些利益可能是应损失而未损失的，可能是不应得而获得的，也可能是应得而扩大的，例如使资质欠缺的公司获得某国市场的准入资格，使国际公共组织违背标准进行认证等等。

3. 犯罪客观方面

根据《公约》的规定，对外国公职人员、国际公共组织官员行贿罪的贿赂方式为“许诺给予、提议给予或实际给予”，贿赂对象为“公职人员本人或者其他人员或实体”，这些均可以被我国刑法中行贿罪的客观方面所涵盖，故无必要再具体规定。此外，《公约》规定贿赂范围为“不正当好处”，而根据我国刑法的规定，贿赂范围是指索取或收受的“财物”，其中包括各种“回扣”和“手续费”，这显然较《公约》的规定为窄。伴随着实践中的新情况，我国刑法理论中传统的贿赂范围即“财物说”已经受到动摇，有观点认为应将贿赂的范围从“财物”扩大至“财物及财产性利益”；更有观点认为“贿赂”除包括财物和财产性利益外，还应包括如招工转干、提级晋升、安排出国留学、吃喝玩乐、性服务等非财产性利益。② 此外，我国其他法律中也并未将贿赂范围局限于财物，因而扩大贿赂内容也是我国法制协调完善的必然要求。如 1993 年《中华人民共和国反不正当竞争法》第 8 条规定：“经营者不得采用财物或者其他手段进行贿赂以销售或者购买商品。”1996 年 11 月 15 日国家工商行政管理局颁布的《关于禁止商业贿赂行为的暂行规定》第 2 条也明确指出，商业贿赂是指经营者为销售或者购买商品而采用财物或者其他手段贿赂对方单位或者个人的行为。该规定还具体明确了贿赂的内容，财物是指现金和实物，其他手段是指提供国内外各种名义的旅游、考察等给付财物以外的其他利益的手段。因此，本文认为，我国可考虑贯彻《公约》的要求，扩大“贿赂”的范围，将财物之外的财产性利益和非财产性利益均纳入进来。当然，将非财产性利益纳入“贿赂”的问题比较复杂，还需要认真研究。

4. 犯罪客体

如前所述，外国公职人员或国际公共组织官员的职务廉洁性不应成为我

---

① 最高人民法院、最高人民检察院在 1999 年 3 月 4 日发布的《关于在办理受贿犯罪大要案的同时要严肃查处严重行贿犯罪分子的通知》第 2 条对谋取不正当利益下了明确的定义：“‘谋取不正当利益’是指谋取违反法律、法规、国家政策和国务院各部门规章规定的利益，以及要求国家工作人员或者有关单位提供违反法律、法规、国家政策和国务院各部门规章规定的帮助或者方便条件。”因此，对外国公职人员、国际公共组织官员行贿罪中的“不正当利益”可比照《通知》进行认定。

② 参见王作富主编：《刑法分则实务研究》（下），人民法院出版社 2003 年版，第 1970—1971 页。

国刑法所保护的法益，因此，本罪的客体是单一客体，即国家对公司、企业的管理秩序。

（四）该罪的刑罚设置

在经济领域中，国家刑罚制度虽然没有明确提倡什么、鼓励什么，但它通过制裁那些禁止的行为向人们揭示了“可以”或“应该”做什么，从而把人们的经济行为强制性地纳入国家经济正常运行的轨道。① 鉴于本罪与对公司、企业人员行贿罪均破坏了公司企业的管理秩序，因而本罪的刑罚也可参照对公司、企业人员行贿罪予以设置。值得注意的是，我国刑法中贿赂犯罪多为数额犯，即以数额多少决定刑罚的轻重，在扩大“贿赂”范围后，也不妨将数额犯修改为情节犯，即以情节严重程度决定刑罚的轻重，如对外国公职人员、国际公共组织官员行贿数额巨大、手段恶劣，或严重损害我国形象、引发国际纠纷的，均属于情节严重的范畴。

具体而言，可考虑在《刑法》第 164 条后增加一条，作为第 164 条之 1：“为谋取不正当商业利益，给予外国公职人员、国际公共组织官员财物或者其他利益，情节严重的，处三年以下有期徒刑或者拘役；情节特别严重的，处三年以上十年以下有期徒刑，并处罚金。”“单位犯前款罪的，对单位判处罚金，并对其直接负责的主管人员和其他直接责任人员，依照前款的规定处罚。”“行贿人在被追诉前主动交代行贿行为的，可以减轻处罚或者免除处罚。”

五、余论：对外国公职人员、国际公共组织官员行贿罪应否限于国际商业活动

在实践中，对外国公职人员、国际公共组织官员行贿较多发生于国际商业活动中。但是，非商业性贿赂外国公职人员、国际公共组织官员的行为也不可忽视。那么，为什么《联合国反腐败公约》将该罪限定于国际商务活动之中呢？有观点指出，贿赂外国公职人员的行为当然不限于国际商业交易中，但是，为了政治目的而向外国公职人员行贿，往往是基于本国的国家利益或者执行本国对外政策的需要而实施的，在这种情况下，要行贿人所在国对行贿人追究刑事责任，几乎是不可能的；而在国际商业交易之外为了个人目的向外国公职人员行贿的行为，其危害性是极其有限的，不易引起国际社会的共同关注，因而很难成为一种国际犯罪；只有国际商业交易活动中贿赂外

① 参见谢望原：《刑罚价值论》，中国检察出版社 1999 年版，第 183 页。

国公职人员的行为,能够在世界市场上破坏国际商业交易。所以,有必要把贿赂外国官员罪限定在国际商业交易活动中。①

但是,一些对外国公职人员或国际组织官员行贿既不发生于商业活动中,也不具备强烈的政治色彩,但具有较大的社会危害性。近年来,庞大商机与巨大利益使申办重大国际文体活动的过程中充满了激烈竞争,少数竞争者通过提供贿赂的方式获得主办权,不仅使竞争对手遭到不公平对待,而且违背了公平竞争的理念与精神。例如在美国盐湖城冬奥会贿赂事件中,盐湖城奥申委采用提供政治献金、安排子女赴美留学的奖学金、提供投资机会等方式对部分国际奥委会委员进行贿赂,从而使其以压倒性的58票,一举成为2002年冬奥会的东道主。② 此外,在国际恐怖主义泛滥的情况下,恐怖主义与腐败也呈现出奇异的"融合"趋势。恐怖分子可能通过贿赂外国公职人员,以获得实施跨国恐怖活动的便利条件,或者获得该国的国民身份,以进入该国采购武器或躲避追捕。同时,恐怖分子也可能贿赂国际公共组织官员,以制造国际舆论,为将暴力恐怖犯罪政治化服务。③ 因此,伴随着社会的不断发展,对外国公职人员、国际公共组织官员行贿罪是否应限于商业活动,尚值得我们深思。

---

① 参见张智辉:《论贿赂外国公职人员罪》,载高铭暄、赵秉志主编:《21世纪刑法学新问题研讨》,中国人民公安大学出版社2001年版,第297页。

② 参见《盐湖城行贿丑闻》,载《市场报》2002年1月5日第6版。

③ 事实上,腐败与恐怖主义之间存在千丝万缕的联系,正如联合国秘书长安南在联大通过《联合国反腐败公约》时的演说中指出:"腐败犹如瘟疫,腐蚀着人类社会,它破坏民主、法制、人权,使市场畸形、人民生活受损,并引发有组织犯罪、恐怖主义及其他威胁人类安全的隐患。"参见"联大通过反腐败公约 安南呼吁各国签署批准该公约",载《人民日报》2003年11月2日第3版。

17. 俄罗斯与中亚诸国反恐怖主义法述评*

目 次

---

* 与杜邈合著，原载《法学评论》2007 年第 1 期。

一、前　　言

新世纪伊始,恐怖主义在全球范围内迅速蔓延,并呈现出鲜明之地缘性特征。“基地”组织虽在阿富汗遭受重创,但仍在一些国家负隅顽抗,并开始建立新据点,活动营地从北高加索、中东、南亚、东南亚这条“恐怖链条”,向非洲、拉美等地扩展。① 其中,俄罗斯及中亚诸国位于“恐怖链条”的始端,更是深受恐怖主义的荼毒:各种恐怖势力暗流涌动,重大恐怖事件频繁发生,严重影响了这一地区的稳定和发展,给广大人民带来了深重的苦难。1998 年 7 月 20 日,联合国驻塔吉克斯坦共和国 4 名观察员惨遭恐怖分子杀害。1999 年 2 月 16 日,“乌兹别克伊斯兰运动”恐怖分子在塔什干市制造了 6 起针对总统卡里莫夫的爆炸事件,造成 15 人死亡,150 多人受伤。② 2003 年 5 月 12 日和 14 日,俄罗斯车臣纳德捷列奇诺耶区政府大院和车臣古杰尔美斯区分别发生爆炸事件,共造成 70 多人死亡,200 余人受伤。此外,恐怖主义与该地区的毒品泛滥之间存在密切联系。在各国政府的严厉打击下,恐怖主义势力也不断改变和调整自己的策略,转移资金来源和渠道,一些恐怖组织更是通过生产、运输、贩卖毒品获得活动经费。③

当前,俄罗斯与中亚诸国的恐怖主义主要包括民族分裂型恐怖主义、宗教极端型恐怖主义和宗教极端暨民族分裂相融型恐怖主义。俄罗斯外高加索地区及中亚诸国地处欧、亚、非三大洲结合部,自古就存在多种民族和宗教,属于世界上最为复杂的地缘文化带之一,其社会的发展更是伴随着不同民族、宗教文化的冲撞与交流。前苏联解体后,俄罗斯与中亚诸国的社会形态发生了深刻变化,诱发了宗教、民族等一系列社会矛盾。权威的失落、信仰上的危机、社会的动荡等很容易使人们被一些恐怖主义思想所利用,从而为

---

① 参见李伟:《2004 年的国际恐怖与反恐斗争形势综述》,载《国际资料信息》2005 年第 2 期。

② 参见马勇:《初论中亚的反恐怖主义斗争》,载《俄罗斯中亚东欧研究》2003 年第 6 期。

③ 贩运毒品在中亚地区并非新鲜现象,该地区于 1995 年—1996 年首次查获海洛因与鸦片,但其后贩运毒品的数量猛增,至 2002 年中亚五国共查获了 5.5 吨海洛因,并以塔吉克斯坦查获的毒品数量为最。为获得充足的资金来源,该地区的恐怖势力积极参与毒品贩运活动,例如乌兹别克斯坦伊斯兰运动组织(简称“乌伊运”)从事恐怖活动的区域、时间及战略均表明了毒品贩运为其提供有力支持。See Svantee · Cornel. Narcotics, Radicalism, and Armed Conflict in Central Asia, Terrorism and Political violence: Routledge, 2005, p86.

恐怖主义的孳生和繁衍创造了条件。① 在地缘上,俄罗斯外高加索地区、中亚诸国更是与阿富汗等国紧密相连,国际恐怖主义势力为俄罗斯、中亚的恐怖主义势力提供了大量的财力、物力、人力的支持,各股势力呈现相互影响、相互渗透的发展趋势。② 法治是现代国家的显著特征,反恐怖斗争同样需要完备法制的保障。正如1999年俄罗斯国家安全会议通过的《俄罗斯联邦国家安全构想》指出,对犯罪现象缺乏有效的预防措施、法律虚无主义、法律保障部门人才流失加剧了恐怖主义威胁对个人、社会和国家的影响。③ 为此,俄罗斯及中亚诸国纷纷制订了专门的反恐怖主义法,以期在制度层面为反恐怖斗争建构法律框架。这些反恐怖法的出台,不仅与"9·11"事件后国际反恐形势发生巨大变化有直接联系,同时也反映出其本国反恐斗争的现实需求。④ 本文对俄罗斯与中亚国家的反恐怖主义法予以介述,以期深化我们对国际反恐怖斗争的认识,并为我国反恐怖法制建设提供可资借鉴的域外资源。

二、俄罗斯与中亚诸国反恐怖主义法内容概要

尽管俄罗斯与中亚诸国的反恐怖主义法在具体表述上不尽相同,但按照职能的差异,这些国家的反恐怖主义法大体可分为基础性内容、预防性内容、处置性内容、制裁性内容和恢复性内容等几个方面。这些方面的内容相互联系、相互衔接,共同发挥着反对恐怖主义之职能。

(一)基础性内容

1. 界定"恐怖主义"等基础性概念

2001年10月9日,俄罗斯总统普京在APEC工商企业领导人会议演讲

---

① 参见王京武、延景文:《冷战后俄罗斯恐怖主义泛滥原因探析》,载《西伯利亚研究》2004年第1期。

② 例如武装恐怖分子于1999年和2000年两度从阿富汗进入乌兹别克斯坦和吉尔吉斯斯坦,对政府的稳定造成了极大威胁。参见杨洁勉:《国际合作反恐》,时事出版社2003年版,第195页。

③ 参见中国现代国际关系研究所反恐怖研究中心编:《世界主要国家和地区反恐怖政策与措施》,时事出版社2002年版,第132页。

④ 1998年7月25日,俄罗斯总统普京签令颁布了《反恐怖主义法》,并于同年8月4日公布生效。但随着反恐怖局势的发展,俄罗斯反恐怖法在实施中也出现了诸多问题。为此,2006年2月26日俄罗斯国家杜马通过了新的《俄罗斯联邦反恐怖主义法》,该法于3月1日由联邦委员会批准,并于2006年3月10日公布施行。与1998年实施的反恐法相比,新的反恐法所体现的立场更为鲜明,措施更为严厉。参见于宏建:《普京签新法重拳反恐》,载《人民日报》2006年3月9日第3版。

时就曾指出:“我们应尽快建立国际反恐怖法律体系,明确界定恐怖主义标准,对其威胁做出迅速反应。”①法律具有明确性、稳定性与普遍性之特质,以法律的形式明确恐怖主义等概念,就能够在主权范围内统一民众认识,有利于国家机关集中资源展开预防和打击工作。同时,对恐怖主义概念进行法律界定,也意味着国家权力应依法行使,那些刻意“泛化”反恐范围,侵犯公民权利的行为势必遭到法律的制裁。

纵观俄罗斯与中亚各国的反恐怖主义法,它们主要对下列三类基础性概念予以界定:一是最基本之概念——恐怖主义,该概念也是整个反恐怖法的基石。毋庸讳言,俄罗斯与中亚诸国在对恐怖主义的界定上达成了较多共识:《俄罗斯联邦反恐怖主义法》第 3 条第 1 款规定,恐怖主义是指以恐吓居民和(或)实施其他暴力违法行为,影响国家权力机关、地方自治机关或国际组织做出决定的暴力思想和行为。《吉尔吉斯斯坦共和国反恐怖主义法》第 2 条规定,恐怖主义是指进行危害人类甚至造成人员伤亡,后果十分严重,社会危害性巨大的爆炸、纵火或其他类似活动;企图破坏社会稳定、削弱或推翻现政权,进而恐吓或逼迫居民、国家机关、国际组织和其他组织为或不为某种行为,或为实现上述目的而采取的各种威胁手段。二是恐怖主义的衍生概念,包括国际恐怖主义、恐怖主义活动、恐怖性犯罪、恐怖行为、恐怖分子、恐怖组织等,各国反恐怖法对此类概念的理解有所差异。《俄罗斯联邦反恐怖主义法》第 3 条第 2 款规定,恐怖主义活动包括:(1)组织、策划、准备、资助、实施恐怖行为;(2)煽动恐怖行为;(3)以实施恐怖行为为目的组织非法武装、犯罪集团、有组织团伙,并参加上述组织;(4)招募、武装、培训、使用恐怖分子;(5)以提供情报或其他方式参与策划、准备或实施恐怖行为;(6)宣传恐怖主义思想,散布煽动恐怖活动或为恐怖活动必要性进行论证或辩护的材料或信息。《塔吉克斯坦共和国反恐怖主义法》第 5 条规定,恐怖主义活动是指直接实施的恐怖主义性质的犯罪:(1)爆炸、纵火、使用或威胁使用核爆炸装置、放射性物质以及化学的、生物的、易爆的、有毒的、剧毒的、有害的物质;(2)消灭或毁坏、或夺取交通工具或其他设施;(3)危害国务活动或社会活动家、民族代表、部落、宗教和其他社会团体代表的生命;(4)扣押人质或抢劫人口;(5)通过为制造车祸和技术性灾难创造条件或是造成这种危险的现实威胁,以损害非特定人群的生命、健康或财产;(6)以任何形式和手段扩散威胁;(7)通过其他行为制造人员死亡的危险;导致重大财产损失或导致其他社会危险后果。三是反恐怖工作、反恐怖行动等概念,这类概念属于对特定

① 参见中国现代国际关系研究所反恐怖研究中心编:《世界主要国家和地区反恐怖政策与措施》,时事出版社 2002 年版,第 115 页。

国家行为的界定,以便在法律中规定相应的特殊措施。《乌兹别克斯坦共和国反恐怖法》第2条规定,反恐怖行动是指为避免恐怖活动的发生和消除恐怖活动造成的后果以及保障人身安全、使恐怖分子不能危害而采取的专门的配套协调行动和措施;反恐怖行动区是指实施反恐怖行动的地面、水域的单独区域,空间、交通工具、楼房、建筑物、设施、场地及所属地域。

2. 确立反恐怖主义法的基本原则

反恐怖主义法的基本原则是指对反恐斗争任何环节均具有指导作用的思想与准则。本质上讲,反恐怖斗争同样是国家权力的行使,它既有同一般国家权力行使的相似之处,又具备自身的特殊性。因此,俄罗斯与中亚诸国反恐怖主义法的基本原则既包括合法性、保障人权等具有普遍意义的法律原则,又包括注重预防、公开与秘密相结合等特殊原则。如《俄罗斯联邦反恐怖主义法》第2条规定了下列基本原则:维护和保障公民的基本权利和自由;合法性;优先保护遭遇恐怖危险人员的权利和合法利益;违法必究;系统采取政治、信息宣传、社会经济、法律、特种等综合反恐措施;国家与社会和宗教团体、国际组织和其他组织、公民个人开展反恐怖主义合作;重在预防;对参与反恐怖行动的人力和物力实行一长制领导;公开和秘密手段相结合;对反恐特种器材、技术手段、行动策略和人员组成情况严格保密;禁止向恐怖分子作出政治让步;最大限度地减轻和消除恐怖主义活动的后果;反恐怖主义措施应与恐怖主义危险等级相适应。《乌兹别克斯坦共和国反恐怖主义法》第4条则规定了下列原则:法制;人身权利、自由及合法利益的优先性;预防恐怖主义措施的优先性,惩罚的不可避免性;打击恐怖主义公开和非公开方法的结合;反恐怖行动使用力量和手段的统一领导等。《哈萨克斯坦共和国反对极端主义活动法(草案)》第4条也规定了下列原则:法律至上,人人平等;反对任何形式的恐怖活动;防止为实施恐怖主义活动创造条件;保障社会和谐;在民主原则基础上,培养公民的政治和法律素质;优先保障国家安全;国家与社会团体、其他组织和公民个人在反恐怖方面的合作。

3. 明确反恐怖斗争的主体及其职责

恐怖主义对社会政治、经济、文化等领域均具有极大的危害性,因此,没有任何一个国家机关能够单独肩负反恐怖斗争之重担。在长期的反恐怖主义实践中,俄罗斯与中亚诸国吸取了各部门职责不清、缺乏合作的弊端,认识到各强力部门分工负责、互相配合是决定反恐怖斗争成败的关键。因此,各国在反恐怖法中也明确了反恐怖斗争的主体,力求建立自上而下的、各强力部门协调一致的组织体系。

《俄罗斯联邦反恐怖主义法》第5条规定了俄罗斯联邦总统、俄罗斯联邦政府、联邦行政机关、各联邦主体国家权力机关和地方自治机关在反恐怖斗争中的职权,以及反恐怖行动的领导主体和职权等。该法在主体方面的规定有以下特色:第一,强化了俄罗斯联邦总统在反恐怖斗争中的职权。例如总统有权确定反恐怖主义领域国家政策的基本路线,并有权确定联邦行政机关反恐怖主义职权范围,领导其开展反恐怖工作。该法还规定为协调联邦行政机关、各联邦主体行政机关和地方自治机关的反恐怖工作,可依照俄罗斯联邦总统的决定,成立由联邦国家权力机关、各联邦主体国家权力机关代表和其他人员组成的若干机构。第二,与原有的反恐怖法相比,《俄罗斯联邦反恐怖主义法》加强了军事力量在反恐怖斗争中的作用,该法赋予联邦武装力量以极大权力,如消除航空恐怖威胁或制止此类恐怖行为;维护国家海上航运安全,制止在俄罗斯联邦内河、领海、大陆架上发生的恐怖行为;参与反恐怖行动;在俄罗斯联邦境外执行制止国际恐怖主义活动的任务。

《乌兹别克斯坦反恐怖主义法》第8条明确了打击恐怖主义的国家机关,其中包括乌兹别克斯坦国家安全总局;乌兹别克斯坦内务部;乌兹别克斯坦国家边界保卫委员会;乌兹别克斯坦国家海关委员会;乌兹别克斯坦国防部;乌兹别克斯坦紧急情况部。该反恐怖法还分别划定了各国家机关在反恐怖斗争中承担的职责。《塔吉克斯坦反恐怖主义法》则规定,塔吉克斯坦政府负责领导反恐怖斗争,反恐怖主体可分为直接主体和参与主体。直接主体包括安全总局、内务部、国防部、紧急情况部、边防委员会、总统卫队,直接主体的名单只有通过法律加以改变或补充。参与主体则包括司法部、外交部、海关和其他行政机构,其名单由政府确定。塔吉克斯坦共和国检察机构和法院依照宪法、法律和刑事诉讼法规定的有关条件和程序参加反恐怖斗争。

(二)预防性内容

恐怖主义活动具备预谋性鲜明之特点,在从事恐怖活动之前,恐怖分子通过建立组织、招募人员、获得杀伤性武器等步骤,从而对社会公众或政府造成更大的震慑。为了实现政治与社会目的,恐怖分子还要考虑各方面的可行或不可行因素,从筹措活动经费到日常的组织管理和生活,从制定行动计划到实施行动计划的程序和步骤等等。① 因此,如果能够对人员、资金、物品进行有效管制,加强对重点目标的防护,及时搜集信息、准确研判,就能够最大限度地降低恐怖主义活动发生的可能性与危害性。由此可见,预防是反恐怖斗争的首要环节,俄罗斯与中亚诸国更是将"注重预防"作为反恐怖主义的基本原则之一。

① 参见胡联合:《当代世界恐怖主义与对策》,东方出版社2001年版,第401页。

俄罗斯与中亚各国反恐怖法中的预防性规定也可分为两种模式。第一种模式是抽象式,该模式以俄罗斯为代表,《俄罗斯联邦反恐怖主义法》并未具体规定对恐怖主义活动的预防,而是较为抽象地规定了"注重预防"的反恐怖主义原则,其预防措施包含于国家机关的职责中,由各有权机关另行具体规定。第二种模式是具体式,即通过禁止性规范和命令性规范,具体设置对人员、信息、资金、物品、国边境的各项管制措施。吉尔吉斯斯坦、乌兹别克斯坦、塔吉克斯坦等中亚国家则采取了该种模式。如《塔吉克斯坦共和国反恐怖主义法》第15条规定,为了预防恐怖活动,禁止建立、登记及运作以恐怖活动为目的的组织;禁止与宣传恐怖主义相关的活动;禁止允许参与恐怖活动的人出入境或过境;禁止为参与恐怖活动的人提供居留证;禁止允许参与恐怖活动的人取得国籍;禁止公共汽车站、铁路、航空工作人员代为旅客保存行李及随身行李(特别授权的除外);禁止在非指定地点举行群众性集会、游行、示威或实施纠察警戒;为防止恐怖活动,在境内许可下列行为:在举行政治性活动时,动用直接主体;对重点目标加强警卫和保密措施;根据国际法准则,要求外国主管机关对在这些国家领土上参与恐怖活动的人员进行查问;收集分析和综合有关正在参与恐怖活动的组织和个人的资料,并报告资料库;在直接实施反恐怖斗争的主体建立特别反恐怖分队;对恐怖活动的预防也包括依据法律和国际条约采取的其他措施。

(三)处置性内容

所谓百密一疏,无论从理论还是实践中看,预防决不能涵盖反恐斗争的全部内容,在保障人权的历史潮流下,国家也不可能完全牺牲公民权利以换取更严格的社会控制。因此,处置工作在反恐怖斗争中就具有特殊意义:处置工作包括制止恐怖主义活动,制服恐怖分子,维持秩序、解救人质等,在核恐怖主义、生化恐怖主义泛滥的情况下,处置工作还包括避免发生次生性灾害。此外,处置工作也是刑事诉讼的基础阶段,对揭露犯罪、证实犯罪起着举足轻重的作用。① 从深层次来看,处置工作更是关系到社会公众的安全感和对政府的信任度,而这正是恐怖分子所处心积虑要摧毁的,正如有学者指出:"恐怖主义活动的目标不是实际的受害者,而是旁观者,恐怖主义仅仅是一个剧场。"②俄罗斯、乌兹别克斯坦、塔吉克斯坦等国的反恐怖主义法中专门规定了处置性内容,授予国家机关在反恐怖行动中的特殊权力,进行新闻管制,并将同恐怖分子的谈判一并纳入法制轨道,以彰显政府决不向恐怖主义妥协的决心。

---

① 参见杨正鸣:《恐怖行为处置问题的研究(下)》,载《犯罪研究》2000年第1期。

② James M. Henslin. Social Problems, Third Edition, New Jersey: Prentice Hall, 1994, 583.

1. 对有关部门进行特殊授权

反恐怖特殊授权以管制措施和临时限制措施为主要内容，并需要满足以下条件：第一，权力行使的主体必须是依照反恐怖法规定承担反恐怖职责的机关及其人员；第二，权力的行使必须在反恐怖行动区域（实施反恐怖行动法律管制区域）内进行，该区域的确定和撤销由官员根据行动地点、特点和条件、恐怖活动的规模及对公共安全的威胁程度确定；第三，该权力的行使必须在反恐怖行动中行使，换言之，反恐怖行动结束后，特殊授权即随之消失。总体看来，有关部门的特殊授权主要包括以下几种：

（1）羁押权。羁押权是对有恐怖活动嫌疑的人员或妨害反恐怖行动的人员的人身自由予以限制的特殊措施。《乌兹别克斯坦共和国反恐怖主义法》第19条第3款规定，对有违法行为或阻碍反恐怖行动人员合法要求和未经批准潜入反恐怖行动区域的人员予以扣留并移交有关机关。

（2）管控权。为便利反恐怖行动的开展，降低社会公众的损害风险，对特定区域内的人员、物品、交通、电信进行控制是极为必要的。《俄罗斯联邦反恐怖主义法》规定反恐怖法律管控措施包括：强化社会治安，对国家级保卫目标、居民生活保障设施、交通设施，以及具有特殊的物质、历史、科学、艺术、文艺或文化价值的目标加强保卫；为发现有关实施恐怖行为的情节及其准备和实施人员的情报，为预防其他恐怖行为，可对电话和其他通过电信系统传递的信息进行监控，对电子通信和邮件进行检查；暂停使用爆炸性、放射性、化学和生态等危险物品的危险行业和组织的活动；暂停向法人和自然人提供通信服务或限制使用通信网络和通信工具；限制交通工具和行人在街道、公路和特定区域内通行；限制或禁止出售武器、弹药、爆炸物品、特种器材、有毒物质，对含有麻醉药品、精神物品或烈性物质的药品和制剂，以及酒精及含酒精商品的流通实行特别管制等。

（3）检查权。《俄罗斯联邦反恐怖主义法》第11条规定，有关部门有权检查自然人身份证件，如无法提供相关证件，将其送至俄联邦内务机关或其他主管机关确认身份；采取检疫、卫生防疫、兽医检查等检疫措施；对出入反恐怖行动法律管制区域的自然人，应对其随身携带物品、交通工具及运载物品进行包括使用技术手段在内的检查。此外，乌兹别克斯坦、塔吉克斯坦等国的反恐怖主义法也规定了对进出反恐怖行动区域人员和交通工具的检查措施。

（4）征用权。《塔吉克斯坦共和国反恐怖主义法》第20条规定，出于公务需要，可使用属于公民、企业、机关和组织（不论其所有制形式）所有的通信器材；出于公务需要，可以使用属于企业、机关和组织（不论其所有制形式）所有的交通工具（外国使领馆及其他代表机构的除外），紧急情况下可使用属于公民个人所有的交通工具,以预防恐怖活动或追捕实施恐怖活动人员,或将需要紧急救治的人员送往医疗机构及前往事发地点。

(5)进入权。《乌兹别克斯坦共和国反恐怖主义法》第19条规定,为制止恐怖活动和侦查嫌疑人员,如果迟延可能对公民的人身健康和生命安全、社会和国家安全造成威胁,可随时无阻碍地进入企业、机关和组织、居民楼及其他建筑物、地段和交通工具。

2. 对新闻媒体进行管制

在现代社会中,媒介特有的信息传播优势和先进技术装备使其影响力大大增强。但正是由于媒介对于社会的巨大功能,就决定了它不可避免地受到必要的管制。一方面,恐怖分子极力扩大影响,宣扬恐怖主义理念,最极端的例子是恐怖组织通过制造劫机或安装爆炸装置等爆炸性新闻事件引起公众的关注,发泄自己的不满。① 尽管客观性要求精确的、真实的报道;也需要平衡和不带偏见的观点,但新闻报道的过程本身就是这样一个需要有主观性和价值倾向才能做出的决定。② 现代大众传媒系统对国际恐怖主义起到了一定的刺激作用,新闻媒介无意中成为传播恐怖主义的环节和工具,扮演了恐怖主义主张代言人的角色。因此,媒体必须避免被恐怖主义利用或者通过新闻报道反助恐怖主义一臂之力。另一方面,尽管社会公众对恐怖活动享有知情权,但媒体的客观性报道可能存在泄露国家机密之虞,在某些情况下,媒体对信息的不当披露甚至影响到反恐怖行动的成败。在解救人质的过程中,如果有媒体将地理环境、人质及反恐怖行动人员资料、反恐怖行动的可能方案公之于众,一旦被恐怖分子获悉这些信息,后果将不堪设想。③

为此,俄罗斯、塔吉克斯坦、乌兹别克斯坦等国的反恐怖法均对新闻媒体在反恐怖行动中的报道权利作出了一定限制。《俄罗斯联邦反恐怖主义法》经修订后删去了对新闻媒体管制的特殊规定,有关措施被融入了反恐怖行动区域内的法律管制中。《塔吉克斯坦反恐怖主义法》第21条规定,在反恐怖实施区域,司令部首长为个人安全有权限制传媒工作人员进入该区域,有权

① 参见〔美〕约瑟夫·斯特劳巴哈、罗伯特·拉罗夫:《今日媒介:信息时代的传播媒介》,熊澄宇译,清华大学出版社2002年版,第37—38页。

② 参见〔印〕S. 温卡拉曼主编:《媒体与恐怖主义》,赵雪波译,中国传媒大学出版社2006年版,第112页。

③ 俄罗斯在处置别斯兰人质事件中,对媒体、记者控制不严,各大新闻通信社、报社近距离拍摄、报道现场情况,互联网上大量相关信息传播,将一线指挥部的构成、参与处置的部队情况以及一些人质身份曝光,对解救行动造成极大的干扰。解救行动最终击毙恐怖分子32人,生擒3人,但造成人质326人死亡,191人失踪,443人受伤,参战官兵10人牺牲,18人受伤。参见杜怀强:《俄罗斯处置别斯兰人质事件的教训与启示》,载《国防科技》2004年第12期。

限制其向社会报道反恐怖行动实施情况,可以拒绝提供以下相关信息:(1)泄露实施行动的战术和方法的;(2)助长恐怖主义宣传、为其辩解的;(3)泄露参与行动者情况及构成国家机密的;(4)泄露有辱人质尊严和人格的。《乌兹别克斯坦反恐怖主义法》第20条规定,新闻媒体的活动需要与反恐怖行动负责人在反恐怖行动区域相互协作,禁止传播下列信息:(1)暴露反恐怖行动的专用技术方法和策略的;(2)加大反恐怖行动难度、对公民的人身健康和生命安全构成威胁的;(3)有助于恐怖主义宣传或为恐怖主义开脱的;(4)关于参加反恐怖行动工作人员及为反恐怖行动提供协助人员的。

3. 界定反恐怖谈判的限度

近年来,俄罗斯与中亚诸国不断发生劫持型恐怖事件,劫持规模也越来越大,在社会上制造了极大的物质损害和精神恐惧。例如莫斯科文化宫事件中恐怖分子共劫持了800余名人质,别斯兰事件中被劫持人质更是达到了1200余名。鉴于恐怖主义表现形式的多样性,反恐怖斗争也必然是原则性和灵活性的相互结合,而谈判正是灵活性策略的一种体现。恐怖分子劫持人质、交通工具或发出暴力威胁只是手段,其目的是引起世人瞩目,或迫使政府满足其不法要求。通过科学的谈判,能够对恐怖分子予以分化瓦解,降低恐怖活动的危害,并为随后的处置工作赢得先机。①

俄罗斯、乌兹别克斯坦等国反恐怖主义法中存在与恐怖分子谈判的相关规定。其立法意图主要包括两方面:一方面,反恐法将谈判的主体、目的纳入法制的轨道,从法律上肯定了这一措施的必要性;另一方面,反恐法明确了政府的谈判底线,即确立不能向恐怖分子妥协的原则,以断绝其非分设想。《俄罗斯联邦反恐怖主义法》第16条规定,为保护人员的生命和健康,可由反恐怖行动领导人特别授权人员与恐怖分子进行谈判;但是,谈判不能满足恐怖分子提出的政治要求。《乌兹别克斯坦反恐怖主义法》第17条规定,根据恐怖事件的特点,为保护人身健康和生命安全、物质财产、释放人质及尽可能不使用武力制止恐怖活动的可能性,可以与恐怖分子进行谈判。与恐怖分子谈判由负责反恐怖行动的领导委派人员进行。但是,与恐怖分子谈判不能作为其免于恐怖责任的理由或条件。在与恐怖分子谈判过程中,由于其不同意停止恐怖活动,在人身健康和生命安全仍有现实危险的情况下,可以采取必要措施打击和消灭恐怖分子。

---

① 在2002年10月23日莫斯科东南区轴承剧院800余名人质被劫持事件中,俄罗斯政府通过与恐怖分子谈判,被允许与人质用手提电话通话联系,从而清楚地掌握了剧院里面的情况,为赢得胜利起到了关键作用。参见龙海元:《论谈判在反恐怖劫持行动中的价值》,载《政法学刊》2005年第1期。

（四）制裁性内容

所谓制裁性内容，是指根据恐怖主义活动的危害程度，由国家机关对恐怖组织、恐怖分子所采取的强制性惩罚措施。意大利刑法学者贝卡里亚曾经指出："犯罪对公共利益的危害越大，促使人们犯罪的力量越强，制止人们犯罪的手段就应该越有力"。① 鉴于恐怖主义活动的严重危害，俄罗斯与中亚诸国反恐怖法中均规定了严厉的制裁性内容。

1. 恐怖组织的认定与制裁

俄罗斯与中亚诸国对恐怖组织采取司法认定的模式，即由法院依据法律规定，判决某组织是否属于恐怖组织，法院还应同时作出制裁性的判决。如《俄罗斯联邦反恐怖主义法》中详细规定了恐怖组织认定的主体及程序、标准、名单公布和制裁措施等。(1)恐怖组织认定的主体及程序。恐怖组织应由法院在俄罗斯联邦总检察长或其下属检察长的声明基础上判决决定。(2)恐怖组织认定的标准。如果以组织名义或为了组织利益组织、准备和实施俄罗斯联邦刑法第 205—206 条、第 208 条、第 211 条、第 277—280 条、第 282 条第 1 款、第 282 条第 2 款、第 360 条规定的犯罪行为，或者负责监督落实组织权利和义务的人员实施了上述行为，该组织应被认定为恐怖组织。(3)对恐怖组织的制裁措施。恐怖组织应根据法院判决予以取缔（禁止其活动），法院关于取缔该组织的判决适用于该组织的地方分支机构和其他组织机构。法院在作出恐怖组织的判决时，应一并作出没收该组织剩余财产和上缴国库的判决，被取缔的组织满足债权人要求后的剩余财产应予以没收并上缴国库。(4)恐怖组织名单的制定与公布。俄罗斯联邦安全机关负责制定联邦统一恐怖主义组织名单，名单中应包括由俄罗斯联邦法院认定的外国和国际恐怖主义组织，名单应在联邦政府指定的官方出版物上公布。《哈萨克斯坦反极端主义活动法（草案）》也规定极端组织的认定、其活动的中止和禁止须依司法程序办理，并规定由哈萨克斯坦共和国检察机关、内务机关或公民向法院提交认定某组织为极端组织的意见。乌兹别克斯坦、塔吉克斯坦等国的反恐怖法中也存在类似的规定。

2. 反恐怖行动的合法性

鉴于反恐怖行动需要动用最强大之国家权力，为避免相关人员的后顾之忧，俄罗斯与中亚诸国反恐怖法大多规定依法令的行为阻却刑事违法性。如《俄罗斯联邦反恐怖主义法》第 22 条规定，制止恐怖行为或其他反恐怖措施是依照俄罗斯联邦法律规定或许可采取的，即使导致恐怖行为实施者死亡、

---

① 〔意〕贝卡里亚：《论犯罪与刑罚》，黄风译，中国大百科全书出版社 1993 年版，第 65 页。

健康或财产受到损失,或其他受法律保护的个人、社会和国家利益遭受损失,该行为合法。《乌兹别克斯坦反恐怖主义法》规定参与反恐怖行动的军人、专家和其他人员对该行动中被迫造成的损害免责。此外,塔吉克斯坦等国的反恐怖法也存在类似规定。

3. 恐怖主义犯罪人的特殊责任

从国际范围内来看,淡化恐怖主义的政治色彩,将其作为违法犯罪行为予以规制已是大势所趋。在俄罗斯与中亚诸国的反恐怖法中,大多规定恐怖主义活动者的刑事责任应依据刑法规定,但为彰显恐怖主义的特殊危害,这些国家的反恐怖法也加重了对恐怖主义活动者的制裁。如《哈萨克斯坦反极端主义活动法(草案)》第 12 条规定,已被认定的极端组织的成员或从事极端主义活动的人,将限制其进入国家机关、军队和执法部门任职,限制其从事保安工作和在教育系统任职。值得注意的是,出于分化瓦解之需要和刑事政策的考虑,反恐怖法多规定了对恐怖主义活动参与者责任减免的特殊事由。再如《吉尔吉斯斯坦共和国反恐怖主义法》第 11 条规定,如果恐怖主义活动参与者在计划进行恐怖活动时,及时向政权机关预先报告恐怖活动计划,或者采用其他方法制止恐怖活动的发生,并且未参与其他犯罪活动,则可以免除刑事责任。《塔吉克斯坦共和国反恐怖主义法》第 28 条亦规定,对实施反恐斗争的各主体提供过协助的人员,如果其在恐怖组织存在期间未故意犯罪,免除其刑事责任。该反恐怖法还规定了恐怖性犯罪的特殊诉讼程序,对有关恐怖性犯罪的刑事案件,以及有关赔偿由恐怖活动造成的民事赔偿案,按照法院决定可进行秘密庭审。

(五)恢复性内容

恐怖主义活动的直接后果是人员伤亡和财产损失,但对社会来说,其最大危害莫过于社会秩序遭到破坏并由此带来的社会心理恐惧。在政治型的恐怖主义驱动下,恐怖分子还通过对社会的打击,使政府职能陷入瘫痪,从而降低民众对政府的支持。美国学者罗伯特·希斯曾指出:"在危机时刻,政府与公众的对立,既不利于救援的施展,更使得公众对政府的不良印象刻骨铭心。"①因此,在恐怖事件发生后,国家不仅应注重对恐怖分子的制裁,还应积极地发挥在政治、经济、文化等领域管理职能,动员全社会力量的参与,尽快恢复正常生产、生活和法律秩序,以达到标本兼治的目的。

俄罗斯与中亚诸国的反恐怖法中也注意到恢复内容的重要性,以法律的形式建构恐怖袭击后社会恢复机制。完善的恢复机制可以使恢复工作迅速

① 参见〔美〕罗伯特·希斯:《危机管理》,王成等译,中信出版社 2001 年版,第 20 页。

有序的展开，安抚公众的心理情绪，维护社会的稳定和保证社会生活的连续性。如《俄罗斯联邦反恐怖主义法》第18—21条规定了“对恐怖行为造成损失的赔偿”、“对恐怖行为受害者的社会援助”和“对反恐怖工作人员的保障、赔偿和社会保护”等恢复性内容。同时，俄罗斯与中亚诸国的反恐怖主义法也规定了社会恢复的具体措施，如保证国家财政的必要支出，以及为恐怖活动受害者和反恐怖行动人员提供各种形式的社会援助，例如心理、医疗、法律、职业、就业和住房等方面的援助等。

三、俄罗斯与中亚诸国反恐怖主义法之特色

（一）采取独立式的立法模式

法律与民族的存在和性格（being and character of the people）的有机联系，亦同样展现于时代的进步中。① 鉴于俄罗斯与中亚诸国具有特殊的历史渊源，各国法制均继受于前苏联法制，因此在反恐怖法的立法技术、体例上也存在类似之处。总体看来，俄罗斯和中亚诸国反恐怖主义法均采取了独立式的立法模式，即独立规定主体间的权利、义务关系，而无须依附、参照其他法律文件的立法模式。这种立法，通过一部独立的反恐怖法就将全部反恐怖主义法律制度囊括其中，所设定的规范、制度都是独立的，而不是对其他法律的修订。② 我们认为，采取何种反恐怖法立法模式，主要是由于本国的立法传统和反恐怖局势所决定的。在俄罗斯与中亚诸国，恐怖主义活动的表现形式日趋多样化，其规模又往往介于战争与普通犯罪之间，成为立法者所面临的新型社会问题。尽管各项反恐措施往往散见于刑法、刑事诉讼法、危险物品管制、出入境等法律中，但随着反恐局势的发展，各部门法也会出现难以调整的空白区域。在反恐法的制定过程中，如果拘泥于各国原有的法律内容，将无法适应反恐斗争的实际需要。俄罗斯及中亚诸国的反恐怖法主要规定了特殊措施，并对有关部门进行特殊授权，以体现反恐怖主义之特殊性。此外，

---

① 参见〔德〕弗里德里希·卡尔·冯·萨维尼：《论立法与法学的当代使命》，许章润译，中国法制出版社2002年版，第28页。

② 与之相对，世界各国反恐怖主义法还存在附属式和复合式的立法模式，前者指并非设立独立的法律文件来规定主体间的权利、义务关系，而是对已经生效的其他法律文件加以修订、删改，例如德国的《反国际恐怖主义法》等。后者指既有条款独立规定主体间的权利、义务关系，也有条款对其他法律文件加以修订、删改的立法模式，是独立式与附属式两种立法模式的结合，例如美国的《爱国者法》、英国的《反恐怖、犯罪及安全法》等。参见赵秉志主编：《国际恐怖主义犯罪及其防治对策专论》，中国人民公安大学出版社2005年版，第102页。

俄罗斯与中亚各国的反恐法中存在宣誓性内容，以稳定、明确之法规范形式将本国的反恐政策或战略确定下来，这就向国际社会表明了反恐怖主义的立场，有利于社会公众的认知，同时也向恐怖分子宣告：即便通过恐怖主义活动，也不能达到所追求的目的。例如《俄罗斯联邦反恐怖主义法》规定禁止在谈判中向恐怖分子做出政治性让步，在特定情况下可以击落航空器、船舶，以及在境外打击恐怖分子等，以法律形式对境内外的恐怖主义势力进行有力震慑。

（二）注重与其他法律法规的衔接

一国法律体系应当是内部和谐一致、有机联系的整体。作为一个新兴的法律部门，反恐法无疑对各国旧有的法律体系形成冲击，因此，如何处理反恐怖法与其他原有法律法规的衔接关系是立法中的重要问题。俄罗斯与中亚诸国的反恐怖法开宗明义规定了反恐怖主义的法律基础，规定打击恐怖主义的法律基础是本国宪法、刑法、反恐怖法、其他规范性法律文件，以及本国缔结的国际条约或公认的国际法原则和准则等，从而明确了反恐怖法在整个法律体系的地位。另一方面，鉴于恐怖主义活动的严重危害性，俄罗斯与中亚诸国的刑法均将此类行为规定为犯罪，"恐怖主义犯罪"、"恐怖组织"等术语同样出现在刑法规范中，从而引发了反恐怖法与刑法的衔接问题。① 总体看来，俄罗斯与中亚诸国反恐怖法较好地处理了同刑法的衔接，并采取了以下具体措施：(1)术语界定。俄罗斯与中亚诸国刑法中对恐怖犯罪的表述较为简略，因此，反恐怖主义法的相关概念正是对刑法规定的补充和完善，起到了帮助司法机关认定和识别的作用。(2)恐怖组织的认定。反恐法仅仅规定了恐怖组织认定的主体、程序和制裁措施等，其实体性认定标准仍需依据刑法的相关规定。(3)恐怖分子的刑事责任。除中亚个别国家中规定了特殊的刑事责任规定外，反恐法原则上不涉及犯罪与刑罚的内容，恐怖分子需依照本国刑法规定承担刑事责任，从而保持了一国刑法体系的完整与统一。

（三）以立法推进反恐怖机制建设

反恐机制是反恐怖工作系统的组织和部分之间相互作用的过程和方式，是反恐体制的要素和表现形式，是工作机构运作的规程，反恐机制建设必须符合整体工作目标的要求和体制的特征。② 防范和打击恐怖主义活动是一

---

① 例如，《俄罗斯刑法》在第 24 章"危害公共安全的犯罪"的第 205 条规定了恐怖行为罪，该罪的客观特征是"实施爆炸、纵火或其他构成人员死亡、造成重大财产损失、带来其他危害社会后果等危险的行为或以此相威胁"。虽然该罪的客观特征类似于普通犯罪，但恐怖行为罪还要求具备特定目的，即"实施这些行为是为了破坏公共安全，恐吓居民或对权力机关作出决定施加影响"。参见黄道秀译：《俄罗斯联邦刑法典》，中国法制出版社 2004 年版，第 110—11 页。

② 参见张瑞萍：《对我国反恐怖体系建设的构想》，载《甘肃政法学院学报》2004 年第 4 期。

项综合性任务,需要各个国家机关相互协调和共同参与。在几起重大恐怖事件的处置中,俄罗斯及中亚诸国也吸取了各部门各自为战、缺乏协调的教训,认识到建立全国范围内自上而下的、各强力部门协调一致的反恐机制是立法优先考虑的问题。俄罗斯及中亚诸国纷纷确立统一指挥和分工协作相结合的反恐怖机制,为反恐怖工作提供了有力的法律保障。一方面,反恐怖法赋予政府以总体领导权,其后又赋予各部门以具体职责,从而确立了有高度权威、统一命令的日常性决策指挥机构。另一方面,在应急性的反恐怖行动中,俄罗斯与中亚诸国反恐怖法也明确了行动指挥主体和反恐怖行动的参与单位,从而明确了反恐怖行动中的指挥层与执行层,建立了快速、高效的应急机制。值得注意的是,俄罗斯还授权联邦总统可决定成立由联邦国家机关、各联邦主体国家权力机关代表和其他人员组成的若干机构,以有效协调反恐怖工作。①

(四)体现国际合作反恐的精神

后冷战时代,全球化浪潮呈现强劲的发展势头,恐怖主义随之也呈现国际化的特征。恐怖主义的国际化不仅体现在恐怖组织之间的跨国合作上,在恐怖组织的内部也呈现出明显的跨国倾向。从近年来世界范围内发生的影响比较大的恐怖事件来看,往往是境外策划,境内实施。② 由此可见,反对恐怖主义不是一国所能解决的问题,而需要各国在共同利益的基础上开展合作。随着国际恐怖主义的肆虐,反恐怖国际合作的范围和内容也在逐渐扩大,早在2001年9月9日,塔吉克斯坦共和国总统埃马莫利·拉赫莫诺夫就曾呼吁,为完善区域性反恐怖统一联盟,中亚国家同俄罗斯之间的反恐怖合作不应仅限于安全机关,而应进行更广泛的合作。③ 在反恐怖法中,俄罗斯及中亚诸国规定本国应根据所缔结的国际条约或国际法基本原则和准则,在反恐怖主义领域与其他国家及其执法机关、特种部门以及国际组织开展合作。具体而言,国际合作突出地表现在情报搜集、联合处置恐怖活动、逮捕、审判、引渡恐怖主义犯罪人等方面,吉尔吉斯斯坦甚至规定可根据协议精神

---

① 早在2006年2月16日,普京总统就签署了《关于打击恐怖主义措施的命令》,决定成立全国统一的国家反恐委员会,以协调各联邦执行权力机关、各联邦主体执行权力机关及地方自治执行权力机关的反恐活动,并向总统提出相关的反恐建议。舆论认为,这一举措对加强俄全国反恐斗争的协调,提高反恐效率起到了积极的推动作用。参见于宏建:《普京签新法重拳反恐》,载《人民日报》2006年3月9日第3版。

② 参见曹益民:《反恐:国际合作不可或缺》,载《环球军事》2005年第16期。

③ 参见中国现代国际关系研究所反恐怖研究中心编:《世界主要国家和地区反恐怖政策与措施》,时事出版社2002年版,第127页。

对外国强力部门提出的协议中未明确的协助要求进行有关审讯工作。[1]

（五）肯定军事反恐的必要性与重要性

在实践中，俄罗斯与中亚诸国面临的恐怖势力具有较强的军事化特征，并有可能获得前苏联遗留下的大规模杀伤性武器。例如俄罗斯车臣恐怖分子原本就是一支比较正规的军事武装组织，拥有大量的军事装备。[2] 随着反恐斗争的日益激烈，反恐军事化的倾向日益突显。俄罗斯与中亚诸国均以法律形式肯定了军事反恐之必要性，并肯定军队在反恐怖斗争中具有不可替代之功能。一方面，军事力量拥有重武器装备、先进技术装备等，能够制止较大规模的恐怖袭击，制服恐怖分子；在重大恐怖事件的救援中，军事力量更可凭借资源与技术优势发挥作用。另一方面，军事力量具有上令下行、指挥体系完善的特点，能够更加快速、高效地处置恐怖事件，这也是司法权力和行政权力所难以企及的。俄罗斯更是赋予其武装力量以“先发制人”的极大权力：在法定条件下，尤其在将对人员生命构成威胁，或导致生态灾难时，俄武装力量能够动用武器和战斗装备击落航空器，击沉船舶和轮船。在法定条件下，俄武装力量还可以从俄罗斯联邦境内打击境外的恐怖分子及其基地，或在俄罗斯联邦境外执行制止国际恐怖主义活动的任务。

（六）在维护秩序与保障人权之间寻求平衡

如果缺乏权力，自由就会退化为放纵，混乱随之发生；另一方面，除非给以自由，权力就会成为暴政。[3] 毫不夸张地说，恐怖主义改变了国家权力的运行方式，俄罗斯与中亚诸国的反恐法正体现了国家权力与公民权利之间的制衡关系。从各国的反恐怖实践来看，加强社会控制是必需的，否则将使恐怖分子有机可乘，从而给国家、社会及公民个人带来更为严重的损失，即便在自由主义色彩浓厚的英美国家，“9·11”事件后也通过立法较大地扩张了国家权力。总体而言，俄罗斯及中亚诸国的反恐怖法是较为严厉的，体现出国

---

① 跨国性同样是俄罗斯及中亚地区恐怖主义活动的主要特征之一。在中亚一带除车臣残匪外，塔吉克斯坦、吉尔吉斯斯坦和乌兹别克斯坦交界处的费尔干纳地区仍活动着一支约2000多人的极端主义武装组织。该组织成员有阿拉伯人、印度人、巴基斯坦人、俄罗斯人、乌克兰人、吉尔吉斯斯坦人、乌兹别克斯坦人和塔吉克斯坦人，成分极为复杂。

② 从恐怖势力所拥有的人员规模、武器装备来看，普通执法力量并不具备制止大规模恐怖活动的能力。例如1995年6月14日，车臣匪首阿尔比·巴拉耶夫率200余名武装匪徒乘车潜入俄南部城市布琼诺夫斯克，并劫持了近千名政府工作人员、医务人员和病人为人质，要挟俄政府停止进攻格罗兹尼。又如1996年，车臣另一匪首拉杜耶夫率领600余名匪徒冲入基兹利亚尔市，把3000名医生、护士及市民绑为人质，把他们当作盾牌，要求俄政府从车臣退兵。参见赵海燕：《俄罗斯恐怖活动探析》，载《武警学院学报》2003年第3期。

③ 参见〔奥〕斯·茨威格：《异端的权利——卡斯特利奥反对加尔文史实》，赵台安、赵振尧译，三联书店1986年版，引言。

家安全至高无上,对恐怖分子均不姑息的立法思想。① 例如加大反恐机构的权力,禁止在谈判中进行政治性让步,将击落航空器、船舶等措施以法律的形式载明,对恐怖分子产生强烈的震慑作用。

但是,反恐怖主义不等同于以暴制暴,更不能以漠视人权为代价换取严格的社会控制。强大的国家权力虽然能在短期内起到效果,但长远来看,单一的严格控制必然会导致权力对象的抵制,从而难以持久。因此,俄罗斯与中亚诸国在严厉打击恐怖主义的同时,也力求完善对公民权利的法律保护,以建立打击恐怖主义的社会基础。首先,各国反恐怖法均将保护公民权利作为反恐怖主义的基本原则,并要求在反恐怖行动中贯彻比例原则的要求。其次,各国反恐怖法也存在诸多保障公民权利的具体措施,例如反恐怖行动区域应依法定程序确定;为保障公民权利,可以同恐怖分子谈判;在反恐怖行动区域内住有大量居民时需履行更严格之程序等。最后,反恐怖法的恢复性内容较多地体现了对公民权利的保障,不但注重对公民物质损害的恢复,而且促使公民精神损害的痊愈。

四、对我国的借鉴:以上海合作组织为视角

我国同样面临恐怖主义的现实威胁,“东突”等恐怖势力不仅威胁到我国边疆地区的稳定与发展,而且严重阻碍了和谐社会的建构进程。据不完全统计,自 1990 年至 2001 年,境内外“东突”恐怖势力在中国新疆境内制造了至少 200 余起恐怖暴力事件,造成各民族群众、基层干部、宗教人士等 162 人丧生、440 多人受伤。② 值得注意的是,“东突”恐怖势力同俄罗斯与中亚地区的恐怖势力间存在千丝万缕的联系,并呈现出“境外指挥,境内破坏”之鲜明特征。苏联解体和冷战结束后,一些信奉伊斯兰教的国家纷纷独立,伊斯兰极端思想和民族分裂思想在中亚和俄罗斯外高加索地区迅速传播,并将“泛伊斯兰主义”和“泛突厥主义”渗透至我国境内。③ 由此可见,我国同俄

---

① 例如俄罗斯总统普京曾指出:“应让恐怖分子及其帮助者知道:公正的报应是不可避免的,他们一定会遭到惩罚,不管他们位于何处,也不管他们打算隐藏在哪里。”参见〔俄〕普京:《普京文集:文章和讲话选集》,徐葵等译,中国社会科学出版社 2002 年版,第 482－495 页。

② 国务院新闻办公室:《“东突”恐怖势力难逃罪责》,载《新华每日电讯》2002 年 1 月 22 日,第 2 版。

③ 中亚的恐怖主义不仅对该地区的安全与稳定构成了严重的威胁,而且对中国的新疆地区造成了消极的影响———刺激和推动了中国新疆民族分裂主义的发展,进而影响到中国西北地区的安全与稳定。参见马勇、王建平:《中亚的恐怖主义探源》,载《世界经济与政治》2003 年第 2 期。

罗斯及中亚国家面临相似的恐怖威胁，恐怖势力已成为威胁本地区稳定和发展的重要因素。

（一）上海合作组织及其反恐努力

20世纪90年代以来，随着恐怖主义活动的蔓延，我国与俄罗斯及中亚诸国也加强了反恐怖合作，上海合作组织（The Shanghai Cooperation Organization）的成立正是反恐怖合作的典型体现。上海合作组织是在“上海五国”元首会晤机制基础上成立的区域性多边合作组织，它倡导新型安全观、新型区域合作模式和新型国家关系，加强军事领域的信任与合作，强化在打击恐怖主义、分裂主义和极端主义方面的实质性协作。① 上海合作组织的前身——“上海五国”机制是从中国与俄罗斯、哈萨克斯坦、吉尔吉斯斯坦、塔吉克斯坦四国加强边境地区的信任和裁军开始发展起来的。1996年和1997年，五国元首先后在上海和莫斯科举行会晤，签署了《关于在边境地区加强军事领域信任的协定》和《关于在边境地区相互裁减军事力量的协定》。此后，这一年度会晤机制被固定下来，元首会晤轮流在五国进行。会晤内容也由加强边境地区信任逐步增加在政治、安全、外交、经贸等各个领域的互利合作。由于五国元首首次会晤在上海举行，因此这一合作机制被贯以“上海五国”的称谓。② 自上海合作组织成立以来，各成员国在反对恐怖主义领域展开了一系列卓有成效的活动：2002年6月7日，上海合作组织成员国在俄罗斯圣彼得堡签署了《上海合作组织成员国关于地区反恐怖机构的协定》，将地区反恐机构的发展推向了一个新的阶段，常设机构——北京秘书处和比什凯克地区反恐怖机构随即成立。2002年10月，中国和吉尔吉斯斯坦两国在上海合作组织框架内举行了双边联合反恐军演；2003年8月，上海合作组织成员国又成功举行了首次多边联合反恐军演，检验了各国反恐怖行动及协作能力，有力地震慑了本地区的恐怖势力。

2001年6月15日，上海合作组织于成立之日即签署了《打击恐怖主义、分裂主义和极端主义上海公约》，该公约界定了恐怖主义的概念，明确了反对恐怖主义的原则与战略，在国际反恐怖合作中具有历史性意义。但是，该公约并不具备直接强制性，又多为抽象性、原则性之规定，要真正发挥该公约的功用，还需要经过缔约国国内法的转化。综观俄罗斯及中亚诸国的反恐怖主义法，其包含基础性、预防性、处置性和恢复性内容，并强调了国际合作的重

---

① 2001年6月15日，新加入上海五国首脑合作机制的乌兹别克斯坦元首与五国元首在上海举行峰会，中、俄、哈、吉、塔五国在上海宣布成立“上海合作组织”，共同签署了《上海合作组织宪章》、《打击恐怖主义、分裂主义和极端主义上海公约》及《上海合作组织成立宣言》。参见马勇：《上海合作组织与反对恐怖主义》，载《青海社会科学》2003年第6期。

② 参见阿地力江·阿不来提：《上海合作组织简介》，载《中亚信息》2005年第2期。

要性。因此,俄罗斯及中亚诸国反恐怖法有助于落实上海合作组织的各项反恐怖决议,有力推动了各国之间的反恐怖合作。

(二)对中国反恐立法的借鉴

以上海合作组织的视角来看,在其他成员国制定反恐怖主义法的情况下,我国却没有相应的专门法律予以衔接,这不能不说是一大遗憾。① 因此,我国应制定专门的反恐怖法,尽快搭建区域性反恐怖合作的法律平台。古人云:“以铜为镜,可以正衣冠;以古为镜,可以见兴替;以人为镜,可以知得失。”②结合上海合作组织的精神与实践来看,俄罗斯与中亚各国反恐怖法给我们以下借鉴:首先,在世界范围内,各国对恐怖主义的认识或理解大相径庭,至今仍未对恐怖主义等基础性概念达成共识,这也是国际反恐怖合作的主要障碍。③ 但在上海合作组织内,我国已经同俄罗斯及哈、吉、塔等国家取得了关于反恐怖基础性概念的共识,并在《打击恐怖主义、分裂主义和极端主义上海公约》中予以明确。④ 在俄罗斯与中亚诸国的反恐怖法中,均规定本国参加的国际条约属于打击恐怖主义的法律基础,不难发现,各国反恐怖法中的基础性概念已与《打击恐怖主义、分裂主义和极端主义上海公约》达成某种契合。但是,公约的相关内容迄今却未在我国国内立法中得到反映。

其次,在上海合作组织框架内,我国已与俄罗斯及中亚国家开展了形式多样的反恐怖合作,不仅包括国家元首间的会晤,还包括如设立反恐怖机构、开展情报交流、进行司法协助、举办军事演习等实体性合作。在俄罗斯及中亚国家的反恐怖法中,均可找到上述国家行为之明确法律依据。但在我国,上述实践活动尚未得到相应法律的保障与认可。

因此,我们应从我国实际国情出发,综合《打击恐怖主义、分裂主义和极端主义上海公约》的规定,借鉴俄罗斯及中亚国家反恐怖主义法的有益之处,以加快我国的反恐怖法制建设的进程。

---

① 迄今为止,除少数零散条款外,我国的专门反恐立法几乎处于空白状态。在实际工作中仅仅按照分散的法律、法规来执法,而这些法律、法规已不能完全适应当前形势的需要。参见赵秉志、杜邈:《我国反恐怖主义立法完善研讨》,载《法律科学》2006 年第 3 期。

② 《资治通鉴·卷一九六(贞观十七年)》。

③ 在当前的反恐怖斗争中,一个突出问题就是对恐怖主义等概念缺乏统一的认识,各个主体基于自己政治立场、价值取向的不同,对恐怖主义进行形态各异的界定。据不完全统计,仅学术界对恐怖主义概念的阐释就存在 100 多种,这种众说纷纭的局面是不利于反恐怖斗争开展的。参见胡联合:《当代世界恐怖主义与对策》,东方出版社 2001 年版,第 1—17 页。

④ 值得注意的是,《打击恐怖主义、分裂主义和极端主义上海公约》中明确界定了恐怖主义的概念,恐怖主义是指致使平民或武装冲突情况下未积极参与军事行动的任何其他人员死亡或对其造成重大人身伤害、对物质目标造成重大损失的任何其他行为,以及组织、策划、共谋、教唆上述活动的行为,而此类行为因其性质或背景可认定为恐吓居民、破坏公共安全或强制政权机关或国际组织以实施或不实施某种行为,并且是依各方国内法应追究刑事责任的任何行为。

18. 切实贯彻联合国反恐公约 理性选择反恐立法模式*

目次

---

* 原载赵秉志主编：《刑事法治发展研究报告》（2006—2007 年卷），中国人民公安大学出版社 2008 年版。

一、前　　言

“9 · 11”事件发生后，恐怖主义迅速向世界各个角落蔓延，重大恐怖袭击事件相继发生，反恐成为国际社会所面临的共性重大问题。联合国是目前世界上最大、职权范围最广、最具有普遍性的国际组织。自从 20 世纪 60 年代以来，联合国就先后通过了《关于制止航空器内的犯罪和其他某些行为的公约》、《反对劫持人质国际公约》等 13 项反恐公约，制定《关于打击恐怖主义全面公约》的工作也正在进行中。为切实贯彻联合国反恐公约的要求，世界各国纷纷对原有的立法予以修改和完善，进行专门反恐立法的趋势愈加明显。[①] 其中，如何选择适当的反恐立法模式，就成为各国所面对的首要问题。

二、联合国反恐公约与各国反恐立法概览

(一)联合国反恐公约要述

严格说来，联合国介入国际反恐斗争应该从 20 世纪 70 年代初算起。[②] 随着恐怖主义的现实危害日渐增大，联合国对恐怖主义问题的关注也在不断增强，相继制定了一系列国际反恐公约，具体包括：(1)1963 年《关于在航空器上实施的犯罪和某些其他行为的公约》(东京)；(2)1970 年《关于制止非法劫持航空器的公约》(海牙)；(3)1971 年《关于制止危害民用航空安全的非法行为的公约》(蒙特利尔)；(4)1973 年《关于防止和惩处侵害应受国际保护人员包括外交代表的罪行的公约》(纽约)；(5)1979 年《反对劫持人质国际公约》(纽约)；(6)1980 年《核材料实物保护公约》(维也纳)；(7)1988 年《制止危害航海安全的非法行为公约》(罗马)；(8)1988 年《制止危害大陆架固定平台安全的非法行为议定书》(罗马)；(9)1988 年《制止在国际民用

① 反恐立法分为广义和狭义两个层面。前者是指所有发挥反恐职能的法律的总称，无论法律中是否彰显反恐之特色；后者是指具备专门反恐内容的法律。与之相应，反恐立法模式也存在广义和狭义两个层面。本文所称的反恐立法模式是狭义上的，特指各国制定专门反恐法的立法模式。参见赵秉志、杜邈：《中国反恐怖主义立法完善研讨》，载《法律科学》2006 年第 3 期。

② 1972 年发生 11 名以色列运动员在慕尼黑奥运会上被恐怖分子杀害的事件后，联合国秘书长瓦尔德海姆明确提出，联合国再也不能做默不作声的旁观者了，而应该对这种发生于世界各地的行为采取行动。参见王逸舟主编：《恐怖主义溯源》，社会科学文献出版社 2002 年版，第 18 页。

航空机场进行非法暴力行为的议定书》(蒙特利尔);(10)1991年《关于在可塑炸药中添加识别剂以便侦测公约》(蒙特利尔);(11)1997年《制止恐怖主义爆炸国际公约》(纽约);(12)1999年《制止向恐怖主义提供资助国际公约》(纽约);(13)2005年《制止核恐怖主义行为国际公约》(纽约)。这13项联合国反恐公约对成员国提出了明确的国内立法要求,包括对特定行为予以犯罪化,确立或引渡或起诉的原则,建构国际合作机制等,从而使恐怖分子难以获得庇护场所。

2001年9月11日,美国纽约、华盛顿特区和宾夕法尼亚州遭受了重大恐怖袭击,"9·11"事件不仅造成严重的人员伤亡和财产损失,更直接影响到联合国反恐公约的制定和世界各国的反恐立法进程。联合国安理会迅速作出第1373号等一系列决议,要求各成员国通过有效的国内立法,防止和制止资助恐怖主义行为,并将与恐怖主义有关的活动以及对这些活动的协助规定为犯罪。同时,联合国安理会还成立了由15名成员国组成的反恐怖主义委员会(Counter - Terrorism Committee),以督促各国采取措施执行相关决议。① 在联合国的强力推动下,世界各国纷纷对其原有的法律制度进行审查和完善。

(二)各国反恐立法要述

在联合国反恐公约的影响和推动下,各国反恐立法亦历经了兴起、发展与发达的历史演进。自20世纪中期开始,恐怖主义已成为国际社会中不能回避的问题,对国际和平与安全的威胁也已经显现。一些国家深受恐怖主义的荼毒,故较早迈出了反恐立法的步伐。例如,以色列于1948年制定了《预防恐怖主义条例》;英国制定了《1974年预防恐怖活动(暂行规定)法》;印度制定了《1984年恐怖主义泛滥地区(特别法庭)法》和《1985年恐怖主义与破坏活动(预防)法》;美国制定了《1984年禁止支援恐怖主义活动法》、《1984年提供恐怖主义活动情报奖励法》、《1986年外交安全与反恐怖主义法》;新西兰制定了《1987年反国际恐怖主义(紧急权力)法》等。当时,美国和苏联及其盟友之间的对抗是全球的焦点问题,恐怖主义尚未受到国际社会的高度关注,进行专门反恐立法的国家寥寥无几。

20世纪90年代以来,随着苏联的解体和冷战的结束,世界范围内各种类型的种族、民族、宗教和国内冲突此起彼伏,一些原已销声匿迹或日渐衰微的恐怖组织再度兴起,同时形成了跨国恐怖主义网络。因此,世界各国也更加重视贯彻联合国反恐公约的立法要求,以法律手段预防和打击恐怖主义。例如,秘鲁于1992年颁布了4部反对恐怖主义的法案,美国制定了《1996年反

① 参见赵永琛、李建主编:《联合国反对恐怖主义文献汇编》,群众出版社2006年版,第189页。

恐怖主义和有效死刑法》,巴基斯坦制定了《1997 年反恐怖主义法》,俄罗斯于 1998 年制定了《反恐怖主义法》,英国制定了《2000 年反恐怖主义法》等。在这一时期,进行专门反恐立法的国家明显增多,乌兹别克斯坦、塔吉克斯坦等国均在这一时期制定了反恐怖法。

近年来,恐怖主义造成的现实危害和影响日益扩大,显有蔓延全球之势。例如 2002 年 10 月 12 日印度尼西亚巴厘岛爆炸事件、2003 年 8 月 19 日联合国驻伊拉克办事处爆炸事件、2004 年 3 月 11 日马德里火车爆炸事件、2004 年 9 月 1 日俄罗斯别斯兰劫持人质事件、2005 年 7 月 7 日伦敦地铁爆炸事件、2006 年 8 月 10 日英国劫机未遂事件等。崇尚法治是现代文明的显著特征,“9·11”事件后,恐怖主义逐渐成为国际社会面临的共同威胁,这促使各国的反恐立法也进入了繁荣时期。

1. 欧洲国家的反恐立法。英国制定了《2001 年反恐怖主义、犯罪与安全法》、《2005 年预防恐怖主义法》、《2006 年反恐怖主义法》;意大利于 2001 年制定了《打击国际恐怖主义的紧急措施》;德国于 2002 年制定了《反国际恐怖主义法》;法国于 2006 年制定了《反恐怖主义法》;俄罗斯于 2006 年制定了新的《反恐怖主义法》;此外,丹麦、荷兰、土耳其、瑞典、白俄罗斯、阿塞拜疆等国都进行了反恐立法。

2. 亚洲国家的反恐立法。日本于 2001 年制定了《反恐怖对策特别措施法》;韩国于 2001 年通过了《反恐怖主义法》草案;印度制定了《2002 年预防恐怖主义法》;巴基斯坦于 2002 年对其《1997 年反恐怖主义法》进行修正;蒙古于 2004 年制定了《反恐怖主义法》;菲律宾于 2007 年制定了《人类安全法》①;此外,新加坡、印度尼西亚、阿联酋、斯里兰卡等国家均制定了反恐法。

3. 非洲国家的反恐立法。南非制定了《2004 年保卫宪政民主反恐怖主义和相关活动法》;乌干达于 2002 年制定了《反恐怖主义法》;坦桑尼亚于 2003 年制定了《预防恐怖主义法》,摩洛哥于 2003 年制定了《反恐怖主义法》,突尼斯于 2003 年制定了《打击恐怖主义法》。此外,尼日利亚、约旦等国也进行了反恐立法。

4. 美洲国家的反恐立法。美国制定了《2001 年爱国者法》、《2001 年防止生物武器恐怖主义法》、《2002 年公共卫生安全和生物恐怖防范应对法》和《2006 年巴勒斯坦反恐怖主义法》,并于 2005 年和 2006 年两次对《爱国者法》进行修正;加拿大制定了《2001 年反恐怖主义法》;古巴于 2001 年通过了《反恐怖主义活动法》。此外,哥伦比亚、秘鲁等国也进行了新的反恐立法。

---

① 菲律宾 2007 年《人类安全法》虽不以反恐为名,但法案中界定了恐怖主义犯罪概念,创设了菲律宾反恐怖主义委员会,规定了种种特殊反恐措施,在内容上属于专门的反恐法。

值得注意的是,在中北美和加勒比海地区,许多岛国因其“优越的地理位置”而成为恐怖分子的藏匿地或洗钱地,这些国家也纷纷进行反恐立法。例如,毛里求斯于2002年制定了《预防恐怖主义法》;巴巴多斯、特立尼达和多巴哥于2005年制定了《反恐怖主义法》。

5. 大洋洲国家的反恐立法。澳大利亚通过了《2004年反恐怖主义法》、《2004年第2号反恐怖主义法》、《2004年第3号反恐怖主义法》、《2005年反恐怖主义法》和《2005年第2号反恐怖主义法》共5部法案;新西兰制定了《2002年惩治恐怖主义法》,并于2003年和2005年对该法进行修正。

三、关于各国反恐立法模式的比较考察

反恐立法模式(legislative models),主要是指按照立法技术标准划分的反恐立法方式。中国学界对反恐立法模式的论述较少,主要存在以下几种观点:第一种观点认为,反恐立法模式可分为分散型、专门型和综合型。分散型是指既不制定反恐基本法,也不制定反恐单行法,仅在国家现有法律法规框架内予以修改、补充;专门型是指不制定统一适用的反恐基本法,而是分别就特定恐怖主义犯罪制定单行反恐法;综合型是指既制定统一适用的反恐基本法,也不排除针对某一特定领域制定更详细的法律法规和恐怖主义预防法。① 第二种观点认为,从形式上看,反恐立法模式包括独立式、附属式和复合式;从内容上看,包括平面防御型和立体防御型。② 第三种观点认为,从形式上看,反恐立法模式可以分为“集中式”和“包裹式”③;从内容上看,则可以分为“攻击型”和“防卫型”。④ 我们认为,第一种观点从国家的整个法律体系出发,能够在宏观上把握反恐立法动向,较有新意。但是,该种观点属于广义的反恐立法模式,并不在本文研讨的范围之内。后两种观点均针对专门反恐怖立法,各具有可取之处,但仍需进一步分析和论证。事实上,鉴于各国

① 参见陈晓济:《立法模式与中国反恐法律构建》,载《湖南公安高等专科学校学报》2007年第1期。

② 参见赵秉志主编:《国际恐怖主义犯罪及其防治对策专论》,中国人民公安大学出版社2005年版,第102—103页。

③ 该种分类实际上等同于第二种观点中的“独立式”和“附属式”。参见蔡庭榕:《反恐的法律挑战——从人权保障观察》,载中国台湾地区《第二届恐怖主义与国家安全学术研讨暨实务座谈会论文集》,第194页。

④ 参见洪文玲:《国际反恐法制之研究》,载中国台湾地区《恐怖主义与国家安全学术研讨暨实务座谈会论文集》,第91—92页。

在立法传统、法律框架、反恐局势和国际环境上存在较大差异，反恐立法模式亦呈现出多样化的特征。

（一）以反恐法律形式为分类标准：独立式、附属式和复合式

1. 独立式

独立式是指独立规定主体间的权利、义务关系，而无须依附、参照其他法律文件的反恐立法模式①，它不受该国原有法律框架的束缚，因而能够增设全新的法律规定。独立式反恐法的逻辑体系清晰，能够涵盖概念界定、预防、处置、制裁和恢复多重内容。换言之，独立式更类似于在本国法律体系内增设一个全新的法律部门。当前，采取该种立法模式的国家有俄罗斯、蒙古、菲律宾、乌兹别克斯坦、塔吉克斯坦、吉尔吉斯斯坦、乌克兰、日本、法国等。如2006年《俄罗斯联邦反恐怖主义法》属于典型的独立式立法模式。该法并未对俄罗斯任何原有法律进行修正，而是增设了全新的法律内容，能够独立调整一系列社会关系。该法的逻辑框架极为紧凑，它首先确立了反恐怖主义的法律基础、基本原则和主导力量，明确反恐怖法的打击对象；其次明确了各职能部门在反恐斗争中的权限和分工；再次强调了处置恐怖事件的条件、方式和特殊授权；最后，该法还强调了对恐怖行为造成损失的赔偿、对受害者的社会援助和对反恐怖人员的保障，从而建构了较为完备的反恐怖法律框架。

2. 附属式

附属式是指并非通过设立独立的法律文件来规定主体间的权利、义务关系，而是对已经生效的其他法律文件加以修订、删改的反恐立法模式。② 该种模式是在本国原有法律框架内进行完善，对涉及恐怖主义的各项法律进行修改、完善，本质上类似于以反恐为名对法律修正案进行汇编。附属式立法多局限于原有法律框架的束缚，逻辑体系不够完整，法律章节之间的衔接性不强。但是，这种模式有利于维持本国法律体系的稳定性。采用附属式的国家主要有德国、澳大利亚等。例如，德国2002年《反国际恐怖主义法》并未界定恐怖主义活动的概念，也不存在反恐怖主义的宣誓性内容，例如基本原则、反恐政策等，而是对若干组织法、行政法进行修正，以达到预防和打击恐怖主义之目的。该法分别对《联邦宪法保卫法》、《军事反间谍局法》、《联邦情报局法》、《第十条款法》、《联邦边防法》、《护照法》、《身份证法》、《团体法》、《联邦刑事局法》、《外国人管理法》、《航空交通法》等20项法律进行修正，属

---

① 参见赵秉志主编：《国际恐怖主义犯罪及其防治对策专论》，中国人民公安大学出版社2005年版，第102—103页。

② 参见赵秉志主编：《国际恐怖主义犯罪及其防治对策专论》，中国人民公安大学出版社2005年版，第102—103页。

于纯粹的附属式立法。

3. 复合式

复合式是指既有条款独立规定主体间的权利、义务关系，也有条款对其他法律文件加以修订、删改的立法模式。① 美国、英国、南非等国采取了该种立法模式。如南非2004年《保卫宪政民主反恐怖主义和相关活动法》属于较有特色的复合式立法。该法分为导言、正文和附录三大部分，在导言中，该法宣告了南非反对恐怖主义和相关活动之立场，并强调贯彻国际公约的要求；在正文中，该法增设了一系列惩治恐怖主义的罪名和刑罚，规定了刑事管辖权、证据等程序性内容，对警察、检察官进行特殊授权，从而突破了原有法律的规定，创设了大量全新的权利和义务。但是，该法在附录中以表格的形式列举了一系列与打击恐怖主义相关的法律，并对其有悖于反恐法的内容进行删改，例如1962年《引渡法》、1977年《刑事诉讼法》、1998年《预防有组织犯罪法》、1999年《核能法》、2001年《金融情报中心法》等，从而使上述法律与反恐法的新规定相衔接。

（二）以反恐法律内容为分类标准：平面防御型和立体防御型

1. 平面防御型

平面防御型，是指仅仅依靠单一法律手段惩治恐怖主义活动的立法模式。绝大多数平面防御型立法的内容较为单一，往往只涉及刑事制裁手段。众所周知，刑法主要是通过惩罚犯罪分子，限制或剥夺犯罪分子的部分人权来保护社会法益。恐怖主义活动具备重大的社会危害性，刑法作为社会防卫之最后手段，其重要性在反恐怖斗争中日益显著。荷兰、意大利、约旦、阿联酋、突尼斯等国家采用了该种立法模式，其反恐怖法实质上就是惩治恐怖主义犯罪的特别刑法。平面防御型立法大多界定了恐怖主义犯罪概念，增设一系列新的罪名与刑罚；同时还规定了一系列特殊侦查措施、法庭程序、证人保护制度、证据规则等。例如，荷兰于2004年8月10日颁布了《恐怖主义罪行法》，该法对荷兰原有的刑法规定进行了重大修改，主要包括以下内容：第一，规定对恐怖主义犯罪的普遍管辖权。在涉及恐怖主义犯罪的情况下，应当适用普遍管辖权原则。荷兰刑法适用于身在荷兰境内、在荷兰境外犯下恐怖主义行为的任何人；对其常住地或临时居住地在荷兰境内的人在荷兰境外犯下的恐怖主义犯罪，荷兰法院也应有管辖权。第二，增设新罪名。该法规定，参加以实施恐怖主义行为为宗旨的组织，将最多可处8年徒刑，若为这类组织的创办人、领导人或管理人员，则处以15年徒刑。第三，加重恐怖主义犯罪

① 同上注。

的刑罚。如果重大犯罪具备恐怖主义目的，这些重大犯罪的最高处罚可增加50%（直至法定的最高处罚即终身监禁刑）。①

2. 立体防御型

立体防御型，是指采用多层次、跨法律部门的法律手段惩治恐怖主义活动的立法模式。在该种立法模式中，其反恐法并不局限于刑事法内容，而是兼顾组织法、行政法乃至军事法之内容，能够在不同层面上、以多种渠道预防和打击恐怖主义活动。采取立体防御型立法模式的国家主要有美国、俄罗斯、英国、澳大利亚、菲律宾等。如美国2001年《爱国者法》就是立体防御型的典范。首先，该法加强了国家对社会的监控力度。其具体措施包括扩大总统权力；授权有关部门截听无线电、言谈和电子通信中的有关信息；规定反洗钱和相关措施；加强移民管理和边界控制。其次，该法包括了大量的刑事法内容。它界定了联邦恐怖主义犯罪的概念，对支持恐怖主义、恐怖主义阴谋活动进行处罚，允许司法部门在提出犯罪指控和驱逐之前将有犯罪嫌疑的外国人拘留7天。再次，该法要求军队在某些紧急情况下协助执行禁令。由此可见，美国《爱国者法》的内容广泛、反恐手段多元，从而建构了立体防御之法律格局。

（三）以反恐立法取向为分类标准：进攻型和防卫型

在全球反恐怖斗争中，基于各国历史和现实情况迥然不同，故反恐立法取向也存在较大差异。一些国家面临的反恐局势较为严峻，大规模恐怖事件频繁发生，对其国家安全和社会稳定造成了严重危害，这些国家的反恐怖态度极为坚决，主动打击恐怖主义势力的愿望较为强烈，甚至不惜牺牲部分利益；另一些国家虽面临恐怖主义威胁，但本土遭受恐怖袭击的可能性相对较小，或是由于一些历史遗留问题，使得这些国家对反恐问题持一种谨慎、保守的态度。

1. 进攻型

进攻型立法模式即动用最优势之国家力量预防和打击恐怖主义活动，其反恐法体现了对恐怖分子决不姑息让步之立场，甚至动用国家军事力量、采取极其严厉的手段反恐。进攻型立法模式的特点在于：一方面在国内法中将恐怖主义列入严重犯罪予以严惩，另一方面建立精锐部队，采用军事或准军事行动打击和震慑恐怖主义。如2006年《俄罗斯联邦反恐怖主义法》属于典型的进攻型立法模式，这与俄罗斯面临的反恐局势紧密相关。俄罗斯的心腹之患——车臣恐怖势力本身属于准军事化组织，并配有大量的武器装备。与

① 参见《荷兰向联合国反恐怖主义委员会报告》，S/2005/425。

之相应,俄罗斯遭受的恐怖袭击规模较大,造成了极其惨重的人员伤亡和财产损失。因此,俄罗斯反恐法体现出国家安全至高无上、严厉打击恐怖分子的立法思想。例如,俄罗斯反恐法赋予其武装力量以"先发制人"的极大权力:在法定条件下,尤其在将对人员生命构成威胁,或导致生态灾难时,俄武装力量能够动用武器和战斗装备击落航空器,击沉船舶;在法定条件下,俄武装力量还可以从俄罗斯联邦境内打击境外的恐怖分子及其基地,或在俄罗斯联邦境外执行制止国际恐怖主义活动的任务。①

2. 防卫型

防卫型立法模式,是指主要通过事后的支援、救助活动应对恐怖主义活动。其反恐法侧重于恐怖事件发生后的应对和善后,以及加强执法保护、重点目标保卫等,一般不允许主动使用武力。如2001年日本《反恐怖对策特别措施法》即是防卫型立法模式的代表。该法旨在消除因恐怖袭击事件造成的威胁,并通过支援、帮助美国和外国军队的活动达到上述目的。该法主要授权日本政府采取适当的救援活动、搜索救助活动、救援灾民活动及其他必要措施,并规定了一系列相关程序和必要事项。同时,该法明确排除在实施上述措施时主动使用武力。该法第2条规定:"在实施对应措施时不允许武力威胁或相当于行使武力的行为。"②事实上,日本采取防御型立法模式有其历史和现实原因:一方面,基于日本文化传统、周边环境等因素,其本土发生重大恐怖袭击事件的概率较低,"基地组织"等国际恐怖势力亦非日本的主要威胁;另一方面,日本在第二次世界大战后通过了《和平宪法》,如果其借反恐之名,骤然实施进攻型的反恐怖立法,无疑会对亚太国际关系格局产生重大影响。有学者指出:"与我们所熟悉的美国、加拿大、英国在'9·11'事件后所采取的积极反恐怖措施相比,日本政府却呈现出一种相反的姿态。看起来好像日本政府明显不情愿发动全部国家力量反恐怖,而是采取一种更加谨慎、至少是更隐蔽的方式。"③

(四)以反恐法律效力为分类标准:一般法和特别法

1. 一般法

一般法是指针对一般的人与事在不特别限定的地区和期间内普遍适用

① 参见赵秉志、杜邈:《俄罗斯与中亚诸国反恐怖主义法述评》,载《法学评论》2007年第1期。

② 参见中国现代国际关系研究所反恐怖研究中心编:《各国及联合国反恐怖主义法规选编》,时事出版社2002年版,第123页。

③ Mark Fenwick: "Japan's Response to terrorism post - 9/11", *Global Anti - Terrorism Law and Policy*, Cambrige University Press, p. 349.

的反恐立法模式。采取该种立法模式的有俄罗斯、乌克兰、乌兹别克斯坦、塔吉克斯坦、吉尔吉斯斯坦、蒙古等国。其中,2006年《俄罗斯联邦反恐怖主义法》是较为典型的范例,该反恐法对于联邦一切公民、法人和组织生效,并没有任何例外性规定;反恐法兼具概念界定、机制建设、预防措施、应急处置、制裁打击和保障恢复等多重内容,能够应对多种类型的恐怖活动;反恐怖法属于"联邦法",即适用于俄罗斯联邦全境,而非仅仅针对车臣共和国等恐怖活动猖獗的地区;反恐怖法自正式公布之日起生效,也不存在有效期限或自动失效的问题。

2. 特别法

特别法是指针对特定事务或在特定地区、特定时间内适用的反恐立法模式。从反恐怖法的时间效力、空间效力和对象效力来看,又可分为限时法、特别地法和特别事务法三种具体情形。

(1)限时法。限时法是指规定了反恐法有效施行期间的立法模式,反恐法于时限届满之日当然失效。限时法的失效是因为立法理由的消失,而不是法律观念的改变。如果立法者认为立法目的不能在期限前实现,就必须在期限届满前延长施行期限。① 值得注意的是,为防止滥用反恐权力侵害公民权利,限时反恐法中往往存在"落日条款"(sunset clause)。②"落日条款"能够迫使立法机关对其授权定期进行检查,根据法律规定执行的情况决定是否继续授予国家机关以特殊权力。由此可见,限时法能够对国家权力予以约束和监督,有利于及时对反恐怖法的社会效果作出评估。

采用限时法立法模式的主要有美国、日本、德国、印度等国,2001年日本《反恐对策特别措施法》和2001年美国《爱国者法》都是该种立法模式的范例。例如,日本《反恐对策特别措施法》在"附则"中规定:"本法从实施之日起两年后失效,但是在失效之前如认为没有实施对应措施的必要时,则需迅速废除。"又如,美国《爱国者法》第224条规定:"总则——除了本条款(b)条所提出的条文外,本条款和根据本条款制定的修正条款将在2005年12月31日停止生效。"这些都属于典型的"落日条款",只要规定的特定期间届满,该法律即自行失效。

① 在实践中,不少国家都延长了其反恐法的有效期限,例如日本于2003年10月和2005年10月两度以修正案的形式延长了《反恐对策特别措施法》的实施期限。参见《日本政府打算延长反恐法有效期》,载人民网2006年9月28日。美国也于2005年12月14日、2006年3月9日两次延长了《爱国者法》的有效期限。参见唐勇:《美国总统决定延长〈爱国者法〉》,载《人民日报》2006年3月11日第3版。

② "落日条款"是法治发达国家法律中常见的条款,其含义就是法律并非永久有效,而是存在一定的制度周期,会像太阳一样"下落"。

(2)特别地法。特别地法是指反恐法内容仅仅适用于特定地区的立法模式。恐怖主义具有鲜明之地缘性特征,这种特征在一国内部同样明显。当某地区有多个民族、种族或宗教、政治派别并存时,其矛盾很可能演变为恐怖主义,该地区随之成为恐怖主义活动的重灾区。一些国家为加强对上述地区的管理,防止恐怖主义的扩散和泛滥,从而采用上述立法模式。值得注意的是,该种立法模式是特殊历史时期的产物,现在已基本销声匿迹。

在英国和印度的反恐立法进程中,就曾采用特别地法的立法模式。例如,早期英国恐怖活动主要是由北爱尔兰天主教派和新教派的矛盾冲突引起的,它们的准军事组织互相进行暴力袭击,袭击范围逐步扩大到无辜平民和政府军队等。为了稳定北爱尔兰日益动荡的局势,英国政府制定了仅适用于北爱尔兰的 1973 年《北爱尔兰紧急权力法》,该法名称中虽然不涉及恐怖主义,但实际上是英国第一部针对北爱尔兰恐怖主义的反恐法。《北爱尔兰紧急权力法》明确界定了恐怖主义的概念①,对警察和其他执法部门进行了特殊授权,例如极其广泛的逮捕、关押和拘禁权限,对土地和财产的征用权,禁止道路通行的权力,禁止暴力组织的权力,进入、搜查和没收权,禁止集会、结社和游行权等。② 又如,印度曾于 1984 年通过了《恐怖主义泛滥地(特别法庭)法》,该法界定了恐怖主义的含义,授权中央政府能够宣告某一地区为恐怖主义泛滥地区,并在该地区内采取相应的特殊反恐措施。③

(3)特别事务法。特别事务法是指具体针对某项事务的反恐立法模式。特别事务法的对象和目标极为明确,其条款均为围绕某项任务所设置。当前,各国大都采取政治、经济、文化、外交等手段综合打击恐怖主义,某项事务可能具备特殊的重要性,属于该国反恐战略的关键性环节,从而出现了适用于特别事务的反恐法。美国《2006 年巴勒斯坦反恐怖主义法》即是其中之一。该法开篇宣告了美国关于巴勒斯坦和以色列冲突的政策,即支持以和平方式、双方参与解决巴以冲突,谴责任何支持恐怖主义和暴力的个人、组织和国家。同时,该法对巴勒斯坦作出了种种约束,以使其按照美国的要求表明反恐立场,并采取切实有效的措施。例如,美国对援助巴勒斯坦政府、西岸和加沙地带进行限制;动用美国力量阻止国际金融机构向巴勒斯坦提供援助;

---

① 英国制定的《北爱尔兰紧急权力法》首次把恐怖主义定义为:“使用暴力谋求政治目的,(包括)任何使用暴力手段以置公众或任何公共机构于恐怖气氛之中的行为”。Arnab Goswami, Combating Terrorism: The Legal Challenge, New Delhi; Har – Anand Publications, (2002), p75.

② 参见刘美珍硕士论文:《英国反恐立法初探》,湘潭大学 2004 年印。

③ See V. vijayakumar, Legal and Institutional Response to Terrorism in India, Global Anti – Terrorism Law and Policy, Cambrige University Press, p. 354.

限制巴勒斯坦官员和巴解组织成员在联合国总部外的活动范围；原则上禁止美国官方与巴勒斯坦恐怖组织进行官方接触等。①

（五）以反恐立法权限为分类标准：集权型和分权型

1. 集权型

集权型是指中央享有唯一的反恐立法权，地方只能遵循中央的相关规定，无权进行反恐立法。在单一制国家中，中央政权享有最高权力，地方政权在中央政权统一领导下，在宪法和法律规定的权限范围内行使其职权。包括法国、菲律宾、日本在内的多数国家采取该种立法模式。

例如，法国反恐立法即属于集权型立法模式，其反恐立法的突出特点是：在中央与地方的纵向权力关系上，强调的是中央集权，而不注重地方分权。法国地方政府包括各大区、省、市、镇及海外领地等，在宪法和法律规定（允许）的范围内，地方议会和政府可以行使一定的立法职权。例如，大区议会有权决定本区的社会经济发展规划；监督行政、财政的管理情况，维护本区的利益；决定本区公共机构的财政预算；制定地方规章。② 但是，法国在惩治恐怖主义问题上强调国家立场，不容许地方享有独立的反恐立法权。自 20 世纪 80 年代起，法国均由中央颁布统一、权威的反恐法律规范。2006 年 1 月 23 日，法国还通过了一部新的反恐怖法，该法具体涉及获取情报的能力、在公共场所使用录像监视、对因特网和电话实施监控并延长获取的数据保存期限，确定危险分子名单等。

2. 分权型

分权型是指中央和地方均有权进行反恐立法。在分权型的反恐立法模式中，不仅中央拥有统一的反恐怖法，就连地方也具有反恐怖法的制定权，各地方的反恐怖法不但是对中央反恐怖法的贯彻，更重要的是设置一些具体的标准、执行规则等，能够根据本地情况的不同进行一定的变通，具备一定的相对独立性。美国、澳大利亚等国采取了分权型的立法模式。具体而言，该立法模式又包括以下两种类型：

（1）中央和地方没有明确的立法权限划分。该种类型以美国为代表。根据美国宪法规定，美国国会是联邦的立法机关，州议会是各州的立法机关。无论是国会还是州议会，都在宪法规定的范围内享有立法权。③ 2001 年“9·11”恐怖袭击事件发生 45 天后，美国国会通过《爱国者法》作为联邦反恐行

---

① H. R. 4681 [109th]: Palestinian Anti - Terrorism Act of 2006.

② 参见李林：《立法理论与制度》，中国法制出版社 2005 年版，第 486 页。

③ 参见毛峰：《美国立法体制的特征》，载《武汉大学学报（人文社会科学版）》2000 年第 4 期。

动的法律依据。但是,受恐怖袭击最为严重的纽约州于2001年9月17日就公布了其反恐怖法,加大了反恐怖的广度和力度,允许将企图通过恐怖活动谋杀他人的恐怖分子处以死刑,该法被称为“美国最为严厉的反恐怖法”。①在《爱国者法》颁布之后,美国至少有33个州通过了新的反恐法以修正原有法律。

总体看来,美国联邦和各州之间并无明确的反恐立法权限划分。各州的反恐怖法同样能够界定恐怖主义活动的概念,并创设一系列新的犯罪和刑罚。例如,佐治亚州在其《本地防卫法》(Georgia Homeland Defense Act)中界定了“国内恐怖主义行为”的概念,即在一行为中伤害、杀害10人或更多人,并具备强迫、胁迫平民或政府之意图。该法对恐怖主义犯罪处以最高刑和罚金,在适用死刑的案件中,还需要存在加重情节。密歇根州反恐怖法规定,“恐怖主义行为”是指意图强迫或胁迫平民,或影响政府行为的暴力重罪。②鉴于美国各州对于死刑的态度不一,一些州规定恐怖主义犯罪的最高刑为死刑,例如纽约州的反恐法;另一些州则排除适用死刑。例如,明尼苏达州于2002年在一级谋杀罪中增加了恐怖主义行为罪,但该州并不存在死刑;密歇根州对造成死亡的恐怖主义行为罪适用无假释的终身监禁。此外,加利福尼亚州、特拉华州、纽约州和怀俄明州都通过了新法,在犯罪受害者补偿法的框架下强调对恐怖主义受害者的补偿。就在“9·11”事件发生后不久,加利福尼亚州的立法者通过法案,一次性、紧急地向纽约州受害者补偿项目援助100万美元。③

(2)中央与地方有明确的反恐立法权限划分。该种类型以澳大利亚为代表。澳大利亚联邦由各州、各地区组成④,各成员均可制定各自的反恐怖法。但是,中央和地方之间又存在明确的立法权限划分。2002年4月5日,澳大利亚联邦和各州、地区的领导人在堪培拉召开峰会,会议结果是地方政府将其涉及恐怖主义犯罪的立法权交由联邦行使,2003年《刑法典修正案(恐怖主义)》使联邦能够行使上述领域的立法权,各州还同意联邦享有对反恐怖法进一步修正的权力。因此,各州和各地区关于恐怖主义的立法权仅剩下很少一部分,尽管仍有权制定新的反恐怖法,但其内容只能包括权限划分、

---

① 参见《纽约州通过反恐怖法》,载《北京晨报》2001年9月19日第2版。

② 总体看来,美国各州反恐法中的“恐怖主义行为”概念与联邦法是一致的。

③ Donna Lyons, States Enact New Terrorism Crimes and Penalties, STATE LEGISLATIVERE-PORT VOLUME27, NUMBER 19.

④ 澳大利亚联邦共划分为6个州和2个地区,6个州分别是新南威尔士、维多利亚、昆士兰、南澳大利亚、西澳大利亚、塔斯马尼亚;2个地区分别是北方领土和首都地区。

预防性拘留等措施。例如,昆士兰州、新南威尔士州、南澳大利亚州、塔斯马尼亚州、西澳大利亚州都于 2002 年颁布了《反恐怖主义法(联邦权限)》,维多利亚州于 2003 年颁布了《反恐怖主义法(联邦权限)》。上述反恐法并不涉及实体性内容,而是在法律上明确反恐怖斗争中的联邦权限。随后,各州又陆续颁布了一系列反恐怖法,例如昆士兰州 2005 年《反恐怖法(预防性拘留)》;南澳大利亚州 2005 年《反恐怖法(预防性拘留)》、西澳大利亚州 2005 年《反恐怖法(特别权力)》、北部领土 2003 年《反恐怖法(紧急权力)》、新南威尔士州 2002 年《反恐怖法(警察权力)》等。这些反恐怖法主要是授予警察预防性羁押的特殊权力,都不包含恐怖主义犯罪与刑罚的内容。①

四、关于中国反恐立法模式选择的初步思考

中国积极支持和参与联合国主导下的国际反恐斗争。"9·11"事件前,中国就已参加了绝大多数的国际反恐公约,大力开展各种形式的国际反恐合作。"9·11"事件后,中国支持联合国及安理会通过一系列反恐决议,认真执行有关决议,加入《制止恐怖主义爆炸的国际公约》并签署了《制止向恐怖主义提供资助的国际公约》和《制止核恐怖主义行为国际公约》。② 尽管没有先例可循,尽管立法过程中可能伴随诸多困惑,据报道,中国还是毅然迈出了专门反恐立法的步伐。③ 那么,中国应当选择何种反恐立法模式呢? 我们认为,应当充分考虑中国的立法传统、立法现状、反恐局势和反恐法可能造成的国际影响等因素,理性选择适合本国国情的立法模式。

(一)立法形式:独立式的立法模式

就立法形式而言,我们认为,中国应采取独立式的立法模式。首先,中国现有法律框架不能满足反恐怖实践的需要。中国仅有刑法等少数法律中具有专门反恐条款,在实际工作中仅仅按照分散的法律、法规来执法,而这些法

① 例如,南澳大利亚州的《2005 年反恐怖法(警察权力)》并未明确恐怖主义行为概念,而是由联邦法对其进行界定。该法第 2 条规定:"恐怖主义行为与联邦刑法典第 5·3 部分之规定含义相同,除非其不包括恐怖主义威胁行为。" http://www.aph.gov.au/library/intguide/law/terrorism.htm.

② 迄今为止,中国签署或加入了除 1991 年《关于在可塑炸药中添加识别剂以便侦测公约》(蒙特利尔)之外的 12 项国际反恐公约。

③ 据悉,中国目前正在着手制定一部统一、完整的反恐怖法,为预防打击和制止各种恐怖活动提供有力的法律保证。参见王斗斗:《中国反恐怖法正在制定中 多方配合有效打击恐怖活动》,载《法制日报》2006 年 8 月 27 日第 2 版。

律、法规已不能完全适应当前形势的需要。① 诚然,我们可以对上述法律进行完善和修改。但是,反恐工作涉及预防、处置、制裁和恢复多个层面,就上述法律所调整的社会关系而言,显然不足以涵盖反恐工作的内容。其次,中国不存在所谓"包裹式立法"的传统。选择何种反恐立法模式,亦应考虑该模式是否能够维持本国法律体系的完备与和谐。自新中国建国伊始,制定实体性法律一向是中国立法的显著特征。如果在一部法律中纳入各个部门法的修正案,这在新中国立法史上是从来没有过的,也是不适宜的。

(二)立法内容:立体防御型的立法模式

就立法内容而言,在我们看来,中国应采取立体防御型的立法模式。平面防御型虽然能够重点解决某个部门法的不足,但该模式并不符合中国的立法现状。当前,中国刑法虽然设置了"组织、领导、参加恐怖活动组织罪"、"资助恐怖活动罪"等专门罪名,但远远不能满足反恐实践的需要;同时,关于危险物品管控、出入境管理、网络信息监控的立法缺乏专门反恐内容,而反恐工作机制、恐怖事件处置的相关立法尚付阙如。由此可见,中国刑事法中的反恐内容固然需要完善,但还有更多的空白领域亟待法律调整。事实上,立体防御格局能够实现最优的反恐效果:健全反恐工作机制,才能使国家机关在反恐斗争中各司其职、权责明确;完善恐怖事件处置措施,才能使各部门快速、高效地应对突发恐怖事件;确立行政、刑事乃至军事反恐手段,才能够建构轻重不同、形式各异的责任体系,实现对人员、财产、物品和信息的立体防御。

(三)立法取向:防卫型的立法模式

就立法取向而言,我们主张,中国应采取防卫型的立法模式。当前,和平和发展仍然是时代的主题,建构和谐世界也是中国的迫切呼声。胡锦涛总书记在纪念毛泽东同志诞辰110周年座谈会上指出,中国"要坚持走和平崛起的发展道路。"②我们建议,中国不应在反恐立法取向上咄咄逼人,而宜采取防卫型的立法模式。从世界范围来看,一些国家规定了过于严厉的反恐措施;一些国家赋予其武装力量越境反恐的权力,从而引发了国际社会的普遍质疑。如果中国在反恐法中规定了越境打击等事宜,不但在现实中可操作性不大,而且会制造国际局势的紧张,给宣扬"中国威胁论"的国家以口实,从而不利于中国的和平崛起,不利于为中国社会发展提供良好的国际环境。在经济全球化、政治多极化和反恐的大背景下,中国应以其负责任、爱和平的大

① 参见赵秉志、杜邈:《中国反恐怖主义立法完善研讨》,载《法律科学》2006年第3期。

② 参见古平:《伟大民族复兴的道路选择——论中国的和平崛起》,载《人民日报》2004年2月17日第1版。

国形象而受到尊重和支持，这既有利于反恐斗争也有益于中国和平发展的长远利益。

但是，与日本的反恐立法不同，中国反恐法不应排除武力之合理使用。中国面临着较为严峻的反恐局势，不排除“东突”等恐怖组织发动大规模恐怖袭击之可能性。时任国家主席的江泽民同志曾在九届全国人大五次会议上明确指出，要把反恐斗争纳入中国军队的职责范围，搞好针对性训练，协助地方严厉打击各种形式的恐怖活动。同时，中国军事力量应该按照国家赋予其在反恐救援行动中的职责，积极承担起陆地、空中、海上反恐救援任务，并根据需要协助地方有关部门做好爆炸等其他恐怖事件的处置工作。[①] 日本之所以采取消极防卫的立法模式，有基于其历史问题和宪政体制的原因。就中国而言，完全应当在立法上确立对严重危害社会的恐怖势力坚决予以主动打击。

（四）法律效力：一般法的立法模式

就法律效力而言，我们建议，中国应采取一般法的立法模式。在现代社会中，一国内部各地区之间的经济、政治、文化交流日益紧密，打击恐怖主义需要集中全部国家资源，甚至是国际社会的通力合作。依靠特别地法很难起到理想的反恐效果。同时，特别地法实质上是对不同地区的差别待遇，故存在激化社会矛盾、诱发恐怖主义泛滥之虞。就中国而言，“东突”恐怖势力是中国当今面临的最大恐怖威胁，他们主要在中国新疆地区建立训练基地、从事暴力恐怖活动。但是，预防和打击恐怖主义与中国整体国家安全和社会稳定也息息相关，属于构建和谐社会过程中的重大事宜。因此，中国反恐法不应限于某一地区或部分人群，而应采取普遍适用的一般法模式。值得注意的是，一些国家还采用了限时法和特别事务法的立法模式，这对于中国反恐立法的完善和立法技术的丰富具有一定借鉴意义。

（五）立法权限：集权型的立法模式

就立法权限而言，我们认为，中国应采取集权型的立法模式。反恐是一项综合性的国家事务，它可能涉及政治、经济、文化、军事、外交等多个领域。在反恐实践中，集权型立法模式能够发挥更大的功用。正如美国学者哈里·亨德森指出：“大多数与恐怖主义有关的法律属于联邦法，因为恐怖主义通常是国家性或国际性的。”[②]一方面，恐怖主义往往具有政治和意识形态色彩，

---

① 参见郧建华：《反恐：时代赋予中国军队的新使命》，载《环球时报》2004 年 12 月 3 日第 10 版。

② 参见〔美〕哈里·亨德森：《全球恐怖主义》，贾伟等译，中国社会科学出版社 2003 年版，第 180 页。

集权型立法能够使国家在反恐斗争中统一立场、减少内耗;另一方面,恐怖主义具有严重的现实危害性,集权型立法有利于整合最优势之国家资源,集中力量预防和打击恐怖主义。根据《中华人民共和国立法法》的相关规定,中国反恐立法权应属全国人民代表大会和全国人民代表大会常务委员会所有,对反恐的基础性概念、反恐怖工作机制、恐怖组织认定等内容进行统一、权威的界定;地方为执行反恐法的规定,可以根据具体情况制定地方性法规或地方政府规章,但不得与中央相关立法相冲突。

五、结　　语

反恐立法模式并非一成不变,而是随着现实情况的发展而变化。在附属式立法的国家中,如果其遭遇新型恐怖袭击,超出了原有法律框架的调整范围,就可能制定独立式的反恐法;在攻击型立法的国家中,如果其综合治理恐怖主义成效卓著,社会逐渐趋于稳定,亦可能转向防卫型的立法模式。由此可见,采取何种立法模式,归根到底是为了更有效地预防和打击恐怖主义活动。正如黑格尔所指出的:"事物的法的本质不应该去迁就法律,恰恰相反,法律倒应该去适应事物的法的本质。"①

但是,立法模式之选择对反恐效果的实现具有重要意义。选择适合本国国情的反恐立法模式,有助于切实贯彻联合国反恐公约的要求;有助于发挥反恐法的最大功效;有助于实现公平正义的法治理念;有助于维护本国法律体系的稳定;亦有助于促进社会的安定与和谐。世界上种种法律体系能够提供更多的、在它们分别发展中形成的丰富多彩的解决办法。② 就反恐立法模式而言,各国应在相互比较、相互借鉴中取长补短,从而构建完善的全球反恐法网,实现最有效的反恐效果。

---

① 参见〔德〕黑格尔:《哲学史演讲录》(第三卷),贺麟、王太庆译,商务印书馆 1981 年版,第 107 页。

② 参见〔德〕K. 茨威格特、H. 克茨:《比较法总论》,潘汉典、米健等译,法律出版社 2004 年版,第 22 页。

19. 涉外暨涉港澳台地区恐怖犯罪的法律适用*

目 次

一、前　　言

现代国际社会环境中，恐怖犯罪活动日益猖獗，不仅危害甚大，而且往往涉及多个国家或者地区。虽然在反恐怖活动方面，不少国家、地区或国际组织都已经有所立法；中国范围内的四个法域（内地与港、澳、台地区）都出台了相应的法律，但是，由于立法习惯及立法技术的不同，各个国家、地区和国际组织以及中国的四个法域，在反恐怖活动的立法内容以及立法模式上都有

---

* 与时延安等合著，原载赵秉志主编：《刑事法治发展研究报告》（2005—2006 年卷），中国人民公安大学出版社 2006 年 8 月版。

很大的不同,而且,在恐怖犯罪的刑事管辖权方面鲜有解决管辖权冲突与进行司法协助的具体规定。这种情况给反恐怖活动带来了一系列法律上和政策上的难题。其中,最为棘手的就是如何解决跨国或跨地区的恐怖活动的法律适用问题。

众所周知,法律的空间效力,是法律适用的基本前提,也是一个独立的司法管辖区得以主张司法管辖权的法律根据。尚在拟订中的我国《反恐怖法》属于国内法,有关其空间效力的规定决定了该法律将在何种范围内具有约束力和强制力。从法律效力等级上看,无论是将《反恐怖法》定位于基本法律还是非基本法律,《反恐怖法》在关于空间效力问题的规定方面,都应遵循现行国内法律所确立的基本原则,并适当参酌相关国际公约的规定予以确定。同时,对两岸四地在反恐怖方面的法律冲突问题,也应该给予充分注意,妥善解决刑事法律方面的冲突,厘清刑事管辖权问题,有效展开刑事司法协助,对恐怖犯罪活动准确、有效地适用法律。

二、涉外恐怖犯罪的法律适用

中国公民在国外从事恐怖活动或恐怖犯罪的法律适用及条件问题,实际上就是如何在《反恐怖法》中规定属人管辖权的问题,对此,我们认为,应当与现行刑法关于刑法空间效力尤其是对人效力的规定相协调,同时参酌相关国际公约的规定进行设计。

(一)国内刑法关于空间效力问题规定的一般原则

我国《反恐怖法》主要规定妨害公共安全的违法活动及其法律责任,其法律属性应属于学理上通常而言的“公法”范畴。这一点与刑法是相同的,而且后者非常强调严格的法定原则。因而,在《反恐怖法》立法工作中应该努力保持两部法律内在的一致。在空间效力问题上,《反恐怖法》与既有法律协调一致,其中最重要的就是要与现行刑法所确立的一般原则保持一致。因此,应当首先对刑法的空间效力基本原则有比较明确的认识。

刑法的空间效力,即刑法对地和对人的效力,它解决国家刑事管辖权的范围问题。在刑法的空间效力方面,最基本的两个原则是属地原则和属人原则。属地原则(又称领土原则)以本国领域为适用刑法范围,凡是发生在本国领域内的犯罪,无论犯罪人是本国人还是外国人,都适用本国刑法;反之,发生在本国领域外的犯罪,则不适用本国刑法。属人原则(又称国籍原则)以行为人的国籍为标准,凡本国人犯罪,无论发生在本国领域内还是在本国领域外,都适用本国刑法;反之,外国人犯罪,即使发生在本国领域内,也不适用本国刑法。由于单纯采用属地原则或者属人原则都存在着无法克服的局限性,伴随着国际刑事司法合作与协助的增多,国家独立与主权意识的加强,作为对前述两项原则的补充,又有两项新的原则即保护原则与普遍原则应运而生。保护原则以保护本国利益为标准,凡是侵犯本国国家或者公民利益的犯罪,不论犯罪人是本国人还是外国人,也不论犯罪发生在本国领域内还是在本国领域外,都适用本国刑法。普遍原则以保护国际社会的共同利益为标准,凡发生国际条约所规定的侵害各国共同利益的犯罪,无论犯罪人是本国人还是外国人,也不论犯罪地在本国领域内或在本国领域外,都适用本国刑法。

各国由于政治制度、法律体系、历史传统、文化习惯等的差异,在刑事管辖权方面的具体规定上也不尽相同,但现代各国有一个共同特征,即没有哪一个国家单纯采用上述某一个原则,因为单纯采用任一原则都将遇到许多难以克服的困难。为了使刑事管辖权的范围更为严密,从而更好地维护国家主权和利益,目前世界上大多数国家和地区的做法是以属地原则为基础,兼采其他原则为补充。如法国刑法典规定,在管辖权的适用上,以属地原则为基础,以属人原则和互惠原则为补充;意大利刑法实行以属地原则为主,属人原则、保护原则和普遍原则为辅的制度;美国 52 个司法管辖区虽然各有自己的刑法,但总体而言,其基本上采用了属地原则,并以保护原则为补充。同大多数国家的刑事立法一样,我国刑法关于空间效力的规定也采取了综合的刑事管辖权体制,即以属地原则为基础,以属人原则、保护原则、普遍原则为补充。我国现行《刑法》第 6 条、第 7 条、第 8 条、第 9 条对这几项适用原则分别作了明确规定。

所以,与我国现行刑法关于空间效力的规定相衔接,我国《反恐怖法》关于空间效力的规定也宜采取上述综合性的原则。

(二)国际反恐公约中关于恐怖主义犯罪管辖权的规定

我国"反恐怖法"在空间效力的规定方面,除要与现行刑法关于空间效力的规定保持一致以外,还应保持与既有反恐怖国际公约规定的协调一致。

目前,惩治恐怖主义的国际公约大多都对恐怖活动或恐怖犯罪的管辖权问题作了专门规定。如《制止恐怖主义爆炸事件的国际公约》(1998 年 1 月 9 日联合国大会通过)第 6 条规定:

1. 在下列情况下,每一缔约国应采取必要法律措施,对第 2 条所述罪行确定管辖权:

(a)罪行在该国领土内实施;或

(b)罪行的实施场所为在罪行实施时悬挂该国国旗的船舶或按该国法

律登记的航空器;或

(c)罪行的实施者是该国国民。

2. 在下列情况下,缔约国也可以对任何此种罪行确定管辖权:

(a)犯罪的对象是该国国民;或

(b)犯罪的对象是一国在国外的国家或政府设施,包括该国大使馆或其他外交或领事房地;或

(c)罪行系由惯常居所在该国境内的无国籍人实施;或

(d)犯罪的意图是迫使该国从事或不从事某种行为;或

(e)罪行的实施场所为该国政府操作的航空器。

又如《反对劫持人质国际公约》(1979 年 12 月 17 日联合国大会通过)第 5 条第 1 款规定:

每一缔约国应采取必要的措施来确立该国对第一条所称任何罪行的管辖权,如果犯罪行为是:

(a)发生在该国领土内或在该国登记的船只或飞机上;

(b)该国任何一个国民所犯的罪行,或经常居住于其领土内的无国籍人(如该国认为恰当时)所犯的罪行;

(c)为了强迫该国作或不作某种行为;

(d)以该国国民为人质,而该国认为适当时。

此外,《关于防止和惩处侵害应受国际保护人员包括外交代表的罪行的公约》(1973 年 12 月 14 日通过)第 3 条第 1 款、《制止向恐怖主义提供资助的国际公约》第 7 条第 1 款、第 2 款亦有类似规定。除了综合采用属地原则、属人原则、保护原则以外,上述公约还通过规定“或引渡或起诉”原则,确立了缔约各国对于恐怖主义犯罪的普遍管辖权。“或引渡或起诉”原则是一项针对可引渡的犯罪开展国际合作的原则,它要求各缔约国对于国际条约所确定的可引渡的犯罪,在接到另一缔约国提出的有关引渡请求时,必须作出如下抉择:或者对被请求引渡人实行引渡,或者将其移交本国司法机关进行审判。普遍管辖原则要求有关国际公约的缔约国必须遵守“或引渡或起诉”的原则,它是被请求国在不引渡的情况下的一项义务。实施了国际犯罪的罪犯,在某国领土内被发现时,如果犯罪地国按照属地管辖原则、犯罪人国籍国按照属人管辖原则、受害国或受害人所属国按照保护管辖原则,要求引渡该罪犯以便对其进行起诉和审判,罪犯在其领土之内的国家应当采取必要的刑事强制措施以便及时将罪犯引渡给请求引渡的国家;如果不将罪犯引渡给请求引渡的国家,在其领土内发现这类罪犯的国家,就应当毫无例外地对该罪犯进行起诉和审判,而不得推卸制裁国际犯罪分子的责任。所以,“或引渡

或起诉"原则是与普遍管辖原则相联系并作为拒绝引渡后的一项补救措施而出现的。该原则既是普遍管辖原则的逻辑要求,也是引渡制度的必要补充。目前,"或引渡或起诉"原则已经成为得到国际社会普遍认可的原则之一。

由于被请求国不引渡是实行普遍管辖原则的前提条件之一。这就意味着,引渡所代表的刑事管辖权比普遍管辖权优先适用。引渡所代表的刑事管辖权包括属地管辖权、属人管辖权、保护管辖权等三种管辖权,因此,属地管辖权、属人管辖权和保护管辖权的行使应优于普遍管辖权的行使。从目前惩治恐怖主义的主要国际公约的规定来看,这些公约中并没有规定管辖原则的优先顺位问题,只是对这些管辖原则进行了并列式的列举,由于在起诉时可以适用诸多的管辖原则,所以无论适用哪个原则都可能发生管辖权冲突。在管辖权冲突中,各国乃至国际社会普遍推崇的属地原则应作为管辖权行使的首选原则。这一点在《联合国打击国际恐怖主义措施》中已作出明确的规定,即"应确定管辖权的优先次序,把领土管辖权列为首位。"

上述反恐怖公约所确立的刑事管辖权的一般原则,与我国现行国内法律关于空间效力暨司法管辖权的规定是一致的,因而在"反恐怖法"中规定上述综合性的管辖原则,也符合国际公约的规定。需要强调的是,现行国内法中虽没有明确规定"或引渡或起诉"原则,但是《中华人民共和国引渡法》已经将其予以确认。因此,当出现我国与其他国家或地区管辖权竞合的情形时,依照引渡法的规定处理即可,因而在"反恐怖法"中似不必要规定"或引渡或起诉"原则。

(三)关于中国公民在国外从事恐怖活动或恐怖犯罪的法律适用

中国公民在国外从事恐怖活动或恐怖犯罪的法律适用,主要涉及属人原则中的域外管辖权问题。我国《刑法》第 7 条规定:"中华人民共和国公民在中华人民共和国领域外犯本法规定之罪的,适用本法,但是按本法规定的最高刑为三年以下有期徒刑的,可以不予追究。中华人民共和国国家工作人员和军人在中华人民共和国领域外犯本法规定之罪的,适用本法。"该条规定主要针对的就是属人原则中的域外管辖权。根据现行《刑法》第 7 条的规定,结合目前我国所参加的反恐国际公约中关于属人管辖原则内容的规定,对于中国公民在国外从事的恐怖活动或恐怖犯罪行为,我国当然地享有管辖权。这一点在理论上应当说是没有疑问的。依据属人管辖原则,中国公民在国外从事的恐怖活动或恐怖犯罪,不论其犯罪行为发生在何地,也不论其行为所针对的对象如何,我国均可对其主张管辖权。从我国目前反恐斗争的现实来看,我国主要的恐怖组织“东突”的成员大多具有我国的公民资格,而在很多情况下,“东突”组织的成员会在国外尤其是我国周边一些国家从事针对我国的恐怖活动。在我国“反恐怖法”中设立相应的属人管辖条款作为我国对这些恐怖犯罪活动主张管辖的依据,不仅在法律上是可行的,而且具有重大的现实意义。“反恐怖法”中对于属人管辖原则作出规定,既是我国主权所具有的属人优越权的体现,也有助于更有力地打击我国国内某些恐怖组织在国外所实施的恐怖犯罪活动。

根据我国现行《刑法》第 7 条的规定,中国公民在中华人民共和国领域外实施犯罪的法律适用条件是:首先,行为人必须是中华人民共和国公民;其次,行为人所实施的行为必须是依照我国刑法规定属于犯罪行为;再次,在罪行轻重方面,该条作了一定的限制,即如依照我国刑法的规定,该犯罪的法定最高刑为 3 年以下有期徒刑的,可以不予追究。但是,对于我国国家工作人员和军人在我国领域外触犯刑法的,无论罪行轻重,均应一律适用我国刑法予以追究。

由于刑法属于基本法律,而且是我国惩处恐怖主义犯罪的主要法律依据,同时考虑到法律之间的协调适用,我们认为,“反恐怖法”关于中国公民在国外从事恐怖活动的法律适用条件的规定,应当与《刑法》第 7 条有关属人原则中的域外管辖权的规定保持一致。首先,鉴于恐怖主义犯罪所具有的严重性质,依照刑法的规定,大多数恐怖主义犯罪的法定最高刑都会在 3 年有期徒刑以上,应依照我国刑法对其予以追究。其次,对于那些法定最高刑在 3 年以下有期徒刑的恐怖犯罪行为,应该说其罪行相对比较轻微,危害不大,对其规定“可以不予追究”不会对打击恐怖主义犯罪有太大的不利影响;同时,“可以不予追究”并不是绝对不予追究,而是保留追究的可能性,是否追究,主动权仍然掌握在我们手里。这样,既有利于抓住重点、集中力量打击较为严重的恐怖主义犯罪,也可以体现我国一贯坚持的“惩办与宽大相结合”的刑事政策,体现区别对待的原则。至于我国国家工作人员和军人在国外从事恐怖活动的,其身份的特殊性决定了其从事的恐怖活动的危害程度往往更为严重,所以对这两类特殊主体在国外从事恐怖活动的,应当无例外地一律适用“反恐怖法”和《刑法》的有关规定追究其责任。

三、涉港澳台地区恐怖犯罪的法律适用

在反恐怖犯罪活动的问题上,两岸四地存在法律的冲突,也存在共同惩治预防该类犯罪的现实需求。但是,拟订中的《反恐怖法》应否对涉及香港、

澳门特别行政区以及台湾地区的恐怖活动之法律适用作出明确规定？我们认为，该问题实际上涉及三个方面的具体问题：(1)两岸四地在恐怖活动犯罪的管辖权划分及冲突解决应坚持哪些基本原则？(2)在具体的恐怖活动犯罪案件中解决管辖权冲突问题的具体途径；(3)在“反恐怖法”中应否规定两岸四地管辖权划分及冲突解决的一般性规定？对此，我们的基本见解如下：

(一)解决两岸四地反恐怖犯罪活动法律冲突的基本原则

1. 政治指导思想

虽然内地与港澳台地区存在不同的反恐怖犯罪立法，中国的疆域范围内目前尚不存在统一的法治，但完全可以确定的是，两岸四地之间并不是国家与国家之间的关系，而是同一个国家不同法域之间的关系。

在解决恐怖犯罪的区际刑事管辖权冲突的问题时，应该坚持一国两制的原则，即坚持国家统一和主权完整的原则。具体来说要注意三方面的内容：(1)各个法域都是中华人民共和国领土不可分割的部分；(2)各个法域之间的刑事管辖权冲突是同一个主权国家内的不同区域间的刑事管辖权冲突；(3)对于某个法域签订或者参加的国际条约，只能作为该法域与外国处理刑事管辖权冲突的依据，不能成为相互之间解决中国区际刑事管辖权冲突的依据。① 因此，虽然两岸四地都参与或者参考了联合国反恐怖犯罪活动的国际条约，但不能依据联合国反恐怖犯罪的国际条约展开相互合作，禁止适用体现国家主权的管辖原则(普遍管辖原则)，也排斥适用中国内地的刑事诉讼法。

由此可见，在制定相关的冲突解决协议以及协商具体案件的管辖时应坚持平等协商的原则，不同法域的居民具有平等的权利和义务。因此，应该反对两种倾向：一是将某一个法域的刑法普遍适用于全国；二是强化某一个法域刑法的强制地位。简言之，各个法域的法律地位是平等的。涉及恐怖犯罪管辖冲突和司法协助的问题，只能依据中华人民共和国宪法、特别行政区基本法和刑事法律及其基本理论来平等协商解决。

2. 刑事法律原则

罪刑法定原则是两岸四地共同的刑事法治原则。但是，因为恐怖犯罪活动具有无规律性和极大破坏性，在特殊情况下能否突破法律的限制性条件来适用中国刑法典？

我们认为，抛开罪刑法定对恐怖犯罪活动进行惩处或者说报复，只能得到一时的方便和快意，但在整体上破坏了罪刑法定的刑事法治原则，对犯罪

---

① 赵秉志：《中国内地与港澳特别行政区刑事管辖权冲突合理划分论纲》，载赵秉志、何超明主编：《中国区际刑事司法协助探索》，中国人民公安大学出版社 2002 年版，第 151—164 页。

嫌疑人的人权造成侵害，也损害了国家处置恐怖主义的政治效应，造成恐怖犯罪活动的恶性循环，对防范和消弭恐怖犯罪活动不能产生良好的效益。所以，对于恐怖犯罪活动法律适用问题，仍然要坚持罪刑法定的基本刑事法治原则，在我国法律的框架内解决该问题。所以，对恐怖犯罪活动的法律适用，不能忽视罪刑法定的基本刑法原则。①

3. 合理确定刑事管辖原则

在解决刑事管辖权冲突问题上，存在较多的争议。有论者认为，解决该问题的原则应该具体一些，提出了“有利于打击犯罪、维护各地社会秩序原则”、“犯罪地管辖为主，居住地管辖为辅原则”、“先理优先原则”等原则；②也有论者提出了综合性原则，即以地域管辖优先行使为一般原则；针对特定人、特定刑事案件可分别适用居民管辖权优先或本法域保护管辖优先的原则；最后以先理优先原则为补充。③ 有论者认为，从“一国两制”的角度分析，最合适的莫过于属地原则，并认为“坚持属地原则的实质，也就是突出属地原则，使属人原则、保护原则和普遍管辖原则都从属于属地原则”。④ 也有论者认为，解决中国区际刑事管辖权冲突时应该以属地原则为主、限定的属人原则和便利主义为补充的原则，而有论者则认为，要以属地原则为主，而以便利审判原则作为补充。⑤ 还有论者认为，应该着重考虑属地管辖原则为优和先理为优的原则，同时，兼顾被告人居住地管辖原则、主要犯罪地管辖原则、履行条约义务原则。⑥ 有论者认为，应该采用以属地原则为基础、注重先理为优原则和实际控制原则，兼采属人原则。⑦ 而有论者认为现在尚无统一的区际法律冲突解决机制或者规定，实际上司法机关具体操作时要依法平等协商，

---

① 参见赵秉志主编：《惩治恐怖主义犯罪理论与立法》，中国人民公安大学出版社 2005 年版，第 5 页。

② 参见王新清：《特别行政区刑事管辖权及其与内地刑事管辖权的冲突与协调》，载赵秉志主编：《中国区际刑事司法协助探索》，中国方正出版社 2002 年版，第 202—204 页。

③ 参见时延安：《中国区际刑事管辖权冲突以及解决研究》，中国人民大学博士学位论文，2003 年 6 月印，第 97 页。

④ 参见赵国强：《论澳门与内地管辖权之划分》，载高铭暄、赵秉志主编：《中国区际刑法与刑事司法协助研究》，法律出版社、中国方正出版社 2000 年版，第 138 页。

⑤ 参见吕岩峰：《论中国跨法域刑事犯罪的管辖权冲突及其解决》，载《湖南社会科学》2000 年第 5 期。

⑥ 参见单长宗等：《试论中国内地与澳门特别行政区刑事司法管辖权的划分》，载高铭暄、赵秉志主编：《中国区际刑法和刑事司法协助研究》，法律出版社、中国方正出版社 2000 年版，第 131 页。

⑦ 参见张文、牛克乾：《试论我国内地与港澳地区互涉刑事案件管辖权的划分》，载赵秉志主编：《新千年刑法热点问题研究与适用》，中国检察出版社 2001 年版，第 662 页。

因而，处理中国区际刑事管辖权冲突的首要原则是“依法平等协商”的原则。①

我们认为，在确定两岸四地对恐怖犯罪的刑事管辖问题上，要坚持有利于惩治预防恐怖犯罪活动的基本目的，既能有效地对恐怖犯罪实施管辖，捍卫各个法域的合法权益，又能便利司法工作，有利于各个法域的合作活动，维护共同的安全与稳定。这样看来，以地域管辖（属地管辖）原则为主，以合理、有效地惩治防范犯罪原则为辅，乃是合理划分内地与港澳特区刑事管辖权冲突的必然选择。

“以地域管辖原则为主”是指，中国内地与港澳台地区以各自的行政区域为界，对在自己区域内实施的恐怖犯罪活动实施管辖。不论该犯罪人是哪个法域的居民或者是外国人、无国籍人，也不论该犯罪人逃到哪个法域躲藏，其他法域的司法机关有义务抓获逃犯，并将其迅速移交给有管辖权的地区。“以合理、有效地惩治防范犯罪原则为辅”是指在保障各个法域公众的合法权益，以及各个法域稳定和发展的根本目的之下，为有利于惩治和防范恐怖犯罪，可以对地域管辖原则进行合理的变通，考虑调查取证、起诉审理、看管执行、犯罪改造等方面的问题，采取其他管辖原则，如居住地管辖原则、实际控制地管辖原则等。

4. 开展刑事司法协助原则

在确定恐怖犯罪的刑事管辖之后，要将管辖法域的刑事法律具体落实到恐怖犯罪活动的惩处上，有时候还需要相当的刑事司法协助，如移交囚犯、调查取证等。两岸四地进行刑事司法协助活动，同样要遵守一国两制的基本政治原则，在平等友好的基础上为合理有效惩治防范恐怖犯罪进行协商。

除此之外，在具体的法律问题上，要注意如下问题：

（1）不适用“政治犯”不移交原则。国际条约中早已经将恐怖犯罪规定为国际刑事犯罪，否认其具有政治犯罪的特点，这也已经成为国际社会的共识。两岸四地又属于同一个国家的范围内。所以，该原则在法律与政治上都与反恐怖犯罪的宗旨相违背。

（2）不适用“死刑犯”不移交原则，因为两岸四地各自法制不同，应该相互尊重，而且，适用该原则会造成某个法域成为恐怖犯罪“避风港”的恶果。

（3）不适用“军事犯”不移交原则，任何恐怖犯罪活动都不是军事犯，军事犯危害国防安全应该属于我国内地法律管辖的范围，即国防事宜的范围。

（4）不适用双重犯罪原则。虽然目前台湾地区尚无关于恐怖犯罪的立法，但是，恐怖犯罪已为台湾法律所确认，相关犯罪活动也有所规定，因此，在反恐

① 参见陈忠林：《关于祖国统一中的几个刑法问题》，载赵秉志主编：《新千年刑法热点问题研究与适用》，中国检察出版社2001年版，第651页。

怖犯罪上没有必要适用双重犯罪的原则。内地与港澳之间更是不存在该问题。

(5)不适用"本地居民"不移交原则,根据上述刑事管辖的原则,恐怖犯罪应该由犯罪地法域管辖,犯罪人所在地或者居住地法域都有义务移交犯罪人,只有在便利、合理的情况下,犯罪控制地法域才能享有刑事管辖权。

(二)妥善解决两岸四地反恐怖犯罪活动的法律具体冲突问题

1. 合理解决两岸四地对恐怖犯罪活动的刑事管辖权问题

恐怖犯罪活动的刑事管辖权的确定,是决定反恐怖法律具体规范能否得以实施的前提。对恐怖犯罪的刑事管辖权划分及冲突解决问题,即应遵照解决中国区际刑事管辖权冲突的一般原则予以解决。具体而言,就是根据"以地域管辖(属地管辖)原则为主,以合理、有效地惩治防范犯罪原则为辅"的指导思想做出妥善处理。在实践中,应该根据各种不同的具体情形来解决恐怖犯罪活动的管辖问题。

(1)恐怖犯罪案件仅在一法域发生,犯罪人或者部分犯罪人具有另一个或者多个法域居民身份的案件,依照地域管辖原则即可迎刃而解。

(2)跨多个法域实施的恐怖犯罪的管辖问题。主要区分如下情况:

①犯罪预备行为地与实行行为地分别发生在我国内地和香港特区、澳门特区、台湾地区,由于犯罪的实行行为较预备行为危害性大,能准确地反映出犯罪的性质与状况,因而这类案件宜由犯罪实行行为地之法域管辖。

②犯罪实行行为持续发生在我国内地和香港、澳门、台湾地区的,宜由主要犯罪实行行为地之法域管辖,即实行"就主不就从"的原则。

③犯罪行为与犯罪结果分别发生在我国内地和香港特区、澳门特区、台湾地区的刑事案件,不宜笼统地以犯罪行为地或者犯罪结果地进行管辖,而应区别不同犯罪及其形态,分别采取犯罪行为地管辖或者犯罪结果地管辖。有必要对司法实践中常见、多发的犯罪进行系统的梳理,在我国内地与香港特区、澳门特区、台湾地区的刑事司法协助协议中,写明各类案件分别由行为地或结果地的法域管辖。

④如果犯罪行为地与犯罪结果地、预备行为地与实行行为地、主要行为地与次要行为地互相混杂,不易分清的,则应适用"合理、有效地惩治防范犯罪"的原则确定管辖权。这样处理,有利于迅速、及时地收集犯罪证据,查获犯罪人,及时、有效地惩治犯罪,实现诉讼经济的要求。

(3)在国内某地实施针对两岸四地中某个或者某几个地区的恐怖犯罪的情况下,因为这样的活动基本上都被规定为恐怖犯罪,不存在立法上的真空,结合地域管辖的原则,可以由主要犯罪地法域来管辖。但是,如果受害方认为实际控制犯罪人的地区予以管辖更为妥当或者主要犯罪地无法分清的,可以由实际控制地法域来实施有效的管辖,适用其刑事和行政法律。此种情况下，如果对恐怖犯罪分子适用没收财产或者罚金的，可以考虑给其他受害方一定的补偿。

2. *两岸四地对反恐怖犯罪活动的刑事司法协助*

对恐怖犯罪活动的刑事管辖问题予以妥善解决，是适用法律的必要前提。但是，法律的真正实现还需要有权管辖方对犯罪人的实际控制。在犯罪人为其他法域控制或者恐怖犯罪涉及多个法域的情况下，就存在遣返犯罪人、协助调查证据等一些司法协助的问题。目前，我国对各个法域之间的刑事司法协助并没有一个统一的立法，但司法实践中存在较为成熟的做法。

(1)内地与港澳地区在反恐怖犯罪上的刑事司法协助

虽然目前尚无统一的立法，但是，内地和港澳地区也经常性地开展卓有成效的刑事司法协助，主要表现为地方性的司法机关相互接触和交流，如2001年10月，粤、港、澳三地的刑侦对口部门建立了直接联络机制，就犯罪情报等进行相互通报。在反恐怖犯罪的问题上，目前按照此种做法，建立内地与港澳之间的反恐怖犯罪协助机制，由内地公安部反恐怖犯罪部门直接与港澳的反恐怖犯罪部门直接联系，建立反恐怖犯罪的交流和协助机制，即直接接触模式。

(2)内地与台湾地区在反恐怖犯罪上的刑事司法协助

内地与台湾地区尚未在法律层面建立一个稳定的、统一的刑事司法协助机制，但在实践上也曾有过较为频繁的交往。就目前实践中采用的方式来看，主要有三大类：

①民间协助方式，也可以称为“金门协议方式”。1990年9月，台湾当局迫于现实情形，同意进行一定形式的刑事司法协助，由台湾地区的红十字会和内地的红十字会在金门签订了一个关于互相遣返偷渡者、刑事嫌疑犯、刑事犯的《金门协议》。

②间接方式，即通过第三方将犯罪嫌疑人或者刑事犯转交给对方。实践中具体有两种操作方式：第一种是通过第三方的某个国家或者地区代为转交刑事嫌疑犯。第二种是就警务方面来说，通过国际刑警组织这样的非政府间国际组织来实施相互的刑事司法协助活动。不过，这种形式的局限性在于其仅适用于刑事侦查阶段。

③官方接触方式，即双方的司法机关直接接触进行某些刑事司法协助活动。由于双方的客观政治状况，这种方式适用极少，仅在个案中零星适用。如厦门市开元区人民检察院曾经直接向台湾方面发送传真，要求帮助取证，并获得了成功。①

我们认为，在目前的情况下，内地与台湾地区可以采用上述第一种模式，

---

① 参见李志远：《涉台刑事案件的特殊性及其处理》，载《人桥》1993年第9期。

就恐怖犯罪的刑事司法协助，在《金门协议》的框架内解决。

（三）在宪法层次上解决中国内部的反恐怖法律冲突问题

在法律制度的层面上，香港和澳门两个特别行政区根据中华人民共和国宪法和香港、澳门特别行政区基本法的规定，享有独立的司法终审权；而台湾地区在事实上仍然拥有独立的司法权，即便日后统一，也按照“一国两制”的国策在较长时期内享有独立司法权。因此，在目前和今后的相当长时期内，大陆（内地）司法管辖权不可能在全中国统一行使，大陆（内地）与香港、澳门特别行政区、台湾地区成为中国领域内相对独立的四个司法管辖权区域，即形成“一国两制三法系四法域”的状况。

因此，对发生在中国境内的、涉及两岸四地的恐怖犯罪的防治来说，两岸四地的刑事法治存在交错和重复的地方，在刑事管辖也存在冲突，这种情况不利于有效地对恐怖犯罪适用法律。那么，能否用某个法域的立法来解决呢？我们认为，这个问题也不能单靠某个法域通过立法来实现，因为数个法域的刑事立法上已经存在冲突，在管辖冲突的解决上都存在立法的空白。如果由某个法域单独立法，该立法的层次较低，不具有在四法域适用的广泛效力，其他法域可能不会接受，冲突问题并没有得到有效的解决。

这样的问题不宜在我国拟采取的反恐怖犯罪活动统一法中予以规定。因为反恐怖犯罪活动法本身级别比较低，涉及的问题大都比较具体，并非宪法层次的涉及特别行政区基本法的法律。如果将其提升到宪法层次，就会显得过于宏观，对于本来就在反恐怖方面缺乏有效法制的内地而言，虽然有立法，但仍然不宜操作，不利于反恐怖犯罪活动，而且这也同样需要协调两岸四地的关系，可能耗费的时间和精力比较大，也不容易进行灵活机动的修改完善。所以，就目前来看，制定较为具体的、易于操作的反恐怖法比较适合。就两岸四地反恐怖犯罪的法律合作来说，由各个法域的司法机关进行平等的协商制定司法合作协议，比较稳妥、可行，也易于修改补充和完善。

当然，从长远看，反恐怖犯罪活动的合作问题还是要在立法的层次上予以解决的，可在我国宪法和特别行政区的基本法中对反恐怖犯罪的刑事管辖和刑事司法协助做出较明确的指导性规定。

四、涉外暨涉港澳台地区恐怖犯罪法律适用的法条设计

综上所述，我们认为，“反恐怖法”在空间效力问题上应与既有国内法尤其是刑法关于空间效力的规定方面保持一致。在对中国公民的属人管辖权

方面,也应与现行刑法的规定保持一致。因此,对涉及港澳台的恐怖活动之法律适用,实际上是在恐怖活动法律管辖权的划分及冲突的解决问题。对此,应坚持"以地域管辖(属地管辖)原则为主,以合理、有效地惩治防范犯罪原则为辅"的指导思想做出妥善处理。由于"反恐怖法"应定位于部门法律,不具有宪法性文件的属性,因而对于涉及司法管辖权划分及冲突解决这样重大的、一般性的中国区际问题,不宜在"反恐怖法"中明确规定,换言之,在"反恐怖法"中不宜对涉及香港、澳门特别行政区以及台湾地区的法律适用问题做出规定。

为了适应打击恐怖主义活动的现实需要,在管辖问题上,"反恐怖法"也应综合采用多项原则,即属地原则、属人原则、保护原则与普遍管辖原则,相互补充,构筑一个严密的管辖权体系。从立法技术层面考虑,"反恐怖法"可在同一法条中规定管辖原则;以不同款对属地原则、属人原则、保护原则、普遍管辖原则依次加以规定。具体如下:

第×条 恐怖活动的行为地、结果发生地或者恐怖组织所在地之一在中华人民共和领域内的,除法律有特别规定的以外,适用本法。

凡在中华人民共和国船舶或航空器内犯罪的,也适用本法。

中华人民共和国领域内跨越不同法域的恐怖活动,由相关法域在一国两制原则指导下平等协商解决。

中华人民共和国公民在中华人民共和国领域外从事恐怖活动的,适用本法。

外国人在中华人民共和国领域外对中华人民共和国国家、公民、法人及其他组织实施恐怖活动的,适用本法。

对于中华人民共和国缔结或者参加的有关惩处恐怖主义的国际公约所规定的罪行,中华人民共和国在所承担条约义务的范围内行使管辖权的,适用本法。

20.《移交被判刑人公约》及其附加议定书研究*

目 次

* 与杜启新、郭泽强合著，原载高铭暄、赵秉志主编《刑法论丛》第7卷，法律出版社2003年9月版。

一、《移交被判刑人公约》概述

（一）《公约》的产生背景

由于欧洲交通、通讯十分发达而且大部分欧洲国家幅员较小，欧洲地区居民往来非常方便，在有利于该区域各国之间进行经济、文化交流的同时，也导致了跨国犯罪日趋频繁和严重。每个国家都存在外籍罪犯在本国作案后逃到外国或者本国国民跑到国外作案的问题，而外籍罪犯的囚禁及管理又给当事国带来诸多困难，特别是那些外籍囚犯比例较高的国家对此更是深感头痛。① 因而如何解决将外籍罪犯移交回本国服刑的问题就成为欧洲理事会（Council of Europe）②的重要工作之一。

继1957年《欧洲引渡公约》和1970年《关于刑事判决国际效力的欧洲公约》（以下简称《欧洲刑事判决公约》）之后，制订一部程序简便快捷、专门规定移交外籍囚犯问题的国际约章便提上了欧洲理事会的议事日程。1978年6月21至22日，欧洲司法部长会议第11次会议专门讨论了包括制定移交外籍囚犯的程序在内的外籍囚犯问题，随后决定由欧洲理事会部长委员会请欧洲犯罪问题委员会考虑制定一套便捷的移交囚犯程序。欧洲犯罪问题委员会又获准建立了一个关于外国囚犯的专家调查委员会，该专家调查委员会的

---

① 例如在瑞典和比利时，囚犯总数中有20%是外籍囚犯，瑞士高达25%，荷兰也有14%的比例。参见巴西奥尼：《国际刑法》第二卷，1986年英文版，第253页。转引自邵沙平：《现代国际刑法教程》，武汉大学出版社1993年版，第339—340页。

② 1949年5月5日，10个欧洲国家（比利时、丹麦、法国、爱尔兰、意大利、卢森堡、荷兰、挪威、瑞典和英国）在伦敦签订《欧洲理事会章程》，成立了欧洲理事会（Council of Europe），总部设在法国的斯特拉斯堡，主要机构有部长委员会、议会秘书处，此外还设有欧洲人权委员会和欧洲人权法院。该组织不同于欧盟理事会（Council of the European Union），后者是欧盟下设的一个决策和立法机构。欧洲理事会是一个广泛性的政治组织，现有44个成员国，欧盟15个成员国都是欧洲理事会的成员国。欧洲理事会自成立以来一直围绕着欧洲的联合与合作开展工作，审议成员国共同关心的政治、经济、社会、法律和司法合作的问题，通过签订协议、公约或建议的方式，谋求在上述各领域内采取统一行动。它在推进区域刑事司法合作方面作出了最为积极的努力，截至2001年11月，由其主持制订的刑事司法合作方面的公约、协定已达25部。参见：马进保：《国际犯罪与国际刑事司法协助》，法律出版社1999年版，第284—285页；欧洲理事会官方网站：http://conventions. coe. int；欧盟官方网站：http://europa. eu. int；曹建明：《欧洲联盟法》，浙江人民出版社2000年版，第48页。

成员来自欧洲理事会的15个成员国,加拿大、美国、英联邦国家秘书处和国际刑罚和感化问题委员会作为观察国,其主要任务就是研究有关外籍囚犯的待遇问题以及考虑制定一部规定移交囚犯的简易程序的模式协定的可能性。欧洲犯罪问题委员会随后授权该调查委员会在不与欧洲现行的公约冲突的条件下,拟订一个多边公约取代模式协定。该调查委员会先后举行五次会议酝酿、草拟《移交被判刑人公约》(以下简称《公约》)草案,欧洲犯罪问题委员会于1982年5月在其第31次会议上完成了《公约》草案的制订并提交给部长委员会。1982年9月,部长委员会第350次代表会议通过了公约正文,随后,同年12月举行的第354次代表会议决定于1983年3月21日将《公约》开放供签字。[①]《公约》于1985年7月1日生效。截至2002年8月,批准和加入该公约的国家共有50个,其中:欧洲理事会44个成员国中除了波黑、摩尔多瓦、俄国和圣马力诺以外的40个国家都批准或加入了该公约(欧盟十五国尽在其中),另外还有10个非欧洲理事会成员国批准或加入了该公约,其中包括美国、加拿大、智利、以色列、汤加等美洲、亚洲和大洋洲国家。[②] 可见,《公约》是一部在刑事司法合作领域受到广泛认可并被普遍适用的国际文件,其适用领域遍及欧洲并超出欧洲,影响之大远远超过了条约本身。第七届联合国预防犯罪和罪犯待遇大会上(1985年)通过的《关于移交外国囚犯的模式协定》就在很大程度上受到《公约》的影响。[③] 也正是考虑到欧洲以外的国家如美国、加拿大出任上述关于外国囚犯的专家调查委员会的观察国并积极地参与了《公约》的阐释,《公约》将来要向在移交外籍囚犯问题上具有共识的欧洲以外的国家开放,起草者拟订的《公约》名称中不再含有"欧洲"字样——这与在欧洲理事会框架内制订的刑事领域的其他国际公约的名称明显不同。

《公约》的出台实际上迎合了两个潮流:囚犯管理和改造的人道主义待遇以及惩处犯罪的国际合作。[④] 但它同时也反映了欧洲国家急于把外籍罪犯驱出国境,以省去管理外籍囚犯的诸多麻烦的心态。比如:对于刑事领域的大多数公约和协定,英国都不参加;但本《公约》开放签字当天,英国便签了字,接着在两年之内就批准了本《公约》。同时还应指出,欧洲人权运动对《公约》的出台起了催生作用。《公约》的许多原则和规则体现了欧洲人权公

---

① 关于《公约》的拟订过程,参见《移交被判刑人公约解释报告》的《导言》部分第1条至第7条,欧洲理事会官方网站:http://conventions.coe.int。

② 欧洲理事会官方网站:http://conventions.coe.int。

③ 邵沙平:《现代国际刑法教程》,武汉大学出版社1993年版,第341页。

④ 此段内容参考了赵永琛:《国际刑事司法协作》,中国检察出版社1997年版,第70页。

约的某些精神。如《保护人权和基本自由公约第七附加议定书》第 1 条规定，除非根据依法作出的判决和决定，不得将在一国境内合法居住的外国人驱逐出境；如果要被驱逐出境，当事人还拥有提出抗辩理由、要求复查案件、在依法组成的法庭上获得律师帮助的权利以及提出上诉等救济性权利。应该说，《公约》中关于移交须经被判刑人同意的规定，多少受到上述附加议定书的影响。

（二）《公约》的主要内容

《公约》全文由序言和 25 个条文组成，其中第 1—2 条为一般性规定，第 3—17 条为《公约》的核心内容，具体规定移交被判刑人的条件、程序及规则，第 18—25 条为最后条款。分述如下。

序言部分阐明了《公约》的宗旨或曰目的：在刑事领域进一步发展国际合作，促进公正之目的和被判刑人的社会复归。

第 1 条界定了“刑罚”、“判决”、“判刑国”和“执行国”等术语在《公约》中的含义。第 2 条规定了指导《公约》适用的一般原则，强调缔约国应当在移交被判刑人方面相互提供最大限度的合作，确立了移交的可能性，规定判刑国和执行国均可提出移交请求。

第 3 条逐项列举了要实现移交必须满足的六个条件，即：该人为执行国国民、该判决为终审判决、尚有 6 个月以上刑期或服刑期不确定、被判刑人同意、符合双重犯罪原则和双方当事国达成一致。第 4 条规定了提供信息义务：在移交过程中，应当告知被判刑人《公约》的实质内容以及判刑国和执行国就移交所采取的任何行动和做出的任何决定，判刑国与执行国应当相互通报被判刑人做出的愿意按照《公约》被移交的表示，判刑国还应提供被判刑人的个人信息、据以判刑的事实及刑罚本身的情况。

第 5—7 条规定了移交的主要步骤及其相关要求。第 5 条规定了移交请求与答复的形式与传递渠道：书面形式，一般通过双方司法部进行。第 6 条规定了为了使移交得以实现双方当事国应提供的证明文件：（1）应判刑国请求，执行国应当提供：有关被判刑人国籍的文件、说明符合双重犯罪原则的有关法律的副本、移交后将适用何种执行程序的说明；（2）如有移交请求，判刑国应当提供：判决书及其所依据的法律的副本、已服刑情况的说明书、含有被判刑人同意表示的声明书以及该人的健康及社会情况。第 7 条要求判刑国应确保被判刑人的同意是在完全自愿并充分了解该同意之法律后果的情况下作出的，且应向执行国提供核实上述同意的机会。

第 8—9 条规定了移交对双方当事国的效果。第 8 条规定了移交对判刑国的效果：执行国接管被判刑人将中止在判刑国执行该刑罚，如执行国认为该刑罚已执行完毕则判刑国不能再执行该刑罚。第9条规定了移交对执行国的效果:执行国接管被判刑人后,要么继续执行原判刑罚,要么将原判刑罚转换为其本国法律规定的相应刑罚。

第10—11条具体规定了执行国适用上述两种执行程序的规则。第10条规定:就继续执行而言,执行国应受判刑国确定之刑罚的法律性质和期限的约束;如果该刑罚的性质或期限不符合执行国法律,或根据其本国法律要求,执行国可以将该刑罚改成其本国法对于类似犯罪所规定的最相类似的刑罚措施,但不能加重判刑国所判刑罚且不应超过执行国法律规定的最高限度。第11条规定:就转换刑罚而言,应适用执行国法律,且转换时应遵守下列要求:(1)应受判刑国判决对事实的认定的约束;(2)不能将剥夺自由的制裁转换成金钱制裁;(3)已服的自由刑期间应当被扣除;(4)不应加重被判刑人的受刑处境,且不受执行国法律对该罪行规定的最低刑期的限制。

第12—15条规定了有关刑罚执行的其他问题:赦免、大赦和减刑,判决的复查,终止执行,刑罚执行情况的通报义务。

第16条规定过境的程序及其规则:如果过境申请是由缔约国提出的且该缔约国已与另一缔约国或第三国就移交达成一致,则被请求过境的缔约国应当准许该过境请求;但在下列两种情况下缔约国可拒绝过境:该被判刑人为其国民,或按照其本国法律被判处刑罚的罪行并不构成犯罪;如果过境申请是由非缔约国提出的,则被请求过境的缔约国可以自行决定是否准许该过境申请;被请求过境国可被要求作出承诺确保被判刑人在其境内免受逮捕与起诉。

第17条规定了移交过程中的语言和费用负担问题。

第18—25条是最后条款,分别对如下问题作了规定:《公约》的签署和生效,非欧洲理事会成员国的加入,领土适用,时间效力,与其他有关公约或协定的关系,适用《公约》引起之困难的友好解决,《公约》的退出,欧洲理事会秘书长应当通知的事项。

(三)《公约》的宗旨

《公约》的摘要和序言部分阐明了其宗旨:希望进一步发展在刑事领域的国际合作;通过判刑国与执行国之间的这种合作,将被剥夺自由的外籍囚犯移交给其国籍国,使得该被判刑人有机会在其本国的社会环境中服刑;从而促进公正之目的和被判刑人的社会复归,并最终促进欧洲国家之间的更大团结。简而言之,《公约》最突出的宗旨有两个:其一,通过给予外籍刑事罪犯在其本国服刑的机会从而有利于其复归社会;其二,考虑到如果在外国服刑,因语言不通而产生的交流困难、对当地文化与传统不了解而产生的隔阂感和举目无亲带来的精神孤寂会对被囚禁的犯人产生有害影响，将外籍囚犯移交回其本国服刑就更加符合人道主义精神。实际上，移交执行外籍囚犯对有关三方均有益处。① 就判刑国而言，把囚犯移交给其国籍国执行，可以妥善解决因罪犯的民族特点、风俗习惯、文化传统和语言障碍等诸多因素造成的执行困难，既减轻了国家管教改造罪犯的负担，又体现出国家刑事政策的人道主义精神，可谓两全其美。对执行国来讲，将在外国犯了罪的本国国民接管过来放在本国服刑，一方面便于国家更好地履行保护国民的责任，有利于保护其本国国民的合法权益，因而执行过程容易得到犯人家庭及其社会关系的支持、配合，从而有利于犯人的社会复归；另一方面，又可以树立负责任国家的良好国际形象。从被判刑人的角度考虑，能够在自己的祖国服刑，既能获得熟悉的生活环境，又能得到家庭和本土社会的照顾；既有保外就医或监外执行的条件，又有获得假释的可能。

（四）《公约》与《欧洲刑事判决公约》的关系

《公约》的目的是通过规定一套简易、快捷的程序从而便利移交外籍囚犯至其国籍国。无论是引渡程序还是《欧洲刑事判决公约》中所规定的承认和执行外国刑事判决的程序，在实际适用中都很复杂，诉诸这些程序既费时又费事。《公约》实际上有意避开繁琐的程序，而且不规定有关拒绝执行公约的条件和理由，从而使缔约国在执行公约的问题上没有更多的选择余地，因而有利于当事国简便、迅速地处理移交外籍囚犯的事务。在这个意义上，《公约》是对 1970 年 5 月 20 日通过的《欧洲刑事判决公约》的补充。后者虽然也规定了移交囚犯问题，但是存在两个大的问题：其一，它仅为少数成员国所批准，截至 2002 年 8 月仅有 14 个欧洲理事会成员国批准或加入了该公约（其中欧盟成员国只有 5 个：奥地利、丹麦、荷兰、西班牙和瑞典），而其中 12 个国家对公约条款又做了不同程度的保留②；其二，作为一部全面细致的文件，它难免存在行政复杂性，因而它所规定的程序的适用并不能确保快速移交外籍囚犯。为了克服《欧洲刑事判决公约》存在的问题，《公约》试图规定一套简便、快捷、灵活的遣送囚犯的机制。《公约》与《欧洲刑事判决公约》的区别主要表现在如下五个方面：

（1）为了便利外籍囚犯的快速移交，《公约》规定了一套简易程序，该程序的实际适用比《欧洲刑事判决公约》所确立的程序要简便得多。例如：《公约》没有对缺席判决的执行问题作出规定（《欧洲刑事判决公约》第 21 条至第 30 条对此加以规定），而有关这个问题的程序相对而言比较复杂并且各国

① 参见马进保：《国际犯罪与国际刑事司法协助》，法律出版社 1999 年版，第 232—233 页。

② 欧洲理事会官方网站：http://conventions. coe. int。

对此问题意见不一、分歧较大;《公约》第3条规定的移交条件比较简单(这些条件只涉及被判刑人的主体资格、判决的效力和当事人的意愿,因而当事国只需要审查被判刑人的主体资格和意愿,即可确定是否申请移交或接受移交),从而有利于简化移交程序,而《刑事判决公约》第5条和第6条规定的移交条件比较复杂,比如已判之罪不能是政治犯罪或纯军事犯罪,判决不能是基于种族、宗教、民族和政治观点的考虑作出的等等;《公约》第4条和第6条规定的判刑国应提供的信息和支持移交请求的文件的范围是确定的,而《欧洲刑事判决公约》的有关规定是不确定的:"如果被请求国要求的话,请求国应当提交全部或部分刑事文件的原件或确认无误的复印件","如果被请求国认为请求国提供的信息不够充分,它有权要求对方继续提供必要的补充信息"。①

(2)在《公约》的规定下,不仅判刑国而且执行国也可以提出移交请求,从而使得执行国能够主动请求遣返本国国民,增强了《公约》的灵活性。② 而在《欧洲刑事判决公约》中,只有判刑国可以提出移交请求。③

(3)《公约》第3条规定移交须经被判刑人同意。本条要求构成了《公约》建立的移交机制的基石之一,而没有为《欧洲刑事判决公约》所包含。设立本条件是为了贯彻《公约》促进罪犯复归社会的宗旨:未经被判刑人的同意而对其进行移交,容易使其产生抵触情绪,不利于该人的社会复归。

(4)《公约》仅仅规定了移交的程序性问题,而没有涉及缔约国应允移交请求的义务。因而,《公约》就没有必要列举拒绝移交请求的理由,也没有必要要求被请求国必须给出拒绝移交请求的理由。这样就大大减少了移交过程中可能出现的阻碍因素,有利于移交程序的顺利进行。而《欧洲刑事判决公约》第6条既规定了被请求国应当同意移交请求,同时又规定了13项据以拒绝移交请求的理由。

(5)两者的适用范围不同。《公约》仅仅适用于移交被加以有罪判决的犯人的场合,而《欧洲刑事判决公约》适用于承认和执行所有外国刑事判决(既可以是有罪判决也可以是无罪判决)的场合。而且在有罪判决中,《公约》仅仅适用于罪犯被判处自由刑的情形④,而《欧洲刑事判决公约》适用于罪犯被判处自由刑、罚款和没收以及剥夺资格这三种刑罚的情形。⑤

---

① 《关于刑事判决国际效力的欧洲公约》第16条、第17条。

② 《移交被判刑人公约》第2条第3款。

③ 《关于刑事判决国际效力的欧洲公约》第3条第2款。

④ 《移交被判刑人公约》第1条。

⑤ 《关于刑事判决国际效力的欧洲公约》第2条。

二、移交被判刑人的原则

(一)相互尊重国家主权和管辖权原则

相互尊重国家主权和管辖权原则是国际刑事司法协助的一切形式的基本原则,而在《公约》中则显得尤为重要。因为被判刑人的移交活动比其他形式的国际刑事司法协助更直接、更深入地涉及相关国家的利益及其法律制度的协调。在被判刑人移交中,"判刑国和执行国在各种权力的转让和接受中有时会出现'权力交叉'的情况,需要按照相互尊重国家主权和管辖权的基础上进行"。① 而《公约》是通过明确规定执行国和判刑国的有关管辖权问题的方式,来确保相互尊重国家主权和管辖权原则得以实现。如《公约》第9条第3款规定,刑罚的执行应依执行国法律,仅该国有权作出一切适当的决定。第13条规定,仅判刑国有权决定任何复查判决的申请。而联合国《关于外国囚犯移管的模式协定》用以确保上述原则得以实现的形式则有所不同,即其不仅对管辖权的有关事项加以规定,且更在条文中明确强调坚持互相尊重国家主权和管辖权原则。例如该协定总则第2条明确规定,移交囚犯应在相互尊重国家主权和管辖权的基础上进行;第15条规定,若是继续执行,则执行国应受判决国所作判决的法律性质和期限的约束;第17条规定,执行国应受判决国所作判决书上所有事实结论的约束。因此,只有判决国有权复审。

(二)双重犯罪原则

双重犯罪原则,又称双罚性原则,一般指只有当被判刑人被科处刑罚的罪行根据判刑国和执行国的国内法律均构成犯罪时方能移交被判刑人。《公约》第3条第1款第5项规定,只有据以科处刑罚的作为或不作为依执行国法律构成犯罪,或如在境内所犯则构成犯罪,被判刑人方可予以移交。然而,"由于各国意识形态不同,社会制度、法律制度、文化风俗各异,在认定犯罪问题上,各国标准不一。有些行为在一国看来是犯罪行为,而在另一国看来则是英雄行为。这在奉行两种不同意识形态、不同政治制度以及处于交战状态下的敌对国家之间表现最为明显"。② 因此,双重犯罪原则也常常会给移交被判刑人设置障碍。为了解决上述问题,已经有某些国家在签订双边或多边

① 参见甘雨沛、高格:《国际刑法学新体系》,北京大学出版社2000年版,第444页。

② 赵永琛:《国际刑法与司法协助》,法律出版社1994年版,第194—195页。

移交被判刑人条约时,改变传统上双重犯罪原则要求罪名和构成要件在判刑国与执行国法律中完全一致的做法,而采用实质类似的标准,即只要某一行为按照判刑国与执行国的法律都作为犯罪加以处罚就符合双重犯罪原则而不必强调罪名表述完全一致和犯罪成立条件完全同一。①《公约》也基本上采取了实质类似的标准,即满足双重犯罪的条件,并不必然意味着按照执行国与判刑国两国法律,犯罪人的行为所触犯的罪名及该罪名的成立条件是完全相同的。

有必要指出,其他有关移交被判刑人的公约要求双重犯罪还意味着要求双罚性,即要求被制裁的行为根据判刑国和执行国的法律均构成犯罪,而且这种被制裁的行为根据判刑国的法律必须受到刑罚处罚,有的公约还要求必须是受到剥夺自由的刑罚处罚。② 如 1970 年《关于刑事判决的国际效力的欧洲公约》就强调双罚性,即只有当被制裁的行为发生于本国领土之内也是犯罪,而且被制裁人如果在本国犯罪也应当受到惩罚时,执行国才能执行判决。1985 年联合国《关于外国囚犯移管的模式协定》亦建议采用双罚性原则,而且还规定应处的刑罚标准是按照判刑国与执行国的法律都处以剥夺自由。

(三)一罪不再罚原则

一罪不再罚原则,亦称作一事不再理,其基本含义是任何人已受一次审判后,不得就同一事实再受审判或惩罚。一罪不再罚原则的根基在于维护判决的严肃性和法律的权威性,实现诉讼的经济性,防止相关国家的管辖权冲突。"在日益高涨的人权浪潮推动下,'一事不再理'也因其在保障被追诉人权利方面具有特殊意义而得到进一步关注,并为许多国际性公约所确认"。③同样,一罪不再罚原则在移交被判刑人的活动中亦有所反映。详言之,在被判刑人移交中,"一罪不再罚"原则对于判刑国和执行国都有约束力。对于判刑国来说,一旦执行国对被移交人执行了由判刑国科处的刑罚,判刑国就应承认该执行与在自己国内之执行一样具有同等效力。④ 这一点在《公约》中得到了很好地体现。根据《公约》第 8 条规定,"执行国当局对被判刑人的接管应具有在判刑国中止执行刑罚的效果;如果执行国认为刑罚已执行完毕,判刑国不再执行刑罚"。而对于执行国来讲,一罪不再罚原则要求其不得因同一罪行对被移交人再次进行审判、关押或处罚。依据《公约》第 9 条规

---

① 参见张旭:《国际刑法论要》,吉林大学出版社 2000 年版,第 275 页。
② 参见邵沙平:《现代国际刑法教程》,武汉大学出版社 1993 年版,第 347 页。
③ 张旭:《国际刑法论要》,吉林大学出版社 2000 年版,第 276 页。
④ 参见黄肇炯:《国际刑法概论》,四川大学出版社 1992 年版,第 247 页。

定，执行国执行判决的方式可以有两种，即刑罚的继续执行与刑罚的转换执行，尽管上述两种执行方式在是否承认外国刑事判决的问题上有所不同，但两者都内含了一罪不再罚的理念。

（四）有利于被判刑人的原则

移交被判刑人作为国际刑事司法协助与合作的重要形式，其主要目的在于"通过判刑国和执行国之间的这种新的合作，使被判刑人有机会在其国籍国服刑，促使其尽早回归社会，实现刑罚的人道主义"。① 这主要是考虑到语言障碍而导致的交流困难；对于当地文化与传统的不了解；以及没有与亲属接触对外国囚犯产生的损害后果。须指出，移交被判刑人同某些基于政治原因或外交目的的交换人质是有本质区别的，不能从"对等交换"或政治交易的角度来看待被判刑人移交这一司法协助形式；合作各方首先应当考虑的是移交是否能给被判刑人带来直接的利益，故移交被判刑人公约的缔约各方要充分照顾被判刑人的利益。②

有利于被判刑人原则的重要表现首先在于，移交被判刑人应尊重被判刑人的自主选择，以被判刑人的同意为基础。根据《公约》第3条第1款第4项规定，只有被判刑人同意移交或者判刑国或执行国中一国认为由于被判刑人的年龄、身体或精神状况，有必要由被判刑人的法律代理人同意移交，被判刑人方可按本公约予以移交。再如，《公约》第4条第1款规定，判刑国应告知适用于本公约的任何被判刑人有关公约的内容。其他公约也有与此相类似的规定。如联合国《关于外国囚犯移管的模式协定》第5条规定移交应由判刑国和执行国之间的协定决定，并应以囚犯的同意为基础；第6条规定应充分告诉囚犯移交的可能性与法律后果，特别是他是否会由于在移交前犯过的其他罪行而被起诉；第7条规定应让执行国有机会证实囚犯是否自愿同意；第9条规定如该人没有自由决定其意愿的能力，他的法律代理人应有权同意移交。

有利于被判刑人原则的重要表现还在于，被移交人的处境不得因移交而恶化。如《公约》第10条第2款规定，在刑罚的继续执行程序中，就其法律性质或持续期间而言，不应加重判刑国科处的刑罚，也不应超过执行国法律规定的最长期限。第11条第1款第4项规定，在转换刑罚时，有权当局不应恶化被判刑人的受刑状况。联合国《关于外国囚犯移管的模式协定》也有类似规定，其19条规定，在任何情况下，囚犯的处境不得因移交而变坏。1982年泰国和美国《关于合作执行刑事判决的条约》规定，接收国在执行剥夺自由的判决时不得使之超过移交国法院所确定的刑期。除定罪所可能会有并且

① 参见赵永琛：《国际刑事司法协助研究》，中国检察出版社1997年版，第71页。

② 参见黄肇炯：《国际刑法概论》，四川大学出版社1992年版，第246页。

本身已造成的剥夺权利外，按照本条约的规定进行罪犯移管不应造成接收国法律规定的任何附加剥夺权利。有的论著亦将“不加重刑罚”作为公约所彰显的原则。① 我们认为，不应将其作为一条独立的原则，而应将其视为有利于被判刑人原则的题中之义。因为执行国在适用本国法规对被判刑人执行刑罚时，不提高原判刑罚的强度和量度，从本质上讲，是充分照顾被判刑人的利益以及对被判刑人实行人道主义的体现。

（五）简便、快捷原则

如前文所述，《公约》的目的就是通过规定一套简便、快捷的程序从而便利移交外籍囚犯至其国籍国。也正是在简化移交囚犯的程序的意义上，《公约》是对《欧洲刑事判决公约》的补充。简便、快捷原则在《公约》中具体体现在以下几个方面：其一，如前文所述，《公约》未规定程序复杂且分歧较大的缺席判决的执行问题；其二，《公约》规定的移交条件比《欧洲刑事判决公约》规定的简单，实际上也起到了简化移交程序的功效；其三，与《公约》提供一套迅速移交被判刑人的程序的目的相一致，《公约》第 5 条第 4 款还专门规定被请求国应将其是否同意移交请求的决定立即通知请求国。

三、移交被判人的程序及其规则

依照公约规定，移交被判刑人的规则主要包括：征求被判刑人的意愿、移交被判刑人请求之提出、被判刑人移交之条件、过境第三国、移交被判刑人之效果、对被判刑人执行刑罚以及其他相关问题。

（一）征求被判刑人的意愿与特定性规则

根据《公约》第 4 条第 1 款，判刑国应通知外国囚犯有关公约的内容，即一旦判刑国对外籍罪犯作出终审判决后，就应把有关将其移交其本国服刑的事项通知被判刑人，以便被判刑人能够全面了解其权利和义务。被判刑人在明确移交的相关事项后，根据自己的意愿来决定是否同意被移交回国服刑。判刑国再根据被判刑人的意愿决定是否通知其国籍国。判刑国当局应将征求意见结果记录在案，以便移交时执行国核查。如果被判刑人同意移交，判刑国应将有关情况通报给被判刑人的国籍国当局（包括领事当局）。根据《公约》第 4 条第 3 款，上述通报内容包括：（1）被判刑人的姓名、出生日期和

① 参见甘雨沛、高格：《国际刑法学新体系》，北京大学出版社 2000 年版，第 445 页；黄肇炯：《国际刑法概论》，四川大学出版社 1992 年版，第 246 页。

地点;(2)如果有的话,被判刑人在执行国的地址;(3)据以科处刑罚的事实的说明;(4)刑罚的性质、期限及开始执行的日期。向当事人国籍国传送信息的主要目的在于使该国决定是否愿意请求移交。通常认为,被判刑人的国籍国会主动遣返自己的国民。当然,被判刑人也可以向执行国表示其愿意移交。《公约》第4条第4款规定了当被判刑人没有向判刑国而是向其国籍国表示愿意被移交的场合,在这种情况下,判刑国仅就当事人国籍国所表示的请求提供信息。

被判刑人同意其移交是《公约》确立的移交机制的基本要素之一。因此,判刑国负有确保被判刑人之同意是自愿作出且充分了解移交可能给当事人带来的法律后果的义务,并且一般是由执行国来证明同意的作出是否符合上述条件。根据《公约》第7条第2款,执行国有权通过领事或者两国同意的其他官员来证明上述同意的合条件性。

因为公约以在执行国执行刑罚需要事先得到被判刑人的同意原则为基础,故没有必要设立特定性规则。特定性规则(rule of speciality),有学者译为特定规则、特定性原则,在引渡法中,其含义是指只能以引渡请求书中所指明的犯罪为引渡之罪,以实施该罪的人为引渡对象,而不能超越引渡请求书指明的范围而对引渡请求所针对的罪行之外的被引渡人的其他罪行进行追究。如《欧洲引渡公约》第14条规定,被引渡的人不应因其在引渡之前实施的、引渡所针对的罪行之外的其他罪行而受到起诉、审判或处罚。但是这种特定性原则并不是绝对的,两种情形下例外:其一,如果移送国同意,那么请求国可以针对非引渡之罪进行起诉、审判或处罚被引渡人;其二,如果被引渡人可以合法离开其被移交到的国家而在45天内没有离开或者离开后又返回的,该国可以不受特定性规则的约束。依此类推,移交被判刑人程序中的特定性规则是指,不论是继续执行刑罚还是转换刑罚,执行国只能对判刑国已判刑罚所针对的罪行进行追究(通过执行刑罚),而不能对被判刑人在移交前犯下的、已判刑罚所针对之罪以外的其他罪行进行起诉、审判或处罚。设定特定性规则的目的是在不以当事人的同意为引渡或移交之必要条件的情况下,给予该当事人以必要的保护,使其免受额外追究。在没有规定以当事人的同意为引渡或移交的必要条件的国际公约中,大多规定了特定性规则,如《欧洲引渡公约》第14条和《欧洲刑事判决公约》第9条均规定了特定性规则。相反,在明文规定以当事人的同意为引渡或移交的必不可少条件的情形下,就没有必要再设立特定性规则,《公约》就属于这后一种情形。按照《公约》第4条第1款将《公约》的实质内容告知被判刑人时,应包含《公约》没有设立特定性规则的信息。

(二)移交被判刑人请求之提出

在征得被判刑人同意后,即可提出移交申请。根据《公约》第2条第3款的规定,判刑国以及执行国都可以请求移交。本款规定与《欧洲刑事判决公约》确立的仅仅判刑国可以提出请求的规则存在重大差异。这种差异的存在实际上是本公约使得执行国(即囚犯国籍国)在遣送囚犯过程中由于文化、宗教、家庭以及其他社会关系的原因所产生的利益得到承认。公约赋予判刑国请求移交的权利,在一定程度上增大了被判刑人在其国籍国服刑的机会,可以促使其尽早回归社会,实现刑罚的人道主义。质言之,赋予判刑国请求移交的权利也是有利于被判刑人原则的体现。

根据《公约》第5条,请求书应以书面形式制作,并以正当渠道在请求国和被请求国司法部之间传递。当然,缔约国也可以声明其将采用其他传递形式,例如通过外交途径。另外,请求国不同,所要提供的文件也会有所不同。根据《公约》第6条第2款,如果移交请求是由判刑国向执行国提出的,判刑国应向执行国提供下列文件:(1)经证明无误的判决书和它所依据的法律文本一份;(2)说明其服刑情况,包括审判前关押、赦免以及执行刑罚的任何其他事项的说明书一份;(3)含有被判刑人或其法律代理人同意移交内容的声明书一份;(4)如适当,关于被判刑人的任何健康状况及社会情况的报告,该人在判刑国得到治疗的情况,以及对该人在执行国得到进一步治疗的任何建议。而如果移交请求是由执行国向判刑国提出的,执行国应向判决国提供下列文件:(1)说明该被判刑人为该国国民的文件或说明书一份;(2)规定判刑国据以科处刑罚的作为或不作为依执行国法律构成犯罪或如在该国境内则构成犯罪的执行国有关法律的副本;(3)含有《公约》第9条第2款规定的执行国将采用何种执行程序的声明。

值得一提的是,有的法律文件还规定,除了判刑国以及执行国,也可以由被判刑人首先提出移交请求,例如联合国《关于外国囚犯移管的模式协定》第4条规定:"移管请求可由判刑国或执行国提出,囚犯及其至亲可向其中一国表示对移管事项的关心。"然而,《公约》第2条第3款规定,被判刑人不能正式申请移交,但他可以表示愿意按照公约移交的意思。并且,他既可向判刑国也可向执行国表达上述意思。

(三)移交被判刑人之条件

依照《公约》第3条第1款规定,实现移交须满足六个条件,即被判刑人是执行国的国民;对被判刑人的判决为终审判决;在收到移交请求时,该判刑人至少仍需服6个月或服刑期没有确定;被判刑人同意移交,或鉴于年龄或者身体或精神状况,判刑国和执行国中任何一国认为有必要时,经该被判刑人的法律代理人同意；据以科处刑罚的作为或不作为依执行国法律构成犯罪，或如在其境内实施则构成犯罪；判刑国以及执行国均同意移交。下面分别述之。

1. 第一个条件为被移交之人是执行国的国民。这一条件是由被判刑人移交制度的宗旨所决定的。① 为了使公约的适用尽可能地简便，本公约中“被判刑人的国籍”较其他概念具有优先权，因为其他概念在实际适用中可能会在解释上存在问题，如《欧洲刑事判决公约》第5条所采用的“在他国的普通居民”与“起源国”。当事人不必仅仅是执行国的国民。在被移交人具有双重或多重国籍，只要其中之一是判刑国国籍的情况下，缔约国可以决定在适当的时候适用公约。然而，应指出，甚至满足了移交的所有条件，被请求国仍可以自主地决定是否同意移交请求。因此，如果涉及本国国民，判刑国可以拒绝移交请求。

另外，对于长期居住在执行国的人是否适用移交制度的问题，尚存有争议。有一些双边国际条约常常将长期居住者排除在移交使用范围之外。② 而联合国《关于外国囚犯移管的模式协定》第1条规定，“应提供方便使国外被判定有罪的人尽早返回其国籍国或居住国服刑”，这表明该协定适用于长期居住在执行国的人。而《公约》第3条第4款赋予缔约国通过声明来界定术语“国民”含义的权利。与《欧洲引渡公约》第6条第1款第2项规定相对应，上述缔约国的权利应从更广泛的意义上予以解释。这实际上是给予当事国在移交活动中更大的灵活性，当然使得本公约能适用于长期居住在执行国的人。

2. 第二个条件是判决须是有执行效力的终审判决。详言之，用尽了所有的法律救济方法或提出救济的时限已过，当事人没有利用救济方法。例如，法律为被判刑人规定的上诉期限已经届满。这就意味着交付移交的判决是有执行效力的终审判决。如果还存在与该罪行有关的未决的法律程序，可以拒绝移交被判刑人。当然，本条件并不排除依照《公约》第13条规定由于出现新的证据而后来对判决进行复审的可能性。

3. 第三个条件涉及服刑的期限，为了使《公约》具有可操作性，在接收到移交请求时服刑的期限须至少还有6个月或不定期。这一条件是对被判刑人移交适用范围的限制，避免对某些只科处轻刑的囚犯进行移交的得不偿失的做法。本条件的形成主要是考虑到：一是《公约》被视为促进犯罪人社会复归的法律文件，而仅仅当服刑的期限足够长时，上述目标才能有效实施。

---

① 参见黄肇炯：《国际刑法概论》，四川大学出版社1992年版，第248页。

② 同上注。

二是基于系统的成本效用考虑。移交囚犯的费用是相当可观的,当事国所引起的大量花费须根据目的实行按比例分担,因此,当事人仅仅服一短刑期,就不适用移交程序。

然而,根据《公约》第3条第2款规定,在例外情况下,即使所服刑期低于《公约》第1款第3项一般规定要求的期限,缔约国也可以同意移交。因为当出现前述形成原因之外的情形时,采用这种灵活的方法也是合理可取的。例如,尽管刑期不足六个月,却有利于复归或移交可在邻国之间迅速、低成本地实现。

4. 第四个条件为移交须得到当事人同意。当然,对于此条件有不少国家尤其是亚非国家持否定或保留态度。他们认为是否同意移交被判刑人,应当取决于国家本身,而不能取决于囚犯本人;在处理移交问题时,国家司法当局应当考虑外国囚犯的意见,但其同意与否,不能作为是否移交的先决条件。① 1970年《欧洲刑事判决公约》没有规定移交须得到当事人同意这样的条件。而《公约》却包含了上述条件,并且移交须得到当事人同意的条件构成了《公约》建立的移交机制的基本要素。本条件与《公约》促进罪犯复归的目的是相契合的,即就复归而言,没有得到囚犯的同意而移交是没有实际价值的。

须指出,如果判刑国与执行国中的一国认为鉴于被判刑人的年龄或身体或精神状况而有必要时,则也可以由被判刑人的法律代理人作出同意移交的表示。这里的被判刑人的"法律代理人",并不意味着代表人在法律上是合格的,它包括代表被判刑人、经法律正式授权的任何人,例如父母或主管机关特别授权的人。

5. 第五个条件旨在确保遵守双重犯罪的原则。如果在判刑国引起判决的行为若在执行国实施,也是可罚的且根据执行国的法律,实施行为者会遭致刑罚制裁,双重犯罪原则即满足。满足双重犯罪的条件,并不必然意味着,按照执行国与判刑国的法律,刑事犯罪是完全相同的。在措词以及法律分类上,可能会有所不同。只要按照两个国家的法律,犯罪的基本构成要素是同等的,即可能满足双重犯罪原则。

6. 第六个条件是移交须经判刑国与执行国双方同意。这个条件实质上是对公约的基本原则的进一步确认,即判刑国与执行国都要相互尊重彼此对于移交被判刑人的意愿。详言之,移交被判刑人作为一种国际刑事司法合作形式,其有效地实施离不开当事国的积极的法律合作。如果判刑国或执行国不同意,移交被判刑人的活动自然无从谈起。

---

① 参见黄肇炯:《国际刑法概论》,四川大学出版社1992年版,第248页。

(四)过境第三国

尽管欧洲大陆的面积不大,可是国家却不少。如果非相邻的两个当事国之间进行移交囚犯,即会出现需要经过第三国境内的问题,而这个问题的解决取决于过境国的态度。① 《公约》第 16 条关于过境的规定是参照《欧洲引渡公约》第 21 条以及《关于刑事判决国际效力的欧洲公约》第 13 条而制定的。它确立指导经由另一缔约国将被判刑人从判刑国移送至执行国的规则。

首先,缔约国负有依照其国内法准许过境请求的义务。但只有在同时具备下列两个条件时,上述义务才成为"义务":其一,过境请求必须是由另一缔约方提出的;其二,该请求国必须已经和另一缔约国或第三国就移交该被判刑人达成协议。后一个条件意味着,只有当判刑国与执行国已经就移交该被判刑人达成一致时,准许过境的义务才对缔约国具有约束力。应指出,准许过境的义务仅仅适用于来自缔约国的请求,如果请求是第三国作出的,适用《公约》第 16 条第 4 款。详言之,如果缔约国之外的第三国提出过境请求,同意请求仅仅是一个选择权问题而不是义务:如果提出过境请求的第三国已经与另一缔约国移交该被判刑人达成一致,则"可以"而不是"应当"准许其过境请求。

其次,被请求国在特定的情况下可以拒绝同意过境,这些情况为:(1)被判刑人为其国民;(2)按照其本国法律,据以科处刑罚的罪行并不构成犯罪。只有在通过其境内所需时间内,被请求过境的当事国才可以关押该被判刑人。可以要求被请求同意过境的当事国作出承诺,不对被判刑人因其离开判刑国领土之前所犯的任何罪行或被判处的刑罚对之进行起诉,或以其他方式在过境国内限制其自由。《公约》第 16 条第 1 款没有排除过境国的国民的过境,但第 16 条第 2 款却赋予缔约国若当事人是其本国国民则可以拒绝过境的权利(当然,上述规定也适用于通过飞行实现过境且当事国按照《公约》第 7 条作出声明的情形);同时也赋予缔约国在科处刑罚的犯罪依其本国法律不构成犯罪的情况下,拒绝准许过境的权利。

再次,被判刑人在过境国免予逮捕与起诉。被请求给予过境的国家被要求作出保证,被判刑人就在离开判刑国的领土之前实施的任何犯罪或科处的刑罚享受豁免权,但过境国仅仅在过境通过其领土所需的时间内羁押被判刑人则是个例外。

最后,如果押送被判刑人的方式是通过飞机飞越一当事国领土,而且在该国无着陆计划,则无需提出过境请求。但各国可在签署时或交存批准书,

① 参见赵永琛:《国际刑事司法协助研究》,中国检察出版社 1997 年版,第 74 页。

核准书或加入书时向欧洲理事会秘书长提交声明,要求此类过境亦应通知该国。可见,与《欧洲引渡公约》第21条第4款规定的在这种情况下须通知过境国的做法相反,《公约》第16条第6款将此留给每一个缔约国通过声明决定是否它需要上述过境的通知。另外,关于传送过境请求及回复的途径,与传送移交请求与回复的途径相同,即原则上,请求与回复需通过两个相关国的司法部来传递,但缔约国可以声明其采用其他途径传递。

(五)移交被判刑人之效果

1. 移交对判刑国的效果。移交实现后,就执行刑罚而言,执行国应当确保一事不再理原则的适用。为了避免被判刑人因为同一作为或不作为再次服刑,《公约》第8条规定当执行国当局接管被判刑人时,应中止在判刑国执行刑罚;并且一旦执行国认为刑罚已经执行完毕,判刑国即不再执行刑罚。这就意味着,判刑国不应再执行其原判决,而应中止执行其判决的刑罚;如果执行国已经将判刑国原先确定的判决执行终了,那么判刑国就应当承认这种法律效果,不再执行其判决。"除非判刑国认为原判决有误,诸如重罪轻判或发现被判刑人仍有其他罪行未被审判,可以提出申请复审其判决从而恢复其执行权外,判刑国应对其移交承担起法律后果。"①

2. 移交对执行国的效果。执行国接受判刑国的移交请求后,即意味着其承认判刑国判决的效力,因而就承担起依照公约规定的程序执行判刑国原先确定的判决的义务。《公约》第9条规定了在执行国执行刑罚的情形,它为指导执行判决国原先确定的刑事判决确立了一般原则。首先,执行国可以在两种执行判决的方式间选择,即它可以直接或者通过法院或行政命令来继续执行,也可以通过司法或行政程序将制裁改为本国法律规定的制裁从而取代判刑国科处的制裁。然而应指出,根据《公约》第3条第3款,缔约国可以向欧洲理事会秘书长递交声明,表示其在处理与其他缔约方的关系时,将排除上述两种程序之一的适用。其次,如果需要,执行国须告知判刑国它要适用上述两种程序中的何种程序。因为所要提供的信息与判刑国是否同意移交请求的决定息息相关,故须对执行国科以上述告知义务。继续执行刑罚与转换判决程序之间的最基本的不同在于是否对外国刑事判决予以承认,即前者为执行国继续执行判刑国科处的刑罚;而后者为判刑国的制裁被转换为执行国的制裁,其结果是执行刑罚不再直接以判刑国科处的刑罚为基础。再次,在两种情况下,均由执行国的法律来调整执行。当然,应从一个较为宽广的意义上对执行国的法律进行解释,例如,它包括有关有条件释放的合格性的规

① 参见赵永琛:《国际刑事司法协助研究》,中国检察出版社1997年版,第73页。

则。为了使上述观点更加明确,第9条第3款规定执行国本身有能力作出所有的合适的决定。最后,在执行国执行判决过程中,也可能出现两种程序均不适用的情形,即因为被科处刑罚措施的行为人由于精神状况而被认为从刑事责任上不能对犯罪负责的情形;该款同时规定如果执行国准备接管上述被科处刑罚措施的精神异常的行为人以进一步处置,则准许其通过向欧洲理事会的秘书长提出声明,表明其在上述情况下所采取的程序。

(六)对被判刑人执行刑罚

"在被判刑人被移交后,执行国接过了监管权,它理应根据本国法律对囚犯进行监管,同时又要考虑到判刑国也已作出的决定,由此产生了执行的法律适用问题。"①《公约》第9条规定,执行国可以在两个执行程序间选择,即执行国可以继续执行刑罚或转换刑罚。根据《公约》第9条第2款规定,如果需要,执行国应当通知判刑国,它将采用何种程序。因此,执行国在每一个具体的案例中,必须在两种执行程序中进行选择。联合国《关于外国囚犯移管的模式协定》也有关于在执行中程序选择的类似规定,其第14条规定,执行国的主管当局应:(a)直接或者通过法院或行政命令继续执行判决;或(b)改换判决,用执行国法律对相应罪行所规定的处分来替代判决国所作出的处分。

然而,如果缔约国想排除适用两种程序中的一种,它可以通过声明的方式表示其愿在与其他缔约国的关系中排斥适用"继续执行程序"或者"转换刑罚程序"。无论是执行国还是判刑国,当作出适用于与他国的关系的声明时,即意味着该国作出排除两种执行程序中的一种的声明。而在判刑国作出声明的情况下,将会产生以下效果:判刑国是否同意进行移交取决于执行国不适用判刑国排除适用的执行程序,即如果执行国仍然适用判刑国声明中排除适用的执行程序则判刑国将不会同意进行移交。

1. 继续执行程序

刑罚的执行应当依执行国法律,仅该国有权作出一切适当的决定。根据《公约》第10条规定,就继续执行而言,执行国应受判刑国所确定的刑罚的法律性质和期限的约束。但如果该刑罚因其性质或期限不符合执行国法律,或根据其法律要求,该国可以法院或行政命令,将该制裁改为其本国法律对于类似犯罪所规定的惩罚或措施。上述惩罚或措施在其性质上应尽可能与需予执行的刑罚的性质相一致,在其性质或期限上不得加重判刑国所判制裁,也不应超过执行国法律规定的最高期限。联合国《关于外国囚犯移管的模式协定》也有与公约上述规定相类似的条款,其第15条规定,若是继续执行,则

---

① 参见黄肇炯:《国际刑法概论》,四川大学出版社1992年版,第251页。

执行国应受判决国所做判决的法律性质和期限的约束。但是,如果该判决的性质或期限与执行国的法律性质不相一致,则该国可以把判决改为本国法律对相应罪行所规定的刑罚或措施。

可见,当执行国选择"执行刑罚"程序时,它受到法律性质以及由判刑国决定的刑罚的期限条件的制约:第一个条件"法律性质"指科处刑罚的种类,即判刑国的法律规定多种剥夺自由的刑罚,例如徒刑、监禁刑或者拘留,第二个条件"期限"指在执行国所服刑期受到该国后来所作的决定的制约,例如有条件释放或赦免等决定。并且,此处的期限应当与移交前判决所确定的刑罚相对应,因为须考虑移交前在判刑国服刑的时间以及获得的赦免等情形。

如果两个当事国关于刑罚的分类或刑罚的最长及最短期限的刑罚制度有所不同,执行国就有必要将制裁转换为依其自己的法律对类似罪行科处的惩罚或措施。公约在一定限度内对刑罚进行转换:转换后的惩罚或措施必须尽可能地与本来要执行的惩罚相适应;就其本质或持续期间而言,它不应加重判刑国科处的刑罚;它也不应超过执行国法律规定最长期限。换言之,如果不会导致更严厉的惩罚或更长的拘留,执行国可将制裁转换为依照其法律可以科处的与本应执行的刑罚性质上最相似的措施。需要指出,与《公约》第 11 条规定的转换刑罚程序有所不同,上述程序是执行国为了使判刑具有可执行性仅能将制裁转换为其本国的法律规定的相似措施,它本质上还属于继续执行程序。而依转换刑罚程序,执行国可以替换判刑国科处的制裁。因此,执行国继续执行判刑国科处的制裁,但它须按照自己刑罚制度的要求。

2. 刑罚转换程序

根据《公约》第 11 条规定,就转换刑罚而言,应适用执行国法律所规定的程序。转换刑罚时,主管当局:(1)应受判刑国所作判决中明示或默示范围内的对事实的调查结果的约束;(2)不能将涉及剥夺自由的制裁转换成罚金刑;(3)应减去被判刑人已服剥夺自由之刑的全部期间,以及;(4)不应恶化被判刑人的受刑罚状况,且不应受执行国法律对该罪行或犯罪可能规定的最低限度的约束。联合国《关于外国囚犯移管的模式协定》也有与公约上述规定相类似的条款,其第 16 条规定,若是改换判决,则执行国应在适当考虑判决国所做判决的情况下根据本国的法律改变该处分的性质或期限。但是,不得将剥夺自由的处分改换成罚款的处分。

可见,对本该执行的刑罚的转换,是通过司法或行政程序,将判刑国科处的制裁替换为依执行国法律规定的制裁,上述程序一般称为"对外国刑事判决的承认"。转换刑罚的程序对于公约平稳、有效的运作很有必要,尤其是执行国与判刑国的刑罚制度在关于刑罚分类或者适用于同样犯罪的监禁刑罚的期限方面的规定大相径庭的情况下。通常认为,刑罚转换取决于执行国法律的规定。然而,考虑到转换的程度及适用转换的准则,执行国的有权当局须遵守以下四个条件:

(1)当局应受判刑国所作判决中明示或默示范围内的对事实的调查结果的约束。因此,当局没有对作为判决的基础的事实作出不同评价的自由;上述事实包括犯罪及其结果有关的客观事实以及与已决犯的预谋与故意有关的主观事实。此条件的设立很大程度上是由于,由一个不同性质或期限的制裁进行替代,并不意味着对判决的改变;它仅仅是为了获得在执行国可执行的判决。

(2)剥夺自由的刑罚不应转换为罚金刑。这反映《公约》仅仅适用于被判刑人的移交,而此处的"刑"依照《公约》第1条应界定为剥夺自由的惩罚或措施。然而,这不妨碍将判刑国科处的制裁转换为除了罚金刑之外的非监禁刑罚。

(3)被判刑人已经服过的剥夺自由的刑期须从执行国转换后的刑罚中扣除。本条件适用于在判刑国已经执行的刑罚任何部分、在定罪之前执行拘还押过程中任何暂时的羁押或者在移交过程中执行的任何拘留。

(4)不应恶化被判刑人的受刑状况。这不仅指刑期的长度不能超过判刑国科处的长度,而且指本应执行的刑罚种类不能比判刑国科处的更加严厉。例如,如果根据执行国的法律,犯罪带有比判决科处的更严重的剥夺自由的形式(如徒刑或强制劳动而不是监禁),执行国就不可执行这种严厉的刑罚。

此外,就本应执行的刑罚的期限而言,转换刑罚的当局不受其本国法对于同样犯罪规定的任何最低刑期的约束,即可以允许不按照最低刑期的要求,其结果是即使在判刑国科处的刑罚少于执行国法律对同样犯罪规定的最低刑期,也能对其予以执行。因为转换刑罚的程序会持续一段时间,如果程序发生在移交被判刑人之后,执行国可以在转换程序完成之时,对该人予以监禁或不监禁但确保其在执行国到庭。

3. 刑罚执行的其他问题

除了在上述执行刑罚过程中两种程序的规定之外,《公约》还对诸如刑罚的减免权、判决的复审权、执行国应向判刑国提供有关执行刑罚的信息以及移交的费用问题等问题作出了明确规定。

首先,关于刑罚的减免权。《公约》第12条规定,各当事国可根据其宪法或其他法律,对刑罚给予赦免、大赦或减刑。联合国《关于外国囚犯移管的模式协定》第22条也规定,判刑国和执行国均有权赦免和大赦。如此,执行国仅仅对刑罚的执行负责,而判刑国或者执行国则可以依照其宪法或其他法,作出宽恕、赦免、减刑以及包括任何与其有关的决定(例如中止刑罚的决定)的判决。

其次,关于判决的复审权。《公约》第13条规定,仅判刑国有权决定如何处理复查判决的申请。联合国《关于外国囚犯移管的模式协定》第17条也规定,执行国应受判刑国所作判决书上所有事实结论的约束,因此,只有判刑国有权复审判决。一般认为,赋予判刑国决定适用复审判决这种排他性权利是正当的,因为从技术上讲,复审程序不是执行程序的部分,因而《公约》第9条第3款有关执行判决的规定就不能适用。适用复审的目的在于考虑到如果新的事实的出现则有必要对终局判决进行重新审查。因为惟有判刑国有权对事实的重要性进行重新审查,有必要遵循仅仅该国有司法权审查上述适用,尤其是获得相关的新证据就更为重要。这里提及的术语"复审"的含义包括在一些国家可能导致在判决已成终局以后对于案件的法律方面进行重新审查的程序。还须指出,判刑国决定适用复审的权利不应被解释为免除其确保被判刑人能够寻求对判决进行复审的义务。事实上,两个国家都须采取一切合适的措施保证被判刑人有效行使申请复审的权利。此外,一旦判刑国将就该刑罚不再具有执行力所作出的决定或措施通知执行国,执行国应立即终止执行该刑罚。《公约》第14条规定,执行国在判刑国决定或采取措施使判决失去可执行性的情况下终止执行。在这种情形下,只要判刑国告知其作出的任何决定或措施,执行国就须终止执行。

再次,关于执行国应向判刑国提供有关执行刑罚的信息,主要包括:(1)当执行国认为刑罚已经执行完毕;(2)如被判刑人在刑罚执行完毕之前逃脱;或(3)如判刑国要求提供特别报告。上述规定明确了在下列情况下执行国应通知判刑国有关刑罚执行的状态:即当执行国认为判决的执行已经完成(例如服刑完毕、免罪、有条件释放、宽恕、赦免以及减刑)时;如果被判刑人在刑罚执行完毕之前逃脱羁押的;在任何时候判刑国认为需要由执行国提供特别报告的。应指出,执行国可以向判刑国就每一个具体的案例或通过定期刊物(例如每年的总结报告)在特定的时段里对所有的判决已经执行完毕的案例提供需要传递的信息。

最后,关于移交的费用问题,《公约》第17条规定,因适用本公约而引起的任何费用应由执行国承担,但完全发生在判刑国境内的费用除外。联合国《关于外国囚犯移管的模式协定》亦有类似规定,其第20条规定,任何移交费用及有关运输费用均由执行国负担,但判决国和执行国另有约定的除外。可见,确立移交的费用由执行国承担的原则,实际上较好地避免缔约国之间就移交过程中产生的费用要求相互赔偿等问题,在很大程度上便利了公约的实际适用。

四、《移交被判刑人公约》之附加议定书

（一）附加议定书的产生背景

在积极组织制订一系列刑事领域的国际公约和协定的同时，欧洲理事会还十分重视这些公约、协定在实践中的适用效果，经常组织一些专门的调查委员会对其制订的公约、协定的实施情况进行检查。在欧洲犯罪问题的授权下，实施刑事领域欧洲公约专家委员会（以下简称专家委员会）受委托专门对欧洲理事会制订的刑事领域的公约、协定在国际刑事司法合作中的作用及其实施情况进行检查，目的是如有必要就对有关公约、协定进行修正并改进其在实践中的适用状况。在这项检查中，专家委员会发现了有关国家在实施《公约》过程中经常碰到的某些困难。专家委员会还同时发现，某些与《公约》规定的情形相近似的情况未被《公约》所涵盖。对专家们提出的多种备选方案进行研究之后，专家委员会认为，针对《公约》存在的问题，最为合适且务实的补救办法是制订一个《公约》的附加议定书。于是，专家委员会在其第34次会议上（1997年2月）通过了《移交被判刑人公约附加议定书》（以下简称《附加议定书》）的草案。随后，欧洲犯罪问题委员会在其第45次会议上（1997年6月）检讨并通过了该草案，然后将其提交部长委员会。紧接着，在1997年9月举行的第61次代表会议上，部长委员会正式通过了本附加议定书的文本并决定于1997年12月将其开放以供签字。[①]《附加议定书》自2000年6月1日起生效。截至2002年8月，批准或加入的国家只有15个（奥地利、塞浦路斯、丹麦、爱沙尼亚、芬兰、乔治亚、匈牙利、冰岛、立陶宛、荷兰、挪威、波兰、罗马尼亚、瑞典、马其顿），其中欧盟国家有5个（奥地利、丹麦、芬兰、荷兰、瑞典）。[②] 可见，《附加议定书》的适用范围及其影响远远没有《公约》那样大。

（二）附加议定书对《公约》的补充、修改

《附加议定书》对《公约》未予明确规定的下列两种情形加以补充规定，为在这两种情形下进行被判刑人的移交提供适用规则，即：（1）被判刑人从

---

① 关于《附加议定书》的产生经过，参见《移交被判刑人公约附加议定书解释报告》的《导言》部分第1条至第5条。

② 欧洲理事会官方网站：http://conventions. coe. int。

判刑国逃到其国籍国，从而导致在大部分情况下，判刑国不可能执行已判刑罚；[①](2)作为已判刑罚的附随后果之一，被判刑人在服刑完毕后将被驱逐出境。[②]

根据《附加议定书》第1条，《公约》中与《附加议定书》的相一致的内容继续适用。反过来说，也就是《公约》中凡是与《附加议定书》的规定不一致的内容就随之失去效力。这就意味着，在效力问题上，《附加议定书》与《公约》的关系是特别法与普通法的关系：一方面，《公约》用语的含义和原则诸如双重犯罪原则（第3条第5款）、一事不再理原则（第8条）和时效原则（第21条）当然适用于《附加议定书》；另一方面，根据特别法优于普通法的原则，两者发生法规竞合时优先适用《附加议定书》的规定。另外，根据第1条第2款还可得出结论：与《公约》一样，《附加议定书》也不适用于附条件判刑和附条件释放的犯罪人。

判刑国和执行国设定应允移交的义务。这两个条文同样是仅仅为有关国家进行此类移交提供合作框架和合作程序。

1. 被判刑人从判刑国逃到其国籍国

《附加议定书》补充规定的第一种情形是，甲国的国民在乙国被判处刑罚，但是在开始服刑之前或者在服刑期间该被判刑人逃离乙国并自愿进入甲国。显然，甲国是国籍国，如果接管了刑罚执行就成为执行国，乙国是判刑国。该被判刑人从判刑国境内的合法羁押中逃脱，逃到其国籍国，一般情况下其目的是企图逃避其刑罚的全部或部分执行。

对于这种情形，如何处理呢？首先，《公约》对此无能为力：因为被判刑人不在判刑国境内而《公约》适用于被判刑人处于判刑国控制之下的情形，所以无法依据《公约》对其进行移交。在当时的国际刑事合作框架下，可以援用的方法有两个：引渡和重新审判。引渡是国际社会遣返逃犯的通常手段，但是由于大多数国家拒绝引渡本国国民，因而在这种情形下，引渡通常无法进行。剩下的唯一方法就是国籍国基于相同的犯罪事实重新对该逃犯进行起诉和审判。这种做法虽然为国际公认的"一事不再理"原则所允许，但是要涉及境外收集证据、调查证人，证人跨国作证等一系列问题，既耗费大量的人力、物力和时间，实施起来又很繁琐。如果上述两种方法都无法使用，那么结果便是犯罪人逍遥法外，这是不能令人接受的。专家委员会当然也考虑了《欧洲刑事判决公约》能否通过允许将犯罪人由乙国（判刑国）引渡到甲国（国籍国）执行刑罚，从而解决上述问题。然而，如前所述，仅有为数不多的

① 《移交被判刑人公约附加议定书》第2条。

② 《移交被判刑人公约附加议定书》第3条。

国家(截至2002年8月仅有14个欧洲理事会成员国)批准了该公约,并且这种局面在相当长的时期内不会有大的改观。鉴于《刑事判决公约》在实施中遇到的阻力,专家委员会对于重新精心制定一个关于执行外国判决的公约文本能否取得更大进展没有信心。于是,在其他现有的办法都不奏效的情况下,专家委员会在《附加议定书》中专门规定了解决上述问题的办法。

(1)提出接管刑罚执行的请求。① 根据《附加议定书》,如果一缔约国甲国的国民在另一缔约国乙国境内被终审判决判处刑罚,该被判刑人为了逃避在乙国境内执行全部刑罚或剩余刑罚而在刑罚执行完毕前逃到甲国,那么乙国可以请求甲国接管刑罚的执行。甲国接管之后具体执行刑罚的过程,仍然适用《公约》的规定。

(2)临时措施。② 应判刑国的申请,在接管刑罚执行请求的附随文件到达以前,或者在针对该请求的决定做出之前,执行国可以(临时)逮捕被判刑人或者采取措施以确保该被判刑人停留在其境内,以待针对该请求的决定之做出。为了便于执行国采取临时措施,判刑国关于采取临时措施的申请应当包含《公约》第4条第3款所列信息,即:被判刑人的姓名、出生日期及出生地,在执行国境内的住址(如果有的话),已判刑罚所依据的事实,已判刑罚的性质、期间和开始执行的日期。判刑国应当将这些信息尽快递交执行国。在依照上述规定对被判刑人实施临时逮捕的场合,不论是继续执行原判刑罚还是转换刑罚,执行国都应当将因逮捕而被羁押的时间从总刑期中予以扣除。如果最终还是由判刑国来执行刑罚(在罪犯的国籍国不同意接管刑罚执行的场合),它也负有同样的义务。也就是说,不能因为临时逮捕而在实际上加重被判刑人的刑罚。

(3)无须被判刑人的同意。在被判刑人逃离判刑国的情形下,刑罚执行的移转不以被判刑人的同意为前提。如前所述,《公约》的宗旨之一就是在外籍囚犯的改造中实行人道主义,因而在《公约》的框架下,被判刑人的同意是移交的必不可少的条件。但是,专家委员会认为,在犯罪人逃避法律制裁、故意破坏司法程序的情形下,他就将自己排除在《公约》框架之外。在这种情形下,如果仍然要求刑罚执行的移转必须以被判刑人的同意为前提就不合时宜了。由此可见,在专家委员会成员的价值天平上,维护法律尊严、实现社会正义的需要重于对罪犯实行人道主义的需要。

(4)不适用特定性规则。如前文所述,《公约》中的特定性规则就是指,不论是继续执行刑罚还是转换刑罚,执行国只能对判刑国已判刑罚所针对的

① 《移交被判刑人公约》第2条第1款。

② 《移交被判刑人公约》第2条第2款。

罪行进行追究(通过执行刑罚的方式),而不能对被判刑人在移交前犯下的、已判刑罚针对之罪以外的其他罪行进行起诉、审判或处罚。由于被判刑人是自愿逃到其国籍国的,因此可以推定该被判刑人(通过其行为)默示同意留在其国籍国内并接受其国籍国可能进行的任何刑事追究,所以起草者认为在这种情形下没有必要对其适用特定性规则。也就是说,对于从判刑国逃到国籍国境内的被判刑人,国籍国可以对该判刑人在移交前犯下的、判刑国已判刑罚所针对的罪行之外的其他罪行进行刑事追究。

2. 受到驱逐出境令处罚之被判刑人

《附加议定书》补充规定的第二种情形是,作为判刑国所判刑罚的附随后果之一,被判刑人在服刑完毕后将被判刑国驱逐出境。专家委员会认为,在被判刑人一旦服刑完毕就可能被禁止在判刑国停留的情况下,将其留在判刑国服刑不符合《公约》的促进被判刑人的社会复归的宗旨,因而也通过《附加议定书》的规定将上述情形纳入移交被判刑人程序的范畴。

(1)同意移交的决定。根据《附加议定书》第 3 条,在上述情形下,应判刑国的请求,执行国可以在未经被判刑人同意的情况下做出同意移交该人的决定。

(2)驱逐出境令。《附加议定书》的英文文本用了两个不同的词语(expulsion order, deportation order)来表达"驱逐出境令",是为了适应不同国家使用的不同术语。尽管用语不同,但是在《附加议定书》中,这两个词被赋予的含义是相同的,均指能够导致被判刑人必须在某个时间离开判刑国领土的任何措施,包括由行政机关发出的驱逐出境的命令在内。这里应该指出,并非判刑国一发出驱逐出境令就必然导致移交的发生。按照设想,只有在对驱逐出境令和上述具有同样法律效果的其他措施不服而进行上诉的权利全部用尽仍告无效的情况下,即所有救济手段都用尽仍然不能推翻或撤销该驱逐出境令或其他类似措施的情况下,依照《附加议定书》第3 条进行的移交才会发生。

(3)被判刑人的意见。在承认《公约》的实施以三重同意,即判刑国、执行国和被判刑人三方的同意为基础的同时,专家委员会认为在被判刑人受到作为已判刑罚的后果之一的驱逐出境的处罚的情况下,可以作出规定,使《公约》的实施以二重同意即判刑国和执行国双方的同意为基础。因而,《附加议定书》规定,在被判刑人同时又受到驱逐出境处罚的情形下,移交可以在没有被判刑人同意的情况下进行。① 但是,这并不意味着对被判刑人的意见可

① 参见《移交被判刑人公约附加议定书》第 3 条第 1 款。

以完全不理睬。相反,由于《附加议定书》第 3 条规定的移交既不要求也不假定以被判刑人的同意为条件,专家委员会认为应当通过其他手段对被判刑人的权益加以保护,因而作出规定将特定性原则的益处扩展到处于此种境况之中的被判刑人,同时要求在作出任何针对移交请求的决定之前必须审查和考虑被判刑人的意见。于是,《附加议定书》规定:执行国只有在考虑被判刑人的意见之后,才能作出同意移交的决定;判刑国提交给执行国的关于移交的正式声明中必须包括被判刑人对于移交的意见。随之而来的是,在接受被判刑人意见的场合,应当适用《公约》中有关审查被判刑人同意的规定(《公约》第 7 条),必要时进行适度的修正。专家委员会本来认为,不论是判刑国还是执行国,在其做出有关移交的决定之前都要审查和考虑被判刑人的意见,然而《附加议定书》仅仅明文规定了对执行国的此种要求。这是因为,专家委员会认为可以放心地作出如下假定:实行法治的国家在作出有关移交的决定之前会妥当地尊重被判刑人表达意见的权利。之所以要考虑被判刑人的意见,还因为它在下列情形中具有特别的意义:被判刑人具有多重国籍;或者被判刑人可以利用被驱逐到其国籍国以外的国家的可能性获取益处。此外,《附加议定书》设定的程序并不是一个只要具备双方当事国的同意就能自动引起移交的程序,除此之外,它还要求双方对于在缺少被判刑人同意的情况下进行移交达成一致。应当注意的是,对被判刑人实施的驱逐出境,可能仅仅依照《欧洲人权公约第七附加议定书》第 1 条①的规定进行。

(4)特定性规则。《附加议定书》第 3 条第 4 款对特定性规则作了规定:依照本议定书第 3 条进行移交的被判刑人,不应因其移交前犯下的、将要执行的刑罚所针对的罪行之外的其他罪行受到旨在执行刑罚或羁押令的起诉、审判或羁押,也不得基于其他任何理由限制其人身自由。但是下列情形除外:①判刑国作出了允许进行上述刑事追究的授权;②被判刑人有机会合法地离开执行国领域,但在其最终获释后 45 日内没有离开,或者在离开后又返回的。其措词在很大程度上沿用了《关于刑事领域国际合作的欧洲综合公约草案》第 5 条第 12 款的条文,也与《欧洲引渡公约》第 14 条的条文基本一致。“最终获释”的意思是,该人离开执行国的自由不再受到任何直接或间接源自所判刑罚的限制措施的制约。比如,在被判刑人被附条件释放的场合:如

① 该条的内容:(1)对于在一国合法居住的外国人,除非为了执行依法作出的判决,不得将其驱逐出境。即使是基于执行判决的需要而实施驱逐出境,该外国人享有以下权利:有权提出反对驱逐出境的理由,有权获得对其案件的复审,有权出于上述目的在合格的机关面前或者该机关委任的人员面前获得律师的帮助。(2)如果驱逐出境确为保护公共秩序之利益所必需或者是基于国家安全的理由作出的,则可以在该外国人行使前款所列三项权利之前将其驱逐出境。

果附加的释放条件并不妨碍该人离开执行国，那么该人就是“最终获释”；相反地，如果附加的释放条件确实妨碍该人离开执行国，那么该人就不是“最终获释”。

（5）防止时效丧失。《附加议定书》第3条第5款规定，为了防止发生时效经过的法律后果，执行国可以包括采取缺席诉讼在内的必要措施，它可以采取在该被判刑人未被移交的情况下所能采取的任何措施。

（6）对第3条的保留。专家委员会考虑到有些国家加入《附加议定书》的目的是为了实施第2条的规定，而不一定是为了实施或者不是为了同时实施第3条的规定——因为第3条的适用往往要求对国内法做出重大修改。为了确保善意原则得到遵循，同时为了便利缔约方明了其他缔约方的态度，《附加议定书》第3条第6款为缔约国声明其在第3条规定的情况下拒绝接管刑罚的执行提供了一条途径：任何缔约国可以向欧洲理事会秘书长提交声明，宣布其在第3条规定的情况下拒绝接管刑罚的执行。

Ⅲ

区际刑法

21. 正确解决中国区际刑事管辖权冲突之制度构想*

目 次

---

* 与时延安合著，原载高铭暄、赵秉志主编：《刑法论丛》第8卷，法律出版社2004年12月版。

一、前　言

香港、澳门特别行政区的建立是“一国两制”这一创举性国策的具体实践，它标志着不同社会制度在一个主权国家框架内可以共生共荣。“一国两制”已经超越和发展了已有的国家结构形式理论，由此产生的一系列法律问题亟待从理论上澄清和突破，在制度设计上则需要创新出一套适应这种特殊国家结构形式的法律体系来。基于法理分析，在一个主权国家内形成多法域格局可以视为国家对内权力进行地域分配的结果。香港特别行政区基本法、澳门特别行政区基本法的出台，使香港、澳门作为一国内相对独立的法域的事实具有了合宪性。

从目前看，台湾地区也是一个事实存在的法域。“一国两制三法系四法域”的形成自有其历史与现实根据，这也是特殊时期国家统一进程中法制融合的一种特殊表现形式。

由于我国各法域的法传统、法文化以及法制体系差距较大，因而如何使各法域刑事法制之间相互认同、相互接受，使各法域建立制度化的融通机制是今后一段时期的中心任务。这一任务的实现则需从以下四个方面着手：(1)合理划分不同法域的刑事司法权限，科学解决区际刑事管辖权冲突。按照“一国两制”国策和特别行政区基本法的要求，特别行政区拥有独立的司法权；这可以看作是作为国家主权组成部分的司法权在国内不同地域的划分。在一国之内，基于法域平等等基本政治原则，对刑事司法权限具体内容进行科学划分是解决各法域法律冲突问题的先决条件，而确立为各法域所共同认可和遵守的解决中国区际刑事管辖权冲突的法律原则和规则，则是建立各法域之间融通机制的当务之急。(2)建立全面、高效的区际刑事司法互助制度。内地与港、澳之间刑事司法合作是积极的，而且已经取得了一定的成果，但是刑事司法互助的规模还应继续扩大，相关的协议应当尽早达成；大陆与台湾地区之间的刑事司法互助方面的协商，目前尚处于停滞的状态，为两岸人民共同的利益，大力拓展刑事司法合作的领域和渠道，是有利于两岸人民福祉的一项重要工作。(3)建立机构稳定、富有效率的刑事司法合作工作机制。从目前看，这种工作机制已经建立起来，但其是各法域之间基于平等原则而建立起来的协商机制；设立一个由各法域代表共同组成的委员会机制，专门负责协调处理各法域之间的刑事司法合作事务，中立性地解决刑事法律方面的冲突，不仅可以高效地处理相关法律问题，而且为未来制定统一的区际刑事法协调法提供组织条件。(4)继续加深各法域相互之间对其他法域刑事法治的了解。这方面的工作已经有效开展,但是对于不同法域之间刑事法制之间现存诸多差异点的理论分析还有待深入,尤其对于这些差异点应当如何理性地看待并提出基本的因应对策。两岸四地,虽然社会制度不同、意识形态有异,但是作为社会根基的文化则是相通的;香港、澳门、台湾地区虽然都曾沦为殖民地,但是即便在殖民时期仍是以华人社会为主体的。看到这一点,对于目前各法域之间存在的差异问题都可以视之为良性的,我们完全有理由相信,利用本土化的优势,对于现有观念上的、制度上的差异都可以寻找到妥当的解决方案。

目前亟待我们解决的问题是,如何解决不同法域之间的司法权冲突问题,以及如何消除不同法域之间因各自行使独立的司法权而产生的摩擦,将法律冲突问题纳入法制轨道一体化地予以解决。中国区际刑事管辖权冲突在中国区际法律冲突中无疑是最为复杂、最为棘手的一个难题。对此,国内一些学者都提出了诸多建设性的解决方案,尤其是关于解决中国区际刑事管辖权冲突的基本原则已经形成基本的共识。但是,迄今为止,由于各种因素使然,解决中国区际刑事管辖权冲突的法律机制尚未建立起来;而如何将这一机制与区际刑事司法互助制度结合起来,则不仅要对中国区际司法互助制度的基本性质、内容进行深入研讨,以厘清其与国家间司法协助关系,而且要明晰解决中国区际刑事管辖权冲突的机制与司法互助制度的基本关系,以此作为两者相结合的基本理论前提。

本文将之作为重大理论问题提出,并探索其解决途径,基本上从应然的角度进行分析、建构;而要真正解决现实问题则,需要建立一套完备的法律制度,对这一问题所体现诸多社会关系进行调整。对这一问题予以解决,可以说是牵一发而动全身:上至宪法,应当首先明确不同法域的基本关系和法律地位;下至刑法等基本法律,应当针对中国范围内多法域的实际修改关于刑法空间效力的规定;同时还要制定不同法域之间的司法互助协定。修法是一项规模浩大的工程,尤其是宪法和基本法律的修改,但是从建设整体的中国法制体系考虑,则这项工作是迟早要提上日程的。当然,诸如两岸统一问题等政治问题尚需假以时日逐步解决,但是,协调全国性法制体系与各法域法制体系、内地法制体系与香港、澳门法制体系的工作,应及时展开。

二、解决中国区际刑事管辖权冲突的基本原则和规则

中国区际刑事管辖权冲突,是指一个中国范围内,两个以上法域基于各自刑法关于空间效力的规定对特定刑事案件同时具有刑事管辖权,进而形成

相互冲突的法律现象。作为一种特殊的刑事管辖权冲突类型,这种冲突类型是一个主权国家内平等的不同法域之间司法权的冲突。确立中国区际刑事管辖权冲突的解决原则,提出解决具体刑事案件管辖冲突的一般规则,是中国区际刑事管辖权冲突问题的核心所在。为此,应考虑中国区际之间法制关系的现状,并综合考虑诸多现实问题,以使该体系的建立能够首先在认识上形成一致。本文讨论的重点在于试图确立一套较为完整的解决中国区际刑事管辖权冲突问题的原则——规则体系,即在廓清解决中国区际刑事管辖权冲突问题政治原则的前提下,确立解决这一问题的基本法律原则,以这些原则为指导寻求解决具体问题的规则。就第一个层面而言,即澄清解决中国区际刑事管辖权冲突问题的政治基础,政治立场影响解决法律问题的立论,刑事管辖权问题在政治层面也表现得十分"敏感",因而确立相应的政治原则是全面解决该问题的基本前提。就第二个层面而言,提出解决中国区际刑事管辖权冲突的一般法律原则,是解决该问题的关键,这也旨在使不同法域在法律层面上达成共识,并使这些原则在具体问题的解决规则中得以贯彻。就第三个层面而言,解决具体问题的法律规则,是政治原则与一般原则在解决具体问题中的贯彻,并结合具体问题的特性寻求最有利于解决具体问题的方案。

(一)解决中国区际刑事管辖权问题应确立的政治原则

中国区际刑事管辖权冲突问题之解决,应以对基本政治问题在观念上达成共识为前提。就中国区际刑事管辖权冲突而言,香港、澳门的回归使相关的政治问题已经得到解决,因而法律问题的解决可以在已有政治框架中进行,虽然可能出现对具体问题解决方式的争议,但可以在现有政治框架中寻求积极解决的路径;两岸尚处于未统一状态,互涉两岸的法律问题与政治问题杂糅在一起,因而需要在一些基本政治问题上寻求共同认识,为法律问题的解决创造条件。确立解决中国区际刑事管辖权冲突的政治原则,关键是要考虑这些基础性的、宏观的指导原则如何在解决中国区际法律冲突问题中予以贯彻。单纯从观念上树立一些基本认识或立场,尚不能发挥这些原则的实践意义;只有将这些原则有目的地运用在具体法律问题的解决上,才能真正体现这些原则的指导作用。我们认为,在解决中国区际刑事管辖权问题上应坚持以下4个宏观的、具有政治性的原则。

1. 一个中国原则

一个中国原则,就是要求在解决中国区际刑事管辖权冲突问题上应当坚决维护国家主权的统一;在处理该问题上应当首先认识到其属于一个国家内发生在不同法域之间的内部事务,并没有"国际性"的特征,因而不具有国家主权冲突的性质,而仅表现为不同法域治权的竞合。香港特别行政区、澳门特别行政区的建立是以"一国两制"为前提的，其都认同一个中国原则，并认同一个中国即中华人民共和国。"'一国两制'不仅是解决香港、澳门问题，实现祖国统一，指导和处理中央政府和港澳特区以及中国内地与港澳特区关系的长期国策和基本方针，而且也是解决中国内地与港澳特区刑事管辖权冲突的总体指导思想，所有解决中国区际刑事管辖权冲突的立法、措施和制度，都必须体现'一国两制'的精神"①。关于两岸关系问题，江泽民同志在"十六大"报告中再次重申："坚持一个中国原则，是发展两岸关系和实现和平统一的基础"②，并强调，在现时可以"搁置某些政治争议"，但是必须以"一个中国原则为基础"。正如前文反对将管辖权问题与主权问题分开来看一样，一个中国原则是解决两岸关系的基础，它不仅是解决国家统一、领土完整的一条根本性的政治原则，在处理内地与港、澳、台之间关系的问题上，同样应当视为一条宪法原则。如果在处理有关法律问题上违背这一原则，不仅违背了基本的政治要求，也是一种违宪行为。

坚持一个中国原则解决中国区际刑事管辖权冲突问题，需要在认识上厘清以下两个问题：

(1)解决中国区际刑事管辖权冲突可否适用国际条约？在解决中国区际刑事管辖权冲突的基本原则上坚持一个中国原则，即要求对国际条约的适用采取排斥态度。香港、澳门乃至台湾都签署了一些国际性的条约，当其以本地区身份与其他国家和地区从事相关事务时，适用这些条约并无不当；但是在中国范围内不同法域之间则禁用国际性条约，即便不同法域都是有关条约的缔约方。在处理两岸劫机问题时，台湾曾有舆论认为应当适用国际反劫机公约③，内地也有论者认为："对于两岸同胞实施的劫持飞机、船舶、劫持人质、侵害外交人员等国际犯罪，两岸司法机关都应当积极履行其维护国际和平、惩治国际犯罪的国际职责，按照国际惯例和有关国际条约，实行普遍管辖，主动追诉。"④这种观点是不正确的，对一国内法律事务问题用处理国与国之间法律问题方式来解决，会导致相关双方主体地位的错置，使解决方式在性质上发生变化。当然，在处理一国内部不同法域之间的法律问题时，参照、借鉴国际条约的解决方式是可行的。

---

① 参见赵秉志：《中国内地与港澳特别行政区刑事管辖权合理划分论纲》，载《法学家》2002 年第 4 期。

② 参见江泽民：《全面建设小康社会，开创中国特色社会主义事业新局面》，载《人民日报》2002 年 11 月 18 日第 4 版。

③ 参见《海牙公约精神首度纳入两会协议》，载《中国时报》1994 年 8 月 8 日。

④ 参见凌远、肖胜喜：《处理两岸互涉刑事法律问题的探讨》，载国务院台办政策研究组编：《台湾海峡两岸经贸、人员往来、各项交流论文汇编(二)》，1991 年版，第 38－39 页。

(2)关于危害国家安全罪的问题。《中华人民共和国刑法》分则第1章规定了“危害国家安全罪”。《中华人民共和国香港特别行政区基本法》第23条和《中华人民共和国澳门特别行政区基本法》第23条以同样的内容规定,特别行政区应自行立法禁止任何叛国、分裂国家、煽动叛乱、颠覆中央人民政府及窃取国家机密的行为,禁止外国的政治性组织或团体在特别行政区进行政治活动,禁止特别行政区的政治性组织或团体与外国的政治性组织或团体建立联系。香港特别行政区也已经开始进行相关法律文件的起草工作,并进行了“史无前例”的立法咨询活动。① 澳门社团也于2002年底提出支持就基本法第23条立法。② 为共同维护国家安全,促进国家的繁荣稳定和长治久安,香港、澳门特别行政区按照基本法的规定应当作出相应的刑法规范以共同维护国家安全。关于香港政府就基本法第23条进行立法的问题,香港舆论有反对意见,其主张的主要根据就是会因此限制港人的政治权利尤其是言论自由。这种担心的产生,仍在于没有完全理解“一国两制”的基本精神。在香港、澳门,保留原有的资本主义制度,其根据在于保持地区的繁荣稳定,实际上也考虑到资本主义制度与社会主义制度之间的差异。如果在香港、澳门地区纯粹基于认识问题发表对社会主义制度的不同看法,自然不应视为犯罪;然而如果针对内地的社会主义制度表示敌视并进而煽动予以推翻,则其行为已经侵犯了国家安全,因为社会主义制度是作为国家主体部分——内地所坚持的根本的社会制度,其行为性质也违背了“一国两制”的基本要求,对于这种行为自然应当追究刑事责任。对于台湾地区,这个问题可能比较复杂,这主要涉及相互承认的问题;就现阶段而言,如果在台湾地区实施了危害中华人民共和国国家安全的行为,自然应适用《中华人民共和国刑法》追究刑事责任,而不论在台湾地区是否被认为是犯罪。

2. 法域地位平等原则

内地、香港、澳门以及台湾地区拥有各自相对独立的法制体系,在一个国家主权的前提下,建构成为一个统一的宪政法制体系;虽然内地所辖地域广泛,但是其所施行的法制体系在整个宪政法制体系中居于从属的地位,而不等同于后者;同样,香港、澳门乃至台湾地区(从应然的角度)也属于整个宪政法制体系的一部分,既不隶属于内地,也不相互隶属。从法律地位上说,四地的法制体系在整个中国宪政法制体系框架内相互并立、地位平等。中国范围内不同地区法制体系的并立局面,既有历史的原因,也是“一国两制”中“两制”的具体体现。总之,在处理中国区际法律问题时应坚持法域地位平等的原则。

① 参见叶刘淑仪:《有关基本法第23条立法的咨询史无前例》,载新华网,2002年12月13日。

② 参见 www. chinacourt. org. , 2002年12月11日。

在解决中国区际刑事管辖权冲突问题上坚持法域地位平等的原则，即要求反对两种倾向：一是反对一法域的刑法具有全国范围内的普遍适用效力。《中华人民共和国刑法》与其他法域刑法之间不是普通刑法与特别刑法的关系。所谓普通刑法，是指效力及于一国领域内任何地区和个人的刑法规范；特别刑法，则既可以用来指国家为了适应某种特殊需要而颁布的效力仅及于特定人、特定时间、特定地点或特定条件的刑事法律，又可以用来指国家为了弥补现行刑法典的不足而颁布的一切刑法规范。① 按照这一定义，《中华人民共和国刑法》根据特别行政区基本法的规定而不在香港、澳门实施，在台湾地区事实上无法得以施行，因而其空间效力不具有全国性，即不能视为普通刑法，进而就不应用普通刑法与特殊刑法的关系来解释内地刑法与其他法域刑法的关系。二是反对刻意强化本法域的管辖权限，弱化或忽视另一法域的管辖权限。承认刑事管辖权冲突，其前提即承认不同法域对某一刑事案件具有刑事管辖权，其司法管辖权的地位是平等的；否则，如果认为一法域的司法管辖权处于优势地位的话，自然也就不存在刑事管辖权冲突了。

坚持法域地位平等的原则，在解决中国区际刑事管辖权冲突问题的实践中即应进行平等协商，反对强加于人。这主要表现在两方面：一是在制定解决中国区际刑事管辖权冲突的规范性文件时，应当进行平等协商。二是在具体刑事案件的管辖权发生冲突时，当通过一般原则无法予以解决时，应当平等协商，共同考虑由哪一法域司法机关进行追诉更为方便、合理。平等协商也有助于实现互利、双赢的目的，实现中国范围内法律秩序的稳定，共同保障全体中国人民的利益。

3. 相互承认原则

相互承认原则，就是在一个中国范围内不同法域之间相互承认各自的社会制度及其法制体系。香港、澳门按照“一国两制”的既定方针顺利回归，根据两个特别行政区基本法的规定，香港、澳门的法制体系通过法律渠道已经被纳入整个中国的法制体系之中，当然目前整个中国法制体系内部之间也因此尚处于继续整合的状态，但是不同法域之间相互承认并认同彼此差异的观念已经树立起来，而且也正在付诸实践，应当说，“一国两制”在处理三法域之间的关系上得到很好的贯彻；当然目前也存在大量的具体法律问题需要实事求是地予以解决，包括三法域之间的刑事管辖权冲突问题。将台湾地区的法制体系纳入整个中国法制体系，从目前看只是从应然的角度予以认识，换言之，只能从观念上将台湾地区的法制体系视为整体中国法制体系的一部

---

① 参见赵秉志、吴振兴主编：《刑法学通论》，高等教育出版社 1993 年版，第 12 页。

分。如果单从法律渠道上讲,双方还缺少相互认同的表示;但是如果从应然的角度或者从事实的角度看,双方应当相互承认各自的法律,这不仅出自一种务实的态度,从实际上讲也有利于双方共同利益的协调,就刑事法制而言,即有利于共同打击犯罪,保护两岸社会稳定和人民利益。

贯彻相互承认原则,在解决中国区际刑事管辖权问题上,即要相互尊重各自的司法制度及管辖权限;在充分了解不同法域刑法关于刑事管辖权规定的前提下,承认其按照本法域刑法对特定案件具有适用的效力。如果两个以上法域按照各自的刑法对某一特定案件都有管辖权,当一法域行使管辖权,而他法域放弃行使管辖权,或者根据相应的原则应由某一法域行使管辖权而该法域确实行使了管辖权,或者根据协商由一法域行使管辖权,那么没有行使管辖权的法域应当承认该法域行使管辖权的效力,并应当积极配合进行相应的取证等司法互助活动。贯彻相互承认原则,还要求承认他法域刑事判决的效力和执行力,这就要求在司法互助中给予体现。需要强调的是,在特定情况下,该原则的适用应当予以保留,这主要体现在内地司法机关对台湾地区法制体系及其刑事司法管辖权的承认上,具体而言,就是对于台湾地区针对内地所规定的具有敌对性的或者歧视性的规范性文件,或者不利于两岸统一,主张国家分裂的规范性文件一概不予承认;对于基于这些文件做出的裁判,也一概不承认其效力和执行力。①

在解决中国区际刑事管辖权冲突问题中贯彻相互承认原则,还需对以下两个问题予以澄清:

(1)在中国不同法域之间应否贯彻"一事不再理"的原则?"一事不再理"(Grundsatz ne bis in idem)又称为"一事不再审"。《公民权利和政治权利国际公约》,第14条第7款即确认了"一事不再理"原则,即"任何人已依一国的法律及刑事程序被最后定罪或者宣告无罪开释者,不得就同一罪名再予审判或惩罚"。《国际刑事法院罗马规约》第20条也确认了这条原则。② "一

① 台湾当局于1991年废止了"惩治叛乱条例"(1949年)和"戡乱时期检肃匪谍条例"(1950年),并承认两岸彼此为"政治实体"。参见王泰铨:《当前两岸法律问题分析》,台湾五南图书出版公司1997年版,第186页。

② 该条规定:"(一)除本规约规定的情况外,本法院不得就本法院已经据以判定某人有罪或无罪的行为审判该人。(二)对于第五条所述犯罪,已经被本法院判定有罪或无罪的人,不得因该犯罪再由另一法院审判。(三)对于第六条、第七条或第八条所列的行为,已经由另一法院审判的人,不得因同一行为受本法院审判,除非该另一法院的诉讼程序有下列情形之一:1. 是为了包庇有关的人,使其免负本法院管辖权内的犯罪的刑事责任;或 2. 没有依照国际法承认的正当程序原则,以独立或公正的方式进行,而且根据实际情况,采用的方式不符合将有关的人绳之以法的目的。"引自赵秉志、王秀梅译:《批准与执行国际刑事法院罗马规约手册》,中信出版社2002年版,第383—384页。

事不再理”原则的主要理论根据有二:维护法律尊严和法院权威;保障被告人人权。① 为解决中国区际刑事管辖冲突问题,有论者提出,确立一事不再理原则是必需的,即一犯罪行为已被香港、澳门司法机关依法进行刑事追诉后,内地司法机关将不再对同一行为提起刑事诉讼。② 有论者也提出,在解决内地与澳门刑事司法管辖权问题上应遵循“一事不再理”、“一事不二罚”原则,并认为对于对方法院已经审理过的刑事案件,除非确有新证据、新事实确应重审外,应当不再受理;对于对方法院已经定罪处罚过的当事人,即使其处罚略有不当,也应当不再处罚。③

对于上述主张,我们是赞同的。《香港刑事诉讼程序法》规定:“被一个拥有管辖权的外国法院宣判有罪或无罪是被告人已被置于第一次起诉危险境地的充分理由”④;《公民权利和政治权利国际公约》也被《中华人民共和国香港特别行政区基本法》第39条确认继续有效。澳门法律上也确认了“一事不再理”原则⑤,《澳门刑法典》第6条(适用澳门刑法之限制)规定:“澳门刑法适用于在澳门以外作出之事实,以行为人在其作出事实之地未受审判,或行为人逃避履行全部或部分所判之刑为限”,这即是对外国和地区审判效力的积极承认,实际上也是“一事不再理”原则的体现;《中华人民共和国澳门特别行政区基本法》第40条也确认《公民权利和政治权利国际公约》适用于澳门的规定继续有效。中国政府于1998年8月加入了《公民权利和政治权利国际公约》,应当说,也就相应地承认了该原则的基本精神;但是,目前的国内立法尚没有加以规定,而且与之还存在相当大的不一致,如《中华人民

① 参见徐静村主编:《刑事诉讼法学》(上),法律出版社1997年版,第254页。

② 参见陈永生:《一事不再理与中国区际刑事管辖冲突的解决》,载《研究生法学》1998年第1期。

③ 参见单长宗、赵松岭、刘本荣:《试论中国内地与澳门特区刑事司法管辖权的划分》,载高铭暄、赵秉志主编:《中国区际刑法与刑事司法协助研究》,法律出版社、中国方正出版社2000年版,第129页;海南法学实务研究所编:《中国内地与澳门区际司法协助研究》,1999年12月15日印行。

④ 参见〔英〕罗德立、赵秉志主编:《香港刑事诉讼程序法》,北京大学出版社1996年版,第167页。

⑤ 参见陈永生:《一事不再理与中国区际刑事管辖冲突的解决》,载《研究生法学》1998年第1期。

共和国刑法》第 10 条的规定。①

在中国区际刑事管辖权冲突问题上坚持“一事不再理”原则,就是指一个法域行使管辖权对某一案件已经追诉后,其他法域即不应再行行使管辖权。提倡该原则,除了有利于被告人人权的考虑外,这也是基于相互承认原则的结论:如前所述,相互承认原则要求,不同法域之间相互承认各自的判决,进言之,也就是相互承认各法域行使刑事管辖权的诉讼活动及其结果;当一法域根据本地区的刑法已经对具有区际性的刑事案件进行追诉后,即已表明其已经行使了对该案的刑事管辖权;另一法域即便根据其刑法也可以主张管辖权,但是由于该法域已经行使了管辖权,就不应再行使管辖权,理由在于:基于相互承认原则,对于一个刑事案件只能最终由一个法域行使管辖权,一法域行使管辖权即排斥了另一法域行使管辖权的可能;换一个角度讲,如果另一法域再行使管辖权,则等于推翻了他法域已经实施的诉讼及其结果,进而等于否定了他法域在该案上的刑事管辖权,这与相互承认原则的精神是相违背的。

(2)在处理具有区际性的刑事案件时是否适用双重犯罪原则?双重犯罪原则,又称双重归罪原则,或双罚性原则②,是国家间引渡中被经常采用的一条基本原则。有学者在探讨建立刑事司法互助关系时,提出“不适用‘双重归罪’”的原则③,也有学者认为中国区际之间移交案犯不适用“双重犯罪”的原则。④ 结合解决中国区际刑事管辖权冲突问题,该原则是否应予适

---

① 台湾地区“刑法”第 9 条规定:“同一行为虽经外国确定裁判,仍得依本法处断。但在外国已受刑之全部或一部者,得免其刑之全部或一部之执行。”显然台湾“刑法”与内地刑法原则上都不适用一事不再理的原则。林山田教授即认为,如此规定与一事不再理原则并不违反,其理由是“外国裁判自本国刑罚权视之,仅属一种事实状态,而非具有确定力之裁判”(参见林山田著:《刑法通论》,1998 年作者自版,第 78 页)。类似的立法例还如《日本刑法》第 5 条规定:“即使是在外国受到确定裁判的人,不妨碍对同一行为再加处罚。”日本通说认为,这与《日本宪法》第 39 条规定的一事不再理原则也不违反,理由是裁判权不同(参见〔日〕大塚仁:《刑法概说》,冯军译,中国人民大学出版社 2003 年版,第 82 页;〔日〕野村稔:《刑法总论》,全理其译,法律出版社 2001 年版,第 67 页)。我们认为,即便如此解释,也不能否认被告人被重复审判的境域。如前所述,中国范围内不同法域的司法权皆派生于作为中国统一主权项下的司法权,因而相互之间应确定、并维护各自的裁判效力,因而在中国区际之间应当贯彻一事不再理的原则。

② 参见〔韩〕李万熙:《引渡与国际法》,马相哲译,法律出版社 2002 年版,第 44 页。

③ 参见马进保:《我国区际刑事司法协助的法律思考》,载黄进、黄风主编:《区际司法协助研究》,中国政法大学出版社 1993 年版,第 191—194 页。

④ 参见赵秉志:《关于中国内地与香港特别行政区建立刑事司法互助关系的研讨》,载高铭暄、赵秉志主编:《中国区际刑法与刑事司法协助研究》,法律出版社、中国方正出版社 2000 年版,第 73 页。

用呢？对此存在不同观点。针对台湾居民在中国内地犯罪，或中国内地居民在台湾犯罪的刑事案件，有论者认为：台胞在中国内地实施危害行为，中国内地刑事法律认为是犯罪，而台湾未规定为犯罪的，适用中国内地刑事法律，由中国内地司法机关管辖；中国内地同胞在台湾实施危害行为，台湾刑事法律认为是犯罪的，而中国内地未规定的，适用台湾刑事法律，由台湾司法机关管辖。① 该论者的观点实际上即否定了“双重犯罪”原则的适用，而且提出以行为地刑法为判断根据。台湾学者蔡墩铭教授主持起草的《涉及两岸刑事案件处理条例》（草案初稿）第 12 条（遣返协助）中提出，对“大陆地区或大陆以外地区犯罪之大陆地区人民进入台湾地区”进行遣返必须符合四个条件，其中条件之一为“其犯罪依台湾地区及大陆地区之刑罚法规均有处罚之规定”，实际上即强调将“双重犯罪”作为遣返协助的条件之一，进言之，如果根据内地刑法认为是犯罪，而台湾地区“刑法”不认为是犯罪的，则台湾当局即事实上否定内地司法机关具有管辖权。内地也有论者认为，采纳“双重归罪”标准有必要，认为“刑事合作并非一厢情愿之事，一方主管机关实行协助的根据只能是本地有效的法律，当于法无凭的情况下硬性规定无条件予以合作也难以奏效。当大陆与台湾之间不可能强行适用统一刑法的情况下更是如此。以‘双重归罪’作为双方合作的条件，符合罪刑法定的精神。”同时，该论者也提出：“两岸刑事合作中采纳‘双重归罪’标准应当只限于双方都规定为犯罪即可。”②

刑事管辖权冲突可能表现为积极的管辖权与消极的管辖权之间的冲突，即对某一行为是否构成犯罪，不同法域基于各自的刑法或者对事实的认识持不同的态度，进而出现这样的情形：一法域认为该行为已经构成犯罪而应适用本法域刑法；而另一法域认为该行为不是犯罪，当行为人为本法域的居民时，即可能基于对居民进行保护而否定对其进行刑事追诉，而形成消极的管辖权。形成这种类型冲突的原因主要有二：一是各法域刑法划定犯罪圈不同，从而对同一性质行为作出犯罪化或非犯罪化的处理；二是对同一案件事实认识不一致，即对某一案件事实罪与非罪存在不同处理意见。在这种情形下，如果坚持“双重犯罪”原则，那么对于这种类型的刑事管辖权冲突，即应采取消极的刑事管辖权优于积极的刑事管辖权的结论；反之，如果否定该原则，其结论也就完全相反。在一国之内，基于相互承认原则，在解决刑事管辖权冲突问题上即应当反对适用“双重犯罪”的原则，也就是说，不以刑事案件所涉及的法域都认为是犯罪为解决该问题的条件，换言之，不能以主张消极

① 王少伟：《地方涉台刑事法律问题的思考》，会议资料。
② 柴发邦等：《海峡两岸警务联系与合作打击控制犯罪问题研究》，会议资料。

的刑事管辖权而排斥积极的刑事管辖权的行使。① 同时,从刑事政策上考虑,在处理具有区际性的刑事案件中不适用该原则,也可以防止一法域成为在其他法域犯罪的逃犯的庇护所、有利于共同打击犯罪,维护各法域的社会安宁。②

对于这种情形,应当在行为地认为是否构成犯罪为标准③:行为地认为是犯罪,则其他法域即便不认为是犯罪,也应由行为地行使刑事管辖权④;如果行为人逃往其他法域,其他法域也应将其进行移送⑤;行为地不认为是犯罪,则其他法域即便认为是犯罪,也不得行使刑事管辖权,如果行为人返回本法域,也不应再行进行追诉⑥。但是对于是否危害国家安全罪的判断,则应进行实质判断,而不依行为地标准。

4. 有效惩治和预防犯罪原则

有效惩治和预防犯罪原则,是不同法域处理中国区际互涉案件的一项基

---

① 澳门检察院徐京辉检察官认为,双重犯罪原则的主旨是为了维护本国的法律制度,借以体现国家主权,在一国之内不必适用该原则。他提出三点理由:(1)我国区际刑事司法协助中存在的双重犯罪问题,只体现国内不同法域法律制度的差别,而不具有宣示国家主权的属性;(2)双重犯罪缺乏明晰的判断标准,而且对于某些犯罪是否具有“双重性”几乎无法判断或根本不可能构成;(3)双重犯罪原则不符合我国区际刑事司法协助的基本理念。参见徐京辉:《一国两制框架下的我国区域刑事法律及刑事司法协助》,载何超明、赵秉志主编:《区际刑事司法协助研究》,澳门特别行政区检察院、澳门检察律政协会2002年版,第70—71页。

② 在国际引渡实践中,排除此原则的做法亦已存在,如英国1967年《逃犯法》规定了英国与英联邦成员国之间遣返逃犯不适用此原则。参见柯良栋:《内地与澳门相互移交逃犯应遵循的原则论纲》,载何超明、赵秉志主编:《区际刑事司法协助研究》,澳门特别行政区检察院、澳门检察律政协会2002年版,第167页。

③ 王新清教授认为:“一法域居民在他法域实施了某一行为,因为两地规定上的不同,行为地的法律不认为是犯罪,而行为人居住地的法律认为是犯罪。这样,犯罪地不能行使管辖权,而居住地法律又规定有‘属人管辖原则’的,由居住地管辖。”(参见王新清:《港澳特别行政区与内地间刑事管辖权的冲突与协调》,载高铭暄、赵秉志主编:《刑法论丛》第5卷,法律出版社2002年版,第573—574页。)这一观点实际上即主张“谁规定了管辖权,即以谁为准”。我们认为,这实际上忽视了犯罪地的法制而有违相互承认原则。

④ 参见黄进、黄风主编:《区际司法协助研究》,中国政法大学出版社1993年版,第193页。

⑤ 当然这里也有一个问题,即是否会因此损害被告人的正当权益,以及如此处理是否有利于被告?应当肯定地说,并不因此损害被告人的正当权益,因为任何人都应当遵守行为地的法律,不得从事损害行为地的法秩序;行为人在行为地触犯刑法,即违反了这一义务,对其追究刑事责任并无不当。但是,由于行为人处于他法域可能对该法域的法律制度缺少必要的了解,那么在诉讼过程中,被告人可以“缺少违法性认识”作为辩护理由,而法院应当根据实际情况对之积极认可。

⑥ 参见陈弘毅:《中国内地与香港的法律冲突问题》,载《人权与法治:香港过渡期的挑战》,香港广角镜出版社1987年版,第57—58页。

本刑事政策。这不仅要求不同法域在打击犯罪活动中积极配合,同时要相互协调立场共同制定有针对性的防范措施。就刑事管辖权问题而言,即应防止因管辖权冲突问题而出现不利于惩治犯罪的情况。中国范围内四个法域各自法制体系差距较大,其刑事法制差距尤为明显,不仅实体法的规定有较大差异,而且诉讼体制也有诸多不同。仅就刑罚而言,同一犯罪由不同法域法院审理,其宣告刑就可能差距很大。对犯罪人而言,由不同法域法院管辖,就可能直接影响到其利益。例如前章所引张子强案,如果由香港行使管辖权,则张子强即不会被判处死刑,按照香港刑法至多被判处终身监禁。在诉讼中,被告人为取得对自己有利的结果,可能会就管辖权问题进行申辩;这无可厚非,如果其申辩有理,即应当将案件交由行使管辖权更为妥当的法域进行审理。但是如果行为人为取得有利于自己的判决结果,刻意制造"连接点"以使刑事管辖权冲突问题复杂化,则应当实事求是地进行分析,作出妥当的处理结果。在国际私法中,如果当事人通过改变连接点来改变应适用的准据法,法院即可以认为其进行了法律规避而认为其实施的行为无效。① 在中国区际刑事法律事务的处理过程中,也应考虑类似的方法。

就刑事案件而言,通过增加连接点而使管辖权多元,主要有两种途径:改变居民身份和使犯罪具有跨区域性,或在另一法域再犯新罪。对于第一种情形,从目前看比较难,而且即便得逞也可以通过行政程序恢复其原法域居民身份。更多的情形则是第二种情形,也就是说,本来案件事实没有区际性,但是行为人逃避本法域严厉的刑罚,而使案件具有了区际性。如,内地居民在内地杀人后,知道香港地区没有死刑,而潜逃至香港再行故意杀人,以期在香港进行审判而免于被处死刑。在这种情况下,在法律上就会出现两个问题:(1)香港法院能否审判被告人在内地实施的犯罪?从管辖权上看,香港法院对在香港境内的犯罪具有管辖权,而对在内地实施的犯罪则无管辖权,因而由其审理根据不足。(2)如果香港法院仅审理在香港境内发生的案件,则不利于对被告人刑事责任的整体评价;而如果由香港法院先行审理,再由内地法院审理,则涉及到刑罚执行的问题以及是否要进行数罪并罚的问题。②

前文论及,我们将"行为人在 A 法域犯甲罪,在 B 法域犯另外乙罪"的情

---

① 参见章尚锦主编:《国际私法》,中国人民大学出版社 1992 年版,第 75—76 页。

② 港、澳回归前,对于在港、澳犯主要罪行,在内地犯次要罪行的刑事案件如何处理?在内地司法实践中,即对在港、澳发生的罪行一般不予管辖。例如,黄寿强案中 15 人在澳门犯主要罪行,在内地犯次要罪行一案来看,广东省高级人民法院请示最高人民法院,最高人民法院批复,不能对罪犯在澳门所犯的罪行进行处理,即一般不能享有管辖权。(参见杨铭:《关于涉港区际刑法冲突的探讨》,广东省高级人民法院论文)。港、澳回归后,对于类似案件则应考虑更为妥当的解决方式,以有利于打击犯罪。

形,归为基于人的要素而形成的刑事管辖权冲突。[①] 对于这种情形的管辖权冲突,从逻辑上可以设想以下解决方式:(1)A 法域将其管辖权让渡给 B 法域,由 B 法域代行对甲罪的管辖权,并依照本法域的刑法进行追诉。(2)B 法域同样代行 A 法域的刑事管辖权,但是 B 法域根据 A 法域的刑法来定罪量刑,而后根据本地法域数罪并罚制度决定应执行的刑罚。(3)由最初受理法院先行审判在其法域内所犯罪行,在判决生效后,将犯罪人再交由他法域审理在该法域所犯罪行,然后由最后审判的法院根据本法域刑法关于数罪并罚的规定决定应执行的刑罚,刑罚执行地一般以被执行人居住地所在法域为宜。这三种处理方式都存在不足之处:第一种方式中,实质上 A 法域刑法并没有得到适用;如果认可这种方式,犯罪人通过增加连接点最可能从中受益。第二种方式,B 法域适用 A 法域的刑法可能会存在较大难度,而如果 A 法域刑法规定有死刑的话,则 B 法域法院基于本地法治而不会适用死刑。因而这种方式也可能使犯罪人通过增加连接点而受益。第三种方式则显得很不经济,会使诉讼程序显得十分拖沓。对于这种类型的刑事管辖权冲突的解决方式还需要进一步研究。有学者认为,对于这种情形,"由最先受理地的司法机关管辖,必要时,可以移送主要罪行实施地司法机关管辖",并认为这样处理"可以提高效率,降低诉讼成本,节省司法资源"。[②]这种处理方式与前述第一种方式是相同的,其结论因可能造成对他法域的管辖权的不当排斥而不够妥当。对于这种情形,我们认为,根据一个中国原则和相互承认原则,可以提出"刑事管辖权代行"的概念,即:应首先进行协商,确定由主要犯罪地所在法域行使管辖权,并代行次要犯罪地法域刑事管辖权,但是在对次要罪行适用法律上尽可能参照其犯罪地所在法域的法律规定;如果协商不成,则我们倾向于采取第三种方式;单纯采用前二种方式会使犯罪人通过继续犯罪而受益,会有间接之鼓励犯罪的后果,在刑事政策的效果上会比较差。

(二)解决中国区际刑事管辖权冲突问题的法律原则

在确立基本政治立场的前提下,对于中国区际刑事管辖权问题还应提出具有指导意义的法律原则。关于解决中国区际刑事管辖权的法律原则,一些论者对之已有较为深入的论述。在合理吸收已有观点的基础上,我们认为,解决中国区际刑事管辖权冲突问题,应采用综合性的原则模式,即:以地域管辖权优先行使为一般原则;针对特定人、特定刑事案件得分别适用居民管辖权优先或本法域保护管辖权优先的原则;以先理优先原则为补充。

---

① 在香港有关文件中将之称为"不相关罪行的共同司法管辖权情况"。

② 参见王新清:《港澳特别行政区与内地间刑事管辖权的冲突与协调》,载高铭暄、赵秉志主编:《刑法论丛》第5卷,法律出版社2002年版,第578页。

1. 一般原则:地域管辖权优先行使

在解决中国区际刑事管辖权冲突问题上,坚持地域管辖权优先行使,既是从法理得出的有力结论,也符合“一国两制”与特别行政区基本法的要求,同时也有利于惩治犯罪,维护犯罪地的秩序与利益。

(1)不同种类管辖权之位阶——地域管辖权(属地管辖权)优先的法理基础。在中国范围内的各法域中,在香港,除了例外的个别规定,一般来说,其刑法只适用于香港区域内的犯罪行为,即采取较为严格的属地管辖原则。而内地、澳门、台湾在刑事管辖权方面都以属地管辖为基础,兼采其他原则的规定方式;在这些法域,虽然各原则在适用范围上从理论层面被区分了一般与补充,但是这些原则之间是否存在效力上的差别,则在立法上没有澄清。实际上,就一个特定法域而言,其也没有澄清的必要,因为这四种管辖权的行使针对了不同情形,相互之间一般不会发生冲突;而只有两个以上法域同时主张管辖权时,才出现不同类型管辖权之间的效力等级之争。我们提出,不同刑事管辖权应当按照一定的次序予以行使,因而提出“不同刑事管辖权之位阶”的概念来确定不同管辖权在适用上存在的先后顺序。

关于国际上刑事管辖权冲突的协调问题,有许多论者提出自己的主张。例如,有论者认为,在属地管辖权、属人管辖权、保护管辖权和普遍管辖权的关系上,确定四者的行使顺序,并认为应建立“权力优先”原则,优先适用属地管辖权、属人管辖权和保护管辖权;只有在无法适用的情况下,才适用普遍管辖权①;还有论者提出,确定一个对国际犯罪和跨国犯罪进行管辖的顺序,即:①犯罪全部或部分发生在其领土内的缔约当事国;②被告为其国民的缔约当事国;③受害国为其国民的缔约当事国;④在其领土内发现被告的其他缔约当事国。② 张智辉博士提出“优先管辖原则”,认为“享有优先管辖权的国家,当罪犯在其实际控制之下时,可以径直对其进行起诉;被指控的罪犯不在其实际控制之下时,可以请求罪犯所在地国将其引渡给本国以便起诉,被请求国应当根据有关国际公约的规定首先考虑将被指控的罪犯引渡给享有优先请求权的国家。只有当享有优先管辖权的国家放弃管辖时,其他国家才可以依次提出引渡罪犯的请求,对其进行起诉和审判。”并提出对国际犯罪的刑事管辖权应当按照“犯罪地国”、“犯罪人国”、“受害国”的顺序决定优先的次序。③

在赵秉志教授主编的《国际区际刑法问题探索》一书中,张智辉博士进

① 参见冯军、蒋登巍:《浅析普遍管辖原则的适用原则》,载《法学评论》1997 年第 5 期。

② 参见甘雨沛、高格:《国际刑法学新体系》,北京大学出版社 2000 年版,第 377 页;陈正云主编:《中国刑事法律冲突论》,中国法制出版社 1997 年版,第 50—51 页。

③ 参见张智辉:《国际刑法通论》,中国政法大学出版社 1999 年版,第 96 页。

一步完善了其主张,并提出确定刑事管辖权的顺序应当为:第一,领域管辖权。这既符合主权原则,又符合有利于打击犯罪、顺利开展刑事诉讼的原则。第二,登记国管辖权。即在一国登记的船舶、航空器内犯罪,由登记国管辖。第三,属人管辖权。在犯罪发生国家放弃行使领域管辖权时,由被告人所属国或被告人永久居住地国行使刑事管辖权。第四,保护管辖权。当上述国家都放弃管辖权时,国家利益受到侵害或所属公民受到侵害的国家,可以行使刑事管辖权。第五,普遍管辖权。在上述国家放弃刑事管辖权时,享有普遍管辖权的国家才可以行使刑事管辖权。① 有论者在论及内地与澳门之间刑事管辖权划分的解决途径时,亦提出不同管辖原则应排列的次序,即:犯罪地、被告人居住地、最初受理地、主要犯罪地;对于履行条约(协定)义务原则和国家公务人员、驻澳军人特别管辖原则,应作特殊考虑。② 有的国际条约即采用了属地管辖权优先的原则,例如,1973 年 12 月 3 日联合国《关于侦查、逮捕、引渡和惩治战争罪犯和危害人类罪犯的国际合作原则》第 5 条规定:有证据证明犯战争罪和危害人类罪的人应在犯罪地国家受审,如经判定有罪,由犯罪地国家加以惩治。又如,《防止及惩办灭绝种族罪公约》规定:凡被诉犯灭绝种族罪或有第三条所列行为之一者,应交由行为发生地国家之主管法院,或缔约国接受其管辖权之国际刑事法庭审理之。③

在协调国际刑事管辖权冲突问题上,我们赞同,对同时出现的不同种类的刑事管辖权进行次序排列,尤其是应当将属地管辖权予以优先适用;在具体结论上,同意张智辉博士的观点。依法理推论,不同类型的管辖权之间存在效力上的位阶,处于较高位阶上的管辖权优先于较低位阶上的管辖权得以适用:①第一个位阶——属地管辖权。在国际私法上,一般认为,解决侵权行为的法律适用问题即以侵权行为地法为准据法。例如,《中华人民共和国民法通则》第 8 章“涉外民事关系的法律适用”第 146 条第 1 款规定:“侵权行为的损害赔偿,适用侵权行为地法律。当事人双方国籍相同或者在同一国家有住所的,也可以适用当事人本国法律或者住所地法律。”其主要根据即在于侵权行为破坏了行为地的公序良俗。与此关照,一般而言,犯罪首先对行为地

---

① 参见赵秉志主编:《国际区际刑法问题探索》,法律出版社 2003 年版,第 154—155 页。

② 参见单长宗等:《试论中国内地与澳门特区刑事司法管辖权的划分》,载高铭暄、赵秉志主编:《中国区际刑法与刑事司法协助研究》,法律出版社、中国方正出版社 2000 年版,第 132 页。

③ 类似的公约规定还有:《核材料实物保护公约》、《关于防止和惩处侵害应受国际保护人员包括外交代表的罪行的公约》、《关于在航空器内的犯罪和其他某些行为的公约》、《反对劫持人质国际公约》、《禁止酷刑和其他残忍、不人道或有辱人格的待遇或处罚公约》、《联合国禁止非法贩运麻醉药品和精神药品公约》、《关于制止非法劫持航空器的公约》、《制止危及海上航行安全非法行为公约》等。

的法秩序及利益构成侵犯，且刑法要保护的和罪行所侵害的法益多在同一地域；而基于国家主权原则，一国对其领域内的事务具有最高管辖权，“在一个国家领土上不允许其他的国家主权行为的存在”。① 因此，当不同性质的管辖权被主张时，属地管辖权应当予以优先适用；由一国登记的处于航行状态的船舶或飞行状态的航空器内在国际法上被视为登记国之领土，其内部发生的犯罪即应由登记国管辖，且管辖权类型同样为属地管辖权。② ②第二个位阶——属人管辖权。③ 属人管辖权的主张根据同样是基于国家主权原则，即对于所属公民具有最高管辖权。属人管辖权不能对抗属地管辖权，其理由即在于犯罪更为主要地侵犯了行为地的法秩序及利益，而对行为人而言，他在行为时更应当遵守行为地的法律（尤其是强行法），而不仅仅是其属人国的法律。行为地国与属人国都基于国家主权主张刑事管辖权，由行为地国最终管辖也在情理之中。④③第三个位阶——保护管辖权。属人管辖权与保护管辖权同时出现，是以属地管辖权的出现为条件的，因而属地管辖权应优先行使⑤；当行为地国认可侵害他国或其公民利益的行为为犯罪并行使管辖权时，被侵害国的利益即被确认和维护，因而并无再行提起的必要。当属地管辖权被放弃时，才存在属人管辖权与保护管辖权的冲突。保护管辖权得以主张的根据是，一国为维护其国家与公民的利益；这与属地管辖权、属人管辖权

① 参见〔德〕沃尔夫冈·格拉夫·魏智通主编：《国际法》，法律出版社 2002 年版，第 263 页。

② 在洛克比空难案的管辖上即可以看出这一点：在该案中，被告人阿明·哈利法·费希列、阿卜杜拉·巴塞特·阿里·迈格拉希均为利比亚人；被炸飞机属于泛美航空公司，因而美国是主要的被害国；空难发生地为英国苏格兰的洛克比，可视为犯罪结果地。虽然由于政治原因法院地在荷兰的宰斯特，但是法官为苏格兰人，适用的法律则为英国法，犯罪人的执行地也设在苏格兰格拉斯哥监狱。可见，属地管辖权在该案中被予以优先考虑，当然这与英美法系坚持较为严格的属地管辖有关。

③ 在国际法理论上，使用属人管辖的概念时，区分了主动的属人管辖与被动的属人管辖，前者指国家有权管辖国外的本国公民；后者指国家只有当本国公民在国外受到伤害时，才将外国人的行为置于本国司法管辖。（参见〔德〕沃尔夫冈·格拉夫·魏智通主编：《国际法》，法律出版社 2002 年版，第 263 页）而按照国内的理论，尤其是刑法理论，所谓被动的属人管辖被作为保护管辖的一种情形。本文在使用上述概念上，仍以国内通说为准。

④ 在国际法理论中，国籍原则（属人管辖原则）也被视为辅助性原则，特别是与属地原则出现冲突时，更居从属地位。参见凌兵：《内地与香港刑事管辖权冲突及引渡问题研究》，载赵秉志主编：《世纪大劫案：张子强案件及其法律思考》，中国方正出版社 2000 年版，第 323 页。

⑤ 《中华人民共和国刑法》第 8 条第 1 款后段规定“但是按照犯罪地的法律不受处罚的除外”。这一规定也表达了相同的旨趣，也就是犯罪地的消极刑事管辖权优于我国的积极保护管辖权适用。详言之，第 8 条第 1 款前半句规定了我国保护管辖权，但是以行为地法律认为是犯罪为条件；只有行为地认可犯罪（形成积极的刑事管辖权），该条才可能得以适用，反之行为地不认为是犯罪（形成消极的刑事管辖权），该条则不能得以适用。

以国家主权原则为基础是不一样的。属人管辖权优先保护管辖权行使，实际上也是基于尊重属人国主权的考虑，而由其行使管辖权，一般也会使被害国或其公民的利益得以确认。④第四个位阶——普遍管辖权。将普遍管辖权置于最后考虑，主要是因为行使普遍管辖权时，被追诉的犯罪及其行为人与该国没有连接点；在这种情况下，由有连接点的国家行使管辖权更为妥当。需要强调的是，上述关于不同种类刑事管辖权位阶的论述，是以主张管辖权的国家相互承认各自的主权和法制为基本前提；如果缺少这一前提，则有管辖权的国家（无论是基于何种管辖）都可能基于实际控制而追究犯罪。

解决中国区际刑事管辖权冲突问题，也应确立不同种类管辖权位阶的观念，即按照这一既定的位阶排列作为解决冲突的一种基本途径；当然在立论的基础上，与协调国际刑事管辖权之间关系不尽相同。在中国范围内只存在一个统一的主权，港、澳特别行政区依照基本法的规定享有高度自治权，台湾是在事实上享有自治权。坚持刑事管辖权的位阶排列，以优先行使地域管辖权为一般原则，主要是出于维护不同法域治权（尤其是司法权独立）的考虑。对于中国范围内的法律问题，在坚持一个中国原则的前提下，应当尽可能在法制框架内寻求解决渠道。就刑事管辖权冲突问题，除特别情形外，地域管辖权即应当优先予以适用；只有犯罪地司法机构放弃了行使该权力时，才依次考虑其他种类管辖权的行使。

（2）“一国两制”的客观要求——地域管辖权优先的法律根据。内地法域适用《中华人民共和国刑法》，其关于刑事管辖权的规定即贯彻了以属地管辖为一般，兼采其他属人管辖、保护管辖、普遍管辖的原则；在处理涉及港、澳、台刑事案件时，则应当确立以地域管辖为一般，居民管辖、本法域保护管辖为补充的原则。根据《中华人民共和国香港特别行政区基本法》、《中华人民共和国澳门特别行政区基本法》的规定，两个特别行政区均享有包括刑事立法权在内的高度自治权，因而其刑事司法管辖权在中国范围内具有独立性，可以依据本法域刑法对其范围内的刑事案件进行管辖；香港刑法关于刑事管辖权的规定即采较为严格的属地原则，而澳门刑法也采用与内地刑法基本一致的管辖权原则。对于台湾地区法制，应从事实上予以承认，其刑法关于刑事管辖权的规定也与内地一致。可见，四法域都坚持以地域（属地）管辖为一般，从而存在相当的共识。因此，基于相互承认原则，“地域管辖权优先”在法域存在共同的法律基础，符合各法域独立行使司法权的客观需要，这也是贯彻“一国两制”基本方针的客观要求。

（3）有利于打击犯罪的客观需要——地域管辖权优先的现实根据。坚持地域管辖权优先行使，对于维护犯罪地的法秩序、司法权威、居民利益都具有重要意义。某一特定犯罪除了构成对犯罪地的法秩序侵犯外，还往往对特定法益形成实害或危险；犯罪地也因此往往是犯罪线索和证据集中的地方，由犯罪地刑事侦查机构进行侦查更为便利。就中国各法域现有法制现实分析，各法域法制自成体系，尤其是刑事诉讼制度差异性很大。对于在本法域内发生的犯罪进行属地管辖，依照本法域的刑事诉讼法进行追诉，由本地法院进行审判，有利于维护其司法权威，实现本地居民对本地法治的确信，即本地法秩序的不可侵犯性；同时，坚持地域管辖权优先，也有利于实现犯罪地所在法域的社会稳定，有效地预防犯罪，实现刑罚的一般预防功能。

2. 对一法域居民在他法域侵犯本法域或同一法域居民的刑事案件，可采居民管辖权优先行使的原则

坚持地域管辖权优先行使，并不意味着他法域的居民管辖权或者其他种类管辖权消失，只是因为地域管辖权的行使而被排斥并丧失了实际行使的可能性。对于一法域居民在他法域侵犯本法域或者同一法域居民利益的犯罪，可以采取居民管辖权优先行使的原则。

《中华人民共和国香港特别行政区基本法》、《中华人民共和国澳门特别行政区基本法》的第 13 条第 2 款均规定，中华人民共和国外交部在香港设立机构处理外交事务；两部基本法的第 22 条也都规定，中央人民政府所属各部门、各省、自治区、直辖市可根据需要在特别行政区设立机构，但需经特别行政区政府同意，并经中央人民政府批准。同样，香港、澳门特别行政区政府也可以根据需要在内地成立办事机构，处理相关事务。对于上述机构人员，一般被称为“互派公务人员”，其如果在被派往地犯罪，则由哪一法域行使刑事管辖权？有论者认为，如果这种犯罪没有侵犯驻在地的利益和社会秩序，则可由派出地法域行使管辖权；反之，如果犯罪侵犯了驻在地的利益或扰乱了当地的社会秩序，应依属地原则由驻在地司法机关行使管辖权。①

本文作者之一的赵秉志教授认为，可以参照基本法关于特别行政区驻军人员刑事管辖的规定，即：“互派人员在驻在地实施的职务犯罪案件，应由派出地法院或者有关的执法机关管辖；互派人员非执行职务的行为，以及侵犯驻在地的利益和社会秩序，或者其他违反驻在地法律构成犯罪的案件，应由驻在地法院以及有关的执法机关管辖，但如果认为由对方更为适宜，经双方

① 参见陈永生：《中国内地与香港刑事管辖冲突及解决》，载《山东法学》1998 年第 2 期。

协商一致后,也可以移交对方管辖。"①唐代《永徽律》"名例"中曾规定:"诸化外人同类自相犯者,各依本俗法"②,就是说,如果当事人都是一个国家或者民族的人,当发生侵害行为时,即依照他们共同的成文法或习惯法来处理纠纷。《中华人民共和国民法通则》第146条第1款也规定:"当事人双方国籍相同或者在同一国家有住所的,也可以适用当事人本国法律或者住所地法律。"这也是"侵权行为适用侵权地法"的一个例外;即当侵权人与被害人国籍相同或者住所在同一国家内,则适用国籍国法或者住所地法。对于跨法域犯罪而言,如果犯罪人和被害人是同一法域居民,或者侵犯了本法域的法益,那么由该法域行使管辖权更为适宜。这里可以引入"地域管辖权让位"的概念来进行阐释:在这种情况下,犯罪地所在法域的法秩序虽然被侵犯,但是犯罪行为直接侵害的是犯罪人居民身份地法域的利益,因而出于尊重被侵害法域法秩序以及有利于打击犯罪的考虑,犯罪地所在法域应放弃行使地域管辖权,即形成"地域管辖权的让位",由犯罪人居民身份地法域进行管辖。在具体操作层面上,如果犯罪人身份地法域已经实际控制犯罪人,则犯罪地法域不宜再提起刑事管辖权要求,前者可请求后者提供相应的司法协助;如果犯罪地所在法域实际控制犯罪人,犯罪人身份来源地法域若主张管辖权,犯罪地所在法域在不违背本地法制的情况下应予移交。③

此外,《中华人民共和国香港特别行政区驻军法》第20条规定:"香港驻军人员犯罪的案件由军事司法机关管辖;但是,香港驻军人员非执行职务的行为,侵犯香港居民、香港驻军以外的其他人的人身权、财产权以及其他违反香港特别行政区法律构成犯罪的案件,由香港特别行政区法院以及有关的执法机关管辖。军事司法机关和香港特别行政区法院以及有关的执法机关对各自管辖的香港驻军人员犯罪的案件,如果认为由对方管辖更为适宜,经双方协商一致后,可以移交对方管辖。军事司法机关管辖的香港驻军人员犯罪

① 参见赵秉志:《中国内地与港澳特别行政区刑事管辖权合理划分论纲》,载《法学家》2002年第4期;另见单长宗、赵松岭、刘本荣:《试论中国内地与澳门特区刑事司法管辖权的划分》,载高铭暄、赵秉志主编:《中国区际刑法与刑事司法协助研究》,法律出版社、中国方正出版社2000年版,第135页。

② 参见章尚锦主编:《国际私法》,中国人民大学出版社1992年版,第4页。

③ 在国际刑法上,即有"刑事管辖权的国际转移"的概念,特指对某一刑事案件的管辖权由一个国家转移到另一个国家(参见赵秉志主编:《国际区际刑法问题探索》,法律出版社2003年版,第136页)。地域管辖权的让位,与这一概念相通,但是拥有更多的内涵:(1)它指一法域放弃可以优先行使的地域管辖权,而交由他法域实际管辖,因而从管辖权的位阶上,就表现为一种让位。(2)让位的条件是,待追诉的案件具有一法域居民在他法域侵犯本法域或同一法域居民的事实。(3)让位后实际管辖的法域基于居民管辖权进行追诉。

的案件中，涉及的被告人中的香港居民、香港驻军人员以外的其他人，由香港特别行政区法院审判。"《中华人民共和国澳门特别行政区驻军法》第20条也作出了内容相同的规定。按照前引规定，香港、澳门驻军人员在执行职务中犯罪案件由军事司法机关管辖，即基于其特殊的身份，且处于执行职务活动中，因而由军事司法机关管辖，其应适用的法律即为《中华人民共和国刑法》；需要强调的是，这种情形属人管辖权优先并非根据行为人具有内地居民身份，而是因为其具有军人的身份。① 因而严格地说，这并非是"居民管辖权优先行使"的情形。根据前引规定，驻军人员在非执行职务中实施的犯罪案件则由特别行政区法院管辖，仍坚持了属地管辖权优先的原则，同时前引规定还以协商原则为补充。对于驻军人员与特别行政区内居民共同犯罪的，按照前引规定，应分别由军事司法机关和特别行政区法院管辖。

3. 特定情形下本法域保护管辖权优先行使的原则

强调在特定情形下保护管辖权优先适用，主要是出于现实的考虑。内地与港、澳特别行政区之间，严格地说，保护管辖权由于其处于较低的位阶而不会被行使。基于一个中国原则，一法域行使属地管辖权后，保护管辖权所维护的利益同时也可以得以实现；而基于相互承认原则，一法域自行管辖本法域内事务，他法域对之予以尊重，而没有必要刻意维护本法域治权的完整性。内地与台湾之间，在一般情况下，也应持相同的认识，也就是贯彻一个中国原则与相互承认原则；但是，毕竟两岸尚未统一，相互之间对立的局面并没有消除，对于一些基本政治问题还没有达成共识。如前所述，对于两岸之间法律问题之解决应贯彻相互承认之原则，但是应当有所保留。因而对于危害中华人民共和国国家安全的犯罪，即应采取本法域保护管辖权优先行使的原则，适用《中华人民共和国刑法》进行追诉。

4. 补充原则——先理为优原则

先理为优原则，简称先理原则，是指当不同法域的刑事管辖权同时出现，按照前述原则不能判断由哪一法域行使刑事管辖权更为适宜的，由最先受理案件法域的司法机关行使管辖权。相对于上述三条法律原则，先理原则是在无法确定哪一管辖权应优先行使时，为及时、有效地追诉犯罪，而采取的一条比较务实的补充原则；由于该原则并不直接作为优先行使管辖权的根据，因而正如王新清教授所言，其是"一个备用的原则"②。需要强调的是，先理原则的适用必须以该法域有管辖权为前提，且同时出现的管辖权应处在同一位

① 因此，也可以说，是"军法优先适用"。

② 参见王新清：《港澳特别行政区与内地间刑事管辖权的冲突与协调》，载高铭暄、赵秉志主编：《刑法论丛》第5卷，法律出版社2002年版，第574页。

阶上；如果处于不同位阶，自然可以通过位阶的高低来确定应优先行使的管辖权。实际上，并非同时出现处于同一位阶的刑事管辖权，即一概适用该原则；同时出现的同一位阶的刑事管辖权，由于犯罪事实本身的因素使然，会因在不同法域造成的客观危害不同等原因，而可以客观地区分出由哪一法域行使管辖权更为妥当，进言之，如果不能继续通过犯罪事实的因素来判断由哪一法域行使管辖权更为适宜，才有必要考虑先理原则的适用。

（三）解决中国区际跨境犯罪的具体规则

在中国区际跨境犯罪引起的刑事管辖权冲突的刑事案件中，同时出现的刑事管辖权都是地域管辖权而处于同一位阶上，无法从解决中国区际刑事管辖权的一般法律原则上直接寻求答案。如前所述，对处于同一位阶的刑事管辖权冲突，不应直接考虑适用先理原则予以解决，而是通过对犯罪事实诸要素的分析，来寻找更为妥当的解决方式。如果说，我们可以考虑以“最密切联系”原则来确定这类刑事案件管辖权的话，如何判断“最密切联系”仍要以具体的客观要素作为基本根据。对于这类犯罪，通常可以考虑的客观因素主要是行为和结果。当然我们可以进一步将行为区分主要行为和次要行为，实行行为与预备行为、事后行为，实行行为与帮助行为、教唆行为，将结果区分为实害结果和危险结果，主要结果和附随结果，并考虑以此作为具体的客观要素。

对于这类案件所产生的刑事管辖权问题，有诸多观点提出，其立论的出发点都是力求从犯罪事实的构成因素中提炼出一些判断规则，作为确定同时出现的刑事管辖权应以何者为先的依据；按照这个出发点，已发现的案件事实因在不同法域同时或者先后出现，如果相关法域都行使刑事管辖权会出现效果的优劣时，则根据这一可预测的效果来确定应由谁优先行使管辖权，即便这一判断的根据在案发时可能是相当主观的；如果无法预测由哪一法域行使管辖权更为妥当，则诉求先理为优的原则或者通过协商的途径来解决。①本专题研究立论的一个基本立场，就是力求在法制的框架内来解决中国区际刑事管辖权冲突问题；如果尚无相关的法律作为根据，则希望从公认的一般法理中导出；如果无法寻求法理作为立论的根据，则力图从现实合理性的角

① 有论者提出，跨境犯罪案件的管辖权划分需要在坚持属地管辖原则的前提下，借鉴民事法律中的协议管辖制度，并认为协议管辖是解决管辖冲突的最有效的方法（参见马进保、易志华：《论跨境犯罪案件的协议管辖》，载《江苏公安专科学校学报》2001 年第 5 期）。对此，我们持否定态度。对于刑事管辖权冲突问题，即应寻找一般性规则来确定实际管辖，这也是将解决机制制度化的内在要求；如果个案都通过协商来确定，其成本太大不说，而且也可能造成同类案件确定实际管辖效果的不一致。因而我们认为，协议管辖只是最后的、辅助性的选择方案。

度来确定。对于跨境犯罪案件的刑事管辖权冲突问题,在大多数的情况下都是从现实合理性的角度来寻找解决途径的,因为法律对之很难创设一般性规则,同一案件的事实在不同法域内存在,其危害性虽然是客观的,但是哪一法域因此遭受了更大的损害,其判断的出发点则是相当主观的,而且个案事实的不同,可能其结论也不同。尽管如此,从现实合理性的角度考虑,将犯罪造成的社会危害性程度作为一种实质性的标准,来大致判断同一案件事实在不同法域内存在的危害轻重,区分主要犯罪地与次要犯罪地,进而确定应由哪一法域优先行使管辖权;为保证判断结论的合理性,应尽可能将可资判断的因素客观化,并结合一般法理来进行。

基于上述考虑,我们认为,对于确定跨境犯罪案件中应行使的管辖权,应采取下述规则:第一步,以犯罪事实的客观因素为判断对象,区分主要犯罪地和次要犯罪地,然后确定由主要犯罪地所在法域行使刑事管辖权,次要犯罪地所在法域的刑事管辖权让位。第二步,无法区分主要犯罪地和次要犯罪地的,则由实际控制的法域先行追诉,即实行先理为优的原则。第三步,如果相关法域都已开始追诉的,或者尚未追诉的法域对已追诉法域行使管辖权产生异议的,则通过协商的途径解决。

1. 主要犯罪地的确定

主要犯罪地是指,跨境犯罪案件的全部事实发生在不同法域时,因犯罪而遭受实害或危险程度最大的犯罪地。这一界定是从实质意义上阐发的,但是在具体判断过程中应强调以犯罪事实的客观因素为具体根据。以下,我们结合具体情形分析不同情况下主要犯罪地的确定问题。

(1)同一犯罪之预备行为地与实行行为地分处两个法域,实行行为地一般为主要犯罪地。这一观点为绝大多数论者所支持。① 一般而言,犯罪预备行为的社会危害性并不明显,实行行为的社会危害性则完全现实化了;预备行为与实行行为分处两地的,实行行为所造成的客观危害更大。因而,实行行为地应被确定为主要犯罪地。

(2)同一犯罪之犯罪行为地与犯罪结果地分处两个以上不同法域,应根

① 参见赵秉志:《中国内地与港澳特别行政区刑事管辖权合理划分论纲》,载《法学家》2002 年第 4 期;王新清:《港澳特别行政区与内地间刑事管辖权的冲突与协调》,载高铭暄、赵秉志主编:《刑法论丛》第 5 卷,法律出版社 2002 年版,第 577 页;单长宗等:《试论中国内地与澳门特区刑事司法管辖权的划分》,载高铭暄、赵秉志主编:《中国区际刑法与刑事司法协助研究》,法律出版社、中国方正出版社 2000 年版,第 132 页;马进保主编:《跨境犯罪研究》,群众出版社 2002 年版,第 489 页;张文、牛克乾:《试论我国内地与港澳地区互涉刑事案件管辖权的划分》,载赵秉志主编:《新千年刑法热点问题研究与适用》,中国检察出版社 2001 年版,第 665 页;吕岩峰:《论中国跨法域刑事犯罪的管辖权冲突及其解决》,载《湖南社会科学》2000 年第 5 期。

据具体犯罪形态确定主要犯罪地。对跨境犯罪案件引起多个属地管辖权同时出现时,在确定刑事管辖权优先行使问题上,应以法益受损害程度最大的法域进行管辖,理由在于:如此处理有利于确认和维护该法域的利益,维护其司法权威;从更为宏观的角度讲,有利于维护该法域的司法权独立和社会秩序。方便诉讼,在解决该问题中,的确应当作为一个重要的参考因素,但是为妥当地解决该问题,还是应以法益受损害程度作为主要的参考因素。我们同意"犯罪行为与犯罪结果之间危害性程度比较不能一概而论"的观点。但是从不同的犯罪形态分析,其犯罪行为与犯罪结果之间可以大致区分出危害程度的大小。

(3)数人共同犯一罪的情况下,以实行行为地为主要犯罪地;数人共同犯数罪,且数罪的实行行为不在一地的,受共同犯罪危害最大的犯罪实行行为地管辖;无法区分受危害程度的,由最初受理地法院管辖或通过协商途径解决。对于数人在一法域内共同犯一罪的,自然应由犯罪地所在法域行使属地管辖权。当数人共同犯一罪,如果预备行为和实行行为分处两个法域的,也应以实行行为地为主要犯罪地,这与一人犯一罪但预备行为和实行行为分处两个法域的情形在处理上并无不同。如果数人共同犯罪,其中实行行为在一法域,而帮助行为或教唆行为在另一法域的,则应以实行行为地为主要犯罪地。理由在于:共犯行为(帮助行为和教唆行为)的危害性是通过加功于正犯行为(实行行为)而实现的;当然不能完全否认帮助行为或教唆行为本身具有的社会危害性,但是其在成立犯罪上具有附属性。对于数人共同实施多起跨境犯罪,但是数罪的实行行为不在一地的,则应从犯罪实行行为地发生法域所受危害程度大小这一实质判断标准进行衡量,如果能够区分出轻重的,则应以受危害较重的犯罪实行行为地管辖,即所谓"重罪地"所在法域管辖。如果无法区分受危害程度的,则应以最初受理案件所在地法院管辖。至于该法域是否已经抓获了主犯或者多数犯罪人,从便利诉讼考虑,应作为一个参考因素;如果该法域在后主张管辖权的,得与最初受理地司法机关进行协商来最终确定。

(4)劫持船舶、航空器犯罪的,由船舶、航空器的所属法域优先行使管辖权。为有效解决两岸劫机犯罪刑事管辖权的冲突问题,有论者提出应遵循的基本原则,即:"维护国家统一原则"、"务实原则"、"劫机犯非政治犯原则"、"遭受损害大者管辖原则"①;我们赞同由遭受损害最大的法域行使管辖权的观点;同时,我们主张,应对何为"遭受损害最大"作进一步界定,并认为在这

① 参见陈咏兵:《海峡两岸劫机犯罪管辖权之冲突及其解决》,载《法律适用》1998年第6期。

类案件中船舶、航空器所属法域遭受的损害最大。理由在于:这类犯罪对该法域的航行安全、飞行安全造成现实危害,并对船舶、航空器及承载旅客、财产形成巨大危险;此外,船舶、航空器内被视为一法域的管辖范围,而该法域即是船舶、航空器所属法域,劫持行为的实行行为主要发生在船舶、航空器内,因此船舶、航空器内应视为主要犯罪地。所以,在这种情形下,由船舶、航空器所属法域行使管辖权。

2. 实际控制地优先行使管辖权的情形

对于跨境犯罪案件,如果不能从案件事实区分主要犯罪地和次要犯罪地,则从有利于打击犯罪的角度,由实际控制地所在法域先行追诉,即由该法域依“先理为优”原则行使管辖权,但是必须以该法域具有属地管辖权为前提。“实际控制”和“先理为优”是相互联系的范畴:“实际控制”是“先理为优”的事实前提和根据①;“先理为优”是“实际控制”的处理后果。我们认为,在以下情形,一般即可以直接采用由实际控制地所在法域优先行使管辖权的规则。

(1)同一犯罪行为持续性地发生在不同法域内的,以实际控制地所在法域行使管辖权。对于这种情形,应由最先发现犯罪地或者犯罪嫌疑人被抓获地所在法域行使管辖权。王新清教授即认为,“一人在不同的法域持续犯有一罪,由最先发现犯罪的法域行使刑事管辖权”②;有论者提出,持续性犯罪行为跨越两个或两个以上法域,以被告人被抓获地为犯罪地,由抓获地法院管辖。③ 当然,对于这种情形,不能排除事后发现可以区分主要犯罪地和次要犯罪地的可能性,也就是说,对于个案可以通过其特有的事实区分出遭受损害最大的法域来;在这种情况下,则该法域可与实际控制地所在法域相协商以取得管辖权。

(2)在连续犯的情形下,一般应以实际控制地所在法域行使管辖权;如果一法域遭受损害更大的,可由该法域优先行使管辖权。对于连续犯的情形,从其行为事实也很难一概地比较清楚地区分主要犯罪地和次要犯罪地,尤其在确定管辖权时案件所有事实尚不很清楚的情况下;当然可以考虑以连

① 参见王仲兴:《关于张子强案件的管辖权问题》,载赵秉志主编:《世纪大劫案:张子强案件及其法律思考》,中国方正出版社 2000 年版,第 180 页。

② 参见王新清:《港澳特别行政区与内地间刑事管辖权的冲突与协调》,载高铭暄、赵秉志主编:《刑法论丛》第 5 卷,法律出版社 2002 年版,第 577 页。

③ 参见吕岩峰:《论中国跨法域刑事犯罪的管辖权冲突及其解决》,载《湖南社会科学》2000 年第 5 期。

续犯发生在不同法域的次数为标准,但是这一标准具有很大的不确定性,例如,多次的连续性的未遂行为,可能不如一次既遂行为的危害性明显;连续性盗窃小额的犯罪行为,可能不如一次盗窃大数额的犯罪的危害性明显。因此,对于连续犯的情形,一般考虑由实际控制地先行行使管辖权是较为妥当的。如果事后查清的事实表明,连续的犯罪行为发生的法域之一遭受更大损害的,则该法域可与实际控制地所在法域协商以取得管辖权。如果案发时,不同法域同时主张管辖权,而此时可以从该案已发现事实区分主要犯罪地的,则由主要犯罪地所在法域管辖更为妥当。

3. 以协商途径确定刑事管辖的情形

当一法域司法机关已经开始行使管辖权时,他法域司法机关认为本法域有管辖权且认为由本法域管辖更为适宜的,或者某一犯罪发生后,两个以上法域都认为主要犯罪地在本法域,则相关法域应进行协商,以确定由哪一法域最终行使管辖权。采用协商途径来解决刑事管辖权冲突问题,其出发点是基于法域平等原则和相互承认原则。对于跨境犯罪案件引起的刑事管辖权冲突,采用协商途径应作为候选规则。这一规则的适用前提条件主要包括两种情形:一是一法域已经开始追诉犯罪后,他法域认为主要犯罪地发生在本法域,进而提出管辖该案件;二是在案发时,相关法域即对主要犯罪地所在法域认识分歧,进而各自主张管辖该案件。对于第一种情形,提出请求的法域应首先证明主要犯罪地在本法域;如果请求合理,则先行管辖权的法域应将案件移交给该法域管辖。但是,如果先行管辖的法域已经将案件审理完毕,则请求管辖的法域不宜再对已经审理过的犯罪事实提出管辖要求,而先行管辖的法域也可以拒绝其请求。对于第二种情形,提出管辖要求的相关法域应平等协商,首先确定主要犯罪地发生在哪一法域,能够确定主要犯罪地的,则由主要犯罪地所在法域行使管辖权;不能确定主要犯罪地的,则考虑有利于诉讼来予以确定,通常应由实际控制地所在法域先行管辖。

三、刑事管辖权冲突之解决与中国区际刑事司法互助

中国区际刑事司法互助,是一个中国范围内不同法域相互之间就刑事司

法方面进行协调与配合的活动。① 中国范围内不同法域的刑事司法合作活动的历史较长，但是在香港、澳门回归前，与两地之间的司法合作活动具有国际性的一面；只有在国家统一的前提下，不同法域之间的刑事司法合作活动才具有区际性，其性质表现为同一主权下不同法域之间司法权的协调与配合。中国区际刑事司法互助是一个比较复杂的问题，基本属于程序法的范畴。从目前的实践看，中国范围内不同法域之间司法互助活动虽早已有效展开，尤其是在合作打击跨境犯罪方面更为明显，但是从制度层面观之，不同法域间刑事司法互助机制还没有完全建立起来。内地与台湾地区之间关于司法互助的磋商已久，并取得了如1990年“金门协议”等一定的成果，但是无论是深度还是广度上距离现实要求还差距很大；内地与港、澳地区之间关于该问题的协商也早已开始，并签订了一些关于具体司法互助事项的协定②，就一些司法互助问题提出一些初步的文本，但是如何尽快地全面解决司法互助问题还需各方更为积极的努力。如果说，内地与台湾之间刑事司法互助现状耽搁于“相互承认”的话，内地与港、澳之间问题的解决则除了力行“一国两制”这一基本原则外，还要深入贯彻平等协商的精神，尤其是明晰“法域平等”的观念。本文的论题是中国区际刑事管辖权冲突及其解决，因而不宜全面论述中国区际刑事司法互助的问题；但是，由于刑事管辖权问题与刑事司法互助之间具有密切的联系，因而无论是从体系完整的角度考虑，还是为了使刑事管辖权冲突之解决的“原则—规则体系”能够得到程序保障，都要求将两者的关系予以明确，以使关于解决刑事管辖权冲突的理论从观念形态向实践转化。

（一）刑事管辖之确定与中国区际刑事司法互助的关系

在学界以往的论述中，关于两者之间联系的论述并没有充分展开。这里我们重点探讨刑事管辖之确定与中国区际刑事司法互助的关系，并探讨将前

---

① 有论者主张，司法协助与司法互助的含义不同：司法协助发生在不同国家的法院之间；司法互助发生在一个国家内的法院之间（参见俞水清：《浅评“司法协助”和“司法互助”的含义及其对两岸的适用》，载《台湾法研究学刊》1995年第2期）。我们赞同用“司法互助”来指代“在中国范围不同法域之间的司法合作（协调与帮助）行为”，进而与发生在国际法主体之间的“司法协助”相区分；作出这一区分意在揭示两个概念的实质不同：(1)主体不同；(2)发生场域不同；(3)适用的原则和规则不同。

② 例如，最高人民法院与香港特别行政区签订了《关于内地与香港特别行政区法院相互委托送达民商事司法文书的安排》、《关于内地与香港特别行政区相互执行仲裁裁决的安排》；最高人民法院与澳门特别行政区签订了《关于内地与澳门特别行政区法院就民商事案件相互委托送达司法文书和调取证据的安排》。刑事司法协助方面，内地与香港特别行政区还签订了《内地公安机关与香港警方相互通报机制的安排》。

者置于后者体系之中的可行性，以及如何将解决中国区际刑事管辖权冲突的“原则—规则体系”与中国区际刑事司法互助的基本原则相协调。

1. 刑事管辖之确定程序概念的提出

刑事管辖之确定，即指当某一特定案件引起刑事管辖权冲突之后，各法域之间为解决冲突，确定由哪一法域实际管辖的活动；进行该活动所应遵循的程序，称为刑事管辖之确定程序。刑事管辖权冲突及其解决与刑事管辖之确定是既相联系又相区别的一对范畴：前者是指由于不同法域之间根据其刑法的空间效力范围的规定，对同一特定刑事案件都有刑事管辖权而由此产生的冲突，以及如何予以解决。由于该冲突形成的法律原因在于不同法域刑法关于空间效力的规定使然，而对于该问题的解决，也主要从实体法的层面予以澄清，因此该问题及其解决在体系上应归属于刑事实体法的范畴。后者是解决刑事管辖权冲突问题所应遵循的程序，表现在发生刑事管辖权冲突的各方如何通过一定的程序来确定由哪一法域实际行使管辖权，也就是说，按照解决刑事管辖权冲突的原则和规则对个案进行判断后，如何使具体结论能够实现。因此，这对范畴互为表里，是实体问题与程序问题的关系。借助何种程序来确定刑事管辖权，更具有实际意义，因为即便从法理上已经厘清由哪一法域优先行使管辖权，但是如果没有相应的程序保障，同样从现实上无法真正解决管辖权冲突问题。将刑事管辖权冲突问题提出来，并设计相应的解决方法和程序，就是意图在一个中国的框架内贯彻法治思想，避免由于法制不统一而可能带来的各行其是的混乱局面。如果没有一套操作性很强的程序机制做保障，则仅从实体的角度去探讨刑事管辖权冲突的解决途径，难免落入空谈的地步。

2. 刑事管辖之确定程序在中国区际刑事司法互助中的地位

关于国际刑事司法协助（international legal assistance in criminal matters, internationale Rechtshilfe in Strafsachen）的定义，有狭义、广义、最广义之分。狭义的国际刑事司法协助，是指各国之间在询问证人、鉴定人，移交物证，检验证件，送达文书，提供情况，以及办理有关刑事诉讼手续等方面所进行的相互帮助与合作；广义的国际刑事司法协助，是在狭义的国际刑事司法协助的基础上增加引渡犯罪人的内容；最广义的国际刑事司法协助，是指狭义的国家刑事司法协助、引渡、刑事诉讼的移管①，以及外国刑事判决的承认和执行

① 刑事诉讼的移管，又称为“刑事诉追的移送”（the Transfer of Criminal Proceedings），指犯罪地国请求犯人本国或是居住地国，对犯人加以追诉或处罚。

等。① 作出这一区分的根据在于刑事司法协助具体事项的范围。犯罪人引渡与狭义司法协助，是最早发展出来的司法协助，因而被称为古典形态之司法协助；由于此类请求国执行侦查或审判之重要任务，被请求国仅提供协助，因而被称为第二次之司法协助；外国刑事判决之执行与刑事诉讼的移管是“二战”后新兴之司法协助，因而被称为新形态之司法协助；由于此类司法协助，是由被请求国担任执行或审判重要任务，因而被称为第一次之司法协助。② 按照这一区分标准，对中国区际刑事司法互助也可以作上述区分，司法互助范围的大小并不影响司法互助的性质。对于中国区际刑事司法互助，许多学者也是从最广义的角度予以界定的。③ 我们认为，最广义的中国区际刑事司法互助包括：狭义的刑事司法互助、涉嫌犯罪人的移交、刑事诉讼的移管、他法域刑事判决的承认与执行以及根据相互之间请求而进行的其他刑事

① 参见张智辉：《国际刑法通论》，中国政法大学出版社 1999 年版，第 351—352 页。吴景芳：《国际刑事司法互助基本原则之探讨》，载《台大法学论丛》1994 年第 2 期。

② 参见吴景芳：《两岸共同打击犯罪应有之作法》，载《中兴法学》第 44 期（1998 年9 月）。

③ 例如，赵秉志教授认为，内地与香港之间的刑事司法互助事项应包括：犯罪情报交流；缉捕犯罪嫌疑人；文书的送达和调查取证；遣（移）送犯罪嫌疑人；刑事案件管辖移交；已决犯的移管；赃款赃物的追缴和移交（参见赵秉志：《关于中国内地与香港特别行政区建立刑事司法互助关系的研讨》，载高铭暄、赵秉志主编：《中国区际刑法与刑事司法协助研究》，法律出版社、中国方正出版社 2000 年版，第 87—90 页）。王新清教授认为内地与港澳刑事司法协助的内容即包括：犯罪嫌疑人、被告人的移交；承认、协助执行他法域法院的刑事判决；协助查证有关案件事实，收集有关证据；查证、移交赃款赃物；代为送达刑事诉讼文书；刑事诉讼结果的通报及其情报的交流（参见王新清：《港澳特别行政区与内地间刑事管辖权的冲突与协调》，载高铭暄、赵秉志主编：《刑法论丛》第 5 卷，法律出版社 2002 年版，第 590—592 页）。柯葛壮研究员认为，两岸刑事司法协助应包括：协助缉捕和移交案犯；协助调查取证和移送证人；移交赃款赃物及犯罪物品；互通犯罪情报和诉讼结果；代为送达司法文书；互相承认和执行对方的刑事判决（参见柯葛壮：《论两岸刑事司法协助》，载《法律科学》1995 年第 4 期）。台湾学者蔡墩铭教授认为，两岸刑事司法互助事项应包括：犯罪组织情报之交换；为对岸司法机关调查刑事证据；为对岸司法机关逮捕人犯；公海犯罪人之逮捕；劫机犯人之逮捕；两岸所实施数罪之合并侦查；两岸所实施数罪之合并审判；累犯之加重或从重处罚；一事不再理原则之承认；自由刑之替代执行（参见蔡墩铭：《论两岸刑事司法互助》，载黄进、黄风主编：《区际司法协助研究》，中国政法大学出版社 1993 年版，第 245—248 页；另见台湾《法令月刊》1991 年第 11 期）。马克昌教授也持最广义的刑事司法互助说（参见马克昌：《我国区际刑事司法协助的内容刍议》，载何超明、赵秉志主编：《区际刑事司法协助研究》，澳门特别行政区检察院、澳门检察律政协会 2002 年版，第 228 页）。但是，我国与外国签定的有关刑事司法协助的条约，都是狭义的国际刑事司法协助的内容（参见张智辉：《国际刑法通论》，中国政法大学出版社 1999 年版，第 352 页）。澳门特别行政区立法会 2002 年 2 月 26 日通过的《司法互助请求的通报程序法》第 2 条规定，刑事司法互助请求包括移交逃犯及过境请求；移交被判刑人及被判刑人过境请求；刑事司法文书的送达和调取证据的请求。其刑事司法互助的范围并非在最广义的层面使用，但是比广义的层面要宽。

司法协调与帮助的行为。

刑事管辖权冲突及其解决作为一个实体问题，是不能归入中国区际刑事司法互助这一范畴的。从一定意义上说，解决刑事管辖权冲突问题，是进行相应的刑事司法互助活动（广义的中国区际刑事司法互助）的一个前提。比如，移交逃犯问题，即是刑事司法互助活动的一项重要内容；其前提就是，移交方对于逃犯所涉嫌的刑事案件没有管辖权，而接受逃犯的一方对于该案件有管辖权，简言之，移交逃犯是以移交方与接受方已经明确了刑事管辖权归属为前提；反之，如何双方没有明确应由谁管辖，则自然不会移交逃犯。一般而言，在刑事司法互助活动（广义的）中，请求方是具有刑事管辖权的一方，而被请求方如果认可其请求从事相应的活动，也就是承认请求方有管辖权或者承认由其行使管辖权具有合理性。他法域刑事判决的承认与执行中，同样是在请求方已经行使管辖权后，请求他法域承认其行使管辖权作出判决的效力并协助其执行。至于刑事诉讼的移管，则是请求方将刑事管辖权转移给被请求方，所谓刑事诉讼的转移实质上是刑事管辖权的“让位”。① 可见，刑事管辖权的有无以及由哪一法域行使，是进行刑事司法互助活动的实体法根据。

在国际刑事司法协助中，不同国家之间如何协调刑事管辖权冲突，并不是一个单独的司法协助事项；在一般意义上被承认的国际刑事司法协助事项中，实际上大都以刑事管辖权已经明确由谁行使为前提；当然也有例外，就是在引渡的过程中，可能相伴随着出现请求方与被请求方相互协商刑事管辖权的问题。刑事管辖之确定之所以没有成为一个独立的刑事司法协助事项，我们认为，其原因在于：(1)各国都视刑事管辖权为主权的一个重要部分，因而在本国具有刑事管辖权的情况下都会积极地予以行使，而在追诉时，如果该案尚未经审判，一般不会考虑其他国家是否有管辖权；当然确认“一事不再理”原则的国家对其他国家已经开始的审判或者生效的判决予以认可，实际上也是认可其刑事管辖权的行使。(2)在有外交关系的国家之间，当一国之司法机关对涉及他国的案件进行审判时，应向他国的外交机构通报，而他国的外交机构有时也会积极地对本国公民提供外交保护，此时也可能进行非正式的刑事管辖权协调。(3)在公认的国际刑事司法协助活动事项中，在具体

---

① 有论者即认为，刑事诉讼移管实际上是刑事管辖权的转移（参见费宗、唐承元主编：《中国司法协助的理论与实践》，人民法院出版社 1992 年版，第 210 页）。我们认为“让位”一词更为贴切，因为刑事诉讼移管是在请求国与被请求国都有刑事管辖权（参见张智辉著：《国际刑法通论》，中国政法大学出版社 1999 年版，第 371－372 页），因而实际上是被请求国将实际管辖的权限让位于请求国，而其拥有刑事管辖权的事实并没有改变。

运作中也会对刑事管辖的确定问题进行协调。即便如此,如何积极协调与他国的刑事管辖权冲突,尽可能避免可能出现对被告人的“双重审判”,维护犯罪主要侵害地所在国家的利益,这一观念在国际刑事司法协助中还没有完全被体现出来。

刑事管辖之确定程序,作为一个程序问题,则应当归入中国区际刑事司法互助的范畴中。赵国强教授主张中国各法域可就各类刑事司法协助事宜签订协定,其中即应包括关于刑事管辖的协定,并指出:“在目前的情况下,由于刑事管辖不确定,各法域对同一犯罪案件往往各自为战,互不配合。这样,无论哪一方,在证据的取证方面都会碰到困难,结果往往是拖延了侦查和审判的时间,甚至因无法取得证据而使案件不了了之。有了协定,就可以避免产生这种现象,加快案件的审理步伐,也节约了人力和物力资源。”①按照该学者的观点,刑事管辖权冲突的协商与解决,即属于刑事司法互助的重要内容,并应签订相应的司法互助协定。孙力博士则主张:“以解决管辖冲突为建立我国区际刑事司法协助机制的切入点”。② 还有论者认为,“区域刑事法律冲突”是法律适用效力的竞合,出现法律冲突时适用哪一法域之法律便成为必须解决的问题,“进行区域刑事司法协助是解决这一问题的重要途径”。③借此推之,解决刑事管辖权冲突问题属于进行刑事司法互助的一项主要内容,而刑事管辖之确定则应是刑事司法互助的一项重要事项。将刑事管辖之确定程序归入到中国区际刑事司法互助的范畴中,其合理性应从以下三个方面认识:

(1)尽管中国范围内存在多个法域,而多个法域之法制体系差异较大,但是现状并不妨碍我们建立一个超法域的中国法制体系的构想和实践。将中国范围内不同法域之间因法制体系差异所形成的诸多障碍,通过法律的途径逐一扫除,不仅有利于国家法制一体化的进程,同时可以为不同法域居民的相互交往、经济体系的进一步融合创造条件;就刑事领域而言,可以更有效地惩治与预防犯罪,维护国家秩序和人民利益。中国区际刑事管辖权冲突问题,是目前整体的中国法制体系统一化程度较低,不同法域的司法权相互独

---

① 参见赵国强:《论中国区际刑事司法协助协议之签订》,载何超明、赵秉志主编:《区际刑事司法协助研究》,澳门特别行政区检察院、澳门检察律政学会 2002 年版,第 198—199 页。

② 参见孙力:《关于我国区际刑事司法协助问题的若干思考》,载何超明、赵秉志主编:《区际刑事司法协助研究》,澳门特别行政区检察院、澳门检察律政学会 2002 年版,第 130 页。

③ 参见徐京辉:《“一国两制”框架下的我国区域刑事法律及刑事司法协助》,载何超明、赵秉志主编:《区际刑事司法协助研究》,澳门特别行政区检察院、澳门检察律政学会 2002 年版,第 67 页。该论者所指之“区域刑事法律冲突”,主要指本文中所使用的刑事管辖权冲突,而不仅仅指不同法域刑法在空间效力范围内所形成的重叠现象。

立的产物。既然如此,对于这个问题的解决,我们就要努力诉求通过建立一套法律规则来作为“润滑剂”和“融合剂”,以避免相互之间的摩擦,加速整体国家法制体系的一体化程度。中国区际司法互助,在司法合作层面一定程度上充当了这一角色。如何使司法互助更好地协调不同法域司法权的冲突,就要求能够更好地、更为广泛地发挥司法互助制度的功能性价值。将刑事管辖之确定,纳入到中国区际刑事司法互助中,其目的即在于使解决刑事管辖权冲突问题的机制能够制度化、一般化,通过相应的程序积极调整不同法域因冲突而产生的矛盾,消除分歧,增强不同法域之间对各自法制体系的信任与尊重。

(2)国际刑事司法协助是一个外延不断扩大的概念,司法协助事项随着国际间刑事司法合作范围的扩大而扩大。中国区际刑事司法互助,与国际刑事司法协助,在内容上具有相似性,而且由于前者是中国范围内不同法域之间在刑事方面进行的协调与帮助,因而互助事项的广度应更加宽阔一些,刑事管辖之确定作为特定法域合理行使管辖权首先应解决的问题,是进行相应的刑事司法互助活动的基本前提,因而将这一程序纳入到刑事司法互助中一体考量,既有利于使这一程序与进行刑事司法互助的程序相协调,也使随后的刑事司法互助活动能够顺利进行,以免当事方再行因管辖权问题产生异议使相应的司法互助活动受阻。

(3)刑事管辖权确定程序符合中国区际刑事司法互助的性质。刑事管辖权的有无,是一个法域对特定案件进行管辖的正当性根据;确定由哪一法域实际管辖,则为其进行相应的刑事诉讼活动确立了正当性。相关法域对刑事管辖权冲突问题进行协调,则为其中一法域实际行使管辖权并进行相应的诉讼活动扫清了管辖权上的障碍。因此说,刑事管辖之确定,也是不同法域之间为及时追诉犯罪,而相互进行协调、配合的活动,为实际行使管辖权的法域进行刑事诉讼活动提供了便利,因而该程序符合刑事司法互助的性质,应归入刑事司法互助的范畴中。

(二)解决中国区际刑事管辖权冲突与中国区际刑事司法互助应坚持共通的政治原则

既然解决中国区际刑事管辖权冲突问题,应作为中国区际刑事司法互助(最广义的)的一项具体内容,而刑事管辖之确定应作为刑事司法互助具体事项之一,那么,解决中国区际刑事管辖权冲突与中国区际刑事司法互助,应坚持共通的原则;由于前者主要解决实体上的问题,而后者是一系列的程序,因而两者之间在采用的具体法律原则上并不相同,但是两者所依据的制度背景和社会背景是同一的,因而所依据的政治原则应当是共通的。如前所述,解决中国区际刑事管辖权冲突,应坚持"一个中国原则"、"法域地位平等原则"、"相互承认原则"、"有效承认和预防犯罪原则"。在进行区际刑事司法互助活动中,也应坚持上述原则。① 坚持这些原则,在进行具体的刑事司法互助活动中应得出以下结论:

1. 坚持一个中国原则,反对将中国区际刑事司法互助视同于国际刑事司法协助;国际刑事司法协助中一些公认的原则不适用于中国区际刑事司法互助。

从协调和配合的具体事项看,中国区际刑事司法互助所涵括的事项,与国际刑事司法协助基本相同;但是由于其是一国之内不同法域之间的司法互助,不具有主权国家之间司法机关相互配合的性质,因而一些具有主权关系色彩和国际性质的原则不适用于中国区际刑事司法互助。在司法互助活动中,进行合作的主体也应为不同法域的司法机关,而不应为负责外交事务的机构。②

坚持一个中国原则,即要求维护国家统一、领土完整,对于危害国家安全的犯罪,不同法域都应当予以打击,而不能借口行为人主张犯罪动机具有政治性,作为不予移交的根据,而适用国际刑事司法协助之"政治犯不引渡"的

① 关于中国区际刑事司法互助应坚持的原则,有诸多论述。例如,赵秉志教授认为,应遵循维护国家主权、平等协商和相互尊重、有效惩治犯罪、合理界定管辖权四原则(参见赵秉志:《关于中国内地与香港特别行政区建立刑事司法互助关系的研讨》,载高铭暄、赵秉志主编:《中国区际刑法与刑事司法协助研究》,法律出版社、中国方正出版社 2000 年版,第 68 页)。一些论者也提出了相似的观点。例如,王勇博士认为,应遵循"维护国家统一和利益"、"从'一国两制'出发,实事求是"、"有利于及时、有效地打击犯罪"、"适当参照国际法和国际惯例"等原则(参见王勇:《"一国两制"条件下的区际刑事司法协助》,载《政治与法律》1992 年第 5 期。有论者认为应遵循"维护国家主权和统一"、"平等互利"两原则(参见黄肇炯、刘全胜:《略论建立有中国特色的区际刑事司法协助制度》,载高铭暄、赵秉志主编:《中国区际刑法与刑事司法协助研究》,法律出版社、中国方正出版社 2000 年版,第 36 页);有论者则认为应坚持"维护国家主权、有利于打击犯罪"、"尊重对方法域的法律及刑事管辖权"、"平等互利"、"适当保留公共秩序"等四原则(参见王新清:《港澳特别行政区与内地间刑事管辖权的冲突与协调》,载高铭暄、赵秉志主编:《刑法论丛》第5卷,法律出版社2002 年版,第586—588 页)。除此之外,还有些论者提出了尊重客观原则,广泛合作原则,尊重历史原则,主动、双向协助原则、以程序为主原则、请求实效原则(引自徐京辉:《"一国两制"框架下的我国区域刑事法律及刑事司法协助》,载何超明、赵秉志主编《区际刑事司法协助研究》,澳门特别行政区检察院、澳门检察律政协会 2002 年版,第 67 页)。

② 台湾学者吴景芳认为,从目前两岸政治形势出发,司法互助得由两岸地区民间组成之中介团体为之。参见吴景芳:《两岸共同打击犯罪应有之作法——为两岸之间的区际刑事司法互助催生》,载《中兴法学》1998 年 9 月第 44 期。从当前实践看,确实如此进行两岸之间刑事司法互助有其合理性。而如果两岸能够就基本政治原则达成共识,坚持一个中国原则,那么由双方司法机构直接作为司法互助的主体则更为适宜。

原则。① “政治犯不引渡”从19世纪初期开始被作为引渡法的基本原则之一。② “政治犯不引渡”原则的确立理由主要是:(1)意图在他国的政治冲突中保持中立;(2)政治犯罪在道德上缺少可谴责性;(3)政治犯罪比普通犯罪更容易成为不公正审判或侵犯人权行为的牺牲品。③ 在中国区际刑事司法互助中,这三点理由都是不成立的。从一国之刑法讲,“政治犯罪”仍直接表现为公然违背本国的现行政体和政治制度。④ 内地刑法中不承认所谓“政治犯”,其理由即在于任何对国家安全、社会基本秩序形成危害、依照刑法的规定构成犯罪的,即应追究刑事责任,至于其犯罪动机不能改变行为的性质。对于中华人民共和国的国家安全,中国范围内的任何法域都应提供积极的保障,对于任何危害中华人民共和国国家安全、社会基本秩序的行为都应予以追究,不能因为本法域的社会制度不同,而否认危害国家行为的性质并行使庇护权。对此,《中华人民共和国香港特别行政区基本法》第23条和《中华人民共和国澳门特别行政区基本法》第23条实际上都予以确认。同样,由于特别行政区有其特殊的社会制度和高度自治权,因而有其自身的政治权力和制度的安全问题,即所谓“区域安全”问题。⑤ 对于危害特别行政区“区域安全”的行为,如果根据该法域的刑法构成犯罪的,其他法域都应予以确认并提供相应的协助,也不能以“政治犯”为由提供庇护。关于“军事犯不引渡”原则是否适用的问题,由于香港、澳门特别行政区自身并无军队,在香港、澳门驻军人员在特别行政区犯罪的问题,《中华人民共和国香港特别行政区驻军法》和《中华人民共和国澳门特别行政区基本法》已作出规定,“军事犯不引渡”自无适用之余地。由于历史原因,台湾地区尚有自己的军队;而按照“一国两制”的设想,台湾地区在未来可以保留自己的军队,那么,有否可能适用“军事犯不引渡”的原则尚存在疑问。按照我们的设想,在两岸统一的前提

① 对于中国范围内不同法域之间移交涉嫌触犯请求方法域刑法的人的活动,我们称之为“涉嫌犯罪人的移交”,须与国际刑事司法协助中的引渡相区分。但在本节中探讨引渡的基本原则能否适用于中国区际刑事司法互助时,则仍保持了这些原则的原有表述。

② 参见〔韩〕李万熙:《引渡与国际法》,马相哲译,法律出版社2002年版,第46页。

③ 参见张旭:《国际刑法纲要》,吉林大学出版社2000年版,第254－255页。

④ 黄风研究员认为,“政治犯罪”除了危害国家安全的犯罪外,某些涉及个人民主权利或政治权利的犯罪(如妨碍选举罪、非法集会、游行、示威罪)、某些涉及社会管理秩序的犯罪(如邪教犯罪)、某些由公务员实施的犯罪(如叛逃罪)由于其具有政治性质,也可能成为“政治犯罪”。参见黄风:《关于我国内地与香港之间移交逃犯合作的若干问题探讨》,载高铭暄、赵秉志主编:《中国区际刑法与刑事司法协助研究》,法律出版社、中国方正出版社2000年版,第109页。

⑤ 参见徐京辉:《“一国两制”框架下的我国区域刑事法律及刑事司法协助》,载何超明、赵秉志主编:《区际刑事司法协助研究》,澳门特别行政区检察院、澳门检察律政学会2002年版,第72页。

下，出于维护台湾地区的高度自治权，以及比较有利且妥当地处理军职犯罪考虑，应由犯军职罪的军人所属军事司法机关管辖，在一般情况下不移交他方。

2. 坚持法域地位平等原则，进行中国区际刑事司法互助应强调协商和配合

中国区际刑事司法互助，由于发生在一个主权国家范围内，因而与国际刑事司法协助有本质的不同；但是两者在诸多方面存在相同之处，其中一个重要的相同之处就是：中国区际刑事司法互助与国际刑事司法协助都是发生在平等主体之间的司法合作活动；由于不同法域平等，因而就反对一个法域强令他法域进行相应的司法协助活动。虽然不同法域有大小之分，在一个中国内有主、次之分，但其法律地位是平等的。由于各法域对本地区的司法事务享有自治权，一法域不应将本法域处理司法问题的原则或观点，强加于另一法域。内地法域不应以中央法域自居而处于优越地位，强制管辖应由其他法域司法机关管辖的案件；其他法域也不能以强调独立性为名，或者自认为本法域法制体系优越，而漠视或者排斥内地司法机关应有的管辖权。

3. 坚持相互承认原则，不同法域之间应相互尊重各自的法制体系，对于他法域提出的符合其法域法律规定的刑事司法互助要求，应尽可能地予以支持和配合

"一个国家，四个法域"的现状是历史的产物，应当积极地承认现实，不同法域应当承认他法域的法制体系，尊重他法域在法律制度上与本法域存在的差异。在中国区际刑事司法互助中强调相互承认，即要求作出司法互助请求的法域与被请求的法域之间相互尊重各自的刑事法制，对于请求方按照本法域刑事法律作出的互助请求，应当积极地予以配合，原则上不应发生拒绝互助的情况。①

---

① 参见赵秉志：《关于中国内地与香港特别行政区建立刑事司法互助关系的研讨》，载高铭暄、赵秉志主编：《中国区际刑法与刑事司法协助研究》，法律出版社、中国方正出版社2000年版，第74页。有论者则从比较宽泛的角度承认中国区际刑事司法互助方面的拒绝，他认为：(1)在委托代为送达司法文书和调查取证方面。拒绝的理由包括委托送达的司法文书的真实性尚存疑问；委托送达的司法文书的传递违反本地区法定的必要程序；委托调查取证损害了本地区的安全和公共秩序，或违背了本地区的法律基本原则。(2)委托协助缉捕和移交案犯方面。拒绝的理由包括委托方请求追诉的行为在受托方不构成犯罪；委托方所请求追诉的行为人已经因同一行为在委托方或受托方受到追诉；提出请求时，根据委托方或受托方的法律，已过追诉时效；嫌疑人通常不居住在受托方；嫌疑人不是受托方的公民，并在犯罪时并不经常居住在受托方；委托方所请求追诉的行为属于纯军事性质的犯罪。(3)转移罪犯和委托代为执行刑事制裁。拒绝的理由包括：按照受托方的法律，该行为不构成犯罪，或应定罪免刑，或已过追诉时效；委托代为执行的刑罚是死刑案件；委托代为执行的刑事裁判不是终审的裁判；被判刑人不是受托方的常住居民；被判刑人没有申请转移，或未满18周岁的被判刑人的父母或其监护人不同意转移(参见陈泉生：《略论海峡两岸司法协作的拒绝》，载《台湾法研究学刊》1996年第4期)。该论者提出的上述司法互助的拒绝理由中，部分内容是有借鉴意义的，尤其是其中体现"一事不再理"原则的理由应当予以支持；同时，由于中国区际刑事司法互助的特殊性，因而体现诸如"双重犯罪"原则、"军事犯不移交"原则的拒绝理由则不能成立。

4. 坚持有效惩治和预防犯罪原则，不同法域之间积极合作，以维护不同法域的社会稳定和安全

中国区际刑事司法互助的宗旨，即在于维护一个中国内不同法域的法秩序，及时、有效地追究具有区际性的犯罪，因此有效惩治和预防犯罪原则是刑事司法互助的一项重要原则。贯彻该原则即应当从有利于打击犯罪的角度设计相应的程序。蔡墩铭教授提出的两岸区际刑事司法互助的10个事项中包括两岸所实施数罪之合并侦查和合并审判。① 对此，我们是赞同的，这样处理有利于及时、有效惩治犯罪，在中国区际刑事司法互助中，能否适用"本地居民不移交"原则？内地学界占主流的观点是不予适用。② 如前所述，对于解决中国区际刑事管辖权冲突问题的基本法律原则之一即是"属地管辖权优先适用原则"，即对于具有区际性的刑事案件，应主要由具有属地管辖权的法域行使管辖权；如果坚持"本地居民不移交"，则这一原则根本无法实现，既不利于维护犯罪地所在法域的利益，也不利于及时、有效地追究犯罪人的刑事责任。

赵秉志教授在论及香港、澳门与内地刑事司法互助的原则时，曾提出"适当保留公共秩序"的原则③；王新清教授也认为，为维护各法域的法律制度和独立的司法权，适当保留公共秩序是必要的，并提出应予考虑的具体方面。④ 对于"公共秩序的保留"问题，基于一个中国原则、相互承认原则、有效惩治和预防犯罪原则，应当限制其适用的范围；在不违反这些原则的情况下，考虑到相关法域基本法治理念，对于具体刑事案件的司法互助，应当允许其适用

---

① 参见蔡墩铭：《论两岸刑事司法互助》，载《法令月刊》第42卷1991年11月第11期。

② 参见赵秉志：《关于中国内地与香港特别行政区建立刑事司法互助关系的研讨》，载高铭暄、赵秉志主编：《中国区际刑法与刑事司法协助研究》，法律出版社、中国方正出版社2000年版，第72页；徐京辉：《"一国两制"框架下的我国区域刑事法律及刑事司法协助》，载何超明、赵秉志主编：《区际刑事司法协助研究》，澳门特别行政区检察院、澳门检察律政学会2002年版第75页。

③ 参见赵秉志：《外向型刑法问题研究》(上卷)，中国法制出版社1997年版，第639页。

④ 即：(1)对申请方法域没有刑事管辖权的案件，不提供刑事司法协助；(2)发现提出刑事司法互助申请的司法机关没有按照它所在法域的法律进行刑事诉讼的，被申请方有权拒绝提供互助；(3)对他法域提出的移交本法域居民的请求，可以附条件移交，其条件以保护该居民的人权为限。参见王新清：《港澳特别行政区与内地间刑事管辖权的冲突与协调》，载高铭暄、赵秉志主编：《刑法论丛》第5卷，法律出版社2002年版，第588页。

“公共秩序保留”原则。①

四、确定刑事管辖的具体程序

刑事管辖权冲突的概念应从法律与事实相结合的角度去理解，也就是说，某一特定刑事案件发生，当不同法域基于本法域刑法都有权进行追诉时，即已经形成了管辖权冲突；但是此时还没有形成实际意义上的冲突，只有相关法域都事实上地开始主张管辖权的情况下，对该案件的管辖权冲突才真正得以现实化。如张子强案，按照内地、香港的刑法的规定，两地都有管辖权（但是有权管辖的犯罪事实不一样），因此已经形成了刑事管辖权冲突；但是，香港司法机关并没有主张管辖权，因而该案引起的刑事管辖权冲突并没有现实化。② 无论某一刑事案件所引起的刑事管辖权冲突处于哪种情形，都可能引发相关程序问题：如果某一特定案件发生后，一法域已经开始行使刑事管辖权，当发现他法域具有管辖权，且是主要犯罪地的，是否应主动移交案件；如果不同法域都主张对该案件进行管辖，如何协调各方的管辖权请求。对此，都需要通过一定的程序予以解决。刑事管辖之确定既然属于中国区际刑事司法互助的一项重要内容，那么就应当结合司法互助的一般程序来进行。在诸如涉嫌犯罪人的移交、刑事诉讼的移管、刑事判决的承认与执行等刑事司法互助活动中，在一定程度上已经涵盖了确定刑事管辖的内容；存在

---

① 澳门特别行政区检察院徐京辉检察官所举之例很有说服力。他假设了两种情况：(1)内地法院判处 A 死刑，但 A 跑到澳门；内地法院请求澳门将其移交内地以便执行死刑；(2)内地法院判处 A 死刑，但 A 跑到澳门；内地法院请求澳门代为对 A 执行死刑。他认为，在第一种情况下，并没有违反澳门的法律基本原则和公共秩序，应当遵行内地的请求；而在第二种情况下，则与澳门现行法律基本原则相冲突（即《澳门刑法典》第 39 条和《澳门刑事诉讼法典》第 220 条第 1 款 C 项的规定），可以以“公共秩序保留”为由拒绝协助。参见徐京辉：《“一国两制”框架下的我国区域刑事法律及刑事司法协助》，载何超明、赵秉志主编：《区际刑事司法协助研究》，澳门特别行政区检察院、澳门检察律政学会 2002 年版，第 76 页。

② 王新清教授区分了法律上的冲突和实际上的冲突。所谓“法律上的冲突”，是指根据不同法域的法律规定，当一个刑事案件发生时，不同法域都有权对该刑事案件进行管辖，但由于法律程序上的原因，其中一地并不声称它有管辖权，而默认他地的管辖权；所谓“实际上的冲突”，即当一个刑事案件发生后，根据不同法域的规定，不同法域对该案都享有刑事管辖权，不同法域的司法机关都开始了刑事诉讼程序，都向他地的司法机关提出了管辖该案件的要求。按照这一界定，张子强案只引起了法律上的冲突，而没有引起实际上的冲突。参见王新清：《港澳特别行政区与内地间刑事管辖权的冲突与协调》，载高铭暄、赵秉志主编：《刑法论丛》第 5 卷，法律出版社 2002 年版，第 564 页。

问题的是，在一法域对特定案件进行立案追诉时，即发现他法域有刑事管辖权，或者他法域发现有刑事管辖权，或者犯罪嫌疑人、被告人提出应由他法域行使管辖权，或者不同法域合作侦破刑事案件，双方都有管辖权的，对于这些情形应当如何处理？以下我们试结合具体情形而应采取的程序设想进行探讨，而后结合中国区际刑事司法互助模式分析刑事管辖之确定程序应采取的互助模式。

（一）刑事管辖确定之具体程序设想

1. 一法域司法机关对特定案件立案侦查或者接受举报、控告、自首时，发现其他法域对该案件也有权管辖的情形

对于这种情形，基于法域平等、相互承认原则的考虑，具体程序可如下进行：

（1）通报。即该法域司法机关应当向他法域司法机关进行通报。通报的内容包括两个方面：一是事实方面，具体包括：涉嫌犯罪人的基本情况及已采取强制措施的情况；犯罪地的情况；立案时发现的事实或已查清的犯罪事实；案件事实所具有的"区际性"因素。二是法律方面，具体包括：本法域立案侦查的法律根据；被追诉人涉嫌的犯罪的刑法根据；判断他法域有刑事管辖权的根据。在通报中，如果该法域认为该案件应由其优先行使管辖权，则在通报中提出相应的根据，在通报中，也可以同时请求他法域提供相应的司法互助活动。如果该法域认为他法域行使管辖权更为妥当，则通报中表明该意愿及根据。

（2）答复（同意或异议）。即一法域接受他法域关于刑事管辖的通报后，对他法域已采取的诉讼前行为和诉讼行为表示认可，并表示同意他法域实际行使管辖权或者提出管辖异议。如果同意他法域实际行使管辖权，即应同时表示不再主张本法域的管辖权，对他法域提出的相应的司法互助请求应进行相应的互助活动；如果同意他法域提出由本法域实际行使管辖权，则应作出接收该案件的表示。如果对他法域实际行使管辖权表示异议，则应提出相应的法律和事实根据。

（3）磋商。在接受通报一方的法域提出异议的情形下，双方进行磋商。进行磋商时，应当以已发现的犯罪事实根据，以解决刑事管辖权冲突的原则和规则为判断根据，并体现相互尊重、平等协商的原则。经磋商后，由相应的法域进行实际管辖，其他法域不应再提起管辖主张，或者单独地就同一犯罪事实进行诉讼。

（4）期间。已经开始立案侦查的法域，在向他法域通报时，为及时惩治犯罪，不应拖延或者搁置已经开始的诉讼活动。该法域作出通报后，他法域应当在合理的时间内给予答复；无正当理由逾期不答复的，在该法域主张实际管辖的情况下，视为他法域已经默认该法域实际管辖；在该法域主张由他法域实际管辖的情况下，则视为他法域已经拒绝由其实际管辖，该法域应继续实际管辖，他法域事后就同一犯罪事实不得再行提起实际管辖主张。

2. 一法域司法机关已对特定案件立案侦查或者接受举报、控告、自首，他法域认为自己有刑事管辖权的情形

对于这种情形，如果一法域认可已受案法域实际管辖的，则不必提起管辖要求；如果认为应由其实际管辖的，则可提出请求。具体程序可如下进行：

(1)请求。一法域认为特定案件应由其管辖的，则可向已受案的法域提出实际管辖的请求。请求的具体内容包括：①事实方面。即能够说明犯罪地或者主要犯罪地在本法域的事实，或者提出由其实际管辖更为有利的其他事实根据；在前种情况下，即依据管辖权优先行使理论进行主张，在后种情况下，则请求已受案的法域将“管辖权让位”。②法律方面。即提出本法域具有刑事管辖权的法律根据。

(2)答复(同意或者拒绝)。已受案法域对上述请求应及时答复，如果同意由请求方法域实际管辖，即将受理的案件移送，进行“刑事诉讼的移管”；如果不同意请求方的请求，则可予以拒绝并述明理由。

(3)磋商。请求方法域认为被请求方法域拒绝不当，理由不足的，可请求与被请求方法域进行磋商；对于该请求，被请求方原则上不应拒绝。双方应以已发现的犯罪事实为根据，依据解决刑事管辖权冲突的原则和规则来协商确定由哪一法域实际管辖。

3. 一法域司法机关已对特定案件开始追诉后，犯罪嫌疑人、被告人提出应由他法域行使管辖权的情形

在这种情形下，犯罪嫌疑人、被告人提出的关于管辖问题的抗辩应视为其正当的诉讼权利。具体程序可按如下进行：

(1)审查。对于具有“区际性”的刑事案件，在对犯罪嫌疑人、被告人进行追诉过程中，如果其提出刑事管辖异议，该法域的司法机关应当进行审查。如果其提出的管辖异议成立，则根据上述第一种情形的程序进行处理；如果其提出的管辖异议不成立，则予以驳回并述明理由。

(2)复核。如果犯罪嫌疑人或者被告人对该法域司法机关作出驳回管辖异议的裁决不服的，可以向上一级司法机关提出复核请求。复核中，应再次审查其提出的管辖异议及其理由，并作出相应的终局裁决。

4. 不同法域合作侦破刑事案件，各方都有管辖权的情形

对于这种情形，由各方直接进行协商，按照解决刑事管辖权冲突的原则

和规则确定应由哪一法域实际管辖。

除上述情形外,对于在“涉嫌犯罪人的移交”、“刑事诉讼的移管”、“刑事判决的承认与执行”中所涉及的刑事管辖的确定问题,应按照相应的司法互助程序一并予以解决,在解决过程中应以解决刑事管辖权冲突的原则和规则作为基本的判断根据。

(二)刑事管辖确定程序应采取的刑事司法互助模式

上述关于刑事管辖确定的具体程序的设想,在逻辑上还是不完善的,主要表现为两点:一是进行相应刑事司法互助的主体具体应为哪一机构?二是如果发生刑事管辖权争议的相关法域就由哪一法域实际管辖问题,经过磋商无法达成一致的,是否应设立一个相应的机构来协调该争议?这就涉及刑事管辖确定程序所应采取的刑事司法互助模式问题,从更宏观的角度分析,则牵涉到中国区际刑事司法互助整体上应采取的模式问题。对此,我们首先应参考外国有关的立法模式,结合国内学界的主要观点,来建构符合中国实际的区际刑事司法互助模式。

1. 外国区际刑事司法互助的主要模式

在许多联邦制国家中都存在区际司法互助(协助)问题,具有代表性的有以下三种①:

(1)美国模式。《美国宪法》第 4 条第 1 款明确规定:“美国各州必须对他州之法律及司法裁判权给予充分信任和尊重。”该条款不仅要求各州对他州的“公共法令”给予充分信任,也要求对他州的“司法程序”给予充分信任。该宪法第 4 条第 2 款规定:“凡是在任何一州被指控犯有叛国罪、重罪或其他罪行者,逃出州外而在他州被寻获时,该州应按照其人所由逃出之州的行政当局的请求,将其人交出,以便移解至对该案有管辖权的州。”“州际引渡,尽管其语句是肯定的,但并无强制一个州引渡罪犯以便于审判的司法手段。”②该条规定为各州间移交或遣返未决嫌犯及在监逃犯等特定司法协助确立的一般原则。为各州开展区际司法协助提供宪法依据的做法即为区际司法协

① 参见黄进、黄风主编:《区际司法协助研究》,中国政法大学出版社 1993 年版;张月明:《论大陆和香港的区际司法协助》,载《广西大学学报》1997 年第 3 期;李新天:《论大陆与香港司法协助的模式》,载《法学评论》1997 年第 2 期;徐昕:《中国区际司法协助方案选择》,载《政治与法律》1996 年第 1 期;郑远民、吕国民:《中国区际司法协助的原则与模式》,载《社会科学家》1997 年第 3 期;高宏贵:《论中国区际司法协助的性质、特点和模式》,载《华中师范大学学报(哲学社会科学版)》1997 年第 5 期。

② 参见〔美〕卡尔威因 · 帕尔德森:《美国宪法释义》,徐卫东、吴新平译,华夏出版社 1989 年版,第 154 页。

助采取的"一级调整"方式;由于各州法律规定不尽相同,为具体调整区际司法协助关系,则采取统一州立法的方式,由美国各州联合设有一个半官方的"统一州法委员会全国会议"的机构,负责拟订全美统一的法规草案,草案经全体会议通过后,建议各州采用,这就是所谓的"二级调整";第三级调整则是各州独立立法方式。

(2)英国模式。英国采取统一法的形式实施有条件的区际司法协助,一方面要求各法域相互认可对方诉讼程序的效力,同时,各法域仍有权按法定条件审查对方的诉讼行为、给予或拒绝司法协助。在英国,承认与执行外国法院判决有两套平行的制度:一是普通法制度;二是成文法制度。成文法主要是指1920年的《司法条例》和1933年的《外国判决(相互执行)法》。前者主要适用于承认与执行英联邦国家的判决。在对某个英联邦国家适用该法时,首先要由英国女王确信该国已就执行英国判决问题作出了规定,并由枢密院颁布枢密院令。后者将适用范围扩大到与英国订立了有关条约的其他国家。

(3)澳大利亚模式。澳大利亚对司法协助问题(主要指判决的承认和执行)是通过成文法和普通法两种途径来加以规范的。联邦成文法即1992年的《送达与执行程序法》,主要适用于联邦内的判决;外国判决则主要适用普通法规则和各州成文立法,以及1991年的联邦《外国判决法》。澳大利亚联邦法院作出的判决,在承认和执行方面,在整个联邦内都不存在问题,各州司法机关应协助予以承认和执行。各州法院作出的判决,一般来说,比外国法院作出的判决容易得到承认和执行。这是因为联邦成文法要求各州在整个联邦内承认和执行他州法院的判决,以及联邦宪法也要求各州负有给予这种判决以充分信任的义务。

除此之外,两德时期联邦德国关于刑事司法协助方面的做法也值得借鉴。两德在分裂初期,联邦德国即采取务实作法,"准用"国际刑事司法互助之原则,于1953年制定《德国境内刑事司法及职务互助法》(Gesetz ueber die innerdeutsche Rechts - und Amtshilfe in Strafsachen),与民主德国进行司法互助,学理上称之为"区际"(innerlokale)刑事司法互助,并将之定位于一种特别的国内的刑事司法互助,内容包括:犯罪人之引渡、协助讯问证人、送达文书、提供情报、代为执行确定判决等。由于两德在意识形态与法律制度方面仍有相当差异,因此,该法对于提供互助仍有下列之基本限制:其一,互助之提供,不得违背联邦法律之目的;其二,互助之提供,必须符合法治国家原则之要求;其三,互助之提供,不得使当事人蒙受与法治国家原则相抵触之重大不利益。1972年,两德签订基础关系条约之后,两德之间的司法互助,则由区际刑事司法互助,逐步朝国际刑事司法互助的方向发展。①

2. 国内学界关于中国区际刑事司法互助模式的探讨

关于中国区际司法互助模式,国内学界存在诸多观点②,其中部分观点具有一定的实践根据。比较有代表性的观点有:(1)仿照美国以宪法规定基本原则的方式,即对中国宪法作补充修改,规定区际司法互助的指导原则。(2)仿照澳大利亚模式,即由全国人大制定一部全国性的专门解决特别行政区与内地司法互助问题的单行法律。(3)仿照英国模式,采用统一法的形式实施有条件的区际司法互助。(4)准国际司法协助模式,即各法域可参照国际司法互助制度,在互惠的基础上开展区际司法互助。(5)分别立法模式,即各法域分别制定区际司法互助法,用以调整相互之间司法互助关系。③(6)区际协议模式,即各法域自愿协商,分别签订双边或多边司法互助协议,以调整相互之间的司法互助关系。此模式分为三种观点:第一种观点认为,内地作为一个独立法域,可以先由有权机关指定其中某个地方行政区域与其他法域签订司法协助协议,其效力范围包括内地其他行政区域,因而这种协议被称为"窗口协议",例如有论者即提出建立闽台司法协助关系的设想④;第二种观点认为,内地作为一个独立法域,可以先与其他法域签订司法互助协议,然后将内地的省级行政区域分片,负责本片的区际司法互助事务,即"一个协定,几个中心";第三种观点认为,各法域均设立官方性质的"区际司法协助委员会",由其代表各法域进行司法互助活动,因而这种模式可称为"委员会模式"。⑤ (7)国际条约模式,即各法域都参加某一国际条约时,可借助国际条约调整区际司法互助关系。(8)国际组织模式,即通过国际刑警组织开展各法域之间的刑事司法互助。(9)中心机关模式,又分为三种:单一中心机关模式,即各法域设立进行区际司法互助的中心机关;分片中心机关模式,将大陆分为4—5片,每片指定一个高级法院作为中心机关,可根据

---

① 参见吴景芳:《两岸共同打击犯罪应有之作法》,载《中兴法学》1998年9月第44期。

② 参见黄进、黄风主编:《区际司法协助研究》,中国政法大学出版社1993年版;胡振杰:《我国区际司法协助的现状与前瞻》,载《法学评论》1993年第4期;李新天:《论大陆与香港司法协助的模式》,载《法学评论》1997年第2期;徐昕:《中国区际司法协助方案选择》,载《政治与法律》1996年第1期;郑远民、吕国民:《中国区际司法协助的原则与模式》,载《社会科学家》1997年第3期;高宏贵:《论中国区际司法协助的性质、特点和模式》,载《华中师范大学学报(哲学社会科学版)》1997年第5期。

③ 澳门特别行政区立法会于2002年2月26日通过的《司法互助请求的通报程序法》(第3/200号法律),即属于此种情形。

④ 参见陈泉生:《建立闽台司法协助关系的设想》,载《台湾法研究学刊》1995年第3期。

⑤ 参见赵国强:《两地区际刑事司法协助之展望》,载赵秉志主编:《中国内地与澳门刑法分则之比较研究》,澳门基金会1999年版,第423-424页。

需要设立区际司法互助处,专门处理司法互助事务;统一中心机关模式,即在香港、深圳等地设立一个包括各法域代表的全国统一的“区际司法互助协调中心”,各法域可通过该中心转递文件,向他法域提出司法互助请求。(10)中介机构模式,即在两岸尚未统一的情况下,海协会、海基会作为民间性中介机构充当过渡时期两岸区际司法互助的中介渠道。① (11)示范法模式,即成立“区际司法协助委员会”,制定《中国区际司法协助法》,由各法域权力机构予以批准施行,并可在批准时对某些条款声明保留。② (12)律师协助模式,即各法域律师之间合作应成为区际司法互助的一部分;(13)司法协调模式,即由最高司法机关对区际司法互助进行指导和协调。(14)特派员模式,即各法域派人直接到外法域送达文书、调查取证、执行判决和仲裁裁决。(15)游击模式,即适应具体案件,灵活处理,如诉讼文书的送达采取邮寄送达、亲朋捎带、委托代理人转交、通过驻外法域机构送达等方式。③ (16)分阶段模式,即中国区际司法互助应依据现实情况有步骤地采取上述方案。上述观点的差异主要体现为三点:(1)应否制定或者能否制定一部统一性的“中国区际司法互助法”或者示范法?(2)进行具体司法互助的主体为谁?(3)是否应有一个中央性的机构来协调区际司法互助?诸论者从应然与实然的角度进行阐述,自然观点纷纭。

就中国区际刑事司法互助而言,上述分歧同样存在。例如,赵国强教授即提出“委员会模式”作为中国区际司法互助的模式。赵秉志教授亦表示赞同,并指出该模式不仅严格遵循了香港、澳门特别行政区基本法关于区际司法协助的规定,实现了平等协商的要求,同时也考虑到了中国的客观实际情

---

① 1990年9月,两岸红十字会组织在金门磋商后达成关于互相遣返偷渡者、刑事嫌疑犯或刑事犯的“遣返作业协议书”,即“金门协议”。该协议确定了以民间组织为中介机构负责遣返作业的、间接的司法协助形式。该种形式也属于“中介机构模式”。自1990年9月至2002年3月31日,大陆向台湾遣返刑事嫌疑犯404人;遣返劫机犯刘善忠一人;大陆刑事嫌疑犯潜逃台湾,通过海基会向台湾当局要求协助缉捕的,共15人。引自高政升:《两岸共同合作打击犯罪之探讨》,载《交流》2002年6月第63期。

② 参见郑远民、吕国民:“中国区际司法协助的原则与模式”,载《社会科学家》1997年第3期。

③ 例如,1988年2月29日,台湾居民杨明宗在桃园市杀死一男子后,逃至大陆,8月3日被大陆公安机关逮捕。两岸警方通过特殊渠道联络达成协议。1989年4月21日,大陆公安机由上海经香港转新加坡,将杨明宗带至新加坡;1989年4月22日,台湾警方将其从新加坡押解回台湾。参见海峡两岸法律研究会编:《海峡两岸法律动态》1989年第2期。

况。① 王新清教授则认为,目前内地与港、澳之间采取"个案协商"②的方式,但是从长远看,最好的模式是签订三地相互间的司法互助协议。③ 最高人民检察院公诉厅阎敏才副厅长也认为,内地应与港、澳、台签订协定,并认为应由"两高"作为中央主管机关直接与港、澳、台地区司法机关联络、办理。④ 有论者则主张目前应采取"分阶段模式",认为签订"一揽子"司法互助协定的时机尚不成熟;分阶段解决途径,有利于提高不同法域协商效益,不断积累实践经验,为制定统一区际刑事司法互助法奠定实践基础。⑤ 上述论者观点的共同之处都是建立在法域平等基础上,力图全面解决中国区际刑事司法互助的方式、途径问题。我们认为,从务实的角度分析,应分阶段由不同法域之间签署协定,协商主体应主要为各法域最高司法机关⑥;在具体的司法互助活动中,我们则倾向于各法域受理案件的具体司法机关之间直接进行互助活动,必要时由各方最高司法机关进行协调。关于中国区际刑事司法互助的制度设计,还需要进一步研究,既要反映中国目前的实际情况,又要有利于各方

① 参见赵秉志:《关于中国内地与香港特别行政区建立刑事司法互助关系的研讨》,法律出版社、中国方正出版社 2000 年版,第 85 页。

② 香港回归前后,内地与香港之间一直采取"个案协商"的模式,虽然具有明显的积极意义,而且大量的案件得到有效处理,但是也存在诸如协查时间过长,程式不规范的问题。参见穆红玉:《略论我国区际刑事司法协助的性质和内涵》,载何超明、赵秉志主编:《区际刑事司法协助研究》,澳门特别行政区检察院、澳门检察律政学会 2002 年版,第 108 页。

③ 参见王新清:《港澳特别行政区与内地间刑事管辖权的冲突与协调》,载高铭暄、赵秉志主编:《刑法论丛》第 5 卷,法律出版社 2002 年版,第 584 页。

④ 参见阎敏才:《区际刑事司法协助规范化若干问题探讨》,载何超明、赵秉志主编:《区际刑事司法协助研究》,澳门特别行政区检察院、澳门检察律政学会 2002 年版,第 118 页。

⑤ 参见邓基联、王勇:《区际刑事司法协助的几个问题》,载何超明、赵秉志主编:《区际刑事司法协助研究》,澳门特别行政区检察院、澳门检察律政学会 2002 年版,第 93—94 页。

⑥ 这里涉及一个问题,就是如何理解《中华人民共和国香港特别行政区基本法》第 95 条和《中华人民共和国澳门特别行政区基本法》第 93 条中规定的"全国其他地区",这两条都规定,特别行政区可与全国其他地区的司法机关通过协商依法进行司法方面的联系和相互提供协助。对此,有两种观点:第一种观点认为,这里的"全国其他地区"是指内地的各省、直辖市和自治区(参见王叔文主编:《香港特别行政区基本法导论》,中共中央党校出版社 1990 年版,第 266 页)。第二种观点认为,"全国其他地区"是指其他法域(参见邓基联、王勇:《区际刑事司法协助的几个问题》,载何超明、赵秉志主编:《区际刑事司法协助研究》,澳门特别行政区检察院、澳门检察律政学会 2002 年版,第 94 页)。我们同意第二种观点,无论从法域平等的角度分析,还是基于实事求是考虑,抑或从方便快捷考虑,第二种观点更符合现实要求,而且与条文的文义解释亦不会发生冲突。

进行刑事司法方面的合作。①

3. 现阶段“刑事管辖之确定”应采取的互助模式

如上所述,我们主张分阶段解决中国区际刑事司法互助问题;刑事管辖之确定问题,作为一项重要的司法互助事项,应当优先予以解决,其根据在于:(1)基于有效、及时惩治犯罪的考虑。避免各法域因管辖权冲突而各行其是、互不配合的现象发生,以致诉讼过程迟缓甚至放纵犯罪。(2)基于维护各法域司法权威的考虑。各法域基于本法域的法律主张管辖权是其治权的体现,同时也只有主张管辖权才能维护本法域的司法权威;确定由一法域实际行使刑事管辖权后,他法域虽然没有实际管辖,但是通过刑事管辖之确定程序,使其充分表达了管辖主张,而按照解决刑事管辖权冲突的原则和规则,其放弃实际管辖的权力,也于理有据,因而同样可以维护其司法权威;如果一法域迳行行使管辖权,而不考虑他法域也拥有管辖权的事实,则无疑对他法域的司法权威形成不利影响。(3)基于维护涉嫌犯罪人的人权考虑。避免涉嫌犯罪人因同一犯罪事实而受到双重追诉、双重审判,甚至双重刑罚。基于上述三点考虑,目前中国各法域应就刑事管辖之确定问题首先达成相关协议,以促进就该问题的区际司法互助活动积极、有效地进行。

就“刑事管辖之确定”应采取的司法互助模式,我们认为,应首先由各法域之间签订相关协定,就具体程序和采取的原则予以规范。签订协定的内容主要应包括两个方面:(1) 刑事管辖之确定程序的具体实施步骤,即前文所拟订之具体程序。(2)确定刑事管辖权冲突的原则和规则,即在协定中确定不同法域解决刑事管辖权冲突的基本准则。因而,该协定应兼及实体和程序两个方面。签订协定的主体,如前所述,应由各法域最高司法机关承担,各法域最高警察机关、司法行政机关应根据情形参与或者作为协定主体参加。就内地而言,即应由最高人民法院、最高人民检察院为主体,公安部、司法部应参与协商,必要时亦可作为主体签订互助协定。但协定一经签订,且经全国人大认可,则具体进行司法互助的主体应为直接受理案件的司法机关或者侦查机关,各方最高司法机关在必要时应予以协调。鉴于两岸现状,维持现有“中介机构模式”亦是现实所需,可由海协会、海基会进行协商签订相关协议,具体司法互助活动仍应凭借上述两会渠道进行。

---

① 台湾地区有论者提出:“因两岸共处二区,可比照联邦,设立两岸间的区际法院处理两区的法律纠纷”(参见台湾《联合报》1991 年 4 月 5 日第 4 版)。这一设想应当说极具建设性,但是目前看来,其可行性甚微;当然从远景考量,应当是一个很好的努力方向。

五、解决中国区际刑事管辖权冲突问题之立法完善

(一)宪法性法律文件与相关基本法律的完善建议

从整体上,中央与特别行政区的关系、特别行政区的地位在宪法和宪法性法律文件中已经予以明确;但是有一些问题须由宪法性法律文件中作出进一步的规定。在整体的中国法制体系框架内,各法域之法制体系之间也应予以协调,就刑事法制体系之间,应完善刑法中关于空间效力的规定,完善刑事诉讼法中关于刑事司法协助(互助)的规定。

1. 完善宪法规范的建议

现行宪法仅有两个条文涉及特别行政区,即第31条和第62条第13项;中央与特别行政区的关系,是由两部特别行政区基本法规定的。可以说,特别行政区基本法就是对"一国两制"的法律阐释。基本法中对中央与特别行政区的关系规定得比较清楚,但是就特别行政区与全国其他地域的关系,尤其是与内地的关系并没有阐明。从"一国两制三法系四法域"的现实出发,对照现行宪法及相关宪法性文件,尚存在诸多法律空白,对诸多社会关系尚待进一步调整。从两岸的现实考虑,就两岸关系所引发的宪法问题还需要首先从政治层面解决。但是,港、澳回归,相应的基本政治问题已经解决,那么就应当通过宪法规范进行明确;作出如此立法选择,不仅有利于协调内地法域、香港法域、澳门法域法制体系之间的关系,而且也可以法律的形式作出示范,为解决台湾问题提供法制上的先机。

我们认为,应考虑对现有宪法规范从以下三个方面予以完善:

(1)明确中央与内地法域的关系。内地法域所及范围,占中国的主体部分,因而目前中央直接管辖内地法域的事务,而没有设置单独的一级立法机关、行政机关、司法机关。全国人民代表大会及其常务委员会颁布的法律也主要在内地施行。这里就存在一个问题,就是:全国人民代表大会及其常委会颁布的法律究竟是全国性法律,还是内地性法律?从其立法主体和效力等级看,应是全国性法律;从港、澳特别行政区基本法第18条规定推论,则又相当于内地性法律。宪法规定最高人民法院、最高人民检察院作为国家最高司法机关,代表人民行使国家司法权;但是由于港、澳司法权独立,"两高"的作用也实质上相当于内地法域最高司法机关。这就存在法律与现实的悖论。尤其是,当内地法域与其他法域签订协定时,作为代行管理内地法域的中央政府究竟以何种身份出现?因而,应当明确中央与内地法域的关系。实际

上,“内地法域”概念的提出,完全是基于法理推论出来的,并没有为现有法制体系在立法上予以确认;而无论从法律的角度分析,还是基于实事求是的考虑,都应对内地法域的法律地位在宪法规范层面予以明确。

(2)明确内地法域与其他法域的关系。明确中央与内地法域的关系,与之相伴随的,就应明确内地法域与其他法域的关系。内地法域,尽管所辖地域广泛,但是与其他法域在法律地位是平等的;坚持法域平等,就要反对内地法域以“中央法域”自居。两部基本法规范了中央与特别行政区之间的关系,但是并没有明确规范内地法域与特别行政区的关系。由于相互之间关系不能在法律上予以明确,进而没有就双方如何进行协商、签订法律文件提供法律渠道。

(3)在中央应确定或者专门设立协调各法域法律事务的委员会。根据宪法第70条的规定,全国人民代表大会内设法律委员会等专门委员会。对于各法域因法律事务发生的原则性冲突,法律委员会或者内务司法委员会是否有权予以协调,则在法律上并没有明确。从现在协调的方式看,各法域之间就法律问题的协调都是个别的,并没有试图建立起一套经常性的、稳定的协调机制。这一现状限制了内地法域与特别行政区之间的法制对接,进而限制了整体中国法制体系的融合。在中央一级确定由专门委员会或者专门设立一常设机构,专门负责处理有关各法域之间关系的事务,协调各法域之间的法律摩擦和争议,对于各法域法律协调机制的建立,加速各法域法制体系之间的接轨,无疑将发挥重要的作用。从长远看,该委员会还可以作为协调内地法域与台湾地区法域之间法律问题的机构。

上述三点,在宪法及其他宪法性法律文件中应当予以体现,至于具体规范设计上还需进一步研究。

2. 完善内地刑法规范的建议

中国区际刑事法律冲突问题所引起的法律思考,着眼于刑法,即集中到刑法关于空间效力问题的规定上。从对外的角度讲,《中华人民共和国刑法》施行范围虽不及于全国,但是其国家刑法的地位不容动摇。从中国范围内存在多法域的现实出发,以特别行政区基本法关于全国性法律在特别行政区施行的种类衡量,现行《中华人民共和国刑法》相对于一国之内其他法域而言则仅具有内地法域刑法的地位。基于此,在维持现行《中华人民共和国刑法》体系不变的情况下,应对刑法关于空间效力的规定进行必要的修改。

(1)对刑法第6条的修改建议。现行《刑法》第6条第1款规定:“凡在中华人民共和国领域内犯罪的,除法律有特别规定的以外,都适用本法。”其中“除法律有特别规定”可用以解释《中华人民共和国刑法》不在港、澳施行的根据。但是对于第6条第2款中“中华人民共和国船舶或者航空器”是否包括港、澳、台籍的船舶、航空器则存在疑问？从论理解释的角度出发，自然不应包括港、澳、台籍的船舶、航空器；但是在一般意义理解上会产生歧义：港、澳、台籍船舶、航空器不属于中华人民共和国。第6条第3款中“领域”是否包括港、澳、台也存在疑问？从该条第1款应推论，此处“领域”不应涵盖港、澳、台，但是如此却又容易造成港、澳、台不在“中华人民共和国领域”内的误解。为避免误解，强化该条文的操作性，我们建议将第6条修改为：

凡在中华人民共和国领域内犯罪的，除法律有特别规定的以外，都适用本法。

在中华人民共和国香港特别行政区、澳门特别行政区辖区内犯罪的，适用该地区的法律。

凡在中华人民共和国船舶或者航空器内犯罪的，也适用本法。但是在中华人民共和国香港特别行政区、澳门特别行政区船舶或者航空器内犯罪，适用该地区的法律。

犯罪的行为或者结果有一项在本法施行的地域范围内的，也适用本法。

上述两特别行政区以外中华人民共和国公民在两特别行政区内实施的危害行为，依照本法和本地区的法律都应当追究刑事责任的，适用本地区的法律；该地区的法律没有规定的，适用本法。

如此规定，既可以避免现有规定可能产生的歧义，也可以比较清晰地界定内地法域与香港法域、澳门法域的刑事管辖权所及之空间范围。

(2)对刑法第7条的修改建议。如前文所述，香港刑法、澳门刑法都在一定范围内具有域外的效力，对于两地居民在中华人民共和国领域外犯罪，若依照本法域刑法予以追究刑事责任的，则应适用本法域刑法，而不宜适用《中华人民共和国刑法》。这既是基于对特别行政区法制体系及司法权予以承认与尊重的考虑，也有利于特别行政区对其居民进行管理和约束；同时，由于其居民负有遵守本法域法律的义务而熟悉本法域的法律制度，尤其是本法域的刑事诉讼制度，由本法域进行审判也有利于维护涉嫌犯罪人的基本权利。鉴于此，对于香港居民、澳门居民在中华人民共和国领域以外犯罪的，应当尽可能适用两特别行政区的刑法。因而建议对刑法第7条进行修改，增加第3款，可规定为：

中华人民共和国香港特别行政区居民、澳门特别行政区居民在中华人民共和国领域外犯本法规定之罪的，依照本地区的法律应当追究刑事责任的，适用本地区的法律；该地区的法律没有规定的，适用本法。

(3)对刑法第8条的修改建议。刑法第8条是关于保护管辖权的规定。

澳门特别行政区刑法也有关于保护性管辖的规定；香港特别行政区刑法虽然坚持较为严格的属地管辖原则，但是对于特定犯罪也具有域外效力，包括外国人犯这些罪的情形。对于外国人在中华人民共和国领域外针对特别行政区或者居民犯罪，如果根据特别行政区的刑法应当追究刑事责任的，则应当由特别行政区管辖更为适宜。如此规定，既有利于体现对特别行政区法制体系和司法权的承认与尊重，又有利于维护特别行政区的社会秩序、居民合法权益和司法权威。因而建议对刑法第 8 条进行修改，增加第 2 款，可规定为：

外国人在中华人民共和国领域外对中华人民共和国香港特别行政区或者居民、澳门特别行政区或者居民的危害行为，依照本地区的法律应当追究刑事责任的，适用该地区的法律；该地区的法律没有规定的，依照前款的规定处理。

(4) 对刑法第 10 条的修改建议。刑法第 10 条是关于外国刑事判决效力的规定。从现有规定看，还不承认“一事不再理”原则；当然在处理上还是要考虑已在外国受过的刑罚处罚，作为可以免除或者减轻处罚的情节。对于刑法第 10 条所规定的情形，依照刑法应当追究刑事责任的，如果已经在香港、澳门特别行政区进行审判的案件，则基于一个中国原则和相互承认原则，应承认其判决效力，不再追究其犯罪人的刑事责任。因而建议对第 10 条进行如下修改：

凡在中华人民共和国领域外犯罪，依照本法应当负刑事责任的，虽然经过外国审判，仍然可以依照本法追究，但是在外国已经受过刑罚处罚的，可以免除或者减轻处罚。香港特别行政区、澳门特别行政区已经审判的，不再适用本法。

有学者提出我国刑事诉讼法中应当确认“一事不再理”原则，并相应地删除刑法第 10 条的规定。① 我们同意这一主张，因而考虑在适当时候，建议将该条予以废除。

上述法条设计，实际上是将内地刑法的适用范围与特别行政区刑法的适用范围在一国的范围内进行了划分，而且在关于“属地管辖”、“属人管辖”、“保护管辖”法条规定中相应地增加了“地域管辖”、“居民管辖”、“本法域保护管辖”的规定，这样设计虽然分散，但是针对性强，也能够区分相似管辖权之间的关系。另一种设计思路是将增加的规定集中为一个法条，统一规定内地刑法与特别行政区刑法在适用范围上的划分问题，这样规定的不足是不易厘清相似管辖权之间的关系。

① 参见张旭：《国际刑法论要》，吉林大学出版社 2000 年版，第 285 页。

3. 完善内地刑事诉讼法的建议

一法域的刑事诉讼法,只有在确定本法域具有刑事管辖权即本法域刑法应得以适用的前提下,才应予以适用;刑事诉讼法不能解决刑法适用的问题,因而不能直接规定不同法域刑事管辖权冲突的原则和规则。但是,中国区际刑事司法互助作为一个程序问题,刑事诉讼法则可以进行调整,可对本法域进行司法互助的一般规定在刑事诉讼法中单列一章予以体现。如此设想,虽然仅从单方面规范了本法域的司法互助行为,但同样在相当程度上具有协调区际司法互助活动的作用。内地与港、澳之间的司法互助活动,内地法域一方的司法互助行为更应当首先予以规范,理由在于:(1)内地法域所及范围广阔,行政区域多,应当首先统一其司法互助行为,从目前看,广东与香港、澳门之间的司法互助事宜较多①,各方往从密切,但是广东一省的司法互助的做法对其他各省没有约束力,其示范作用也是有限的。因而将内地法域司法互助行为统一予以规范,既便于协调内地法域各省的司法互助行为,又有利于他法域全面了解内地刑事司法互助的具体规定而便于相互协作。(2)关于内地进行区际刑事司法互助的主体问题,只能由内地法律予以规范,而这是区际刑事司法互助活动中首先应予以明确的。

现行《中华人民共和国刑事诉讼法》没有规定与外国之间的司法协助问题,区际司法互助的规范更是付诸阙如。最高人民法院 1998 年 6 月 29 日《关于执行〈中华人民共和国刑事诉讼法〉若干问题的解释》第 18 章“涉外刑事案件审理程序”中规定了与外国法院之间的刑事司法协助问题;最高人民检察院 1998 年 12 月 16 日修订的《人民检察院刑事诉讼规则》第 11 章“刑事司法协助”规定了与外国之间的司法协助问题。两个司法解释并没有规定与港、澳之间的司法互助问题;就我们看来,对于内地与港、澳之间的司法互助问题,上述司法解释的参照作用也是有限的,理由在于:上述司法解释关于刑事司法协助的规定,基本定位于国家之间的司法协助,因而其采用的原则和具体方式、渠道都体现了国际刑事司法协助的性质。从现实角度看,修订作为基本法律的刑事诉讼法,其难度还是较大的;为了便于及时解决问题、确定司法互助规范,由最高人民法院、最高人民检察院制定司法解释的方法在短

---

① 在香港回归前,这种司法互助活动即已开始,而且双方有一定的司法互助文件。例如,香港廉政公署与广东省人民检察院于 1988 年即就双方的协查及跨境调查程序达成协议;1996 年,双方签订了“个案协查计划”。广东与澳门警方于 1979 年开始警务合作,由当时的澳门司法警察司与广东省公安厅接触,双方各任命一位联络官。自 1983 年至 1999 年澳门回归前,两地警方共举办 33 次定期会晤。参见黄少泽:《从区际刑事司法协助看澳门与内地警务合作关系》,载何超明、赵秉志主编:《区际刑事司法协助研究》,澳门特别行政区检察院、澳门检察律政学会 2002 年版,第 324 页。

期内也会取得积极效果。①

关于中国区际刑事司法互助问题,内地也可以采取单行立法的方式,而不在刑事诉讼法中予以规范。制定单行法的好处在于:第一,可以不触及刑事诉讼法的现有体例,这样在立法程序上可能更为便捷一些;第二,可以集中反映中国区际刑事司法互助的性质和特点,而使其规范更有针对性;第三,采用单行法的方式,更便于与港、澳之间的做法相协调,而且在有可能的情况下,还可以兼及与台湾地区的刑事司法互助。②

(二)关于解决中国区际刑事管辖权冲突之司法互助协定内容的初步设想

从目前看,制定适用于一个中国范围内各法域的"中国区际刑事司法互助法"的可能性较小,其理由主要有两点:(1)两部特别行政区基本法第18条第3款都规定,全国人民代表大会常务委员会在征询其所属的香港特别行政区基本法委员会、澳门特别行政区基本法委员会和香港特别行政区政府、澳门特别行政区政府的意见后,可以对基本法附件三的法律作出增减;但是任何列入附件三的法律,限于有关国防、外交和其他按基本法规定不属于特别行政区自治范围的法律。无论是制定"中国区际刑事司法互助法",还是制定涵盖民事司法互助、刑事司法互助的"中国区际司法互助法",制定这样的法律权限应集中于全国人民代表大会,就其效力等级而言,都只能是基本法律,且不属于上述规定所明确的范围。就特别行政区而言,如何与他法域进行司法互助事务应视为在其"自治范围"之内。如果制定这样的全国性法律,势必要对基本法的上述规定进行修改,即扩大全国性法律在港、澳实施的范围。(2)香港特别行政区基本法第95条、澳门特别行政区基本法第93条都规定,特别行政区可与全国其他地区的司法机关通过协商依法进行司法方面的联系和相互提供协助。这两条规定都属于授权性规范,既授权港、澳特别行政区可与全国其他地区协商司法互助事宜,同时也是对全国其他地区作出了授权。如果中央制定"中国区际刑事司法互助法"或者统一的"中国区际司法互助法",都与该条确定的精神相违背。因而对目前中国区际刑事司

① 澳门刑事诉讼法典第五卷"与本地区以外当局之关系"中即规定了刑事司法协助的一般制度,根据第213条的规定及其精神,这一制度不仅适用于澳门与外国的刑事司法协助关系,也适用于澳门与香港及内地的关系。

② 澳门立法会制定的《司法互助请求的通报程序法》即采单行法的形式。台湾学者蔡墩铭教授受台湾当局"行政院大陆委员会"委托主持研究,于1993年10月完成"涉及两岸刑事案件处理方式研究"的研究报告,在该研究报告中,提出总计23条的《涉及两岸刑事案件处理条例(草案初稿)》;台湾学者吴景芳也草拟了《大陆地区委托刑事案件处理条例(草案)》(参见吴景芳:《两岸共同打击犯罪应有之做法》,载《中兴法学》1998年第44期,。两位学者的设想基本上也是从台湾当局的角度以制定单行法的形式,来解决与内地之间的司法互助问题。

法互助问题进行调整,除了各法域制定或完善本法域的刑事司法互助的法律外,则应由各法域之间协商签定区际刑事司法互助协定。

关于中国区际刑事管辖权冲突之解决,如前所述,应通过建立“刑事管辖之确定程序”,作为中国区际刑事司法互助的一个特定事项来进行。各法域如何签订关于该司法互助事项的协定,基本上可以考虑两种方式:(1)统一协定方式。即各法域签订一个全方位的或者涵盖大多数司法互助事项的中国区际“刑事司法互助协定”,将“刑事管辖之确定程序”作为一个具体司法互助事项纳入到这个大协定之中。这种做法的好处显而易见:既可以协调不同事项司法互助之间的关系,在程序设计上保持规则上的一致,又可以减少协定文本,可谓“一劳永逸”。其不利之处在于:签订如此协定,工程浩大,“旷日持久”。(2)个别协定方式。即各法域仅就“刑事管辖之确定程序”这一单项的刑事司法互助活动进行协商,签订相应的司法互助协定。如此做法的好处也比较明显:一是协商内容单一,便于各方进行集中磋商,因而容易达成一致;二是由于“刑事管辖之确定程序”不单纯规范程序问题,还涉及到解决刑事管辖权冲突的原则和规则的磋商与共识问题,因而这一司法互助事项的内容兼具程序性和实体性,而其他类型的司法互助事项的内容不涉及实体问题。单独签订协定有利于充分反映这一特点。就上述两种协定方式分析,从长远看,“统一协定方式”一体性解决中国区际刑事司法互助问题,能够较好地调整中国区际刑事司法合作关系;从务实的角度分析,则“个别协定方式”具有更强的可行性。我们主张分阶段解决中国区际刑事司法互助问题,具体而言,就是按照紧迫程度订立时间表,分别议题逐一协商具体刑事司法互助事项;能够就一个事项达成协议,就签订该方面的司法互助协定;但是,对于同一类型、共性突出的司法互助事项(比如狭义的刑事司法互助)应尽可能地在一个协定内予以规范。刑事管辖之确定问题,在我们看来,是中国区际刑事司法互助一个重要事项,应当优先考虑协商解决。

关于区际刑事司法互助协定采双边协商方式,还是采多边协商方式,也需要进一步研究。从应然的角度设想,由中国范围内各法域签订一个多边的、适用于各法域的刑事司法互助协定无疑是最为理想的;但是,从目前的实践看,关于区际刑事司法互助的协商还是双边性的。对于这个问题,是否可以采取更具有建设性的途径来使各法域刑事司法互助行为协调化?我们考虑,可以使双边刑事司法互助协定变成开放式的,其他法域如果认同该协定的内容,即可以表示参加该协定或者对相关条款作出适当保留后(当然这种保留是有限度的)参加该协定;已签订协定的双方法域应积极认可,而不必再与该法域另行签订司法互助协定,如此双边协定可转化为多边协定。对于两岸刑事司法互助问题，鉴于现状，应采“中介机构模式”进行磋商，对于他法域已达成的协定，台湾当局又可以通过海基会表示意见。

就“刑事管辖之确定程序”问题，我们就各法域签订相关司法互助协定提出一个参考方案，以期为该问题的解决有所助益。协定建议稿如下：

中华人民共和国内地与××特别行政区
刑事管辖确定程序司法互助协定

第一条 （宗旨）

为协调和解决内地与××特别行政区之间刑事管辖权冲突问题，合理确定刑事案件的实际管辖，中华人民共和国最高人民法院、最高人民检察院、公安部代表内地与中华人民共和国××特别行政区政府本着平等协商的精神，根据《中华人民共和国宪法》和《中华人民共和国××特别行政区基本法》的规定，签署本协定。

第二条 （原则）

内地司法机关、公安机关与××特别行政区司法机关、警察机关在进行确定刑事案件实际管辖的司法互助活动中，应当平等协商，相互承认对方依照本地区法律实施的行为，密切合作，有效惩治涉及内地与××特别行政区的犯罪活动。

第三条 （刑事管辖权冲突之解决）

1.（地域管辖权优先行使）

在内地实施的危害行为，依照《中华人民共和国刑法》应当追究刑事责任的，由内地司法机关管辖；在××特别行政区实施危害行为的，依照本地区的法律应当追究刑事责任的，由××特别行政区司法机关管辖。

2.（主要犯罪地地域管辖权优先行使）

犯罪的行为和结果分别发生在内地和××特别行政区的，应由受犯罪侵害最大的地区司法机关管辖。犯罪行为跨越内地和××特别行政区的，由主要犯罪行为地的司法机关管辖；无法确定主要犯罪行为地的，由最先受理案件的司法机关管辖。

3.（居民管辖权的行使）

同一刑事案件的犯罪嫌疑人、被告人与被害人属于同一地区的，可以由本地区的司法机关管辖。

4.（《中华人民共和国刑法》的特别适用）

××特别行政区居民在中华人民共和国领域外的危害行为，依照本地区的法律应当追究刑事责任的，适用本地区的法律；本地区的法律没有规定的，适用《中华人民共和国刑法》。

外国人在中华人民共和国领域外对××特别行政区或者居民的危害行为，依照本地区的法律应当追究刑事责任的，适用本地区的法律；本地区的法律没有规定的，适用《中华人民共和国刑法》。

5.（一事不再理）

对同一刑事案件的犯罪被告人，内地或××特别行政区一方已经审判的，另一方不得再行提起刑事诉讼。

第四条（刑事管辖确定之程序）

1.（通报与请求）

内地或××特别行政区一方司法机关、侦查机关对特定刑事案件立法侦查，或者接受控告、申诉、自首后，认为另一方也有刑事管辖权应当及时就案件事实、法律根据以及处理情况进行通报；如果认为由另一方实际管辖更为适宜的，可以同时提出移送案件的请求。

内地或××特别行政区一方司法机关、侦查机关对特定刑事案件立法侦查，或者接受控告、申诉、自首后，另一方认为应由本地区司法机关实际管辖的，可以提出实际管辖该案件的请求。

内地作出刑事管辖通报或者请求的主体为省、自治区、直辖市的高级人民法院、省级人民检察院、公安厅；××特别行政区作出通报或者请求的主体为特别行政区最高法院、最高警察机关。

2.（同意或者异议）

内地或者××特别行政区一方司法机关、侦查机关在接到另一方的通报或者请求后，应当进行审查，并在合理的期限内予以答复。

对一方行使实际管辖的通报表示同意的，该方司法机关、侦查机关可以继续行使管辖权，被通报方不得再行提出管辖权异议；双方相应司法机关、公安机关（警察机关）应当及时进行磋商。对一方希望另一方实际管辖的通报表示同意的，则应将案件及犯罪嫌疑人或者被告人移交另一方实际管辖；对该通报表示异议的，由通报方继续进行管辖。

同意另一方实际管辖请求的，该方应将案件及犯罪嫌疑人或者被告人移交另一方管辖；对另一方实际管辖请求表示异议的，双方相应司法机关、公安机关（警察机关）应当及时进行磋商。

超过合理期限不予答复的，通报方应继续进行管辖；被通报方不得再行主张实际管辖。

3.(磋商)

对前款中出现的刑事管辖争议,双方相应司法机关、公安机关(警察机关)应当平等磋商。经磋商无法达成一致的,由最先提起诉讼的地区管辖。

4.(刑事诉讼的合并)

刑事管辖争议双方就同一事实均提起刑事诉讼的,按照上述程序确定由一方实际管辖,另一方应将案件移送实际管辖的一方。

第五条 (协定的解释)

该协定的解释权由签署协定的双方共同行使。

第六条 (协定的生效)

本协定签署后,由全国人民代表大会常务委员会、××特别行政区立法会批准后生效。

第七条 (协定的开放性)

全国范围内其他法域如果认可本协定内容,可以提出加入本协定的请求;经过已经签署协定的主体同意后,该法域成为本协定的主体。

22. 我国内地与港澳特区之间被判刑人移管机制构建探讨*

目 次

一、前　言

随着香港和澳门的回归以及香港基本法和澳门基本法的实施，在中国领域内出现了"一国两制三法系四法域"这种法律分治的现状。而这些不同法

---

* 本文初稿提交 2008 年 11 月 21 日由香港大学法律学院在香港举办的"两岸四地法律发展学术研讨会"并被收入会议文集中，后经修改，载于《环球法律评论》2009 年第 5 期。

域之间的经济、文化活动也大幅度增多,随之而来的是跨区域的刑事犯罪也不断增加,带来了一系列我国区际刑事法治方面的疑难问题。对此,我国内地、香港与澳门地区的学者进行了较为深入和全面的研讨,在很多问题上达成了共识,形成了较多学术理论方面的成果。① 在中国范围内各法域间积极开展惩治与防范刑事犯罪方面的司法协助活动,也取得了诸多令人赞许的成效。例如,我国内地与香港特别行政区通力合作,成功侦破和处理了张子强等犯罪集团绑架案件。② 在此背景下,扩展我国区际刑事司法协助的领域愈来愈有必要。其中,具有前瞻性的我国区际被判刑人移管问题也颇值得关注。

被判刑人移管本来是国际刑事司法协助中的重要内容,因为其不但符合现代刑事政策所倡导的刑罚目的和人道主义原则,而且充分体现了互助互利的司法协助精神③,所以在各国刑事司法活动中受到积极关注和重视。总体上看,各国在被判刑人移管方面的立法实践主要表现为三种情形:一是国内立法模式。如加拿大早在 1978 年 7 月 17 日就制定施行了《囚犯移管法》,瑞士于 1982 年制定颁布的《国际刑事司法协助法》对被判刑人移管问题作了比较详细的规定。二是国际公约或者条约模式。如欧洲理事会于 1983 年 3 月 21 日在斯特拉斯堡签订了《欧洲移交被判刑人公约》,1985 年 8 月在意大利米兰举行的联合国第七届预防犯罪和罪犯待遇大会提出了《关于外国囚犯移管的示范协定》,而联合国经济及社会理事会于 1986 年 5 月 21 日通过一个决议,承认该示范协定的意义,并倡议犯罪预防和控制委员会拟订关于缓刑犯和假释犯监督移管的示范协定。三是对外签订条约,国内也进行相关立法的模式。如德国就制定颁布了《国际刑事司法协助法》,也参加了前述的《欧洲移交被判刑人公约》。

对于与其他国家或者地区开展被判刑人移管的合作,中国内地、香港和澳门地区都给予了相当的重视,进行了相关的立法活动。例如,澳门在其 1997 年 4 月 1 日生效的《刑事诉讼法》中,就对有关被判刑人移管的相关问题作了基本的规定;香港政府于 1997 年 4 月 15 日与美国签署了《关于移交被判刑人的协定》(1999 年 4 月 17 日生效,此乃香港与外国签订的第一个被判刑人移管协定),此后一个多月又颁布了《移交被判刑人士条例》;内地于

---

① 参见赵秉志、黄晓亮编著:《中国区际刑法专题整理》,中国人民公安大学出版社 2008 年版。

② 参见赵秉志主编:《世纪大劫案张子强案件及其法律思考》,中国方正出版社 2000 年版。

③ 参见黄风:《国际刑事司法协助中的被判刑人移管》,载《比较法研究》1990 年第 4 期。

2001年7月21日与乌克兰签署了《关于被判刑人移管的条约》(2002年4月26日生效,此乃我国内地与外国签订的第一个被判刑人移管条约)。三地分别依据各自有关立法与其他国家或者地区开展了此方面的刑事司法协助活动。尤为可贵的是,香港与澳门两特区根据各自基本法的规定,通过协商于2005年5月20日签订了《关于移交被判刑人的安排》(该安排于同年12月26日生效实施)。该安排标志着中国范围内不同法域开展刑事司法协助的重要进步,具有相当强的示范作用,有助于促进在"一国两制"架构之下我国内地与港澳特区进一步发展在打击跨境犯罪活动上的合作。

不过,必须承认,虽然"一国两制"的方针早已确定,香港已经回归祖国十余年,澳门回归祖国也将近十年,我国内地与港澳特区的有关部门根据港澳基本法的规定在跨境刑事犯罪的处理方面已经有过大量接触并积累了相当多的司法经验,三地刑事法理论界也进行了具有一定深度和广度的理论研究,但是,近年来,涉及三地的很多具体刑事司法协助活动在法制上却是进展不大,至今尚未形成全面和稳定的刑事司法协助法律机制。显然,这种情形难以适应我国内地、香港、澳门三地间经贸关系日益密切、社会文化不断融合的现状,也不利于"一国两制"法律制度的巩固与发展。因此,很有必要加强对我国区际刑事司法协助之司法经验的理论总结和研究,逐步构建我国区际刑事司法协助法律机制,为维护中国范围内不同法域的社会稳定与发展提供坚强的刑事法治支持。本文试对我国内地与香港、澳门特区之间在"一国两制"背景下被判刑人移管的问题进行有一定前瞻性的探讨,以期有助于三地在此方面逐步形成稳定和健全的法律机制。①

二、构建内地与港澳特区之间被判刑人移管机制的现实基础

构建我国内地与香港、澳门特区之间的被判刑人移管法律机制并非毫无根据,恰恰相反,我们应该看到,我国三地刑事法理论界的相关研讨为这种构想提供了理论基础,我国三地在刑事司法协助尤其是被判刑人移管方面的立法与司法活动则为之提供了丰富的立法与司法基础。

(一)理论基础

从刑事法理论的角度看,被判刑人移管涉及如下两个基本问题:(1)被

---

① 笔者早在20世纪90年代中期就对我国内地与台湾地区之间的被判刑人移管问题进行过初步探讨。参见赵秉志:《海峡两岸间刑事案件移交和已决犯移管问题研究》,载赵秉志:《外向型刑法问题研究》(上册),中国法制出版社1997年版,第550—597页。

判刑人移管的启动根据。首先,将被判刑的犯罪人移交给其他国家执行刑罚,与刑罚的目的和功能有关,即为了更好地实现刑罚目的,充分地发挥刑罚的功能,使得犯罪人在服刑期间能继续保持与其家庭、外界环境的适当联系和接触,以利于其出狱后重新适应社会生活,预防其因适应不好而再次犯罪。① 其次,同样重要的是,在很多时候也是出于人道主义的考虑,即体察和照顾被判刑人在身体、家庭、宗教、语言、文化等方面的个人特殊情况,使其享有更好的人道待遇,也便于对其教育和改造。(2)被判刑人移管的法律根据。在很多情况下,移管被判刑人活动所涉及的犯罪存在较为复杂的跨境因素,如甲国国民到乙国实施犯罪等。涉及被判刑人移管问题的相关国家依据属地或者属人管辖的规定,对该判刑人的案件都拥有一定的刑事管辖权;但在被判刑人移管活动中,犯罪人国籍国(执行国)与判刑国(一般为犯罪地国)对本国的司法主权都作出一定的限制,执行国在他国对案件已经审理完毕的情况下不再审理此案,而是承认并执行他国的刑事判决。因而被判刑人移管是承认与执行外国刑事判决的一种表现形式,即执行国承认和执行判刑国对犯罪人所作出的刑事判决。②

从以上两个方面可以看出,被判刑人移管的具体实施,既要考虑对被判刑人移管是否有助于实现刑罚目的以及如何发挥刑罚功能的问题,又要考虑本国或本地区是否以及在多大程度上承认与执行外国刑事判决制度。前一问题的解决,需要贯彻有利于被判刑人的原则。即移管被判刑人,应当取得其本人的真实同意,移管要能够给被判刑人的改造和教育带来直接的助益,同时还应该坚持不加重刑罚的原则,即执行国在对被判刑人执行刑罚时不得加重原判刑罚,不得突破执行国刑事法律为同一种刑罚所规定的最高限度。③ 有论者还认为不限于此,囚犯在物质和精神方面的生存环境也不能比在被判刑国更加恶劣。④ 而对于后一个问题,很多学者认为,对被判刑人应坚持一事不二罚原则,即执行国不能因同一案件事实在接受对被判刑人的移管后再对其重新进行审理或者重新作出判决,即便是在接受被判刑人过程中进行刑罚转换,也必须受到判刑国所作判决所认定的事实的约束。⑤ 此外,在被判刑人的赦免、减刑等问题上,执行国虽然并不是无权作为,但是,也要

① 参见黄风:《国际刑事司法协助中的被判刑人移管》,载《比较法研究》1990 年第 4 期。

② 参见张明:《被判刑人移管及与相邻制度比较研究》,载《犯罪与改造研究》2002 年第 11 期。

③ 参见黄风:《国际刑事司法协助中的被判刑人移管》,载《比较法研究》1990 年第 4 期。

④ 参见刘志伟、左坚卫:《外国被判刑人移管的原则、条件及程序探讨》,载《北京科技大学学报》2003 年第 1 期。

⑤ 参见张明:《被判刑人移管及与相邻制度比较研究》,载《犯罪与改造研究》2002 年第 11 期。

尊重判刑国所作出的刑事判决及其精神。

上述分析虽然主要是在国际刑事司法协助的背景下展开的，但也为探讨中国范围内不同法域之间进行被判刑人移管活动提供了基本上可资参考借鉴的思路。在理论研究中，与被判刑人移管有关的多种原则（如有利于被判刑人、一事不二罚等）也在区际刑事司法协助的背景下得以讨论，并广受赞同。① 同时，理论上对“一国两制”原则从开展区际刑事司法协助的角度给予了极大重视和充分研究。② 作为重要的政治指导原则，“一国两制”既揭示了进行被判刑人移管的必要性，又表明了进行被判刑人移管的可行性。中国内地与港澳特区之间进行被判刑人移管等刑事司法合作，有助于在法律上进一步确认三地所各自独享的司法终审等权力，有利于促进三地发挥主动性，克服在中国区际刑事法律合作方面所存在的不协调之处。

关于被判刑人移管的适用对象，笔者曾主要就被判刑人的身份问题提出了本地区居民不移交的原则，即不能将本地区的居民在被判刑后移交给其他地区的司法机关来执行刑罚。③ 而对于犯罪人被判处的具体刑罚问题，理论上有见解认为，被判刑人主要是被判处自由刑的犯罪人，不包括被判处死刑（死刑立即执行、死刑缓期执行）的犯罪人和被判处财产刑的犯罪人；至于被判刑人同时被适用缓刑，或在执行刑罚中被假释的，理论上有见解认为，也可适用被判刑人移管。④

（二）立法基础

对于被判刑人移管问题，我国内地、香港、澳门都在立法方面相当重视并有一定的成效。三地在此方面的各自立法主要有如下两种模式：

1. 签订条约模式

中国内地采取了此种模式，即通过与世界上其他国家签订有关被判刑人移管协议的方式来进行此方面的立法活动。截至 2008 年 3 月 20 日，中国内地分别与乌克兰、俄罗斯联邦、西班牙王国、葡萄牙共和国、澳大利亚等五个国家签订了关于被判刑人移管的条约，其中，有三个经全国人大常委会批准而已生效实施（参见表一）。尽管有学者呼吁我国内地立法机关制定国际刑

---

① 参见黄荣康、邬耀广：《我国内地与港澳台地区刑事案件缓刑犯的移管问题研究》，载《法律适用》2002 年第 10 期。

② 参见赵秉志、何超明主编：《中国区际刑事司法协助探索》，中国人民公安大学出版社 2002 年版。

③ 参见赵秉志等：《海峡两岸间刑事案件移交和已决犯移管问题研究》，载赵秉志、黄风主编：《被判刑人移管国际暨区际合作》，中国人民公安大学出版社 2004 年版，第 352 页。

④ 参见黄荣康、邬耀广：《我国内地与港澳台地区刑事案件缓刑犯的移管问题研究》，载《法律适用》2002 年第 10 期。

事司法协助方面(包括被判刑人移管)的法律,但我国内地立法机关目前尚未将此方面的立法创制提上日程。

表一:中国(内地)与其他国家签订的被判刑人移管条约①

国家	名称	签署日期	生效日期
乌克兰	中华人民共和国和乌克兰关于移管被判刑人的条约	2001年7月21日	2002年10月12日
俄罗斯	中华人民共和国和俄罗斯联邦关于移管被判刑人的条约	2002年12月2日	2006年12月9日
西班牙	中华人民共和国和西班牙王国关于移管被判刑人的条约	2005年11月14日	2007年4月4日
葡萄牙	中华人民共和国和葡萄牙共和国关于移管被判刑人的条约	2007年1月31日	尚未生效
澳大利亚	中华人民共和国和澳大利亚关于移管被判刑人的条约	2007年9月6日	尚未生效

2. 直接立法与签订条约双重模式

香港与澳门采取了此种模式,即通过本地区刑事立法以及与其他国家签订协定两种方式进行有关被判刑人移管的立法活动。在香港回归祖国之前,英国《1986年遣返囚犯(海外属地)令》曾在香港实施。香港政府于1997年6月6日公布实施《移交被判刑人士条例》,回归祖国后该条例继续生效。同时,香港政府根据香港基本法的规定与其他国家签订了数个有关移交被判刑人的协定。截至2008年5月1日,香港分别与澳大利亚、法国、意大利、菲律宾、葡萄牙、斯里兰卡、泰国、英国、美国、比利时等十个国家签订了有关被判刑人移管的协定,其中,有九个已经生效实施(参见表二)。在澳门,于1997年4月1日生效的《澳门刑事诉讼法典》第5卷"与本地区以外当局之关系"部分,分两编规定了承认与执行其他国家或者地区之刑事判决的有关问题。澳门政府与葡萄牙政府于1999年12月7日在里斯本签订《关于转移被判刑人之协定》,该协定于同年12月17日在澳门生效实施,经中华人民共和国政府与葡萄牙共和国互换照会商定,该协定于1999年12月20日后继续在澳门特别行政区实施。为配合上述立法活动,澳门政府立法会于2002年2月

① 参见 http://www.fmprc.gov.cn/chn/wjb/zzjg/tyfls/tfsckzlk/zgywgsbtyylb/t422584.htm(中华人民共和国外交部条约法规司网站)。

26 日通过了《订定司法互助请求的通报程序法》。

表二:香港与其他国家或者地区签订的被判刑人移管协定①

国家	生效日期	宪报编号	刊登日期
澳大利亚	2006 年 4 月 23 日	第 5 号特别副刊第 10 卷第 16 期	2006 年 4 月 21 日
法国	2008 年 5 月 1 日	第 5 号特别副刊第 12 卷第 17 期	2008 年 4 月 25 日
意大利	2002 年 12 月 14 日	第 5 号特别副刊第 6 卷第 50 期	2002 年 12 月 13 日
菲律宾	2002 年 6 月 15 日	第 5 号特别副刊第 6 卷第 24 期	2002 年 6 月 14 日
葡萄牙	2004 年 11 月 7 日	第 5 号特别副刊第 8 卷第 44 期	2004 年 10 月 29 日
斯里兰卡	1999 年 5 月 12 日	第 5 号特别副刊第 3 卷第 22 期	1999 年 6 月 4 日
泰国	2000 年 8 月 9 日	第 5 号特别副刊第 4 卷第 33 期	2000 年 8 月 18 日
联合王国(英国)	1998 年 3 月 19 日	第 5 号特别副刊第 2 卷第 19 期	1998 年 5 月 8 日
美国	1999 年 4 月 17 日	第 5 号特别副刊第 3 卷第 17 期	1999 年 4 月 30 日
比利时	尚未生效		

从具体规定来看,我国内地和港澳特区的上述立法活动有一定的共同之处,主要表现为如下两点:(1)结构基本相同。均包括定义、条约宗旨、中央或中心机关、移管条件、移交被判刑人程序、被判刑人同意、刑罚的执行与变更、管辖权保留、被判刑人过境、争议解决等主要内容,在我国内地与其他国家签订的被判刑人移管条约中还有有关移管拒绝、赦免的规定。(2)内容基本相同。即条约或者协定的主要部分在内容方面基本相同,如关于移管的条件,我国内地和港澳三地与其他国家签订的条约基本上都规定了双重犯罪原则、剩余刑期原则、判决确定与刑事程序用尽原则、包括被判刑人在内的多方同意原则以及执行国(地区)接受己方居民原则。这就为我国内地与港澳特区三地解决区际被判刑人移管问题提供了立法思路。

除了上述我国内地与港澳特区三地各自的立法活动之外,尤为值得关注的是,香港特区与澳门特区从立法角度就被判刑人移管法律机制的构建问题

① 参见 http://translate. legislation. gov. hk/gb/www. legislation. gov. hk/ctable5ti. htm(香港特别行政区律政司网站)。

做出了可贵的探索。《香港特别行政区基本法》第95条与《澳门特别行政区基本法》第93条均规定,港澳特别行政区可与全国其他地区的司法机关通过协商依法进行司法方面的联系和相互提供协助。这就为我国内地与香港、澳门特区在具体领域内开展区际刑事司法合作提供了坚实的法律根据。2005年5月20日,香港特别行政区政府代表与澳门特别行政区政府代表在香港签订了《香港特别行政区政府与澳门特别行政区政府关于移交被判刑人的安排》(以下简称"关于移交判刑人的安排"),该安排于同年12月26日生效。① 该协定与上述我国三地各自和其他国家签订的此类条约或者协定也有一定的相同之处,主要表现为两点:(1)组成部分相同。该协定也有定义、关于协定宗旨的一般原则、联络机关、移交条件、移交程序、管辖权保留、刑罚执行、被判刑人过境、费用与生效等部分。(2)内容方面相同。如也将管辖权保留规定为"移交方保留对为判决的再审而提起的任何上诉作出裁判或是复核其法院所定罪行及所判刑罚的司法管辖权"。显然,香港特区与澳门特区就被判刑人移管而签订的协定在立法精神上完全符合有关国际公约、其他国家间条约以及某些国家刑事立法方面的普遍性规定,具备很强的实用性和可操作性。不过,值得注意的是,该协议也存在一些值得探讨的地方。例如,在"移交条件"部分,虽然对被判刑人的刑罚条件作了规定,但主要是针对实刑而言的,没有涉及缓刑犯的移管问题,而符合移管条件的缓刑犯实际上也存在移管的必要②;协定单独规定了"单方停止原则"③,这意味着该协定有可能因单方随时中止而失效,从而给该协定埋下了不稳定的因素。不过,总体上看,香港与澳门所签订的《关于移交被判刑人的安排》是中国范围内不同法域在"一国两制"框架和政治原则下所签订的第一个区际刑事司法协助协定,这一协定将国际公约、条约以及港澳特区与其他国家签订被判刑人移管方面协定的经验成功地引入到区际刑事司法协助活动中,为我国内地与香港、澳门特区签订区际被判刑人移管协议提供了重要的示范。

(三)司法基础

在与其他国家间的被判刑人移管方面,我国内地与香港、澳门特区都成

---

① 与此相关,香港特别行政区惩教署与澳门特别行政区监狱于2006年3月29日还签订了一份《合作安排》,以进行相关合作计划及协同工作。

② 参见黄荣康、邬耀广:《我国内地与港澳台地区刑事案件缓刑犯的移管问题研究》,载《法律适用》2002年第10期。

③ 《香港特别行政区政府与澳门特别行政区政府关于移交被判刑人的安排》第13条规定,安排任何一方可随时以书面方式通知另一方终止本安排。在此情况下,本安排于另一方接获通知之日起三个月后失效。根据本条第1款规定失效的本安排,可继续适用于其失效前被移交的被判刑人的刑罚的执行。

功地进行了相当多的司法活动,积累了较为丰富的司法经验。对于我国内地而言,其在与外国签订第一个被判刑人移管条约之前就有成功移交被判刑人的个案操作。1997 年 9 月 7 日,中国有关方面将在中国某地犯罪并被当地中级人民法院定罪处罚的两名乌克兰籍犯罪人,依法移交给乌克兰有关机关,成功实现了对两名外籍犯的被判刑人移管活动。在该次被判刑人移管活动中,中国与乌克兰商定了移管被判刑人的数项原则,如互惠原则、被判刑人同意原则、管辖权保留原则等。① 尽管此次被判刑人移管活动还有很多不足,如没有明确双重犯罪、刑罚执行变更问题等,但仍有力地促动了中国与其他国家在被判刑人移管方面合作的进步,并促使中国与乌克兰于 2001 年 7 月 21 日签署了《关于被判刑人移管的条约》(2002 年 10 月 12 日生效,此乃中国与外国签订的第一个被判刑人移管条约)。此后,中国内地与其他国家多次开展被判刑人移管活动,相对而言,中国移交给其他国家被判刑人的情形较多,而外国移交被判刑人给中国的情形则少一些。② 香港特区与澳门特区也都有被判刑人移管方面的成功经验。如截至 2005 年 9 月,香港从外国或者其他地区接收了 4 名在外犯罪并被判刑的香港居民返港服刑,移交了 7 名英国居民回国服刑。③

至于中国范围内不同法域间的被判刑人移管,最初的探索是 1990 年 9 月中旬海峡两岸红十字会就偷渡者、刑事嫌疑犯、刑事犯的遣返达成了著名的"金门协议";1994 年 8 月 7 日,内地"海协会"与台湾"海基会"在台北就劫机犯遣返问题也达成了很多共识。但从实际操作来看,海峡两岸在犯罪嫌疑人移交方面之作为颇多,而在被判刑人移管方面尚付之阙如。另外,香港特区与澳门特区之间也积极地开展了有关的被判刑人移管工作,如在 2002 年 6 月 4 日,香港与澳门有关机构就将在澳门被判处并执行刑罚的犯罪人由澳门移交给香港的问题进行了深入的磋商④;在港澳两地区移交被判刑人的有关

---

① 参见《中乌首次开展被判刑人移管合作》,载赵秉志、黄风主编:《被判刑人移管国际暨区际合作》,中国人民公安大学出版社 2004 年版,第 352 页。

② 外国移交被判刑人给中国的典型案例是余振东案件。美国将贪污犯罪人余振东于 2004 年 4 月 16 日移交给中国内地司法机关。不过,这是在中国与美国没有签订被判刑人移管条约的情形下展开的,而且,余振东被移交中国后也并没有执行其在美国被判的刑罚。中国某法院依法在不高于美国法院量刑的前提下重新审理余振东的犯罪,并判处刑罚。参见胡陆生:《关于余振东案审理的理性思考》,载《华东政法学院学报》2006 年第 4 期。

③ 参见梁爱诗:《香港与内地、澳门、台湾的司法互助状况和发展》,在"中国区际法律问题研讨会"(2005 年 9 月,北京)上的发言。

④ 参见 http://www.gcs.gov.mo/showCNNews.php? DataUcn = 10810&PageLang = C(澳门特别行政区新闻局网站)。

安排签订后，截至2006年4月4日，在澳门监狱服刑的107名香港居民中，有69人申请返港服刑①，同年6月7日澳门方面将一名在澳门犯罪被定罪判刑、执行一定刑期的香港居民成功地移交给香港有关方面执行剩余刑罚。因此，尽管就目前来看，我国内地与港、澳特区之间在开展被判刑人移管合作方面尚无举措，但是，三地在此方面均已积累了较为丰富的经验，当能够顺利地解决三地区被判刑人移管中的实体与程序问题。这无疑有利于三地之间开展此方面的合作。

三、构建内地与港澳特区之间被判刑人移管机制的潜在障碍

应该承认，对于我国区际被判刑人移管问题，我国内地与港澳特区其实都给予了相当的重视。如澳门在回归前后曾与内地就司法协助（包括被判刑人移管）问题进行过一定的接触和探讨；我国内地与香港有关部门在2000年3月曾开始就开展区际被判刑人移管活动进行磋商，对被判刑人移管的主要问题（如移管条件、管辖权保留、刑罚执行等）作了探讨。② 而且，如前所述，在中国范围内开展区际被判刑人移管合作，既具备一定的刑事法律理论前提条件，又有我国内地与港澳特区在此方面的立法基础和司法经验。不过，我国内地与港澳特区至今尚未达成一致意见或者协议。这就表明，在构建我国区际被判刑人移管机制的问题上，仍存在一定的障碍，需要研究如何予以克服。

（一）缺乏积极的承认和执行外国刑事判决的制度

若要与其他国家进行被判刑人移管这种刑事司法协助活动，那就要在本国刑事法律中确立承认和执行其他国家刑事判决的制度。在此方面，国际上较早进行了有关承认和执行外国判决的有关法律实践。例如，欧洲理事会于1970年5月20日通过了《关于刑事判决国际效力的欧洲公约》，规定可不经过囚犯同意而对之实行移管，可适用于自由刑之外的其他刑罚，并有限地设定了几项司法保留。不过，该公约因为规定了过于广泛的承认和执行外国刑事判决制度而没有为大多数国家所采纳③，其所确定的被判刑人移管也没有

---

① 参见《69名在澳门服刑港人申请返港服刑》，载《澳门日报》2006年4月4日。

② 参见香港特别行政区立法会CB(2)488/03－04(01)号文件，载http://www.legco.gov.hk/yr03－04/chinese/panels/se/papers/se1204cb2－488－1c.pdf。

③ 参见赵秉志等：《欧洲〈移交被判刑人公约〉及〈移交被判刑人公约附加议定书〉研究》，载赵秉志、黄风主编：《被判刑人移管国际暨区域合作》，中国人民公安大学出版社2004年版，第32—34页。

得到有效的开展。基于开展被判刑人移管的实际需要,欧洲理事会于1983年3月21日又通过了《欧洲移交被判刑人公约》,确定了有较多司法保留的承认和执行外国刑事判决制度,欧洲、亚洲、美洲的五十多个国家签署了该公约。根据该公约,很多国家有效地开展了被判刑人移管活动。后来,1985年8月在米兰举行的第七届联合国预防犯罪和罪犯待遇大会提出了《关于外国囚犯移管的模式协定》,联合国大会进而在第45次会议上通过了《有条件判刑或者有条件释放罪犯转移监督示范条约》,为各国进行被判刑人移管活动提供了一个非常灵活的框架。① 该条约为被判刑人移管活动确立了有限的承认和执行外国刑事判决制度。该制度在内涵上仍然属于积极的承认和执行外国的刑事判决,因为接受被判刑人移管的国家承认并同意在本国执行判刑国对犯罪人所确定的刑罚。因此,作为刑事司法协助的重要形式,被判刑人移管适用的前提是某个国家积极地承认和执行外国刑事判决。② 而在一个国家领域内进行不同法域之区际被判刑人移管,同样也涉及其他法域之刑事判决在本法域的效力问题,因而也需要以积极承认和执行其他法域的终审生效刑事判决作为前提。

在中国范围内,香港特区、澳门特区通过各种方式规定或者体现了积极的承认和执行外国刑事判决制度。香港在其《移交被判刑人士条例》中较为详细地规定了被判刑人移管的相关问题,承认其他国家或者地区法院在行使司法管辖权过程中对犯罪人所判处的刑罚,同时同意在其他国家或地区被判刑的香港居民移交给香港后对该被判刑人继续执行刑罚。《澳门刑事诉讼法典》第5卷"与本地区以外当局之关系"从第213条至第223条较为全面地规定了承认和执行其他国家或地区刑事判决的制度。根据该法典第217条的规定,包括被判刑人在内的不法分子的移交问题,需要由特别法作出规定。除此之外,香港特区与澳门特区还在本特区与其他国家或者地区所签订的被判刑人移管协定中贯彻了积极的承认和执行外国刑事判决的原则。既然港澳特区在法律上积极地承认和执行外国刑事判决,那么,自然也可以将该制度的精神用于处理中国区际刑事法律问题,对中国其他法域作出的终审生效刑事判决也积极地予以承认和执行。

相比之下,中国内地在承认和执行外国刑事判决方面尚存在明显的不足。中国内地《刑法》第10条规定:"凡在中华人民共和国领域外犯罪,依照

---

① 参见 Mohamed Abdul - Aziz:《国际移管被判刑人合作综述》,载赵秉志、黄风主编:《被判刑人移管国际暨区域合作》,中国人民公安大学出版社2004年版,第73页。

② 参见张明:《被判刑人移管及与相邻制度比较研究》,载《犯罪与改造研究》2002年第11期。

本法应当负刑事责任的，虽然经过外国审判，仍然可以依照本法追究；但是，在外国已经受过刑罚处罚的，可以免除或者减轻处罚。"据此规定，理论上有见解认为，中国内地对外国刑事判决奉行消极的承认制度，即不管外国法院对中国内地居民是否确定有罪以及判刑如何，中国法院均有权对同一行为行使审判权，但将行为人在外国受过刑罚处罚作为从轻情节予以考虑。[①] 也有论者认为，此处的规定甚至谈不上是对外国刑事判决的承认，而只不过是在行使本国的刑事管辖权时考虑外国法院的刑事判决及执行情况。[②] 从有关的司法实践来看也确实如此。例如，经过谈判，美国政府在2004年4月16日将贪污我国国有资产后外逃美国内华达州的犯罪人余振东移交给中国司法机关，而在被移交之前，余振东已经被美国内华达州联邦法院定罪并判刑12年。但中国内地的法院仍然对余振东案件进行审理，2006年4月1日，广东省某法院经审理后认定余振东构成贪污罪、挪用公款罪，予以数罪并罚，决定执行有期徒刑12年，并处没收个人财产100万元。另外，虽然中国已经进行了多次被判刑人移管活动，但并未涉及中国内地对其他国家或者地区刑事判决的承认和执行问题，因为在这些活动中是中国内地司法机关将在中国内地服刑的外籍犯移交给犯罪人国籍国，表明的是其他国家完全承认和执行中国内地的刑事判决。

但是，实际上，中国内地已经在某些条约中逐步采纳了对外国刑事判决的积极承认和执行原则。如前所述，中国已经与五个国家（乌克兰、俄罗斯、西班牙、葡萄牙、澳大利亚）签订了关于被判刑人移管的条约（其中与乌克兰、俄罗斯、西班牙分别签订的被判刑人移管条约已经生效实施），这些条约在"定义"部分规定，"被判刑人"是指根据任何一方法院作出的发生法律效力的刑事判决被判处刑罚的人；在"重新审理或者复查"部分规定，只有判刑国有权对案件进行重新审理或者复查。这些规定显然部分地修改了中国内地《刑法》第10条的规定，即凡在中华人民共和国领域外犯罪，依照本法应当负刑事责任的，若经过外国审判，在有移管条约的情况下，中国不再予以实际追究，而是承认和执行外国判决。不过，确立积极承认和执行外国刑事判决原则的条约在中国经全国人大常委会批准生效后，也仅相当于特别法，并不是对刑法典基本规定的修正。因此，可以确定，即便中国与某些外国所签订的被判刑人移管条约已经生效，其所作的此种规定也不能适用于与上述生效条约无关的其他刑事案件，自然也不能为解决区际被判刑人移管提供直接的

① 参见张明楷：《刑法学》（第3版），法律出版社2007年版，第67页。

② 参见何帆：《刑事没收研究——国际法与比较法的视角》，法律出版社2007年版，第272页。

法律根据。从此意义上讲,中国内地在刑事法律中并没有规定彻底的对外国刑事判决的积极承认制度。既然如此,也就谈不上确立全面的一事不二罚原则。进而言之,中国内地与香港、澳门之间开展区际被判刑人移管,存在制度上的障碍与羁绊。

(二)缺乏关于区际刑事司法协助的立法尝试

香港与澳门之间开展区际刑事司法协助,具有明确的法律根据。《香港特别行政区基本法》第95条、《澳门特别行政区基本法》第93条都明确规定,港澳特别行政区可与全国其他地区的司法机关通过协商依法进行司法方面的联系和相互提供协助。香港与澳门在签订两地之间的《关于移交被判刑人的安排》时也指明了上述法律根据。因此,尽管该安排是香港与澳门两个特别行政区在政府的层面上签订的,但是,该安排仍属于司法方面的联系和相互提供的协助,在性质上仍然属于司法活动。这不同于港澳特区分别与其他国家签订的被判刑人移管方面的协定,后者是经过中央人民政府的协助或者授权而签订的条约,属于特殊的立法活动。香港、澳门特区只有经过自己的立法活动才能将上述安排的有关内容转化为本地区的法律。因此,香港特区在2005年12月1日对其《移交被判刑人士条例》做出修改,明确该条例可适用于香港与澳门之间的被判刑人移管活动。

与香港、澳门相比较,中国内地的情形就比较复杂。尽管根据《香港特别行政区基本法》第95条、《澳门特别行政区基本法》第93条的规定,中国内地也可以与香港、澳门开展司法协助活动,但是,对上述两个法条中的"全国其他地区"该作何理解呢?从司法实践来看,既有内地最高司法机关与港澳特区开展的司法协助活动,如内地最高人民法院分别与港澳特区有关机关就民商事案件的调查取证、判决的承认与执行等问题达成了某些协议;也有内地地方司法机关与港澳特区有关部门直接开展的司法协助活动,如香港与广东省之间不断就犯罪嫌疑人遣返、协助调查取证等开展合作。可见,内地各级司法机关均可以与香港、澳门特区在具体案件中开展被判刑人移管等刑事司法协助活动。但是,如果从签订有关协议、形成稳定机制的角度看,就会发现,其实有很多难以解决的问题。例如,中国内地与香港、澳门特区之间不可能像香港特区与澳门特区之间那样在政府的层面上签订关于被判刑人移管等司法协助的协议或者安排。在这种情况下,一般只能由内地最高人民法院、最高人民检察院、司法部、公安部等中央政法机关与香港、澳门特区的特定部门进行协商确定。但实际上,内地哪些中央机关可以与香港、澳门特区签订司法协助的安排,无法从内地宪法或者关于某些国家机关的组织法中找到法律根据。再如,不管是中央人民政府还是香港、澳门特区经过中央授权或者协助,与他国签订被判刑人移管的条约或者协定,都属于特殊形式的立法活动;而区际刑事司法协助协议的签订却很难说是立法活动,尽管这并不妨碍区际协议的具体适用;但是,若不转化为法律,区际协议在效力上就有欠缺,进而亦无法在中国内地法律体系中获得明确的法律地位。相反,中国内地国家立法机关或者其他国家机关若将协议内容转变为适用于中国内地法域所有行政区域的规范性法律文件,就能解决协议在内地法律体系中地位不明的问题,也能增强其权威性,从而可以使其得到更好的贯彻实施。① 不过,中国内地目前在此方面尚没有立法实践,还需要进行相关的研究和探索。这可能会成为中国内地与香港、澳门特区之间顺利、有效地开展被判刑人移管等区际刑事司法协助活动的一个障碍。

(三)缺乏在审前判后解决刑事管辖权冲突的思路

对于刑事司法协助的具体形式,理论上一般认为共有 13 种之多②,大体上可分为六大类,被判刑人移管被认为是第六类"外国刑事判决的承认和执行"中的一种。③ 不过,关于刑事司法协助的立法在国际上有两种方式:第一是分立模式,即将刑事司法协助分为引渡、刑事判决互相承认与执行、被判刑人移管以及除前几项内容外的其他刑事司法协助活动等,分别制定相关法律(如中国的《引渡法》),或者分别与其他国家签订条约、协定或者公约(如中国与美国签订的《关于刑事司法协助的协定》、中国与西班牙签订的《关于被判刑人移管的条约》、《欧洲移交被判刑人公约》等)。二是综合模式,即制定统一的刑事司法协助法(如德国的《国际刑事司法协助法》),或者签订统一的刑事司法协助条约(如《比利时、卢森堡、荷兰刑事互助公约》)。笔者在此无意对两种模式的优劣得失评短论长,因为某个国家如何就刑事司法协助进行立法或者签订条约,受制于其进行刑事司法协助活动的实际需要以及该国家与其他国家之间的关系亲密程度。中国内地刑事法理论界在对区际刑事司法协助进行研究时,基本上都赞成综合模式的刑事司法协助,认为被判刑人移管是区际刑事司法协助中的一种表现形式。④

不过,我们需要注意,各种刑事司法协助具体形式之间并非毫无联系,并非完全处于分散状态。从总体上看,刑事司法协助活动可分为三大类:第一类是与具体案件刑事管辖权无直接关系的刑事司法协助(如文书送达、信息

① 参见赵秉志:《中国区际刑法专论》,法律出版社 2004 年版,第 71 页。

② 参见马进保:《国际犯罪与国际刑事司法协助》,法律出版社 1999 年版,第 132 页。

③ 参见成良文:《刑事司法协助》,法律出版社 2003 年版,第 15 页。

④ 参见赵秉志、黄晓亮编著:《中国区际刑法专题整理》,中国人民公安大学出版社 2008 年版,第 56 页。

通报、协助调查取证等);第二类是直接关系具体案件刑事管辖权的刑事司法协助(如刑事诉讼转移);第三类是部分涉及部分不涉及具体案件刑事管辖权的刑事司法协助,主要就是外国刑事判决的承认与执行。其中,在被判刑人移管中,判刑国与接受执行国对于被判刑人移管的案件均有刑事管辖权,因而也实际地存在刑事管辖权的内在冲突。具体而言,被判刑人移管要受到双重犯罪原则的限制,且被判刑人必须是接受执行国的国民,因而判刑国不管是根据何种管辖原则确定自己的刑事管辖权,接受执行国都可根据属人管辖原则确定自身对移管所涉案件的刑事管辖权,即被判刑人移管主要适用于本国国民在其他国家实施两国均认为是犯罪的行为的情形。除此之外,被判刑人移管还可适用于某国国民在本国实施犯罪后,又在某外国实施犯罪的情形,即该外国可先行对犯罪人进行定罪量刑,然后通过被判刑人移管将犯罪人遣返给犯罪人国籍国,犯罪人国籍国承认和执行外国所作的刑事判决,进而对犯罪人在本国的犯罪案件进行审理,并定罪量刑,将后来确定的自由刑与外国刑事判决确定的自由刑按照并罚原则合并执行。相反,如果 A 国对 B 国行为人执行完其在 A 国所犯罪行的刑罚后,才将 B 国犯罪人交给 B 国即犯罪人国籍国(或者适用驱逐出境),那么,可能会造成证据湮灭等种种问题,导致 B 国犯罪人国籍国无法及时有效地追究犯罪人在 B 国国内罪行的刑事责任;如果外国对行为人在外国的罪行不追究刑事责任就将其遣返回国,那么,这就属于直接放弃了对犯罪人的刑事管辖权,从而不利于维护国家司法主权。因此,在这种情形下开展被判刑人移管活动,不仅能促进顺利解决刑事管辖权冲突,维护各个国家或者地区的司法主权,而且便于刑事诉讼的进行,并保障刑罚的及时性。

可见,刑事诉讼转移是在审判之前对案件的刑事管辖权冲突予以解决,仅有享有刑事管辖权的一方能实际行使刑事管辖权;而被判刑人移管则是在审判之后对案件的刑事管辖权冲突进行调和,在兼顾被判刑人利益的情况下使接受执行国在一定程度上实现对具体案件的刑事管辖权,从而使得享有刑事管辖权的两个国家都能行使对案件的刑事管辖权。这就意味着刑事诉讼转移并非是解决刑事管辖权冲突的唯一路径,也意味着积极承认和执行外国刑事判决看似有损于本国的司法主权,但最终却能使国家实现对具体案件的刑事管辖,从而实际地行使司法主权。单纯的不承认或者消极承认外国刑事判决,并不能为本国有效地行使司法主权创造实际控制犯罪人这一基本条件。因为没有对犯罪人实际控制之国家的移交,本国就没有任何可能去行使自己的司法主权。因此,从某个国家或者地区实际实现刑事管辖权的意义上看,被判刑人移管这种刑事司法协助活动同样具有解决刑事管辖权冲突的积极价值。

对于中国区际刑事管辖权冲突问题,也可以考虑通过上述审前确定实际刑事管辖的法域与事后进行被判刑人移管两种方式来解决。在前一种方式下,不同法域通过协商和妥协,由均拥有刑事管辖权的双方中的一方来具体行使刑事管辖权;在后一种方式下,一方先行审理,具体行使刑事管辖权,然后通过被判刑人移管这种刑事司法协助活动,使得拥有刑事管辖权的另一方也实现对案件的刑事管辖。但是,从现实状况来看,中国内地与香港、澳门特区之间在解决刑事管辖权冲突方面更多地采用第一种方式,而没有适用过第二种方式。在港澳居民于港澳和内地均实施有犯罪的情形下,为解决刑事管辖权冲突,内地司法机关很多时候直接将犯罪嫌疑人移送给港澳特区司法机关,不再追究港澳居民在内地犯罪(一般是较轻的犯罪)的刑事责任,即放弃了对发生在本地区罪行的刑事管辖权。即便港澳居民在内地的犯罪后来由港澳特区司法机关定罪处罚,其实也不能体现出内地在处理这些犯罪上的权力与权威。可见,在解决刑事管辖权冲突方面,内地有关部门在主观上已形成了审前解决区际刑事管辖权冲突的思维定势,很少考虑到被判刑人移管在事后解决区际刑事管辖权冲突方面的积极意义。这显然无法为内地与港澳特区之间进行被判刑人移管等刑事司法协助活动打开便捷通道。与其如此,内地倒不如与港澳特区建立被判刑人移管机制,要求港澳特区承认和执行内地刑事判决的效力,彰显惩治防范港澳居民在内地犯罪的决心,实际行使对此类犯罪本来就享有的刑事管辖权。

四、构建内地与港澳特区之间被判刑人移管机制的初步探讨

中国范围内不同法域之间跨境犯罪频繁发生,亟待妥善处理的现状,以及内地与港澳特区在被判刑人移管方面已有的立法与司法基础,充分地表明,在内地与港、澳特区之间建构被判刑人移管机制,兼具必要性和可行性。结合上述关于构建被判刑人移管机制之障碍的分析,笔者认为,借鉴香港特区与澳门特区在被判刑人移管方面已有的重要尝试,我国内地也应调整关于承认和执行外国刑事判决的相关规定,创造条件,争取早日签订与港澳特区之间的被判刑人移管协议,完善跨境犯罪刑事管辖权冲突解决机制。

(一)确立积极的承认和执行外国刑事判决的制度

中国内地《刑法》第10条对已被外国审判的领域外犯罪的处理做出了规定。如前所述,刑法理论通说认为,该规定体现了对外国刑事判决的消极承

认,既强调了国家主权原则,又考虑到了行为人在外国已经受刑罚处罚的事实情况,因而该做法具有妥当性。① 对于此种情况,近年来有学者认为,中国内地刑法对外国刑事判决的消极承认已经落后于有关国际公约以及大多数国家刑法立法关于承认和执行外国刑事判决的立法规定,不符合国家主权权力让渡的趋势,也在一定程度上违背了一事不二罚等多种原则。② 而从客观实际来看,我国逐步采取对外国刑事判决的积极承认与执行原则,如中国内地与很多国家签订的刑事司法协助条约、被判刑人移管条约都鲜明地规定了刑事程序用尽原则,其实就是承认和同意执行其他国家的终审生效刑事判决;中国内地所签订的涉及刑事没收的国际公约(如《联合国反腐败公约》)也都要求在一定程度上承认和执行外国的终审生效刑事判决。因此,即便是改变中国内地《刑法》第 10 条的规定,采取积极的承认与执行外国刑事判决制度,也并不缺乏相关的法律实践和立法基础。

关于对外国刑事判决的承认和执行的立法模式,理论上大致有两种认识:第一种是刑事诉讼法规定模式,即在我国内地刑事诉讼法中规定积极的承认和执行外国刑事判决制度;第二种是刑事实体法规定模式,即修改我国内地《刑法》第 10 条的规定。在笔者看来,采用哪一种模式并不是问题的关键。因为我国内地刑事立法和司法实务在外国刑事判决的承认和执行问题上态度仍然较为保守,如果在未来对外国刑事判决采取积极的承认和执行原则,那么,就应该着重研究如何维护我国的司法主权与权威。其实,参考有关国际公约以及其他国家立法的经验,这并不是一个复杂的问题。有关国际公约以及其他国家在规定积极承认和执行外国刑事判决的同时,都坚持了尊重和维护各国国家主权的基本观念,确立了公共秩序保留、双重犯罪、一事不二罚以及有利于当事人、刑事程序用尽等原则,而在被判刑人移管方面,还规定有禁止缺席判决、被判刑人同意、允许执行国刑罚转换与特定制度(假释、减刑、赦免等)适用等制度。这些原则与制度就严格地限制了对外国刑事判决积极承认和执行的适用范围,在维护被判刑人合法权益的同时也尽可能地维护执行国的司法主权。因而笔者认为,中国内地在刑事法律中确立积极的承认和执行外国刑事判决制度,符合国际公约与其他国家或地区刑事法律在承认和执行外国刑事判决方面的立法趋势,并不会有损于国家司法主权;相反,对于与其他国家或地区开展被判刑人移管、赃款赃物的没收等刑事司法协助活动有着积极的推动意义。

---

① 参见赵秉志主编:《刑法总论》,中国人民大学出版社 2007 年版,第 123 页。

② 参见田彦群、李波:《外国刑事判决和执行问题的理论研讨》,载《深圳大学学报(人文社会科学版)》2004 年第 5 期。

在中国内地刑事法律中确立对外国刑事判决的积极承认和执行制度，也就为开展被判刑人移管等涉及刑事判决承认与执行的区际刑事司法协助活动创造了基本的法律条件。关于内地与港澳特区在司法权方面的关系，有学者指出，对我国内地《刑法》第 10 条中的“领域外”这一规定，其深层含义是指我国现行行政管辖范围之外的地区，具体包括台湾地区以及香港、澳门两个特别行政区。① 笔者对此不能苟同，因为我国内地《刑法》第 10 条处理的是国外犯罪问题，其所指的“领域”一词在内涵上与主权国家直接相关，“领域外”当然不能包括中国台湾地区和港澳两个特别行政区。根据中国内地《刑法》第 6 条的规定，在法律有特别规定的情况下可不适用内地刑法，且香港基本法与澳门基本法也均作出规定，港澳特别行政区享有独立的立法权和司法权，因而港澳特区属于“法律有特别规定”而享有独立司法权的情形。② 根据这些规定，在目前状况下，内地和港澳特区的终审生效刑事判决对本法域以外的其他法域均不发生法律效力。而且，与极为消极地承认外国刑事判决的原则相同，我国内地刑事法律也没有就是否承认其他法域之刑事判决的问题作出规定。但是，《澳门刑事诉讼法典》第 5 卷第二编“对非由澳门法院宣示之刑事判决之审查及确认”从第 218 条至第 223 条对积极承认和执行其他地区之刑事判决问题做出了规定；香港在 1997 年 6 月颁布实施的《移交被判刑人士条例》、同年 9 月 26 日公布实施的《刑事事宜相互法律协助条例》中也对其他国家或者地区的刑事判决的承认和执行问题作了相关的规定。因此，一旦我国内地将对外国刑事判决的承认从消极态度改为积极态度，自然就能够与港澳特区在此方面的制度接轨，将对外国刑事判决的积极承认与执行制度援引到区际刑事司法协助中，积极地承认和执行中国范围内其他法域的刑事判决，为顺利地开展中国区际被判刑人移管创造基本条件。具体而言，可以先修改中国内地《刑法》第 10 条的规定，再在内地刑事诉讼法中规定完整的积极承认和执行外国、中国其他法域之刑事判决的制度。③

（二）签订内地与港澳特区互相承认与执行刑事判决的协议

中国内地若能在刑事法律中确立对外国刑事判决之积极承认与执行的制度，就为内地与香港、澳门特区之间相互承认对方终审生效之刑事判决提供了可能性。据此，内地有关方面应当认识到被判刑人移管在事后解决跨境犯罪刑事管辖权冲突的积极价值，进而通过协商，化解分歧，达成共识，签订

---

① 参见成良文：《刑事司法协助》，法律出版社 2003 年版，第 130 页。

② 参见赵秉志：《中国区际刑法专论》，法律出版社 2004 年版，第 47 页。

③ 参见黄伯青：《试论附条件地承认和执行外国的刑事判决》，载《社会科学》2008 年第 9 期。

内地与港澳特区间相互积极承认和执行对方刑事判决的协议。对此,笔者认为,应该注意如下几个方面的问题:

首先,可以考虑采用分立模式构建中国区际刑事司法协助机制。尽管一般理论上都赞成和倡导以综合模式开展中国区际刑事司法协助活动①,但是,世界上绝大多数国家和地区在开展国际刑事司法协助活动时基本上采用了分立模式,分别就引渡、刑事诉讼转移、刑事判决执行、被判刑人移管等签订条约或者协议。联合国在此方面也如此倡导,分别制定了引渡、刑事诉讼转移、囚犯移交等刑事司法协助的示范协定。我国内地也是按照这种模式进行此方面的立法或者与外国签订条约的。尽管这种模式比较繁琐,但好处在于容易为各个国家所接受,尽可能地互相尊重司法主权。在我国内地与香港、澳门特区之间采用分别签约的模式开展区际刑事司法协助活动,也符合不同法域之间在刑事法治方面不断磨合、逐渐适应的实际情形。而在此背景下,构建被判刑人移管机制也就显得较为迫切和重要。因为该种方式能够更好地解决中国内地与港澳特区在跨境犯罪刑事管辖权方面的冲突,维护各方的司法权和终审权。而且,尽管被判刑人移管机制的构建并不是过于复杂的问题,因为只要内地确立积极的承认和执行外国(地区)的刑事判决制度,也就与港澳特区在此方面所接轨,进而可就此展开协商和探讨。当然,在此方面还有一定的工作要做,因为在此方面我国内地与港澳特区不像在逃犯遣返、刑事诉讼转移、协助调查取证等方面那样已进行相当多的合作,积累了丰富经验,相反,并无此方面的实践,因而需要更多的交流、协商和研究。

其次,就我国内地而言,现阶段可不必拘泥于区际被判刑人移管协议的法律地位问题。虽然无法从我国内地的法律规定中找到哪些机关有权与香港、澳门签订我国区际被判刑人移管等刑事司法协助之协议的规定,也无法从宪法和立法法等法律中找到我国区际被判刑人移管协议能否以及如何在内地法律体系中转化为法律规范的规定,但是,这并不能,也不应该成为阻碍我国内地与港澳签订区际被判刑人移管等刑事司法协助协议的问题,因为惩治和防范各种刑事犯罪、维护我国内地与港澳特区的社会稳定、促进经贸等交流与合作才是我国内地与港澳特区的共同目标。我国内地最高司法机关可以积极、主动地与港、澳特区有关机构签订被判刑人移管的协议,并在条件成熟时将此协议内容纳入立法中。香港、澳门特区则可通过修改法律的方式改变固有的规定,赋予该协议以法律规范的性质,或者将协议内容纳入法律。

最后,考虑到"一国两制"的现实政治制度,在坚持一般原则的情况下,

① 参见张旭主编:《国际刑法:现状与展望》,清华大学出版社 2005 年版,第 337 页。

可根据实际情况改变通常与其他国家或者地区签订被判刑人移管的条约或者协议所涉及的某些内容。我国内地与港、澳特区签订被判刑人移管的协议，应该参照国际有关公约、世界上其他国家之间此方面条约或者立法的惯例和通常精神，采用有利于被判刑人、对被判刑人一罪不再罚、判刑国刑事程序用尽、执行国独立执行、本地区居民不移管、死刑犯不移管（就我国内地而言）、管辖权保留等原则，但对于有些原则可在协商的情况下适当变化。例如，即便不符合双重犯罪的条件，在适当的情况下考虑保障被判刑人人权的需要，也可允许互相要求移管特殊情况的本地区居民（如孕妇、残障人士、耄耋人士）等；公共秩序保留原则可在程度上略低于与外国签订此类协议或条约时的要求。当然，在此方面，我国内地与港澳特区的有关机关应当进行全面和细致的协商与研究。①

五、结　　语

中国区际被判刑人移管是不同法域在“一国两制”的政治框架下基于惩治犯罪、维护稳定发展的共识而需要开展的区际刑事司法协助活动之一，具有在事后有效地解决跨境犯罪刑事管辖权冲突的积极意义。三地法律理论界对中国区际被判刑人移管问题进行了有一定深度和广度的理论研究，为该机制的构建提供了坚定的理论前提，而中国内地及港澳特区与外国在被判刑人移管方面所进行的签订条约和实际操作等活动，无疑为中国区际被判刑人移管机制的构建奠定了扎实的实践基础。在香港、澳门特区在此方面已经有所立法且立法较为完备的情况下，中国内地也可在改变刑事法律中外国刑事判决承认和执行的现行制度后，克服区际协议法律地位难以确定、区际立法经验不足等种种障碍，与香港特区、澳门特区分别签订区际被判刑人移管协议，促进中国区际刑事司法协助关系的全面建立与良好运作，维护我国各个法域的共同稳定发展。

① 关于“政治犯不移管”原则能否适用于区际被判刑人移管，笔者曾作了分析，认为该原则不应适用于区际刑事司法协助活动，但是，在香港目前没有对基本法第23条立法的情况下，该原则还需深入的研究。参见赵秉志：《关于祖国大陆与香港建立刑事司法协助关系的研讨》，载《现代法学》2000年第2期。

23. 港澳特区间《关于移交被判刑人的安排》之考察与启示*

目 次

---

* 与黄晓亮合著,本文系向2008年12月16日至17日召开的"首届中国区际刑事法论坛"提交的论文并被收入该论坛文集;会后作者又对论文作了较大修改,后载《法学论坛》2009年第4期。

一、前　　言

在当前乃至今后相当长的一段时间里,基于众所周知的原因,在中国领域内会存在"一国两制三法系四法域"的司法分治状况。加之各法域在法传统、法文化以及法体系方面存在较大差距,因而如何建立稳定、有效的刑事司法协助机制,是中国各法域在刑事法治方面所面临的重大任务。① 我国各个法域在此方面也进行了相当多的努力,取得了一定的成果,其中,相当重要的表现就是某些法域之间所签订的为数不多但弥足珍贵的刑事司法协助协议,即内地与台湾地区之间于 1990 年 9 月 12 日在金门签订的《海峡两岸红十字组织有关海上遣返协议》(亦被称为《金门协议》),以及香港特别行政区政府与澳门特别行政区政府之间于 2005 年 5 月 20 日签订的《关于移交被判刑人的安排》(以下简称"关于被判刑人移交的安排")。对于前者,理论上进行了较多的分析与研究②;但是,对于后者,在其颁布及生效后三年多来,理论上尚没有进行必要的研析。据笔者查阅资料,在内地仅有一篇论文提及该安排。③ 这种状况显然不利于中国区际刑事司法协助之理论研究与实务操作的具体展开,因而亟待改观。有鉴于此,本文试对港澳特区间的《关于被判刑人移交的安排》予以研讨。

二、现实特色:融合被判刑人移交国际立法与司法经验

(一)港澳特区间《关于被判刑人移交的安排》之概况

香港与澳门两个特别行政区很早就开始对被判刑人移交的问题进行沟通和协商。例如,2002 年 6 月 4 日,香港保安局副局长祝彭婉仪曾应邀率团赴澳门,在澳门监狱与澳门代表就移交被判刑人事宜进行磋商。随后,港澳特别行政区的有关部门分别向所在特别行政区的立法会汇报了签订协议的

① 参见赵秉志、时延安:"正确解决中国区际刑事管辖权冲突之制度构想",载赵秉志主编:《中国区际刑法问题专论》,中国人民公安大学出版社 2005 年版,第 1 页。

② 参见赵秉志、黄晓亮编著:《中国区际刑法专题整理》,中国人民公安大学出版社 2008 年版,第 36 页。

③ 参见李海滢、吕岩峰:《试论中国区际刑事司法协助的职能机关》,载《时代法学》2008 年第 4 期。

有关问题,并逐步获得批准。2005 年 5 月 20 日,香港保安局局长李少光代表香港特别行政区政府,与代表澳门特别行政区政府的澳门保安司司长张国华,在香港签订了《关于被判刑人移交的安排》。该安排共有 14 个条文。第 1 条是"定义",对"移交方"、"接受方"、"刑"、"刑罚"、"被判刑人"的含义作了解释和说明;第 2 条规定了一般原则,即安排的宗旨;第 3 条规定了双方进行被判刑人移交的联络机关;第 4 条对移交被判刑人的条件作了非常详细的规定,属于实体性的规定;第 5 条规定了移交被判刑人的程序;第 6 条是有关管辖权保留的规定;第 7 条对执行刑罚的程序作了规定;第 8 条规定了与其他国家或者地区进行被判刑人移交所可能面临的被判刑人过境问题;第 9、10 条分别规定了移交被判刑人时文书语言与费用负担问题;第 11 条规定了协议生效时间;第 12 条则对协议适用于生效前已执行刑罚之案件的问题作了规定;第 13、14 条分别对单方停止协议、协议争端解决作了规定。

前澳门特别行政区行政长官何厚铧于 2005 年 11 月 15 日发布第 21/2005 号公告,宣布自 2005 年 12 月 1 日起《关于被判刑人移交的安排》在澳门生效施行。香港特别行政区以 2005 年第 13 号法令第 13 条对《移交被判刑人士条例》作出修改,将与澳门进行被判刑人移交的内容补充到该条例中。截至目前,香港与澳门《关于被判刑人移交的安排》已经在港澳特别行政区生效逾三年,两地也多次成功开展被判刑人移交活动。

(二)港澳特区间《关于被判刑人移交的安排》之现实特色

如前所述,香港特区与澳门特区间的《关于被判刑人移交的安排》是中国范围内不同法域所签订的第二个区际刑事司法协助协议,也是基于承认与执行区际刑事判决制度所签订的第一个被判刑人移交协议。该协议的签订乃至其生效实施都具备坚实的现实基础,并表现出如下三个方面的鲜明特色:

1. 立法根据明确

港澳特区间的《关于被判刑人移交的安排》首先指出,该安排是根据《香港特别行政区基本法》第 95 条、《澳门特别行政区基本法》第 93 条签订的。而这两个条文规定,特别行政区可与全国其他地区的司法机关通过协商依法进行司法方面的联系和相互提供协助。这里需要研究两个问题:其一,特别行政区是否属于上述条文中的"全国其他地区"?"全国其他地区"是否仅限于某个独立的法域?其二,"司法方面的联系和相互提供协助"是否包括签订协议的形式?

关于第一个问题,根据《香港特别行政区基本法》第 1 条、《澳门特别行政区基本法》第 1 条的规定可以得知,香港、澳门都是中华人民共和国不可分离的部分。因而对于香港而言，澳门就属于全国的其他地区，反之亦然。不过，似乎也不宜对“全国其他地区”作过于狭窄的理解，认为仅限于具有独立司法权的法域。相反，“全国其他地区”在含义上既包括中国的某个法域，似也宜包括某法域的某个地区（如内地的广东省或厦门市等）。因而不同法域或者不同法域的地区或部门之间广泛地开展司法合作，具备相关的法律根据。

关于第二个问题，应从“司法方面的联系和相互提供协助”之内涵宽窄的角度进行理解。可能有人会认为限于在具体案件中进行司法方面的联系或相互提供协助。这种看法尽管并不违反法律的规定，但却严重限制了司法联系与相互协助的范围。其实，各个法域不仅可就具体个案进行联络，相互提供司法协助，而且也可就某一类案件的有关问题进行联系，签订司法联系或者相互协助的协议。可见，签订协议也是司法联系或者相互协助的表现形式。例如，内地最高人民法院与香港特别行政区律政司于2006年7月14日签订了《关于内地与香港特别行政区法院相互认可和执行当事人协议管辖的民商事案件判决的安排》。

综上分析，可以看出，香港与澳门两个特别行政区就被判刑人移交问题签订协议具备明确的法律根据。

2. 立法基础坚实

在签订《关于被判刑人移交的安排》之前，香港、澳门两个特别行政区分别根据各自基本法的相关规定已与其他国家或者地区签订了有关被判刑人移交的协定，并制定了有关被判刑人移交的法律。例如，截至目前，香港特别行政区与其他国家或者地区签订了10个有关被判刑人移交的协议（其中有9个已经生效实施）；①香港政府于1997年6月6日公布实施《移交被判刑人士条例》，回归祖国后该条例继续生效。而澳门特别行政区则在其刑事诉讼法典（1997年4月1日生效）中第5卷“与本地区以外当局之关系”部分，分两编规定了承认与执行其他国家或者地区之刑事判决的有关内容，其中即涉及被判刑人移交的问题；澳门特别行政区政府与葡萄牙政府于1999年12月7日在里斯本签订《关于转移被判刑人之协定》，经中央人民政府批准后于1999年12月20日后继续实施。香港、澳门特别行政区在被判刑人移交方面的立法以及与其他国家签订的协定，为港澳两个特区之间签订被判刑人移交的安排提供了重要的参考。例如，关于港澳间《关于被判刑人移交的安排》中接受方对判刑做出调整的规定，草拟委员会就具体参考了《斯特拉斯堡移

① 具体参见 http://translate. legislation. gov. hk/gb/www. legislation. gov. hk/ctable5ti. htm（香港特别行政区律政司官方网站）。

交被判刑人士条约》以及香港与 6 个国家所签订的关于被判刑人移交的协定。①

在此,需要分析的是,一国内部不同法域签订区际被判刑人移交的协议,能否参考国际被判刑人移交条约或者与其他国家签订的被判刑人移交协议的相关内容?笔者对此持肯定看法。因为根据港澳基本法的规定,特别行政区享有独立的司法权和终审权,其司法机关所做出的各种生效判决仅在本法域内具有约束力,对其他法域的主管当局以及居民都不能自动发生效力,这与某个国家在本国拥有独立司法主权、但其生效判决无法及于其他国家或者地区的情形非常类似。不同国家之间若要进行被判刑人移交的刑事司法协助活动,那么,就要事先承认对方国家的生效刑事判决。因而在司法方面各自拥有独立权力的不同法域若要进行被判刑人移交活动,自然也需要在法律上确立承认和执行对方生效刑事判决的原则。实际上,通过与其他国家签订被判刑人移交、协助没收被判刑人财产等刑事司法协助协议,港澳特别行政区已经建立了外国刑事判决承认与生效制度。在此情况下,港澳特区可以将该制度根据"一国两制"的精神进行修改,用于处理本法域与中国其他法域之间的刑事司法协助问题。换言之,港澳特别行政区完全可以参考国际被判刑人移交条约以及本地区与其他国家签订的被判刑人移交协议,来处理相互之间被判刑人移交方面的事务,进而签订此方面的协议。

3. 符合实践要求

在香港与澳门两个特别行政区签订被判刑人移交的协议之前,香港特区政府与其他国家之间就进行过被判刑人移交的刑事司法协助活动。例如,自 1997 年 6 月至 2005 年 4 月,香港特区政府根据《移交被判刑人士条例》的规定以及与泰国签订的移交被判刑人条约,处理了三宗由泰国移交被判刑人士至香港的个案。有关的被判刑人士须在香港服完泰国法院判处的剩余刑期。② 而在 2002 年 6 月 4 日港澳特区两个法域的有关代表就被判刑人移交进行磋商时,于澳门监狱候审及服刑的港人共有 113 名,包括羁押犯人 29 位,已判刑犯人 84 名。其中最高刑期为 25 年,最短的是 1 年零 8 个月。③ 有香港籍犯罪人提出申请,要求回到生活环境熟悉的香港服刑。在这样的情况

① 参见香港特别行政区保安局于 2005 年 5 月 24 日向立法会提交的《〈移交被判刑人士(修订)(澳门)条例草案〉委员会当局对法案委员会第三次会议所提事项的回应》。

② 参见香港特别行政区保安局于 2005 年 5 月 24 日向立法会提交的《〈移交被判刑人士(修订)(澳门)条例草案〉委员会当局对法案委员会第三次会议所提事项的回应》。

③ 参见《港府代表团访澳商议移交被判刑人士事宜》,载澳门特别行政区政府新闻局网站 http://www.gcs.gov.mo/showCNNews.php?DataUcn=10810&PageLang=C[2008-12-8,22:03]。

下，香港与澳门就被判刑人移交问题进行磋商，符合教育和改造犯罪人的刑罚执行目的。对于香港特区而言，其与其他国家进行被判刑人移交活动所积累的丰富经验，无疑对其与澳门进行此方面刑事司法协助活动具有重要的参考价值。当然，需要注意的是，与澳门进行被判刑人移交活动，是在“一国两制”的框架下积极承认并愿意执行其他法域之生效刑事判决的现实表现之一，显然符合中国各法域开展区际刑事司法协助的实际要求。

三、重要内容：确立区际被判刑人移交的主要规则

在签订《关于被判刑人移交的安排》的过程中，香港、澳门借鉴本特区与其他国家签订被判刑人移交方面协定的相关内容①，率先确立了我国区际被判刑人移交的主要规则，其具体内容包括：

（一）移交方实际管辖

即移交方对被判刑人所涉及的案件实际地行使了刑事管辖权，且该被判刑人正在移交方的司法管辖区内服刑（第 1 条）。对于正处在审理过程中的犯罪人谈不上移交的问题（第 4 条第 3 项）。

（二）移交联络直接原则

即签订被判刑人移交的协议后，由双方所确定的联络机关直接负责被判刑人移交事务，不需要经过某一方的政府或者外交部门（第 3 条）。这也意味着，在进行被判刑人移交活动时，联络机关可要求或者应要求提供各种所需的资料与文书（第 5 条），也应将涉及被判刑人移交的各种资料及时传达给对方（第 7 条第 7 款、第 8 款）。而与被判刑移交协议适用有关的争议，也由联络机关负责解决（第 14 条）。

（三）双重犯罪原则

即被判刑人被判刑的罪行，在接受方的司法管辖区内依照该区域的法律规定，也构成犯罪（第 4 条第 1 项）。该原则是国际被判刑人移交活动中的基本原则。从表面看，依据接受方的刑法规定，对该犯罪人的罪行该判何种刑罚，以及刑罚轻重程度如何，似乎不影响移交活动的进行。但根据上述安排第 1 条第 3 项、第 4 条第 4 项的规定，对被移交的犯罪人的罪行，依据接受方法域的刑法，也应判处剥夺自由的刑罚。因此，移交方所判处的刑罚不包括

① 关于香港特别行政区与其他国家签订的被判刑人协定的基本内容，请参见赵秉志、黄芳：《香港特别行政区与外国移交被判刑人制度研究》，载赵秉志主编：《被判刑人移交国际暨区际合作》，中国人民公安大学出版社 2004 年版，第 130—154 页。

生命刑与各种财产刑、资格刑。至于自由刑的具体刑种、刑期表现如何,原则上不影响移交的开展。

笔者认为,在区际刑事司法协助活动中,对于双重犯罪问题,可以根据实际情况进行一定的变通。如对于特定身份者在港澳特区构成犯罪的行为,即便在内地不构成犯罪,根据刑罚的目的以及服刑的特殊需要,也可允许进行被判刑人移交活动。如前所述,《香港特别行政区驻军法》第 22 条与《澳门特别行政区驻军法》第 22 条都规定了驻军人员在特区犯罪,根据内地刑法不管是否构成犯罪,都可协商确定执行刑罚的地点。该地点自然包括内地,这就意味着对此类犯罪人不必按照双重犯罪原则进行被判刑人移交。至于特定身份的人,笔者认为,可以包括驻军人员、国家机关派驻特区的工作人员,因年龄、身体或者精神状况需要给予考虑和照顾的人员等。另外,对于被判刑人的刑期,也可以设定最低刑期要求。如果刑期很短,就没有必要进行被判刑人的移交活动。

(四)移交居民或者有紧密联系之人的原则

即移交的被判刑人在身份上须是接受方的居民,或者是与接受方有密切联系的人(第 4 条第 2 项)。“居民”是指在接受方区域内有正式户籍登记的人。这也意味着不能对移交方的居民进行区际被判刑人移交活动。而对于“有密切联系的人”,理论上尚欠分析。笔者认为,对“有密切联系的人”不应作过宽或过窄的理解,否则,就会不当地扩大或者缩小被判刑人协定适用的范围。参考联合国《关于外国囚犯移交的模式协定》以及有关学者的分析,可以指有类似于居民之资格的人。对此,上述安排没有做出明确的解释,为双方灵活机动地处理特殊情况提供了法律上的便利条件。当然,在具体进行被判刑人移交活动时,有关人员应当提交证明被判刑人与接受方有密切联系的文书资料(第 5 条第 3 款第 6 项)。但是,如果内地与港澳特区签订被判刑人移交的法律协议,那么,应对“与接受方有密切联系的人”这一概念特别慎重,如果某人属于移交方的居民,那么,就不宜将其视为“与接受方有密切联系的人”。

(五)刑事程序用尽原则

即被判刑人所被判处的刑罚,已经最终确定,不需要依赖其他法律程序来最终确定。换言之,确定被判刑人刑罚的刑事判决书是移交方依法做出的终审生效判决,而且,对该被判刑人没有正在处理的犯罪或者未处理的犯罪(第 4 条第 3 项)。该条文的实际含义还包括对于该被判刑人不存在刑事管辖权有待确定的刑事案件。

(六)移交方、接受方与被判刑人三方同意原则

即被判刑人移交活动的开展,须取得移交方、接受方和被判刑人三方的同意。如果移交方或者接受方鉴于被判刑人因年龄、身体或者精神状况而提出移交,则可由被判刑人的合法代理人来表示同意(第4条第5项)。“被判刑人的同意”是指被判刑人没有受到移交方或者接受方的影响(利益受损或者得到除便利服刑之外其他利益的诱惑)而独立做出的、符合其真实意愿的同意;“合法代理人的同意”仅应适用于被判刑人因为年龄、身体或者精神状况不能顺畅、真实表达意愿,移交方或者接受方认为应当移交被判刑人的情况,而“合法代理人”应该根据有关民事法律的规定来确定。不过,若合法代理人有多位,那么,该采纳哪一位代理人的意见呢?笔者认为,可按照合法代理人意见一致原则来确定,若合法代理人意见不一致,那么,就不应对该被判刑人进行移交活动。

(七)管辖权保留与执行权尊重原则

即在移交后,若有关人员因各种原因对移交所涉及的刑事案件提出重审的要求,那么,应由移交方的司法机关来审理该案件;移交后的刑罚执行活动完全由接受方负责,其有权根据被判刑人服刑情况以及法律规定适用各种缩减刑期的规定和程序(第7条)。该原则体现了移交方和接受方对对方司法主权和刑事管辖权的充分尊重。不过,需要注意的是,该原则受制于对被判刑人有利原则,即不能剥夺或者影响被判刑人应当享有的合法权利,具体表现为:第一,接受方有权依据本区域法律调整被判刑人的刑罚,但必须以移交方法院生效判决所确定的事实为依据,在性质和刑期上不能更严厉,也不能与非自由刑进行易科;第二,完全按照接受方法律来确定被判刑人是否属于未成年人,若是未成年人,所移交的被判刑人应当享有未成年人在刑罚执行上的合法权利;第三,移交方依法采取有利于犯罪的立法或者司法措施,若符合管辖权保留的原则,则该措施应及于被判刑人。

此外,上述安排还规定了被判刑人过境问题、移交费用分担原则、资料文本采用接受方语言原则、适用于生效前被判刑人原则、协议自由停止原则等内容。

总体上看,香港与澳门两个特区间《关于被判刑人移交的安排》比较全面地确立了我国区际被判刑人移交的基本规则,较为充分地体现了互相尊重司法权和刑事管辖权的精神,对于我国内地与香港、澳门乃至台湾地区开展区际被判刑人移交的刑事司法协助活动具有很强的示范意义。但是,客观而言,该安排由于过于重视国际被判刑人移交的相关立法经验,某些规定直接脱胎于香港或者澳门特区与某些国家所签订的被判刑人移交协定,因而对一国多法域间司法权关系及其本质考虑得还不够深入。我国内地在与香港、澳门乃至台湾地区建立区际被判刑人移交法律关系时,还应该在"一国两制"的框架下更加充分地考虑相互关系的实际情况,以及犯罪人及其罪行的具体情形。

四、实践价值:将区际刑事司法协助从狭义推向广义

从理论上看,刑事司法协助被分为狭义的刑事司法协助与广义的刑事司法协助。① 尽管很多学者都主张采用广义乃至最广义的刑事司法协助概念②,但是,不管是中国内地还是香港、澳门特区,在实践中都没有采用广义的刑事司法协助概念,而是在与外国签订刑事司法协助的条约之外,还签订其他也属于刑事司法协助事宜的条约或者协议。例如,截至2008年3月底,中国内地已与50多个国家缔结了各类双边司法协助类条约共99项。其中,刑事司法协助条约45项,引渡条约30项,移交被判刑人条约5项,打击"三股势力"协定6项。③ 香港特别行政区依法与其他国家签订了25个刑事司法协助协定(其中18个协定已经生效)、18个移交逃犯的协定(其中15个协定已经生效)、10个被判刑人移交的协定(其中9个已经生效)。④ 而在澳门特别行政区,情况稍微有些复杂,其于2001年1月17日与葡萄牙签订的法律及司法协助的协定载明,刑事事宜包括刑事司法文书的送达、刑事侦查及取证、协助缉捕及移交嫌疑人、刑事判决的承认及执行、移交判刑犯及代为执行对该类犯人的刑事裁判等⑤;不过,还应该看到,在该协定之前,澳门曾于1999年12月7日与葡萄牙签订了被判刑人移交的协议。可见,澳门起初采用了狭义的刑事司法协助概念,将被判刑人移交与狭义的刑事司法协助明确区分;在经过一段时间的法律发展后,澳门才采用了广义的刑事司法协助概念,将被判刑人移交纳入到刑事司法协助的范围中。

就我国区际刑事司法协助而言,各个法域主要采用了与外国开展国际刑事司法协助的模式,在实践中也采用狭义的刑事司法协助概念。例如,我国

---

① 参见成良文:《刑事司法协助》,法律出版社2003年版,第14页。

② 参见张旭主编:《国际刑法:现状与展望》,清华大学出版社2005年版,第267—268页。

③ 参见 http://www.fmprc.gov.cn/chn/wjb/zzjg/tyfls/tfsckzlk/zgywgsbtyylb/t422584.htm(外交部网站)。

④ 参见 http://translate.legislation.gov.hk/gb/www.legislation.gov.hk/ctable5ti.htm(香港特别行政区律政司网站)。

⑤ 参见 http://cn.io.gov.mo/Legis/International/2/18.aspx(澳门特别行政区印务局网站)。

内地与台湾地区于1990年9月12日签订的《金门协议》并不涉及对方生效刑事判决的承认与执行问题，从那时起到现在海峡两岸所进行的刑事司法协助也不包括被判刑人移交等涉及承认与执行刑事判决的相关内容。而且，近年来，内地与港澳特区之间虽然非常经常而又富有成效地开展刑事司法协助活动，但也仅限于犯罪嫌疑人移交、刑事侦查协助、刑事司法文书传递等狭义层面的刑事司法协助活动。① 不过，需要注意的是，某些区际性的法律已经涉及区际刑事判决的承认与执行问题。例如，《香港特别行政区驻军法》第22条规定："香港驻军人员被香港特别行政区法院判处剥夺或者限制人身自由的刑罚的，依照香港特别行政区的法律规定送交执行；但是，香港特别行政区有关执法机关与军事司法机关对执行的地点另行协商确定的除外。"该规定就意味着内地可根据情况承认香港对国家驻军人员所作的刑事判决，将在港犯罪的驻军人员移交到内地执行刑罚。不过，在司法实践中还没有出现上述条文被具体适用的情形。因此，在香港与澳门间《关于被判刑人移交的安排》签订以前，我国区际刑事司法协助并没有扩展到广义刑事司法协助的范围，我国各法域也没有进行过被判刑人移交与代为执行的司法协助活动。正是由于这个原因，有论者呼吁扩展区际刑事司法协助的范围，将被判刑人移交等涉及刑事判决承认与执行的事宜纳入进来。② 而香港与澳门特区间《关于被判刑人移交的安排》就突破了过去区际刑事司法协助的范围，将我国区际刑事司法协助从狭义的层面推进到了广义的层面。

五、立法启示：初步建立区际刑事判决承认与执行制度

(一)港澳特区在刑事判决承认与执行方面的主要立法经验

在国际刑事司法协助活动中，不同国家进行移交被判刑人的前提，是接受方积极地承认移交方对被判刑人确定刑罚的刑事判决，执行该判决对被判刑人所确定的刑期，而移交方则承认接受方对被判刑人执行刑罚的效果。因而不管是国际被判刑人移交公约，还是各个国家与地区相互之间签订的被判刑人移交条约，都会明确地体现出刑事判决的积极承认与执行原则。

香港与澳门间《关于被判刑人移交的协议》对此也有明确的反映。例

---

① 参见穆红玉：《略论我国区际刑事司法协的性质和内涵》，载赵秉志、何超明主编：《中国区际刑事司法协助探索》，中国人民公安大学出版社2002年版，第47—49页。

② 参见刘因之：《论澳门特区的区际刑事司法协助问题》，载赵秉志、何超明主编：《中国区际刑事司法协助探索》，中国人民公安大学出版社2002年版，第102—106页。

如，该安排在“移交条件”部分明确规定了“刑事程序用尽原则”，要求被判刑人移交所涉及的刑事判决必须是最终的生效刑事判决，表明接受方承认和执行的仅仅是移交方司法机关做出的生效刑事判决，进而表明该安排采用了积极承认与执行刑事判决的原则。其实，对于香港、澳门两个特区来说，承认和执行其他地区的刑事生效判决，具备充分的法律根据。例如，香港与其他国家签订的刑事司法协助协定，基本上都载明可就“充公和没收犯罪活动得益和犯罪活动，或就该等活动提供协助”。这就表明香港对外国刑事生效判决所确定的刑事没收确立了承认与执行的制度，也表明香港部分承认和执行外国刑事生效判决。① 香港与其他国家所签订的被判刑人移交协定，则说明其在法律中全面地确定了外国刑事判决积极承认和执行制度。而在《澳门刑事诉讼法典》第5卷“与本地区之外当局之关系”部分就“在澳门以外宣示之刑事判决之效果”做出规定，即该卷第二编“对非由澳门法院宣示之刑事判决之审查及确认”（《刑事诉讼法典》第218条至第223条）的规定。因而香港与澳门特区间互相承认对方法域的刑事生效判决，并不存在法律与事实上的障碍。上述安排对积极承认和执行刑事判决制度予以明确体现，自然也是水到渠成的事情。不过，这是在中国各个法域间虽然经常进行狭义层面区际刑事司法协助活动但尚未形成全面、稳定之法律机制的背景下发生的。因此，从这个角度看，香港与澳门两个特区间的《关于被判刑人移交的安排》，在建构区际刑事司法协助之稳定法律机制方面突破显著。

（二）对我国内地建立刑事判决承认与执行制度的启示

港澳特区是通过上述安排将各自已经确立的承认和执行外国生效刑事判决的制度运用到区际刑事司法协助活动中，从而在中国不同法域之间互相承认和执行刑事判决方面也有重大的突破。这对于中国内地与台湾各自在刑事法律中确立外国或他法域之刑事判决的积极承认与执行制度也有着重要的启发意义。

1. 中国各法域应在“一国两制”框架下积极开展区际被判刑人移交活动

长期以来，中国不同法域之间的区际刑事司法协助主要表现为狭义的刑事司法协助，连最低限度的区际刑事判决承认和执行制度（区际的刑事没收协助）都没有建立，而在实际上，中国各个法域在广义的层面上开展区际刑事司法协助的实际需要始终存在，而且愈来愈强烈。例如，内地居民到香港后或者香港居民到内地后实施犯罪的情形越来越多，早在2000年3月香港特别行政区保安局就派人到内地与中央有关机关磋商关于将在港被判刑的内

① 参见 http://translate. legislation. gov. hk/gb/www. legislation. gov. hk/ctable3ti. htm（香港特别行政区律政司网站），“刑事司法协助协定的列表”。

地居民移交给内地执行刑罚的问题。① 2004年11月24日，香港特别行政区保安局曾派人到内地，与国务院港澳办有关国家工作人员协商两地被判刑人移交的问题。② 2008年4月9日，香港特别行政区保安局在向立法会提交的答复中指出，香港特区政府与内地多年以来，通过会议、会晤和文件往来方式，就移交被判刑人士的各项具体安排及问题，包括移交条件和程序等交换意见。③ 更值得注意的是，香港特别行政区行政长官曾荫权在其《2008至2009年施政报告》中，于第五章"发展民主 提升管治"中明确提出，在2008至2009年要"继续与内地及其他司法管辖区就刑事事宜相互法律协助、移交逃犯及移交被判刑人士事宜，商讨双边合作"。④ 基于上述情况，笔者认为，在中国各法域之间开展区际被判刑人移交活动，已经成为中国各个法域所共同面临且应尽快解决的重要刑事法治问题。中国任何法域都不应该在与外国蓬勃开展被判刑人移交、充分保障外国犯罪人各种权益的情况下，却忽视对本国之内其他法域被判刑人合法权益的保障问题。相反，应该在"一国两制"的框架下积极考虑开展本国区际被判刑人移交活动，切实保障和实现即便沦为罪犯但仍为同胞的其他法域居民的合法权利。因此，香港与澳门特区间的上述安排将承认和执行非本地刑事判决的眼光从对外国转向对本国，对于维护中国各法域居民的合法权利，显然具有值得称道的积极价值。我国其他法域（尤其是内地）应该做出积极的回应。

2. 内地与台湾地区应尽快确立承认和执行外部刑事判决的制度

内地1997年《刑法》第10条与台湾现行"刑法"第9条，规定的都是消极承认外国刑事判决的制度。尽管中国其他法域并不属于"外国"，内地1997年《刑法》第10条以及台湾"刑法"第9条中的"外国审判"不宜包括中国其他法域的刑事审判及其作出的判决，但是，从这两个条文中也无法直接得出内地或者台湾积极承认和执行其他法域所作之生效刑事判决的结论。在实际上，内地1997年《刑法》第10条与台湾"刑法"第9条都反映出消极承认非本司法管辖区司法机关所作出之刑事判决的立法精神。因此，在刑法已经确定该制度的情况下，即便是在一个国家的范围内，内地或者台湾地区也很难

---

① 参见 http://www.info.gov.hk/gia/general/200310/08/1008174.htm（香港特别行政区保安局网站），《2003年立法会十八题：在港服刑的内地人士》。

② 参见 http://www.info.gov.hk/gia/general/200412/01/1201170.htm（香港特别行政区保安局网站），《2004年立法会七题：继续与内地讨论移交被判刑人士的安排》。

③ 参见 http://www.info.gov.hk/gia/general/200804/09/P200804090206.htm（香港特别行政区保安局网站），《2008年立法会六题：中港两地移交被判刑人士的安排》。

④ 参见 http://www.policyaddress.gov.hk/08-09/index.html（香港特别行政区行政长官施政报告2008—2009）。

积极承认和执行中国其他法域司法机关所作的生效刑事判决。[①] 而香港与澳门特区将外国刑事判决的积极承认和执行制度成功移植到我国区际刑事司法协助中的经验，显然表明内地或者台湾地区若要与其他法域积极地开展广义层面的区际刑事司法协助活动，就有必要在本法域刑事法律中确立承认和执行非本法域刑事判决的制度。当然，若内地或者台湾地区能在没有规定外国判决的积极承认和执行制度之情况下规定区际刑事判决承认和执行制度，那自然是再好也不过了，但是，笔者对此不太乐观，因为中国各法域（尤其是海峡两岸）在开展各种区际刑事司法协助活动时都要借鉴和参考本地区与其他国家进行国际刑事司法协助的相关经验，一般不会在没有充分的承认和执行外国刑事判决之立法与司法经验的情况下就直接构建本法域的区际刑事判决承认和执行制度。其实，香港与澳门也是在晚近时期参考相关国际经验才签订了上述《关于被判刑人移交的安排》。

3. *以移交被判刑人的形式积极解决刑事管辖权冲突*

一国内多法域的存在，导致不同法域的司法权之间出现竞合的情况，刑事管辖权冲突即是其中一种具体情形。[②] 在此种情形下，顺利地解决刑事管辖权冲突，确定对具体刑事案件行使管辖权的法域，是对该刑事犯罪追究刑事责任的重要前提。这种思路在刑事管辖权冲突的传统解决模式中比较常见。其实，不管是司法实务界还是刑事法理论界，都忽视了被判刑人移交对于解决刑事管辖权的积极意义。在一般情况下，区际被判刑人移交的适用对象是接受方法域居民，依据双重犯罪的原则，在其他法域被判刑的本法域居民，按照本法域的刑事法律，也可能构成犯罪，因而对于该被判刑人罪行的刑事管辖存在区际冲突。但是，通过被判刑人移交活动，本法域积极承认和执行其他法域已经做出的刑事判决，在一定意义上也可以说其实也是对该被判刑人的罪行行使了刑事管辖权，只不过是不需要再进行审判活动而已。如此一来，对于被判刑人的罪行的刑事管辖权冲突得以化解。对于犯罪跨越两个法域的犯罪，两个法域也可以通过被判刑人的移交在事后解决刑事管辖权的冲突。

---

① 对于台湾地区而言，其不承认和执行中国其他法域的刑事判决，还另有政治方面的原因。参见赵秉志：《海峡两岸间刑事案件移交和已决犯移管问题研究》，载赵秉志：《外向型刑法问题研究》，中国法制出版社 1997 年版，第 550—597 页。

② 参见时延安：《中国区际刑事管辖权冲突及其解决研究》，中国人民公安大学出版社 2005 年版，第 16 页。

六、结　　语

综上分析，作为中国范围内不同法域之间的第一个被判刑人移交协议，香港与澳门特区间的《关于被判刑人移交的安排》在中国区际刑事司法协助方面有显著的突破与进步，这不仅对港澳特区间开展被判刑人移交的刑事司法协助活动具有直接的促进作用，而且，在中国区际刑事法治方面亦具有很强的理论价值与示范意义。因而我国各法域刑事法理论界与司法实务界都应给予其充分的关注。我们希望借此研究推进中国区际被判刑人移交活动的进一步发展，并期待中国内地与香港、澳门两个特别行政区以及台湾地区尽快签订被判刑人移交的协议，从而形成我国区际间被判刑人移交的稳定法律机制。

24. “台独”首要分子分裂国家罪责问题研究*

——兼述我国处理战犯和有关国家处理类似问题的实践

目 次

---

* 与卢建平、黄风、王俊平、王强军合著，原载赵秉志主编：《刑事法治发展研究报告》（2007—2008 年卷），中国人民公安大学出版社 2009 年 1 月版。

一、前　　言

领土是国家构成的必备要素,领土完整和国家统一是主权国家的至上利益。虽然联合国《公民权利和政治权利国际公约》与《经济、社会和文化权利国际公约》都承认民族自决权,但是,国际社会绝不主张一个国家的某一地区或者少数民族利用民族自决权,从一个独立的主权国家分离出去。事实上,对于分裂国家、破坏领土完整的行为,任何主权国家都不会坐而视之,都会采取一切必要的措施,以维护国家的安全和领土完整。例如,针对北爱尔兰共和军制造的恐怖性事件,英国制定了相关法律,以反恐的名义打击分裂主义势力,捍卫国家主权;针对具有极端独立倾向的魁北克少数分子的分裂活动,加拿大于2000年制定了《清晰法案》,以有效地遏制分裂主义势力;许多国家还在刑法中规定了分裂国家的相关罪名,对分裂行为或分裂势力给予刑罚制裁。因此,可以说,反分裂是一切主权国家维护主权的正当行动。

目前,“台独”势力十分猖獗,他们企图采取种种方式以各种名义把台湾从中国分离出去。“台独”分裂势力的存在,是不断造成台湾海峡紧张局势的根源,对祖国的和平统一,对海峡两岸人民共享一个伟大祖国的尊严和荣誉,构成了严重的威胁和挑战。因此,对于这种破坏国家统一的分裂行径,必须予以打击和遏制。

当然,也应当看到,“台独”分裂势力的产生,有着复杂的社会历史根源和国际背景,因此,对“台独”分裂势力的震慑和遏制,必须采取包括政治、经济甚至军事等在内的一切必要的措施。

为了遏制“台独”分裂势力,表明全中国人民维护国家主权和领土完整,绝不允许“台独”分裂势力以任何名义、任何方式把台湾从中国分裂出去的共同意志和坚定决心,2005年3月14日,第十届全国人大第三次会议通过《反分裂国家法》。该法的通过和施行,给台湾当局设置了不可逾越的底线,标志着我国开始运用法律方式来处理国家统一事务,为维护国家主权和领土完整提供了法律上的依据。运用法律手段解决内战遗留问题,捍卫国家主权,维护祖国统一,充分体现了防治并举、有理有利有节的法治特色,也表明我国遏制“台独”分裂势力的斗争已进入到一个新的层面。

作为一种重要的法律手段,刑事法律具有保护法益重要性和制裁手段严厉性的特点,因此,采取刑罚手段,以追究“台独”分裂首要分子刑事责任的方式,对于“台独”分裂势力的震慑和遏制,无疑具有重要的现实意义和价值。

二、追究“台独”首要分子分裂国家罪责的依据

从我国目前的立法看,追究“台独”首要分子分裂国家的罪责具有充分的法律依据。

(一)宪法依据

无论是从历史和现实的角度看,还是从国际法的角度考察,台湾毋庸置疑都是中华人民共和国不可分割的一部分,这是不言自明的公理。对此,在我国法律体系中具有最高法律效力、居于根本法地位的宪法也作了确认。我国1982年宪法在序言中庄严宣布:“台湾是中华人民共和国的神圣领土的一部分。完成统一祖国的大业是包括台湾同胞在内的全中国人民的神圣职责。”

以我国现行宪法的有关规定为根据,为遏制“台独”分裂势力,维护祖国的领土完整和统一,全国人大于2005年通过了宪法性法律——《反分裂国家法》。该法第2条明确规定:“世界上只有一个中国,大陆和台湾同属一个中国,中国的主权和领土完整不容分割。维护国家主权和领土完整是包括台湾同胞在内的全中国人民的共同义务。”“台湾是中国的一部分。国家绝不允许‘台独’分裂势力以任何名义、任何方式把台湾从中国分裂出去。”第8条规定:“‘台独’分裂势力以任何名义、任何方式造成台湾从中国分裂出去的事实,或者发生将会导致台湾从中国分裂出去的重大事变,或者和平统一的可能性完全丧失,国家得采取非和平方式及其他必要措施,捍卫国家主权和领土完整。”由此可见,具备以下三种情形之一的,国家可以采取非和平方式及其他必要措施,以捍卫国家主权和领土完整:(1)“台独”分裂势力以任何名义、任何方式造成台湾从中国分裂出去的事实;(2)发生将会导致台湾从中国分裂出去的重大事变;(3)和平统一的可能性完全丧失。何谓“其他必要措施”,《反分裂国家法》并没有明确界定。但基于文理解释的方法,所谓“其他必要措施”并不排除法律的手段。显然,以上的宪法性规范实际上构成了我们追究“台独”首要分子分裂国家罪责的宪法依据。

(二)刑法依据

对于“台独”首要分子追究分裂国家罪的刑事责任,从我国现行刑法的规定看,也有充分的依据。

首先,从我国刑法关于空间效力的规定看。《刑法》第6条规定:“凡在中华人民共和国领域内犯罪的,除法律有特别规定的以外,都适用本法。”根

据有关的法律规定，所谓“法律有特别规定”是指：(1)刑法第 11 条关于“享有外交特权和豁免权的外国人的刑事责任，通过外交途径解决”的规定；(2)刑法第 90 条的规定，即：“民族自治地方不能全部适用本法规定的，可以由自治区或者省的人民代表大会根据当地民族的政治、经济、文化的特点和本法规定的基本原则，制定变通或者补充规定”；(3)刑法颁行后，国家立法机关所制定的特别刑法的特别规定或者刑法修正案的规定；(4)《香港特别行政区基本法》和《澳门特别行政区基本法》作出的特别规定。《香港特别行政区基本法》第 2 条规定：“全国人民代表大会授权香港特别行政区依照本法的规定实行高度自治，享有行政管理权、立法权、独立的司法权和终审权。”第 18 条规定：“《中华人民共和国刑法》不在香港特别行政区实施。”第 23 条规定：“香港特别行政区应自行立法禁止任何叛国、分裂国家、煽动叛乱、颠覆中央人民政府及窃取国家机密的行为，禁止外国的政治性组织或团体在香港特别行政区进行政治活动，禁止香港特别行政区的政治性组织或团体与外国的政治性组织或团体建立联系。”《澳门特别行政区基本法》也有类似规定。可见，全国性的刑法对香港、澳门没有适用的效力。

这里需要研究的问题是，由于历史的原因，中华人民共和国刑法的刑事管辖范围实际上并没有及于台湾。在这种情况下，依照中华人民共和国刑法追究“台独”分裂势力首要分子的刑事责任的依据何在？诚然，按照新中国历代领导人的设想，和平统一后的台湾将设立台湾特别行政区。例如毛泽东、周恩来均曾提出和平解决台湾问题的思想。1981 年，时任全国人大常委会委员长的叶剑英同志提出九条和平统一主张，其中第 3 条主张是，国家实现统一后，台湾可作为特别行政区，享有高度的自治权，并可保留军队。中央政府不干预台湾地方事务。第 4 条主张是，台湾现行社会、经济制度不变，生活方式不变，同外国的经济、文化关系不变。私人财产、房屋、土地、企业所有权、合法继承权和外国投资不受侵犯。1983 年，党和国家领导人邓小平同志提出六条和平统一主张，其中第 5 条主张说，坚持一个中国，制度可以不同，但在国际上代表中国的，只能是中华人民共和国。第 6 条主张：统一后，台湾特别行政区可以有自己的独立性，可以实行与内地不同的制度，可以有其他省市自治区所没有而为自己所独有的某些权力。司法独立，终审权不须到北京。台湾可以保留自己的军队，只是不能构成对内地的威胁。内地不派人驻台，不仅军队不去，行政人员也不去。台湾的党政军等系统，都由台湾自己来管。中央政府还要给台湾留出名额。1995 年，时任中共中央总书记、国家主席江泽民同志提出推进祖国和平统一进程的八项主张，其中有：坚持一个中国原则，是实现和平统一的基础和前提。充分尊重台湾同胞的生活方式和当家作主的愿望,保护台湾一切正当权益。2003 年 3 月 11 日,中共中央总书记、国家主席胡锦涛同志就新形势下发展两岸关系提出四点意见:第一,坚持一个中国原则绝不动摇;第二,争取和平统一的努力绝不放弃;第三,贯彻寄希望于台湾人民的方针绝不改变;第四,反对"台独"分裂活动绝不妥协。2005 年 3 月 14 日通过的《反分裂国家法》第 5 条也规定,国家和平统一后,台湾可以实行不同于内地的制度,高度自治。因此,从历代领导人的设想来看,从"一国两制"的角度来看,台湾应当具有比香港和澳门这两个特别行政区更大的自主权,似乎应当属于"法律有特别规定"的情况之一。

但是,应当明确的是,台湾地区不同于香港、澳门,当前还不属于我国的"特别行政区";现行《刑法》第 6 条规定中的"法律有特别规定"的例外情形并不包括台湾。因此,从法理上说,《刑法》第 6 条规定的属地原则完全能够涵盖台湾地区。换言之,凡在我国内地以及包括台湾岛在内的一切属于中华人民共和国领域内的犯罪行为都应受我国刑法的调整。自然而然地,对于"台独"首要分子分裂国家的犯罪行为,理应适用《中华人民共和国刑法》。这不仅在理论上毫无问题,而且在实践中,也有利于震慑"台独"分裂分子,具有很强的现实法治威慑意义。

其次,从我国刑法关于共同犯罪的规定看。"台独"势力并不是单个的个人,而是由一小撮企图把台湾从中国国土分裂出去的分裂分子构成的群体,因此,在追究"台独"首要分子的分裂国家罪的刑事责任时,必然要适用刑法总则中关于共同犯罪的规定,尤其是共同犯罪和首要分子的定义以及主犯的处理原则的规定,以准确地对其定罪量刑。关于共同犯罪的定义,我国《刑法》第 25 条规定:"共同犯罪是指二人以上共同故意犯罪。""二人以上共同过失犯罪,不以共同犯罪论处;应当负刑事责任的,按照他们所犯的罪分别处罚。"关于首要分子的界定,我国《刑法》第 97 条规定:"本法所称首要分子,是指在犯罪集团或者聚众犯罪中起组织、策划、指挥作用的犯罪分子。"关于主犯的处罚原则,《刑法》第 26 条第 1 款规定:"组织、领导犯罪集团进行犯罪活动的或者在共同犯罪中起主要作用的,是主犯。"该条第 2 款规定:"三人以上为共同实施犯罪而组成的较为固定的犯罪组织,是犯罪集团。"第 3 款规定:"对组织、领导犯罪集团的首要分子,按照集团所犯的全部罪行处罚。"第 4 款规定:"对于第三款规定以外的主犯,应当按照其所参与的或者组织、指挥的全部犯罪处罚。"我国刑法的以上规定,为对分裂国家而构成犯罪的"台独"首要分子予以准确定罪和公正量刑提供了保障。

最后,也是极为重要的是,我国刑法明确规定了可适用于实施分裂国家犯罪行为的具体罪名。《刑法》第 103 条第 1 款规定了分裂国家罪,即:"组织、策划、实施分裂国家、破坏国家统一的,对首要分子或者罪行重大的,处无期徒刑或者十年以上有期徒刑;对积极参加的,处三年以上十年以下有期徒刑;对其他参加的,处三年以下有期徒刑、拘役、管制或者剥夺政治权利。"该条第2款规定了煽动分裂国家罪,即:"煽动分裂国家、破坏国家统一的,处五年以下有期徒刑、拘役、管制或者剥夺政治权利;首要分子或者罪行重大的,处五年以上有期徒刑。"这两种犯罪的直接客体是国家的统一,这里的"统一",自然包括祖国内地与台湾地区的统一,因此,一旦"台独"分裂势力试图以任何名义、任何方式把台湾从中国分裂出去,就必然危害国家的统一,侵害到这两个犯罪的客体,应以相应犯罪追究刑事责任。

三、我国刑法规定的分裂国家犯罪之解读

(一)分裂国家罪

分裂国家罪,是指组织、策划、实施分裂国家、破坏国家统一的行为。在理解与适用本罪时,应注意以下三个问题:

1. 分裂国家罪的主体特征。本罪的主体为一般主体,无论中国公民、外国公民或无国籍人,只要已满16周岁,并具有刑事责任能力,都可以成为本罪的主体。本罪通常是共同犯罪,其首要分子一般是在一定地区或某个民族中,有一定的社会影响力的地方分裂分子或者民族分裂分子。

2. 分裂国家罪的客观特征。本罪在客观方面具体表现为,组织、策划、实施分裂国家、破坏国家统一的行为。"分裂国家、破坏国家统一"是本罪行为的内容和实质;"组织、策划、实施"是行为人具体行为的表现形式。所谓"分裂国家、破坏国家统一"是指将中华人民共和国领土的一部分分割出去,脱离中央政府领导,另立政府,制造地方"独立"的割据局面;或者分裂中华人民共和国统一的多民族国家,破坏民族团结,制造民族分裂的行为。"组织",即指分裂国家的犯罪集团或者分裂活动的组织人的纠集行为,具体有两种表现形式:一是成立旨在分裂国家、破坏国家统一的政党、社会团体等犯罪组织;二是纠集多人,旨在进行分裂国家、破坏国家统一的非法活动,如"民族迁徙"等。"策划",主要指秘密谋划分裂国家、破坏国家统一的活动,如密谋制定分裂国家的活动纲领、秘密拟定伪政府人选;"实施",主要指已着手进行分裂国家、破坏国家统一的活动,如宣布某一地方独立,进行所谓的"民族迁徙"、"民族回归"。分裂国家、破坏国家统一的行为的具体内容,主要有:另立中央政府;成立地方割据政府;制造民族分裂;拒绝中央政府领导;破坏国

家统一。

3. 关于本罪的刑事责任。我国《刑法》第103条第1款对在共同犯罪中作用不同的犯罪人规定了不同的法定刑,以示区别对待。(1)对分裂国家的首要分子或者罪行重大的,处无期徒刑或者10年以上有期徒刑。对国家和人民危害特别严重、情节特别恶劣的,可以判处死刑。所谓"首要分子",是指在实施分裂国家犯罪活动中起组织、策划、领导或者指挥作用的犯罪分子。一般情况下,首要分子通常都是那些窃取党和国家的重要权力、居于重要地位、身居要职的野心家和阴谋家,或者在某个地区或民族中,具有一定社会影响的地方分离分子或民族分裂分子。尽管首要分子一般并不直接参与实施具体的分裂国家犯罪活动,但他们往往是犯罪集团的发起者、策划者或组建者,是分裂国家犯罪的主谋,因此,这类人的社会危害性和人身危险性尤为重大,是刑法惩治的重点对象。所谓"罪行重大者",是指在组织、策划、实施分裂国家的犯罪活动中起主要作用或者重要作用的犯罪分子。其特点是:首先,这类犯罪分子在分裂国家犯罪活动中不起组织、策划或者指挥作用,即不是首要分子。其次,这类犯罪分子在实施分裂国家犯罪活动中起主要作用,也就是说,他们是分裂国家犯罪的主要实行者和主要责任者。正因为如此,他们在分裂国家的犯罪活动中也属于那种社会危害性和人身危险性最为重大的一种。(2)对积极参加的,处3年以上10年以下有期徒刑。所谓"积极参加者",是指在分裂国家犯罪中态度坚决、行为主动、意志坚定但尚不属于"首要分子"和"罪行重大"的犯罪分子。(3)对其他参加的,处3年以下有期徒刑、拘役、管制或者剥夺政治权利。所谓"其他参加者",是指除"首要分子"、"罪行重大者"以及"积极参加者"以外的其他受胁迫、被利用或者被要挟且在实施分裂国家犯罪活动中不起主要或重要作用的犯罪分子。根据刑法第113条第2款的规定,犯本罪,可以并处没收财产,应当附加剥夺政治权利。此外,我国刑法第106条还规定,与境外机构、组织、个人相勾结,实施分裂国家的,依本罪从重处罚。

(二)煽动分裂国家罪

根据刑法第103条第2款的规定,煽动分裂国家罪,是指煽动分裂国家、破坏国家统一的行为。

在理解与适用本罪时,应注意以下四个问题:

1. 煽动分裂国家罪的客观特征。本罪在客观方面表现为煽动他人实施分裂国家、破坏国家统一的行为。"煽动",就是行为人以劝诱、造谣、诽谤、迷惑等方式,蛊惑人心,怂恿、鼓动他人实施犯罪。煽动的方式多种多样,如书写、张贴、散发标语、传单;撰写、印发文章、刊物;投寄匿名信;利用计算机网络等传输信息;当众发表演讲等。无论采用何种煽动方式,其必须具有分裂国家、破坏国家统一的内容。本罪的犯罪对象,即煽动对象是不特定人或多数人,往往具有群体性特征;如果行为人煽动特定的某个人去实施分裂国家、破坏国家统一的行为,则应以分裂国家罪的教唆犯来处理。本罪的构成并不以被煽动者实施分裂国家罪即具体地着手组织、策划、实施分裂国家、破坏国家统一的行为为必要,只要行为人实施了煽动行为,无论被煽动者是否实施分裂国家、破坏国家统一的行为,行为人即构成煽动分裂国家罪的既遂。

2. 煽动分裂国家罪与非罪的界限。区分煽动分裂国家罪与非罪的界限,主要是把握本罪与一般的错误言论的界限。二者的区别可从两方面加以分析:一是,在主观方面,煽动分裂国家罪要求行为人具有特定的分裂国家、破坏国家统一的犯罪目的;而一般的错误言论或者是由于思想狭隘或者出于对现状不满而发牢骚、抱怨,一般属于个人情绪宣泄,并不具有煽动他人产生犯意和实施犯罪的故意。二是,在客观方面,一般的错误言论、消极言论只是小范围内的就事论事;而煽动分裂国家罪则表现为行为人积极地进行煽动,并且积极追求他人在其煽动下产生分裂国家的犯罪决意并进而实施分裂国家的犯罪行为。如果有人利用群众的不满情绪进而煽动,积极地鼓励群众去实施分裂国家的行为,或者行为人以分裂国家为口号,煽动他们制造骚乱行为的,则应以本罪论处。

3. 煽动分裂国家罪与分裂国家罪的界限。煽动分裂国家罪与分裂国家罪在表现形式上有许多相似甚至相同之处,如它们侵犯的同类客体都是国家安全,其直接客体都是国家的统一;它们都以法定危害行为的实行而不以危害国家安全的结果作为犯罪成立的要件;它们在主观方面都是出于直接故意,它们的最终目的都是分裂国家、破坏国家统一。从行为之间的关系而言,煽动分裂国家的行为属于分裂国家的教唆或者帮助行为,如果刑法不另行设立煽动分裂国家罪,其煽动行为得以分裂国家罪的共犯论处。

两者之间的区别在于:(1)从行为方式上看,煽动分裂国家罪系通过劝诱、造谣、诽谤、迷惑等方式,蛊惑人心,怂恿、煽动没有分裂国家意图的人使其产生分裂国家的犯罪决意,或者强化已产生分裂国家犯罪决意之行为人的犯罪意图,决意实施分裂国家的犯罪活动。煽动者即使不亲自实施分裂国家的行为,被煽动者即使没有接受煽动从而实施分裂国家、破坏国家统一的行为,也不影响煽动分裂国家罪的成立。分裂国家罪是指组织、策划、实施分裂国家、破坏国家统一的行为。(2)煽动分裂国家罪系任意共同犯罪,而分裂国家罪是必要共同犯罪,只能以共同犯罪形式存在。(3)就刑事责任主体而言,分裂国家罪既处罚"首要分子"和"罪行重大的",也处罚"积极参加的"和"其他参加的";而煽动分裂国家罪仅仅处罚"首要分子"和"罪行重大的",并不处罚"积极参加的"和"其他参加的"。(4)从犯罪故意的内容来看,分裂国家罪的行为人具有分裂国家、破坏国家统一的直接故意,即认识到自己的行为是组织、策划、实施分裂国家、破坏国家统一,并决意为之;而煽动分裂国家罪的行为人仅仅具有煽动他人分裂国家、破坏国家统一的直接故意,即认识到自己的行为是在引起他人实施分裂国家的具体行为,并且希望促成该行为的完成。

4. 关于本罪的刑事责任。根据我国刑法第103条第2款的规定,煽动分裂国家、破坏国家统一的,处5年以下有期徒刑、拘役、管制或者剥夺政治权利;首要分子或者罪行重大者,处5年以上有期徒刑。犯本罪的,可以并处没收财产,应当附加剥夺政治权利。此外,根据刑法第106条的规定,与境外机构、组织、个人相勾结,犯煽动分裂国家罪的,从重处罚。

四、追究"台独"首要分子分裂国家罪责的制约因素及建言

(一)追究"台独"首要分子分裂国家罪责的制约因素

尽管从法理上说,中华人民共和国刑法可适用于我国台湾地区,但由于种种原因的影响,自新中国成立以来,我们实际上并没有对发生在台湾的犯罪行为行使刑事管辖权。由此一来,在依照中华人民共和国刑法追究台独首要分子分裂国家犯罪刑事责任时,必然要受一些因素的制约和影响。

首先,内地与台湾尚没有在真正意义上实现统一,这是有效追究台独首要分子分裂国家犯罪刑事责任的最大制约。

其次,目前尚没有真正确立内地与台湾互涉刑事案件的司法协助机制。在这种情况下,要想对发生在台湾地区的分裂国家势力实际追究刑事责任,其难度可想而知。与我国的香港和澳门两个特别行政区不同,虽然我国内地刑法的效力也不及于特别行政区,但毕竟香港和澳门已经回归祖国的怀抱。因此,对于内地与港澳互涉的刑事案件,可以特别行政区基本法为依据,通过平等协商来合理地划分管辖权的范围;而且在实践中,两地可以通过警务协助、刑事检控和刑事审判的协助等途径,相互协调,共同打击和遏制两地互涉的犯罪活动。但对于内地与台湾互涉的刑事案件而言,由于缺乏两地警务、刑事检控和审判机构合作的政治、法律和实践基础,因此要想真正有效地实际追究"台独"首要分子的分裂国家罪责障碍重重。

最后,台湾地区"刑法"并没有把"台独"分裂势力的分裂国家行径规定

为犯罪,这也是影响追究"台独"首要分子分裂国家罪责有效性的制约因素之一。台湾"刑法"第3条规定了属地主义:本法于在"中华民国"领域内犯罪者,适用之。在"中华民国"领域外之"中华民国"船舰或航空机内犯罪者,以在"中华民国"领域内犯罪论。台湾"刑法"内乱罪章中规定了内乱罪和暴动内乱罪,在第二章外患罪中规定了通谋丧失领域罪。根据台湾"刑法"第100条规定,意图破坏国体,窃据国土,或以非法之方法变更国宪,颠覆政府,而以强暴或胁迫着手实行者,处7年以上有期徒刑;首谋者,处无期徒刑;预备犯该罪者,处6个月以上5年以下有期徒刑。第101条规定了暴动内乱罪,即以暴动犯内乱罪者,处无期徒刑或7年以上有期徒刑。首谋者,处死刑或无期徒刑。预备或阴谋犯该罪者,处1年以上7年以下有期徒刑。根据第104条规定,通谋外国或其派遣之人,意图使"中华民国"领域属于该国或他国者,处死刑或无期徒刑。预备或阴谋犯该罪者,处3年以上10年以下有期徒刑。由此可见,台湾"刑法"并没有把中华人民共和国刑法所规定的分裂和煽动分裂国家的行为规定为犯罪。这意味着,依台湾"刑法"的规定来判断,台独首要分子实施的分裂国家行径并不构成犯罪。中华人民共和国刑法与台湾"刑法"对分裂国家行为性质评判立场上的不同,在一定程度上会影响和制约对"台独"首要分子分裂国家罪责的追究。

(二)追究"台独"首要分子分裂国家犯罪刑事责任之建言

由于有以上制约因素的存在,且在陈水扁等分裂势力占据台湾领导地位的情况下,追究"台独"首要分子分裂国家犯罪的刑事责任,其宣示意义和法治威慑意义要远远大于实际操作意义。当然,这并不意味着没有任何实际操作的可能性。如果台湾当局领导人能回到"92共识",赞成统一,反对"台独",在这一问题上我们就可以有所作为。有了这一前提,内地与台湾就可以通过接触和磋商,逐步建立起对两地互涉刑事案件进行刑事司法协助的机制。只有真正确立起这一机制,才能避免"一事一议"、"特事特议"的随意性。这是以刑法手段通过实际追究刑事责任的方式打击和遏制"台独"首要分子分裂国家犯罪的第一步。因为,两地如果连最起码的区际刑事司法协助的机制都没有,在目前局势下,"台独"首要分子分裂国家犯罪刑事责任的追究是无从谈起的。

如何建立对两地互涉刑事案件的刑事司法协助机制?我们认为,首先应逐步开展两地的警务合作,并力争使其常规化和制度化。两地应该加强犯罪情报交流,提高打击跨地区刑事犯罪工作的效率;在行动上要加强配合,协同作战,彼此策应,有效堵截;在刑事案件的调查合作方面,要克服障碍,及时将犯罪分子缉拿归案;要积极开展刑事技术交流,使双方技术专家能够及时广泛交流情况。其次是要对内地与台湾互涉刑事案件在文书送达、调查取证、遣(送)犯罪嫌疑人以及刑事案件管辖的移交等需要相互协助的事项及程序达成较为详细的协议。只有两地真正建立起区际刑事司法协助的机制,才能有效地增强对"台独"首要分子分裂国家罪责予以追究的威慑力。

五、我国处理战犯及有关国家处理类似问题的实践

如果台湾当局领导人执意分裂,无疑是我国历史上的内战在新时期的继续,所以,对于"台独"分裂首要分子宜以战犯来对待。依据战争发生时空的不同,可以将战犯分为国际战犯和国内战犯。所谓国内战犯,顾名思义,是指在一国领域内,为了实现分裂国家或其他政治目的而发动战争或武装冲突,在这一过程中,对平民或战俘实施侵害行为者。在这部分中,我们拟对中国对国民党战犯的处理以及有关国家处理类似问题的实践作一研究。

(一)我们对待国民党战犯的态度

国民党战犯,是指在中国人民解放战争中俘获的,以及新中国建立后在土地改革和镇压反革命运动中逮捕的,犯有严重罪行的国民党军队的将、校级军官,国民党政府省主席和厅(局)长级官员,国民党、三青团中央委员、省(市)党部书记长和委员,以及特务系统的处、站长以上人员。

日本投降后,在共产党和国民党进行的3年国内解放战争中,共产党俘虏国民党兵数百万,其中不乏国民党军和政府中的高级将领和要员。当时我们也称这些人为战犯,当然此处所称的战犯是"内战战犯"。对这些战犯"有理、有利、有节"的处置政策,既要让他们感到"罪有应得、心服口服",又要安抚和平息曾受迫害的广大民众的愤怒情绪。鉴于这一问题的严重性和复杂性,再加上新中国成立初期,因恢复生产、土地改革和朝鲜战争等原因,研究制定处理国民党战犯的方案一直未出台。1953年下半年,西安市公安局向中央公安部提出了关于处死3名国民党被俘将军的报告。罗瑞卿部长在报告上批示:"不杀为好,杀了是可惜的人物。"后将报告呈报中央。党中央接到这个报告后,研究了处理国民党战犯的决定,并下达了指示。其内容概括起来有以下几点:第一,调查分散关押在全国的国民党俘虏数量;第二,成立以公安部罗瑞卿部长为首的"五人小组",审查各地报上的战犯;第三,听取民主人士的意见,争取战犯;第四,不审讯,不审判,集中起来,改造他们。"五人小组"审查各地报告之后,初步确定了926名战犯,其中有72名中将、388名少将、校级军官276名、省党部书记27名、省主席和厅长46名、情报系统

处长以上117名。从1956年1月开始,分散在全国的国民党战犯向北京、济南、西安、内蒙古、抚顺等监狱集中。当时正值匈牙利事件发生后不久,战犯们认为中共因匈牙利事件的教训,一定会把他们集中起来枪毙或永远监禁,他们非常担心。

但是,我们党中央对他们的方针却是"不审讯,不审判,集中改造"。对于此项人道性的对待,没有一个战犯不叹服。改造国民党战犯的方法与改造日本战犯相似,但其目的和具体措施不一样。改造日本战犯的目的是把他们由战争狂改造成热爱和平的人,而改造国民党战犯的目的是把他们从寄生的人改造成自食其力的劳动者。从思想观念来说,国民党战犯要比日本战犯有厌恶战争的长处,但在他们身上封建军阀的腐败观念却根深蒂固。

1954年,我国宪法对大赦和特赦做了规定,并将大赦决定权赋予全国人民代表大会,将特赦决定权赋予全国人民代表大会常务委员会,大赦令和特赦令均由国家主席发布。这是此后我国特赦战犯的宪法依据。自1959年至1975年,我国先后总共实行过七次赦免。第一次是1959年9月17日,在新中国成立10周年大庆前夕,对确实改恶从善的蒋介石集团和伪满洲国的战争罪犯、反革命罪犯和普通刑事罪犯实行特赦,这是特赦面最广的一次。第二次、第三次特赦分别于1960年1月19日和1961年12月16日,两次对确实改恶从善的蒋介石集团和伪满洲国集团的战争罪犯实行特赦。第四次、第五次、第六次特赦分别于1963年3月30日、1964年12月12日、1966年3月29日进行,其特赦对象是确实改恶从善的蒋介石集团、伪满洲国和伪蒙疆自治政府的战争罪犯。最后一次是1975年3月17日,对经过较长关押和改造的全部战争罪犯实行特赦。也就是说,到1975年,所有的战犯全部被释放了。

(二)外国处理分裂势力的实践

1. 俄罗斯对待车臣危机问题

在作为俄罗斯联邦一部分的车臣共和国,自苏联解体前后爆发危机以来,民族分裂主义势力一直很活跃,他们打着民族自决的旗号,以各种手段谋求独立的努力一直在进行中。这其中不仅包括政治手段,而且还包括武装手段和恐怖主义手段。

为了解决车臣危机,俄罗斯先后发动了两次战争。可见,对于车臣民族分裂主义势力,俄罗斯主要采用了军事打击的手段,对所谓的独立分子也采用了坚决的武力打击和暗杀方式。当然,对待车臣问题,俄罗斯并不是完全采用镇压手段,也采用一定的拉拢政策。例如,2003年6月6日,俄罗斯国家杜马就以352票赞成、25票反对、1票弃权的表决结果,通过了对没有犯重大罪行的车臣非法武装分子实行大赦的决定。根据“大赦令”的规定，凡在1993年12月12日至此次大赦决定生效之日前一天期间，在原车臣—印古什共和国境内的武装冲突中有过危害社会行为、但拒绝参加非法武装组织、停止武装抵抗的人，或者是在莫斯科时间2003年9月1日零时前自动上缴武器和军用器械的人，均可获得赦免。但大赦令同时明确指出：恐怖分子及外国雇佣兵等罪犯不在赦免之列。

国际问题专家认为，俄罗斯政府正在用一种积极的姿态和更理智的方式来赢得车臣人民对联邦政府的信任。但车臣问题是在民族分离主义、国际恐怖主义和宗教极端主义的共同作用下形成的，要彻底解决它，俄罗斯还有漫长的路要走。只有车臣经济与俄罗斯整个国家经济接近或达到同步水平，才能保持车臣居民对于俄罗斯真正的依附力和亲和力。

2. 格鲁吉亚南奥赛梯问题

南奥塞梯是格鲁吉亚的一个自治州，苏联解体后，南奥塞梯自治州一直谋求独立，不服从格中央政府的管辖。南奥塞梯1992年1月通过全民公决，要求成立独立共和国及与北奥塞梯合并。因此，格鲁吉亚中央政府与南奥塞梯地方当局的矛盾急剧恶化，并导致大规模武装冲突。

1992年6月24日，俄罗斯、格鲁吉亚和南、北奥塞梯四方最高领导人就和平解决南奥塞梯武装冲突问题首次举行会谈，达成有关实现停火、成立维持和平部队和监督委员会的协议，格奥冲突双方随后实现停火。根据协议，俄、格和南北奥塞梯成立了解决格奥冲突的四方混合监督委员会，由俄、格和南奥塞梯三方组成混合维和部队负责在冲突地区执行维和使命。同年7月，由俄罗斯、格鲁吉亚和南奥塞梯三方联合组成的1 500人的维持和平部队陆续进入南奥塞梯的茨欣瓦利地区，沿南奥塞梯和格鲁吉亚边界建立一个长15公里、宽14公里的安全走廊，把冲突各方的武装部队隔离开来。十几年来，南奥塞梯当局谋求独立的初衷一直未改，有关各方在这一地区的摩擦也时有发生。迄今，格中央政府只控制着南奥塞梯的部分地区。

南奥塞梯问题的解决主要是通过双方签订协定和国际社会的努力来实现，对妄图实现独立的首要分子也采用了和平妥协的手段。

3. 印度尼西亚的亚齐问题

亚齐是印尼共和国的两个特别行政区之一，自印尼建国以来，由于诸多因素的影响，亚齐地区的分离倾向长期存在并日益增长。1976年成立的“自由亚齐运动”是该地区比较有代表性的分离运动组织，其主要领导人是哈桑·迪罗（Hasan. D. Tiro）。

“自由亚齐运动”分离主义的核心思想在于：强调亚齐民族的历史荣誉

感和建立独立国家的合法性，否认“印度尼西亚共和国”的合法性，主张亚齐脱离爪哇人的“殖民统治”，建立独立的国家。“自由亚齐运动”在1998年以前，主要以军事对抗为主，但社会支持不足，社会影响有限。

针对这种分离主义的思潮和活动，苏哈托政权对亚齐采取的政策始终是以政治和经济上的严密控制、军事上的镇压为主。具体表现为：一是对亚齐采取严密的控制措施。虽然苏加诺政府给予亚齐特别行政区地位，规定亚齐在政治、经济、文化宗教等事务上拥有相对自主的管理权，但在苏哈托政府时期这些规定却形同虚设。苏哈托总统上台后，通过建立完全的军人统治，突出强调政治上的稳定，将大批在职和退休的军官安插在重要的经济部门，控制地区的经济生产，以强调经济上的发展。二是苏哈托政权对“亚齐自由运动”采取坚决的军事镇压。对于亚齐地区的分离主义运动，以军人为基础的苏哈托政权采取两手政策，一方面在亚齐修建公路，从政治上抚慰多数亚齐人；另一方面对“自由亚齐运动”采取坚决的军事镇压。

1999年瓦希德总统执政后，印尼政府大力倡导民族和解，同意让亚齐享有广泛自治，地方政府可管理75%的财政来源，但坚决反对亚齐独立。为了缓解双方的矛盾，印尼国会还成立了亚齐问题特别委员会，专门处理亚齐问题。同时，印尼政府也与“自由亚齐运动”领导人先后进行了多次接触和谈判。

2004年12月，海啸灾难发生后，印尼政府开始与“自由亚齐运动”领导人就停火问题进行接触。为了全力救灾，双方达成了停火协议。2005年8月，经过数轮谈判，双方正式签署和平协议。根据协议，“自由亚齐运动”不再要求亚齐独立并解除武装。同时，印尼政府撤出在亚齐的编制外驻军和警察，特赦“自由亚齐运动”政治犯。同年8月31日，印尼政府释放了在押的1424名“自由亚齐运动”政治犯。2005年12月，“自由亚齐运动”完成解除自身武装的工作。印尼政府方面按照和平协议的规定，在2005年12月29日以前将其余的政府军士兵和警察有序撤出亚齐。同月27日，“自由亚齐运动”宣布解散其军事组织“亚齐国民军”。2006年7月，印度尼西亚国会通过了《亚齐自治法》，赋予亚齐省地方政府更大的自治权。

由印度尼西亚在解决亚齐问题的过程可知，印尼政府综合采用军事、经济以及和谈等多种手段，来捍卫国家主权和领土完整。尽管有海啸等自然灾害的影响，但双方的和平愿望和维护国家统一的努力在和平谈判中所起的作用是至关重要的。

六、结　　语

“台独”分裂势力分裂国家的活动，严重威胁着中国的主权和领土完整，严重破坏和平统一的前景，严重损害中华民族的根本利益，严重威胁着台海地区乃至亚太地区的和平稳定，因此，必须采取一切可能的必要措施予以遏制。我们相信，通过采取追究“台独”首要分子刑事责任的方式扼制分裂势力，既表明了中国依法治国进入了一个新的阶段，也会对震慑“台独”分裂势力产生积极的影响，具有重要的现实意义。

附录：赵秉志教授论著目录（2003—2008）

一、书　　籍

（一）个人专著暨文集类

1.《侵犯财产罪》
中国人民公安大学出版社 2003 年 5 月版

2.《刑法基本理论专题研究》
法律出版社 2005 年 9 月版

3.《刑法总则问题专论》（赵秉志刑法学文集Ⅰ）
法律出版社 2004 年 5 月版

4.《刑法分则问题专论》（赵秉志刑法学文集Ⅱ）
法律出版社 2004 年 5 月版

5.《中国区际刑法专论》（赵秉志刑法学文集Ⅲ）
法律出版社 2004 年 5 月版

6.《比较刑法暨国际刑法论》（赵秉志刑法学文集Ⅳ）
法律出版社 2004 年 5 月版

7.《死刑改革探索》
法律出版社 2006 年 12 月版

8.《犯罪未遂形态研究》（第二版）
中国人民大学出版社 2008 年 1 月版

（二）合著类

1.《毒品犯罪》
赵秉志、于志刚著，中国人民公安大学出版社 2003 年 5 月版

2.《妨害司法罪》
赵秉志、田宏杰、于志刚著，中国人民公安大学出版社 2003 年 5 月版

3.《侵犯知识产权犯罪比较研究》（"当代新型犯罪比较研究"第五卷）
赵秉志、田宏杰著，法律出版社 2004 年 6 月版

4.《计算机犯罪比较研究》（"当代新型犯罪比较研究"第六卷）
赵秉志、于志刚著，法律出版社 2004 年 6 月版

5.《环境犯罪比较研究》（"当代新型犯罪比较研究"第十卷）
赵秉志、王秀梅、杜澎著，法律出版社 2004 年 6 月版

6.《香港特区国际刑事司法制度研究》
赵秉志、黄芳编著，中国人民公安大学出版社 2004 年 10 月版

7.《刑法专论》（教育部学位管理与教育司推荐研究生教学用书）
高铭暄主编，赵秉志为主要作者，高等教育出版社 2006 年 4 月第 2 版

8.《中国刑法立法之演进》（中英文对照本）

高铭暄、赵秉志著，法律出版社 2007 年 6 月版

9.《刑法问题对谈录》

赵秉志、肖中华、左坚卫著，北京大学出版社 2007 年 7 月版

（三）主编类*

1.《刑法基础理论探索》（“当代刑法理论探索”第一卷）

法律出版社 2003 年 1 月版

2.《犯罪总论问题探索》（“当代刑法理论探索”第二卷）

法律出版社 2003 年 1 月版

3.《刑罚总论问题探索》（“当代刑法理论探索”第三卷）

法律出版社 2003 年 1 月版

4.《国际区际刑法问题探索》（“当代刑法理论探索”第四卷）

法律出版社 2003 年 1 月版

5.《刑法教学案例》（高等院校教学案例丛书）

法律出版社 2003 年 1 月版

6.《欧盟刑事司法协助研究暨相关文献中英文本》

中国人民公安大学出版社 2003 年 4 月版

7.《全国法律硕士专业学位研究生联考复习全书》

北京大学出版社 2003 年 3 月版

8.《中国区际刑事司法协助探索》

第一主编，中国人民公安大学出版社 2003 年 3 月版

9.《刑法学》（同等学力人员申请法学硕士学位考试教材）

中国法制出版社 2003 年 3 月版

10.《刑法学》（同等学力人员申请法学硕士学位考试模拟题）

中国法制出版社 2003 年 3 月版

11.《扰乱公共秩序罪》

中国人民公安大学出版社 2003 年 5 月版

12.《突发公共卫生事件相关犯罪刑法适用——以“非典”事件为中心》

法律出版社 2003 年 6 月版

13.《刑事法判解研究》（2003 年第 1 辑，总第 2 辑）

人民法院出版社 2003 年 6 月版

14.《酷刑遏制论》

中国人民公安大学出版社 2003 年 7 月版

15.《刑法学》（上册·刑法总论）（教育部人才培养模式改革和开放教育试点）

中央广播电视大学出版社 2003 年 7 月版

16.《刑法学》（下册·刑法各论）（教育部人才培养模式改革和开放教育试点）

中央广播电视大学出版社 2003 年 7 月版

17.《国际刑事法院专论》

人民法院出版社 2003 年 9 月版

18.《刑法评论》（第 2 卷）

法律出版社 2003 年 9 月版

19.《刑法论丛》（第 7 卷）

第二主编，法律出版社 2003 年 9 月版

20.《历年法律硕士联考试题及解析》

副总主编，法律出版社 2003 年 9 月版

21.《中国刑法学年会文集（2003 年度），第一卷：刑法解释问题研究》

第一主编，中国人民公安大学出版社 2003 年 10 月版

22.《中国刑法学年会文集（2003 年

度),第二卷:刑法实务问题研究》
第一主编,中国人民公安大学出版社2003年10月版

23.《刑法教学案例》
法律出版社2003年10月版

24.《中国刑事法学》(首卷)
中国人民公安大学出版社2003年10月版

25.《刑事法判解研究》(2003年第2辑,总第3辑)
人民法院出版社2003年10月版

26.《刑事法判解研究》(2003年第3辑,总第4辑)
人民法院出版社2003年11月版

27.《法律硕士专业学位研究生入学全国联考考试指南》(第四版)
副总主编之一,中国人民大学出版社2003年11月版

28.《刑事法治发展研究报告》(2003年卷,上下册)
中国人民公安大学出版社2003年12月版

29.《2004年法律硕士专业学位研究生联考考试辅导指南》(第2版)
中国人民大学出版社2003年12月版

30.《2004年法律硕士专业学位研究生联考全真模拟命题预测试卷及解答》
中国人事出版社2003年版

31.《刑法评论》(第3卷)
法律出版社2004年1月版

32.《刑事法判解研究》(2003年第4辑,总第5辑)
人民法院出版社2004年1月版

33.《现代刑事法治问题探索》(高铭暄教授、王作富教授联袂执教50周年暨75华诞文集,三卷本)
编委会主任,法律出版社2004年1月版

34.《中国废止死刑之路探索——以现阶段非暴力犯罪废止死刑为视角》
中国人民公安大学出版社2004年3月版

35.《主客观相统一:刑法现代化的坐标——以奸淫幼女型强奸罪为视角》
中国人民公安大学出版社2004年4月版

36.《刑法评论》(第4卷)
法律出版社2004年4月版

37.《刑事法判解研究》(2004年第1辑,总第6辑)
人民法院出版社2004年4月版

38.《2005年法律硕士专业学位研究生全国联考复习全书》
朝华出版社2004年4月版

39.《单位犯罪比较研究》("当代新型犯罪比较研究"第一卷)
法律出版社2004年6月版

40.《金融犯罪比较研究》("当代新型犯罪比较研究"第四卷)
第一主编,法律出版社2004年6月版

41.《新编国际刑法学》(21世纪法学系列教材)
中国人民大学出版社2004年6月版

42.《刑法时评》(首卷·2003年卷)
中国人民公安大学出版社2004年6月版

43.《刑事法判解研究》(2004年第2辑,总第7辑)
人民法院出版社2004年6月版

44.《法律硕士专业学位研究生联考考试辅导指南》(2004年10月使用)
第二主编,法律出版社2004年6月版
45.《刑法评论》(第5卷)
法律出版社2004年9月版
46.《中国刑法案例与学理研究(第1卷:刑法总则)》
法律出版社2004年9月版
47.《中国刑法案例与学理研究(第2卷:危害国家安全罪、危害公共安全罪、危害国防利益罪、军人违反职责罪)》
法律出版社2004年9月版
48.《中国刑法案例与学理研究(第3卷:破坏社会主义市场经济秩序)》
法律出版社2004年9月版
49.《中国刑法案例与学理研究(第4卷:侵犯公民人身权利罪)》
法律出版社2004年9月版
50.《中国刑法案例与学理研究(第5卷:妨害社会管理秩序罪)》
法律出版社2004年9月版
51.《中国刑法案例与学理研究(第6卷:贪污贿赂、渎职罪)》
法律出版社2004年9月版
52.《刑事法判解研究》(2004年第3辑,总第8辑)
人民法院出版社2004年10月版
53.《被判刑人移管国际暨区域合作》
第一主编,中国人民公安大学2004年11月版
54.《英美刑法学》(21世纪法学系列教材)
中国人民大学出版社2004年11月版
55.《刑法论丛》(第8卷)
第二主编,法律出版社2004年12月版
56.《刑事法判解研究》(2004年第4辑,总第9辑)
中国人民大学出版社2004年12月版
57.《刑法评论》(第6卷)
法律出版社2005年1月版
58.《惩治恐怖主义犯罪理论与立法》
中国人民公安大学出版社2005年3月版
59.《中国区际刑法问题专论》
中国人民公安大学出版社2005年3月版
60.《第17届国际刑法学大会文献汇编》(中外文本)
第一主持编辑人,中国人民公安大学出版社2005年3月版
61.《刑事法判解研究》(2005年第1辑,总第10辑)
人民法院出版社2005年4月版
62.《刑法论丛》(第9卷)
第二主编,法律出版社2005年4月版
63.《国际恐怖主义犯罪及其防治对策专论》
中国人民公安大学出版社2005年5月版
64.《刑事政策专题探讨》
中国人民公安大学出版社2005年5月版
65.《刑法评论》(第7卷)
法律出版社2005年6月版
66.《法律硕士专业学位研究生入学全国联考模拟试题解析》(第5版,2005年10月使用)
第二主编,中国人民大学出版社

2005 年 6 月版

67.《法律硕士专业学位研究生入学全国联考同步辅导》(2005 年 10 月使用)
第二主编,中国人民大学出版社 2005 年 6 月版

68.《法律硕士专业学位研究生入学全国联考大串讲》(第 3 版,2005 年 10 月使用)
第二主编,中国人民大学出版社 2005 年 6 月版

69.《刑事法治发展研究报告》(2004 年卷,上下册)
中国人民公安大学出版社 2005 年 7 月版

70.《中日经济犯罪比较研究》
第二主编,法律出版社 2005 年 8 月版

71.《国际刑事法院:中国面临的抉择》
第二主编,中国人民公安大学出版社 2005 年 8 月版

72.《刑法学》(普通高等教育"十五"国家级规划教材)
执行主编,北京大学出版社、高等教育出版社 2005 年 8 月第 2 版

73.《中国审判案例要览选译(1991－2004)》(英文版)
编辑部副主编暨刑法卷主编,Isinolaw Holding Ltd,人民法院出版社、中国人民大学出版社 2005 年 8 月版

74.《刑事法判解研究》(2005 年第 2－4 辑,总第 11－13 辑)
人民法院出版社 2005 年 9 月版

75.《中韩刑事制裁的新动向——"第二届中韩刑法学术研讨会"学术文集》
中国人民公安大学出版社 2005 年 10 月版

76.《2006 年法律硕士联考考试大纲配套练习》(第 4 版)
第二主编,中国人民大学出版社 2005 年 10 月版

77.《2006 年全国法律硕士专业学位研究生入学联考大串讲》
第二主编,中国人民大学出版社 2005 年 10 月版

78.《刑法评论》(第 8 卷)
法律出版社 2005 年 12 月版

79.《死刑制度之现实考察与完善建言》
中国人民公安大学出版社 2006 年 1 月版

80.《外国刑法各论(大陆法系)》(21 世纪法学系列教材)
中国人民大学出版社 2006 年 1 月版

81.《国际刑法评论》(第 1 卷)
第一主编,中国人民公安大学出版社 2006 年 5 月版

82.《刑法论丛》(第 10 卷)
第二主编,法律出版社 2006 年 5 月版

83.《刑事法治发展研究报告》(2005－2006 年卷)
中国人民公安大学出版社 2006 年 8 月版

84.《刑法评论》(2006 年第 1 卷,总第 9 卷)
法律出版社 2006 年 8 月版

85.《刑法评论》(2006 年第 2 卷,总第 10 卷)
法律出版社 2006 年 10 月版

86.《刑法评论》(2006 年第 3 卷,总第 11 卷)
法律出版社 2006 年 10 月版

87.《和谐社会的刑事法治(上卷:刑事政策与刑罚改革研究)》
中国人民公安大学出版社 2006 年 10 月版
88.《和谐社会的刑事法治(下卷:商业贿赂犯罪研究)》
中国人民公安大学出版社 2006 年 10 月版
89.《中韩国际刑事司法协助及相关犯罪研究——"第三届中韩刑法学术研讨会"学术文集》
中国人民公安大学出版社 2006 年 11 月版
90.《刑法教学参考书》(21 世纪法学系列教材)
中国人民大学出版社 2006 年 11 月版
91.《中国知识产权的刑事法保护及对欧盟经验的借鉴》
法律出版社 2006 年 12 月版
92.《刑事法判解研究》(2006 年第 1 – 2 辑,总第 14 – 15 辑)
人民法院出版社 2006 年 12 月版
93.《中国反恐立法专论》
中国人民公安大学出版社 2007 年 1 月版
94.《刑法》(第二版,全国成人高等教育规划教材)
高等教育出版社 2007 年 1 月版
95.《刑法学》(普通高等教育"十一五"国家级规划教材)
执行主编,北京大学出版社、高等教育出版社 2007 年 1 月第 3 版
96.《国际刑法评论》(第 2 卷)
第一主编,中国人民公安大学出版社 2007 年 1 月版
97.《京师法律评论》(第 1 卷)
北京师范大学出版社 2007 年 4 月版
98.《中美死刑制度现状与改革比较研究》
第二主编,中国人民公安大学出版社 2007 年 4 月版
99.《刑法学》(现代法学教材)
执行主编,中国法制出版社 2007 年 4 月版
100.《刑法论丛》(第 11 卷)
法律出版社 2007 年 7 月版
101.《刑法习题集》(高校法学专业核心课程配套自测)
法律出版社 2007 年 7 月版
102.《刑法总论》
中国人民大学出版社 2007 年 8 月版
103.《刑法学研究精品集锦 Ⅱ——中国法学会刑法学研究会 2000 – 2005 年年会优秀论文集》
法律出版社 2007 年 8 月版
104.《全球化时代的刑法变革——国际社会的经验及其对中国的启示》
中国人民公安大学出版社 2007 年 9 月版
105.《和谐社会与中国现代刑法建设——新刑法颁行十周年纪念文集》
第一主编,北京大学出版社 2007 年 9 月版
106.《刑法评论》(2007 年第 1 卷,总第 12 卷)
法律出版社 2007 年 9 月版
107.《刑法论丛》(第 12 卷)
法律出版社 2007 年 9 月版
108.《刑法教学案例》
法律出版社 2007 年 10 月版

109.《财产刑执行的调查与研究》
第二主编,人民法院出版社 2007 年 11 月版
110.《中国刑法典型案例研究(第一卷):刑法总则》
北京大学出版社 2008 年 1 月版
111.《中国刑法典型案例研究(第二卷):危害公共安全与妨害社会管理秩序犯罪》
北京大学出版社 2008 年 1 月版
112.《中国刑法典型案例研究(第三卷):破坏市场经济秩序犯罪》
北京大学出版社 2008 年 1 月版
113.《中国刑法典型案例研究(第四卷):侵犯公民基本权利犯罪》
北京大学出版社 2008 年 1 月版
114.《中国刑法典型案例研究(第五卷):贪污贿赂与渎职犯罪》
北京大学出版社 2008 年 1 月版
115.《刑事法治发展研究报告(2006-2007 年卷)》
中国人民公安大学出版社 2008 年 1 月版
116.《中国疑难刑事名案法理研究(第一卷)》
北京大学出版社 2008 年 1 月版
117.《中国疑难刑事名案法理研究(第二卷)》
北京大学出版社 2008 年 1 月版
118.《中国疑难刑事名案法理研究(第三卷)》
北京大学出版社 2008 年 1 月版
119.《中国劳动教养制度的改革与检讨》
中国人民公安大学出版社 2008 年 7 月版
120.《侵犯著作权犯罪研究》
中国人民公安大学出版社 2008 年 7 月版
121.《刑法论丛》(第 14 卷)
法律出版社 2008 年 7 月版
122.《中韩经济刑法比较研究——第四届中韩刑法学术研讨会学术文集》
中国人民公安大学出版社 2008 年 7 月版
123. 刑法评论(第 14 卷)
法律出版社 2008 年 10 月版
124.《改革开放 30 年刑法学研究精品集锦》
中国法制出版社 2008 年 11 月版
125.《反腐败的国际视野》
法律出版社 2008 年 11 月版
126.《刑法总论》
中国法制出版社 2008 年 12 月版
127.《许霆案件的法理争鸣》
北京大学出版社 2008 年 12 月版
128.《犯罪总论比较研究》
北京大学出版社 2008 年 12 月版
129.《刑罚总论比较研究》
北京大学出版社 2008 年 12 月版
130.《死刑司法控制论及其替代措施》
法律出版社 2008 年 12 月版
131.《刑法论丛》(第 16 卷)
法律出版社 2008 年 12 月版

(四)合编暨合译类

1.《国际刑事审判规章汇编》
赵秉志、王秀梅编,中国人民公安大学出版社 2003 年 4 月版
2.《中国审判案例要览》(2002 年,4 卷)
编辑部第一副主编暨刑法卷主编,中国人民大学出版社 2003 年 4 月版
3.《〈联合国反腐败公约〉暨相关重要文献资料》
赵秉志、王志祥、郭理蓉编,中国人民

公安大学出版社2004年1月版
4.《中国审判案例要览》(2003年,第4卷)
编辑部第一副主编暨刑法卷主编,中国人民大学出版社2004年6月版
5.《"9·11"委员会报告》
赵秉志、王志祥、王文华等译,中国人民公安大学出版社2004年9月版
6.《世纪"9·11"——(美国"9·11"委员会报告)精华中译本》
赵秉志、熊正、苗苗编译,中国人民公安大学出版社2005年1月版
7.《越南刑法典》
米良译,赵秉志等专业审校,中国人民公安大学出版社2005年2月版
8.《中国审判案例要览》(2004年,4卷)
编辑部第一副主编暨刑法卷主编,中国人民大学出版社2005年6月版
9.《美军虐囚报告》
赵秉志、王志祥、郭理蓉译,中国人民公安大学出版社2005年6月版
10.《韩国刑法总论》
〔韩〕李在祥著,〔韩〕韩相敦译,赵秉志为专业审校人之一,中国人民公安大学出版社2005年8月版
11.《中国审判案例要览》(2005年,4卷)
编辑部第一副主编暨刑法卷主编,中国人民大学出版社2006年7月版
12.《国际刑法导论》
〔美〕巴西奥尼著,赵秉志、王文华等译,法律出版社2006年11月版
13.《国际刑法总论问题专题整理》
赵秉志、周露露编著,中国人民公安大学出版社2007年4月版
14.《刑法哲学专题整理》
赵秉志、魏昌东编著,中国人民公安大学出版社2007年4月版
15.《新中国刑法立法资料精选》
高铭暄、赵秉志编,法律出版社2007年6月版
16.《加拿大反恐法案及国际反恐公约的执行》
赵秉志、王秀梅、王水明译,中国人民公安大学出版社2007年9月版
17.《外国最新反恐法选编》
赵秉志等编译,中国法制出版社2008年3月版

二、论文、译文和文章

(一)论文

1. 罪刑法定原则
载赵秉志主编:《刑法基础理论探索》,法律出版社2003年1月版
2. 未成年人犯罪的刑事责任问题
载赵秉志主编:《犯罪总论问题探索》,法律出版社2003年1月版
3. 精神障碍与刑事责任问题
载赵秉志主编:《犯罪总论问题探索》,法律出版社2003年1月版
4. 故意犯罪停止形态
载赵秉志主编:《犯罪总论问题探索》,法律出版社2003年1月版
5. 共同犯罪问题
载赵秉志主编:《犯罪总论问题探索》,法律出版社2003年1月版
6. 刑事立法问题
赵秉志、田宏杰,载赵秉志主编:《刑法基础理论探索》,法律出版社2003年1月版
7. 中国刑法现代化的模式设计
赵秉志、田宏杰,载赵秉志主编:《刑

法基础理论探索》,法律出版社 2003 年 1 月版

8. 刑事司法问题
赵秉志、田宏杰,载赵秉志主编:《刑罚总论问题探索》,法律出版社 2003 年 1 月版

9. 死刑问题
赵秉志、胡云腾,载赵秉志主编:《刑罚总论问题探索》,法律出版社 2003 年 1 月版

10. “严打”中刑法适用若干问题探讨
赵秉志、许成磊,载山东省法学会主编:《“严打”政策法律问题》,中国检察出版社 2003 年 1 月版

11. 略论中国内地刑法中的危害国家安全罪——以港、澳特别行政区基本法第 23 条为视野
赵秉志、时延安,载《河南政法管理干部学院学报》2003 年第 1 期

12. 关于自首制度司法解释的评析
赵秉志、周加海,载《刑事法判解研究》2003 年第 1 辑、第 2 辑

13. 具有多个从宽情节岂能因“严打”便顶格处刑
赵秉志、阴建峰,载《刑事法判解研究》2003 年第 1 辑

14. 放纵制售伪劣商品犯罪行为罪的司法疑难问题探讨
赵秉志、许成磊,载《刑事法判解研究》2003 年第 1 辑

15. 贿赂罪共同犯罪问题研究
赵秉志、姜伟、许成磊、侯亚辉,载《中国检察》第 1 卷(2001 年最高人民检察院重点课题汇编),中国检察出版社 2003 年 3 月版

16. 试论大陆法系国家刑法中针对国家存立的犯罪
赵秉志、时延安,载《江海学刊》2003 年第 2 期

17. 关于交通肇事、绑架、金融犯罪等疑难问题的对话
赵秉志、肖中华,载《华东刑事司法评论》第 3 卷(2003 年 4 月)

18. 香港特别行政区与外国移交被判刑人制度研究
赵秉志、黄芳,载《中国法学》2003 年第 2 期

19. 比较与借鉴:在诠释与理论之间着力求索——马克昌教授《比较刑法理论》评价
赵秉志、曾粤兴,载《政法论坛》2003 年第 2 期

20. 满目青山夕照明——高铭暄教授刑法思想述略
赵秉志、王秀梅、杜澎,载《高校理论战线》2003 年第 2 期

21. “非典”防治时期相关犯罪的司法适用研究
赵秉志、刘志伟、许成磊、时延安,载《刑事司法指南》2003 年第 2 辑

22. 关于渎职罪认定中的共性问题的对话
赵秉志、肖中华,载《惩治与预防渎职侵权犯罪指南》,中国民主法制出版社 2003 年 6 月版

23. 论内地与港澳特区刑事管辖权的合理划分
载《中国法律》(香港)2003 年第 3 期

24. 试论奸淫幼女型强奸罪的“明知”与“自愿”问题
赵秉志、时延安,载《刑事法判解研究》2003 年第 3 辑

25. 刑法解释方法研究

赵秉志、曾粤兴，载《刑事法判解研究》2003 年第 3 辑

26. 董必武刑事法治思想研究
赵秉志、时延安，载孙琬钟等主编：《董必武法学思想研究文集》（第二辑）人民法院出版社 2003 年 8 月版

27. 台湾地区现行"刑法"修正内容简介
赵秉志、周加海，载《云南大学学报法学版》2003 年第 4 期

28. 香港与外国刑事司法合作制度研究
赵秉志、黄芳，载《刑事法杂志》（台湾）2003 年第 5 期 、第 6 期

29. 现实刑事责任阻却事由探讨
赵秉志、赵辉，载《河南师范大学学报》2003 年第 5 期 ；中国人民大学报刊复印资料《刑事法学》2004 年第 2 期转载

30. 论中国刑法典中的国际刑法规范
赵秉志、黄芳，载赵秉志主编：《国际刑事法院专论》，人民法院出版社 2003 年 10 月版

31. 论惩治恐怖活动犯罪与中国国内立法
赵秉志、阴建峰，载赵秉志主编：《国际刑事法院专论》，人民法院出版社 2003 年 10 月版

32. 国际刑事法院及其相关问题研究
高铭暄、赵秉志、王秀梅，载赵秉志主编：《国际刑事法院专论》，人民法院出版社 2003 年 10 月版

33. 中国的网络犯罪与刑事立法
载韩国比较刑事法学会编印：《比较刑事法研究》（韩文版）2003 年第 2 期特辑号

34. 财产罪总论问题探究
载顾肖荣主编：《经济犯罪》（1），上海人民出版社 2003 年 11 月版；又载〔日〕西原春夫编：《日中比较经济犯罪》，成文堂 2004 年 8 月日文版

35. 论惩治恐怖活动犯罪的国际国内立法
赵秉志、阴建峰，载《法制与社会发展》2003 年第 6 期

36. 论黑社会性质组织的成立条件——以司法解释和立法解释为视角
赵秉志、许成磊，载《刑法评论》第 2 卷（2003 年 9 月）

37. 《移交被判刑人公约》及其附加议定书研究
赵秉志、杜启新、郭泽强，载《刑法论丛》第 7 卷（2003 年 9 月）

38. 2002 年刑法学研究的回顾与展望
赵秉志、许成磊，载《刑法论丛》第 7 卷（2003 年 9 月）

39. 当代世界主要缓刑类型比较研究
赵秉志、左坚卫，载《刑法论丛》第 7 卷（2003 年 9 月）

40. 欧盟成员国间引渡制度研究
赵秉志、黄芳，载《刑法论丛》第 7 卷（2003 年 9 月）

41. 从章俊理案论非法行医罪的有关法理问题
载王工、张赞宁主编：《非法行医罪与"三章"系列案》序言，东南大学出版社 2003 年 11 月版

42. 刑法立法解释探讨
赵秉志、杨丹，载赵秉志主编：《刑事法治发展研究报告》（2003 年卷，上册），中国人民公安大学出版社 2003 年 12 月版

43. 我国累犯实务疑难问题研究
赵秉志、苏彩霞，载赵秉志主编：《刑事法治发展研究报告》（2003 年卷，

上册),中国人民公安大学出版社2003年12月版

44. 我国缓刑制度的完善问题探讨
赵秉志、左坚卫,载赵秉志主编:《刑事法治发展研究报告》(2003年卷,上册),中国人民公安大学出版社2003年12月版

45. 中国劳动教养制度司法化改革方案
赵秉志、陈志军、万云峰、廖万里,载赵秉志主编:《刑事法治发展研究报告》(2003年卷,上册),中国人民公安大学出版社2003年12月版

46. 刑法中恐怖组织的界定问题研究
赵秉志,蒋娜,载赵秉志主编:《刑事法治发展研究报告》(2003年卷,下册),中国人民公安大学出版社2003年12月版

47. 侵犯知识产权罪比较研究
赵秉志、田宏杰,载赵秉志主编:《刑事法治发展研究报告》(2003年卷,下册),中国人民公安大学出版社2003年12月版

48. 试论网络犯罪若干基本问题
赵秉志、张新平,载赵秉志主编:《刑事法治发展研究报告》(2003年卷,下册),中国人民公安大学出版社2003年12月版

49. 论犯罪构成要件的逻辑顺序
载《政法论坛》2003年第6期;《中国法学精粹(2004年卷)》转载

50. 社会危害性与刑事违法性的矛盾及其解决
赵秉志、陈志军,载《法学研究》2003年第6期;《中国法学精粹(2004年卷)》转载

51. 论准自首的认定
赵秉志、周加海,载《南都学坛》2003年第6期;中国人民大学报刊复印资料《刑事法学》2004年第1期转载

52. 论国际刑事法院管辖的战争罪
赵秉志、王秀梅,载《河南政法干部管理学院学报》2003年第6期

53. 论我国短期自由刑问题的应对方案
赵秉志、陈志军,载《人民司法》2003年第8期;中国人民大学报刊复印资料《刑事法学》2003年第11期转载

54. 共犯与身份问题研究
载《中国法学》2004年第1期;又载《澳门检察》第5期(2004年12月)

55. 刑罚价值理论比较研究
赵秉志、陈志军,载《法学评论》2004年第1期;中国人民大学报刊复印资料《刑事法学》2004年第4期转载;《中国法学精粹(2005年卷)》转载

56. 伊拉克战争涉及的国际法和国际刑法问题
赵秉志、王秀梅,载《河北法学》2004年第1期

57. 论越权刑法解释
赵秉志、陈志军,载《法学家》2004年第2期;中国人民大学报刊复印资料《刑事法学》2004年第8期转载

58. 非法吸收公众存款罪探讨
赵秉志、万云峰,载《人民司法》2004年第2期

59. 刑讯逼供罪中"致人伤残、死亡"的理解与认定
赵秉志、许成磊,载《河南政法管理干部学院学报》2004年第2期;中国人民大学报刊复印资料《刑事法学》2004年第6期转载

60. 黑社会性质犯罪疑难问题研究
载《刑事法判解研究》2004 年第 2 辑
61. 刑法总论中的争议问题研究
载《华东刑事司法评论》第 7 卷(2004 年 7 月)
62. 死刑存废的政策分析与我国的选择
赵秉志、郭理蓉,载《法学》2004 年第 4 期
63. 当代中国刑法中的人权保护
载《中共中央党校学报》2004 年第 4 期、2005 年第 1 期
64. 慎用死刑的程序保障 ——对我国现行死刑复核制度的检讨及完善建言
赵秉志、时延安,载《现代法学》2004 年第 4 期
65. 正确解决中国区际刑事管辖权冲突之制度构想
赵秉志、时延安,载《刑法评论》第 8 卷(2004 年 12 月)
66. 论经济犯罪死刑案件数额认定之正当程序
赵秉志、万云峰,载《人民司法》2005 年第 1 期
67. 论我国经济犯罪死刑的限制及废止
赵秉志、万云峰,载《刑法评论》第 6 卷(2005 年 1 月)
68. 中国逐步废除死刑论纲
载《法学》2005 年第 1 期;中国人民大学报刊复印资料《刑事法学》2005 年第 4 期转载
69. 论中国非暴力犯罪死刑的逐步废止
载《政法论坛》2005 年第 1 期
70. 中国逐步废止死刑之新思考
载《中国监狱学刊》2005 年第 1 期
71. 中国逐步废止死刑论要
载《公民与法》2005 年 1 月号
72. 邓小平同志刑事法律思想研究
载《南都学坛》2005 年第 1 期;中国人民大学报刊复印资料《邓小平理论、三个代表重要思想》2005 年第 5 期转载
73. 死刑不引渡原则探讨
载《政治与法律》2005 年第 1 期
74. 关于我国刑事法治与《联合国反腐败公约》协调的几点初步探讨
载《法学杂志》2005 年第 1 期
75. 非法拘禁罪行为构造研析
赵秉志、阴建峰,载《河北法学》2005 年第 1 期;中国人民大学报刊复印资料《刑事法学》2005 年第 5 期转载
76.《惩治恐怖主义的欧洲公约》研究——兼与其他制止恐怖主义的国际公约比较
赵秉志、王志祥、郭理蓉,载赵秉志主编:《惩治恐怖主义犯罪理论与立法》,中国人民公安大学出版社 2005 年 3 月版
77. 中国刑法哲学的产生和发展
赵秉志、魏昌东,载《法制与社会发展》2005 年第 2 期
78. 关于分阶段逐步废止中国死刑的构想
载《郑州大学学报》(哲学社会科学版)2005 年第 5 期;中国人民大学报刊复印资料《刑事法学》2005 年第 11 期转载
79. 国际恐怖主义犯罪的界定与应对措施
赵秉志、魏东等,载赵秉志主编:《刑事政策专题探讨》,中国人民公安大学出版社 2005 年 5 月版

80. 美军虐囚事件中的国际刑法问题
赵秉志、王秀梅,载《法学》2005年第5期
81. 试论非法行医罪的立法完善——以非法鉴定胎儿性别和人工终止妊娠行为为视角
赵秉志、左坚卫,载《人民检察》2005年第5期;中国人民大学报刊复印资料《刑事法学》2005年第6期转载
82. 论普遍管辖原则的确立依据
赵秉志、黄俊平,载《社会科学战线》2005年第3期
83. 证券内幕交易犯罪若干问题比较研究
赵秉志、陈志军,载《比较法研究》2005年第3期
84. 人权保障是当代刑法之鲜明主题
载《刑法评论》第7卷(2005年6月)
85. 论中国遏制恐怖活动犯罪的法治对策
载《刑法评论》第7卷(2005年6月)
86. 刑法学研究方法论要
赵秉志、曾粤兴,载《刑法评论》第7卷(2005年6月)
87. 中国逐步废止死刑之建言——以废止非暴力死刑为中心
载赵秉志主编:《刑事法治发展研究报告》(2004年卷),法律出版社2005年7月版
88. 死刑核准权收回最高人民法院后制度之完善建言
高铭暄、赵秉志、时延安,载赵秉志主编:《刑事法治发展研究报告》(2004年卷),法律出版社2005年7月版
89. 中国废除金融犯罪死刑研究
赵秉志、刘远、刘福谦,载赵秉志主编:《刑事法治发展研究报告》(2004年卷),法律出版社2005年7月版
90. 从实践到理论:我国税收犯罪死刑废止问题研究
赵秉志、黄京平、彭辅顺、万云峰,载赵秉志主编:《刑事法治发展研究报告》(2004年卷),法律出版社2005年7月版
91. 普遍管辖原则及其完善
赵秉志、黄俊平,载赵秉志主编:《刑事法治发展研究报告》(2004年卷),法律出版社2005年7月版
92. 刑法司法解释改革若干问题研究
赵秉志、陈志军,载赵秉志主编:《刑事法治发展研究报告》(2004年卷),法律出版社2005年7月版
93. 妨害公司企业管理秩序犯罪立法完善研究
赵秉志、时延安、庄劲、黄晓亮,载赵秉志主编:《刑事法治发展研究报告》(2004年卷),法律出版社2005年7月版
94. 龚建平受贿案的法理研究
赵秉志、赵辉,载《刑事法判解研究》2005年第3辑
95. 自首制度中的时间界限研究——柴国利等特大抢劫杀人案
赵秉志、孔静,载《刑事法判解研究》2005年第3辑
96. "情人型"暨"家庭型"共同受贿研究——以成克杰受贿案为视角
赵秉志、刘云辉,载《刑事法判解研究》2005年第4辑
97. 论弱势群体的刑法保护——由孙志刚案引发的思考
赵秉志、杜邈,载《中州学刊》2005

年第5期;中国人民大学报刊复印资料《刑事法学》2005年第12期转载

98. 论网络犯罪之法律属性
赵秉志、张新平,载《信息网络安全》2005年第6期

99. 论中国死刑核准制度的改革
赵秉志、时延安,载《刑法评论》第8卷(2005年12月)

100. 突发公共卫生事件相关犯罪刑法适用研究——以“非典”事件及相关司法解释为中心
赵秉志、刘志伟、时延安、许成磊,载赵秉志主编:《刑事法判解研究》2005年第2-4辑

101. 当代中国刑法哲学研究述评
赵秉志、魏昌东,载《中国法学》2006年第1期

102. 全球化时代中国刑法改革中的人权保障
载《吉林大学社会科学学报》2006年第1期

103. 现代刑事法治是和谐社会的基本保障
载《中国特色社会主义研究》2006年第1期

104. 我国税收犯罪死刑问题的实证考察——以增值税专用发票犯罪为中心
赵秉志、万云峰,载赵秉志主编:《死刑制度之现实考察与完善建言》,中国人民公安大学出版社2006年1月版

105. 和谐社会呼唤现代赦免制度
赵秉志、阴建峰,载《法学》2006年第2期

106. 国际刑事法院的公正性与有效性研析
赵秉志、周露露,载赵秉志、卢建平主编:《国际刑法评论》(第1卷),中国人民公安大学出版社2006年5月版

107. 论中国刑事司法中的人权保障
载《北京师范大学学报》(哲社版)2006年第3期;又载韩国比较刑事法学会编印:《比较刑事法杂志》(韩文版,2006年第1期,2006年7月)

108. 恐怖组织认定模式之研究
赵秉志、杜邈,载《现代法学》2006年第3期

109. 我国反恐怖主义立法完善研讨
赵秉志、杜邈,载《法律科学》2006年第3期

110. 论商业贿赂的认定及处理
载《国家检察官学院学报》2006年第3期

111. 我国刑法中走私犯罪的特征及其惩治
赵秉志、王东阳,载《南都学坛》2006年第3期;《高等学校文科学术文摘》2006年第4期摘要

112. 中国死刑控制的程序困惑及其出路
赵秉志、王超,载《中国刑事法杂志》2006年第3期

113. 商业行贿犯罪中“谋取不正当利益”的认定与修改
载《人民检察》2006年第13期

114. 试论商业贿赂的认定
载赵秉志主编:《和谐社会的刑事法治(下卷:商业贿赂犯罪研究)》,中国人民公安大学出版社2006年10月版

115. 死刑适用若干问题研究
赵秉志、宋伟岩,载《刑事司法指南》2006 年第 2 集(2006 年 5 月)
116. 略论刑法的机能
载《北京联合大学学报(人文社会科学版)》2006 年第 2 期
117. 略论最高人民法院收回死刑复核权之目标与原则
载《刑法评论》2006 年第 2 卷
118. 非法行医罪主观要件的认定——以章某等非法行医案为例
载赵秉志主编:《刑事法判解研究》2006 年第 2 辑
119. 中法两国法人犯罪比较研究
赵秉志、郑延谱,载《刑法论丛》第 10 卷(2006 年 5 月)
120. 中国刑事司法改革的发展方向——以人权保障为视角
载韩国比较刑事法学会编印:《比较刑事法研究》(韩文版,2006 年特别卷)
121. 简论"以人为本"与刑法的完善
载《刑法评论》2006 年第 3 卷
122. 市政建设领域商业贿赂犯罪的认定及治理对策
赵秉志、左坚卫,载《上海城市管理职业技术学院学报》2006 年第 5 期
123. 大陆法系刑法理论略述
载《北京联合大学学报(人文社会科学版)》2006 年第 3 期,2007 年第 1 期;中国人民大学报刊复印资料《刑事法学》2007 年第 1 期转载
124. 简论财产刑执行中的权益保障
赵秉志、王东阳,载《甘肃政法学院学报》2006 年第 3 期
125. 着重防范、兼顾惩治——中国《反洗钱法(草案)》的简要解读
载《中国法律》(香港)2006 年第 4 期
126. 关于完善我国侵犯著作权犯罪立法的几点建言——TRIPs 协议与我国著作权犯罪立法之比较
载《深圳大学学报》2006 年第 5 期;《新华文摘》2007 年第 1 期摘要
127. 关于分阶段逐步废止中国死刑的构想
载《中国检察官》2006 年第 6 期
128. 中国大陆地区侵犯知识产权违法犯罪的现状、原因及对策思考
赵秉志、张远煌,载《欧洲法律与经济评论》2005 年 7、8 期合刊,全法中国法律与经济协会(巴黎)2006 年 5 月编印;又载(法国)《国际比较法评论》(法文版)2007 年第 2 期;
129. 略论知识产权刑事司法解释中的数额
赵秉志、阴建峰,载《欧洲法律与经济评论》2005 年 7、8 期合刊,全法中国法律与经济协会(巴黎)2006 年 5 月编印
130. 侵犯注册商标权犯罪问题研究
载《欧洲法律与经济评论》2005 年 7、8 期合刊,全法中国法律与经济协会(巴黎)2006 年 5 月编印
131. 海峡两岸商标犯罪比较研究
高铭暄、赵秉志,载《欧洲法律与经济评论》2005 年 7、8 期合刊,全法中国法律与经济协会(巴黎)2006 年 5 月编印
132. 中国行政刑法的立法缺憾与改进
赵秉志、郑延谱,载《河北法学》2006 年第 8 期

133. 五种常见多发犯罪之立法完善研究——以死刑适用标准的立法完善为重点
赵秉志、刘志伟等,载赵秉志主编:《刑事法治发展研究报告》(2005－2006年卷),中国人民公安大学出版社2006年8月版
134. 论非暴力犯罪死刑的司法控制
赵秉志、张远煌,载赵秉志主编:《刑事法治发展研究报告》(2005－2006年卷),中国人民公安大学出版社2006年8月版
135. 暴力犯罪死刑的司法适用
赵秉志、黄晓亮,载赵秉志主编:《刑事法治发展研究报告》(2005－2006年卷),中国人民公安大学出版社2006年8月版
136. 当前我国经济犯罪限制死刑适用之思考
赵秉志、万云峰,载赵秉志主编:《刑事法治发展研究报告》(2005－2006年卷),中国人民公安大学出版社2006年8月版
137. 死刑司法的程序控制及其改革探讨
赵秉志、马松建,载赵秉志主编:《刑事法治发展研究报告》(2005－2006年卷),中国人民公安大学出版社2006年8月版
138. 恐怖主义犯罪相关术语界定
赵秉志、王秀梅、阴建峰等,载赵秉志主编:《刑事法治发展研究报告》(2005－2006年卷),中国人民公安大学出版社2006年8月版
139. 涉外、涉港澳台恐怖活动的法律适用
赵秉志、时延安等,载赵秉志主编:《刑事法治发展研究报告》(2005－2006年卷),中国人民公安大学出版社2006年8月版
140. 中国当代基本刑事政策视野内的刑事法律完善
赵秉志、廖万里,载赵秉志主编:《刑事法治发展研究报告》(2005－2006年卷),中国人民公安大学出版社2006年8月版
141. 现代赦免制度之重构方略
赵秉志、阴建峰,载赵秉志主编:《刑事法治发展研究报告》(2005－2006年卷),中国人民公安大学出版社2006年8月版
142. 俄罗斯与中亚诸国反恐怖主义法述评
赵秉志、杜邈,载《法学评论》2007年第1期;中国人民大学报刊复印资料《刑事法学》2007年第3期转载
143. 论贿赂外国公职人员、国际组织官员罪
赵秉志、杜邈,载《中国刑事法杂志》2007年第1期;中国人民大学报刊复印资料《刑事法学》2007年第1期转载
144. 国际社会惩治商业贿赂犯罪的立法经验及借鉴
载《华东政法学院学报》2007年第1期;中国人民大学报刊复印资料《刑事法学》2007年第3期转载
145. 宽严相济刑事政策视野中的中国刑事司法
载《南昌大学学报(人文社会科学版)》2007年第1期;中国人民大学报刊复印资料《刑事法学》2007年第1期转载

146. 国家安全的强势保护与人权保障的极度旁落——《2006 年美国军事审判委员会法令》的解读与评释
赵秉志、赵书鸿,载《法学》2007 年第 2 期;中国人民大学报刊复印资料《刑事法学》2007 年第 6 期转载

147. 我国现阶段死刑制度改革的难点及对策——从刑事实体法视角的考察
载《中国法学》2007 年第 2 期;中国人民大学报刊复印资料《刑事法学》2007 年第 3 期转载

148. 关于国际刑事法院对非缔约国刑事管辖权问题的解析
赵秉志、王秀梅 ,载赵秉志主编:《全球化时代的刑法变革——国际社会的经济及其对中国的启示》,中国人民公安大学出版社 2007 年 9 月版

149. 刑法应取消侵犯著作权犯罪中"以营利为目的"的主观要素
载《中国版权》2007 年第 5 期

150. 略论国际刑事法院的量刑制度
赵秉志、赵晨光,载《河北法学》2007 年第 5 期;中国人民大学报刊复印资料《刑事法学》2007 年第 11 期转载

151. 论中国刑法哲学的发展方向
赵秉志、魏昌东,载《政治与法律》2007 年第 6 期;又载孙育玮主编:《法理学与部门法哲学理论研究》,上海人民出版社 2008 年版

152. 积极促进刑法立法的改革与完善
载《法学》2007 年第 9 期;又载赵秉志主编:《刑法评论》2008 年第 1 卷,法律出版社 2008 年 6 月版

153. 中国当前死刑制度改革的现状和展望
载《河北法学》2007 年第 12 期 ;又载中国人民大学刑事法律科学研究中心编:《刑事法学的当代展开》,中国检察出版社 2008 年 1 月版

154. 论死刑观念变革的影响因素
赵秉志、王东阳,载韩国刑事法学会编印:《韩国比较刑事法研究》(韩文版,2007 年第 2 期,2007 年 12 月);又载《审判前沿研究》2007 年第 1 辑,上海人民出版社 2007 年 11 月版

155. 现代死刑运用制度比较研究
赵秉志、许成磊,载《刑法论丛》第 11 卷(2007 年 7 月)

156. 高铭暄教授刑法立法思想要览
赵秉志、彭凤莲,载赵秉志、郎胜主编:《和谐社会与中国现代刑法建设》,北京大学出版社 2007 年 9 月版

157. 切实减少与逐步废止死刑之立法对策研究
赵秉志、刘志伟、阴建峰等,载赵秉志主编:《死刑改革研究报告》,法律出版社 2007 年 10 月版

158. 当代中国死刑问题聚焦——死刑的存废、适用标准及改革完善学术观点综述
赵秉志、刘志伟、阴建峰等,载赵秉志主编:《死刑改革研究报告》,法律出版社 2007 年 10 月版

159. 废止死刑之门——未成年人不判死刑原则及其在中国的确立与延伸
赵秉志、姚建龙,载《河北法学》2008 年第 2 期

160. 和谐社会构建与宽严相济刑事政策的贯彻
载《吉林大学学报(社会科学版)》2008年第1期;又载康均心、郑青主编:《和谐社会的刑事法治建设》,武汉大学出版社2008年版;《新华文摘》2008年第9期转载;又载百名法学家百场报告会组委会办公室编:《法治百家谈》(第二辑),中国长安出版社2008年版
161. 美国刑法中的死刑限制措施探析
赵秉志、郑延谱,载《江海学刊》2008年第1期
162. 《论未成年人犯罪前科应予消灭——一个社会学角度的分析》
赵秉志、廖万里,载《法学论坛》2008年第1期
163. 刑事法治建设与刑法学研究的新发展
赵秉志、袁彬,载《中国法学》2008年第1期
164. 中国古代死刑观念论要
赵秉志、王东阳,载《南都学坛》2008年第1期;又载赵秉志主编:《中韩经济刑法比较研究——第五届中韩刑法学术研讨会学术文集》,中国人民公安大学出版社2008年版
165. 论犯罪实行行为着手的含义
载《东方法学》2008年第1期
166. 宽严相济刑事政策与刑法解释关系论
载《河南政法管理干部学院学报》2008年第2期
167. 《联合国反腐败公约》在中国刑事立法中的转化模式评析
魏昌东、赵秉志,载《南京大学学报》2008年第2期
168. 中美两国死刑制度之立法原因比较
赵秉志、郑延谱,载《现代法学》2008年第2期
169. 刑法学研究的新动向
赵秉志、袁彬,载《人民检察》2008年第2期
170. 反恐立法模式的理性选择
赵秉志、赵邈,载《法学》2008年第3期
171. 在联合国法律框架内进行反恐斗争
赵秉志、杜邈,载《法学杂志》2008年第3期
172. 寻租型职务犯罪的衍生机理和控制对策
赵秉志、魏昌东,载《人民检察》2008年第3期
173. 当代中国刑罚制度改革论纲
载《中国法学》2008年第3期;又载陈泽宪主编:《刑事法前沿》(第四卷),中国人民公安大学出版社2008年1月版,第14-30页。
174. 侵犯虚拟财产的刑法规制研究
赵秉志、阴建峰,载《法律科学》2008年第4期
175. 论原因自由行为中实行行为的着手问题
载《法学杂志》2008年第5期
176. 中国惩治恐怖主义犯罪的刑事司法对策
赵秉志、杜邈,载《北京师范大学学报》2008年第5期
177. 公众舆论与量刑政策
赵秉志、赵书鸿,载《法制与社会发展》2008年第6期

178. 我国惩治恐怖活动的经验考察
赵秉志、杜邈,载《华东政法学院学报》2008年第6期
179. 关于许霆案件的法理问题思考
赵秉志、彭新林,载《刑法论丛》(第14卷),法律出版社2008年6月版
180. 论不能犯与不能犯未遂问题
载《北方法学》2008年第7期
181. 国际知识产权刑法保护的发展趋势
赵秉志、刘科,载《政治与法律》2008年第7期
182. 刑事裁判不确定性现象解读
赵秉志、张心向,载《法学》2008年第8期
183. 支持死刑的民意高涨是影响死刑政策的最重要因素
赵秉志、郑延谱,载《法制资讯》2008年第8期
184. 不作为共犯研究
赵秉志、许成磊,载《中国刑事法杂志》2008年9月
185. 中国死刑替代措施要论
载《学术交流》2008年第9期
186. 追究"台独"首要分子分裂国家罪问题研究——兼述我国处理战犯和有关国家处理类似问题的实践
赵秉志、卢建平等,载中共中央台湾工作办公室、国务院台湾事务办公室法规局编:《涉台法律问题研究》(7)
187. 中韩经济刑法的新动向
赵秉志、阴建峰,载赵秉志、张军主编:《中韩经济刑法比较研究——第四届中韩刑法学术研讨会学术文集》,中国人民公安大学出版社2008年版
188. 改革开放30年的我国刑法立法
赵秉志、王俊平,载《河北法学》2008年第11期
189. 业务过失犯罪处罚问题新探
赵秉志、李慧织,载郎胜等主编:《刑法实践热点问题探索》,中国人民公安大学出版社2008年11月版
190. 世界范围内知识产权刑法保护的发展趋势
赵秉志、刘科,载卢建平、翁跃强主编:《全球化时代知识产权犯罪及其防治》,北京师范大学出版社2008年12月版
191. 当代刑事法治重大现实问题研讨
载《中共中央党校报告选》2008年第12期
192. 中国刑法30年(上)——以典型案例为主要视角
赵秉志、彭新林,载《民主与法制》2008年第16期;《中外文摘》2008年第22期转载;《新文化报》2008年11月5日转载
193. 中国刑法30年(下)——以典型案例为主要视角
赵秉志、彭新林,载《民主与法制》2008年第17期;《中外文摘》2008年第22期转载;《新文化报》2008年11月18日转载
194. 改革开放30年我国刑法立法的成就与展望
赵秉志、王俊平,载《人民检察》2008年第21期

(二)译文

1. 欧盟成员国间引渡公约
赵秉志、王志祥译,载《刑法论丛》第7卷(2003年9月)
2. 欧盟成员国间简易引渡程序公约

赵秉志、杜启新译，载《刑法论丛》第7卷(2003年9月)
3. 欧盟引渡公约附加议定书
赵秉志、王志祥译，载《刑法论丛》第7卷(2003年9月)
4. 欧洲引渡公约第二附加议定书
赵秉志、王志祥译，载《刑法论丛》第7卷(2003年9月)
5. 全球性审判的讨论：建立常设国际刑事法院概论
〔加〕丹尼尔·C. 普瑞芳廷著，赵秉志、王秀梅译，载赵秉志主编：《国际刑事法院专论》，人民法院出版社2003年10月版
6. 加拿大危害人类罪和战争罪法
赵秉志、王秀梅译，载《刑法评论》第6卷(2005年1月)
7. 论加拿大新反恐法
〔加〕肯特·罗彻著，周露露、郑延谱译，赵秉志审校，载赵秉志主编：《惩治恐怖主义犯罪理论与立法》，中国人民公安大学出版社2005年3月版
8. "9·11"事件改变了一切吗
〔加〕肯特·罗彻著，李山河、刘涛译，赵秉志审校，中国人民公安大学出版社2005年3月版
9. 当代普遍管辖权的实践——分歧与发展
〔美〕钱德拉·莱克哈·斯里拉姆著，赵秉志、王秀梅、杜澎译，载《刑法论丛》第9卷(2005年4月)
10. 非洲联盟预防和惩治腐败公约
赵秉志、王水明译，载《中国刑事法杂志》2007年第4期

(三)文章

1. 2002年刑法学的回顾与展望
高铭暄、赵秉志、许成磊，载《法学家》2003年第1期
2. "国际刑事法院主要问题国际研讨会"闭幕致辞
载《article of the international convention on civil and political rights》(香港，英文版)2003年第1期
3. 刑法现代化：要借鉴更要创造
载《检察日报》2003年2月12日第8版
4. 贿赂罪的共同犯罪问题简析
赵秉志、姜伟，载《法制日报》2003年2月13日第10版
5. 金融诈骗罪认定中的若干共性问题
赵秉志、许成磊，载《法制日报》2003年2月20日第10版
6. 中国内地与港、澳地区刑事管辖权冲突的解决
赵秉志、肖中华，载《人民法院报》2003年2月24日、3月3日、3月12日
7. 关于"严打"的几点法理思考
载《法制日报》2003年3月6日第10版
8. 简析打假中的刑法适用问题
赵秉志、许成磊，载《法制日报》2003年3月14日第10版
9. 简论律师的刑事责任问题
赵秉志、时延安，载《法制日报》2003年3月20日第10版
10. 如何确定隔地犯的行为和结果
赵秉志、肖中华，载《人民法院报》2003年3月24日第3版
11. 恐怖主义犯罪及其惩治对策
赵秉志、王秀梅，载《法制日报》2003年3月27日第10版
12. 伊拉克战争与国际刑法论坛
赵秉志、李文广、阴建锋，载《人民法

院报》2003年3月31日第3版

13. 不纯正不作为犯的认定
赵秉志、肖中华,载《人民法院报》2003年4月9日第3版、4月14日第3版

14. 完善惩治恐怖活动犯罪立法
赵秉志、阴建峰,载《法制日报》2003年4月10日第10版

15. 非法拘禁罪构成特征探究
赵秉志、阴建峰,载《法制日报》2003年4月18日第10版;中国人民大学报刊复印资料《刑事法学》2005年第5期转载

16. 故意类型的划分和实践意义
赵秉志、肖中华,载《人民法院报》2003年4月23日第3版、4月28日第3版

17. 现行累犯制度的不足及其立法完善
赵秉志、苏彩霞,载《法制日报》2003年4月25日第3版

18. 如何理解犯罪故意的"明知"
赵秉志、肖中华,载《人民法院报》2003年5月7日、5月12日

19. "非典"防治时期相关犯罪的刑法对策
赵秉志、刘志伟等,载《人民法院报》2003年5月19日

20. 突发公共卫生危机的刑法思考
赵秉志、时延安,载《法制日报》2003年5月22日第10版

21. 无认识过失中"应当预见"的判断
赵秉志、肖中华,载《人民法院报》2003年5月26日

22. 在严格掌握定罪标准前提下从重处罚
赵秉志、许成磊,载《检察日报》2003年5月27日第3版

23. 非典期间哄抬物价罪行定性——兼论非法经营罪的刑法价值取向
赵秉志、许成磊,载《法制日报》2003年5月29日第10版

24. 如何把握"相同"商标的含义
赵秉志、肖中华,载《人民法院报》2003年6月9日

25. 销售侵权复制品可否以非法经营罪定罪处罚
赵秉志、肖中华,载《人民法院报》2003年6月23日第3版

26. 我国劳动教养制度司法化改革论纲
赵秉志等,载《检察日报》2003年6月26日第5版

27. 关于中国逐步废止非暴力犯罪死刑的研讨
载《法制日报》2003年6月26日第10版

28. 中国网络犯罪的现状及特点
赵秉志、卢建平,载《检察日报》2003年7月3日第8版

29. 遏制网络犯罪 法律尚待完善
赵秉志、卢建平,载《检察日报》2003年7月4日

30. 银行职员以诈骗手段侵吞资金的行为定性
赵秉志、肖中华,载《人民法院报》2003年7月15日第3版

31. 从中国死刑政策看非暴力犯罪死刑的逐步废止问题
载《法制日报》2003年7月17日第10版

32. "受委托管理、经营国有财产的人员"的认定
赵秉志、肖中华,载《人民法院报》2003年8月4日

33. 死刑缓期执行后的处理

2008 年 8 月 31 日第 12 版

148. 《反腐败国际公约视野下我国反腐败刑事立法及其完善》序言
载陈雷:《反腐败国际公约视野下我国反腐败刑事立法及其完善》,中国人民公安大学出版社 2008 年版

149. 《刑法学》
赵秉志、袁彬,载《中国法律年鉴》(2008 年),中国法律年鉴社 2008 年 9 月版

150. 对《刑法修正案(七)(草案)》的几点看法
载《法制日报》2008 年 9 月 21 日第 2 版

151. 刑法修正案七:97 刑法的全面升级
赵秉志、彭新林,载《法制日报》2008 年 9 月 21 日第 10 版

152. 改革开放 30 年刑法建设的成就与展望(上)
载《北京师范大学学报》第 201 期,2008 年 11 月 30 日

153. 改革开放 30 年刑法建设的成就与展望(下)
载《北京师范大学学报》第 202 期,2008 年 12 月 10 日

154. 改革开放 30 年的刑事法治建设
载《法制日报》2008 年 12 月 13 日

155. 有效治理安全责任事故犯罪的思考
赵秉志、彭新林,载《人民法院报》2008 年 12 月 17 日

156. 中国法学会刑法学研究会 2008 年年会研讨综述
赵秉志、李希慧等,载《审判研究》2008 年第 4 辑

Contents

Ⅰ Comparative Criminal Law

Ⅱ International Criminal Law

图书在版编目(CIP)数据

外向刑法问题/赵秉志著.—北京:北京大学出版社,2010.1
(现代刑法问题新思考丛书)
ISBN 978-7-301-16417-4

I. 外… II. 赵… III. 刑法—研究—中国 IV. D924.04

中国版本图书馆 CIP 数据核字(2009)第 227291 号

书　　名:外向刑法问题
著作责任者:赵秉志　著
责 任 编 辑:侯春杰
标 准 书 号:ISBN 978-7-301-16417-4/D·2509
出 版 发 行:北京大学出版社
地　　址:北京市海淀区成府路 205 号　100871
网　　址:http://www.yandayuanzhao.com　电子邮箱:law@pup.pku.edu.cn
电　　话:邮购部 62752015　发行部 62750672　编辑部 62117788
　　　　　出版部 62754962
印　刷　者:北京宏伟双华印刷有限公司
经　销　者:新华书店
　　　　　650 毫米×980 毫米　16 开本　36 印张　615 千字
　　　　　2010 年 1 月第 1 版　2010 年 1 月第 1 次印刷
定　　价:59.00 元